金陵全書

丙編·檔案類

南京城墻檔案

城磚的保管與利用

南京市檔案館 編

南京出版傳媒集團
南京出版社

圖書在版編目（CIP）數據

南京城墻檔案. 城磚的保管與利用 / 南京市檔案館編. -- 南京 : 南京出版社, 2023.8

（金陵全書）

ISBN 978-7-5533-4298-6

Ⅰ. ①南… Ⅱ. ①南… Ⅲ. ①城墻 - 古磚 - 管理 - 南京②城墻 - 古磚 - 利用 - 南京 Ⅳ. ①K928.77

中國國家版本館CIP數據核字（2023）第128963號

書　　名　**【金陵全書】（丙編・檔案類）**
　　　　　南京城墻檔案・城磚的保管與利用
編　　者　南京市檔案館
出版發行　南京出版傳媒集團
　　　　　南 京 出 版 社

社址：南京市太平門街53號　　郵編：210016

網址：http://www.njcbs.cn　　電子信箱：njcbs1988@163.com

聯系電話：025-83283893、83283864（營銷）　025-83112257（編務）

出 版 人　項曉寧
出 品 人　盧海鳴
策　　劃　盧海鳴　朱天樂
責任編輯　崔龍龍
裝幀設計　王　俊
責任印製　楊福彬

製　　版　南京新華豐製版有限公司
印　　刷　南京新世紀聯盟印務有限公司
開　　本　889毫米 × 1194毫米　1/16
印　　張　31.5
版　　次　2023年8月第1版
印　　次　2023年8月第1次印刷
書　　號　ISBN 978-7-5533-4298-6
定　　價　1000.00 元

用微信或京東APP掃碼購書

用淘寶APP掃碼購書

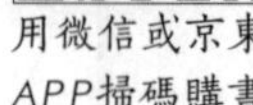

目録

壹　禁止買賣私運城磚的法令與規則

貳　城磚保管辦法

伍　民間盗賣、私運城磚的查禁

關于制止舊皇城一帶貧民挖掘城磚的一組公文

南京市政府爲查禁偷拆玄武湖南面和清凉山等處城墻磚與首都衛戍總司令部、首都警察廳的往來公文

關于竺橋橋欄城磚被竊請求取締的一組文件

南京市政府、工務局關于民衆告發禁止盗賣玄武門城磚的一組文件

關于制止挖掘明故宫界石城磚的一組往來文書

陸　城磚相關案件

關于南京市第七區下關中心國民學校圍墻城磚歸屬案的一組文件

關于蕭振軍用城磚私建房屋案的一組文件

關于龔孟伊竊取城磚私建房屋案的一組文件

關于謝雲龍請求用缺城磚建築案的一組文件

關于温德山私賣城磚案的一組文件

城磚的保管與利用

壹

禁止買賣私運城磚的法令與規則

南京特別市工務局爲本城四周所有城磚及附近碎石磚等非經許可不得擅自携取的布告（摘自《南京特別市市政公報》）

（一九二七年十一月二十三日）

辦前來查該黃泥灘地方屬于市有公產該民等未𢑥遵章承租竟敢私自侵佔殊屬胆妄除責令該辦事處隨時查案禁阻外合行出示聲禁仰佔用該處官地各住戶務於最短期間一律遷讓勿違切切此佈

中華民國十六年十一月十六日　　局長沈　礪

南京特別市市政府財政局通告第十三號

爲通告事查九九六兌米厘改名爲米穀四厘捐仍由各米行在米商販賣米穀雜粮價內每洋一元代扣四厘彙繳本局核收並准各米行在代扣捐款內每百元扣支五元手數料以資津貼早經布告周知照案辦理各在案茲據米捐經收員報告新開米行及米商仍有未明此案原委者合再印發通告仰米業商人一體遵照此布

中華民國十六年十一月二十六日　　局長沈　礪

南京特別市市政府公安工務局佈告第三十一號

爲布告事照得時屆冬令風高物燥偶一不愼火患堪虞查本市各街店鋪住戶門前往往搭蓋蘆蓆凉棚以避日光查該項蘆棚實爲致引火患之源而其所用支柱豎立行人路上尤屬妨礙交通本局等爲思患預防及整理街道起見自應從嚴取締如鋪戶門前必須要遮避日光可以改用活動布棚爲此布告仰各該店鋪住戶人等一體知悉自布告之日起限十五日內將所搭凉棚自行拆除不得延誤一經逾限即由本局等派警飭工代拆决不姑寬其各遵照勿違此布

中華民國十六年十一月十七日　　公安局長孫伯文　工務局長陳揚傑

南京特別市市政府工務局布告第三十二號

爲布告事案奉市長面諭本城四週所有城磚及附近碎石磚等非經工務局許可無何人不得擅自攜取等因奉此除函請公安局轉飭崗警加意防範外合亟示仰市民人等一體遵照倘敢故違定予重辦不貸切切此布

中華民國十六年十一月二十三日　　局長陳揚傑

批示摘要

商民許純豐呈乙件爲承租官基備資建築懇恩批准飭局履勘以便照章繳納行押租金由呈悉候令行工務局查復核奪仰即知照此批　　十一月十六日

招商旅館等呈一件爲縷陳積欠房租情形公懇寬予免減由呈

南京特別市市政公報　　公牘彙要　　七一

南京特別市政府關于修正取締買賣城磚條例案的一組文件

（一）南京特別市政府爲議決修正買賣城磚條例一案令飭公布施行致市工務局的令（摘自《南京特別市市政公報》）

（一九二七年十二月二十一日）

擬請飭令財政局先行接管以資通盤整理一俟職局需要再爲呈請撥用是否有當理合備文呈請鑒核施行等情據此查此案前奉

國民政府令飭取締同善社當經轉令該局遵辦旋據呈復又經指令在案茲據前情除指令照准外合行令仰該局長即便派員接管具報此令

市長何民魂

中華民國十六年十二月二十日

爲議決修正租賃地灘章程一案令飭遵照

南京特別市市政府令第九五八號

令代理財政局局長沈　礪

查本年十二月十五日第十六次市政會議據各局長報告審查財政局租賃市有地灘章程意見一案當經議決交財政局修正後呈核並擬定修正二點(一)第七條條文加一段『在租期以內如遇以工務局建設計畫有阻碍時得令隨時退租』(二)第八條條文改爲『租戶所造房屋設公家需用該地或房屋時另行按照遷拆章程辦理』等語合行令仰該局長即便遵照修正呈候復核此令

市長何民魂

中華民國十六年十二月二十一日

爲議決修正賣買城磚條例一案令飭公布施行

南京特別市市政府令第九六〇號

令工務局局長陳揚傑

查本年十二月十五日第十六次市政會議據該局長提議取締賣買城磚條例一案當經議決照修改案通過修正之點如下(一)第三條下半段改爲『自本條例公布日起儘於半月內來局清報登記存查如逾期不報非有特別情形經工務局許可者一經查出即以公物論』(二)第七條取銷(三)第九條下半段改爲『將拿獲私運城磚一律充公另由工務局估値四成充告發人或發現人之奬金』等語合行令仰該局長即便遵照並公布施行此令

市長何民魂

中華民國十六年十二月二十一日

爲議決各種車輛價目一案令飭公布施行

南京特別市市政府令第九六一號

令工務局局長陳揚傑

查本年十二月十五日第十六次市政會議據該局長提議規定各種車輛價目表一案當經議決修正通過等語合行令仰該局長即便遵照將修正價目表公佈施行此令

（二）南京特別市工務局爲擬定取締買賣城磚條例業經提交市政府會議修正通過的布告（摘自《南京特別市市政公報》）
（一九二八年一月十八日）

塵懷專肅奉復伏乞
昭鑒虔叩
鈞安

南京特別市長何民魂謹上
（一月三十一日）

◉佈告

南京特別市市政府工務局佈告第三八號

爲佈告事案查本市城磚原屬國有向在軍閥盤據時代無人經管竟有公然掘取私買私賣相沿日久損失滋多若不嚴加防止殊非維護公物之道本局用特擬訂取締買賣城磚條例十條業經提交市政府第十六次會議修正通過在案合行布告市民人等一體週知遵照毋違切切此佈

條例另列

局長陳揚傑

中華民國十七年一月十八日

南京特別市市政府工務局佈告第三九號

爲佈告事案查本局開闢市內馬路計劃逐漸進行將來一切建築工程日見繁重非舉行承辦建築店鋪登記不足以資考核本局特擬定承辦建築店鋪領照章程十條業經提交市政府第十五次市政會議修正通過在案合行佈告週知嗣後凡建築公司水木作木作石作泥水作鑿井作等仰各照後開章程辦理毋違切切此佈

章程另列

局長陳揚傑

中華民國十七年一月十八日

南京特別市市政府財政公安工務佈告第四〇號

爲會銜佈告事查本市各種車輛船隻均與交通關係綦重若不從嚴取締難免不生事端本局等有見及此前已會同擬定取締各種車輛船隻規則提交市參事會議決通過並經呈報市政府在案除將規則印就分發各車行船戶等一體遵守外爲此佈告週知並擬定自佈告之日起即由本局等會同派員上街稽查切實取締其各凜遵勿違此佈

財政局長　沈　礪
公安局長　孫伯文
工務局長　陳揚傑

中華民國十七年一月二十八日

小建築工程

乙等　繳納一次過註册費十元准其承接一萬元以下之建築工程

丙等　繳納一次過註册費五元准其承接二千元以下之建築工程

（六）凡上列各項建築店舖須將所領執照張掛舖內當衆地方以便隨時稽查

（七）凡上述各項建築店舖須自本章程公布實行之日起儘於一月內來局註册如過期未能來局註册准予補行註册惟註册費須增加百分之四十以示限制

（八）註册之手續如左

一・由各項承辦建築店舖之店主或經理人親來本局取締課填寫登記表

二・由本局依據登記表詳加審查

三・審查合格後由本局專函通知來局繳費領取執照

（九）本章程如有未盡事宜得隨時呈請　市長核准修改之

（十）本章程自公布之日實行

南京特別市市政府工務局取締買賣城磚條例

第一條　本條例只限于取締城磚其他磚類不在此限

第二條　本條例只限于取締堆存及待沽之城磚其餘房屋牆壁磚地等已成之建造物如無拆下出售或轉運等情事不在此例

第三條　市內躉賣城磚店戶須將現存待沽之城磚數目（整塊以塊數計碎城磚以方數計）及該項城磚之來源堆存地點自本條例公布之日起儘于半月內來局清報登記存查逾期不報非有特別情形經工務局許可者一經查出卽以公物論

第四條　市內躉賣城磚店戶如遇將該項城磚批賣或零沽時須來局報明賣出數目買戶地址及推運之起止地點報明登記後由局發給推運証以便稽查

第五條　市內店戶如遇原有之舊城磚牆壁等建築物倒塌或因其他原因將該項城磚變賣推運時須將隨時拆下原因及城磚數目收買人姓名住址推運地點來局報清以便登記給証推運

第六條　市內建築之家收買舊城磚砌造牆壁磚地等須將收用數目及承辦城磚人姓名店號來局報明以便查核而免牽涉（幷得用函件郵寄來局呈報但須載明建築地點收買城磚數目及承辦該磚之人名店號地址）

第七條　凡推運城磚各店戶所領運磚證須于運畢一日內來局繳銷逾期處以十元以下之罰金

第八條　凡市內推運城磚車輛如無城磚推運証或推運磚與推運證所載之數不符由公安局工務局及警區一體嚴拿獲私運城磚一律充公另由工務局估值四成充告發人或發現人之獎金

第九條　本條例如有未盡事宜由工務局長隨時呈請市長核准增修之

第十條　本條例自公布之日實行

南京特別市政府爲議决預防私運城磚方法令即公布施行致市工務局的令（摘自《南京特別市市政公報》）

（一九二八年三月十一日）

令所屬各機關

案奉

國民政府令開案查本年三月十二日爲

總理逝世三週年紀念全國應舉行紀念大會敬致哀忱前經通令遵照在案茲將核定各項典禮分別於下（一）各機關下半旗一天（一）各機關官佐停止宴會一日男職員左臂纏黑紗一日女職員襟佩黑花一日（一）全國停止民間宴會及演劇一日（一）由軍事委員會指定軍艦及炮台各於是日午前十一時舉行紀念大會鳴禮炮三十三響（一）各機關文官薦任以上武官校官以上均於是日午前九時來府舉行典禮除分令外合行令仰遵照等因同日又准　國府秘書處魚日通電本日國府會議決定　總理逝世三週紀念大會各項禮儀節如下由國府飭令各機關下半旗一天由國府通令各機關官佐停止宴會一日男職員左臂纏黑紗一日女職員襟佩黑花一日由國府通令全國停止民間宴會及演劇一日由軍事委員會指定軍艦炮台於是日午前十一時大會舉行紀念時鳴禮炮三十三響由國府於大門紮素牌樓並於大禮堂以白黑布懸於門楣之上三日由副官通知各機關文官薦任以上武官校官以上均於是日午前九時來府舉行典禮其秩序如次一・肅立二・奏哀樂三・向國旗總黨旗像行三鞠躬禮四・主席恭讀總理遺囑五・靜默三分鐘六・讀祭文七・獻花三獻八・哀奏樂九・禮成特此電達請煩查照幷轉飭遵照辦理等由准此除分行外合行令仰該即便遵照幷於是日上午八時半率領所屬人員齊來本府大禮堂舉行典禮爲要此令

中華民國十七年三月十日　市長何民魂

南京特別市市政府令第五六三號

令爲通滙錢莊被刦勒限三日嚴緝贓盜究辦由

令公安局局長孫伯文

頃據南京總商會虞代電稱（原電已登第三八三九號呈文內茲姑從畧）等情據此幷據通滙錢莊呈同前情查該錢莊雖未被刦失贓但巡警史玉峯已因追捕被擊身死該局長事先未能預防事後又復延未破獲且對於一切被刦傷警情形又迄今未即呈報實屬非是除分別呈報函令外合亟勒限三日令仰該局長督飭所屬務獲究報一面幷將本案情形具呈候核毋延切切此令

中華民國十七年三月十日　市長何民魂

南京特別市市政府令第五六九號

爲議決預防私運城磚方法令即公布

令工務局局長陳揚傑

南京特別市市政公報　公牘彙要　令文　八

查本年三月八日第二十七次市政會議據該局長提議預防私運城磚方法一案當經議決如下第一二三條照案通過第四條改爲『關於各機關需用城磚應一律給價』等語合行令仰該局長即便遵照公布施行此令

市長何民魂

中華民國十七年三月十一日

南京特別市市政府令第五七一五七二號

分令議決綠筠花圃准歸教育局開設中心學校園

令教育局局長陳劍翛
代理財政局局長沈礪

查本年三月八日第二十七次市政會議本市長交議該教育局爲已接收之綠筠花圃房屋舉辦學校其餘地畝舉辦中心學校園呈請核示一案當經議決歸教育局接收舉辦等語除分令外合行令仰該局長即便遵照辦理具報此令知照

市長何民魂

中華民國十七年三月十一日

南京特別市市政府令第五七五號

令將水井造表逕送江蘇大學地學系

令公安局長孫伯文

案准江蘇大學地學系函開敝系近對於南京市井水供給問題擬加以科學的研究着手之法除先將南京附近之地質測製詳圖以定地質構造外同時尙須將市內已開水井之地點深淺水質水量等詳爲調查俾於地下蓄水層之分佈得一確切之觀念聞市內公私水井前曾由貴市政府挨戶調查製就牌號分釘各戶關於前述各項諒尙有記載可憑可否抄示大要以供研究至深盼禱再南京全市水井爲數甚多其分布情形實於硏究井水供給有重大之關係不知貴市政府有何全市水井分佈圖若此項分佈圖尙未編就則請貴市政府將市內重要水井之詳細地名暨數目深淺等列表見示再由敝系編繪亦可按井水供給問題關係首都將來之發展者至爲重大敝系不揣冒昧欲用地質方法以研究而解決之將來如有所得當儘先報貴市政府以供采擇等由准此查本市公私水井前該局因消防問題曾經分別查明編定標識鐵牌呈報在案准函前由合行令仰該局長即便查照辦理逕復該系可也此令

市長何民魂

中華民國十七年三月十一日

南京特別市市政府令第五七六五七七號

分令議決准予恢復下關米市

令代理財政局局長沈礪
下關商埠商會

南京特別市工務局爲修訂取締私運城磚條例的布告（摘自《南京特別市市政公報》）（一九二八年三月二十日）

幾遭不白實則該團不走正軌咎實難辭職廠對於死傷士兵殊抱哀悼對於私接電火深切隱憂首都部隊林立各軍事機關往往擅自私接電火擢髮難數倘不設法制止後患叢生不知伊於胡底職廠爲愼重生命防制危害起見自應重申前請除分別呈函外理合將警衛團私接電火致肇觸電死傷情形備文開單呈報鑒核俯賜通令所屬各機關嚴行制止以重電政而保安寧實爲公便等情並附抄單一紙過府據此查裝置電燈不經正當手續私行接火最易釀成走電該士兵等觸電傷死雖屬咎由自取且情殊可憫深恐再有私自接火覆蹈前轍情事除指令並呈情國民政府總司令部通令各軍政機關一體嚴禁外合行布告民衆一體知悉須知裝燈接火最易釀成禍端務望轉相警告勿蹈禍機是爲至要此布

中華民國十七年三月三十日

市長何民魂

南京特別市市政府工務局佈告第四十四號

爲佈告事案查本局前以本市城磚市民往往私相售受亟應嚴加防止業經擬訂取締賣買城磚條例十條佈告週知在案現城磚登記期限已過前項條例業經市政府第二十七次市政會議重加修正通過在案合行抄附修訂取締私運城磚條例於後仰市民人等一體遵照毋違切切此佈

計開　修訂取締私運城磚條條四條於後

（一）凡未登記之城磚依該取締條例一律充公不許推運發賣

（二）其依章在限期內來局登記而未賣盡之城磚全數由工務局給價收用並由工務局自行推運爲建造馬路之用

（三）以後市內城磚房屋如遇墻壁塌壞該項磚石只能在原地建造應用不再給證推運如有特別情形該項城磚由工務局給價收用之

（四）關於各機關需用城磚應一律給價

中華民國十七年三月二十日

局長陳揚傑

批示

本市市立學校校長會暨教職員聯合會呈一件呈爲市教育經費問題請明白具體辦法俾知遵循由呈悉查本市小學經費月需二萬餘元前以市政經費萬分竭蹶以致逐月延欠未經清發本市長職責所在惄焉不安旋經市政會議議決將鋪房捐劃交教育局管理一面由教育局籌辦猪隻屠宰均以期達到教費完全獨立之目的但鋪房捐綜計收入仍不足以抵發小學經費而屠宰均一時亦未易籌成是雖劃交鋪房捐仍屬於事無濟徒有破壞市財政不統之嫌適其時省款補助一案已有眉目故於第二十五次市政會議議決所有小學經費在省補助款內撥定專款不作別用其鋪房捐則令行財政局無庸移交並令知教育

南京特別市工務局爲城磚屬國有不得私相售受的布告（摘自《南京特別市市政公報》）（一九二八年四月二十日）

四·凡經登記散工准其承接市內五百元以下之營繕工作

五·登記期限自佈告之日起以一個月爲期逾期補行登記者加倍繳費以示限制

中華民國十七年四月十四日　局長陳揚傑

南京特別市市政府工務局布告第四九號

爲佈告事案查本市城磚原屬國有市民自不得私相售受業經本局擬訂取締私運城磚條例佈告週知在案乃查近來仍有私運情事殊屬有意玩忽茲特議定嗣後凡再有私運城磚者一經查獲除將搬運夫役嚴行究辦外并將車輛船隻一律充公特此佈告其各凜遵切切此佈

中華民國十七年四月二十日　局長陳揚傑

南京特別市市政府工務局佈告第五〇號

爲佈告事照得本市各種車輛日益增多肇禍之事時有所聞本局爲維護公衆安全保持交通秩序免除車輛發生意外危險起見特設立車船管理處派員辦理登記檢驗各車事務於五月一日開始辦公凡有設備不周機件損壞之車自當一律取締而關於駕駛汽車人員均須經過本管理處考驗合格後方准駕駛合

行佈告仰各車主及車伕人等一體知照此佈

中華民國十七年四月三十日　局長陳揚傑

南京特別市市政府土地局佈告第一號

本年三月二十九日奉

南京特別市市政府令第七四九號內開查土地事務關係市政根源自非從速恢復土地局不足以專責成查該局長堪以調充爲本市土地局局長除遺缺另委唐乃康接充外仰卽遵照剋日移交並迅速將土地局着手恢復具報核轉此令等因奉此遵於四月六日交卸財政局務並於是日恢復土地局即行正式開始辦公除分別呈報函知外合行佈告仰市民一律知照此佈

中華民國十七年四月六日　局長沈　礪

南京特別市市政府土地局佈告第三號

爲佈告事案查整理秦淮河兩岸調驗地契辦法前經本局長在財政局任內佈告自復成橋起至文德橋止利涉橋起至淮清橋止列爲第一期驗契時期限令該段業戶於半個月內來局呈驗執業產契現在限期屆滿呈驗產契者固不乏人而觀望不前者尚居多數茲特展限七日自佈告之日起至本月二十三日止仰該段業戶務於展限期內來局呈驗倘再逾期仍不呈驗卽由工

佈告

禁止盜取城磚案

南京市工務局佈告第三號

爲佈告事：案查本京城磚，毋許私自運用，迭經佈告在案。現又奉市政府交下，南京警備司令部公函：以本京城防工作，現將次竣工，掘出城磚，爲數極夥，應即保存，以備修補城垣頹壞處之需，切不可移作別用，倘有任意使用，或偷竊盜取者，本部定予嚴拿，以破壞防務論罪，爲時函達，即希查照辦理爲荷等由；奉批，速交工務局辦理等因；奉此，除派員查明各城門掘出整碎城磚之數量，分別開列估單，函致首都警察廳，轉行所屬，切實保管，毋任偷運，並呈復外，合再佈告，仰即一體遵照：不得盜取使用。毋違！此佈。

暫代局長余籍傳

中華民國二十一年四月二十八日

限期拆讓中華路兩旁公私房屋案

南京市財政工務局佈告第四號

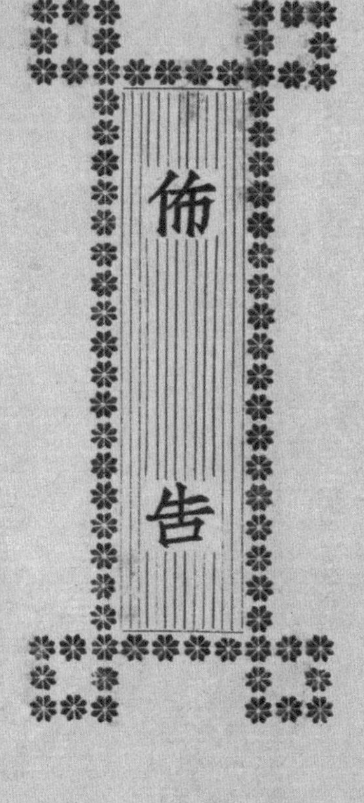

南京市政府關于獎勵告發竊盜城磚的一組文件

（一）南京市政府致市工務局的訓令（摘自《南京市政府公報》）（一九三二年五月九日）

三千九百八十三元零四分。又各横路交叉口，前因恐有重車横過，路面易於損壞，故改鋪彈石路面，横阻柏油路中，車行既感顛簸，外表復欠整齊，刻擬將彈石路面起去，改築爲碎石柏油路面，亦經擬具預算，計需工料費洋三千四百二十二元九角四分，兩共需洋七千四百零五元九角八分。是否有當，理合檢同預算二份，具文呈請，仰祈鑒核，如蒙

俯准照辦，則乞轉飭財政局照數籌撥，以便興工，實爲公便。謹呈

市長石

計呈繳預算二份。

暫代工務局局長余籍傳

二十一年四月二十八日

▣獎勵人民告發竊盜城磚案

▲訓令工務局：爲獎勵人民告發偷盜城磚，仰遵照由。 訓令府急字第六七二號 二十一年五月九日

爲令遵事：案查前據該局呈復：奉交南京警備司令部函，以本京城防工作，將次竣工，掘出城磚，不得盜用一案，謹將遵辦情形，復請核轉等情；據經函轉，並指令在案。惟念各城門堆存城磚處所，距離較遠，城恐耳目難周，仍不免有竊盜偷運情事茲爲慎重保管起見，應訂獎勵告發辦法，准由人民察覺偷竊城磚事項，向就近各警局或該局告密，一經查明屬實，一面將竊盜人犯解送法辦，一面得就所告發情節之輕重，由該局酌給獎金，以示鼓勵。除佈告並函請警廳飭屬知照遇有此項告密情事，與該局隨時互相通知，查明辦理外，合行令仰該局長即便遵照，並隨時具報備查。此令。

市長石 瑛

▲公函首都警察廳：爲獎勵人民告發偷盜城磚，函請查照，飭屬知照由。 公函府急字第六七三號 二十一年五月九日

逕啓者：案查前准南京警備司令部函：以本京城防工作，將次竣工，掘出城磚；爲數極夥，應即保存，以備修補城垣

頹壞處之需，倘有任意使用或偷竊盜取者，本部定予嚴拿，以破壞防務論罪，函囑查明辦理等由；准經飭據工務局呈復：以此案業經派員查明各城門掘出整碎城磚數量，分別開列估單，

函請

貴廳轉行所屬，切實保管，並佈告在案，呈復鑒核等情；據此，除以：『查各城門堆存城磚處所，距離較遠、誠恐耳目難周，仍不免有竊盜偷運情事，茲爲愼重保管起見，應訂獎勵告發辦法，准由人民察覺偷竊城磚事項向就近各警局或該局告密，一經查明屬實，一面將竊盜人犯解送法辦，一面得就所告發情節之輕重，由該局酌給獎金，以示鼓勵。除佈告並函請警廳飭屬知照，遇有此項告密情事，與該局隨時互相通知，查明辦理外，合行令仰該局長卽便遵照，並具報備查。』等語，令飭該局遵照，並佈告外相應函請

隨時貴廳查照，飭屬知照，爲荷。此致

首都警察廳

市長石　瑛

◻廖士翹呈請修改青島路路綫案

▲廖士翹：爲據呈懇修改青島路之一段，經飭據工務局核復，應自向首都建委會呈請等情，批仰知照由。　批府字第七二二號　二十一年五月十日

呈一件：爲呈懇修改青島路綫之一段，以體民艱由。

呈悉。案經飭據工務局查核復稱：『遵查首都幹路系統圖，係首都建設委員會規定，呈經國民政府核准公布，該青島路爲幹路之一，所請修改路綫一節，事關定案，本局無權辦理，應由該民逕向首都建設委員會呈請。至該民房屋，查係在幹路圖未公布以前建築，本局更不能負任何責任。奉交前因，理合具文呈復，仰祈鑒核。』等情；據此，查所呈各節，自係實情，除指令外，合行批仰知照。此批

市長石　瑛

佈告

■統一本市籌募捐款辦法案

中國國民黨南京特別市執行委員會
南京市政府 佈告 第 號

為佈告事：查本市對於籌募各項捐款，向無統一辦法，以致經募人員，間有中飽情事，流弊滋多，茲經本會本府會同訂定統一本市籌募捐款辦法，以資取締。除由本會呈報
中央執行委員會備案，暨由本府咨請
內政部備案，并令飭社會局遵照外，合行附粘辦法，佈告本市民眾，一體週知。此佈。

附粘統一本市籌募捐款辦法一份。（見本公報第一〇六期法規欄）

中華民國二十一年五月七日

常務委員 周伯敏 黃仲翔 張忠道
市長 石瑛

■獎勵告發竊盜城磚案

南京市政府佈告府急字第六七一號

為佈告事：照得城垣關係防務，至為重要，偷運城磚，向干厲禁，本府工務局前經訂定管理城磚章程，不許私自運用，迭經佈告有案。現准南京警備司令部來函：以本京城防工作，將次竣工，掘出城磚，為數極夥，應即保存，以備修補城垣壞處之需，倘有任意使用，或偷竊盜取者，本部定予嚴拿，以破壞防務論罪，函囑查照辦理等由；准此，經飭據工務局派員查明各城門掘出整碎城磚數量，分別開列估單，函請首都警察廳飭屬保管，並佈告在案。茲為慎重保管起見，試恐各城門堆存城磚處所，距離較遠，耳目難周，仍不免有竊盜偷運情事，特定獎勵告發辦法，凡有察覺偷竊城磚事項，准向就近各警局，或本府工務局告密經查明屬實，一面將竊盜人犯，解送法辦，一面得就所告發情節之輕重，由工務局酌給獎金，以示鼓勵。除函警廳查照，並令工務局遵照外，合再佈告，仰本市民眾，一體週知。此佈。

中華民國二十一年五月九日　　市長石　瑛

■繼續辦理家犬登記案

南京市政府佈告府字第八三六號

為佈告事：照得本市前衛生局舉辦登記家犬，捕捉野犬，原為防止狂犬病症，以及整飭市容起見，現該局業經歸併，所有登記家犬事項，已令本市衛生事務所賡續辦理，以前衛生局所製尚未用完之犬牌，仍准該所繼續使用，至用罄後，再行改製，以免糜費。除捕捉野犬，仍由清潔總隊照舊辦理，並分令外，合行佈告，仰本市民衆一體週知，凡畜有家犬而未登記者，即便前往該所登記領照，以資識別，而免誤捕。此佈。

中華民國二十一年五月十三日　　市長石　瑛

■登記遊船案

南京市政府爲准警備司令部函轉知修正竊賣城磚罰則案致市工務局的訓令（摘自《南京市政府公報》）

（一九三六年三月十三日）

南京市政府公報　公牘　五二

市長馬

附呈支付預算書三份，承攬二份，賬單三份。

工務局局長宋希尚　廿五年二月

▲訓令財政局：爲據工務局呈請飭撥修築童家巷至砲兵學校道路工款一案，仰即籌撥具報由。

訓令第二三八二號　廿五年三月十三日

案據工務局呈請撥飭修築中央黨部後面童家巷至砲兵學校道路工款一千二百廿四元六角應用等情，附呈工程承攬及支付預算等件到府，據此。查此項工程及工款，均經本府核定，應准照撥。除指令外，合行檢發原預算二份，令仰該局分別存轉，并籌撥具報。此令。

檢發預算二份。

市長馬超俊

■轉知修正竊賣城磚罰則案

▲訓令工務局：爲准警備司令部函，爲奉軍委會指令，修正盜賣首都城磚罰則四條，請協助辦理等情，令仰遵照由。

訓令第二四〇一號　廿五年三月十三日

案准

南京警備司令部本年三月六日警副字第一五號公函開：

『查管理首都城磚，首都警察廳曾經擬訂辦法，於去（廿四）年六月奉准施行在案。茲奉軍事委員會本年二月廿五日執三字第七四二號指令，修正竊賣城磚罰則四條，原文如左：一，竊取城磚者，以盜軍用品論罪。二，盜賣者，加重處分。三，明知其爲盜賣城磚而故買者，以收買贓物科罰。四，除修理城牆外，無論公私建築，概不得使用舊城磚　等因，奉此。除分令憲警認真辦理查拿外，又嗣後公私拆屋，發見城磚，應責成警察報告，由公家收買，相應函請查照協助辦理。』

等由：准此，合行令仰該局遵照。

此令。

市長馬超俊

■整頓各種車輛及訓練各種車夫案

▲指令工務局：爲據呈復會同警察廳商定整理各種車輛以及各種車夫分期分區召集訓練辦法四項，准予如呈辦理由。

指令第二五四四號 廿五年三月十七日

呈一件：爲呈報奉令會同警察廳商定整理各種車輛，以及各種車夫分期分區召集訓練辦法四項，請鑒核由。

呈悉。准予如呈辦理，仰即迅速逐項籌辦，幷將辦理情形，隨時具報。此令。

市長馬超俊

（原呈見呈第二五四四號）

▲呈軍事委員會：爲據工務局呈復，會同警察廳商定整理各種車輛以及各種車夫分期分區召集訓練辦法四項，呈報鑒核由。

呈第二五四四號 廿五年三月十七日

竊市長於本年二月十九日，奉

鈞長手諭，飭取締載重逾量車輛，整理各車夫服裝，取締破舊車輛，及車夫行車時吸烟，與分期分區召集各種車夫訓練等因，奉經令飭本市工務局並轉函警察廳遵照在案。茲據工務局呈復稱：

「遵經會同警察廳商定進行辦法數項，茲謹臚陳如下：一，取締裝載逾重車輛，查各種車輛之載重量，均有明白規定，如人力車自行車均不准乘坐兩人，至各種汽車載客及載貨重量，亦均於行車執照內載明，以資遵

南京城墻檔案

城磚的保管與利用

貳
城磚保管辦法

南京特別市工務局管理城磚規則（摘自《首都市政公報》）（一九二八年十二月五日）

第三條　凡呈請標買市有基地灘地者須自行調查明白繪具圖說詳註坐落四至經土地局派員查明屬實估定地價提交土地評價委員會評定地價後公告標賣之

第四條　凡呈請標買之基地灘地經土地局查明認爲有產權不明者卽將坐落四至登報公告於一個月後如無人向土地局聲明並驗契據卽由土地局派員勘丈按照第三條第一項規定標賣之

第五條　凡願投標者於標賣公告後十日內須向土地局領取投標證並須預繳標賣底價五分之一之保證金保證金准於得標後繳納地價時扣除之其未得標者照數發還

第六條　凡投標人須於土地局所定開標日期將投標證塡明標買價額後用火漆封固投入土地局所備之投標規內俟開標時當衆宣示之

第七條　投標開標日期同日行之其日期時間及地點由土地局訂定公告

第八條　開標時由本市政府派員涖場監視

第九條　標價以土地評價委員會評定之價爲底價後以超過底價最高者爲得標如最高標價有兩標以上相同時用競投法決定之

第十條　凡得標人須於得標之日起七日內向土地局繳足標價領取營業執照應繳執照費一元手續費一元繪圖費五角如逾期不繳價者卽將所繳之保證金沒收另行標賣

第十一條　本章程如有未盡事宜得隨時修正之

第十二條　本章程自公布之日施行

南京特別市市政府工務局管理城磚規則（十七年十二月五日第二十七次市政會議通過）

第一條　凡在本市區內所有城磚概歸本局管理適用本章程之規定其他磚類不在此限

第二條　無論機關團體或私人所堆存之整碎城磚未經向本局登記者應一律充公作爲市有公物

第三條　凡本市區內房屋如有以城磚砌爲墻壁者遇塌壞或拆下時該項城磚應聲請本局登記經登記後得在原地建造應用如推運別處須得本局許可給予推運執照方准推運如毋須使用該項城磚時亦應聲明由本

局給價收買其價格另定之

第四條　無論機關團體或私人需用城磚時須向本局聲請購買經許可後方准繳價領運但不得輾轉私相賣買

前項購買城磚之聲請書應記明機關或團體名稱或聲請人之姓名年歲籍貫住址職業及購買之原因與數量

第五條　凡依前條之規定經本局許可繳價領運者由本局給予推運執照

第六條　凡領得前項推運執照者須於推運完畢後一日內繳銷其逾期不繳銷者處以十元以下之罰金

第七條　如推運執照與所推運之城磚數目不符者以私運城磚論

第八條　如有違背本章程第三第四第七各條之規定私賣私買及私運城磚者一經查獲除將運具及城磚一律由本局沒收充公外並分別處以三十元以上五十元以下之罰金

第九條　凡告發主使私賣私買及私運城磚者因而查獲處罰者以罰金四成充賞之

第十條　本章程如有未盡事宜得呈准市政府修正之

第十一條　本章程自呈奉市政府核准公佈之日施行

南京市工務局關于登記和保存城磚的布告（第三號）（摘自《南京市政府公報》）（一九三二年三月二十二日）

米糧價格表 以三月二十六日起至四月一日止爲有效期間

種類	上週評定價	本週評定價	備考
上黑熟	一二，三〇	一二，一〇	另加運費及商店夥友生活費計中華門外，角城內八寸關五角至，角
上洋熟	一二，〇五	一二，〇〇	
上黃熟	一一，七五	一一，四〇	
中黃熟	一一，四五	一一，二〇	
一等機米	一〇，三〇	一〇，三〇	
二等機米	九，六〇	九，六〇	
三等機米	九，〇〇	九，〇〇	

麵粉價格表 有效期間同前

批發	每袋	三元〇六分	不另加運費
零售	每袋	三元〇八分	

中華民國二十一年三月二十六日

主任胡宗王

◻保存城磚案

南京市工務局佈告第三號

爲佈告事：照得本局前經規定管理城磚章程，呈奉
市政府核准公佈，並迭經通告，無論機關團體，或私人所有之整碎城磚，均須按章登記，各在案。惟查遵章登記者固多，而隱藏不報者，亦屬所在多有。現奉
市政府轉下
軍政部令，將本市城磚妥爲保管，留備修城之用，即屬因公需要，亦須報部同意等因；自應一體遵辦。所有本市未經向本局登記之整碎城磚，應即按章充公，儲備公用。至已登記堆存，或以舊屋牆壁拆除者，如須推運時，亦應按照定章，呈經本局許可，發給推運執照，方准推運，否則即屬私運。除派員切實調查外，合再佈告週知，其各遵照毋違！切切！此佈。

中華民國二十一年三月二十二日　　局長張劍鳴

南京市土地局佈告第十二號

■李善源聲請補契案

爲佈告事：案據李善源以坐落絨莊街地產，契據遺失，聲請補契等情到局；業經派員勘丈，東至絨莊街，南至郭姓羅姓何姓，西至朱姓韓姓，北至余姓王姓高姓，面積一畝四分六厘四毫一絲。合行佈告週知，如有利害關係人，對於上列地產，聲明異議，應自佈告之日起，於一個月內，提出理由書，以憑核辦。特此佈告。

中華民國二十一年三月十七日　　局長周湘

南京市土地局佈告第十四號

■徐竹卿聲請補契案

南京市政府爲廢止管理城磚章程及限制采運市區内山石辦法案致市工務局的指令（摘自《南京市政府公報》）

（一九三五年三月五日）

三）租地建築及修繕，或佃戶在地主地上自行建築佃房，報告時除須繳驗租約借據或合同外，是否要地主繳驗契據。（四）鄉區建築除有包工者外，多係自購材料，僱用工匠，代爲修建，並無包工合同，報告給證，包工人一格可否改用僱工工頭名義，抑係如何，合同一格是否不塡。以上四點，不能明白，請鑒核指令祗遵。」

等情，據此。當經發交工務局核復去後，玆據復稱：

「遵按原呈提出各點逐項核擬如下：（一）本規則第三條所載之道路，係指每一鄉村或鎭市中之重要街道而言，其偏僻巷路無多數人通行而自不適用本規則。（二）臨街搭蓋蘆棚，亦須報告給證，以免伸出礙路。（三）如不呈驗地契，則須於許可證上註明「地上如有糾紛由呈報建築人負責解決」字樣，或加蓋同字樣之木戳。（四）由房主自行呈報，其報告書內包工人與合同兩格，得介免塡。以上核擬各節，是否有當，理合檢同原文件呈復，仰祈鑒核轉令遵照。」

等情前來。經復核解答各點尙無不合。合行令仰該區長轉飭遵照。

此令。

市長石　瑛

▣廢止管理城磚章程及限制採運市區內山石辦法案

▲指令工務局：爲據呈請廢止管理城磚章程，及限制採運市區內山石辦法，應予照准。仰遵照由。

指令第二三一七號　廿四年三月五日

呈一件：爲原頒之管理城磚章程，及限制採運市區內山石辦法，均不適用，擬請予以廢止由。

呈悉。所請應予照准。惟管理城磚事務，既已由首都警察廳負責應候轉函該廳查照。又查限制採運山石辦法，廢止之後，市區內山石，難免不發生到處亂開之弊，應由該局另採有效辦法，嚴予監督，以資限制。除將該南京特別市市政府工務局限制採運市區內山石辦法，一併明令廢止，並函警察廳外，仰卽遵照辦理。此令。

市長石　瑛

（原呈見公函第二三一八號）

▲公函首都警察廳：爲廢止管理城磚章程，請查照由。

公函第二三一八號　廿四年三月五日

案據本市工務局呈稱：

「案查本局於十七年十一月間，爲限制移運防止偷盜起見，曾擬定管理城磚章程，呈奉鈞府核准公布施行在案。嗣於二十年十一月間，軍政部咨飭將本市城磚，責由首都警察廳保管，即經照辦。所有公私建築需用整塊城磚，須經軍政部核准，令知本京軍警機關後，方能搬運，其碎塊城磚，由請運人呈經本局照章調查，果係私人所有，准予給證搬運，亦須函知軍警機關查照，方可放行。數年以來，前項章程原定條文，多不適用。既有軍政部明令警廳保管成案，似應將管理城磚事務，完全移請警廳辦理，以一事權，而專責成。前項章程，擬請予以廢止。」

等情，據此。除將該南京特別市市政府工務局管理城磚章程，明令廢止，並指令外，相應函請

查照。

此致

首都警察廳

市長石　瑛

▲南京市政府令　廿四年三月五日

茲將十七年十一月本市頒行之南京特別市市政府工務局管理城磚章程，及南京特別市市政府工務局限制採運市區內山石辦法，一併廢止之。此令。

市長石　瑛

□轉知杭瓶瓶湖雙兩路長途汽車公司不得在京杭國道段內征收營業汽車通行費但大小營業

僞國民政府軍事委員會、僞行政院、僞南京特別市政府等關于重行頒布執行《南京特別市城磚保管辦法》的一組文件

（一）僞南京特別市政府致僞國民政府軍事委員會的呈文（一九四一年五月二十七日）

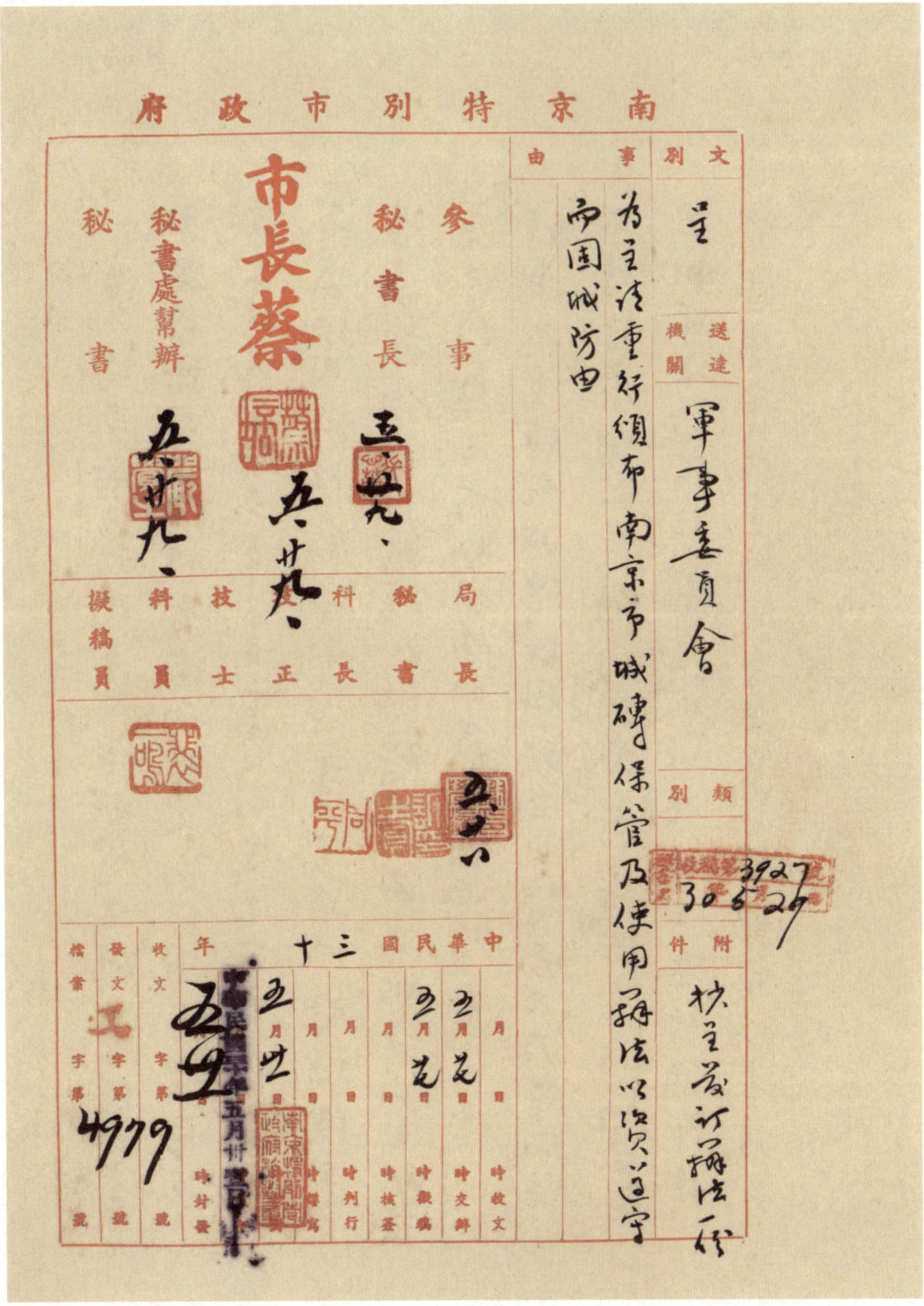

業據本府工務局呈稱查城磚為修築城牆之
主要材料因與防務有關向禁人民私用並經前軍
委會於民國二十五年十月二十四日制定南京市城磚保
管及使用辦法嚴密取締事變以後城牆損壞之處
甚多雖經迭次修復但城磚一項不免被宵小之徒
乘未修復之前私自偷取藏匿因而常有買賣城
磚情事發生值茲城磚材料缺乏之時若不及早取締
不特將來需用時煩難困難亦有影響本京治安之虞
且此前訂辦法已不適用擬請轉呈重行頒布俾
資遵守等情查核所呈尚屬切要理合抄呈前訂

城磚保管及使用辦法一份具文呈請
鑒核俯飭重行制定頒發以資遵守而固城防實
為公便謹呈
軍事委員會委員長汪
附抄呈前訂南京市城磚保管及使用辦法一份
「全市銜」廿五 〇

中華民國三十年五月廿七日

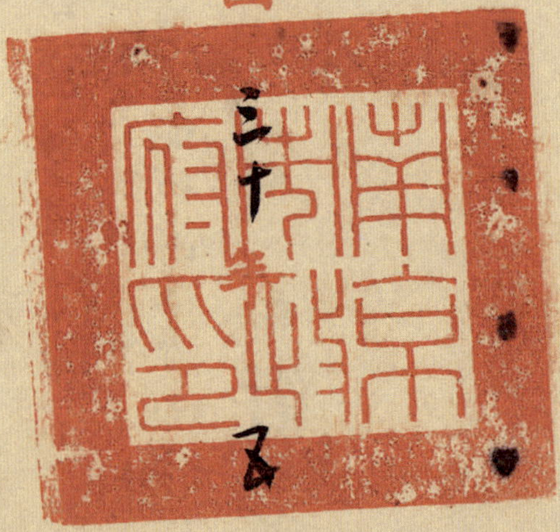

校對

監印

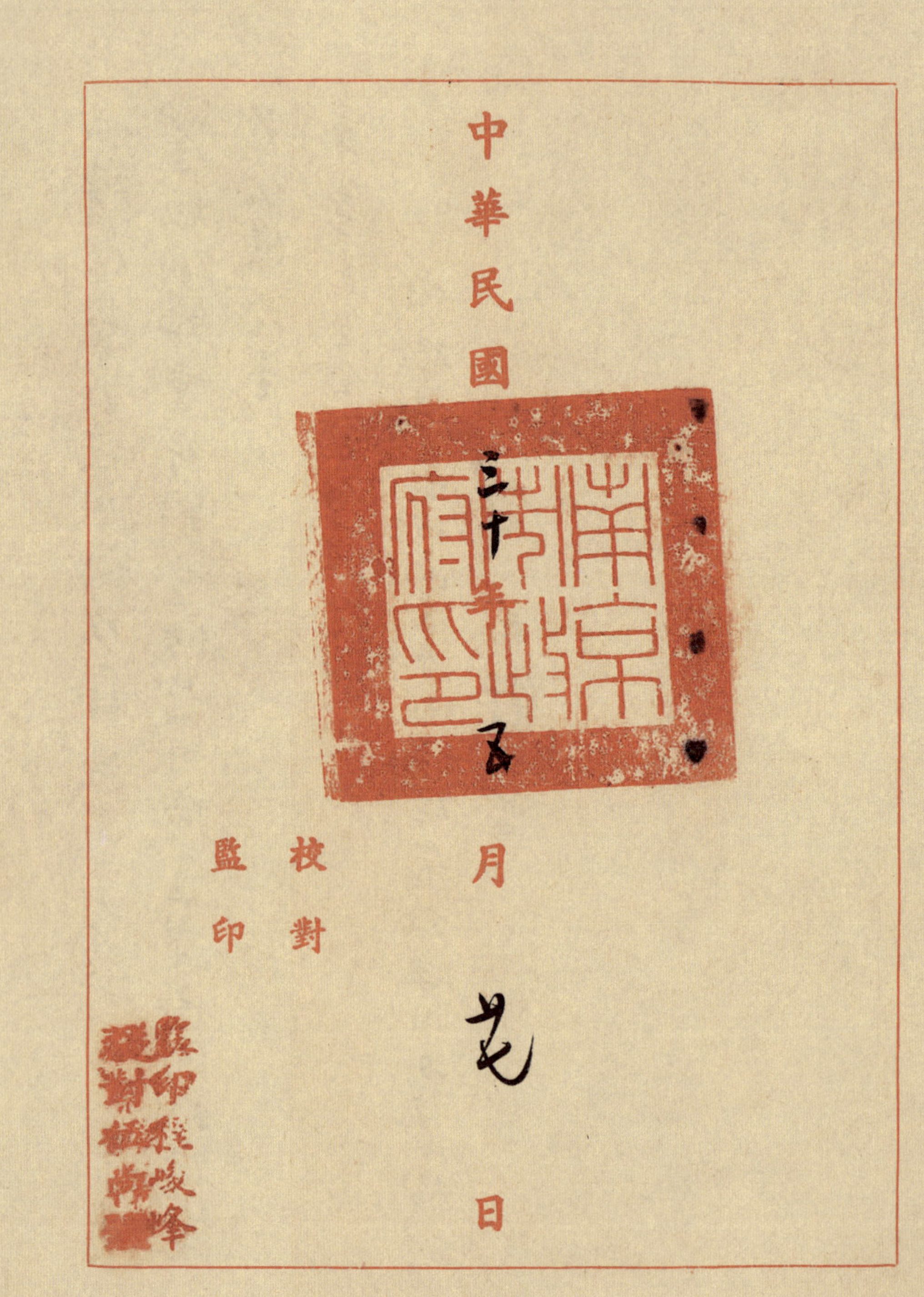

（二）僞國民政府軍事委員會爲檢發《南京特別市城磚保管辦法及使用辦法》致僞南京特別市政府的指令（一九四一年八月十九日）

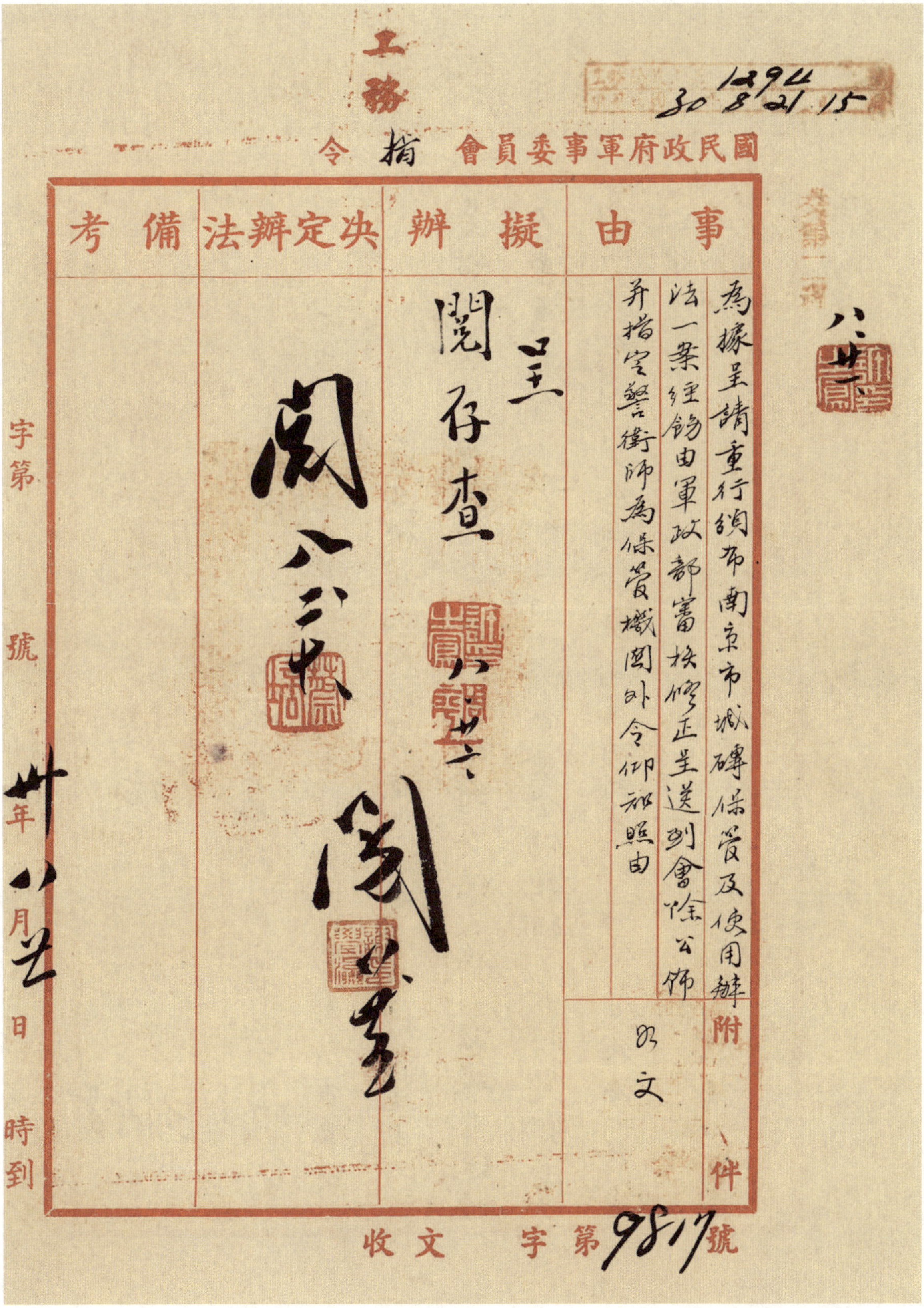

工務

1394
30 8 21 15

國民政府軍事委員會 指令

事由	擬辦	決定辦法	備考
爲據呈請重行頒布南京市城磚保管及使用辦法一案經飭由軍政部審核修正呈送到會除公佈并指定警衛師爲保管機關外令仰祇照由	呈 閱存查 八廿六	閱 八廿六 閱 八廿七	
附件：另文			

字第 號 卅年八月廿二日 時到

收文 字第9817號

國民政府軍事委員會指令

會公字第3548號

令南京特別市市長蔡培

三十年五月三十一日呈一件，為呈請重行頒布南京市城磚保管及使用辦法以資遵守而固城防祈示遵由

呈件均悉。當經飭交軍政部核辦具復去後，茲據呈送修正草案到會，核尚可行，除由會公佈施行，并指定警衛師為保管機關外，合行檢發南京特別市城磚保管辦法一份，令仰知照。

此令。

附城磚保管辦法一份

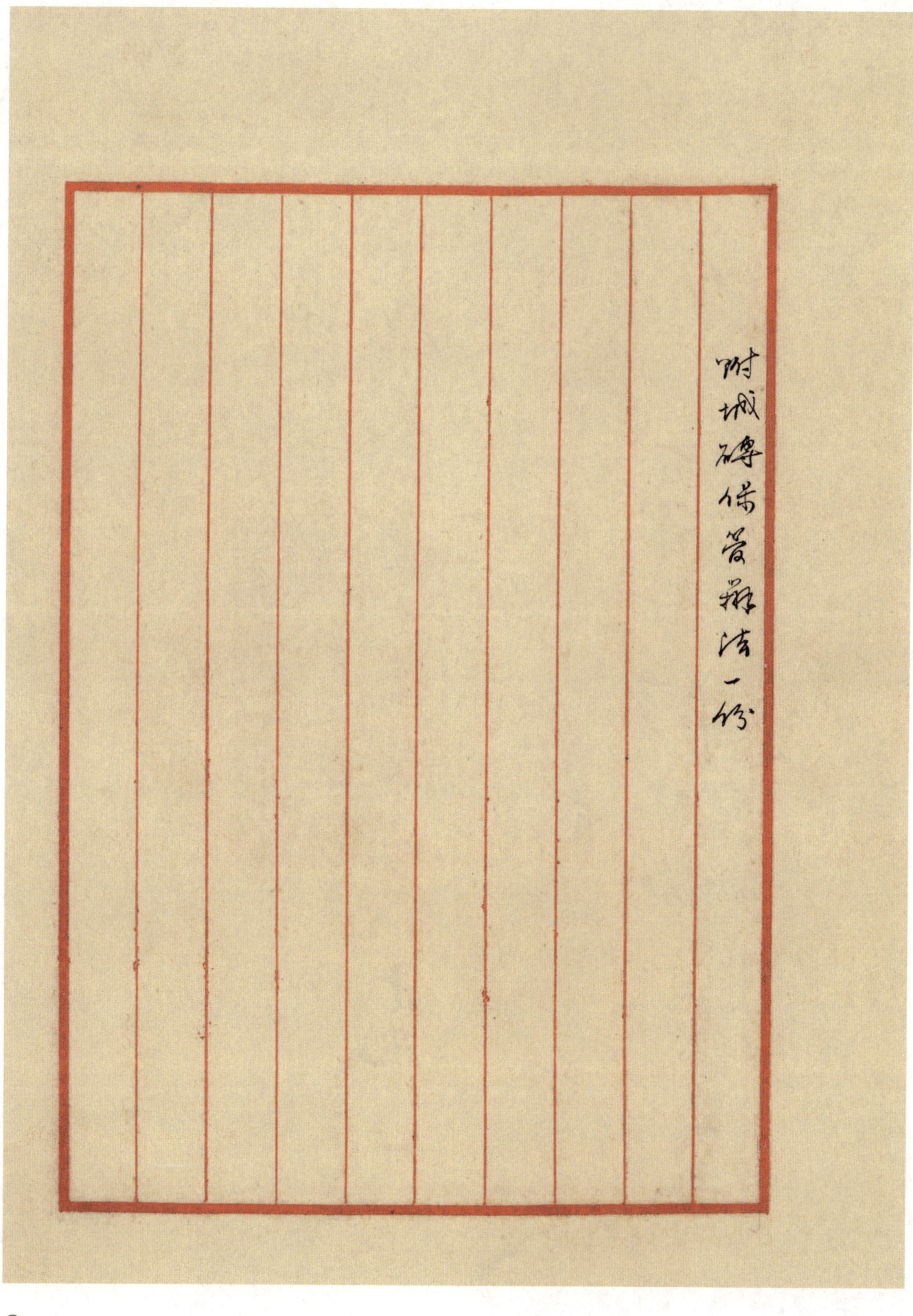

中華民國三十年八月十九日

委員長 汪兆銘

監印 校對 杜華[illegible]

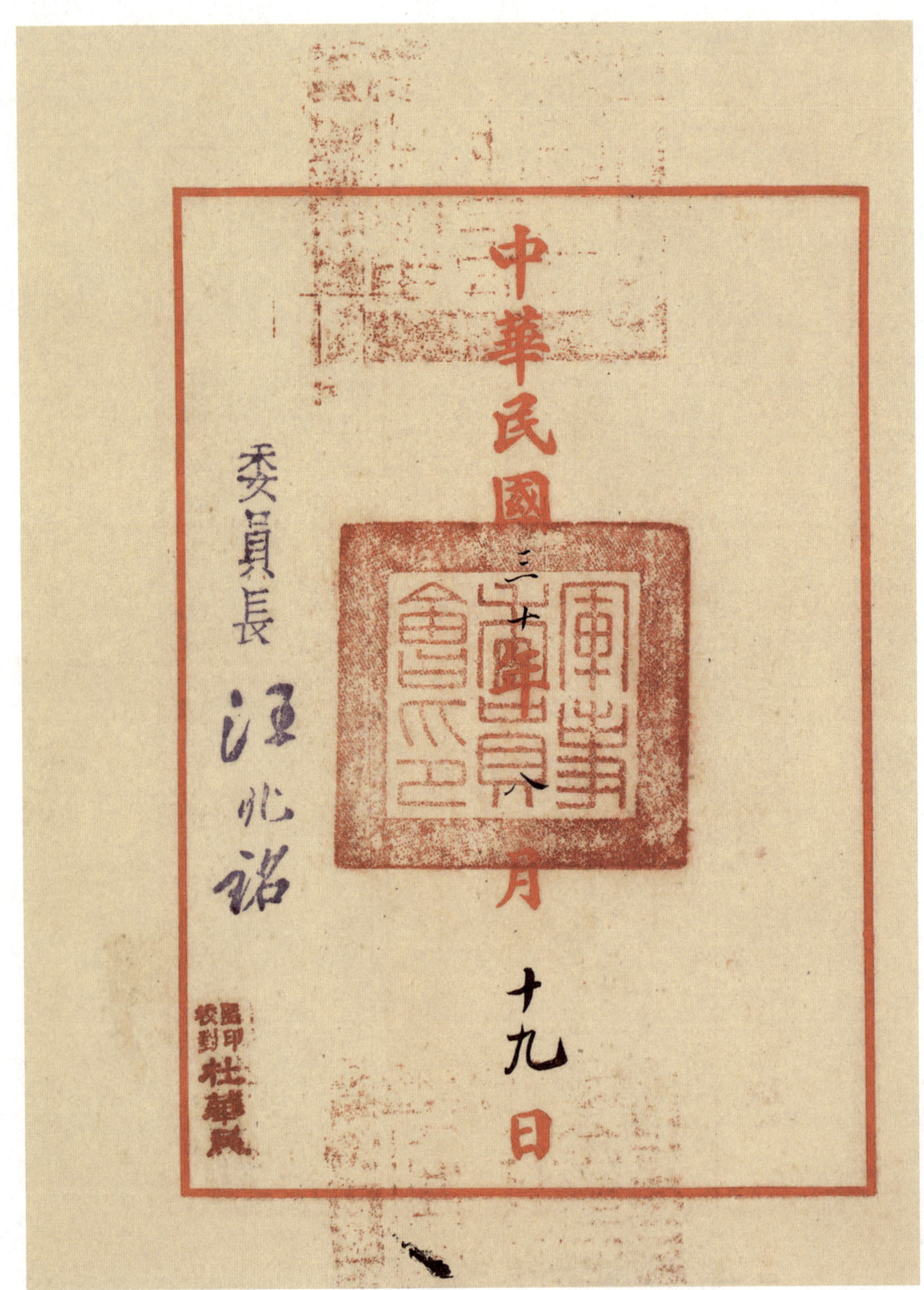

（三）僞行政院爲准行《南京特別市城磚保管辦法》致僞南京特別市政府的訓令（一九四一年八月二十九日）

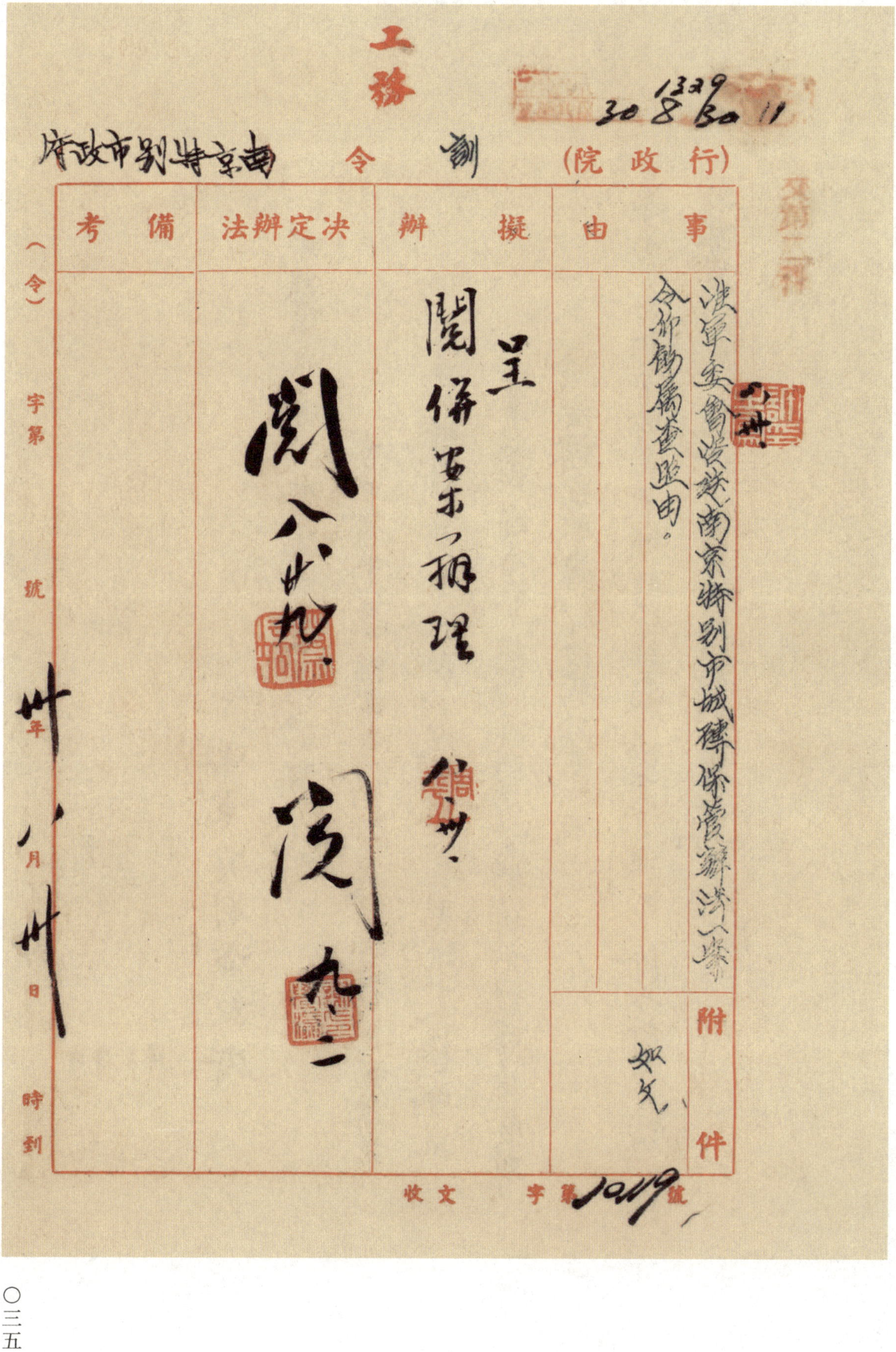
工務

30 8 30 11

1339

（行政院）訓令 南京特别市政府

事由	擬辦	決定辦法	備考
准軍委會送南京特别市城磚保管辦法一案令仰飭屬查照由。	閱 呈 係安案一併辦理 鍇 卅	閱 八卅九 閱 九二	
附件：如文			

（令）字第 號

卅年 八月 卅日 時到

收文 字第1019號

行政院訓令　行　字第3136號

令南京特別市政府

現准軍事委員會會公字第一三四號咨開：

「查本會為鞏固南京城防，及保存舊有城牆起見，特訂定南京特別市城牆保管辦法十一條，除分令并分別咨令外，相應檢同南京特別市城牆保管辦法，咨請查照，轉行所屬一體知照！」

等由；附南京特別市城牆保管辦法一份。准此，除分行外，合行抄發原附件，令仰該市府飭屬一體查照！

此令。

抄發：南京特別市城磚保管辦法一份。

中華民國二十年八月先日

院長汪兆銘

監印張宗燿

校對徐澍

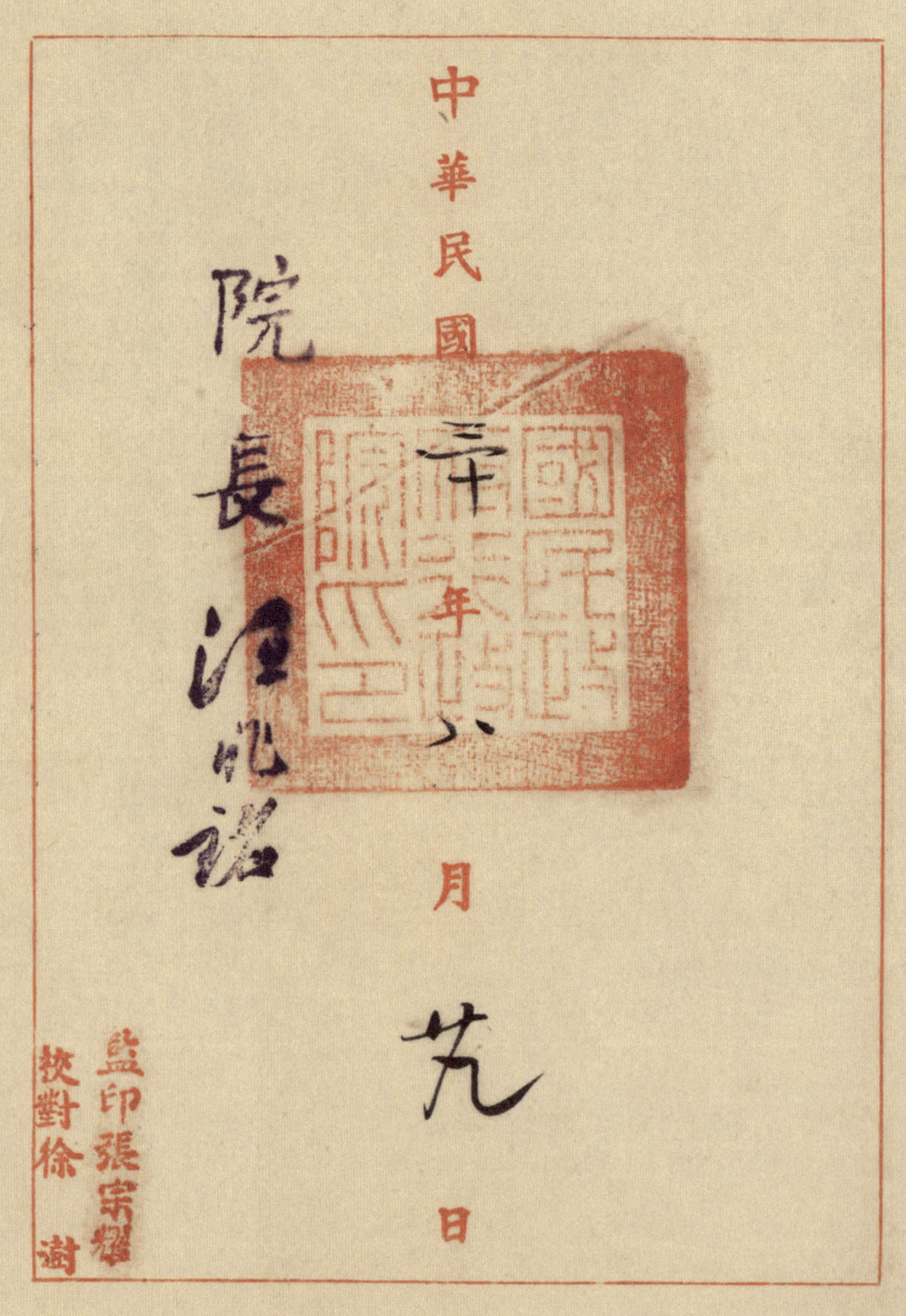

（四）僞南京特別市政府、僞警衛師司令部爲張貼《南京特別市城磚保管辦法》的布告（一九四一年九月九日）

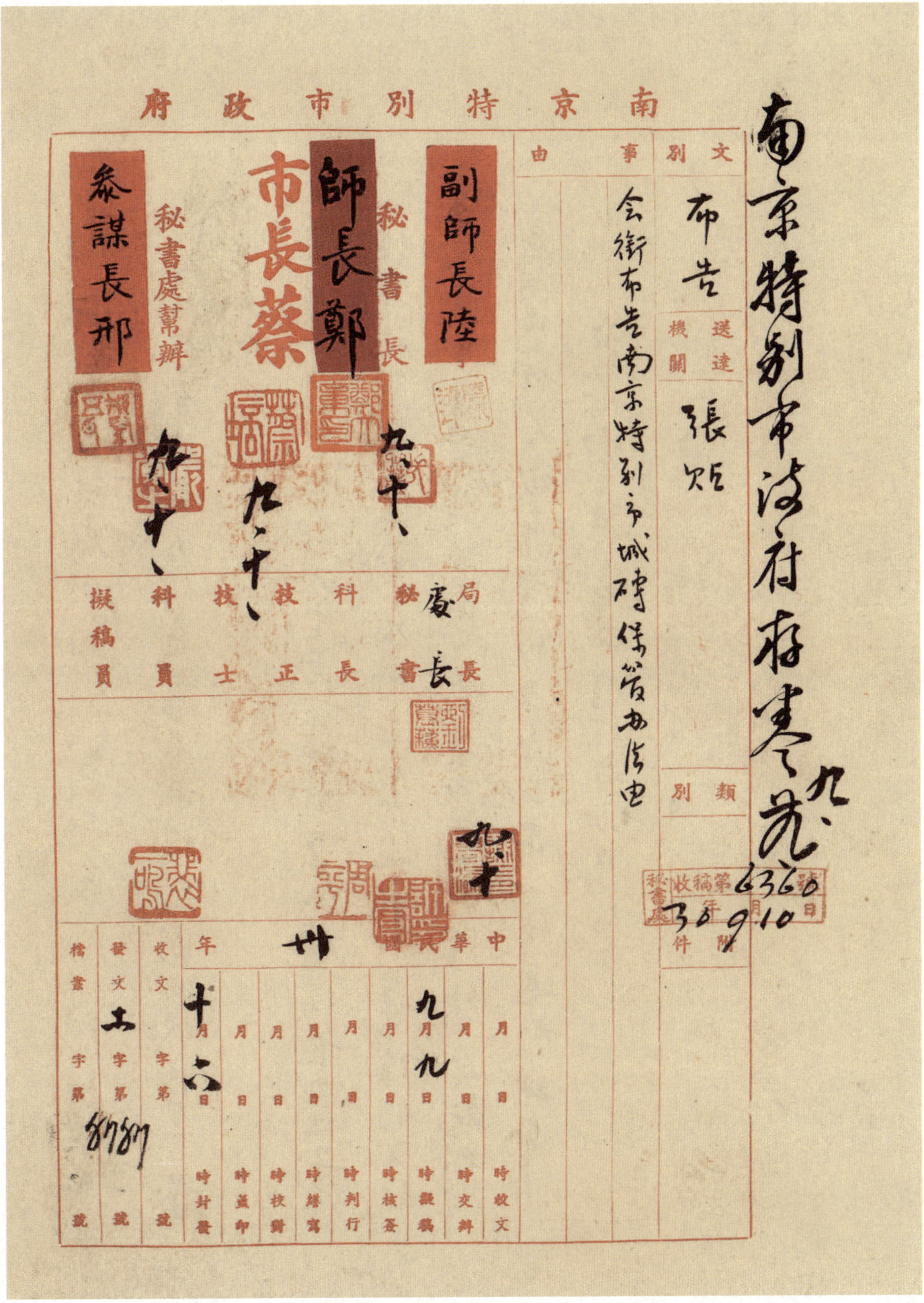
南京特別市政府

南京特別市政府存案

文別：布告

事由：會銜布告南京特別市城磚保管辦法由

送達機關：張炬

副師長陸

秘書長

師長鄭

市長蔡

秘書處幫辦

參謀長邢

局長 處長 秘書 科長 技正 技士 科員 擬稿員

中華民國卅年九月九日

南京特別市政府布告 第 號

警衛師司令部

案查本府前為保存舊有城磚，以固城防起見，業

經呈奉

軍事委員會重行訂定南京特別市城磚保管辦法七條，

經布施行，並指定本警衛師為保管機關在案，除飭工務

局切實遵照辦理，並派員嚴密查察取締外，合行抄附

原辦法一份，會銜布告，仰本市民眾，一體遵知，此布。

計抄附南京特別市城磚保管辦法一份

市長 蔡。。

師長 鄭。。

中華民國廿　九月　日

校對

監印

監印程峻峰

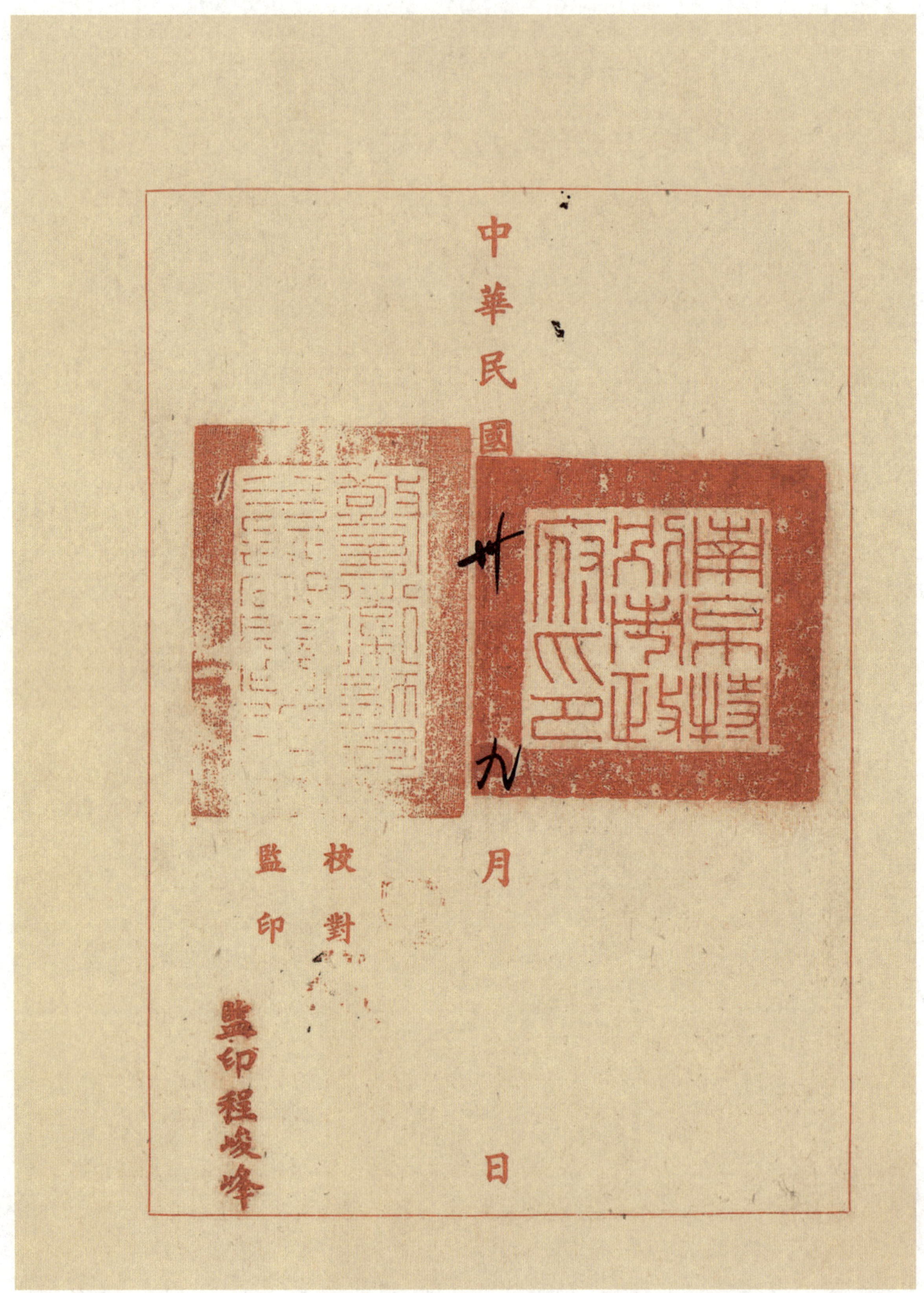

南京特別市城磚保管办法

第一條 本办法為整理南京城防及保存舊有城磚訂定之。

前項城磚指舊時建築南京城墻用磚而言。

第二條 本市區內之机關或人民如存有前項城磚者應將數目地點報由工務局呈报南京特別市政府轉知「警衛師」備案。

前項报告單式另定之。

第三條 凡公私建築前曾使用城磚者如遇傾倒或拆卸重建時不得自行挪用應按第二條規定之办法办理之。

第四條 已據报請登記之城磚由南京特別市政府估價收買並通知「警衛師」備案。

南京特別市工務局

前項收買办法另定之。

第五條　前項城磚除儲作修繕城墻外不得移作他項建築之用。

第六條　因修理城墻而搬運城磚時應由南京特別市政府發給搬運証註明用途并通知「警衛師」備案。

前項搬運証另定之。

第七條　除有意圖破壞城防應依其他法令處理外凡積存城磚而不报請登記者得按情節之輕重處以一元以上一千元以下之罰金。

前項罰金無力繳納時易科監禁以一元以上三元以下折抵一日。但監禁期限至多不得逾六個月。

第八條　私自使用城磚或私行買賣者處六個月以上三年以下有期徒刑。

第九條　明知為城磚仍代他人用以建築或搬運代窩藏者以從犯論。

第十條　違反本辦法第七條第八條及第九條者應解送「警衛師」訊辦。

第十一條　本辦法自公布之日施行。

本辦法公布後以前之南京市城磚保管及使用辦法廢止之。

南京特別市工務局

内政部、南京市政府、首都衛戍司令部等關于擬訂《南京市城磚收集保存及使用辦法》的往來文件

（一）内政部爲查禁偷掘城磚請迅擬城磚收集保存及使用辦法致南京市政府的公函（一九四八年五月二十七日）

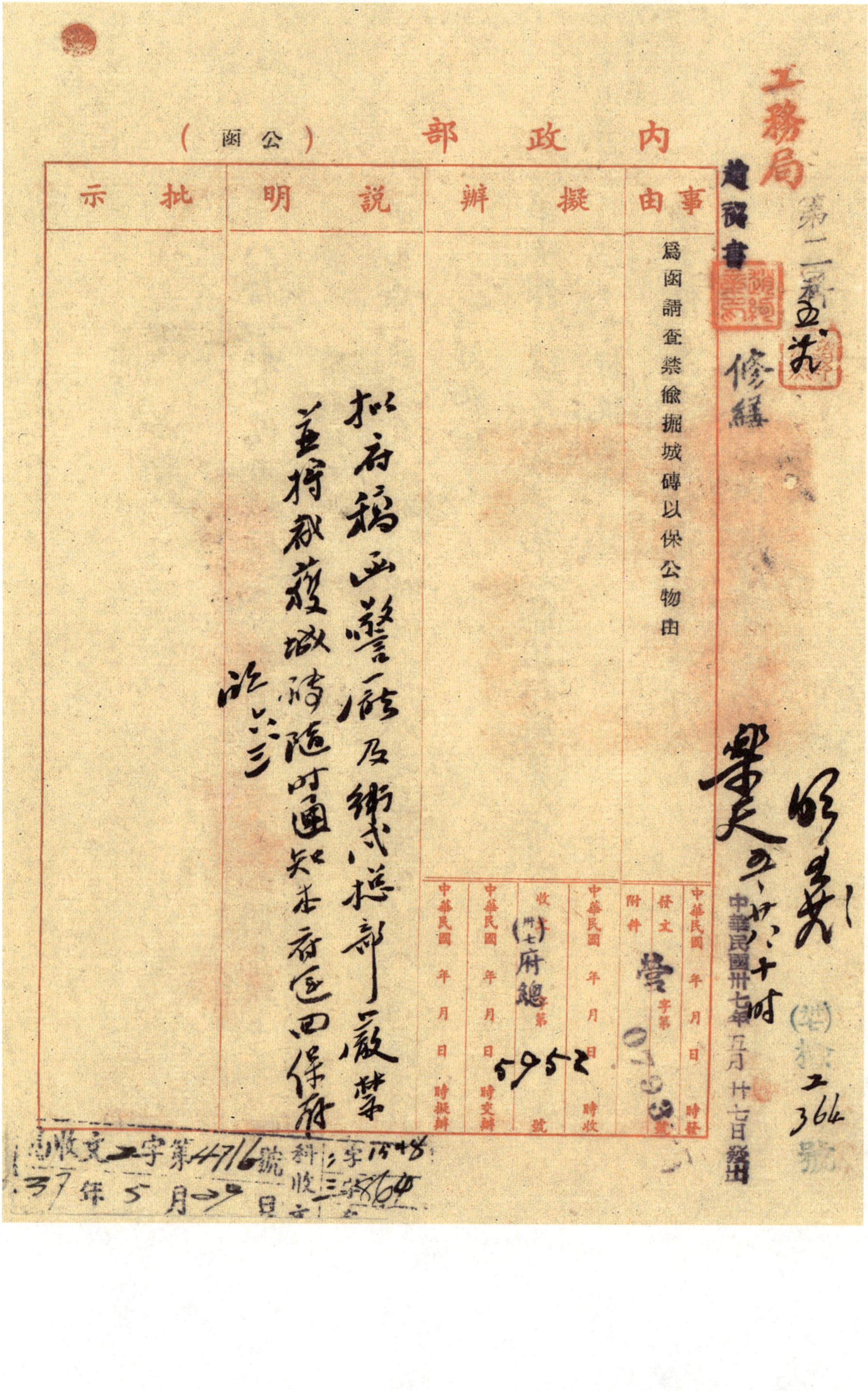

内政部（公函）

事由	擬辦	說明	批示
爲函請查禁偷掘城磚以保公物由	擬府稿函警廳及衛戍總部嚴禁 並將私獲城磚隨時通知本府送回保存		

中華民國卅七年五月廿七日發出

營字第0793號

查城牆係屬國有公物其塌卸城磚除仍用於修理城牆外不准作爲其他用途
私人尤不得掘取使用京市城垣於抗戰期間被日寇破壞甚劇不特城防攸關亦與
觀瞻有繫短時間內亟待修理爲免將來修理城牆時缺之材料所有市內廢棄城磚
尚有收集保存之必要近查時有無知市民偷掘城磚出售圖利情事尤以明故宮一
帶爲甚除令知首都警察廳轉飭所屬一體查禁并函首都衛戍司令部出示嚴禁採
掘盜賣外擬請 貴市政府迅即妥擬收集保存及使用辦法送部備案施行相應函
達即希
查照辦理爲荷此致
南京市政府

部長張厲生

中華民國三十七年五月 日

監印夏潤之

校對朱顯彰

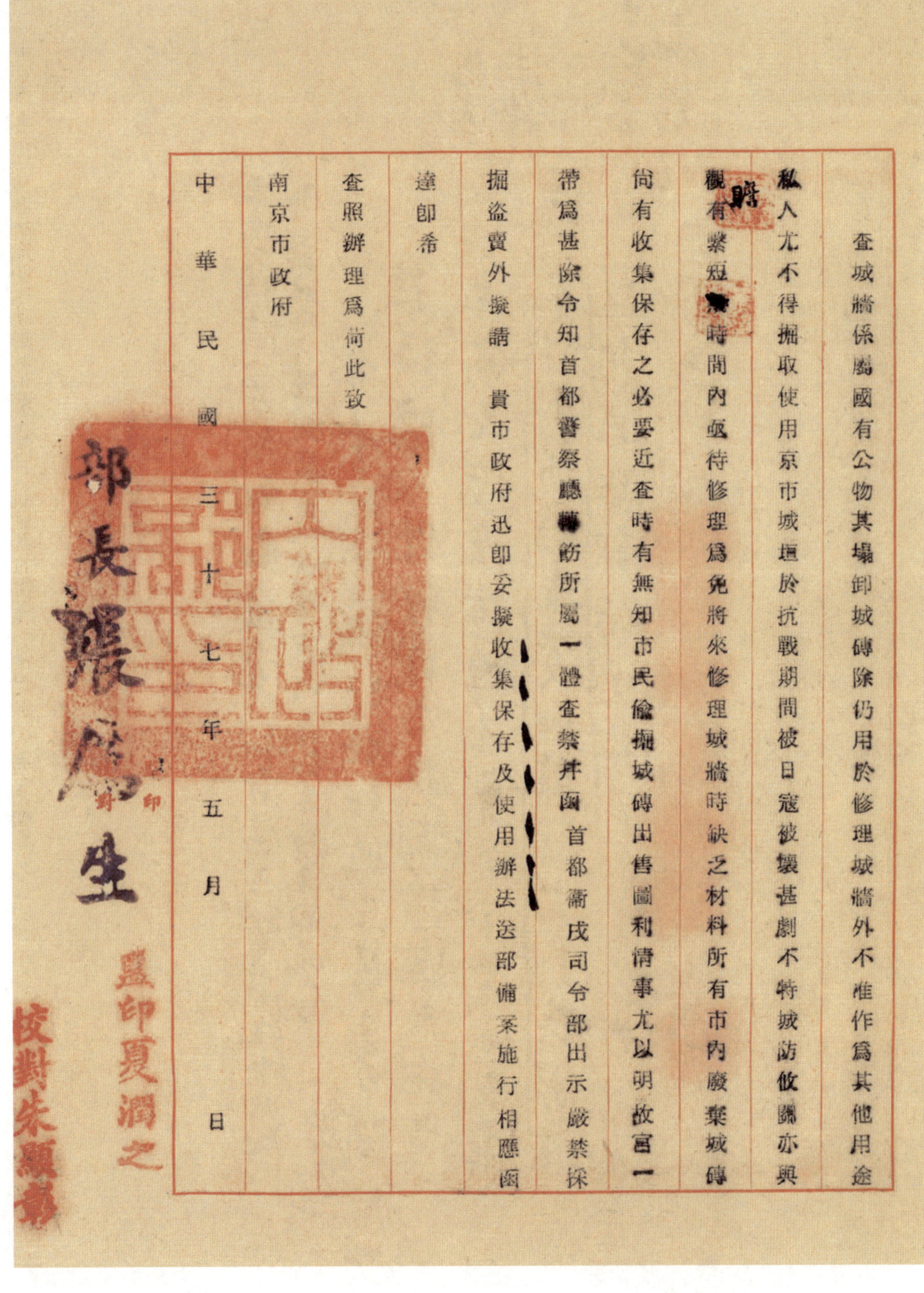

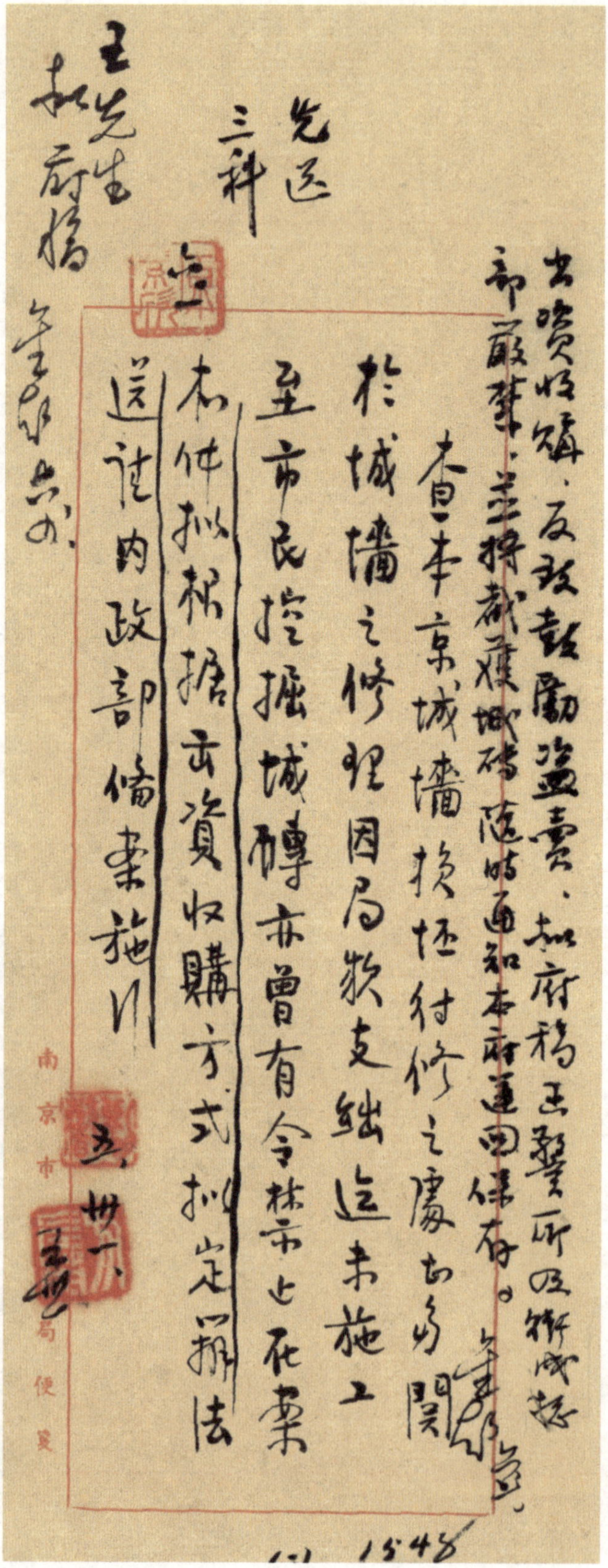

出賣收購、反致鼓勵盜賣，擬府稿函[illegible]所以[illegible]
部嚴禁，並將截獲城磚隨時通知本府運回保存。年錄

查本京城牆損壞待修之處甚多，關
於城牆之修理，因局款支絀，迄未施工。
至市民挖掘城磚，亦曾有令禁止在案。
本件擬根據去資收購方式擬定辦法，
送請內政部備案施行。

五、卅一

先送
三科

王先生
擬府稿

年錄

南京市工務局便箋

1548

（三）南京市政府爲擬訂《南京市城磚收集保存及使用辦法》（草案）的簽注（附件：《一九三六年頒行的南京市城磚保管及使用辦法》手抄件（一九四八年六月二十五日）

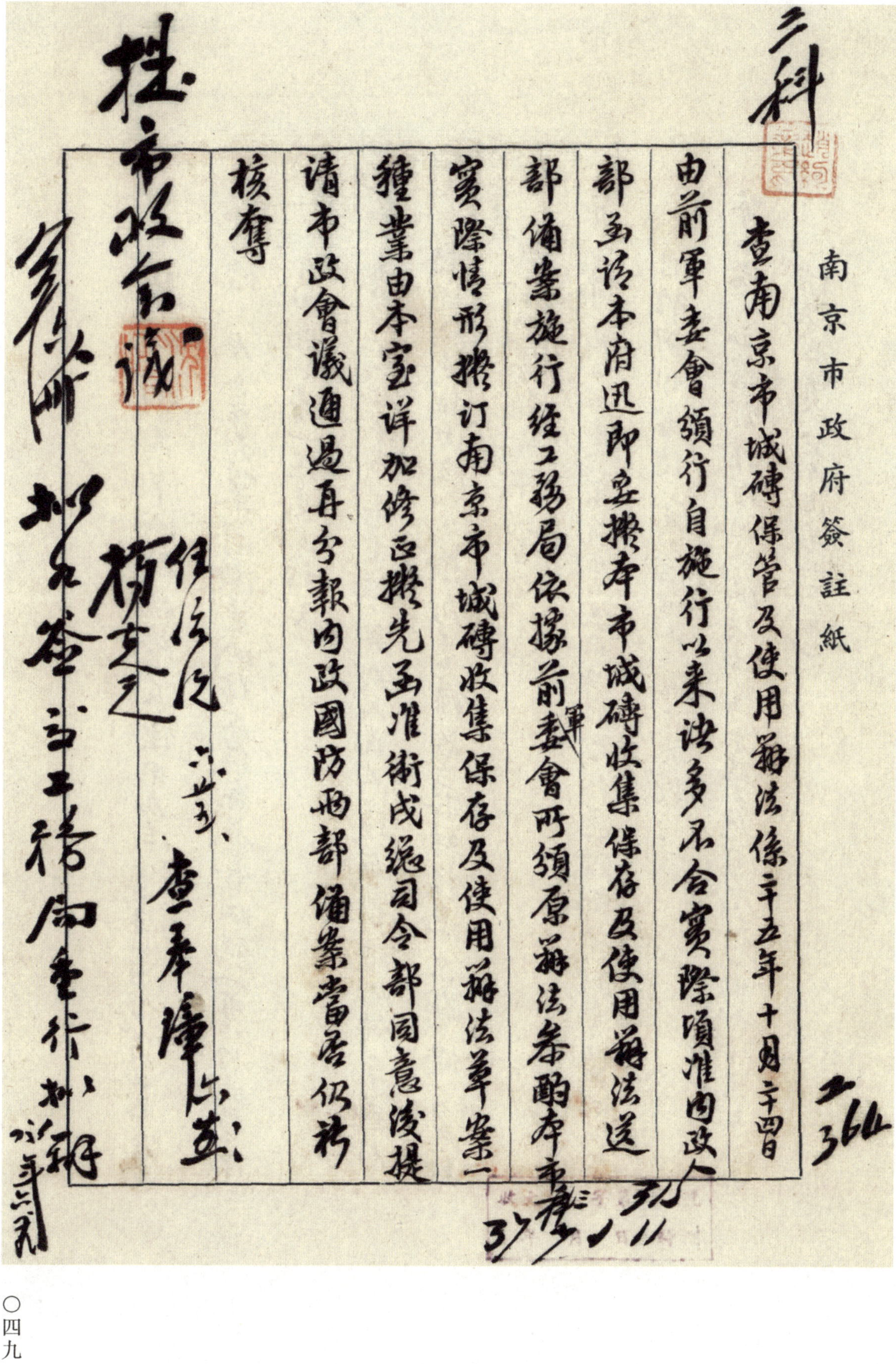
二科

南京市政府簽註紙

查南京市城磚保管及使用辦法係二十五年十月二十四日由前軍委會頒行自施行以來諸多不合實際頃准國防部函請本府迅即妥擬本市城磚收集保存及使用辦法送部備案施行經工務局依據前軍委會所頒原辦法參酌本市實際情形擬訂南京市城磚收集保存及使用辦法草案一種業由本室詳加修正擬先函准衛戍總司令部同意後提請市政會議通過再分報內政國防兩部備案當否仍祈

核奪

擬市政會議

抄附南京市城磚保管及使用辦法 三十五年十月二十四日由軍委會頒行

第一條 本辦法為鞏固南京城防及保存舊有城磚（舊時建築南京城牆之磚）起見而訂之

第二條 凡在本市區之機關或人民如積有前項城磚者應將數目地點報由該管警局呈請警廳轉報南京警備司令部備案（其報告單式另定之）

第三條 凡公私建築前曾使用城磚者如遇傾倒拆卸重建時不得自行挪用應按第二條規定辦法辦理之

第四條 已據報請登記之城磚由南京警備司令部通知南京市政府估價收買（其辦法另定之）

南京市工務局

第五條　前項城磚除儲作修繕城牆外不得移作他項建築之用

第六條　因修理城牆而搬運城磚時由南京警備司令部發給准許搬運証並經城磚所在地及沿途憲警查驗放行（搬運証另定之）

第七條　積存城磚而不報請登記者得按情節之輕重處以一元以上千元以下之罰金

前項罰金無力措繳時易科監禁以一元以上三元以下折算一日

但監禁期限不得逾六個月

第八條　私自使用城磚或私行買賣者處六個月以上三年以下有期

南京市工務局

徒刑

第九條　明知為城磚仍代他人用以建築或搬運及代窩藏者以從犯論

按照前兩條減等治罪

第十條　本辦法自呈准公佈之日施行

本辦法公佈後所有以前之管理城磚規則及盜賣城磚罰則等均廢止之

（四）南京市政府爲《城磚收集保存及使用辦法草案》經市政會議決議應飭市工務局另擬府稿呈核的簽條（一九四八年七月六日）

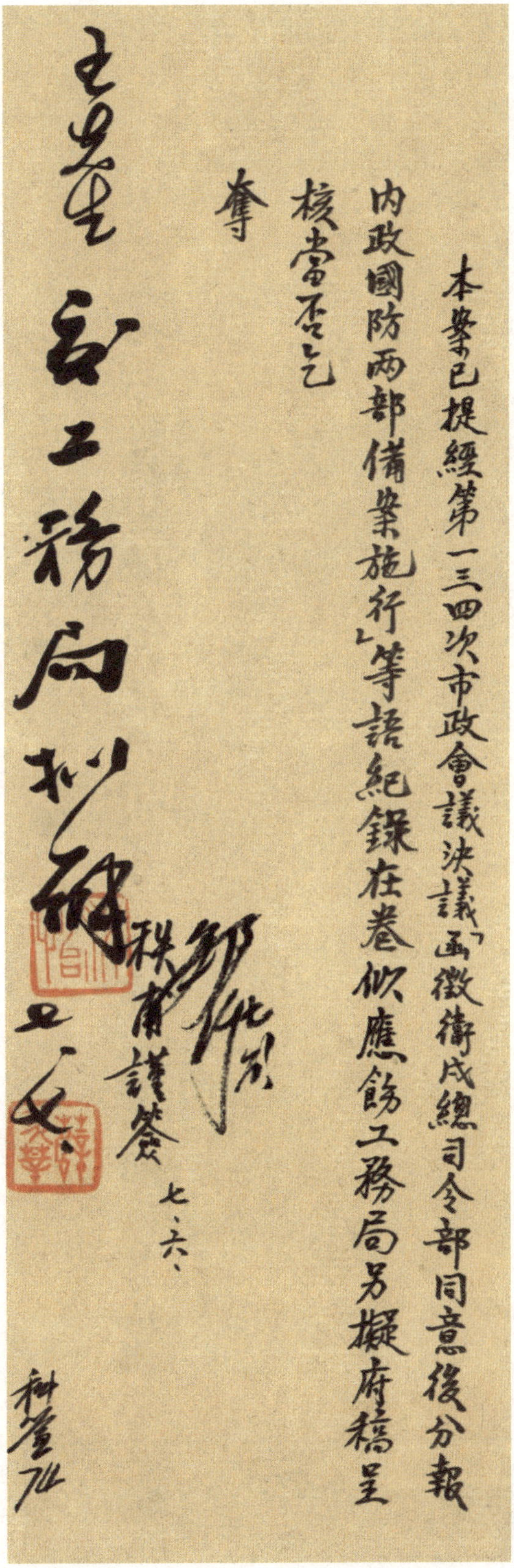
本案已提經第一三四次市政會議決議「函徵衛戍總司令部同意後分報
内政國防兩部備案施行」等語紀錄在卷似應飭工務局另擬府稿呈
核當否乞
奪

謹簽
七、六、

（五）南京市政府秘書處爲《城磚收集保存及使用辦法草案》函徵衛戍司令部同意後分報内政部、國防部備案施行致市工務局的市政會議決議案通知書（附件：《南京市城磚保管及使用辦法草案》）（一九四八年七月五日）

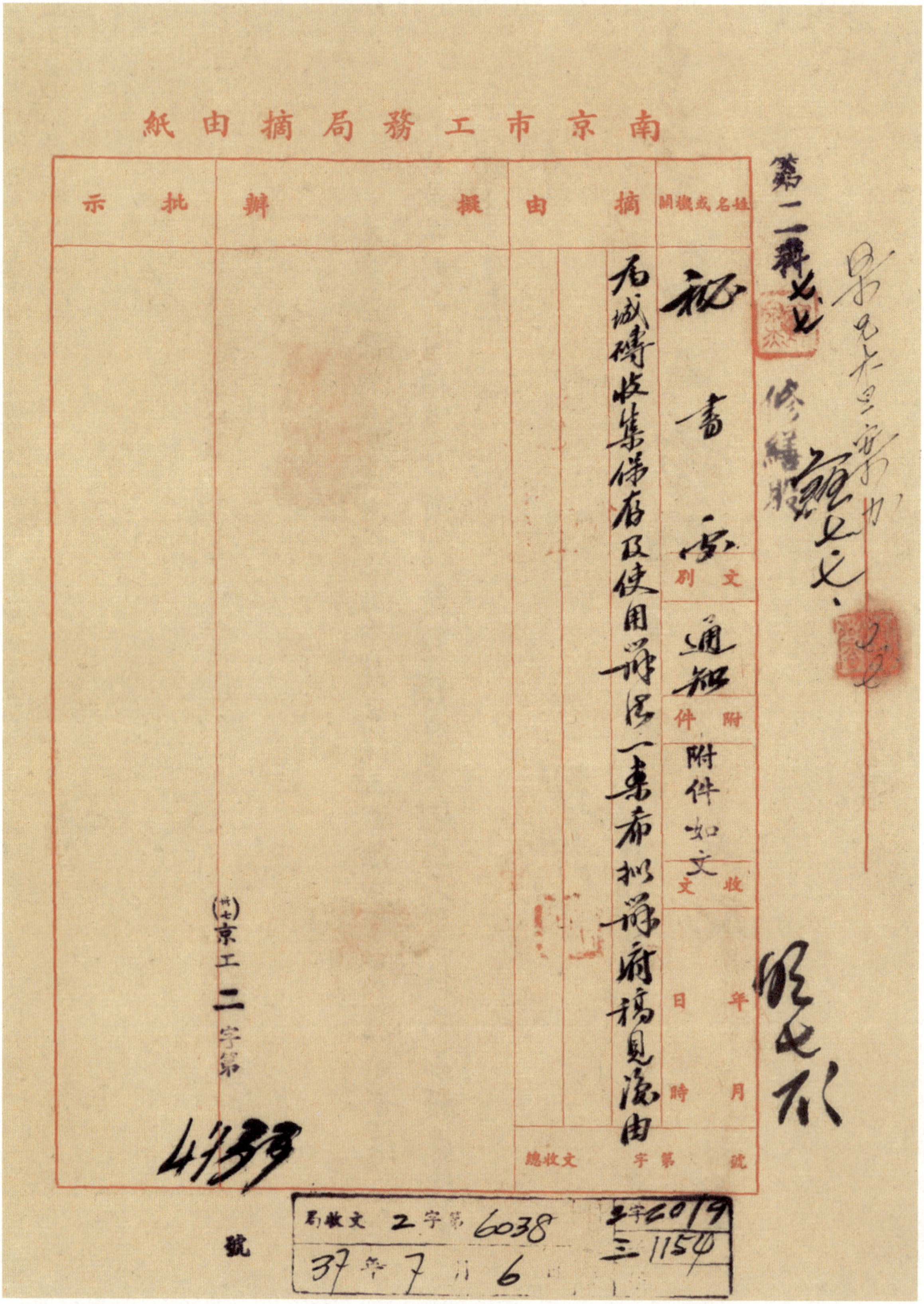

南京市工務局摘由紙

姓名或機關	摘由	擬辦	批示
秘書處	爲城磚收集保存及使用辦法一案希擬辦府稿見復由		
文別：通知			
附件：附件如文			
收文 年 月 日 時			
總收文 字第 號			

（卅七）京工二字第41393號

局收文 二字第6038 二字2019 三1154
37年7月6

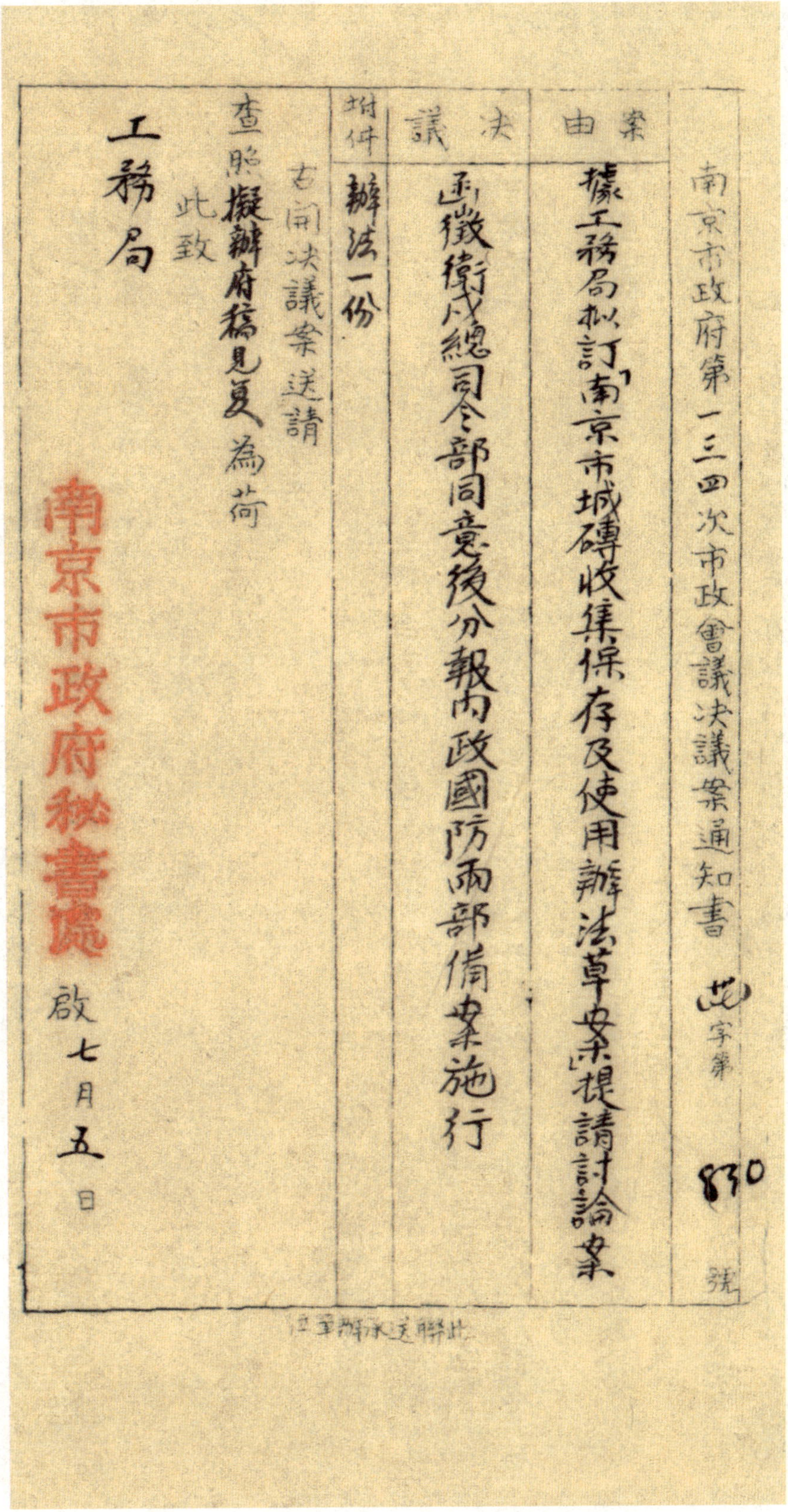

南京市政府第一三四次市政會議決議案通知書 [illegible]字第830號

案由：據工務局擬訂「南京市城磚收集保存及使用辦法草案」提請討論案

決議：函徵衛戍總司令部同意後分報内政國防兩部備案施行

附件：辦法一份

右開決議案送請

查照擬辦府稿見复為荷

此致

工務局

南京市政府秘書處 啟 七月五日

南京市城磚收集保存及使用辦法草案

第一條　首都衛戍總司令部南京市政府為保存舊有城磚儲備修建城牆特訂定本辦法

第二條　舊有城磚除仍用於修建城牆外不得移作他用

第三條　凡在本市區之機關团体或人民存有城磚者均應將所存數量與存放地點報由該管警局轉請首都衛戍總司令部南京市政府分別登記（報告表式另訂之）

第四條　公私建築前曾使用城磚者如遇傾倒或拆卸時除用以修復原建築物仍得使用外其不願或無力修復者不得將城磚移作他用並應將所有城磚數量與塌卸地點報由該管警局轉請首都衛戍總司令部南京市政府分別登記

第五條　城磚塌卸及散落埋置地下之城磚由當地警局調查數量及地點轉請首都衛戍總司令部南京市政府分別登記并由該管警局負責保管

第六條　本辦法第三條第四條已登記之城磚得由南京市政府估價收買其屬於第五條之情形得由南京市政府商同首都衛戍總司令部轉請國防部撥用

第七條　自己或代他人使用買賣搬運挖掘收藏城磚者除將查獲之城磚沒收交由南京市政府保存外並得移送法院依法治罪

第八條　本辦法自公佈日施行并報請內政國防部備案

（六）南京市工務局爲抄送并請核復《南京市城磚收集保存及使用辦法草案》致首都衛戍總司令部的公函（一九四八年七月十日）

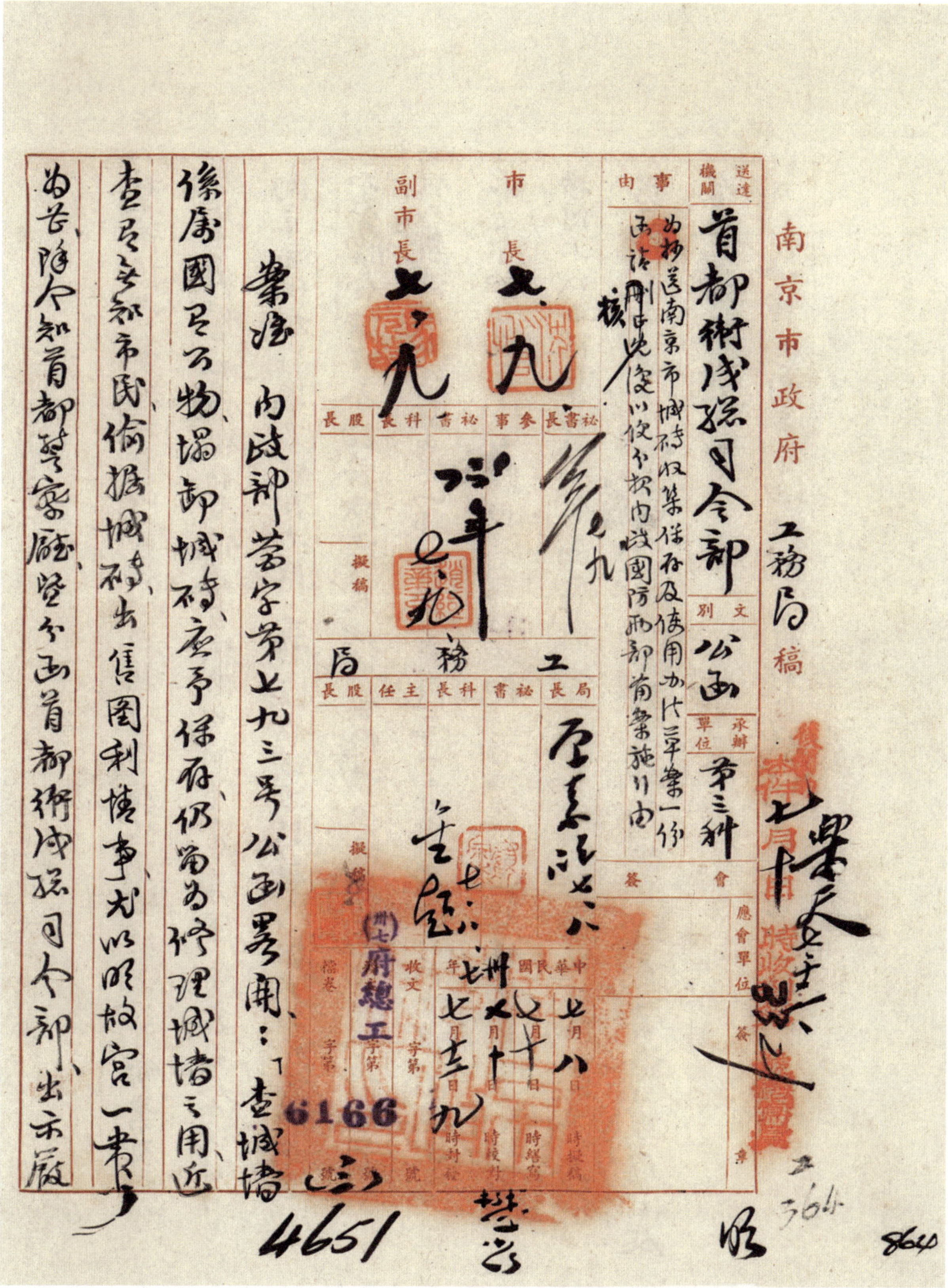
南京市政府 工務局稿

送達機關：首都衛戍總司令部

事由：爲抄送南京市城磚收集保存及使用辦法草案一份函請[illegible]内政國防兩部前案施行由

文別：公函

承辦單位：第三科

市長 副市長 秘書長 參事 科長 股長 擬稿

工務局 局長 秘書 科長 主任 股長 擬稿

中華民國卅七年七月八日

案准

内政部營字第七九三號公函略開：「查城墻係屬國之古物，據郵城磚應予保存，仍當爲修理城墻之用。近查各地市民偷拆城磚出售圖利情事，尤以明故宮一帶……爲此，除令知首都警察廳暨分函首都衛戍總司令部出示嚴[illegible]

6166

4651

業經據咨覆外，相應函請查照擬收集保存及使用辦法，送部備案施行」。

並由查城磚之收集保存及使用，在抗戰以前曾由軍事委員會頒行「南京市城磚保管及使用辦法」一種，惟該項辦法施行既久，與現時情況已不甚脗合，茲經參酌前項辦法及現時實際情況，另擬「南京市城磚收集保存及使用辦法草案」一份，提交本府第一三〇次市政會議決議「函徵衛戍總司令部同意後，分報內政國防兩部備案施行」等語紀錄在卷，相應檢同上項辦法草案一份函請

貴部查照惠予核後，以便分報內政國防兩部備案施行為荷。此致

首都衛戍總司令部

附抄送南京市城磚收集保存及使用辦法草案一份

銜名

抄發

南京市城磚收集保存及使用辦法草案

第一條 首都衛戍總司令部南京市政府為保存舊有城磚儲備修建城牆特訂定本辦法

第二條 舊有城磚除仍用於修建城牆外不得移作他用

第三條 凡在本市區之機關團体或人民存有城磚者均應將所存數量及存放地點報由該管警局轉請首都衛戍總司令部南京市政府分別登記（報告表

南京市政府

式另訂之）

第四條　公私建築前曾使用城磚者如遇傾倒或拆卸時除用以修復原建築物仍得使用外其不願或無力修復者不得將城磚移作他用并應將所有城磚數量與堆卸地點報由該管警局轉請首都衛戍總司令部南京市政府分別登記

第五條　城牆塌卸及散落埋置地下之城磚由當地警局調查數量及地點轉請首都衛戍總司令部南京市政府分別登記并由

該管警局負責保管

第六條　本辦法第三條第四條已登記之城磚得由南京市政府估價收買其屬於第五條之情形得由南京市政府商同首都衛戍總司令部轉請國防部撥用

第七條　自己或代他人使用買賣搬運挖掘收藏城磚者除將查獲之城磚沒收交由南京市政府保存外並得移送法院依法治罪

第八條　因修理城牆而搬運城磚時由首都衛

南京市政府

戍總司令部發給搬運證（搬運證式另

訂之）

第八條 本辦法自公佈日施行並指請內政國防部備案

（七）首都衛戍總司令部爲同意《南京市城磚收集保存及使用辦法草案》并請主辦報備致南京市政府的代電（一九四八年七月十七日）

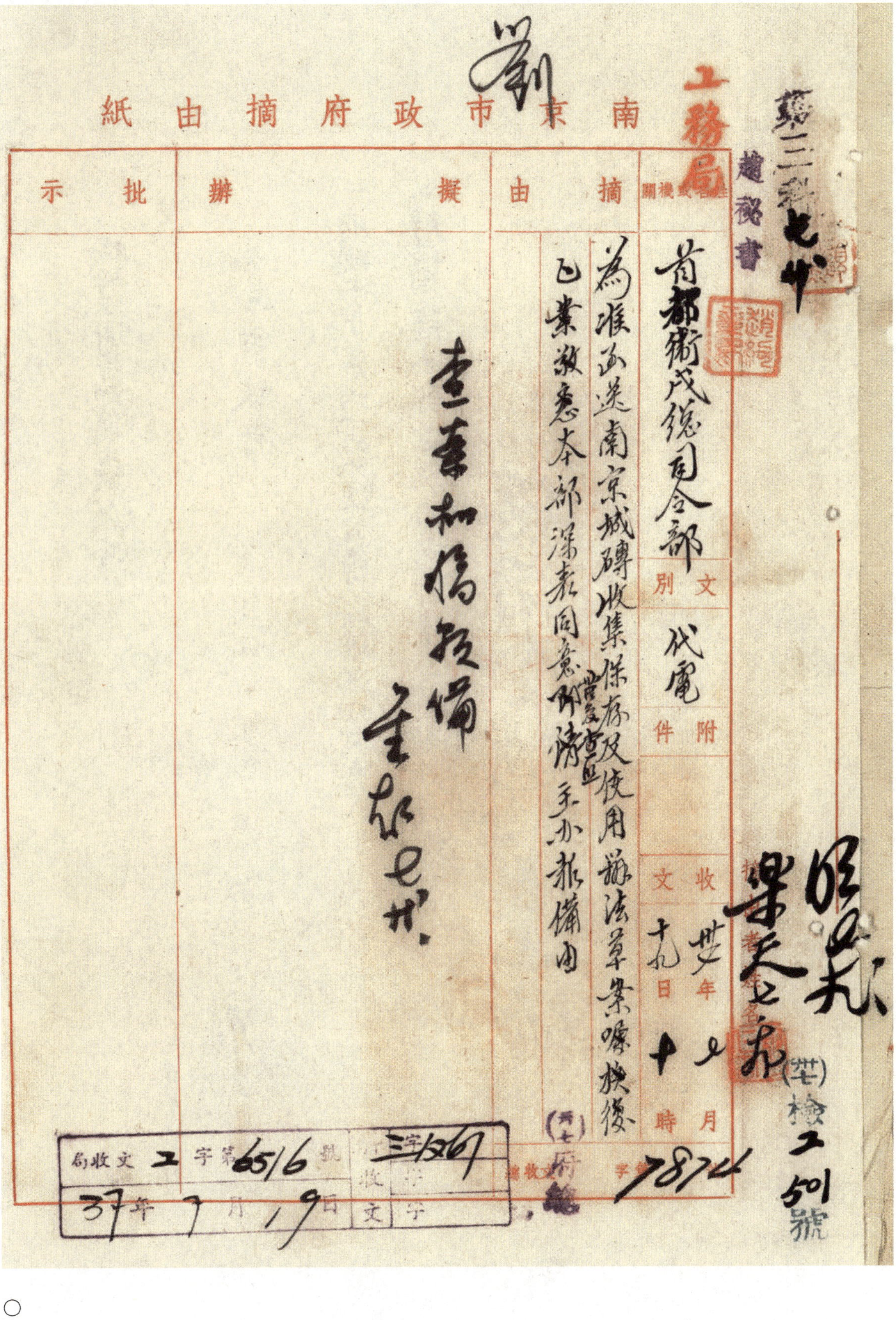

南京市政府摘由紙

工務局

來文機關：首都衛戍總司令部

文別：代電

摘由：為准函送南京城磚收集保存及使用辦法草案囑核復已業敘意本部深表同意所請手亦祈備由

收文：卅七年七月十九日十時

擬辦：查案和備 金 七廿

府收文 字第7874號

局收文 工字第6516號 37年7月19日

檢工501號

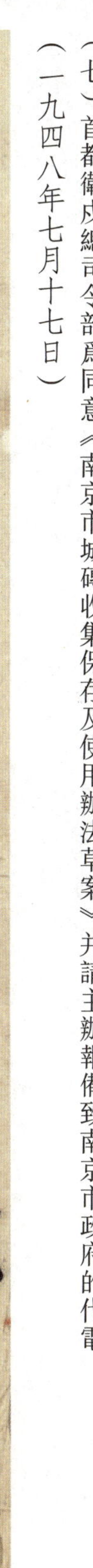

收文第　　號

首都衛戍總司令部（代電）

事由：復辦法周詳即請主辦報備

受文者：南京市政府

一、府總工字第六一六六號公函及附辦法均敬悉

二、辦法周詳本部深表同意即請主辦報備特復

總司令　孫連仲

附件

三十七年七月十七日　戍忠　396

監印　蕭剛

檔號

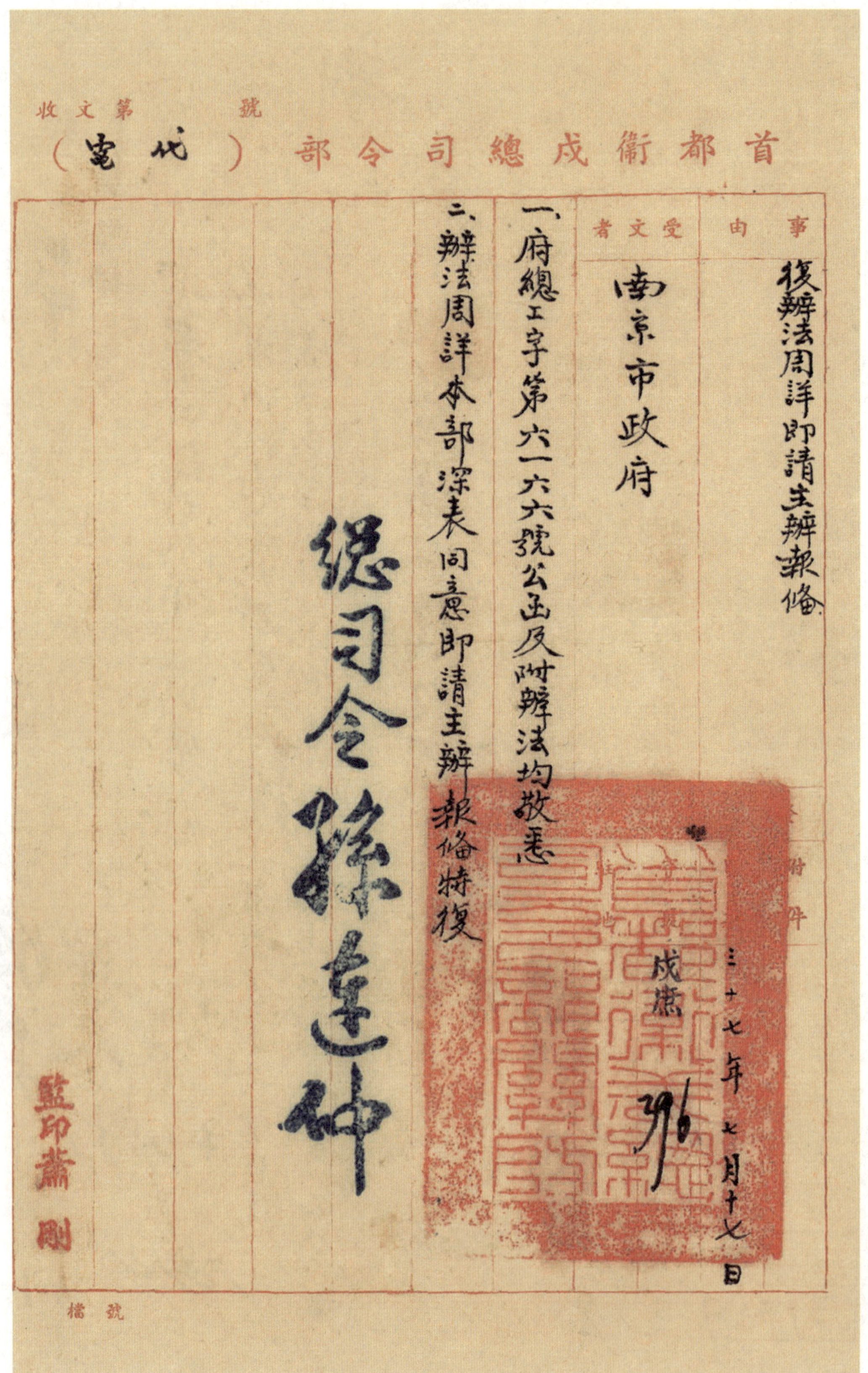

（八）南京市工務局爲送《南京市城磚收集保存及使用辦法》請備案致國防部的公函（一九四八年七月三十一日）

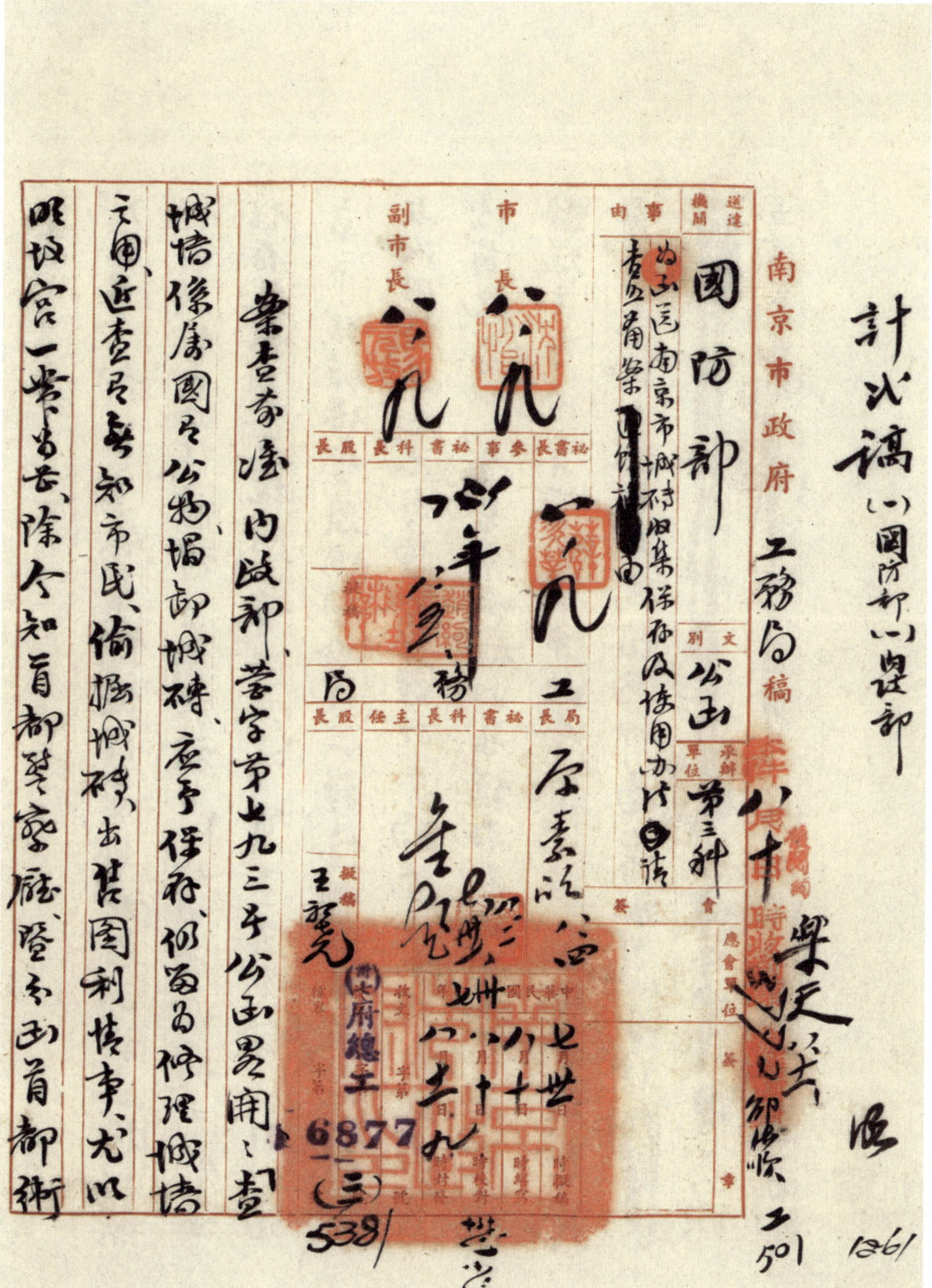
計此稿 （一）國防部（二）內政部

南京市政府工務局稿

送達機關：國防部

事由：為函送南京市城磚收集保存及使用辦法請查照備案由

文別：公函

承辦單位：第三科

案查前奉內政部營字第七九三號公函略開：「查城墻係屬國有公物，據聞城磚廣予保存，仍由各地修理城墻之用，近查各處均有市民偷掘城磚出售圖利情事，尤以明故宮一帶為甚，除令知首都警察廳暨分函首都衛

成總司令部出示嚴禁偷掘盜賣外，并應由該處擬具收集
保存及使用辦法，送部一備案施行」，當由查城磚之收集
保存及使用，在抗戰以前，曾奉前軍事委員會頒行「南
京市城磚保管及使用辦法」一種，惟經施行既久，
與現時情況已不甚脗合，爰經參酌前頒辦法及現時實
際情況，另擬「南京市城磚收集保存及使用辦法草案」，并
提交本府第一三〇次市政會議決議，「函徵衛戍總司令
部同意後，呈報內政國防兩部備案施行」，并請
嘉即檢同會議紀錄、送請
加註草案 暨決議錄 府第一三〇次市政會議紀錄、准 首都

衛戍總司令部查照拆卸城垣案、前准四月十五日戍處
字第三九六號代電、後部試辦同意、分請主辦機關
查照辦理、除抄同南京市城磚收集保管及使用辦法
同樣函請 內政部備案外、相應抄同上項辦法
一份、函請
貴部查照備案、並通飭知照為荷。此致
國防部
附送南京市城磚收集保管及使用辦法一份
衔名

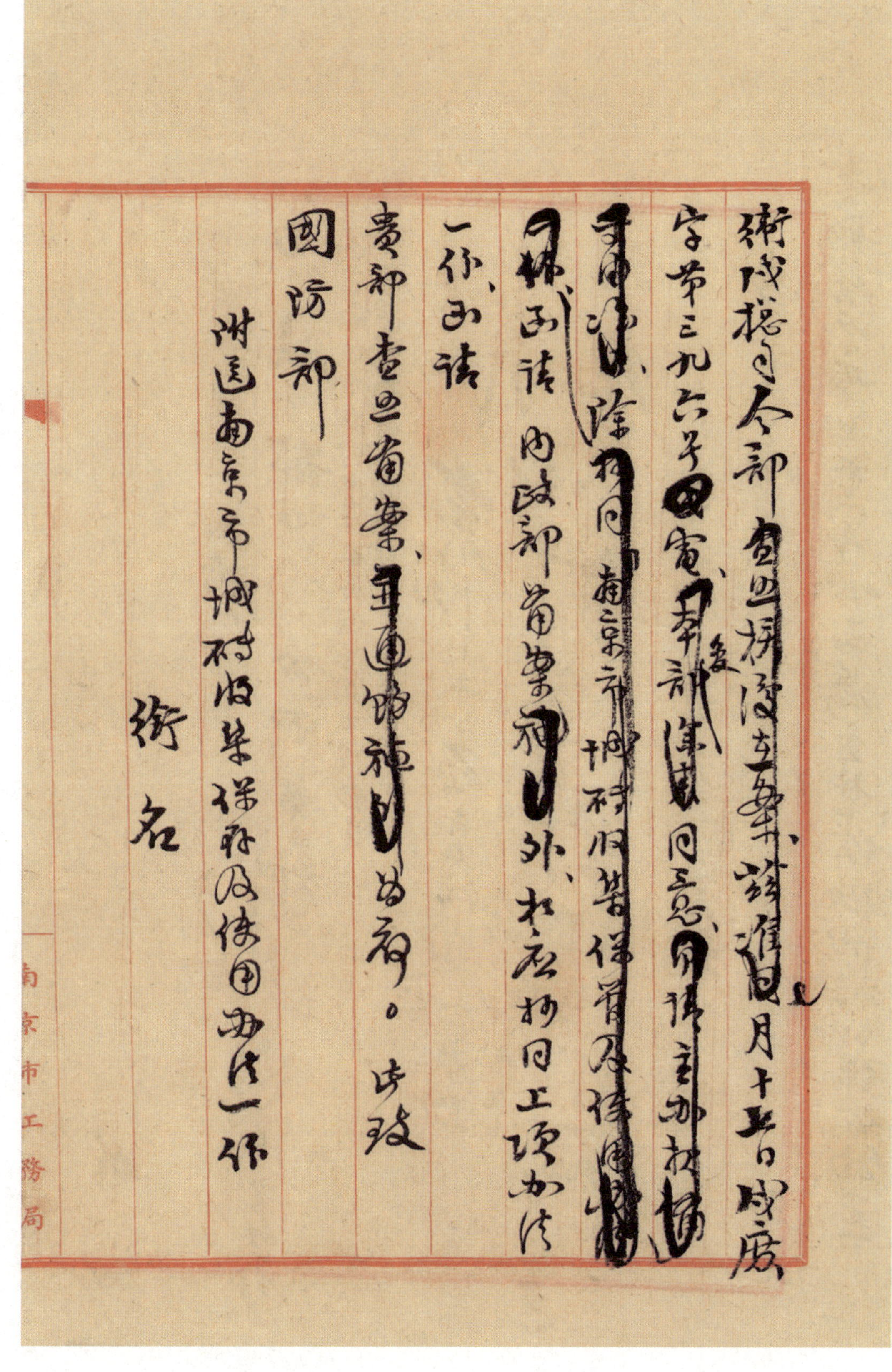

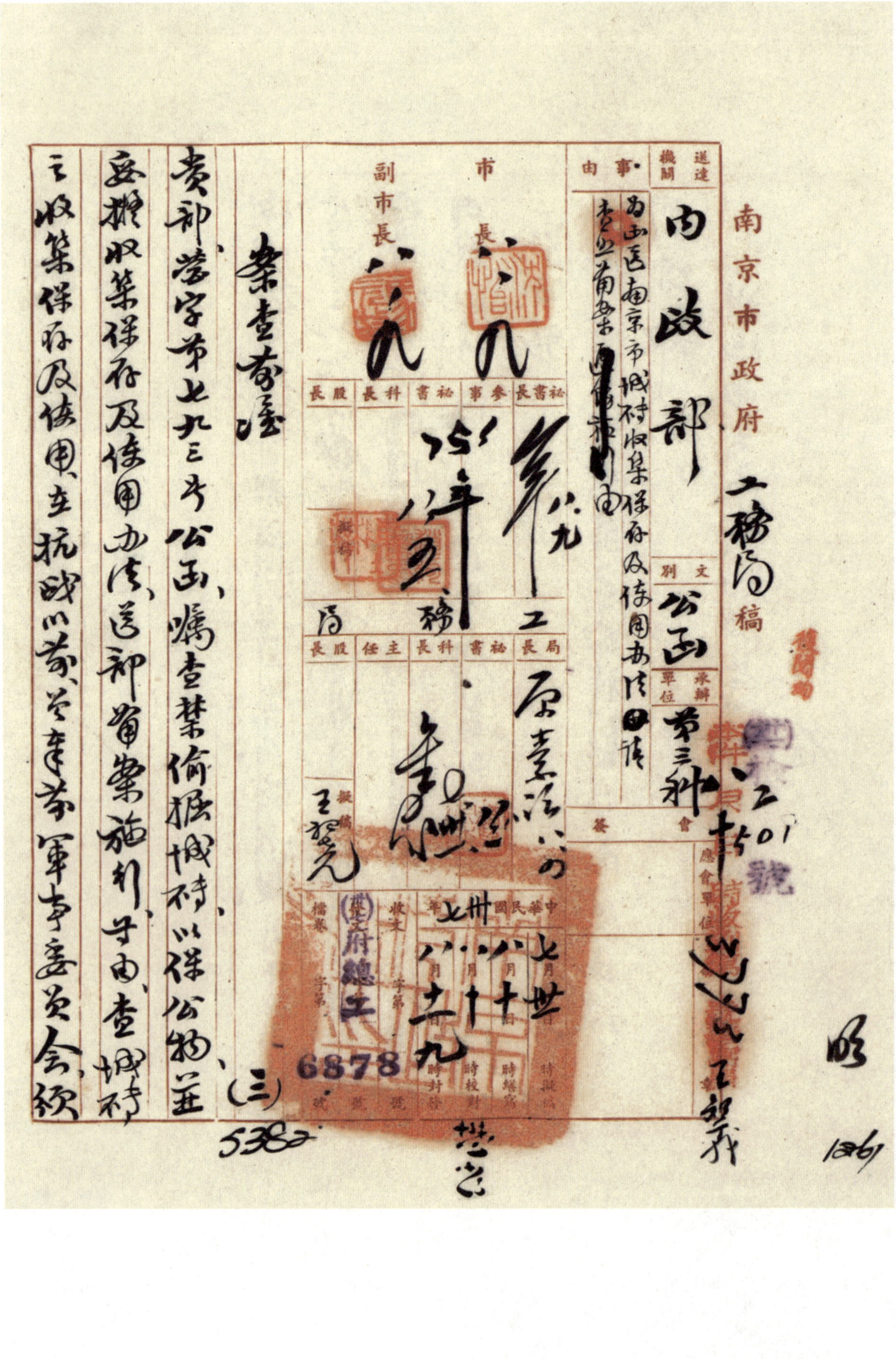

（九）南京市工務局爲送《南京市城磚收集保存及使用辦法》請備案致内政部的公函（附件：《南京市城磚收集保存及使用辦法》）

（一九四八年七月三十一日）

引「南京市城砖保管及使用办法」一种、核定（核办）施行以来、与现时情况已不甚脗合、因经参酌本府办法、及现时实际情况另拟「南京市城砖收集保存及使用办法草案」、提交本府第一三〇次市政会议决议「函征卫戍总司令部同意后公报内政国防两部备案施行」等语、并检同该项办法草案及决议案……函准首都卫戍总司令部……月十七日戍广字第三六九五号代电复……同意……除……南京市城砖收集保存及使用办法……函请 国防部备

案[illegible]外，相应检同上项办法一份，函请

贵部查照备案，并通饬遵备存。此致

内政部

附送南京市城砖旧集保存及使用办法一份

衔名

存卷

南京市城磚收集保存及使用辦法

第一條 首都衛戍總司令部、南京市政府為保存舊有城磚備補修建城牆特訂定本辦法

第二條 舊有城磚除仍用於修建城牆外不得移作他用

第三條 凡在本市境之機關團體或人民存有城磚者均應將所存數量與存放地點報由該管警局轉請首都衛戍總司令部、南京市政府分別登記（報告表式另訂之）

第四條 公私建築前曾使用城磚者如遇傾倒或拆卸時除用以修復原建築物仍得使用外，其不願或無力修復者不得將城磚移作他用，並應將所有城磚數量與其拆卸地點報由該管警局轉請首都衛戍總司令部、南京市政府分別登記

第五條 城磚損卸及散落埋置地下之城磚由當地警局請查數量及地點轉請首都衛戍總司令部、南京市政府分別登記並由該管警局負責保管

第六條 本辦法第三條第四條已登記之城磚得由南京市政府估價收購，其屬於第五條之情形得由南京市政府商同首都衛戍總司令部轉請國防部撥用

第七條 自己或代他人使用買賣搬運挖掘以及藏城磚者除將查獲之城磚沒收交由南京市政府保存外並移送法院依法治罪

第八條 本辦法自公佈日施行並報請內政部、國防部備案

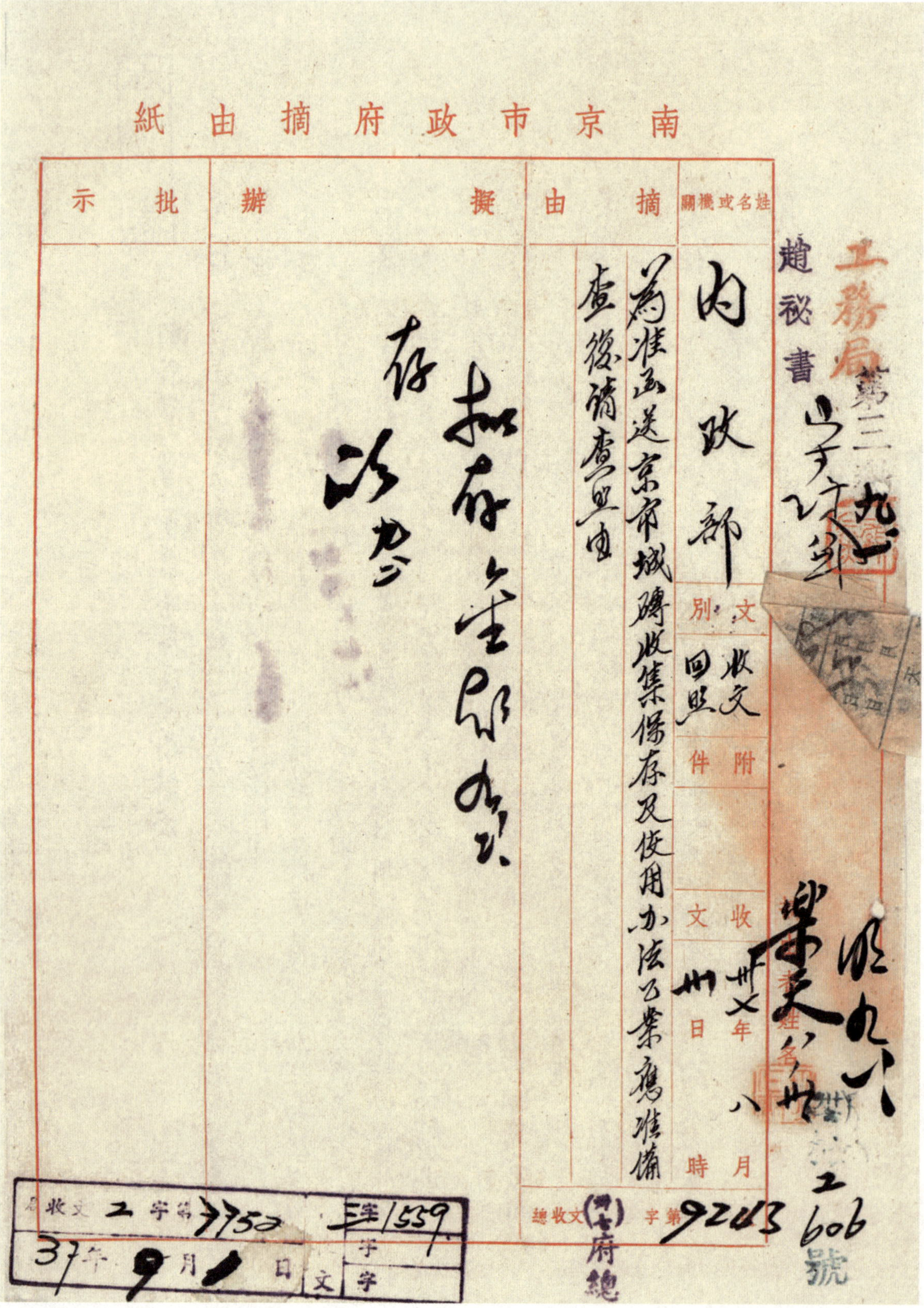

南京市政府摘由紙

姓名或機關	摘由	擬辦	批示
內政部	爲准函送京市城磚收集保存及使用辦法乙案應准備查復請查照由	擬存	存
文別：收文回照			
附件			
收文：卅七年八月卅日 時			

總收文 字第9263號

收文 工字第3752

37年9月1日

（十）内政部爲《南京市城磚收集保存及使用辦法》准予備查致南京市政府的收文回照（一九四八年八月二十六日）

内政部收文回照
（複照聯）

收文號	來文機關	來文發號	事由	附件	處理情形	複文發號	發文日期
營字一五一九號	南京市政府	府報工字六八七八號	送京市城磚收集保存及使用辦法	辦法一份	備案	營 12677	中華民國卅七年八月廿六日發

繳對戈瑾言

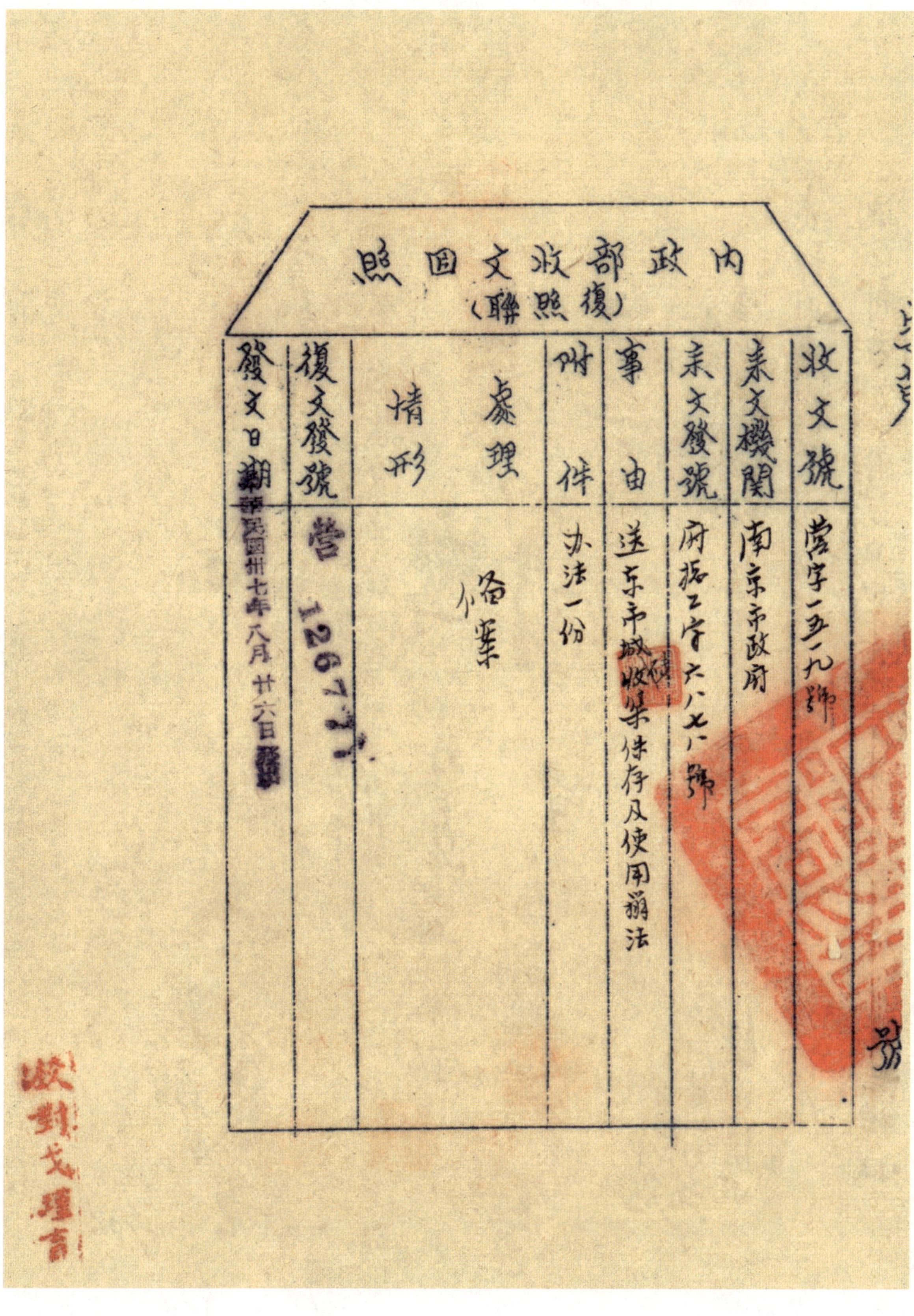

（十一）南京市工務局爲送《南京市城磚收集保存及使用辦法》修正本請備查致首都衛戍總司令部的公函（附件：辦法修正本）（一九四八年十月二十三日）

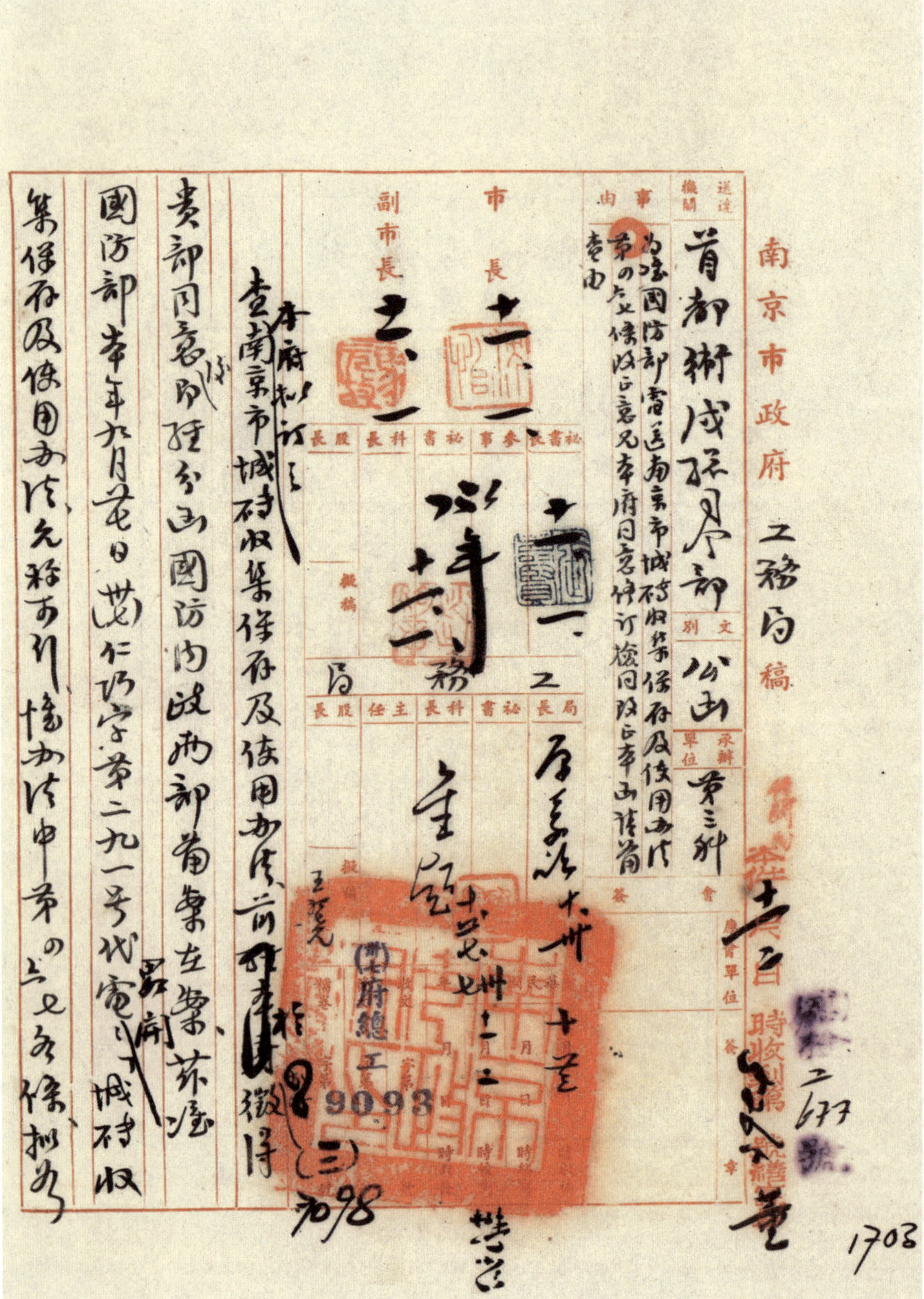

南京市政府 工務局稿

送達機關：首都衛戍總司令部

文別：公函

承辦單位：第三科

事由：爲准國防部電送南京市城磚收集保存及使用辦法第四七兩條修正意見本府同意修訂檢同修正本函請備查由

查南京市城磚收集保存及使用辦法前經本府擬訂徵得貴部同意即經分函國防內政兩部備案在案茲准國防部本年九月廿日（卅七）仁功字第二九一號代電以城磚收集保存及使用辦法允宜另行協商辦法中第四、七兩條擬改爲

另希之意見、請併研究草裁修訂、予由、處查擬改各條、

充補詳盡、本府已予照改、除重修改正办法另函备案

外、相應檢同修正办法一份、函請

貴部備查為荷。此致

首都衛戍司令部

附送南京市城磚收集保存及使用办法修正本一份

衔名

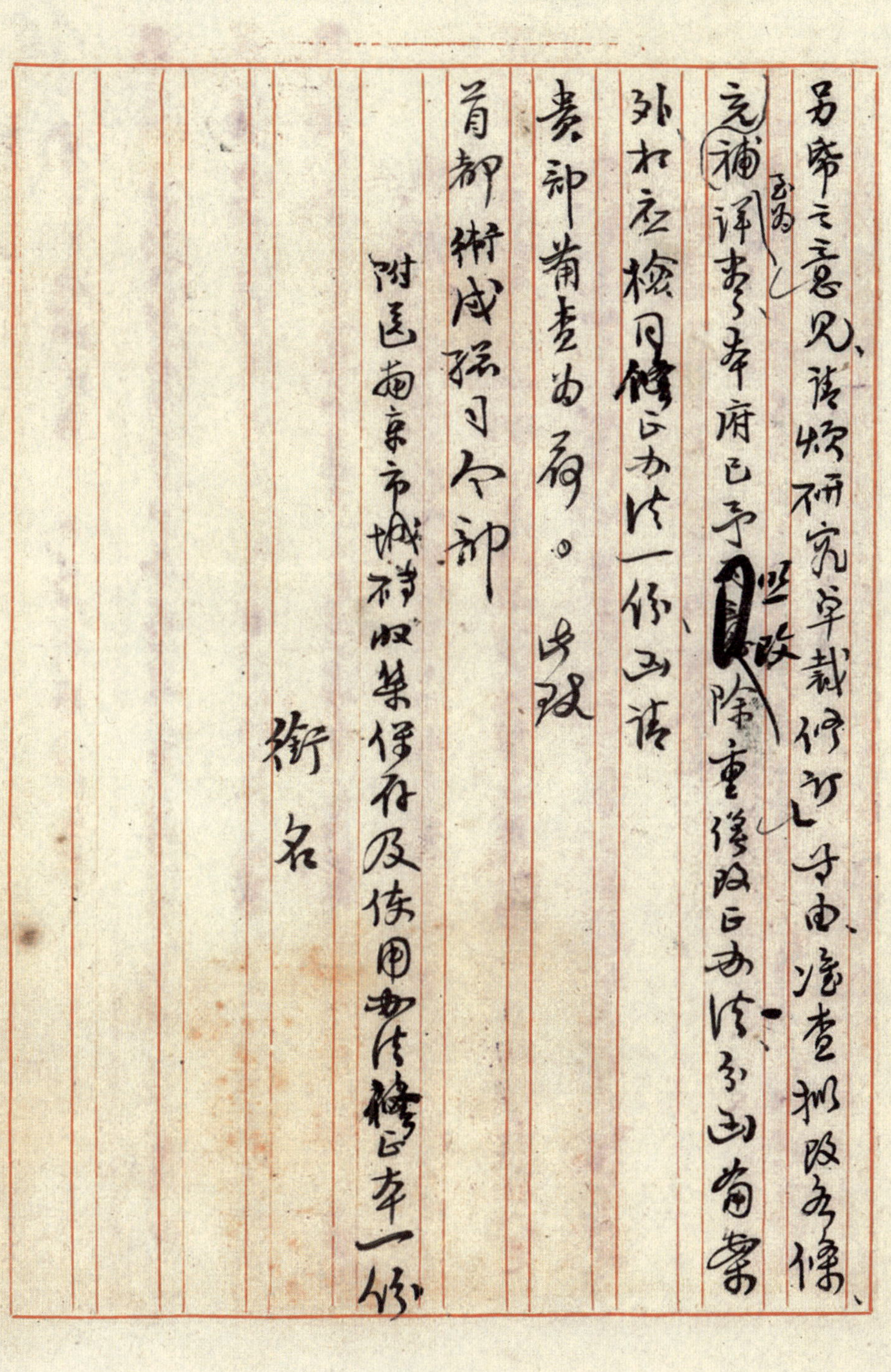

存卷

南京市城磚收集保存及使用辦法修正案（民國三十七年九月修正）

第一條　首都衛戍總司令部南京市政府為保存舊有城磚備修建城牆特訂定本辦法

第二條　舊有城磚除仍用於修建城牆外不得移作他用

第三條　凡在本市區之機關團体或人民存有城磚者均應將所存數量與存放地點報由該管警局轉請首都衛戍總司令部南京市政府分別登記（報告表式另訂之）

第四條　公家建築使用城磚者如遇傾倒或拆卸時可用原磚修復該建築物至如私人建築使用城磚者如遇傾倒拆卸時須將所有城磚繳送該管警察局登記保管并轉請衛戍總司令部南京市政府分別登記

第五條　城磚倫卸及散落埋置地下之城磚由當地警察局調查數量及地點轉請首都衛戍總司令部南京市政府分別登記并由該管警局負責保管

第六條 本辦法第三條第四條已登記之城磚得由南京市政府會同首都衛戍總司令部估價收買其屬第五條情形得由南京市政府會同首都衛戍總部轉請國防部撥用

第七條 自己或代他人使用買賣搬運城磚挖掘收藏城磚者除將查獲之城磚沒收交由南京市政府保管並由市府將沒收數量通知首都衛戍總司令部外得移送法院依法懲處之

第八條 本辦法自公布日施行並報請內政國防部備案

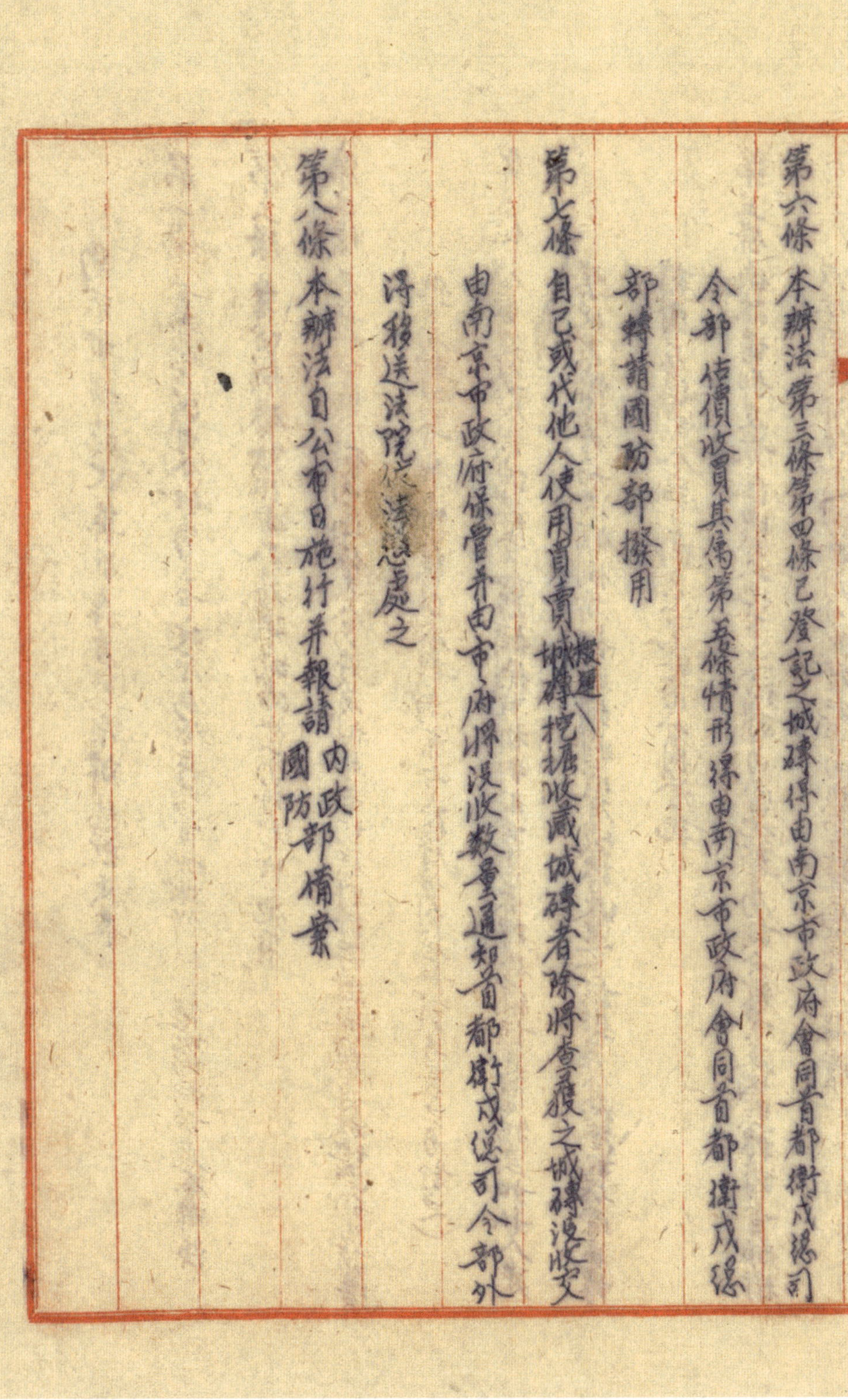

（十二）南京市工務局爲送《南京市城磚收集保存及使用辦法》修正本請查照備案致國防部的公函（一九四八年十月二十三日）

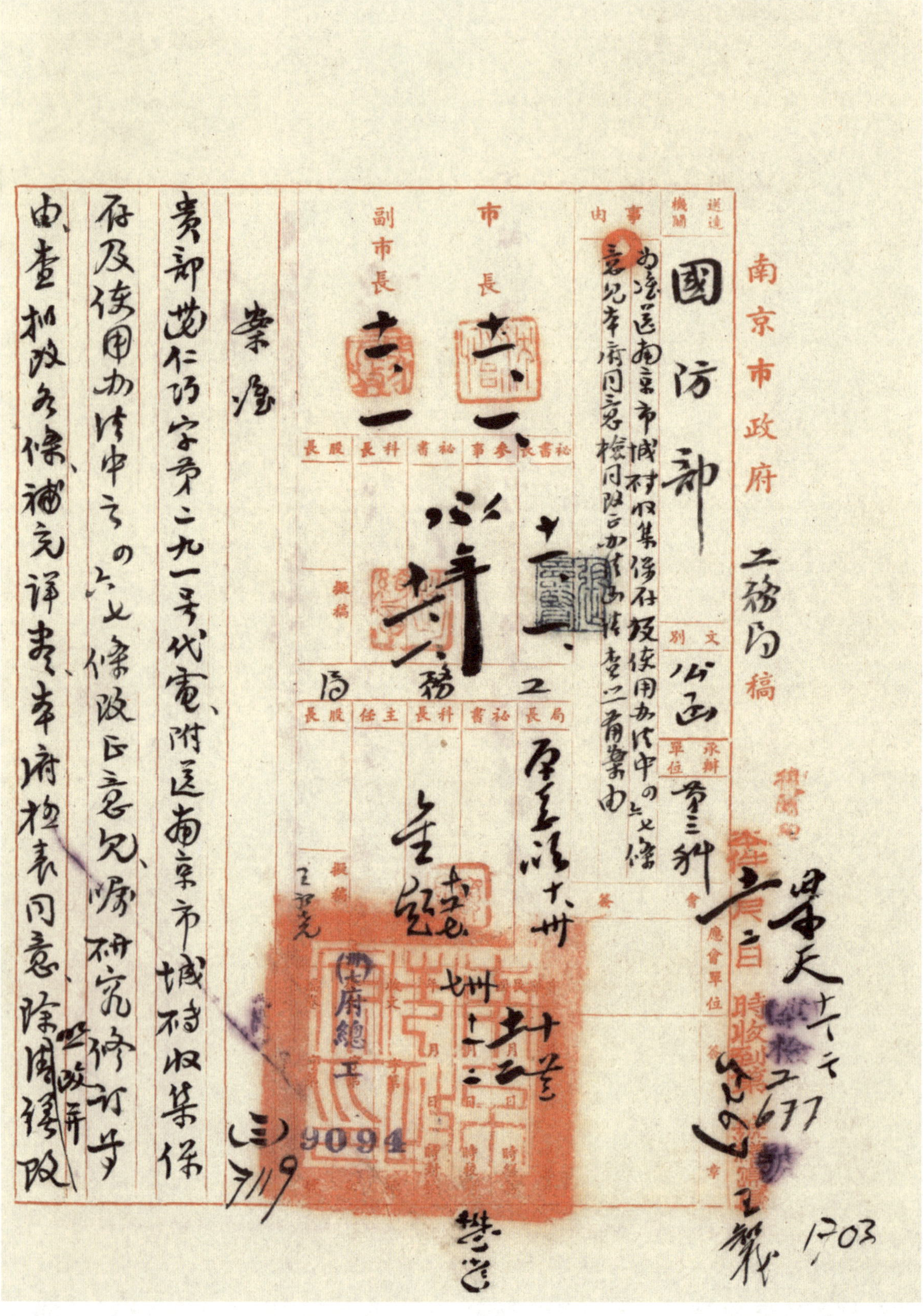
南京市政府 工務局稿

送達機關：國防部

文別：公函

承辦單位：第三科

事由：為送南京市城磚收集保存及使用辦法中之六七條修正意見本府同意檢同改正辦法請查照備案由

市長

副市長

案准

貴部覺仁防字第二九一號代電、附送南京市城磚收集保存及使用辦法中之六七條改正意見、復經研究修訂并由查核改各條、補充詳盡、本府極表同意、除周轉改

除本部函內政部重請备案外，相應檢同修正办法一份，函請
貴部查照备案為荷。
此致
國防部

附送南京市城磚收集保存及使用办法修正本一份

衔名

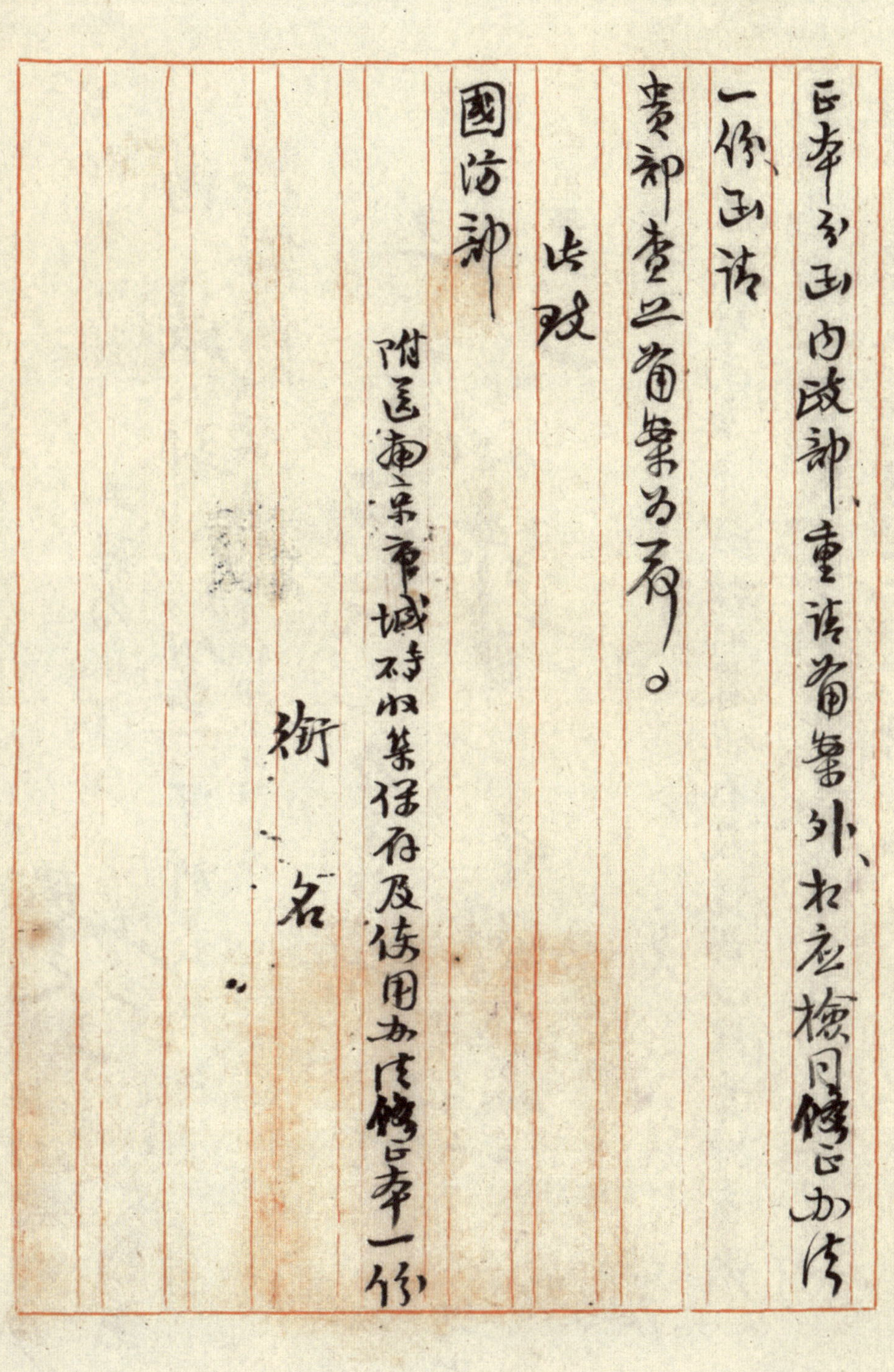

（十三）南京市工務局爲送《南京市城磚收集保存及使用辦法》修正本并備案致内政部的公函（一九四八年十月二十三日）

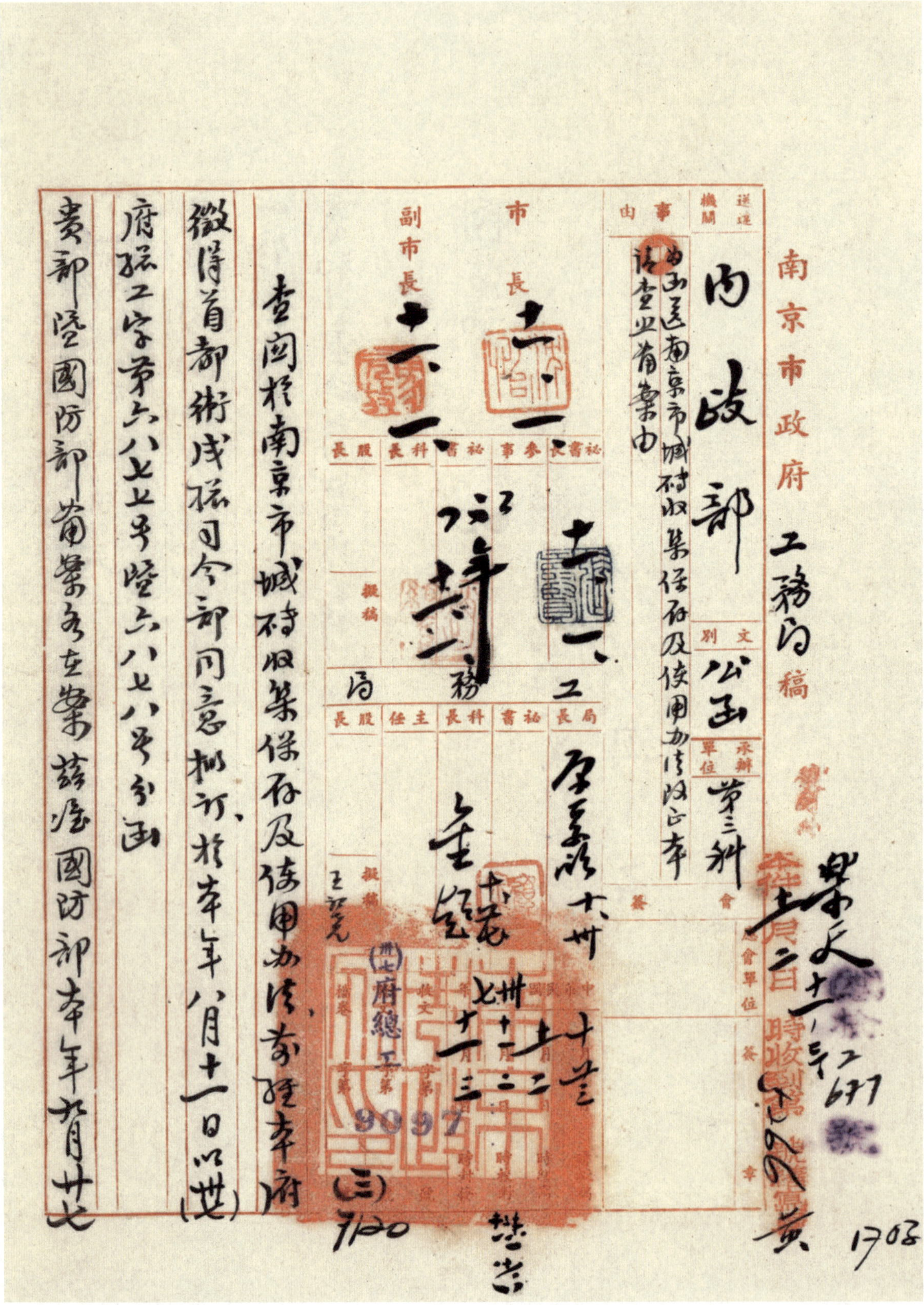

南京市政府 工務局稿
送達機關 内政部
事由 函送南京市城磚收集保存及使用辦法修正本請查照備案由
文別 公函
承辦單位 第三科
市長
副市長
秘書長 參事 秘書 科長 股長
擬稿
局長 秘書 科長 主任 股長
查關於南京市城磚收集保存及使用辦法前經本府
徵得首都衛戍總司令部同意擬訂，於本年八月十一日以(卅七)
府綜工字第六八七五號暨六八七八號分函
貴部暨國防部備案在案。茲准國防部本年九月廿七

日（卅七）仁巧第二九一号代電略開：城磚收集保存及使用办法，允稱可行。惟办法中第四、六、七各條，擬另紙注意見，請煩研究卓裁修訂，茲由附意見一份，送達查照，附意見本府擬表同意。除[illegible]出[illegible]政[illegible]後請備案外，相應重行修正办法一份函請

貴部查照備案為荷。此致

內政部

附送南京市城磚收集保存及使用办法修正本一份

銜名

（十四）國防部爲《南京市城磚收集保存及使用辦法》修正本遵囑備案致南京市政府的代電（一九四八年十一月九日）

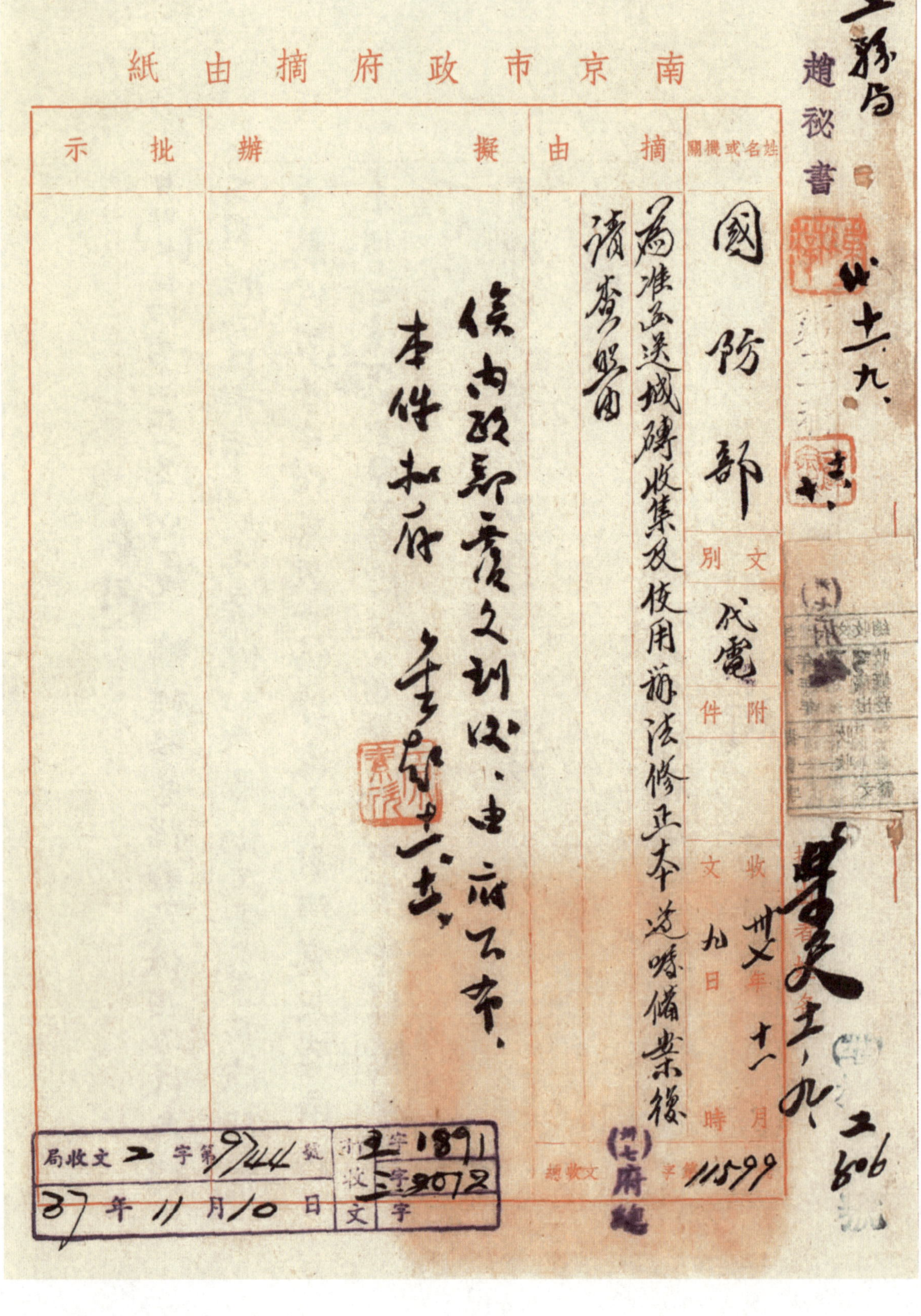

南京市政府摘由紙

姓名或機關	國防部
文別	代電
附件	
收文	卅七年十一月九日 時
摘由	爲准函送城磚收集及使用辦法修正本遵囑備案請查照由
擬辦	俟內政部覆文到後，由府函市。本件知存。金□ 十一、十五
批示	

工務局
趙秘書

總收文府字第11599

局收文二字第9744號
37年11月10日

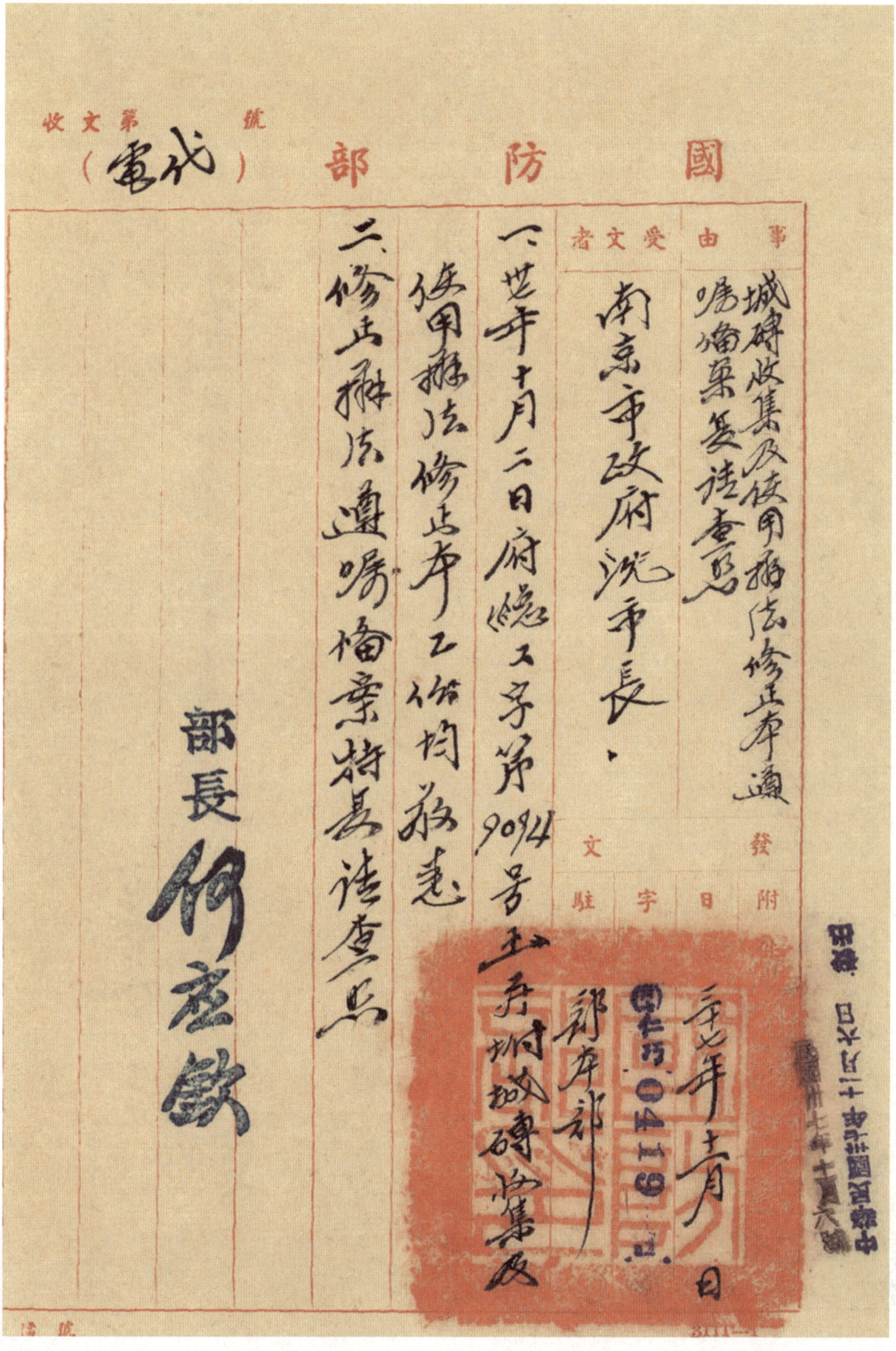

收文第　　號

國防部（代電）

事由：城磚收集及使用辦法修正本遵照備案復請查照

受文者：南京市政府沈市長、

一、卅七年十月二日府總工字第9094号呈并附城磚收集及使用辦法修正本一份均敬悉

二、修正辦法遵照備案特復請查照

部長 何應欽

發文 卅七年十一月 日

防收 04119 號

（十五）内政部爲《南京市城磚收集保存及使用辦法》修正本備案一事致南京市政府的公函（一九四八年十二月二日）

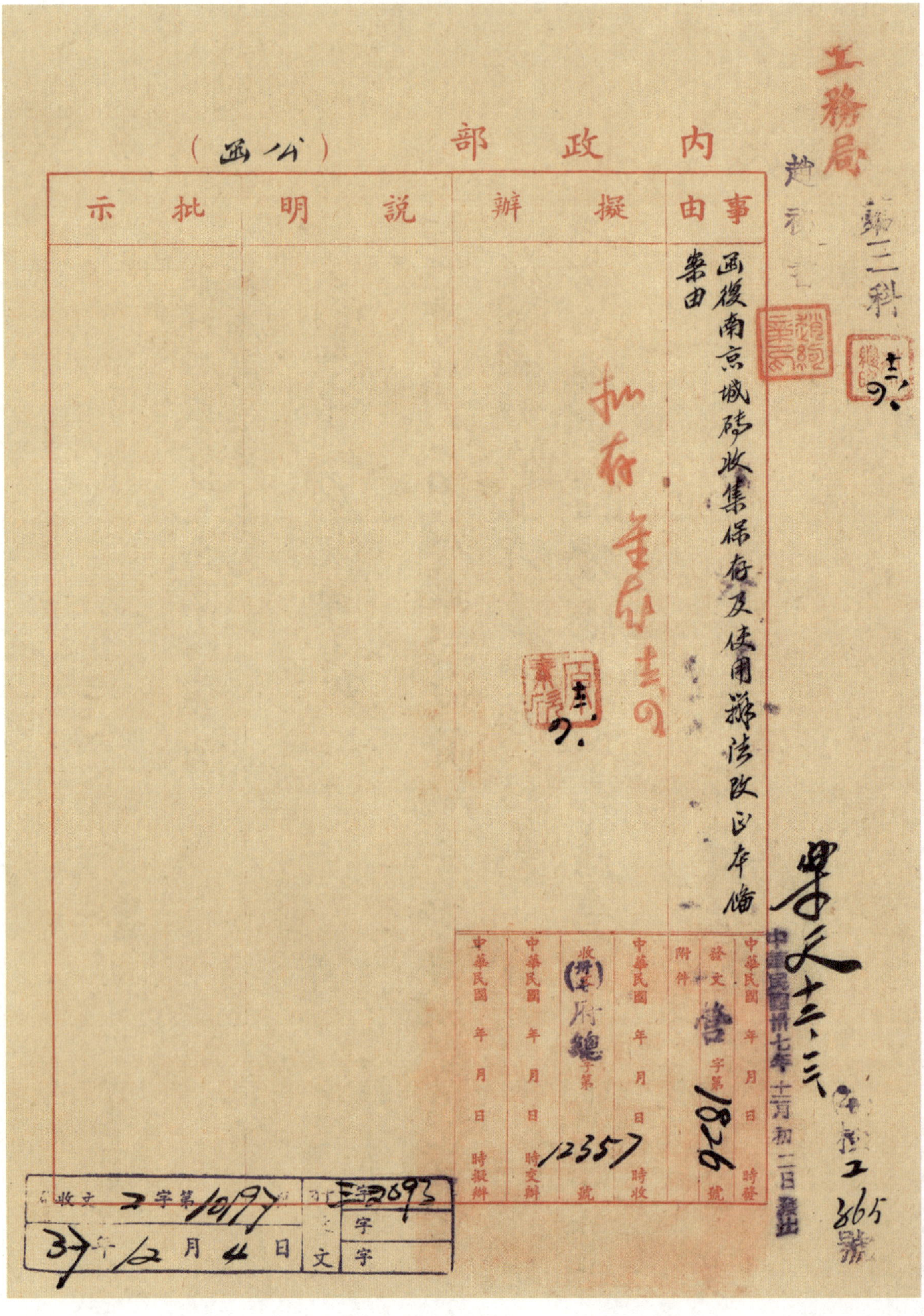
內政部 （公函）

事由	擬辦	說明	批示
函復南京城磚收集保存及使用辦法改正本備案由	擬存		

中華民國卅七年十二月初二日發出

發文 營字第1826號

收 總府字第12357號

收文 工字第10197

37年12月4日

准

貴市政府本年十一月三日府總工字九零九七號公函送

南京市城磚收集保存及使用辦法改正本暨查備等由附

辦法改正本一冊除備案外特復

查照此致

南京市政府

中華民國三十七年十二月　日

監印 校對

監印夏潤之

校對何崧先

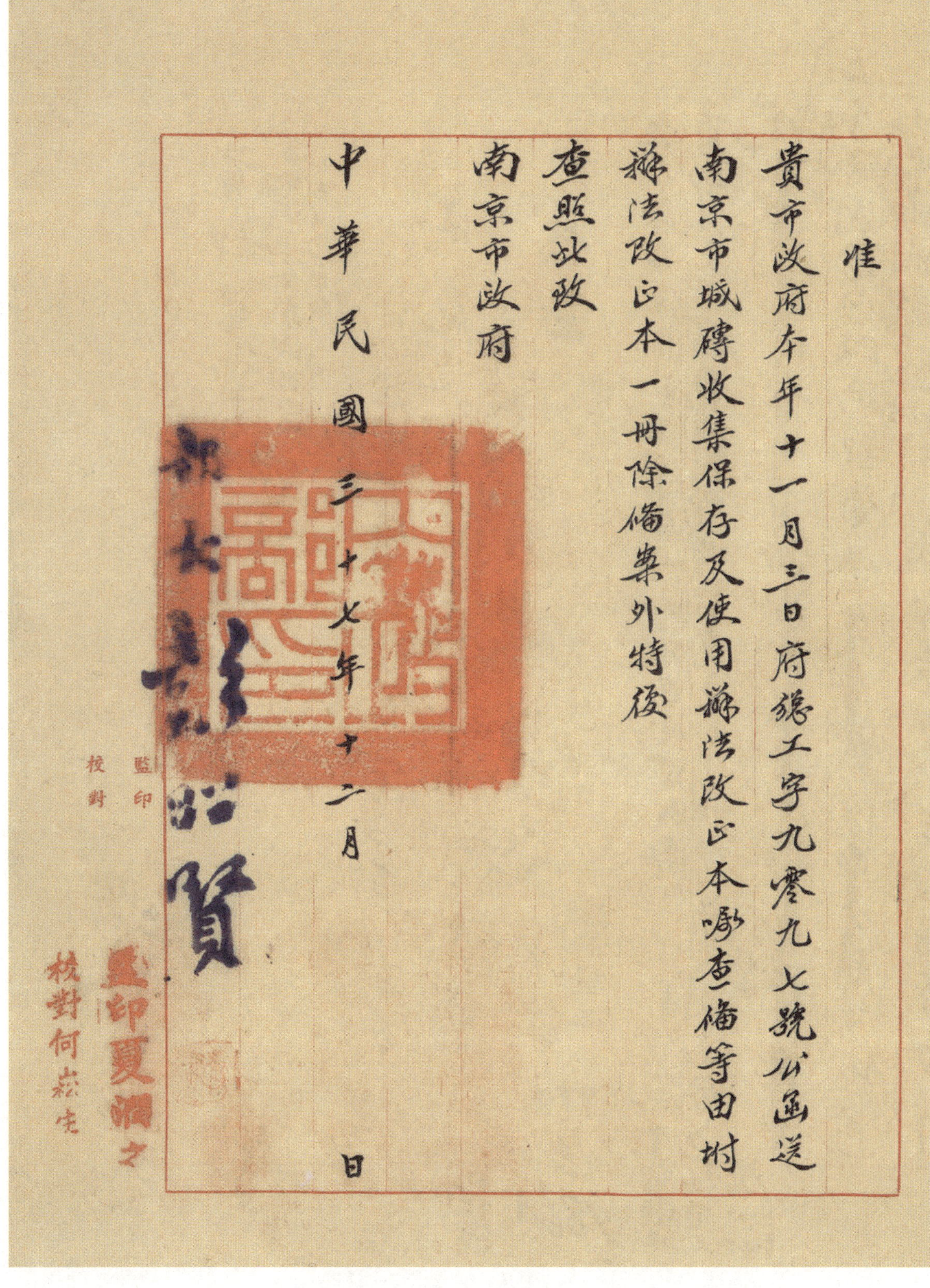

（十六）南京市政府爲檢送《南京市城磚收集保存及使用辦法》通飭各局所遵照致首都警察廳的代電（一九四八年十二月十四日）

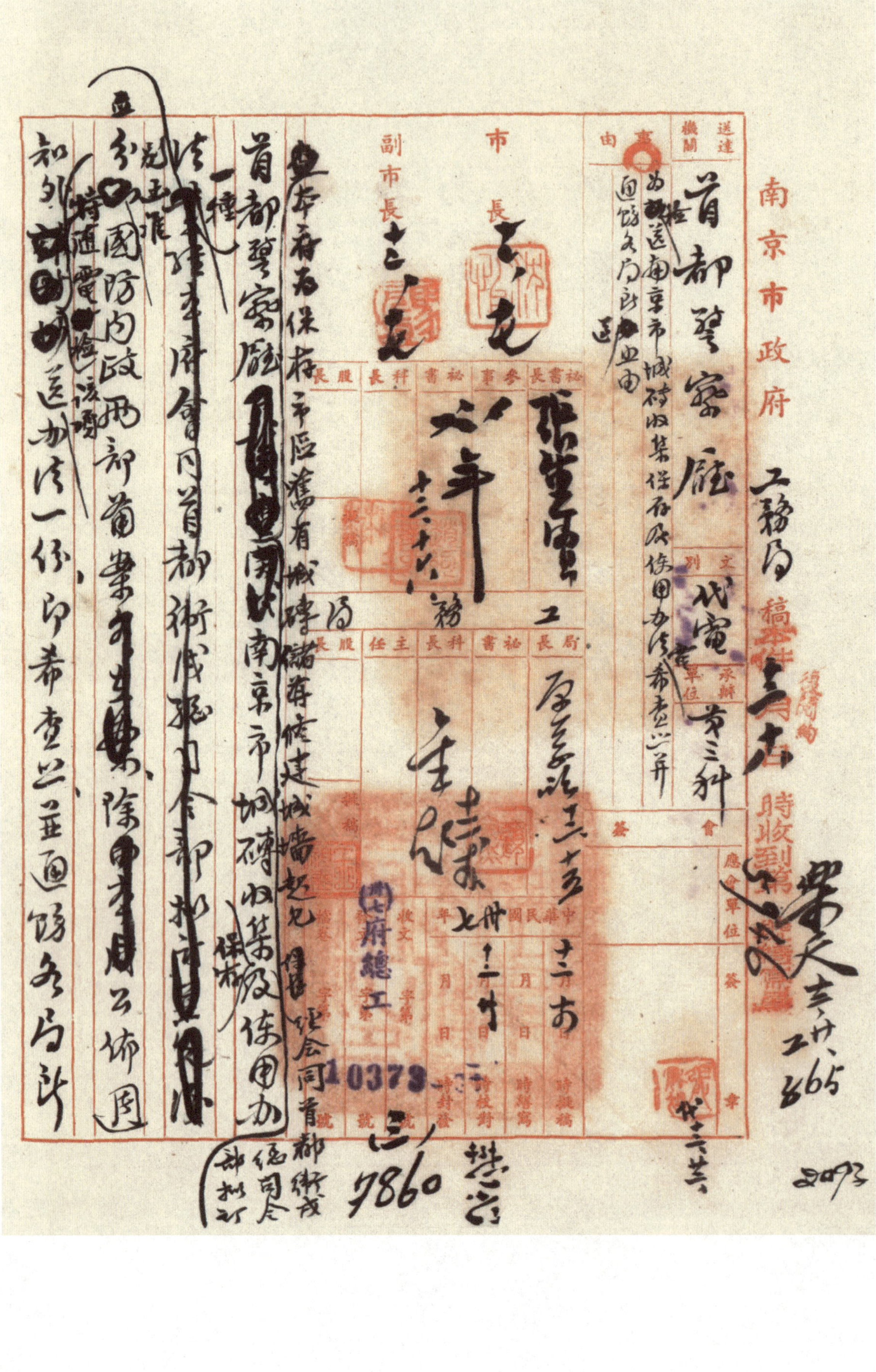

南京市政府 稿

送達機關：首都警察廳

事由：為檢送南京市城磚收集保存及使用辦法通飭各局所遵照由

文別：代電

承辦單位：工務局

市長

副市長

秘書長　參事　秘書　科長　股長

局長　秘書　科長　主任　股長

中華民國卅七年十二月十四日

首都警察廳

一件抄送由。南京市政府工務局總工字（普）印

附送南京市城磚收集保存及使用辦法一份

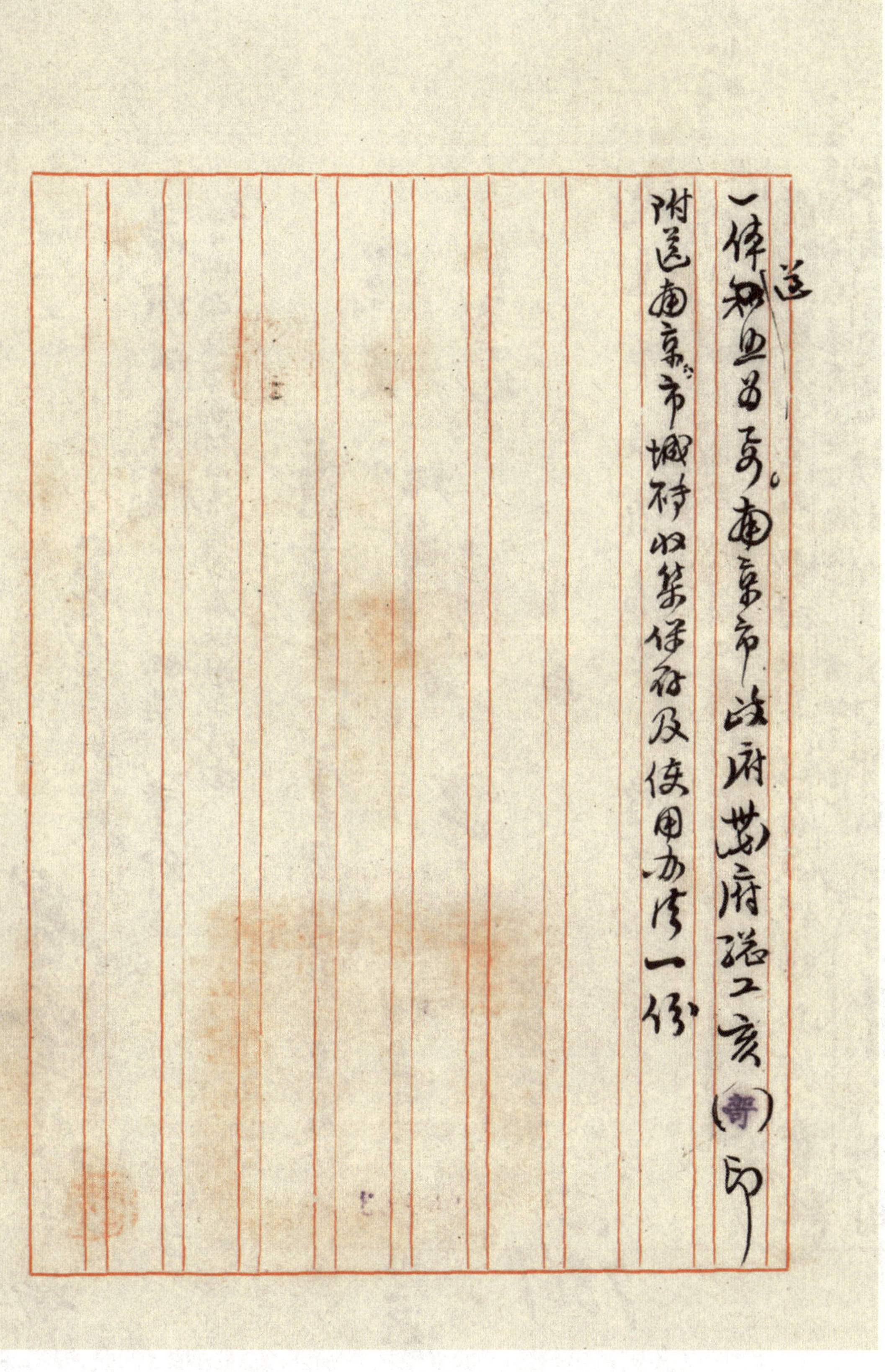

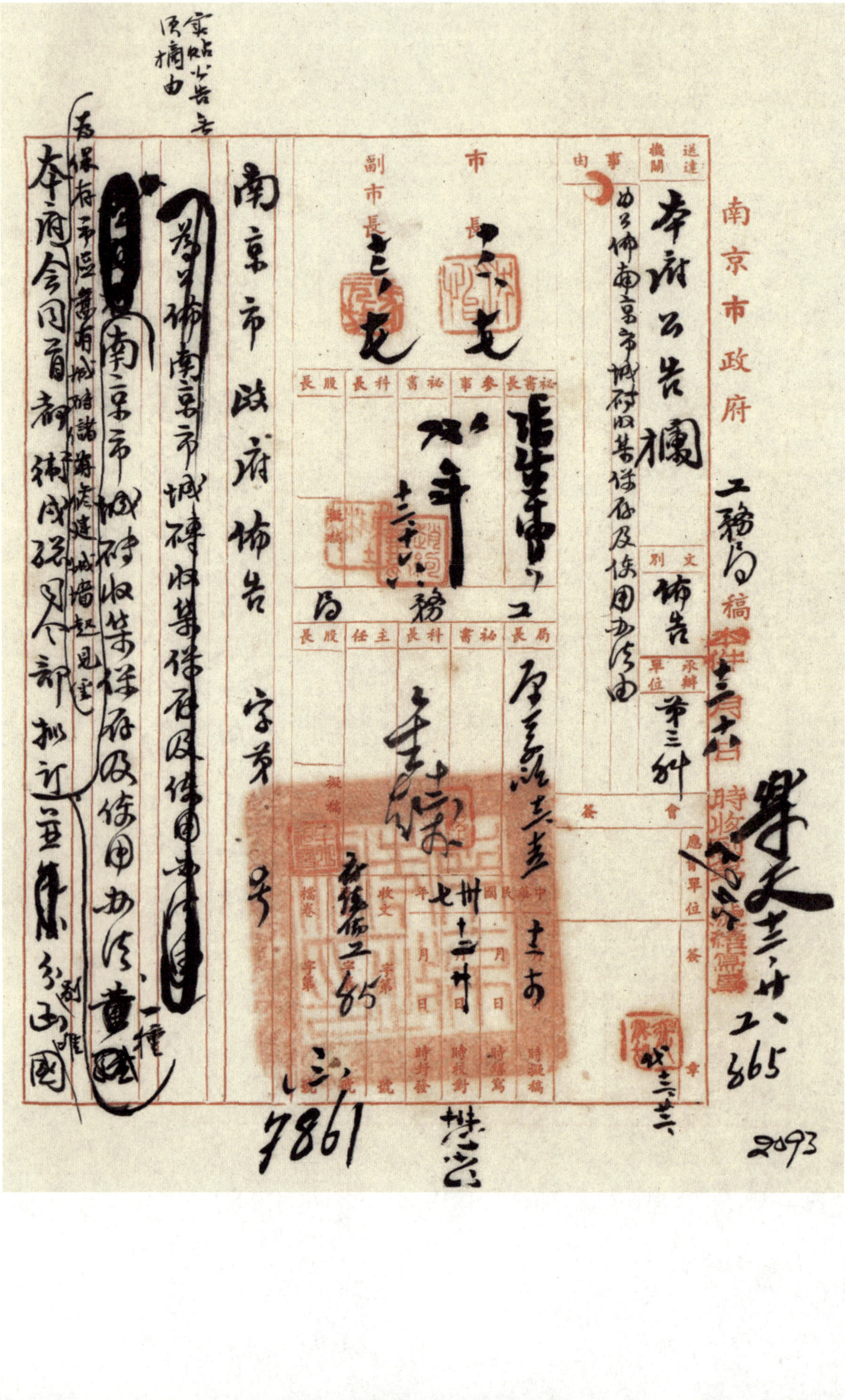
南京市政府稿

送達機關：本府公告欄

事由：爲公佈南京市城磚收集保存及使用辦法由

文別：佈告

南京市政府佈告 字第 號

（十七）南京市政府爲公布《南京市城磚收集保存及使用辦法》的布告（一九四八年十二月十四日）

防內政兩部備案在案、除函知首都警察廳查照、
通飭各局所一體遵照外、合行抄附該項辦法一份、佈告週知、
此佈。
附黏辦法一份、
中華民國三十七年十二月 日
市長沈○

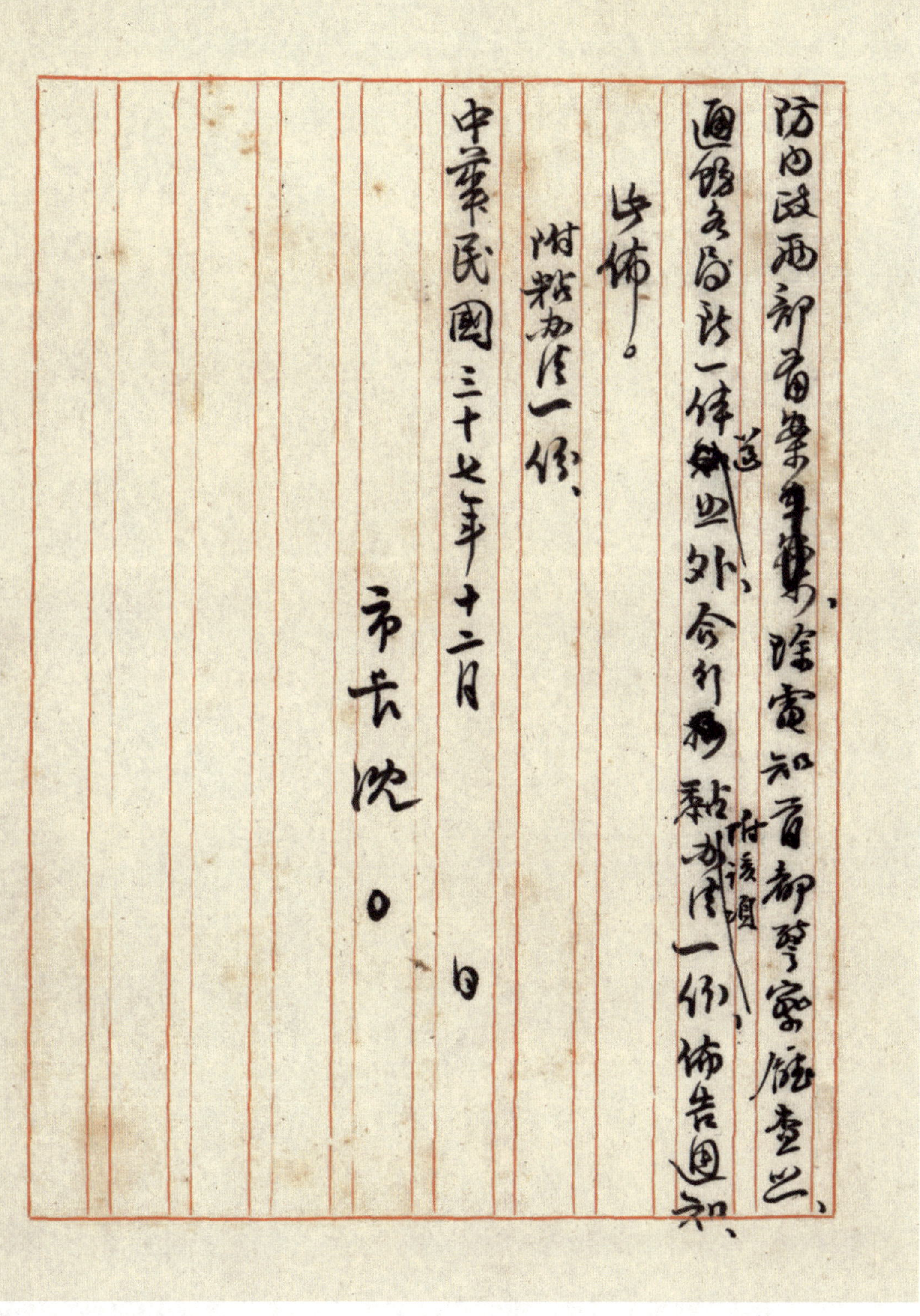

南京城墻檔案

城磚的保管與利用

叁

散失城磚的收集

南京警備司令部爲收集陵園西琵琶洲、西溝兩村遺留城磚致總理陵園管理委員會的公函（一九三六年十一月十日）

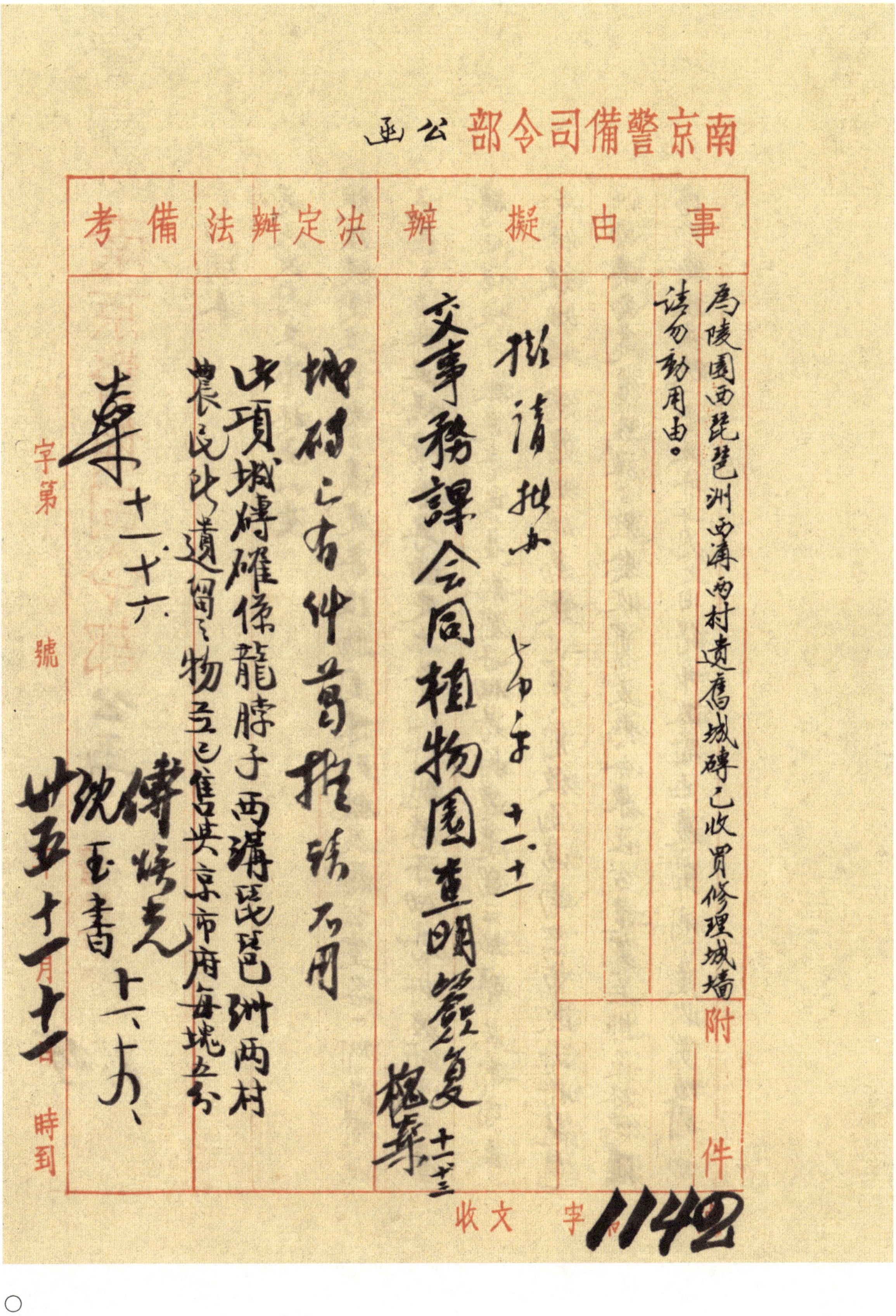

南京警備司令部公函

事由：爲陵園西琵琶洲西溝兩村遺舊城磚已收買修理城墻請勿動用由。

附件

擬辦：擬請批存　卜年　十一、十一

交事務課會同植物園查明簽復　槐　十一、十三

決定辦法：城磚已由仲英擬請不用

此項城磚確係龍脖子西溝琵琶洲兩村農民所遺留之物，並已售與京市府每塊五分

傅煥光

沈玉書　十一、十六

備考：華　十一、十六

字第　號

廿五年十一月十一日到　時

收文　字1142

南京警備司令部公函

警（參）字第1605號

頃奉

國民政府主席林函以查

總理陵園在前湖之濱建築植物園陳列館及辦公室各一所，所有該建築之墻脚與隔墻，係專指定太平门外龍脖子佃房拆遷所遺之舊磚，函請准予搬運等因，查龍脖子佃房拆遷遺留之城磚，本部因奉令修理城墻，需舊城磚為數过多，前經函請南京市政府將琵琶洲西溝兩處舊城磚，點驗收買，並飭令東區分遣憲兵排長林德潤協助辦理去後，二十五年十月九日得市政府函覆，節開：查收買陵園西

琵琶洲西滿西村城磚一節，曾經本府派員估計價格，綜合江邦
傑等户拆遺舊城磚二萬一千餘塊，並飭令包商尹詳記照原估
價格每塊五分前往收買等情前來，查京市城磚
軍事委員會須有使用及保管辦法，曾經函達在案。西滿及琵琶
洲西村舊城磚，既已收買修理城墻，請勿動用，相應函請
查照為荷。此致
總理陵園管理委員會

中華民國二十五　十一　十　日

校對毛玉林

監印張彥吉

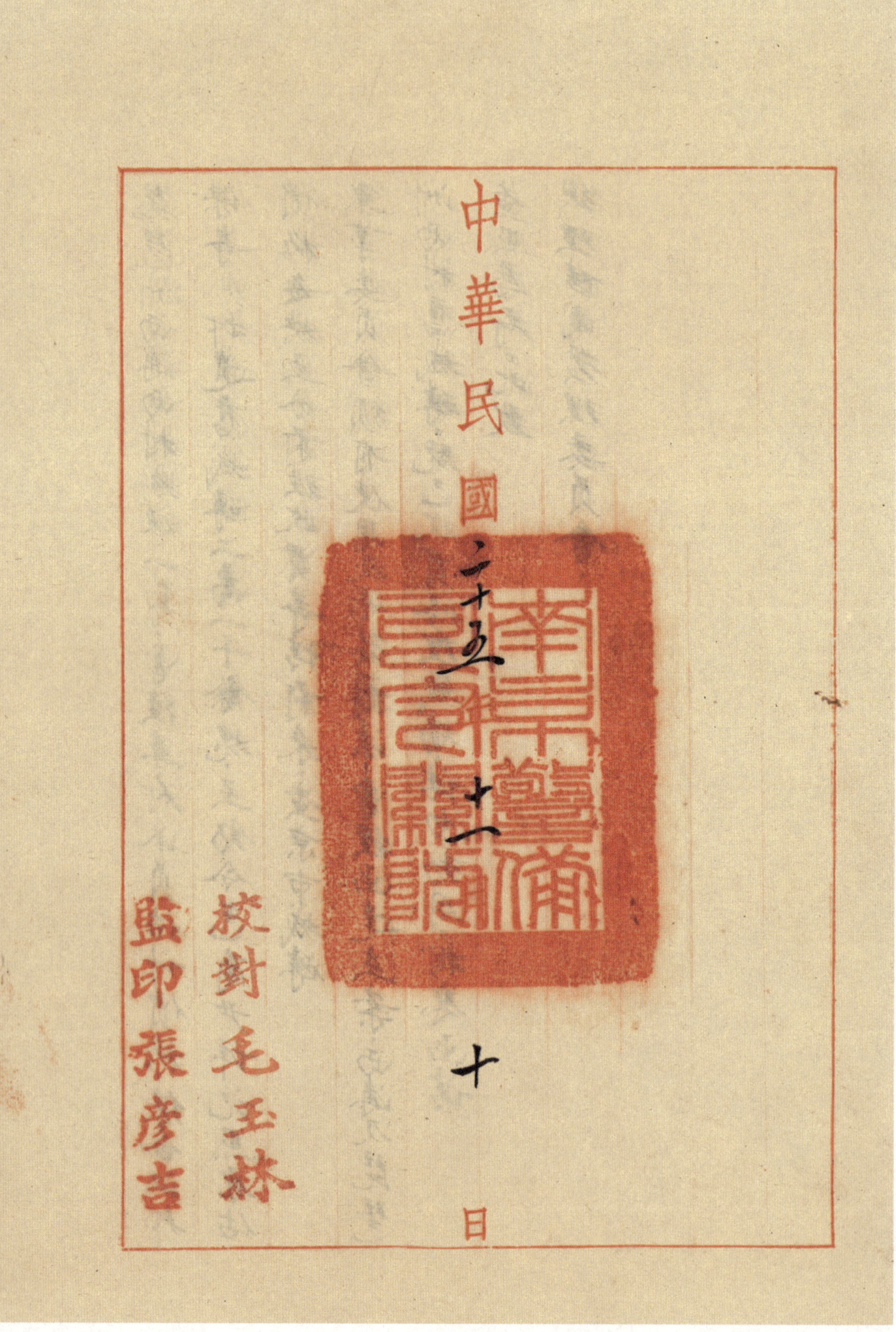

南京市政府、市經理委員會、市工務局關于收集明陵村等處城磚的一組文件

（一）南京市工務局爲請撥給收買及運輸明陵村城磚費用致市政府的密呈（附件：收買朱廣德等城磚價費預算書）

（一九三七年三月二十五日）

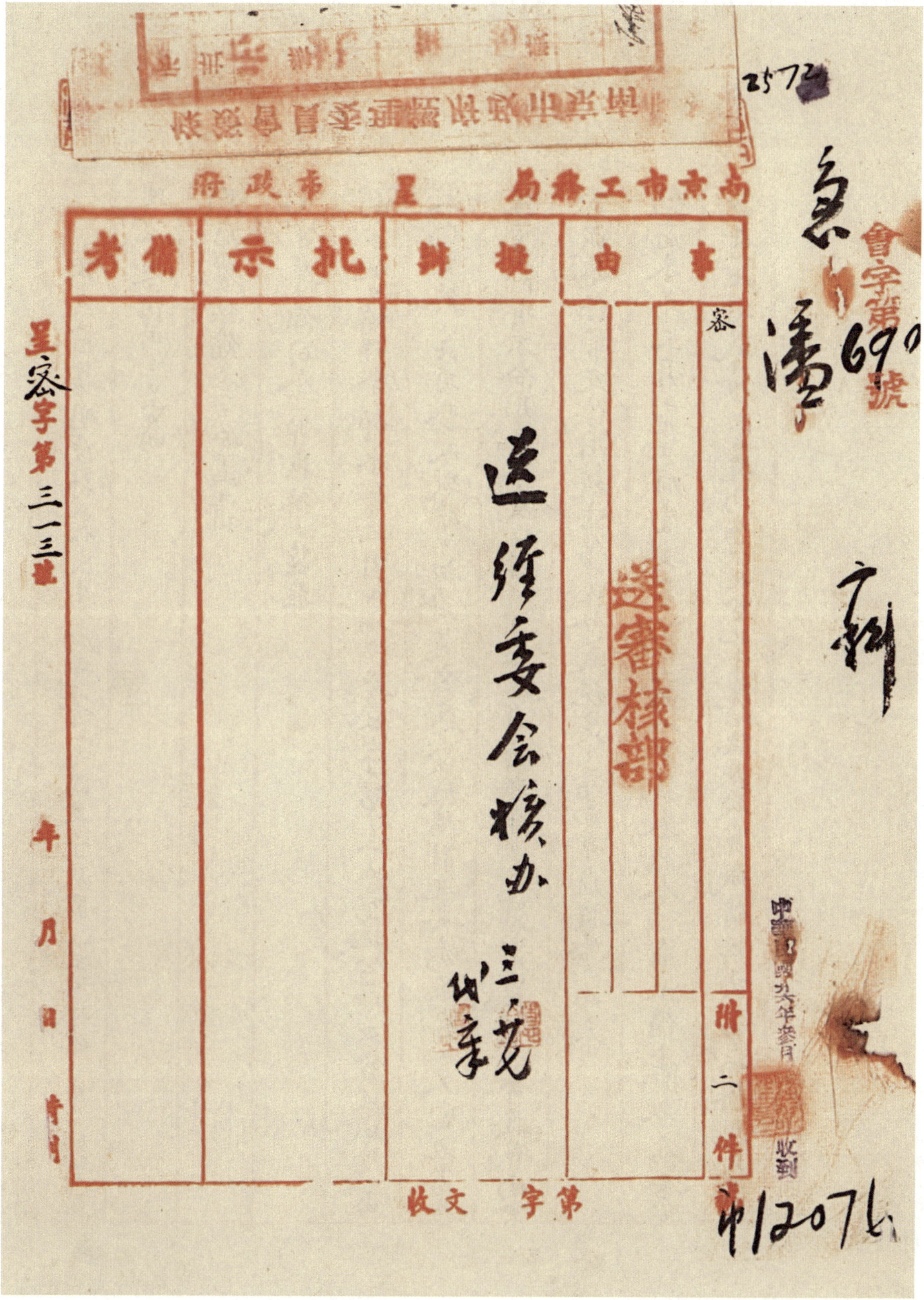
南京市工務局 呈 市政府

呈密字第三一一三號

事由	摘要	批示	備考
	送經委會核辦		

附二件

年 月 日 時

第 字 文 收

案查前據明陵村農民朱廣德等呈請迅予收買所有城磚一案，經將辦
理經過情形，呈請
鈞府鑒核備查，并函請
南京警備司令部核辦，茲准
南京警備司令部本年三月十八日參二字第三五六號公函，以修理城墻，由
本部主辦，此項驗收城磚，擬請運至應修城墻附近妥為堆存，交當地憲警
保管，所有不合用之零星碎磚，可任其自行搬運，至所需價款等，可援照南京
市城磚保管及使用辦法第四條之規定，請向市府撥給。并奉
鈞府本年三月十九日府壹文字第二四一七號密指令：「准予備查」各在案。
茲查此項城磚，整塊約八千九百九十塊，援照收買城磚辦法第四條規定價格

每塊五分，共為四百四十九元五角，又半截約一萬六千塊，以兩塊合為整塊一塊
按上項價格計算，共為四百元，兩共需購價八百四十九元五角，查本市應續
修之城牆，為太平門至台城一段，此項城磚，擬即運存太平門城牆上面，以便
使用，其運費按照前次修理太平門至中山門一帶城牆案內，包商尹祥記收
買陵園西區琵琶洲等處城磚，每塊運費九分之先例，計需一千五百二十九元
一角，連同購價，共需二千三百七十八元六角，既准
南京警備司令部函請由
鈞府撥給，理合繕具預算，備文呈送，仰祈
鑒核按數墊撥，俾便收買，撙節支報，一俟施工，請撥工款，再行歸墊，是否
有當？伏乞

迅賜指令祇遵。再此項城磚，前准
總理陵園管理委員會函囑於本年三月底以前運去，為期甚迫，合併呈明

謹呈

市長馬

附呈預算二份

工務局局長宋希尚

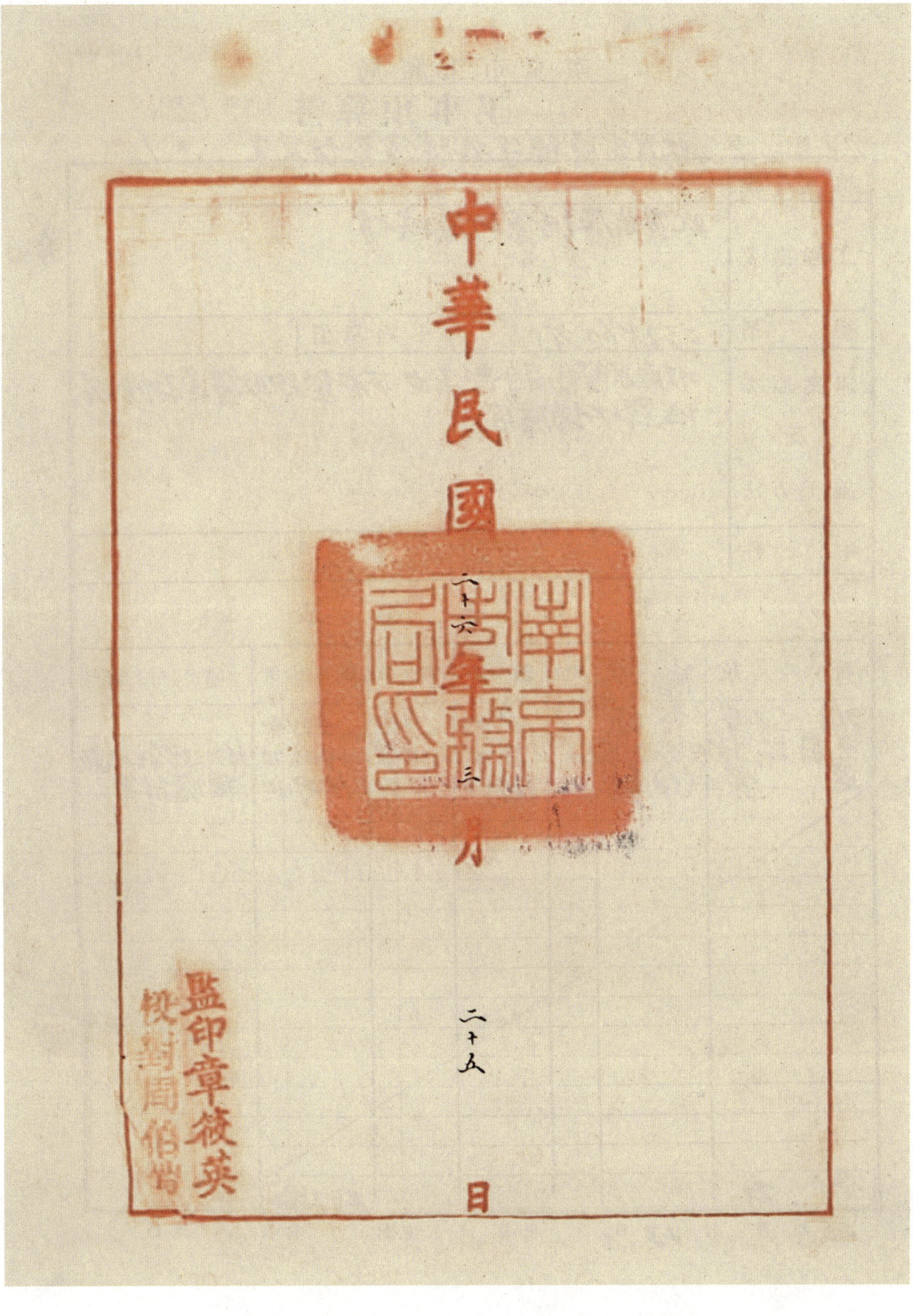
中華民國二十六年三月二十五日

監印章筱英
校對周伯當

工計A.1(甲)

南京市工務局

工事預算書

(共 / 頁)

字第 號 收買朱廣德等城磚價費預算書 第 / 頁

地點			
工程撮要	收買朱廣德等所有城磚		
總價	2378.60元	平均單價	
起案原委及施工方法	准南京警備司令部函由市府墊欵收買運存修城地點以備應用		
附件			

預算詳細表

種類	形狀	單位	數量	單價 元	總價 元	備考
城磚	整塊	塊	8990	0.05	449.50	
半截城磚	二塊合一塊	〃	8000	0.05	400.00	16000塊合爲上數
運費	整塊計	〃	16990	0.09	1529.10	按塊計算
合計					2378.60	

26年3月23日 計算 校對 審核 復核

（二一）南京市政府經理委員會爲購運明陵村城磚價格致市政府的簽條（一九三七年三月三十一日）

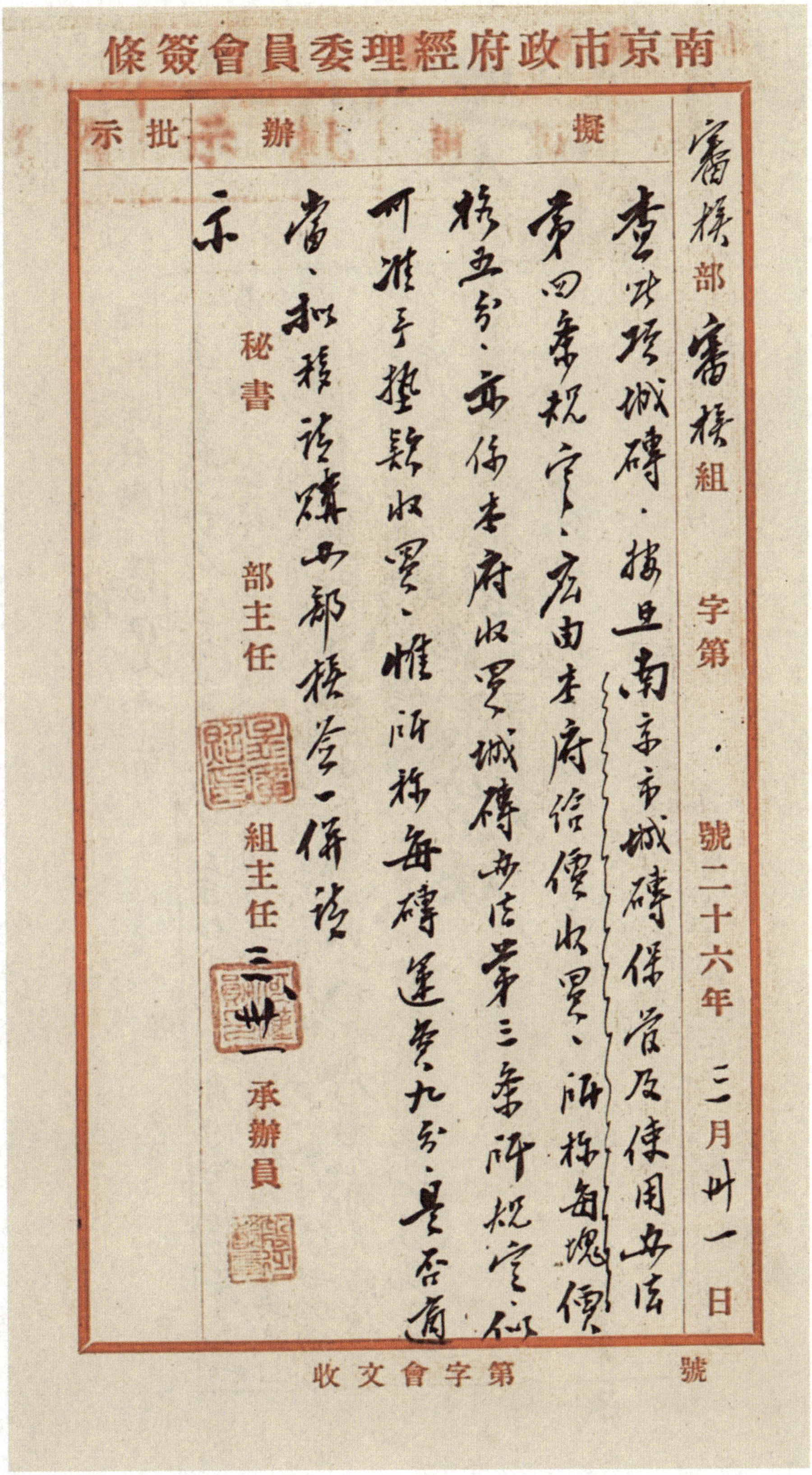

南京市政府經理委員會簽條

審核部 審核組 字第 號 二十六年 三月卅一日

擬辦

查此項城磚，按照南京市城磚保管及使用辦法第四條規定，應由本府給價收買，所給每塊價格五分，亦係本府收買城磚辦法第三條所規定，似可准予照數收買，惟所給每磚運費九分，是否適當，擬請審核部核簽一併請示

秘書

部主任

組主任 三卅一

承辦員

批示

收文會字第 號

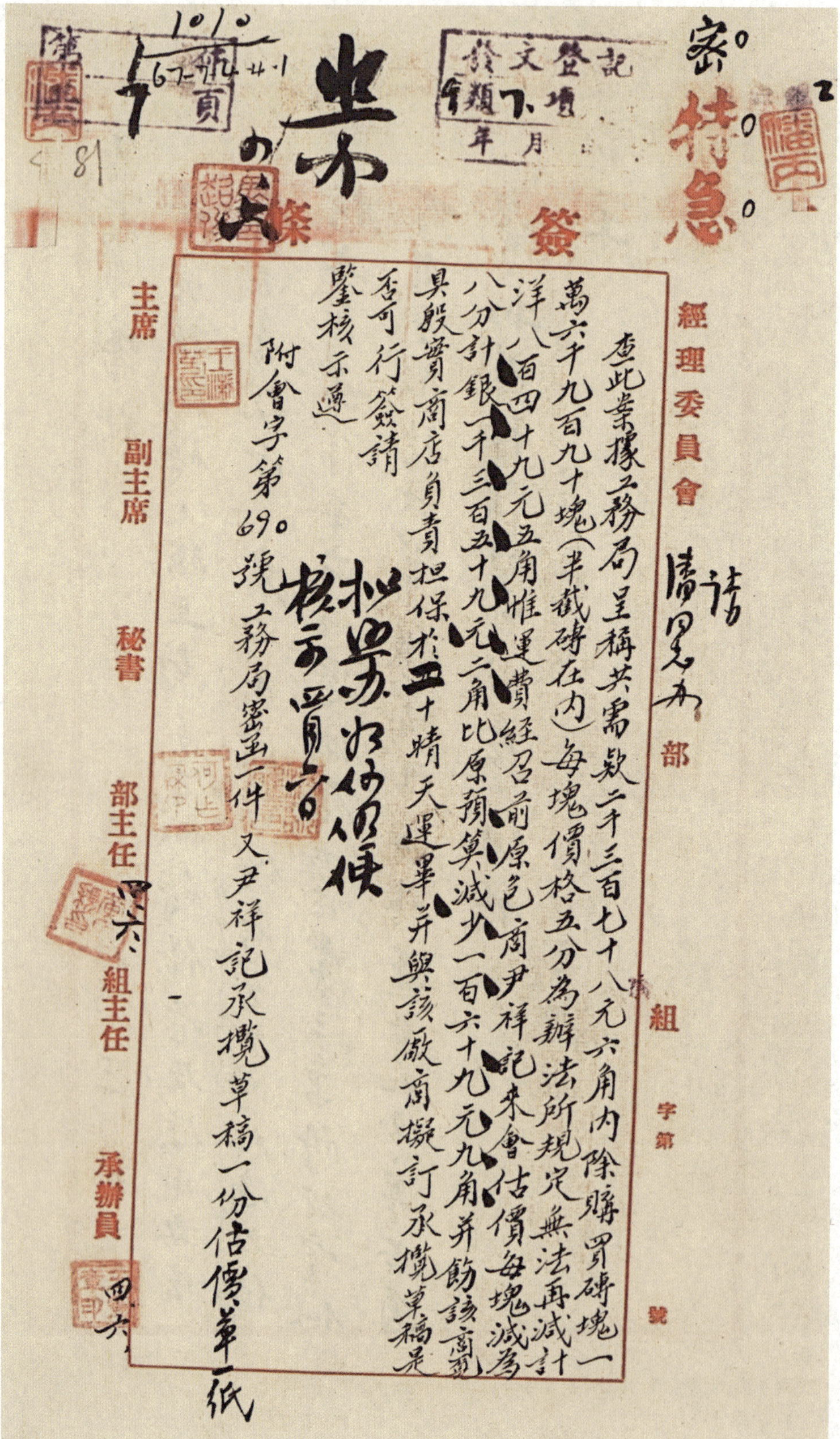

密 特急

簽條

經理委員會　部　組　字第　號

主席　副主席　秘書　部主任　組主任　承辦員

查此案據工務局呈稱共需款二千三百七十八元六角内除購買磚塊一萬六千九百九十塊（半截磚在内）每塊價格五分爲辦法所規定無法再減計洋八百四十九元五角惟運費經召前原包商尹祥記來會估價每塊減爲八分計銀一千三百五十九元二角比原預算減少一百六十九元九角并飭該商具殷實商店負責担保於五十晴天運畢并與該廠商擬訂承攬草稿是否可行簽請

鑒核示遵

附會字第690號工務局密函一件又尹祥記承攬草稿一份估價單一紙

（三）南京市經理委員會爲收買、運輸明陵村城磚費用致市政府的簽條（一九三七年四月六日）

（四）南京市經理委員會爲尹祥記承攬明陵村城磚收集運輸工程致市政府的密簽呈文（附件：承攬書）（一九三七年四月十日）

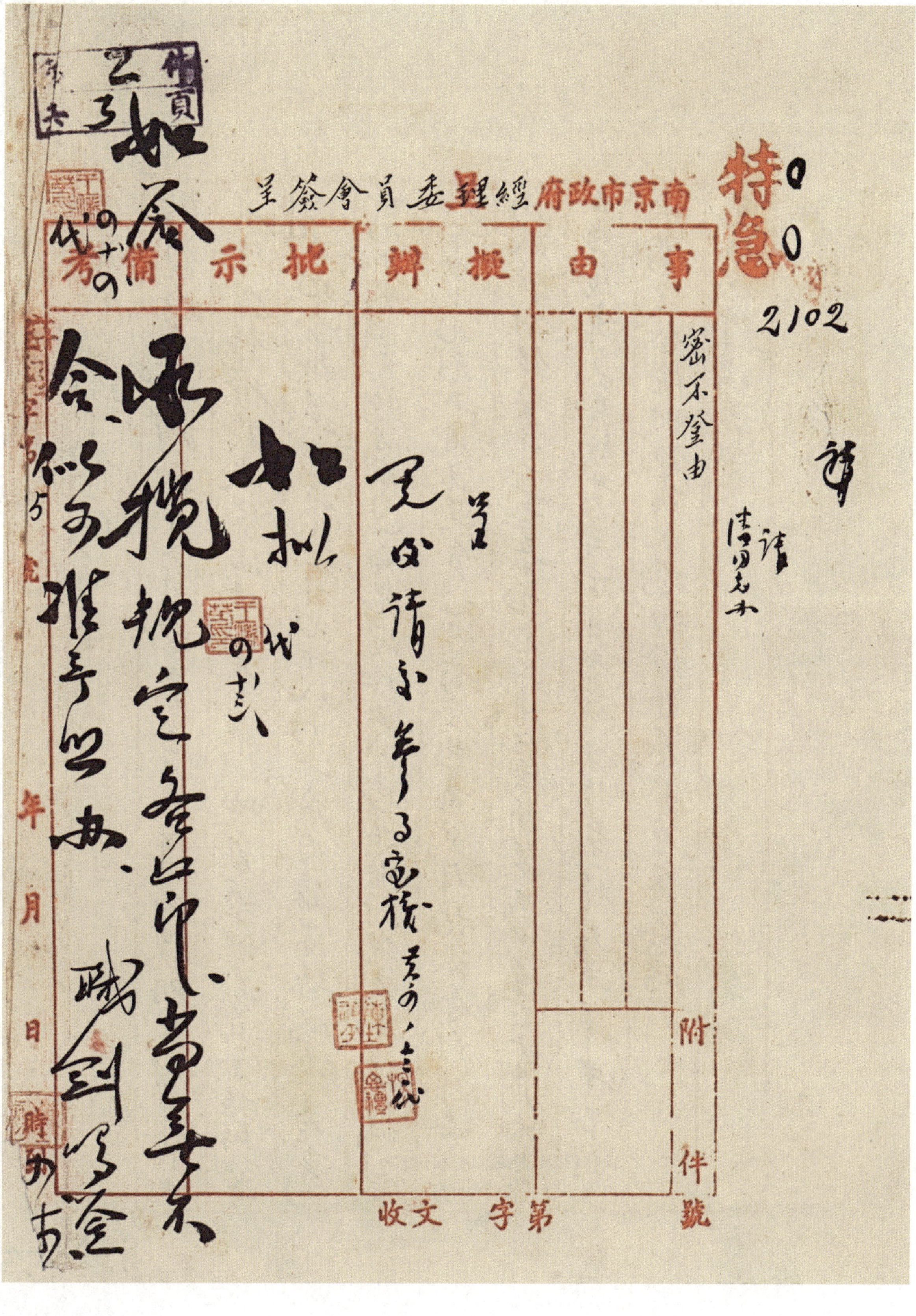
特急

2102

南京市政府經理委員會簽呈

事由	擬辦	批示	備考
密不登由			

附件

第　字　號　收文

年　月　日　時

案奉
鈞府交下工務局本年三月二十五日签呈一件為據明陵村農民朱
廣德等請撥款收買城磚一案奉 批交經理委員會核辦等
因查此案預算為二千三百七十八元六角內購買磚塊壹萬六千九
百九十塊（半截磚在內）每塊價格五分為本府所規定無法再減計洋
八百四十九元五角至運費經召前原包商尹祥記來會估價每塊減
為八分計銀壹千三百五十九元二角比原預算減少壹百六十九元九角
並飭該商免具殷實商店負責擔保於二十晴天運畢業已訂立
承攬理合檢附該商承攬四份暨奉發原呈簽請
鑒核施行謹呈

市長馬

附承攬四份及原呈一件

經理委員會主席委員馬超俊

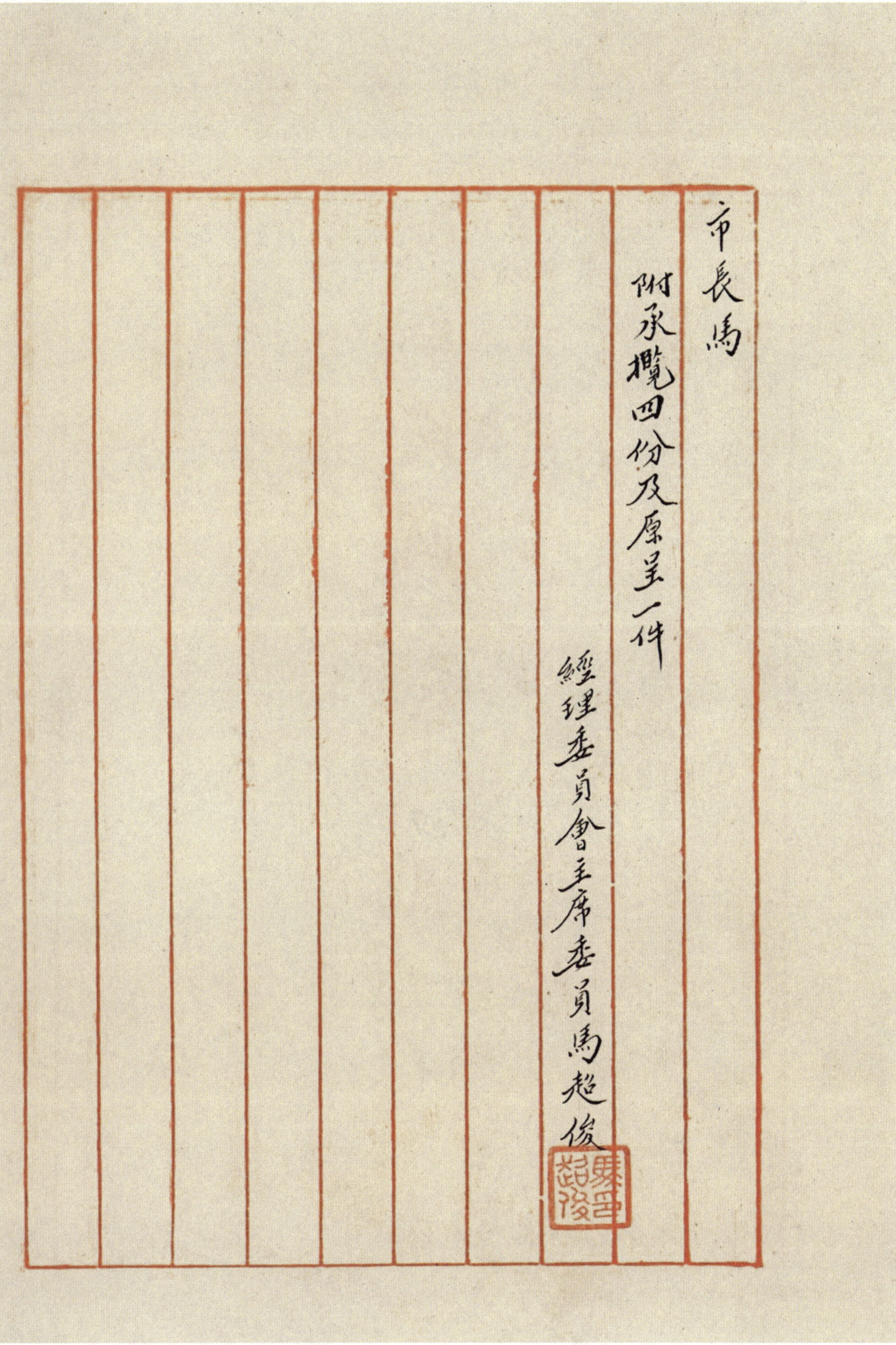

中華民國二十六年四月十日

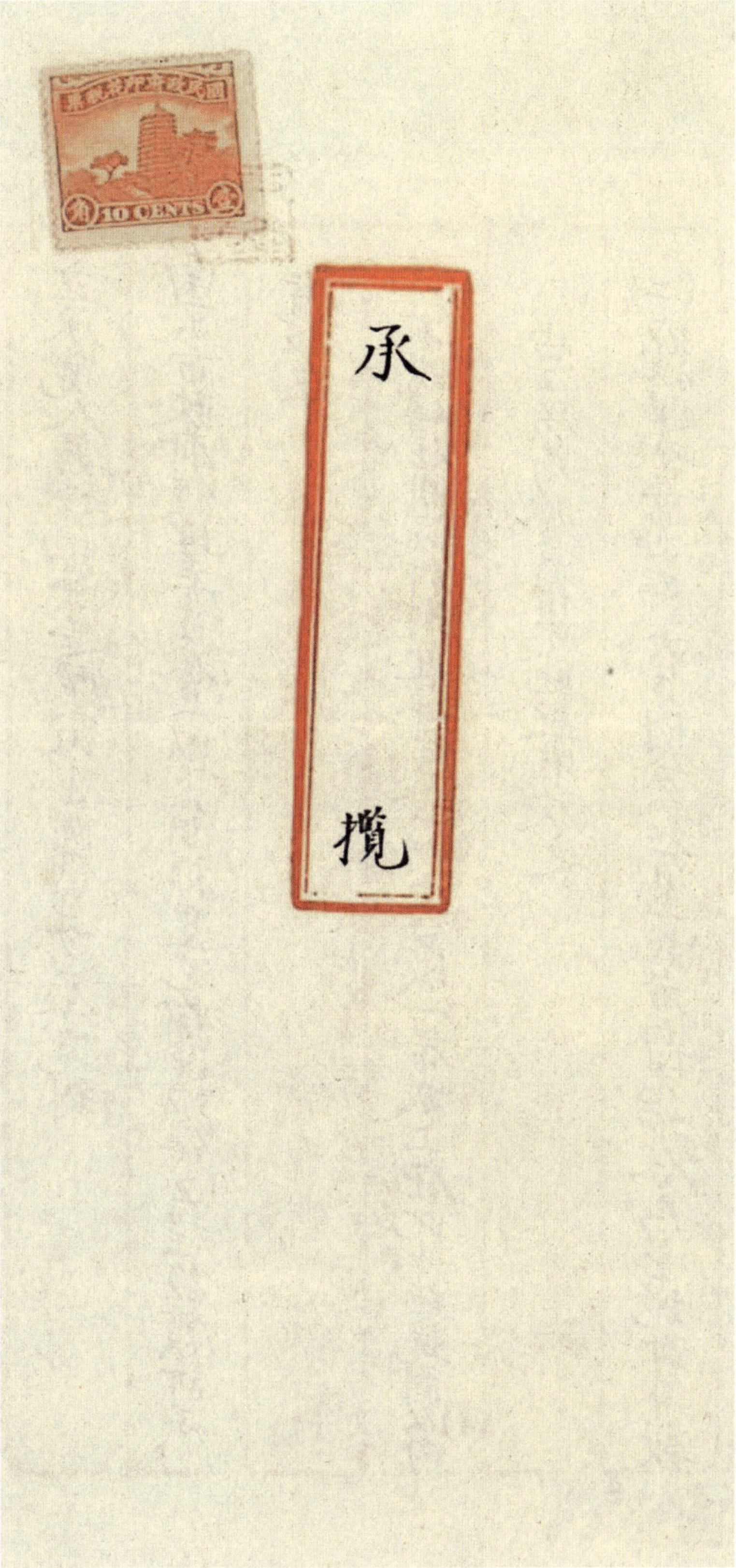
承
攬

立承攬人尹祥記營造廠（以下簡稱乙方）今攬到

南京市政府經理委員會（以下簡稱甲方）輸運城磚工程茲願訂承

攬如左

（一）本城磚在明陵村附近運至太平門至台城一帶城上在此地點範圍以內

由工務局派員指定地點堆放之

（二）城磚運力每塊言訂大洋捌分（如有半截者兩塊拼合為壹塊計算）數

目多寡俟城磚運到城上由工務局派員會同乙方點數為準以上
列单價計算之
（三）如城磚數目在兩萬塊以内限于二十晴天運完如磚數增加者依此
類推倘故意遲延每日願罰洋弍拾元
（四）前條限于二十晴天者自通知運磚（並須發旗幟及通行証）日起計
算如遇風雨氷雪天災地震及有其他阻碍者實在不能輸運均接

日扣除之

（五）本輸運城磚付欵手續於後

第一期 開工五日由工務局派員會同乙方點数以九成計算付欵

第二期 開工十日由工務局派員會同乙方點数以九成計算付欵

第三期 開工十五日由工務局派員會同乙方點数以九成計算付欵

第四期 開工二十日由市政府工務局派員會同點數彙計總數除已付数外掃數付清

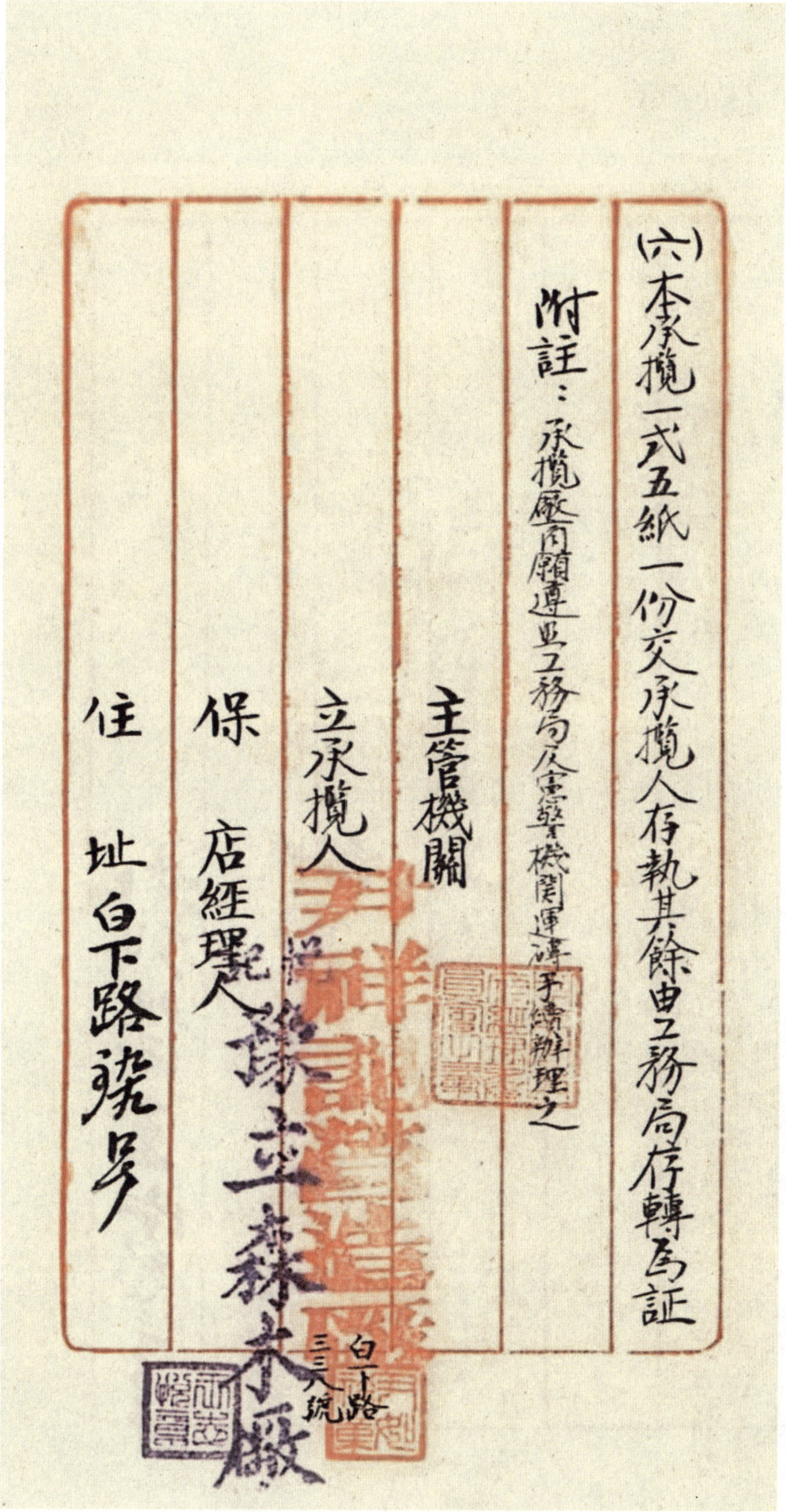
（六）本承攬一式五紙一份交承攬人存執其餘由工務局存轉爲証
附註：承攬廠商願遵照工務局及當管機關拆運手續辦理之
主管機關
立承攬人　尹祥記營造廠
保　店經理人　孫立森木廠　白下路三三八號
住址　白下路　號

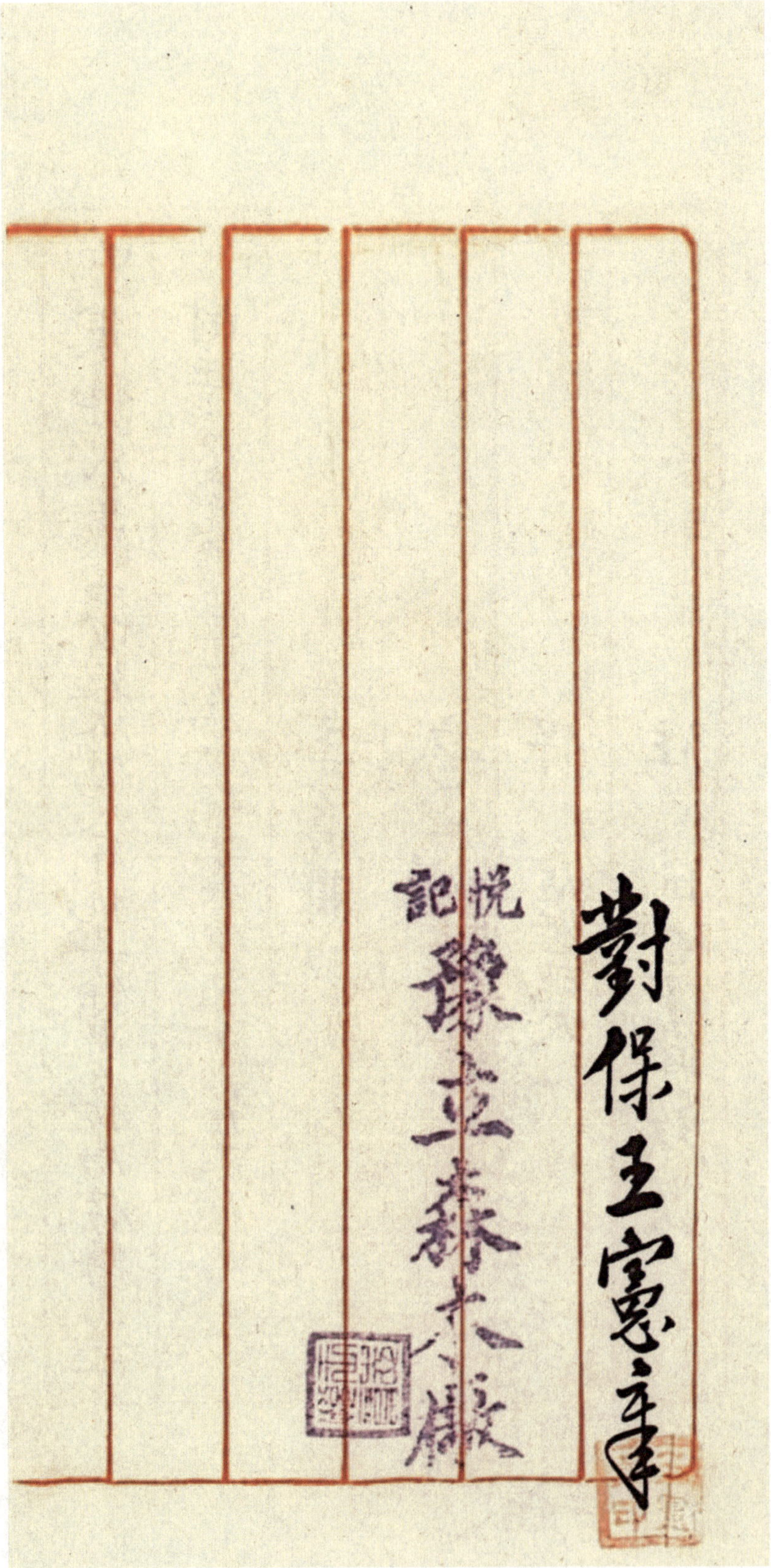

劉保主憲手

悅記

錄立春大廠

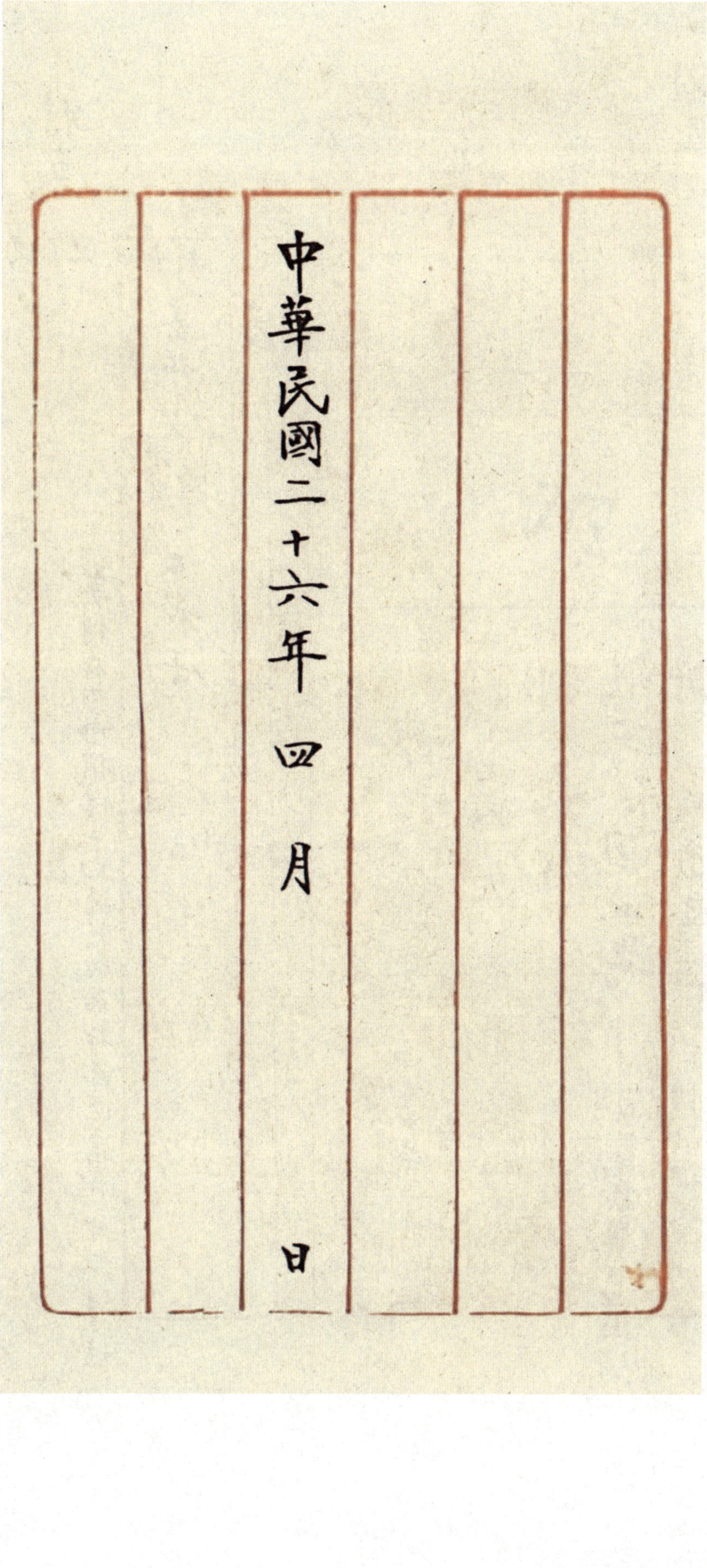
中華民國二十六年四月日

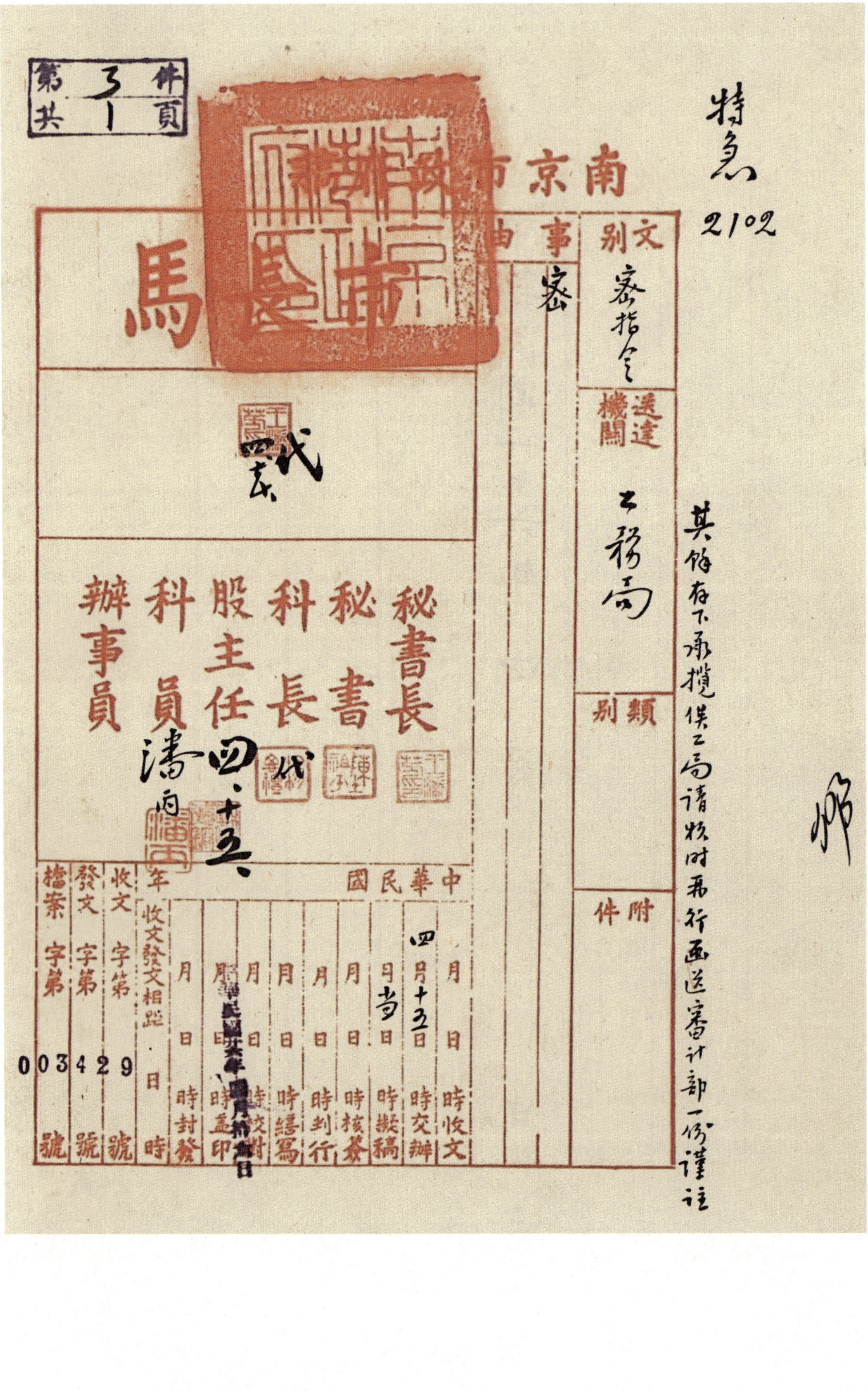

南京市政府
特急
2102
第 3 頁 共 1 件
文別：密指令
事由：密
送達機關：工務局
類別
附件
其餘存下承攬供工局請核附再行函送審計部一份謹注
馬
代
秘書長
秘書
科長
股主任
科員
辦事員
四、十五
中華民國 年
月 日 時 收文
四月十三日 時 交辦
月 日 時 擬稿
月 日 時 核簽
月 日 時 判行
月 日 時 繕寫
月 日 時 校對
月 日 時 蓋印
月 日 時 封發
中華民國卅六年四月拾伍日
收文發文相距 日 時
收文 字第 號
發文 字第 號
檔案 字第 號
003429

（五）南京市政府爲檢發經理委員會所辦尹祥記承攬書仰遵照辦理致市工務局的密指令（一九四七年四月十五日）

密

指令

令工務局

本年三月二十五日密字第三一三號密呈一件。請撥款購運明陵村城磚。檢同預算。祈迅賜示遵由。

003429

呈件均悉。案經發交經理委員會辦理。去後。茲據

簽稱：

「查此案預算照簽抄呈鑒核施行。」

等情。附承攬及繳件到府。據此應准照簽辦理。茲檢發原承攬一份

仰即遵照辦理。并填具請撥單呈候核辦。件存。此令。

附發承攬一份

（六）南京市工務局爲請迅賜撥款收集明陵村城磚致市政府的密呈（一九三七年四月十五日）

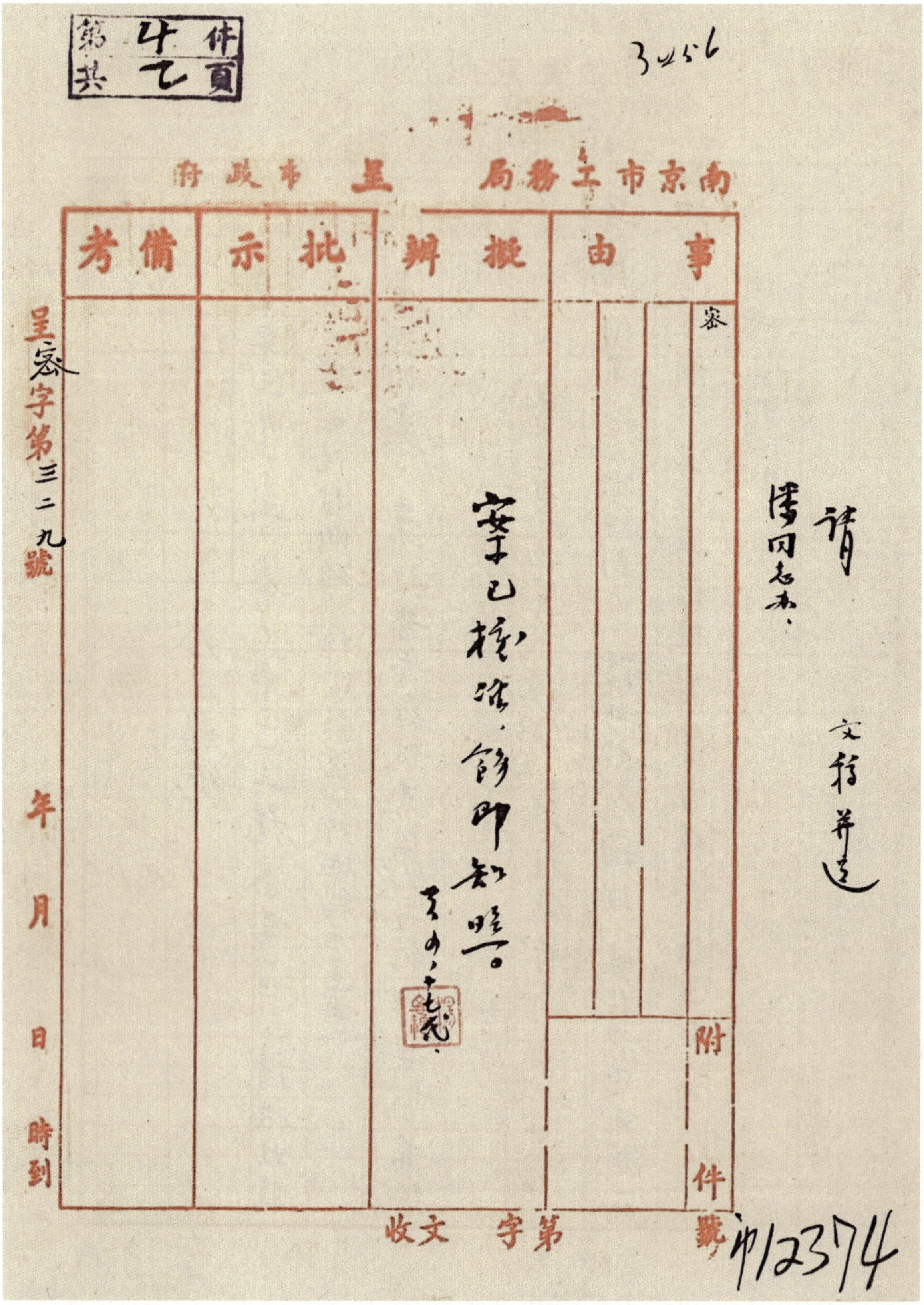

案准

總理陵園管理委員會本年四月八日理字第一二零號公函，以收買明孝陵一帶朱廣德等所有城磚一案，前經函請於三月底以前清發磚價，如數運去，現時已屆四月，該項城磚尚未發價收買，該農民以延宕無期，來會呈催，而植物園亦待從事整理，未便久擱，應請於最短期間收買，限期運清，等由。過局，查此案前准來函，限期運清，即經擬具收買預算，及運儲地点，呈請

鈞府撥款辦理，現尚未奉

指令，准函前由，除函復該會轉飭該農民等暫仍妥為保管，靜候辦理外，理合呈請

鑒核，迅賜撥款，以憑給價移運，并乞

指令祗遵。

謹呈

市長馬

工務局局長宋希尚

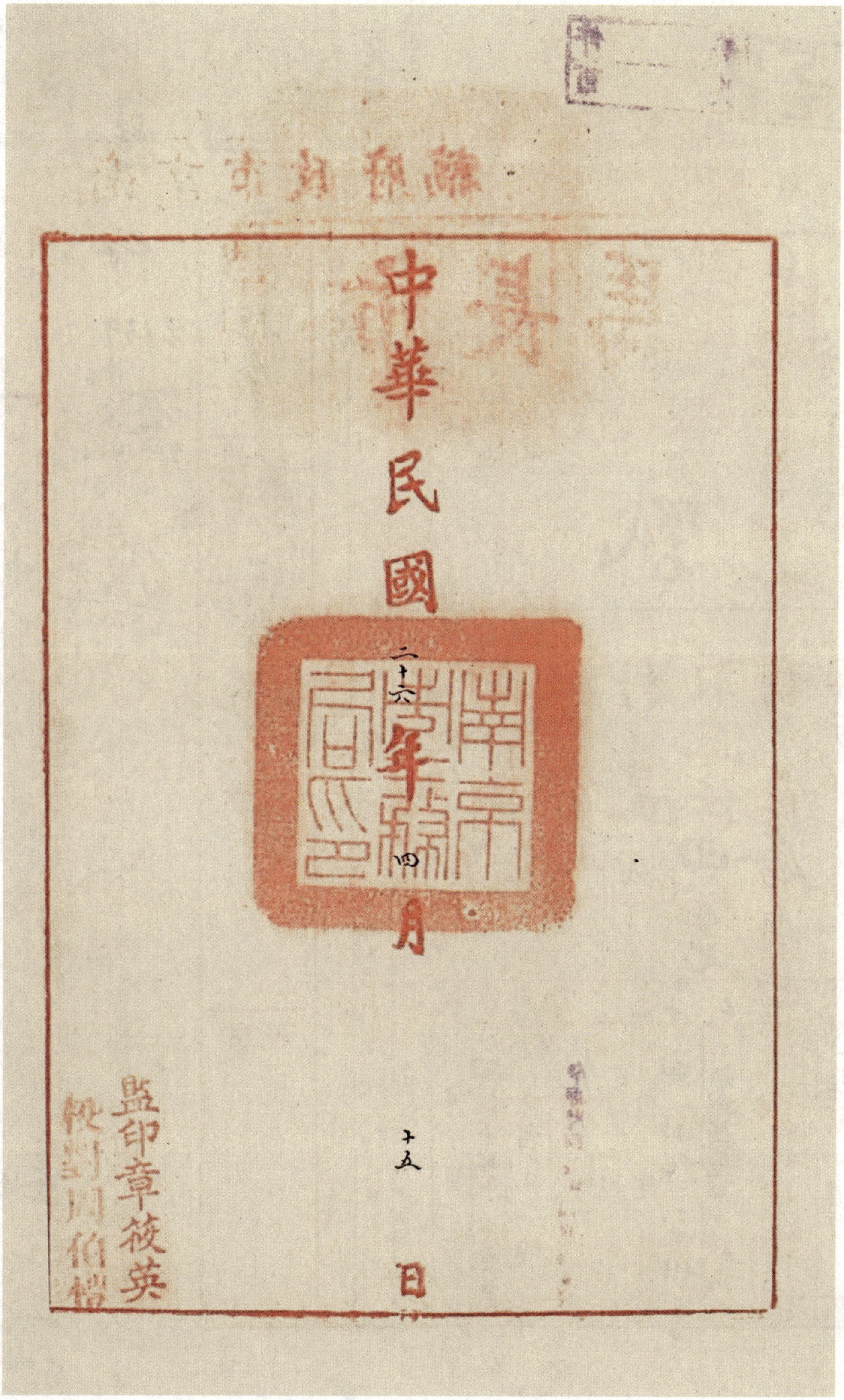

中華民國二十六年四月十五日

監印章筱英

校對周伯楷

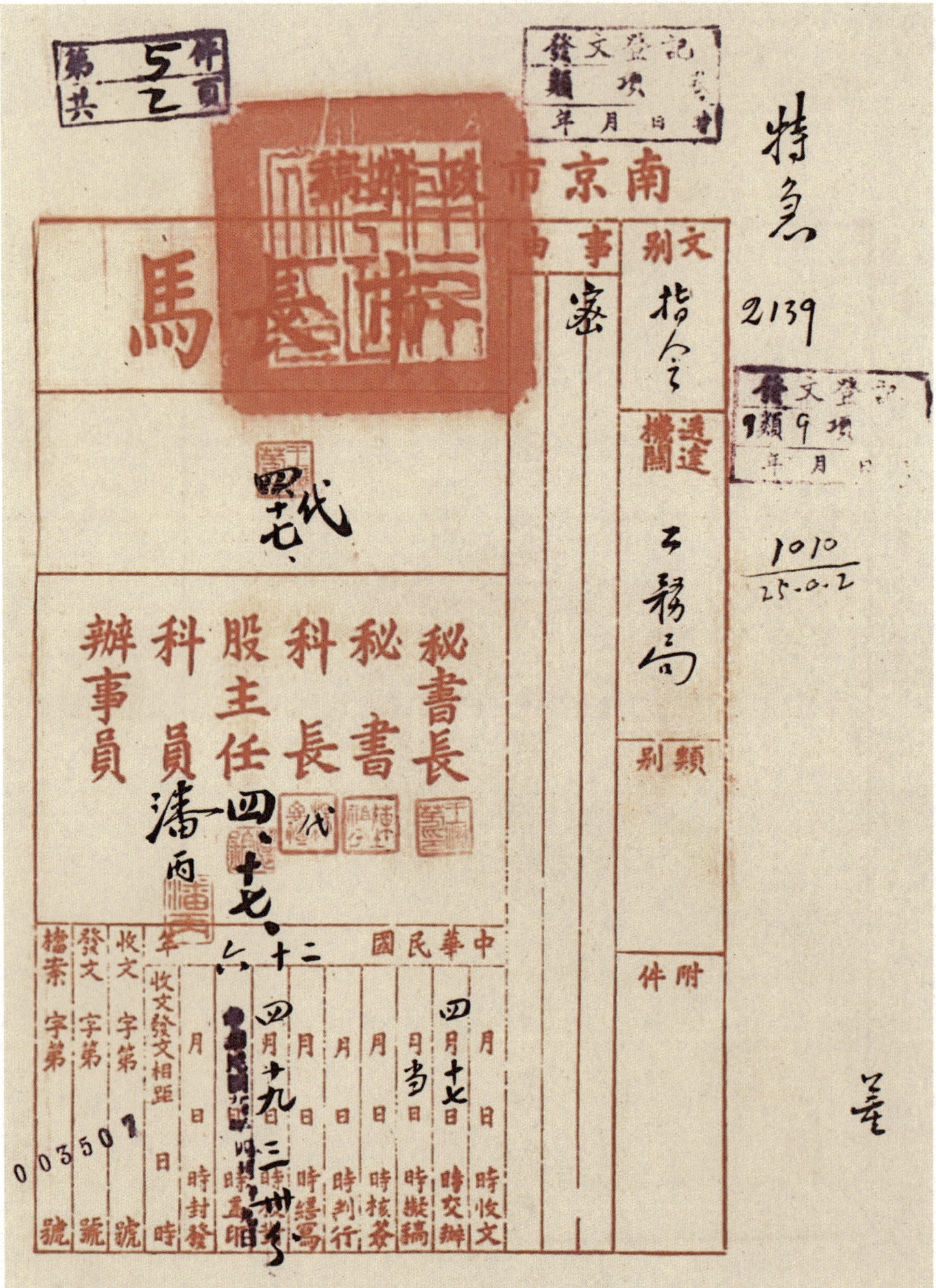

（七）南京市政府爲收集明陵村城磚已飭交市經理委員會招工承運致市工務局的密指令（一九三七年四月十九日）

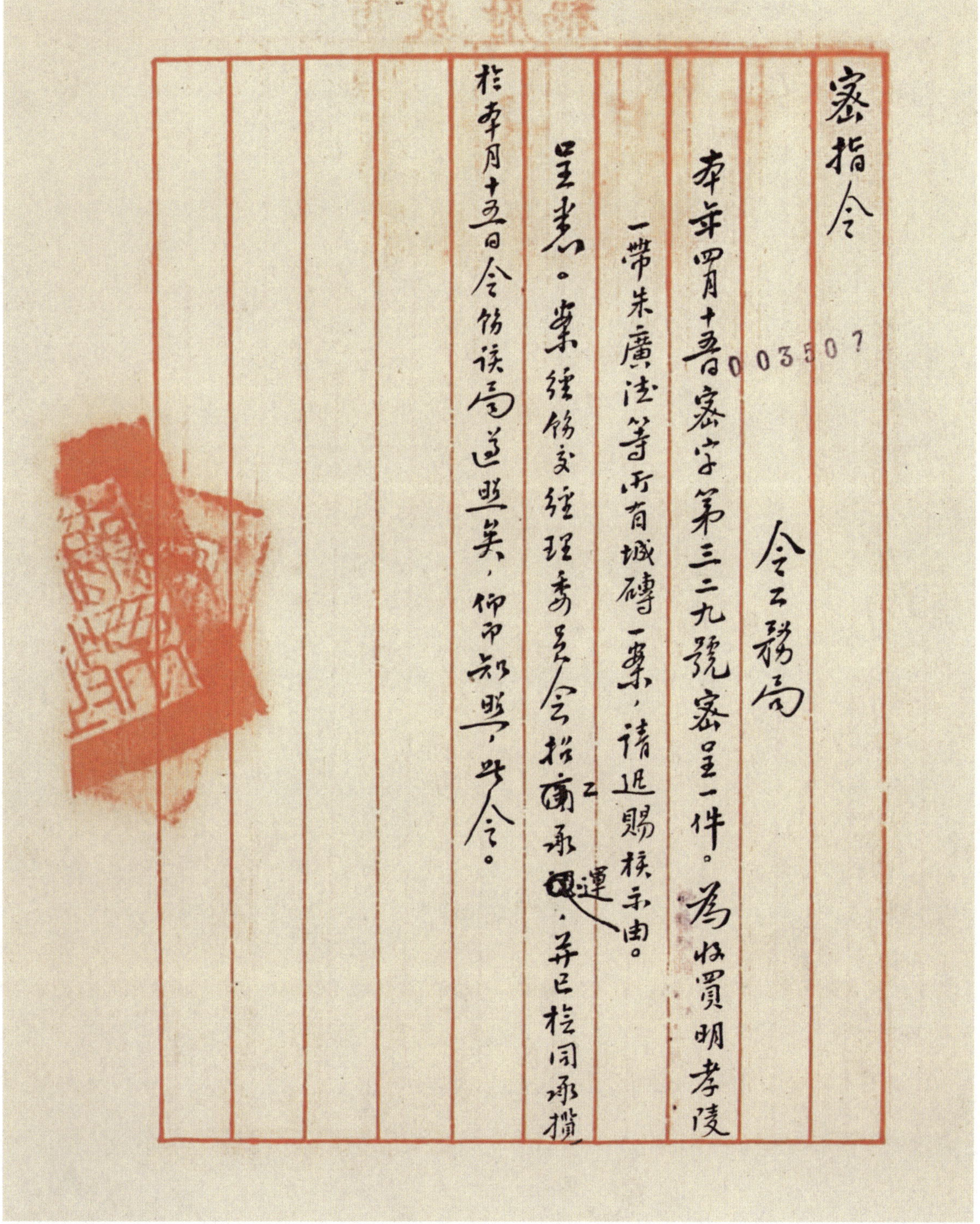
密指令

令工務局

本年四月十五日密字第三二九號密呈一件。為收買明孝陵一帶朱廣法等所有城磚一案，請迅賜核示由。

呈悉。案經飭交經理委員會核商承運，並已核同承攬於本年月十五日令飭該局遵照矣，仰即知照。此令。

003507

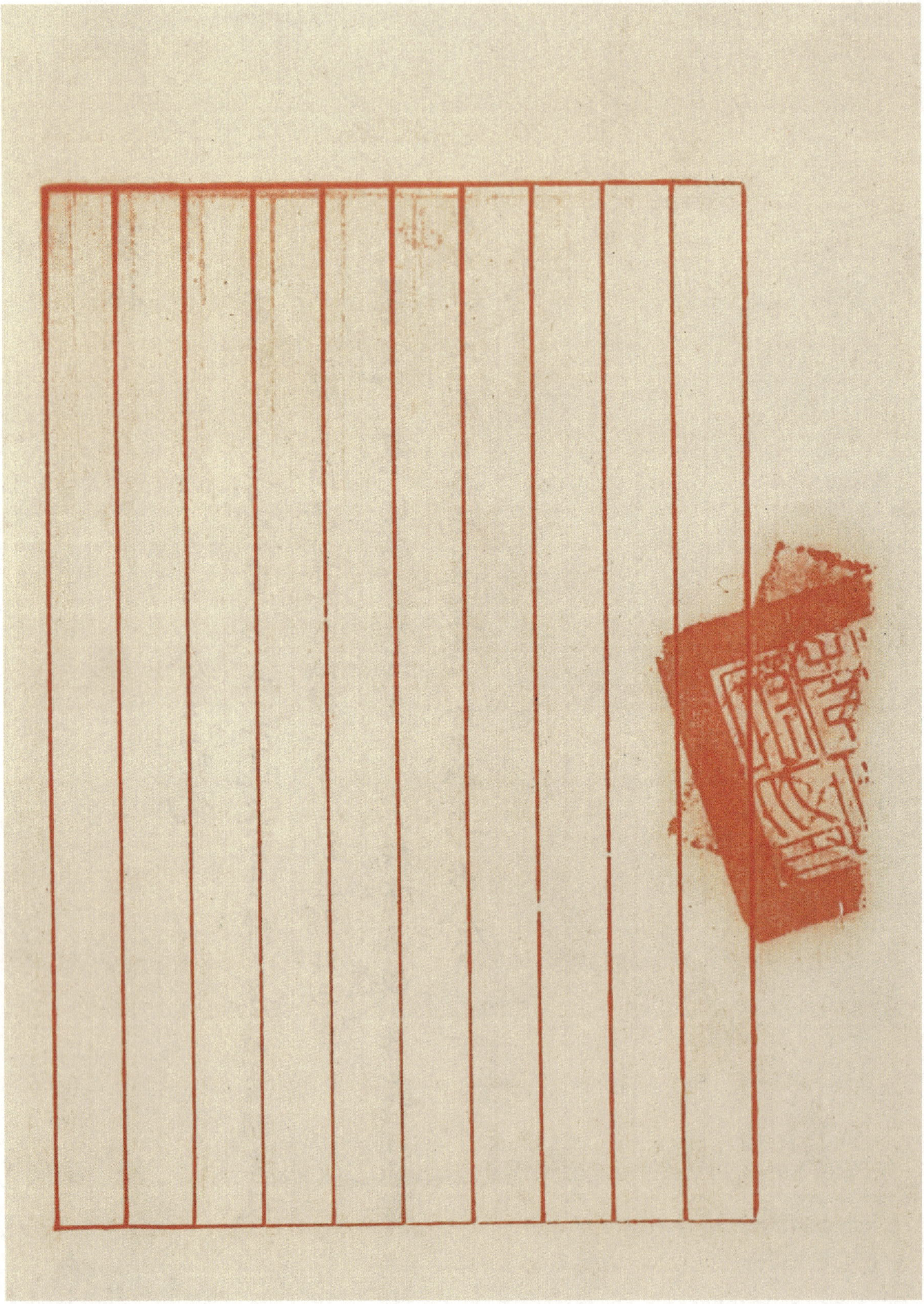

中華民國廿六年四月十九日

繕寫董敬亾

校對 校對張因

監印 監印司徒鏘

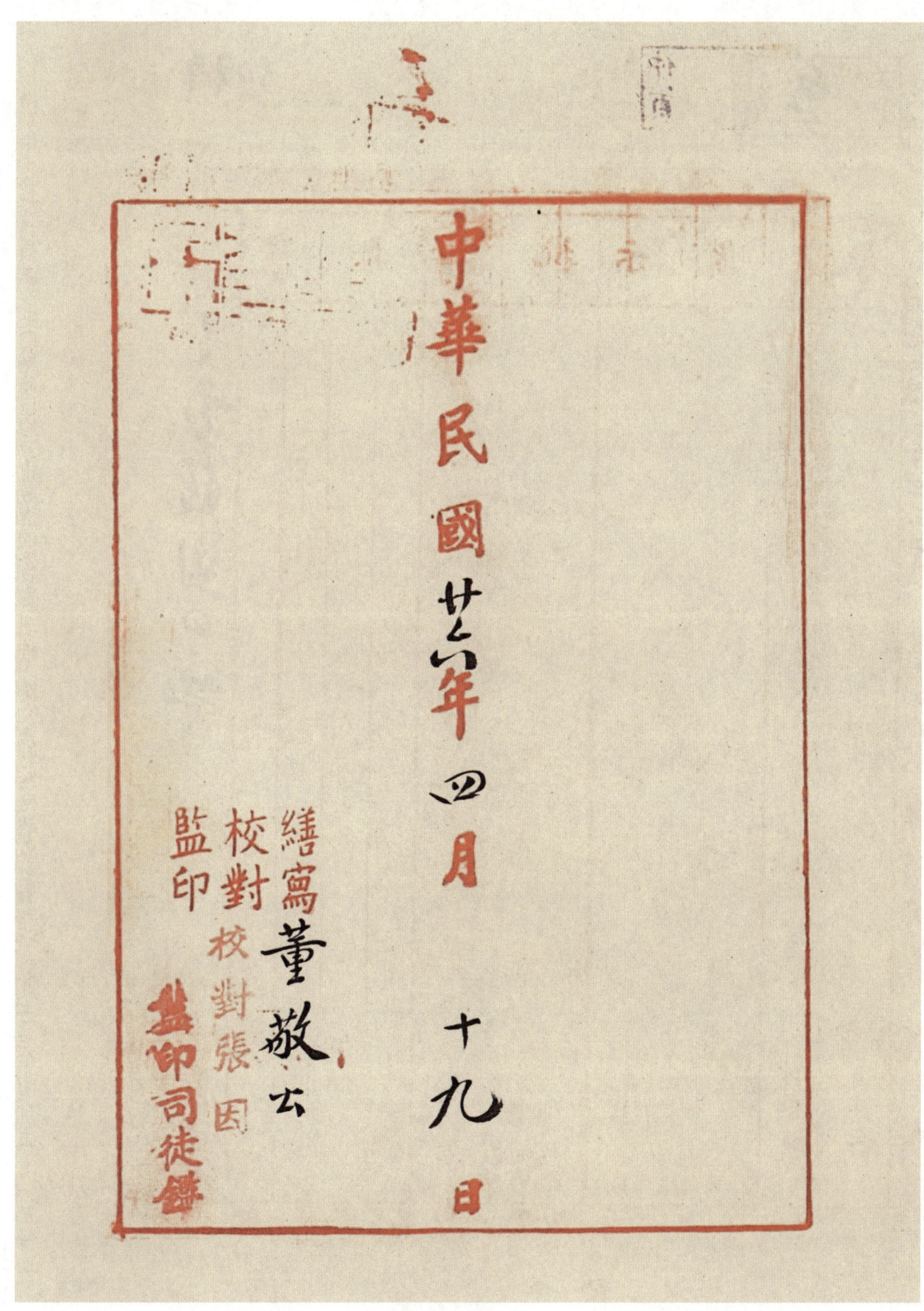

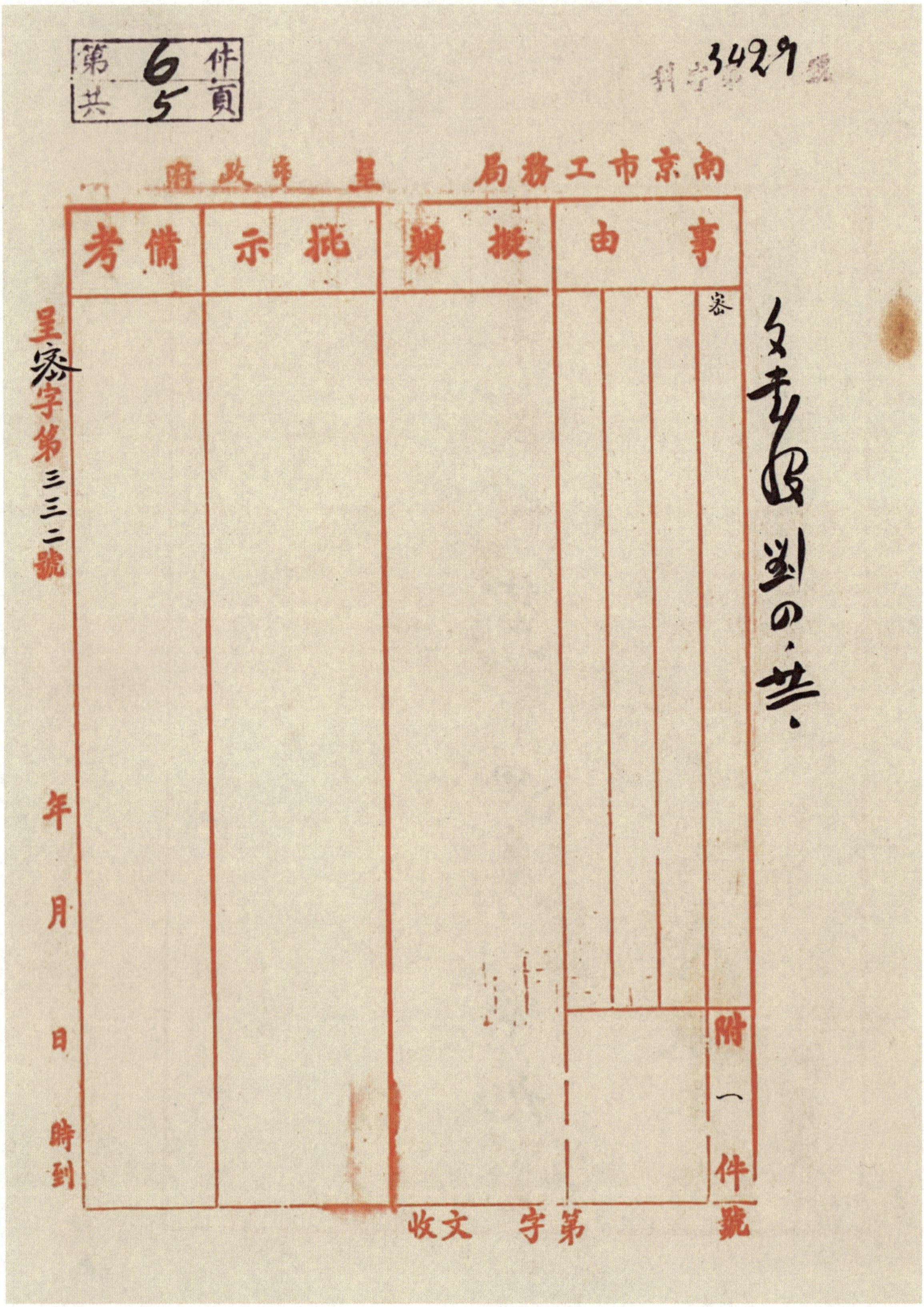

第 6 件
共 5 頁

3429

南京市工務局　呈　市政府

事由	擬辦	批示	備考
密			
附一件			

呈密字第三三二號

年　月　日　時到

收文　第　字　號

（八）南京市工務局爲第二次點驗城磚已竣致市政府的密呈（附件：第二次點驗城磚數量表）（一九三七年四月二十一日）

案查本府派員會同

南京警備司令部副官唐謀点驗市區城磚，所有第一次点驗結果，業經繕製數量表，分別呈函，俾便查核在案。茲查第二次点驗亦已竣事，總計應予收買之整塊城磚七千三百九十四塊，半截城磚五千五百零六塊又二方 除已循案接戶通知妥為保管，聽候給價收買，并分別呈函外，茲經繕製第二次点驗城磚數量表，理合檢同呈送 仰祈

鑒核備查。

謹呈

市長馬

附呈第二次点驗城磚數量表一份

工務司司長宋希尚

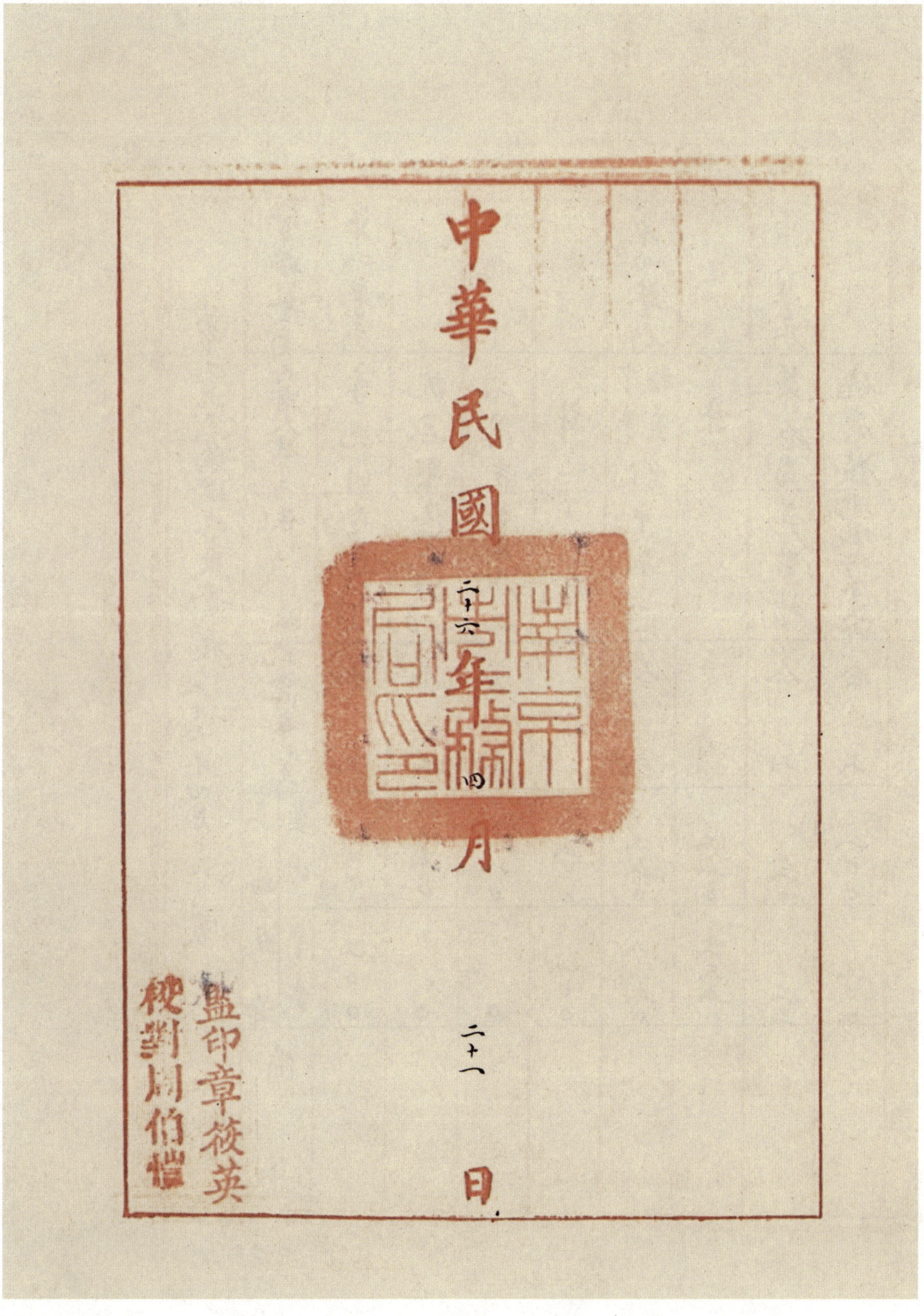
中華民國二十六年四月二十一日

監印章筱英
校對周伯愷

第二次点驗城磚數量表

二十六年四月十六日製

管轄警局	所有人姓名	住址	城磚所在地点	点驗數量 整塊	点驗數量 半截	備註
第一警局	李光明	後宰门338	仝上	一〇〇塊	一〇〇塊	
	沈其學	後宰门208	仝上	一五〇	〇	
	王用先	將軍巷12	仝上	八〇	〇	
	計			三三〇	一〇〇	
第四警局	中華门稽查處	中華门	仝上	二五〇	二三五〇	
	計			二五〇	二三五〇	
第五警局	華存昌	芦柴場	仝上	三〇	二三	
	姚廣鑑	鳳凰街分駐所	仝上	一〇〇	三〇〇	

毛世煥	水西门揩查富	仝	上	二三	二五
孫鶴卿	上河街松盛木行	仝	上	五〇	二〇
郁少卿	棋盤城斗	仝	上	一四〇	〇
翁興智	清涼山31	仝	上	一〇	二
性 敏	清涼山伽藍菴30	仝	上	五〇	一〇
闞增華	龍蟠里13	仝	上	一五〇	一〇〇
張貴恆	龍蟠里17	仝	上	二〇	八
陳世鏞	上河街警察分所	仝	上	八〇〇	二〇〇
徐豐義	丸廠街146	仝	上	一〇	〇
劉宏金	南丸廠街48	仝	上	一〇	一〇

果空	龍蟠里進巷庵	仝	上	一〇	〇
陳濟才	涵洞口59	仝	上	六〇	三〇
張金山	涵洞口38	仝	上	三〇	〇
彭福琪	漢西门外52	漢西门二道圈		三〇	二〇
安良卓	石鼓路378	仝	上	三一	四五
林兆廷	石鼓路376	仝	上	一五〇〇	〇
臧恒興	石鼓路351	仝	上	一〇	二〇
何元生	石鼓路357	仝	上	一〇	二五
常唐氏	石鼓路365	仝	上	〇	三一〇
計				二九四七	一一四八

第六警局	梁炳農	磚厚崗25	仝	上	三〇〇	二〇〇
	李興奎	新民门南2	仝	上	五	七
	柳啟和	妙峰菴15	仝	上	三〇	〇
	陳美	新民门[illegible]	仝	上	五〇	五六
	張家志	新民门18	仝	上	〇	二〇〇
	李家進	新民门77	仝	上	一〇	五〇
	王登喜	新民门北86	仝	上	二六	四〇
	熊光明	新民门南19	仝	上	五	一〇〇
	張憲恩	新民门南20	仝	上	一〇	二〇〇
	張宏盛	新民门南30	仝	上	一三	三三

	袁早忠	新民门北89	仝上	三〇	一二
	朱懷城	新民门北90	仝上	一〇	四〇
	徐長發	新民门北91	仝上	六	三〇
	計			三一九五	九六八
第七警局	佘境錦	塩倉街西街5	塩倉橋西街桃源村北	〇	五〇〇
	李志貞	螞球山71	仝上	六七	〇
	計			六七	五〇〇
第九警局	錢興和	西揚坊1	仝上	二〇	〇
	張正法	岔路口46	仝上	二〇	〇
	張洪仁	東揚坊28	仝上	一一〇	一〇〇

徐振銀	覲慶村8	仝	上	一五	五〇
呂家魁	新莊10	仝	上	一〇	六〇
陳永貴	伊陵衛5	仝	上	一〇	三〇
楊漢成	後莊三二之一	仝	上	三〇	〇
傅志章	四方城	首蓿園新村		七〇	二方
傅志章	四方城	孝陵衛東		五〇	二〇
計				六五	四四〇又二方
總計				七三九四	五五〇六又二方
附記					

（九）南京市政府爲第二次點驗城磚原密呈與附表准予備案致市工務局的密指令（一九三七年四月二十六日）

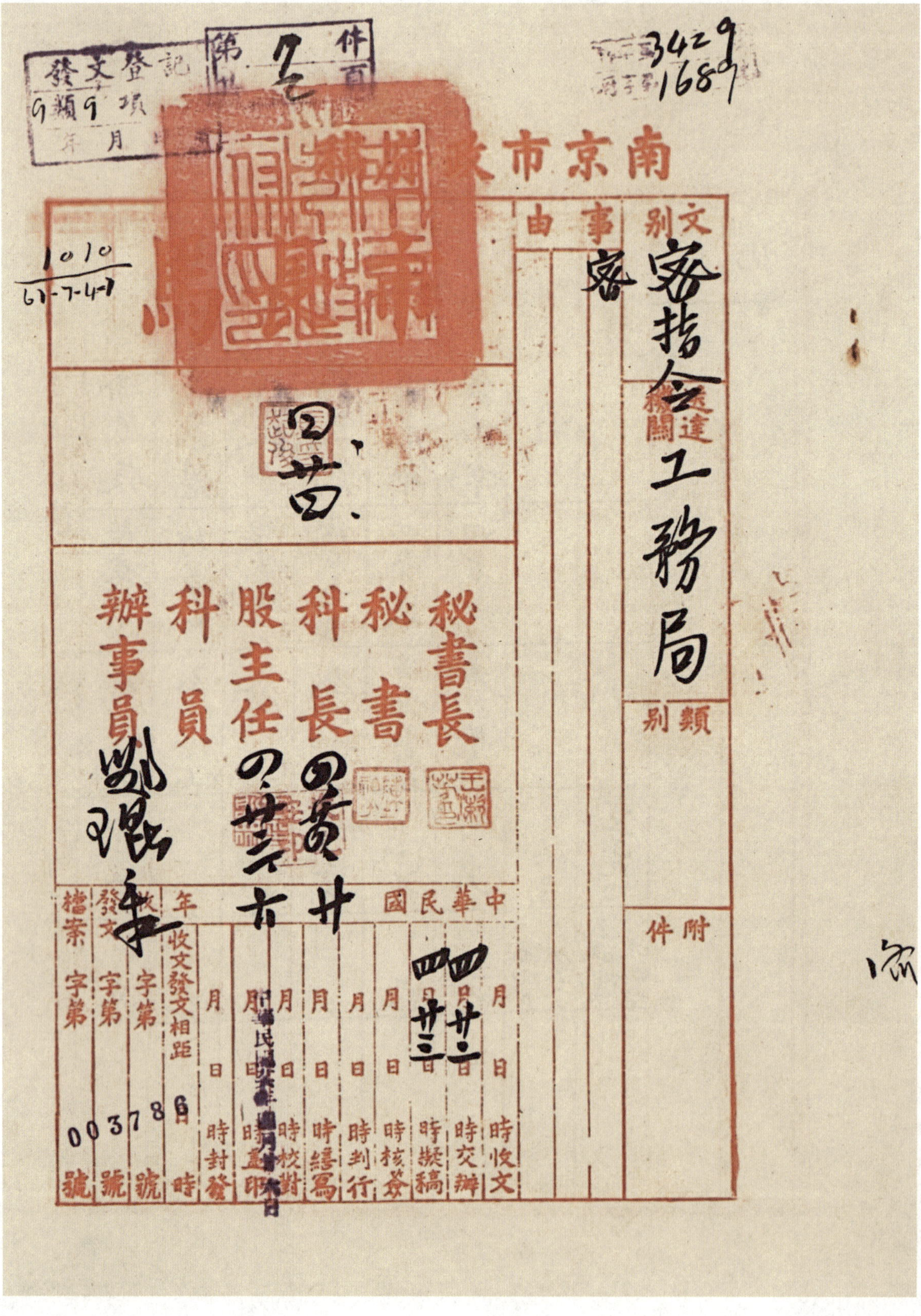

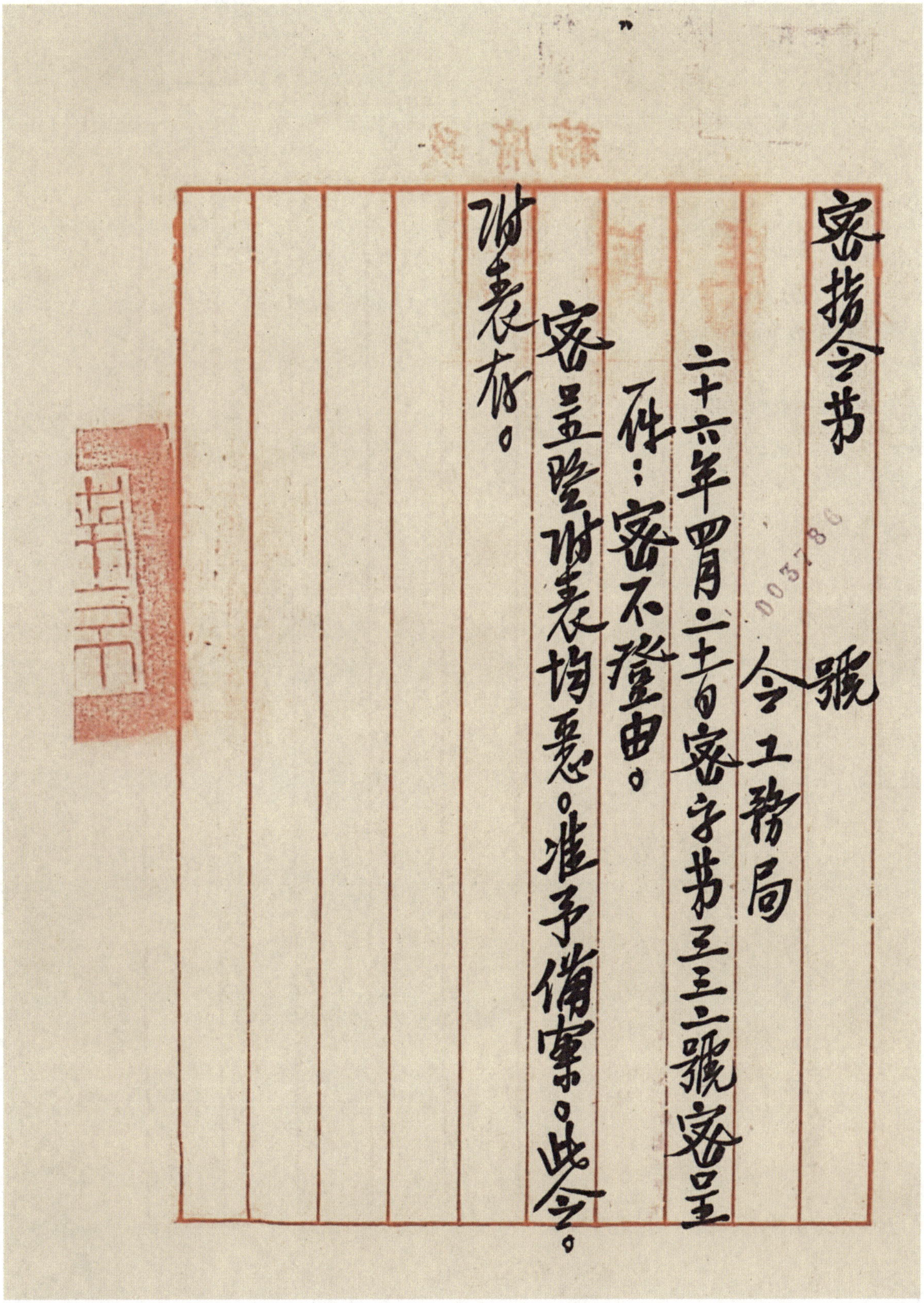

密指令第　　號

令工務局

二十六年四月二十日密字第三三二號密呈一件：密不登由。

密呈暨附表均悉。准予備案。此令。

附表存。

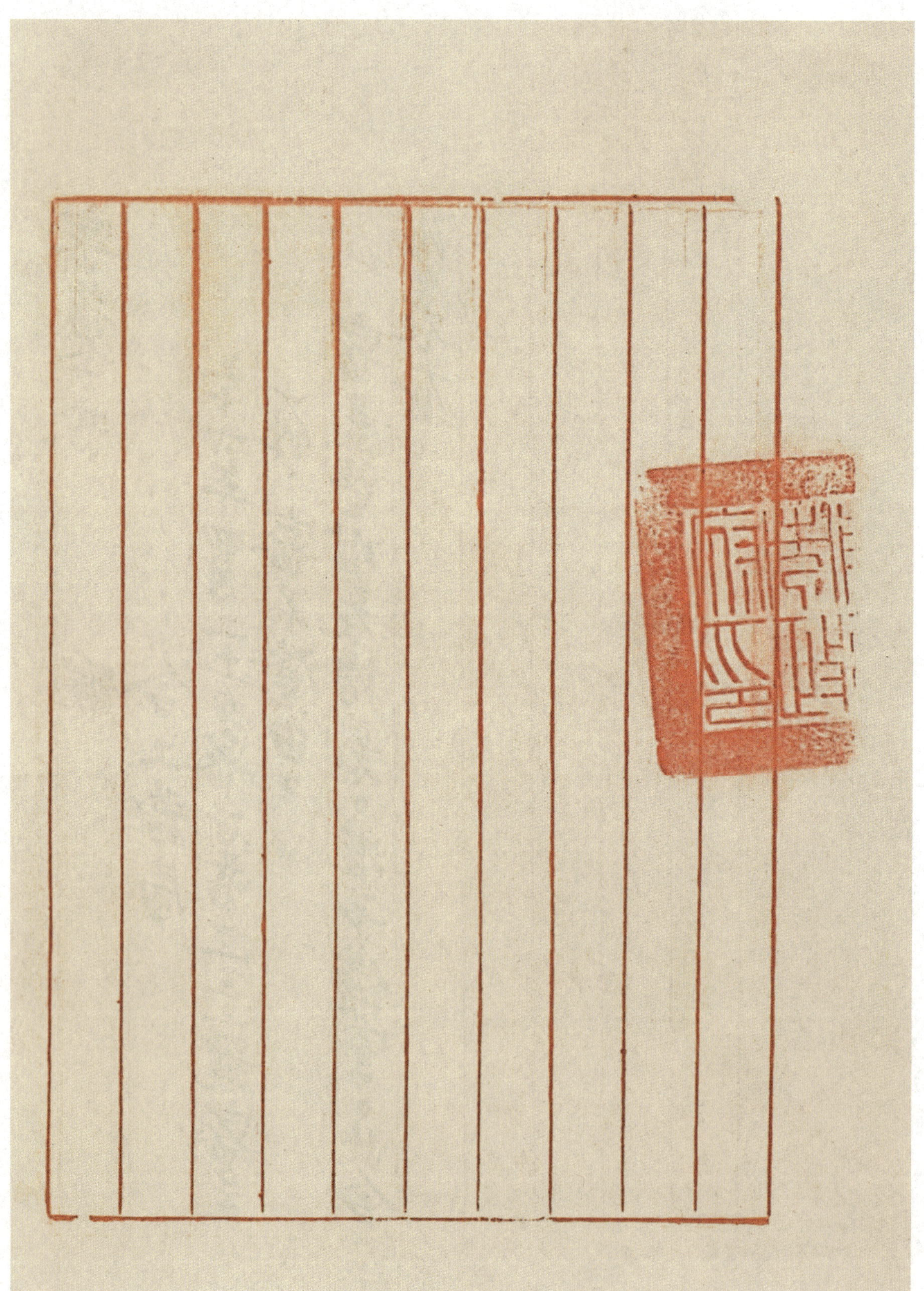

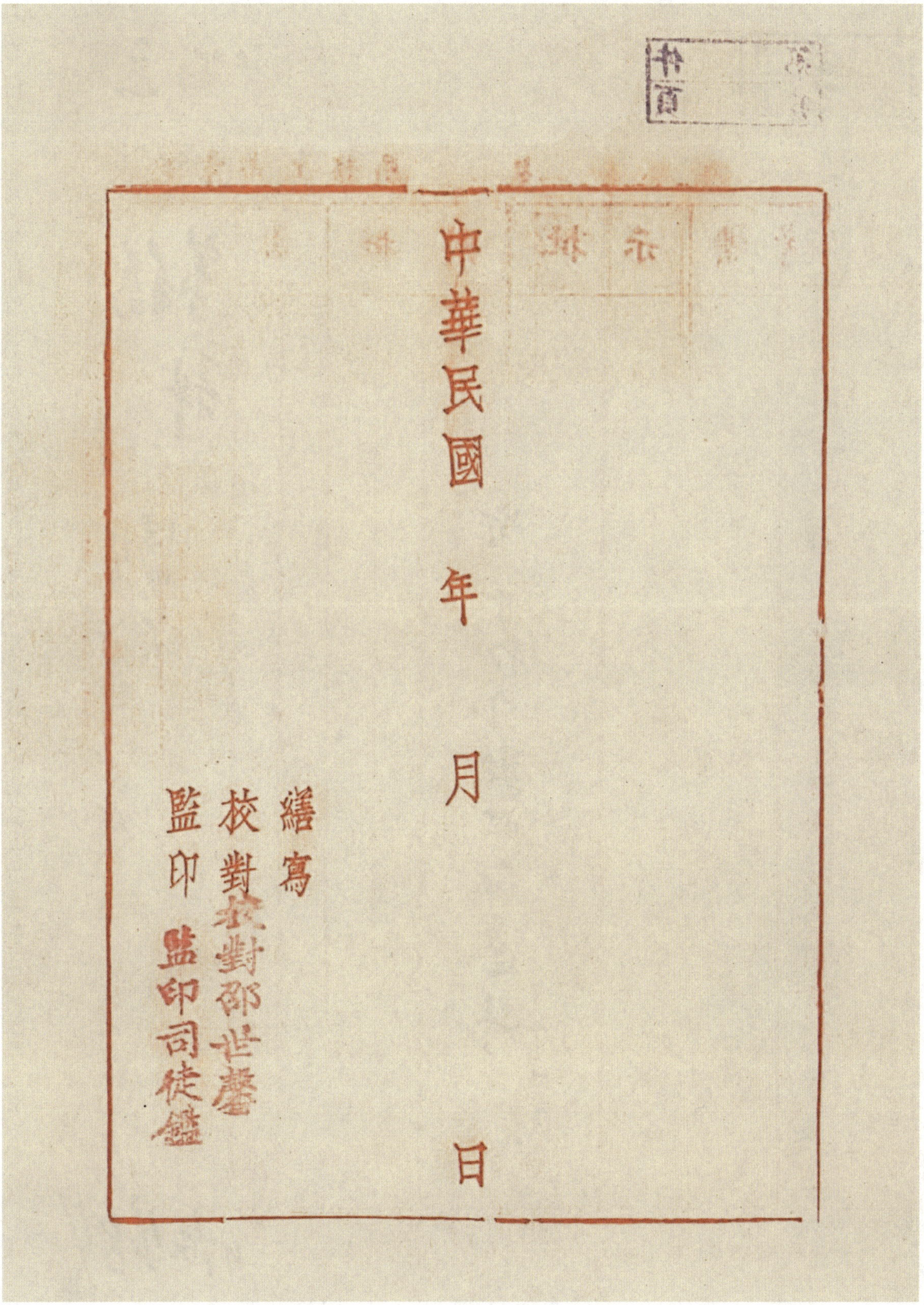

中華民國　年　月　日

繕寫

校對　校對邵世鏊

監印　監印司徒鎰

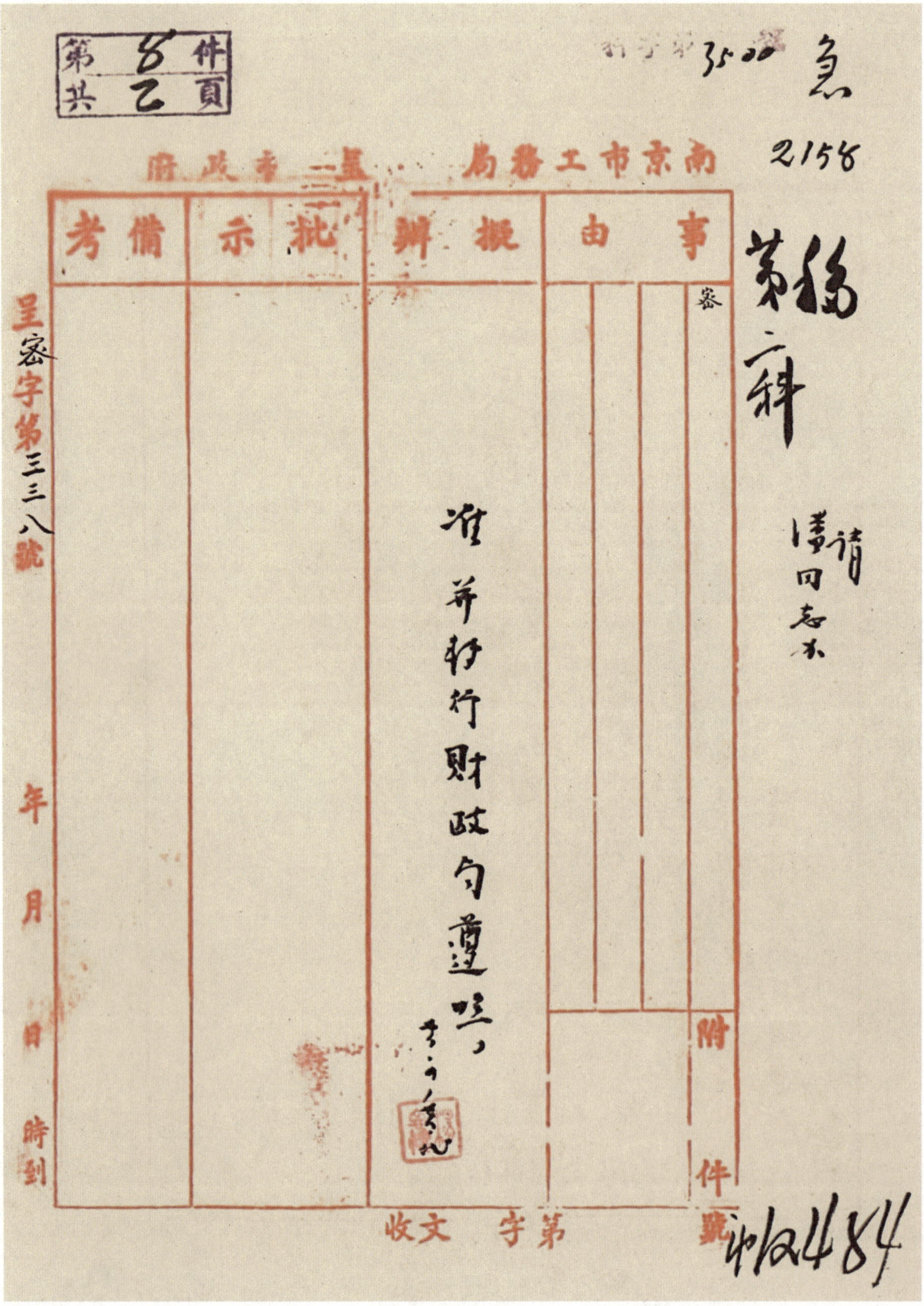
第 8 件
共 乙 頁

南京市工務局 呈 市政府

事由	擬辦	批示	備考
密	准并轉行財政局遵照		

呈密字第三三八號

年 月 日 時到

收文第 字 號

（十）南京市工務局爲請飭知財政局按數借撥收集明陵村城磚費用致市政府的密呈（一九三七年四月二十三日）

案奉

鈞府本年四月十六日第三四二九號密指令本會，呈一件，為請撥款購運明陵村城磚

檢同預算，祈迅賜示遵由。略開：

「案經發交經理委員會指由尹祥記承運，每塊運費八分，計一千三百五

十九元二角，連同磚價八百四十九元五角，共為二千二百零八元七角，核發

承攬一份，飭即遵照辦理，并填具請撥單呈候核辦。」

等因。奉此，自應遵照辦理，除函經理委員會轉飭該承包商迅即來會接洽運

輸手續，并函

南京警備司令部派員會同點運，暨函

總理陵園管理委員會查照外，復查收買此項城磚，所需價款，原係暫行借墊將

來工程確定，實行施工，仍應於應撥工款內按數扣還歸墊，暫記支出，似毋須列爲
臨時費，填單請撥，理合呈請
鑒核飭知財政局在暫記項下按數借撥，以資應用，並擬俟購運竣事，按照墊支
實數，由局代辦
府稿會同
南京警備司令部呈報
軍事委員會備案，合併陳明。
謹呈
市長馬

工務局局長宋希尚

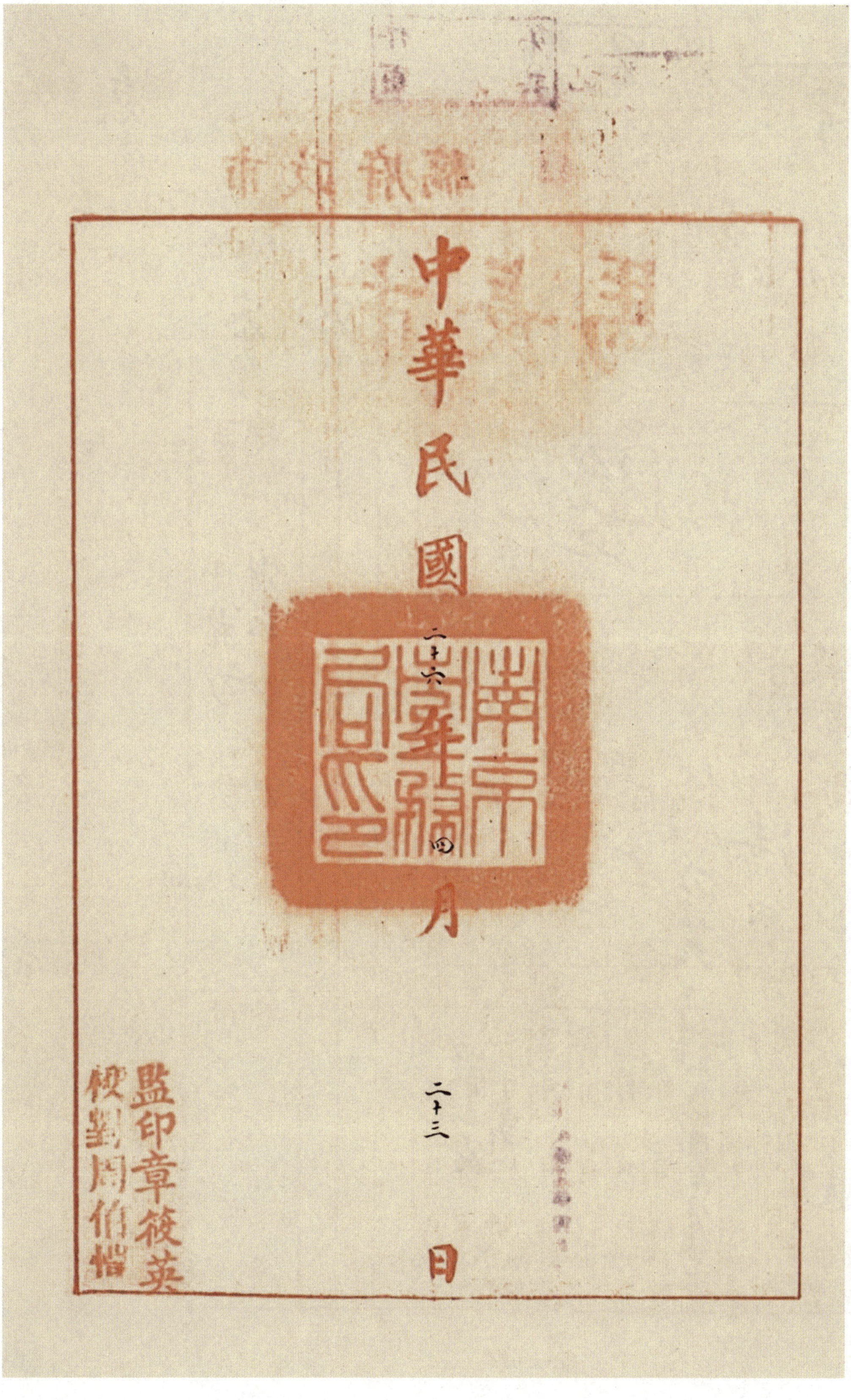

中華民國二十六年四月二十三日

南京市政府印

監印章筱英
校對周伯愷

（十一）南京市政府爲借撥收集明陵村城磚費用致市工務局、財政局的密指令（一九三七年四月二十七日）

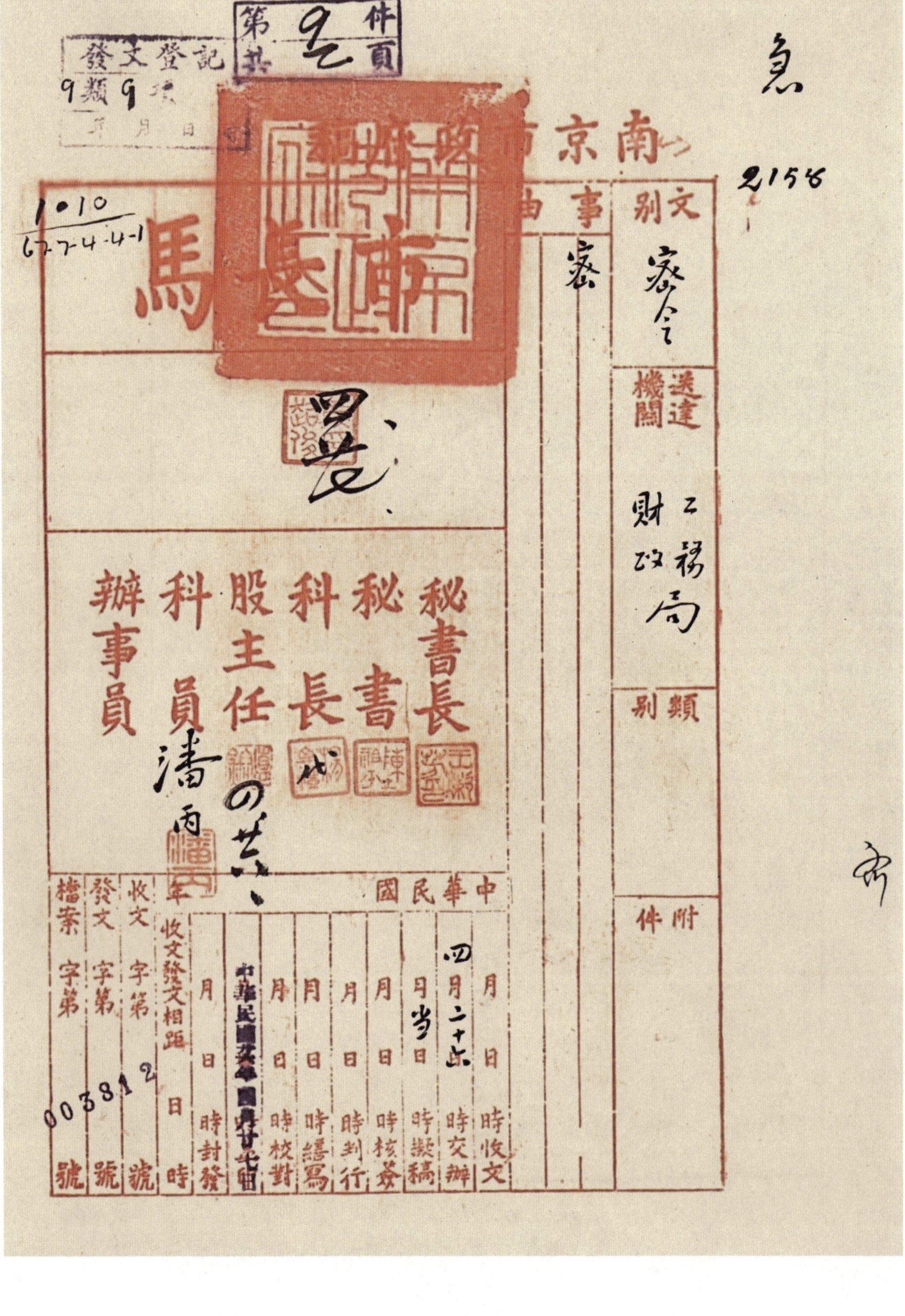
急

發文登記 9類9號

第 件 共 頁

南京市政府

2156

文別	密令
事由	密
送達機關	工務局 財政局
類別	
附件	

市長 馬

秘書長

秘書

科長

股主任

科員

辦事員

中華民國 年

月 日 時收文	四月二十六日 時交辦	月 日 時擬稿	月 日 時核簽	月 日 時判行	月 日 時繕寫	月 日 時校對	中華民國廿六年四月廿七日	月 日 時封發

收文發文相距 日 時

收文 字第 號

發文 字第 號

檔案 字第 號

0038I2

咨指令

令工務局

本年四月二十三日咨字第三三八號咨呈一件。為購運明陵村城磚一案，所需用費請飭財政局暫行借墊由。

呈悉。所請照准，除令財政局在暫記科目項下借墊貳千貳百零捌元柒角外，仰即前往接洽具領，以資購辦，此令。

咨訓令

令財政局

案據工務局本年四月二十三日咨呈稱：

「案奉鈞府本年四月十六日照呈抄悉令併陳明」

等情。據此。應准如呈辦理。除指令外。合行令仰該局遵

照即在暫記科目項下借撥具報。此令。

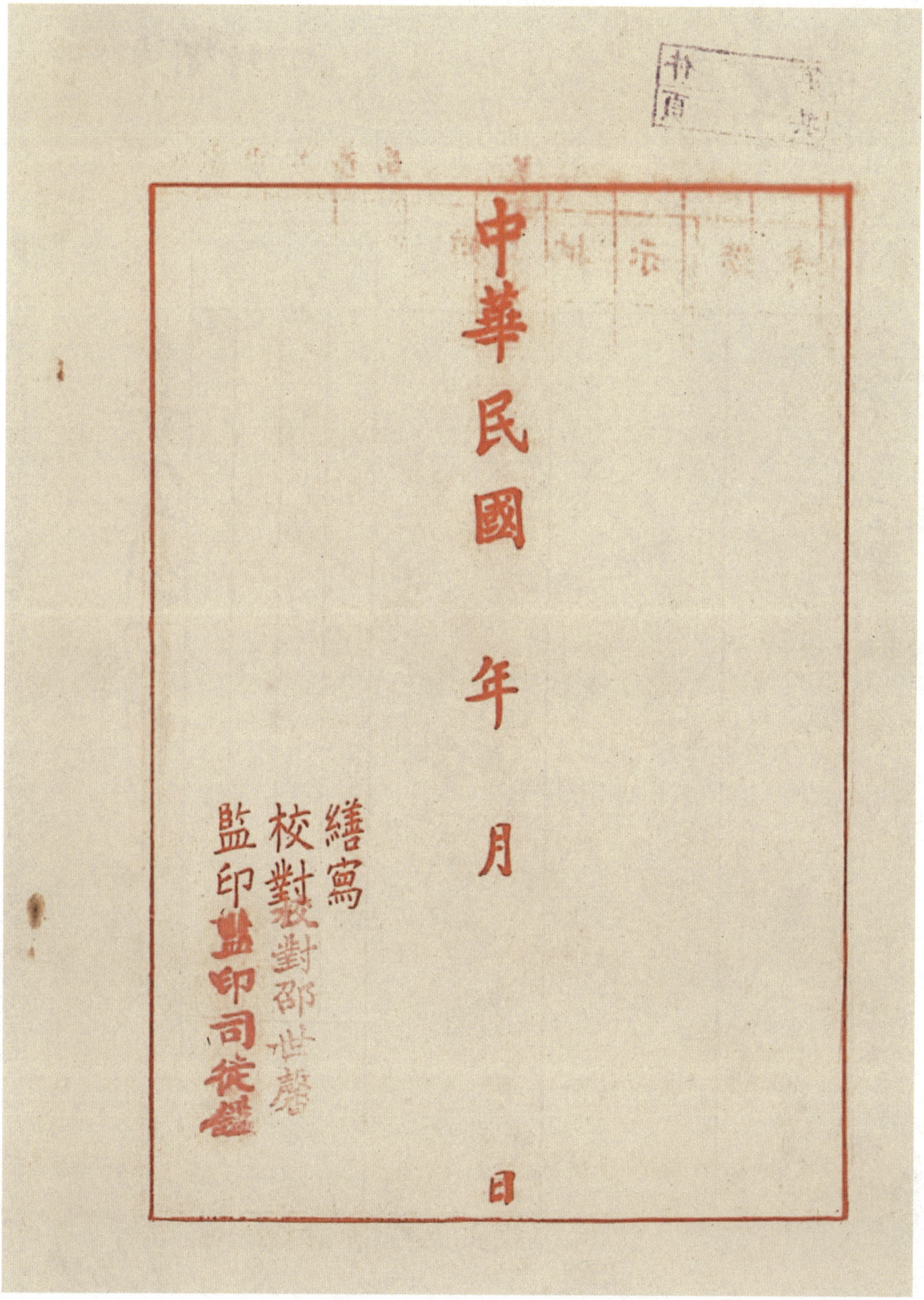

中華民國　年　月　日

繕寫

校對　校對邵世馨

監印　監印司從鑑

（十二）南京市工務局爲第三次點驗城磚已竣致市政府的密呈（附件：第三次點驗城磚數量表）（一九三七年四月二十九日）

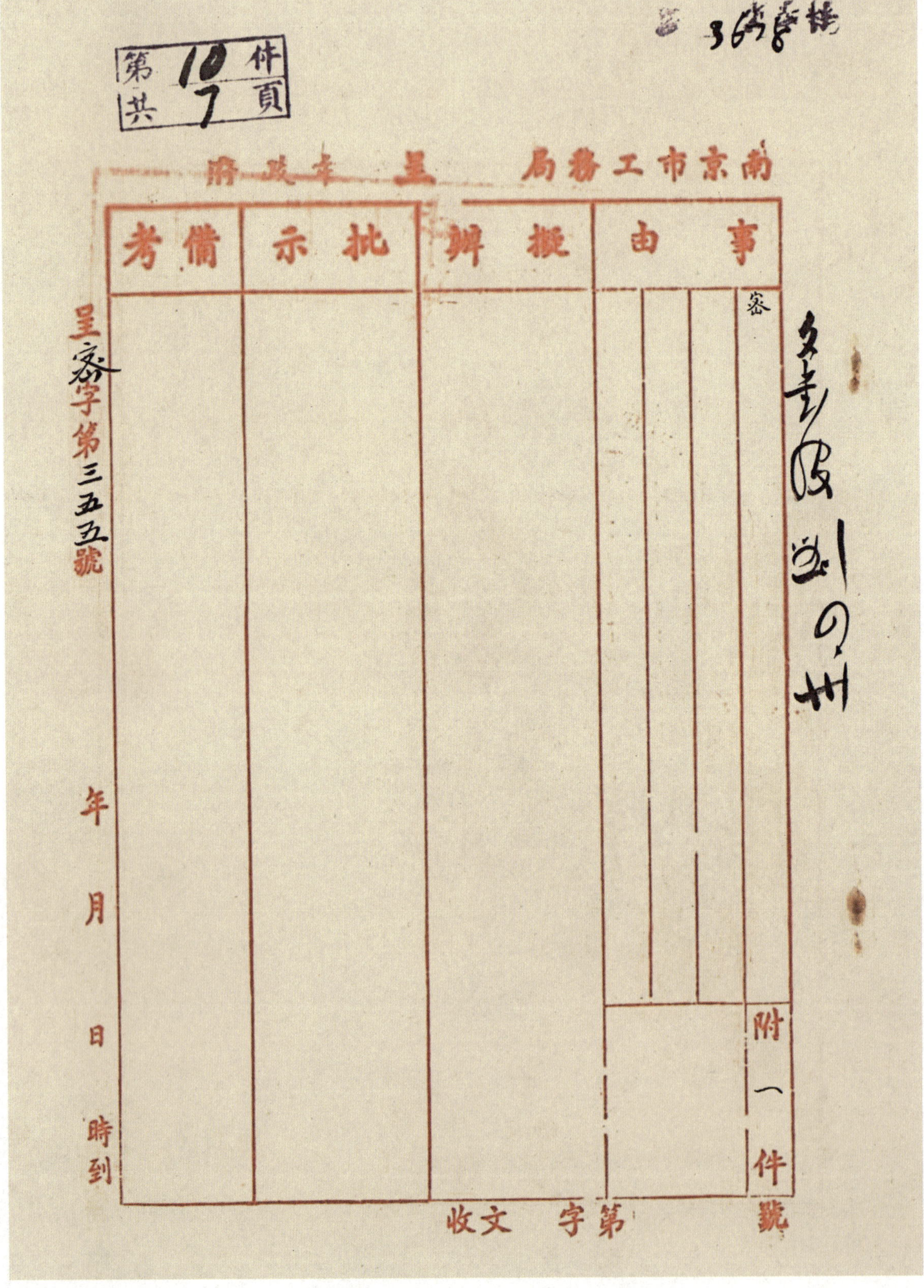

案查本局派員會同

南京警備司令部副官唐謀點驗市區城磚，所有第一二兩次點驗結果，業經先後繕製數量表，分別呈函，俾便查核各在案。茲查第三次點驗亦已竣事，總計應予收買之整塊城磚二萬一千三百九十六塊，又半截城磚三萬五千零一十一塊，除已循案按戶通知妥爲保管，聽候給價收買，并分別呈函外，茲經繕製第三次點驗城磚數量表，理合檢同呈送，仰祈

鑒核備查。

謹呈

市長 馬

附呈第三次點驗城磚數量表一份

工務局局長宋希尚

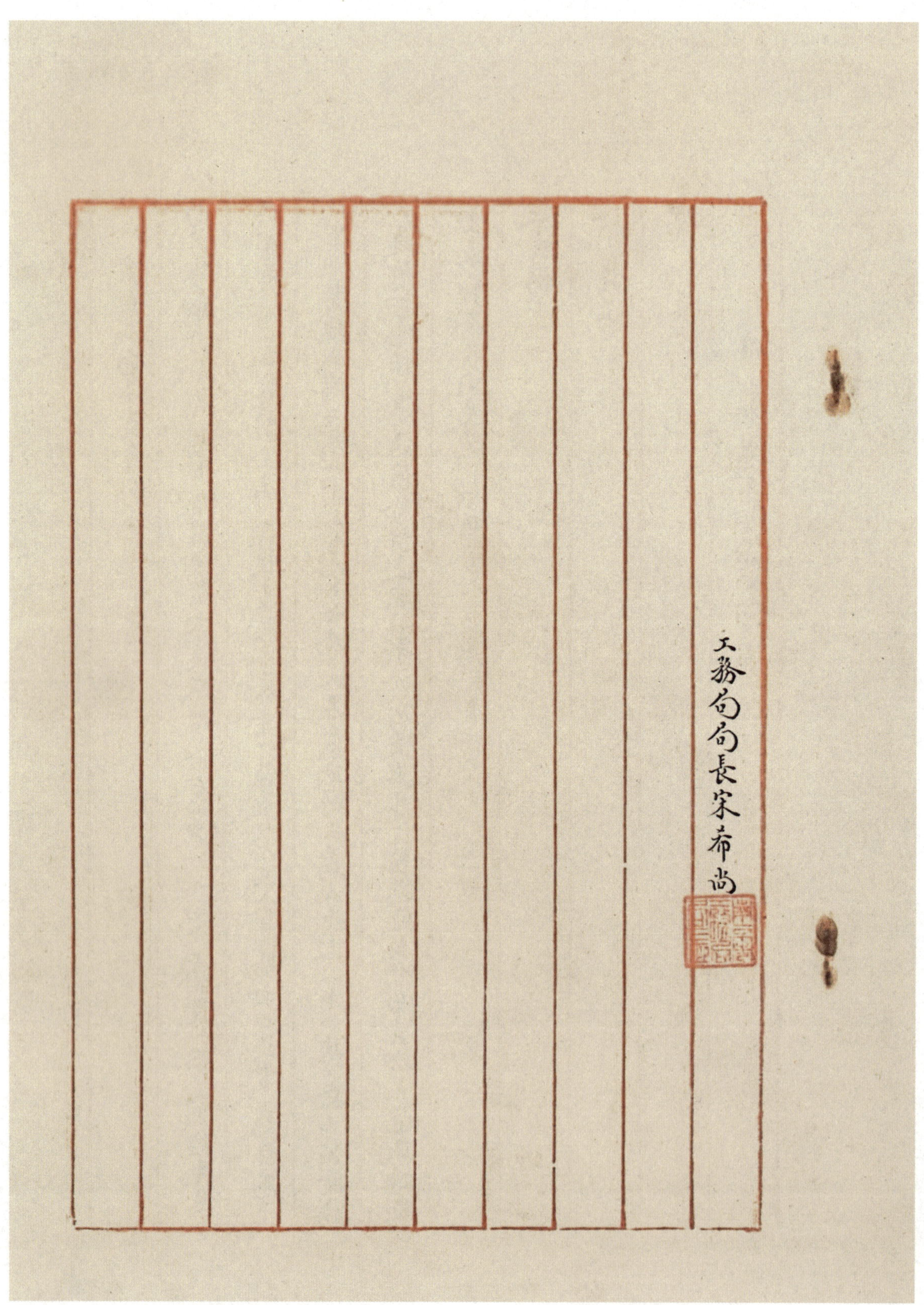

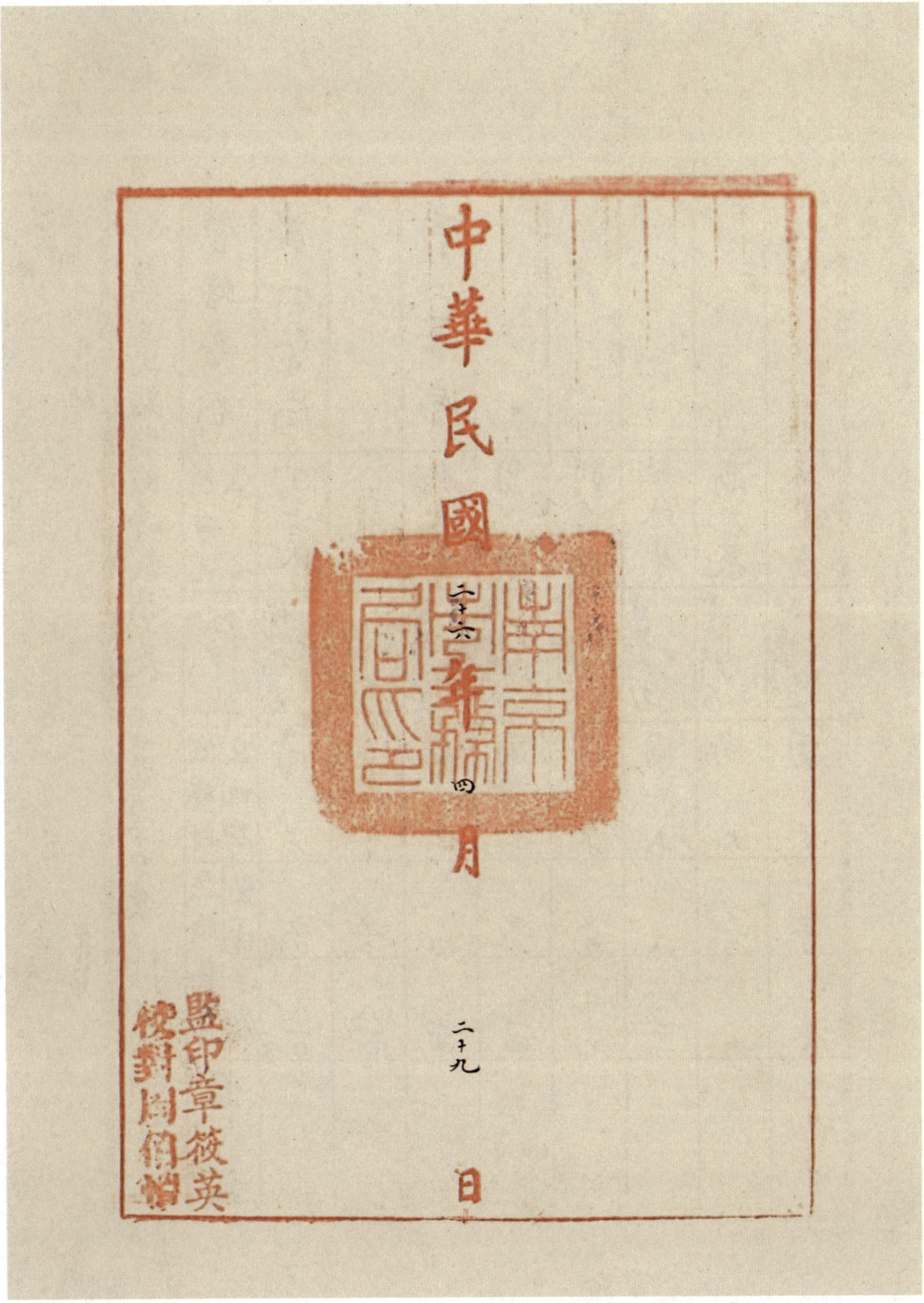

中華民國二十六年四月二十九日

監印章筱英
校對周[illegible][illegible]

第三次點驗城磚數量表

二十六年四月二十六日製

管轄警局	所有人姓名	住址	城磚所在地點	點驗數目 整塊	點驗數目 半截	備註
第一警局	丁士珍	佛心橋5	同上	五〇塊	八〇塊	
計				五〇	八〇	
第二警局	馮士貴	通濟門三道圈17	同上	四	四	
	自願	通濟門7	同上	五二	一四	
	劉德明	通濟門5	同上	〇	一七	
	鮑緣華	通濟門21	同上	八	二	
	高左泉	通濟門6	同上	三二	六	
	王崇淦	通濟門25	同上	三〇	五〇	

	劉炳森	通濟門24	同上	一五	一〇
	趙少臣	中山門後街475	同上	〇	一五〇
	崔王氏	武定門外双橋門6	同上	二〇	五〇
	程福生	双橋門14	同上	五	二〇
	趙雲廟	双橋門1	同上	一	八
	徐德財	新民村二四之一	同上	三〇	三〇
	陳李氏	新民村24	同上	二〇	〤〇
	徐耀山	新民村23	同上	二〇	五〇
	許發厚	新民村6	同上	八	二〇
	楊炳光	新民村27	同上	四	二〇

李玉文	新民村6	同上	三	三
孫張氏	新民村9	同上	五	一〇
高薛洪	新民村8	同上	一〇	四
趙有發	光華東街8	同上	九	三二
吳祖来玉	光華東街12	同上	四〇	六〇
李長海	光華東街4	同上	三〇	二〇
莊貴發	九板橋4	同上	八	一五
周德章	李府街8	同上	二〇	一〇〇
堯秀芝	李府街4	同上	一〇	二〇
影同發	李府街3	同上	二〇	一〇〇

趙玉山	李府街11	同上	一五	六○
胡傳貴	李府街7	同上	四○	一○○
黃廷生	李府街7	同上	二五五	三○○
林慶龍	李府街12	同上	五○	七○
朱貴發	八寶前街	飛機場	八五○	五○○
朱明保	中山門廻龍橋4	飛機場	六○	五○○
張得山	光華東街九之一	飛機場	一六五○	一一二五
王品三	光華東街九之一	飛機場	九○○	二八○
高元成	寶塔根316	飛機場	二九八	八三○
郭光平	西華巷二四之三	飛機場	四○	二二○

張継昌	御道街24	飛機場	四三	二〇〇
顧明川	御道街19	飛機場	三二〇	〇
唐懷之	御道街17	飛機場	三三〇	〇
陳廣金	七里街十六排17	飛機場	二八〇	六六〇
仝道立	七里街十四號	飛機場	四一〇	三三〇
劉世奇	七里街287	飛機場	二八〇	〇
張成愷	七里街第六號	飛機場	四九	〇
何樹欣	七里街[illegible]	飛機場	二〇〇	二〇〇
王煥興	七里街291	飛機場	一〇〇〇	二〇〇〇
王盛軒	七里街第十進1	飛機場	一四〇	〇

	胡立祥	東安門街6	飛機場	九〇〇	五〇〇〇
	王廣田	半山園24	飛機場	七〇〇	二五〇〇
	冒錦祥		飛機場	五〇	〇
	王寶啟		飛機場	三〇〇	一〇〇〇
	杜方玉		飛機場	二一五	〇
	王寶貴	半山園	飛機場	四〇〇	〇
	童錫奎		飛機場	四〇	二六〇
	趙育才	半山園	飛機場	七〇〇	三〇〇〇
	陳名盛	半山園36	飛機場	二二〇	二六〇
	張廷春	半山園十九之一	飛機場	三一七	四八〇

第六警局				
曹玉成	和平門派出所	和平門2上	一〇〇	七五
劉少柏	玄武門城上	同上	五四〇〇	二五〇〇
孫化举	小北門5	同上	二五	〇
中央門城防憲兵隊	中央門	中央門沿城	〇	三五
劉正祥	鍾阜門内1	同上	二九	四〇
黃根虞	鍾阜門内8	同上	一〇	一〇〇
劉長壽	鍾阜門内3	同上	〇	一〇〇
張萬年	鍾阜門内7	同上	一〇〇	四〇〇
張萬義	鍾阜門内6	同上	五〇	二〇〇
計			一四三〇六	二六九五九

程國義	洪庙28	同上	五六	七0
張治發	金川門17	同上	一五	三0
陳金才	金川門3	同上	五0	一000
李德才	金川門12	同上	六0	一000
侯正清	金川門13	同上	二00	三0
南京佛教淨業社	妙峰庵3	同上	一00	九00
楊步高	妙峰庵2	同上	七0	二0
黃是崑	妙峰庵1	同上	0	六0
陳言學	妙峰庵5	同上	五0	二00
劉雲同	妙峰庵9	同上	0	二六

吳光如	洪庙30	同上	一〇〇	一〇〇
陳松壽	洪庙4	同上	一〇	四〇
程華尊	洪庙27	同上	五	二〇
楊長葉	金川門18	同上	一〇	二二
楊長祿 次	金川門19	同上	二	二〇
歐長江	金川門16	同上	五	一九
張金祿	金川門三之一	同上	四〇	四〇
李金明	金川門14	同上	八	二〇
朱華林	金川門3	同上	〇	三九
譚光隆	金川門3	同上	〇	三八

第七警局	柳兆春	妙峰菴4	同上	二五	五五
	許漢臣	妙峰菴8	同上	六〇	三〇
	計			七〇三〇	七二三七
	呂樹屏	金川門外土坡村1	同上	一〇	五
	計			一〇	一五
總計				二三九六	三五〇一

附記

（十三）南京市政府爲第三次點驗城磚原密呈與附表均悉致市工務局的密指令（一九三七年五月五日）

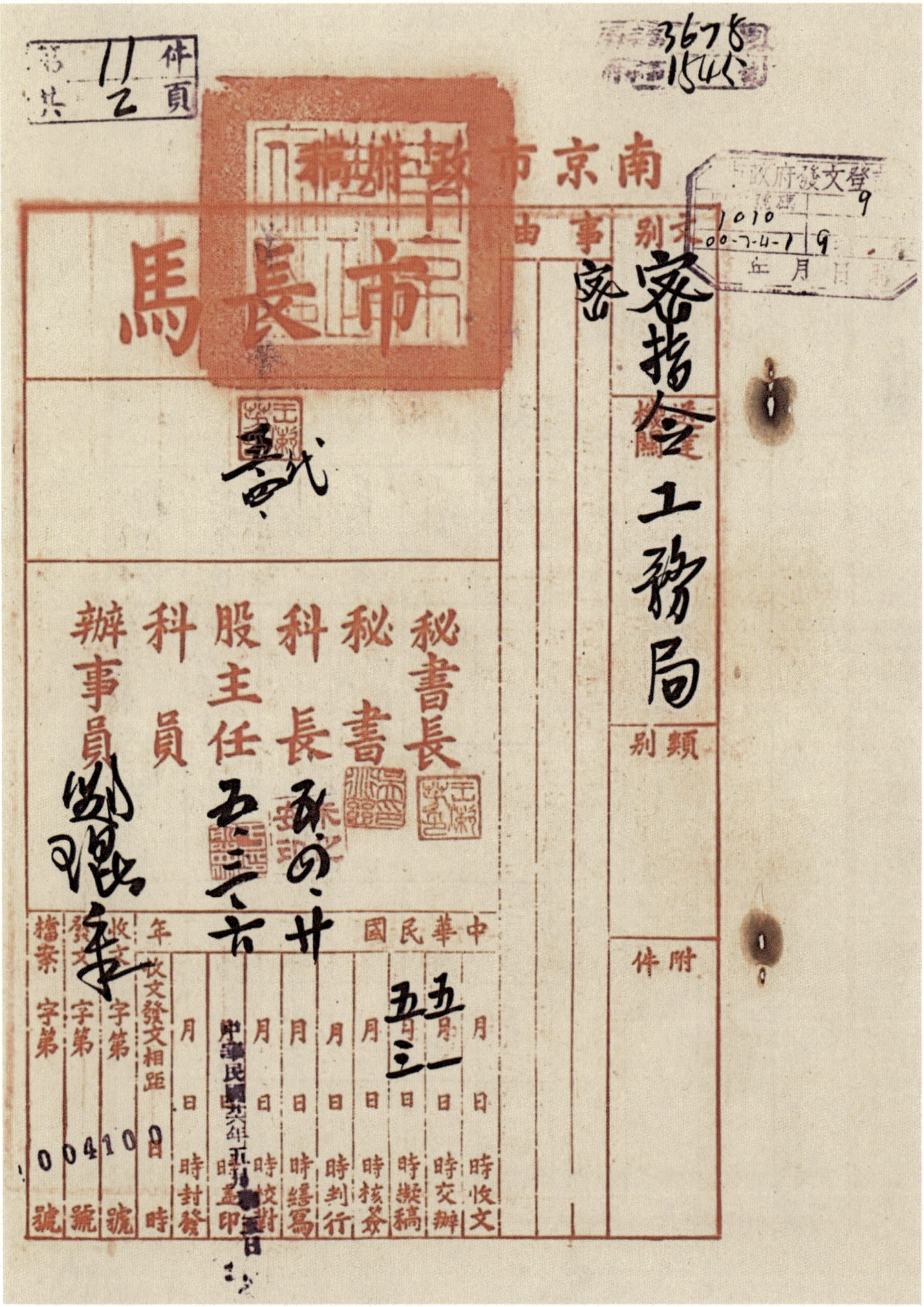
件 11
共 2 頁
南京市政府稿
市長 馬
文別 密 密指令
事由
受文機關 工務局
類別
附件
秘書長
秘書
科長
股主任
科員
辦事員
中華民國 年 月 日
收文 時 月 日
交辦 時 月 日
擬稿 時 月 日
核發 時 月 日
判行 時 月 日
繕寫 時 月 日
校對 時 月 日
蓋印 時 月 日
封發 時 月 日
收文發文相距 日 時
收文 字第 號
發文 字第 號
檔案 字第 號
中華民國廿六年五月五日
市政府發文登記

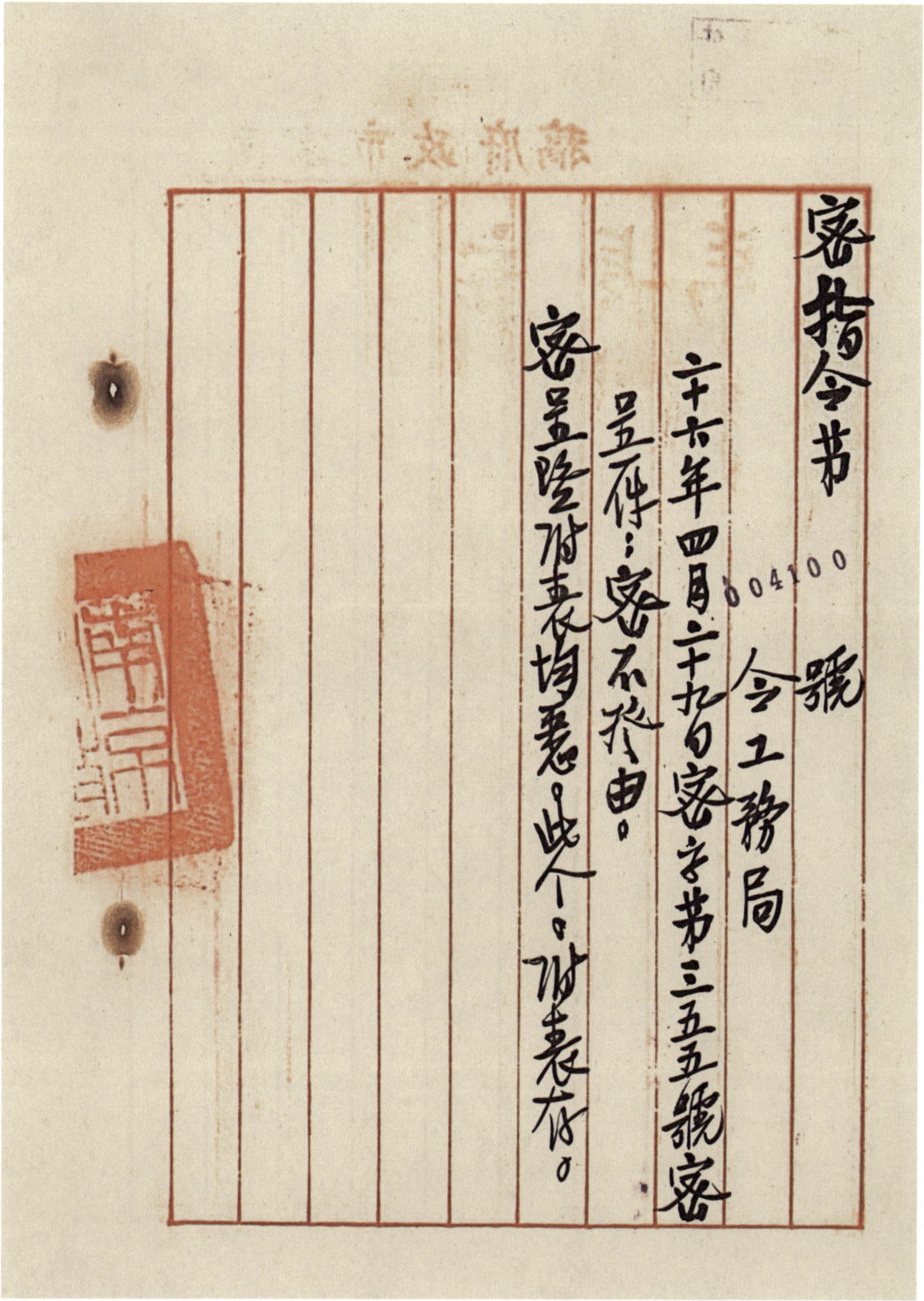

密指令第　　號

令工務局

二十六年四月二十九日密字第三五五號密

呈一件：密不抄由。

密呈暨附表均悉。此令。附表存。

004100

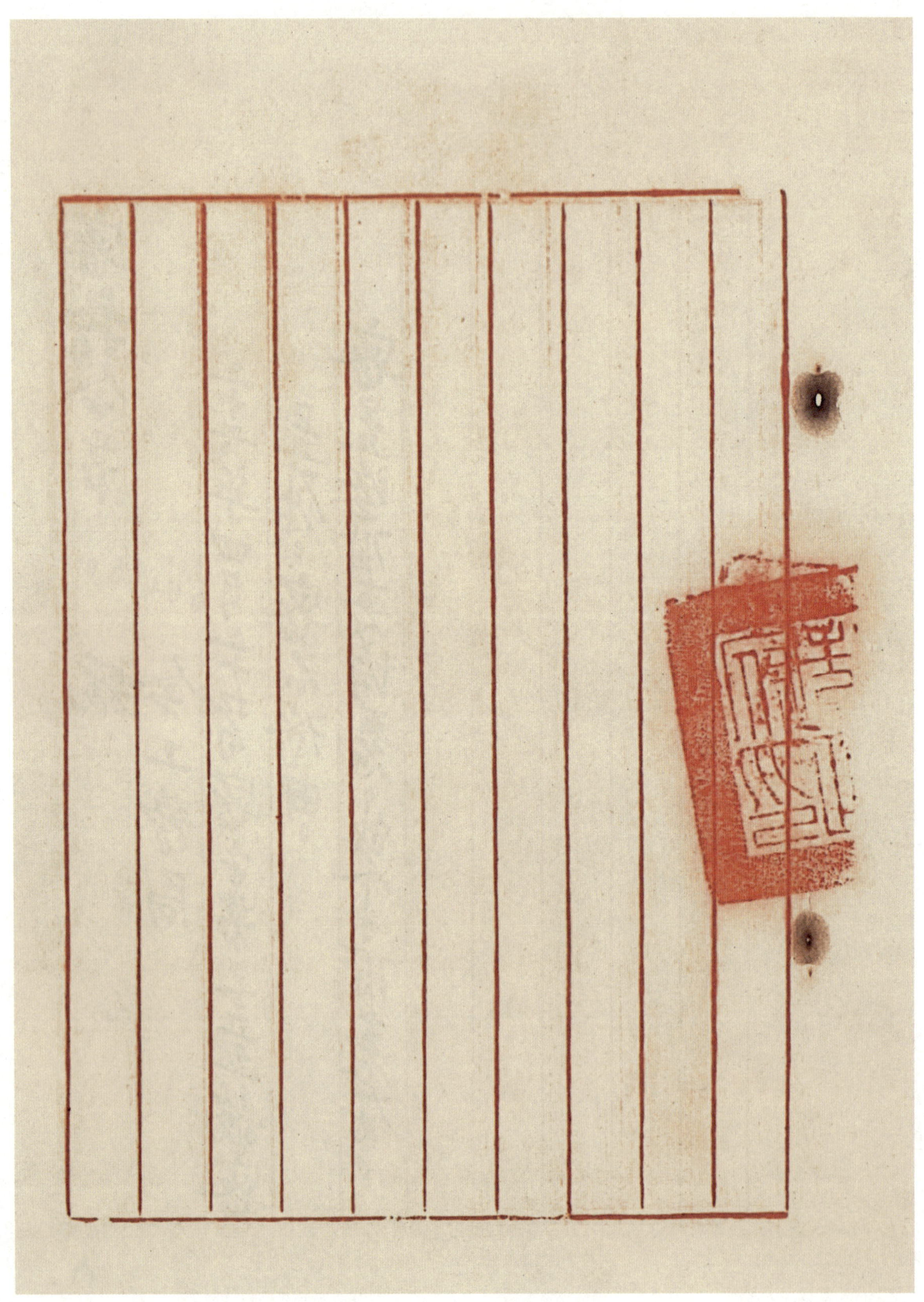

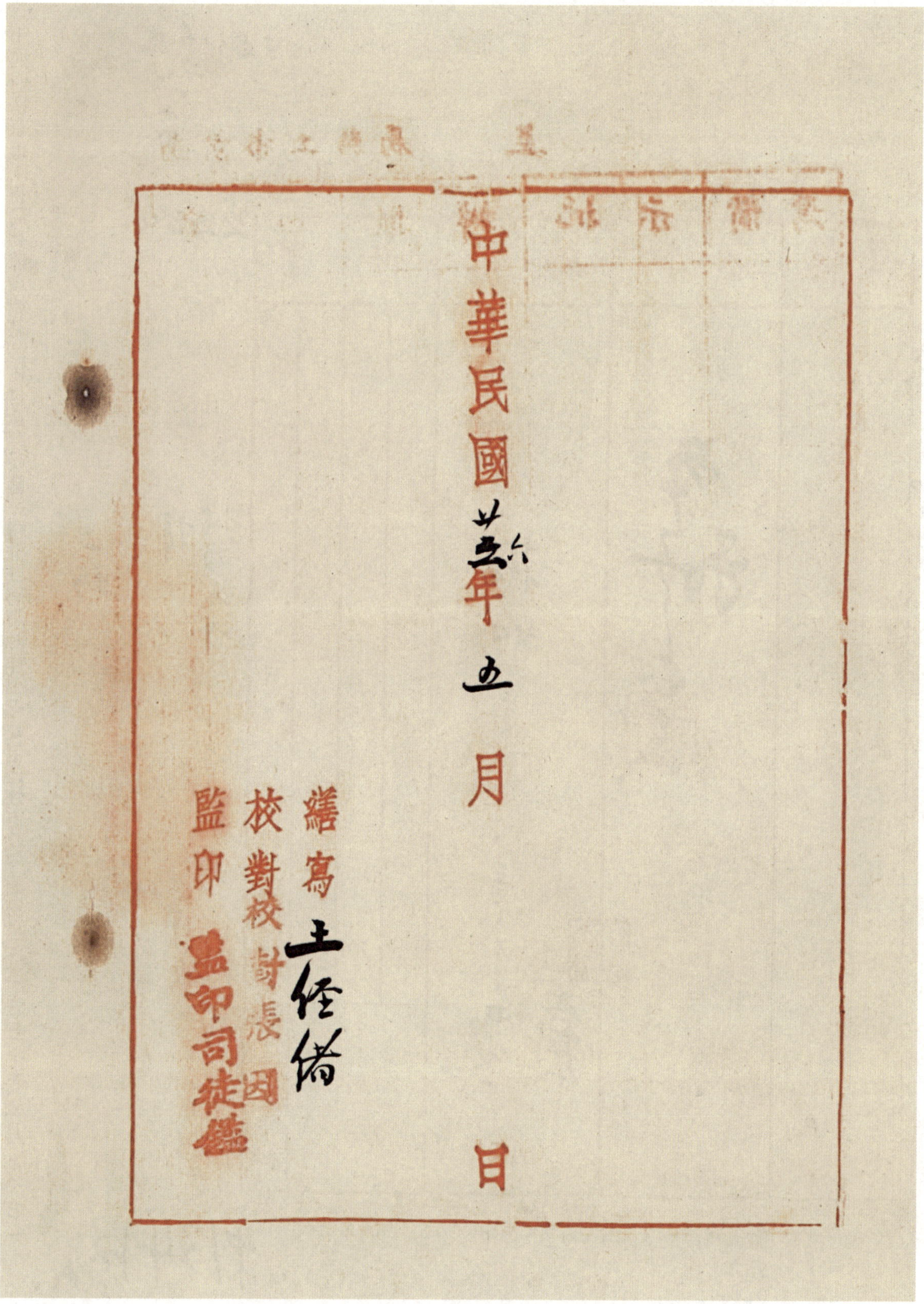
中華民國廿五年五月日

繕寫 王經儒

校對 校對張因

監印 監印司徒鑑

（十四）南京市工務局爲前項城磚已核付運存妥當、續拆城磚請尹祥記繼續包運致市政府的密呈（一九三七年六月十一日）

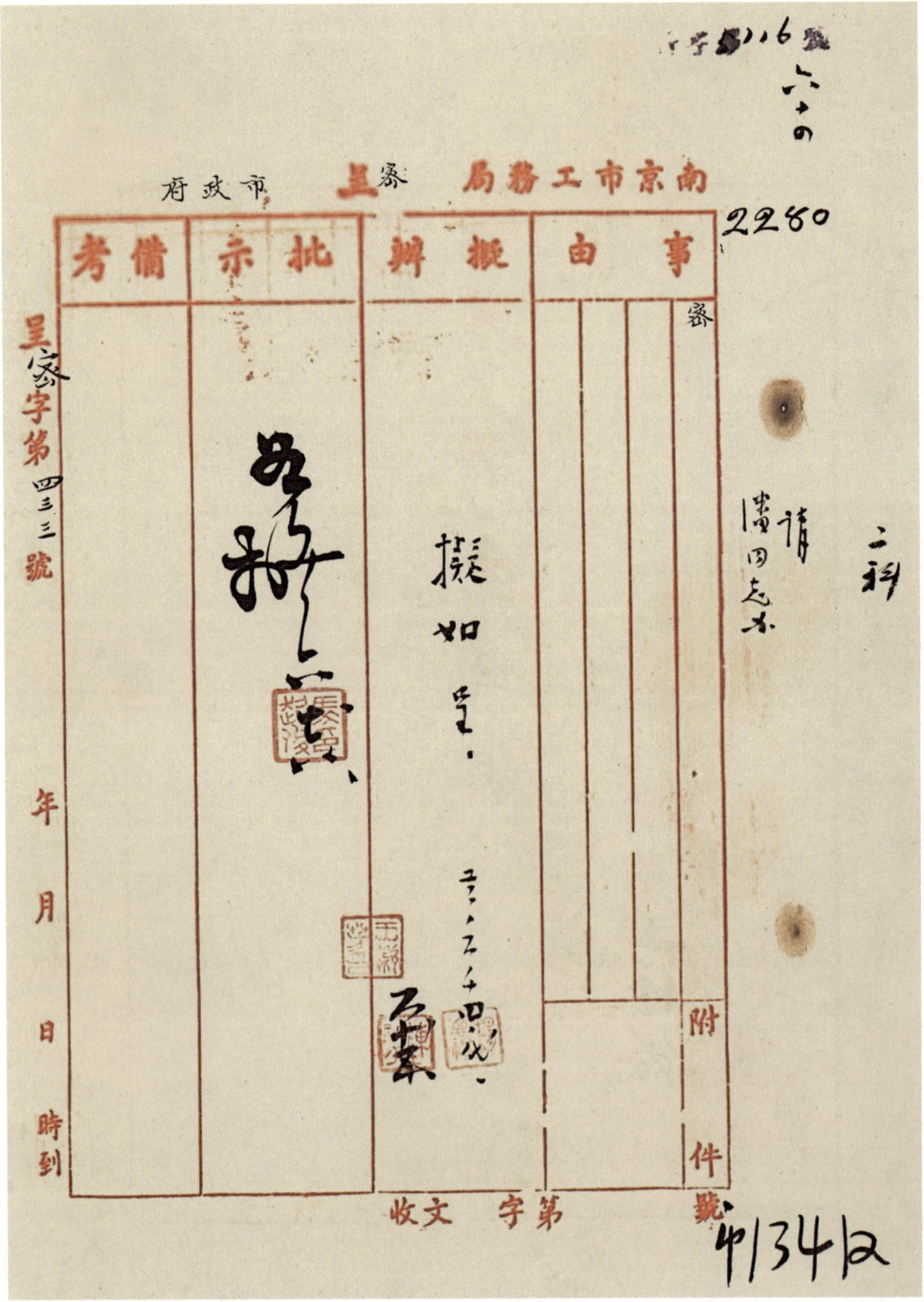
南京市工務局 密呈 市政府

事由	擬辦	批示	備考
密	擬如呈。		

附件

呈密字第四三三號

年 月 日 時到

收文 字第 號

案查收買明陵村朱廣德等所有城磚一案前經擬具預算呈奉鈞府本年四月二十七日第三八一二號密指令飭由財政局在暫記科目項下借墊貳仟貳伯零捌元柒角并經經理委員會招由尹祥記營造廠承包搬運呈奉鈞府指派特務員韓創之會同本局派員及南京警備司令部副官唐謀監視點運現已竣事計實購運整塊城磚貳仟捌伯叁拾塊又半截城磚貳萬伍仟捌伯捌拾塊（以兩塊合整塊一塊計一萬二千九百四十塊）共合整塊一萬五千七百七十塊其購價每塊五分計柒伯捌拾捌元伍角運費每塊捌分計壹仟貳伯陸拾壹元陸角兩共貳仟零伍拾元零壹角除函請經理委員會分別核付外尚較原借墊數節餘壹伯伍拾捌元陸角至上項城磚均經運存太平門城上交由該處憲兵稽查處妥為保管并經函達南京警備司令部查照在案茲又據朱廣德徐廷安張延庚呈報有續拆之整塊城磚約一千塊半截城磚約八千塊總理陵園管理委員會催運甚迫請繼續收買搬運

前來查屬實情擬請

飭交經理委員會先由原承運人尹祥記營造廠繼續包運所需購價及運費約計陸佰伍拾元除擬以

上項節餘數壹佰伍拾捌元陸角抵付外其不敷之數俟點運畢事再按購運實數呈請追加飭由財

政局照數借墊以應支付是否有當理合呈請

鑒核指令祇遵

謹呈

市長馬

工務局局長宋希尚

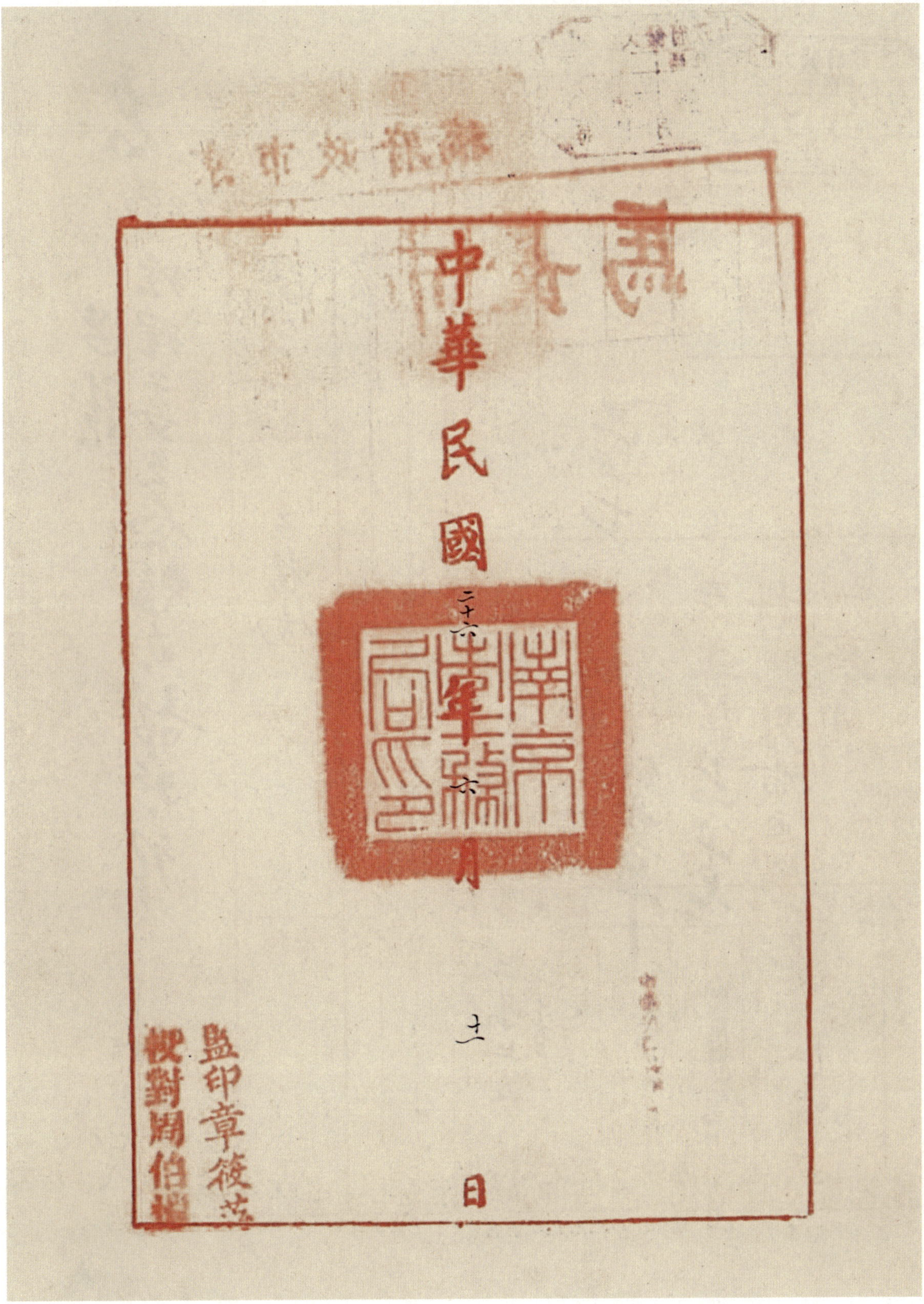
中華民國二十六年六月十二日

監印章筱莊

校對周伯

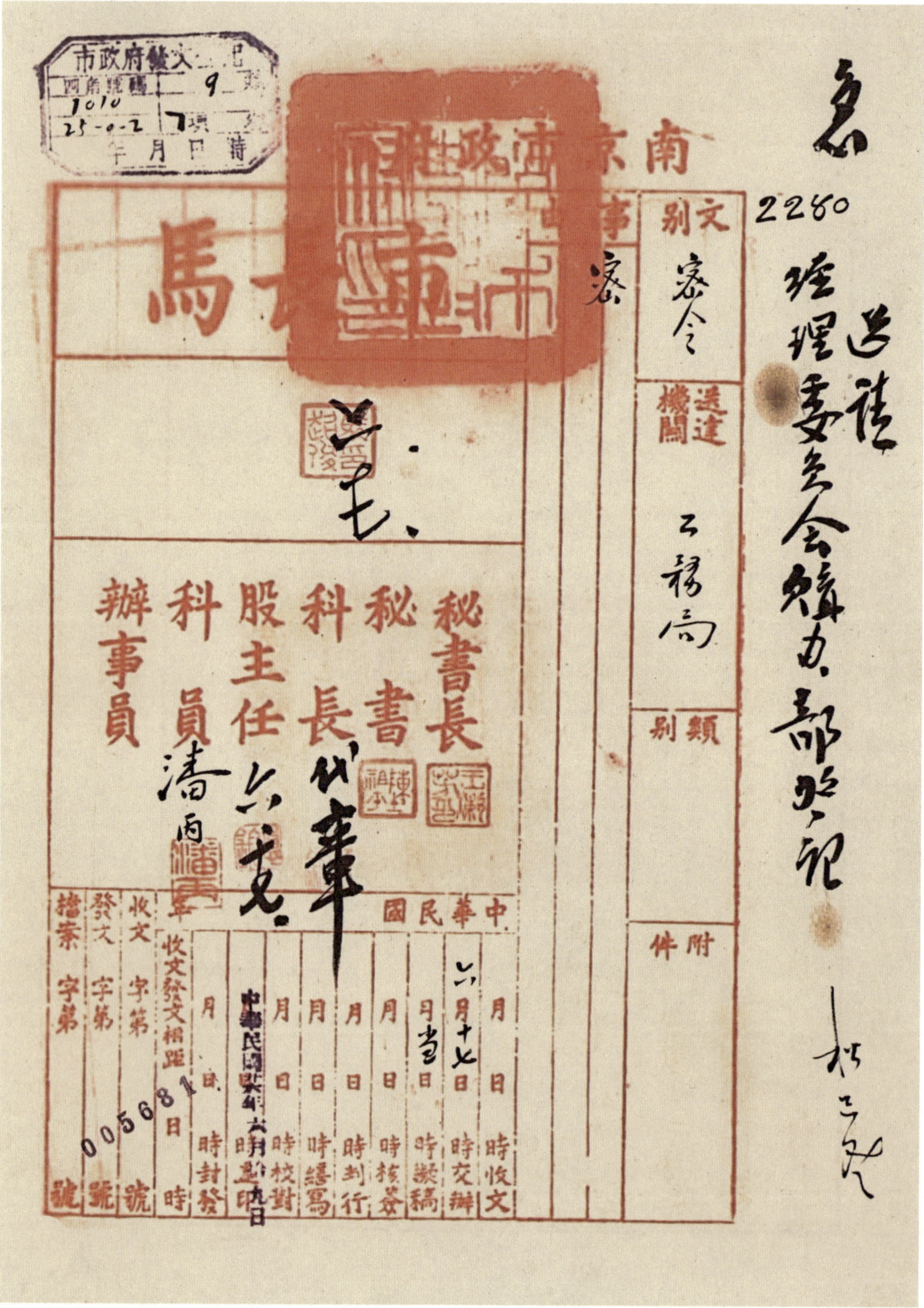

南京市政府

文別：密令

送達機關：工務局

類別

附件

秘書長

秘書

科長

股主任

科員

辦事員

中華民國 年 月 日 時收文

六月十七日 時交辦

月 日 時擬稿

月 日 時核簽

月 日 時判行

月 日 時繕寫

月 日 時校對

中華民國廿六年六月十九日 時蓋印

月 日 時封發

收文發文相距 日 時

收文 字第 號

發文 字第 號

檔案 字第 號

急

2280

密

送請經理委員會續辦照

（十五）南京市政府爲續買城磚所需費用向市經理委員會接洽辦理致市工務局的密指令（一九三七年六月十九日）

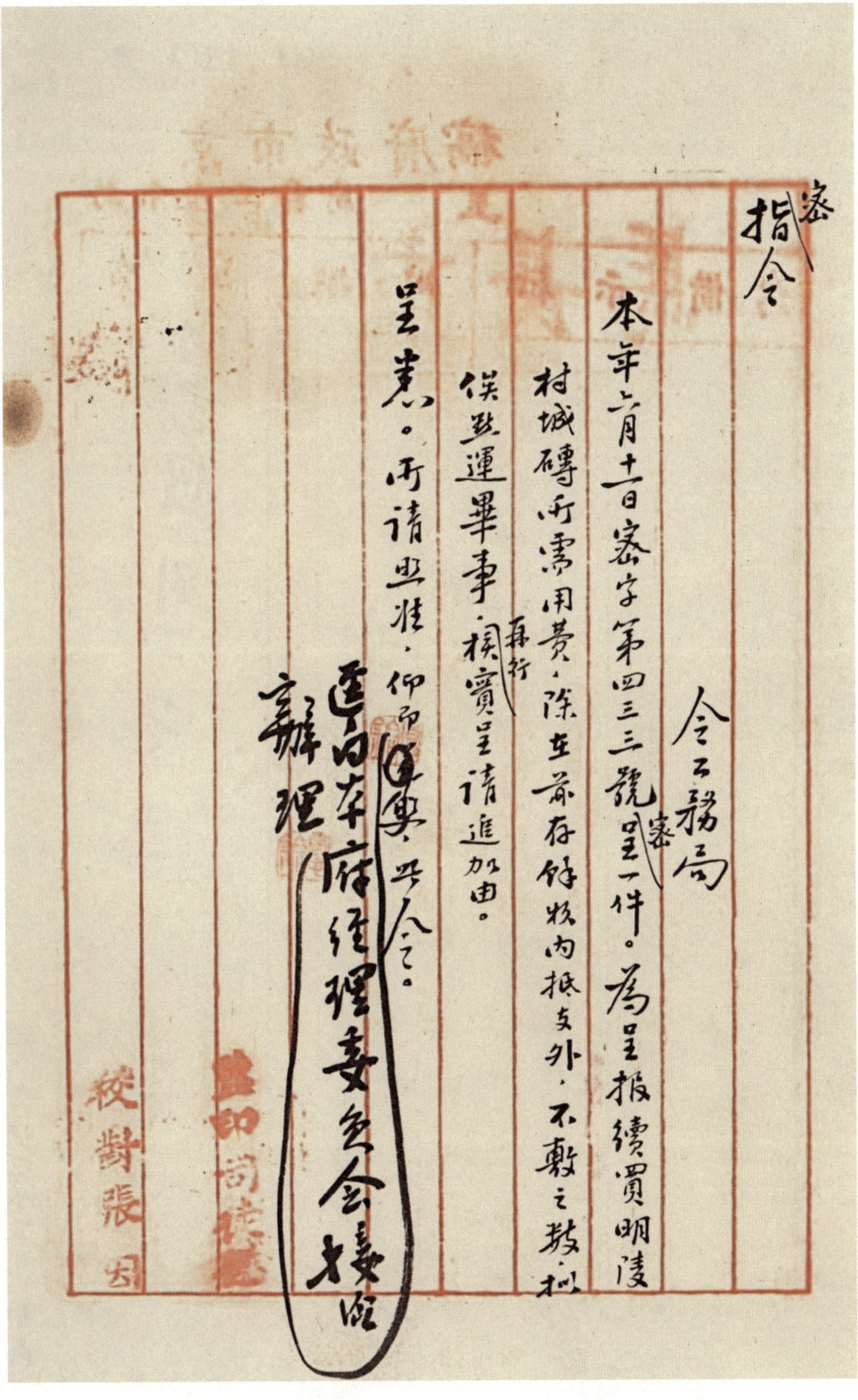
指令

令工務局

本年六月十二日簽字第四三三號呈一件。為呈報續買明陵村城磚所需用費，除在前存餘款內抵支外，不敷之款，擬俟點運畢事，再行核實呈請追加由。

呈悉。所請照准，仰即遵照。此令。

送南京市府經理委員會接洽辦理

校對張因

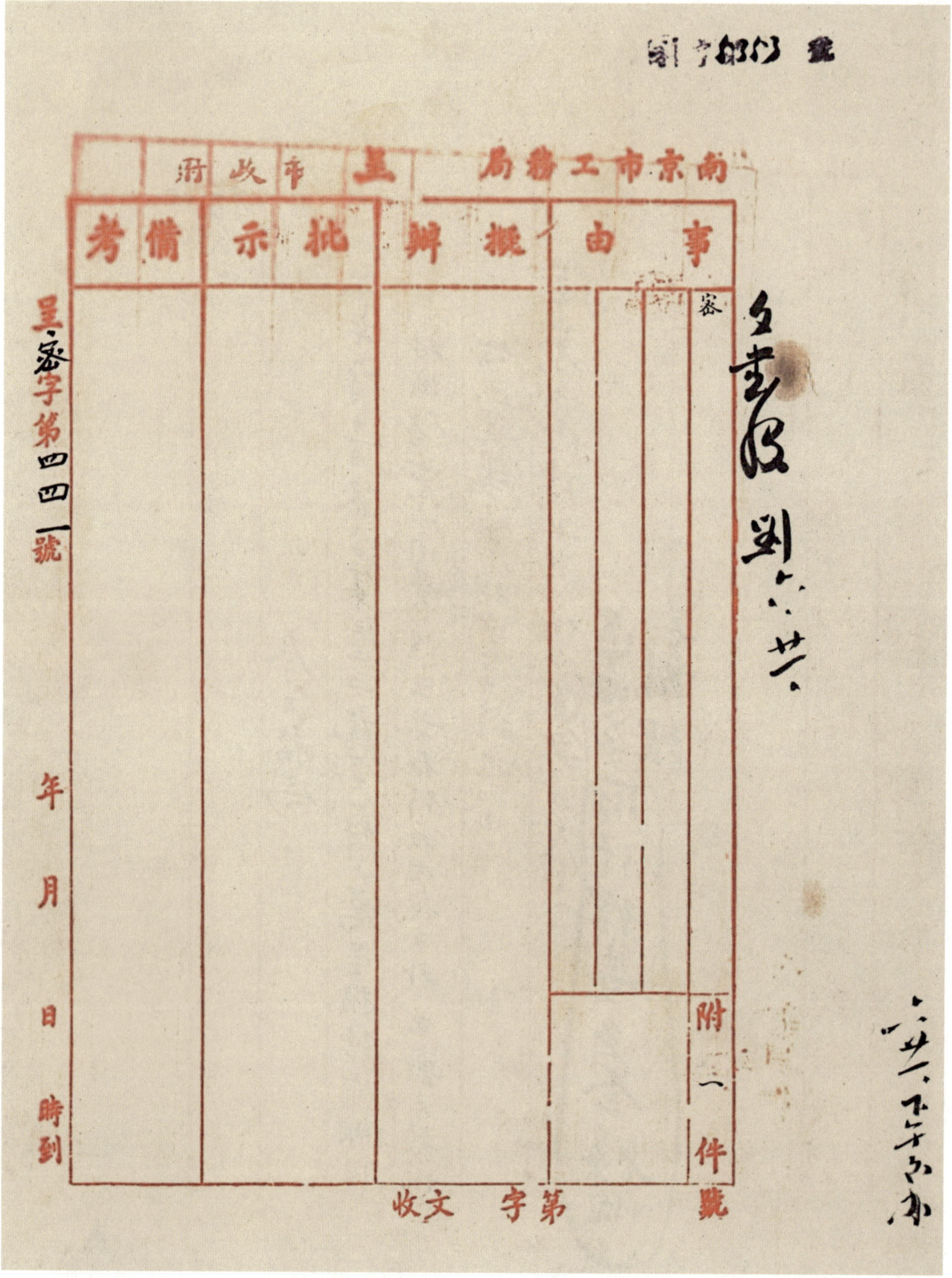

南京市工務局 呈 市政府

事由	擬辦	批示	備考
密			
附一件			

呈密字第四四一號

年 月 日 時到

收文 字第 號

（十六）南京市工務局爲第四次點驗城磚已竣致市政府的密呈（附件：第四次點驗城磚數量表）（一九三七年六月十九日）

案查本局派員會同
南京警備司令部副官處諜点驗市區城磚，所有第一二三次点驗結果，業經
先後繕製數量表，分别呈函，俾便查核各在案。茲查第四次点驗亦已竣事，總計
應予收買之整塊城磚一千六百二十三塊，又半截城磚八千三百塊，除已循案按户通知妥
為保管，聽候給價收買，并分别呈函外，茲經繕製第四次点驗城磚數量表，及点
驗記載表，理合檢同呈送，仰祈
鑒核備查。

謹呈

市長馬

附呈表一份

工務司司長宋希尚

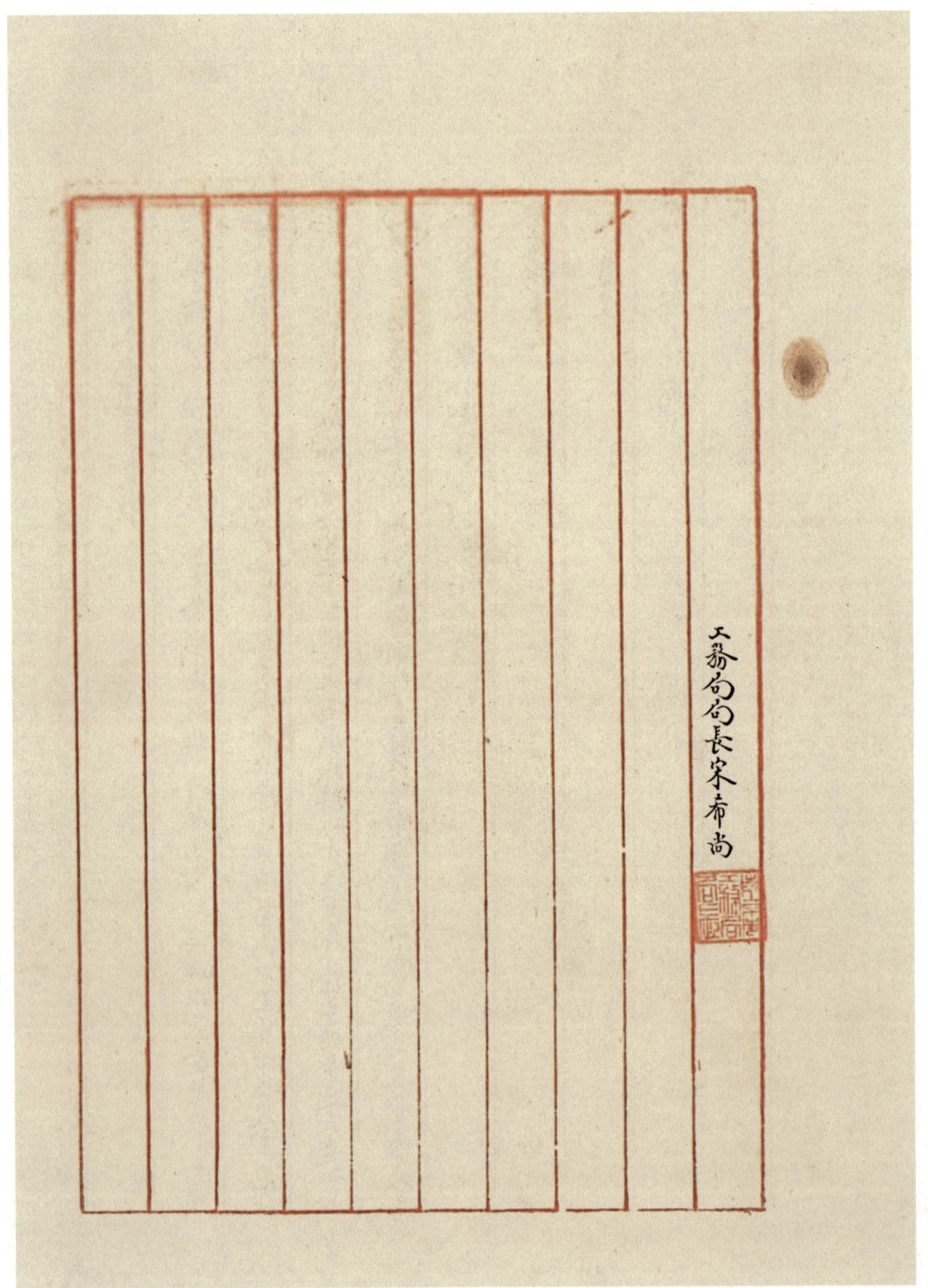

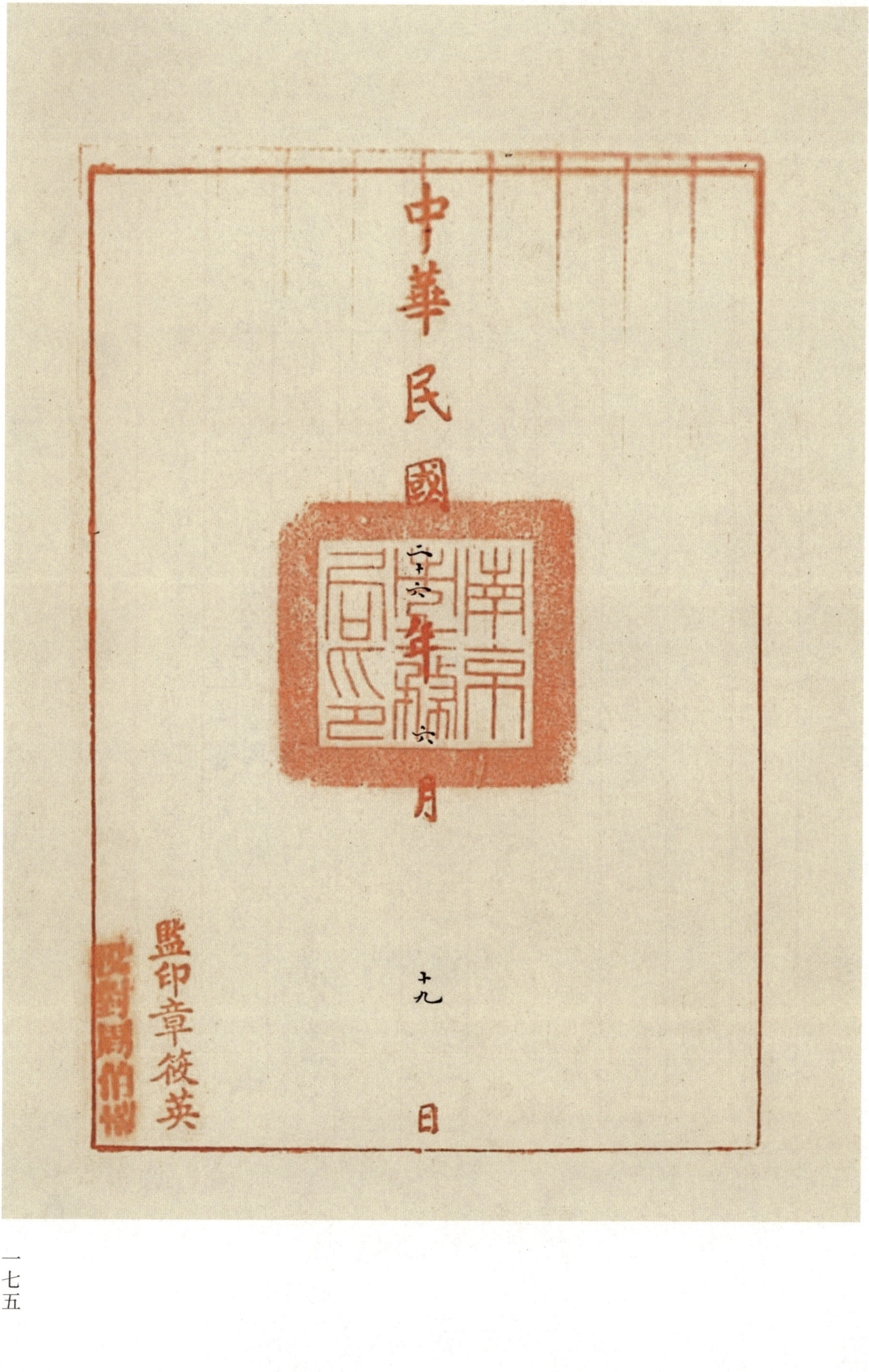
中華民國二十六年六月十九日

監印章筱英

第四次點驗城磚數量表　二十六年六月十七日製

管轄警局	所有人姓名	住址	城磚所在地點	點驗數目 整塊	點驗數目 半截	備註
第二警局	李玉勝		東廠街警所前	三二〇塊	七三〇〇塊	准警備司令部來函充公
	李夢庚	大光路166	仝上	一〇三		
第九警局	易宗義	關門口13	神樂觀旁空地	一二〇〇	一〇〇〇	連李廣順所有併計
總計				一六二三	八三〇〇	

附記

第四次点驗城磚記載表 二十六年六月十七日製

管轄警局	呈請登記人 姓名	呈請登記人 住址	点驗情形	備註
第一警局	朱懷亮	御史廊9	不合用	
第一警局	五卅中學高揃星	保泰街50	不合用	已由警備司令部批飭知照

說明 右列各戶係就点驗不合用之城磚分別記載其經点驗合用應予收買數量另詳數量表茲不列舉

（十七）南京市政府爲第四次點驗城磚原密呈與附表准予備案致市工務局的密指令（一九三七年六月二十四日）

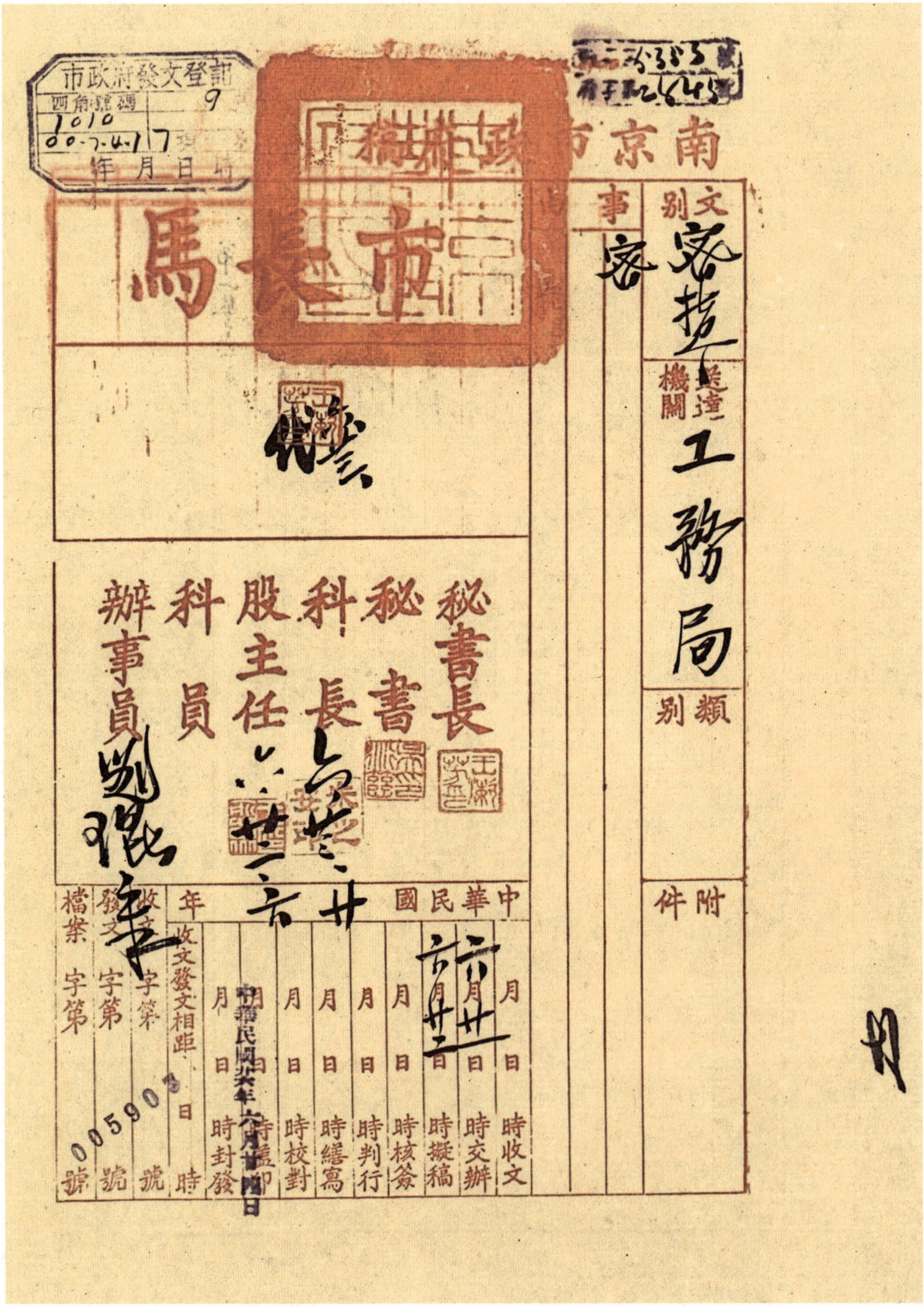
市政府發文登記
南京市政府
市長 馬
文別 密指令
事由 密
送達機關 工務局
類別
附件
秘書長
秘書
科長
股主任
科員
辦事員
中華民國 年 月 日時收文
月 日時交辦
月 日時擬稿
月 日時核簽
月 日時判行
月 日時繕寫
月 日時校對
月 日時蓋印
月 日時封發
收文發文相距 日 時
收文 字第 號
發文 字第 號
檔案 字第 號
中華民國廿六年六月廿四日
005903

密指令第　號

令工務局

二十六年六月十九日密字第四四一號密呈件：密不叙由。

密呈暨附表均悉。准予備查。此令。

表存。

005903

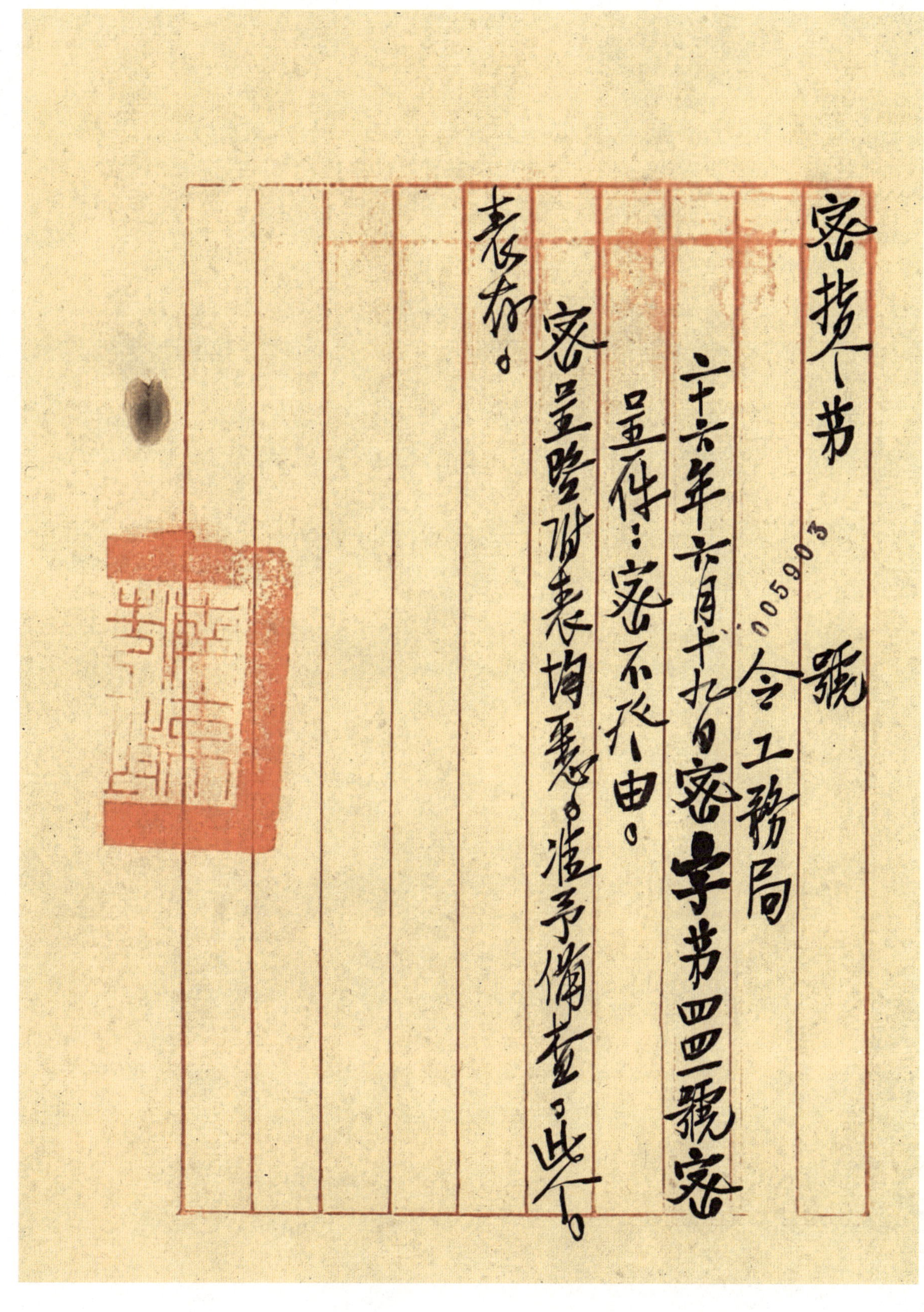

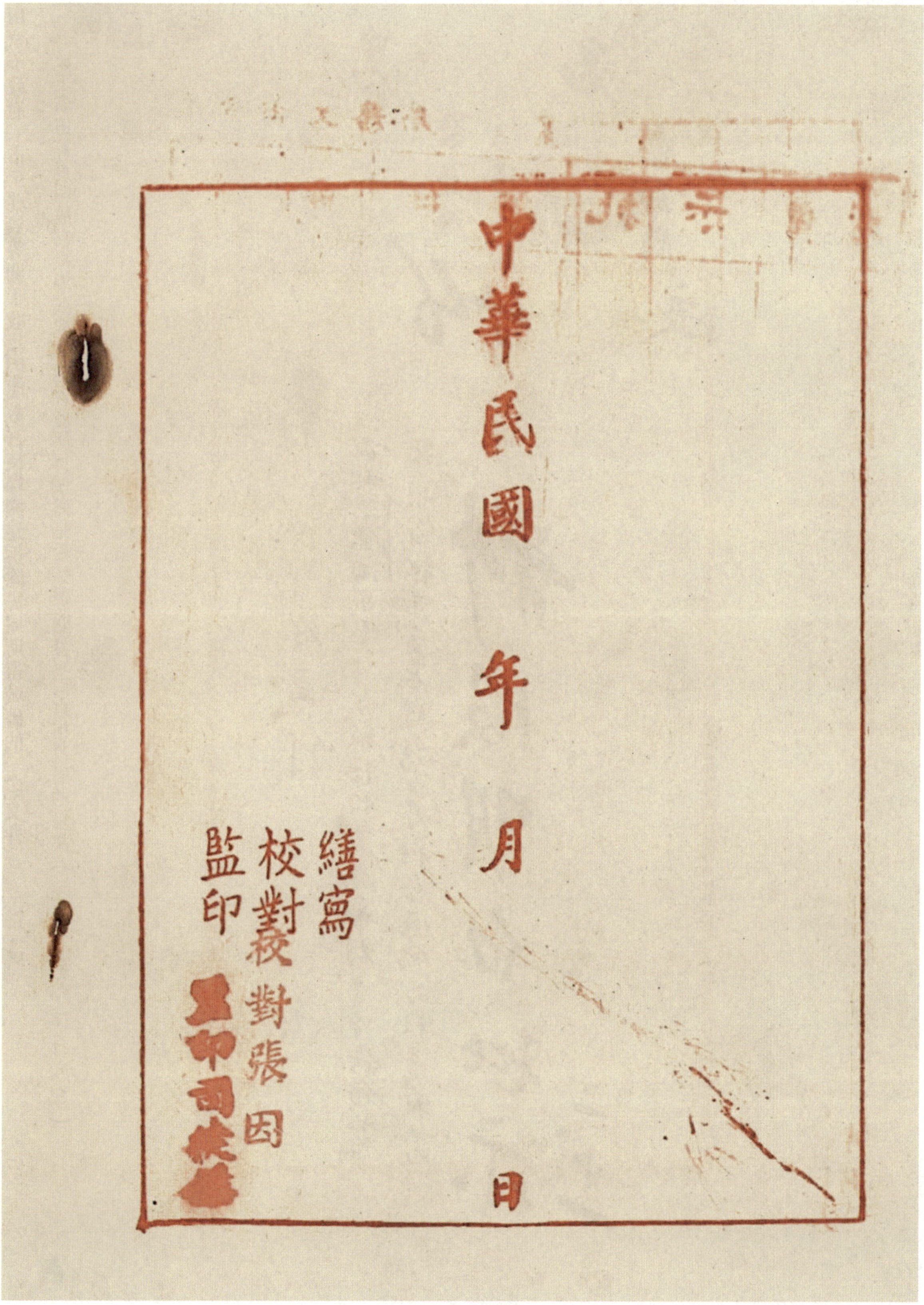

中華民國　　年　　月　　日

繕寫

校對　校對張因

監印

南京市政府、市工務局等關于收集因明故宫機場擴建拆除民屋所得城磚的一組文件

（一）王廣田等爲明故宫機場擴建讓地拆屋所得城磚是否估價收買致南京市政府的呈文（一九三七年二月六日）

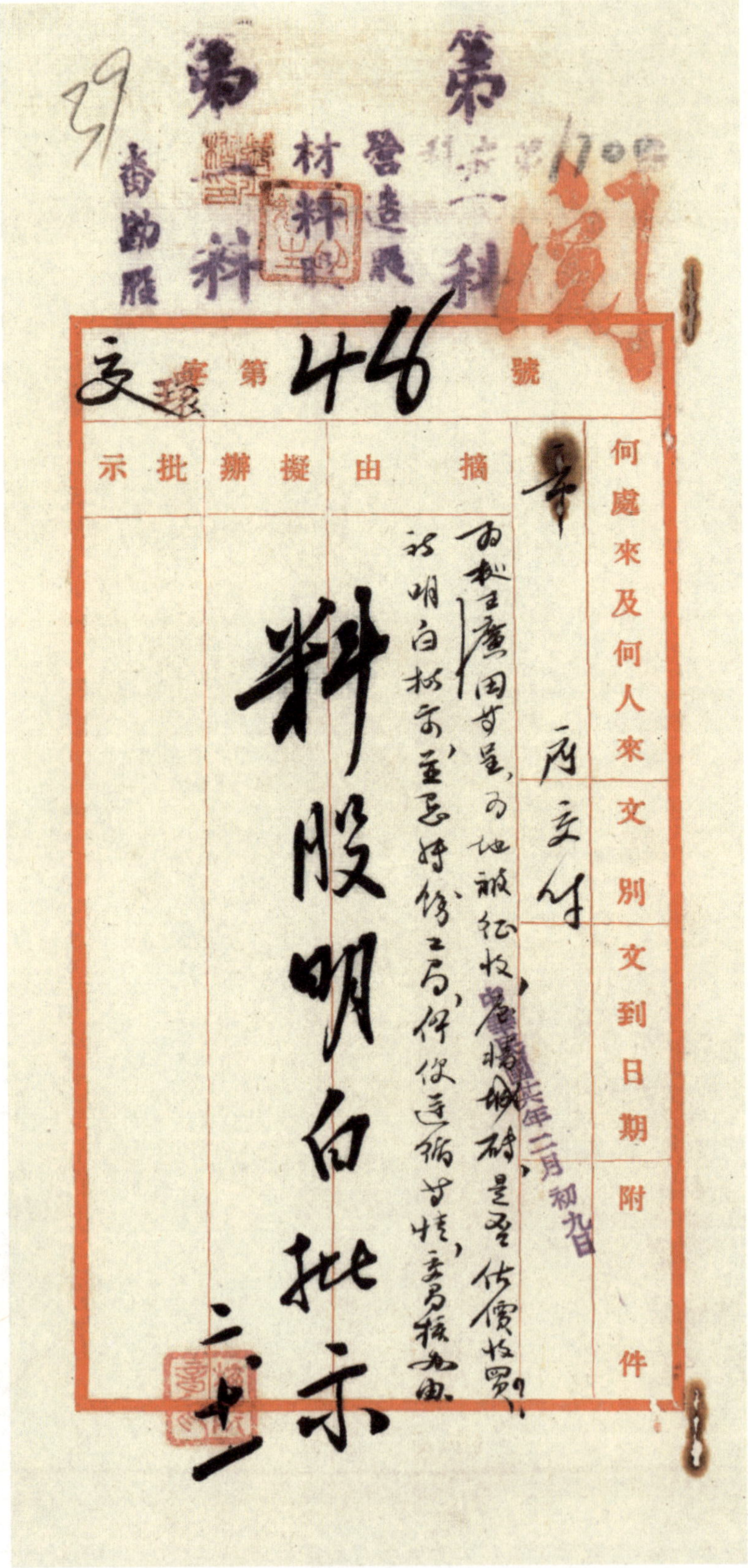

交環字第 46 號

何處來文及何人來文	文別	文到日期	附件	摘由	擬辦	批示
市府 交件		中華民國廿六年二月初九日		爲據王廣田等呈，爲地被征收，老舊城磚是否估價收買，請明白批示，至應轉飭工務局，俾便遵循等情，呈乞核示由		料股明白批示 二十三

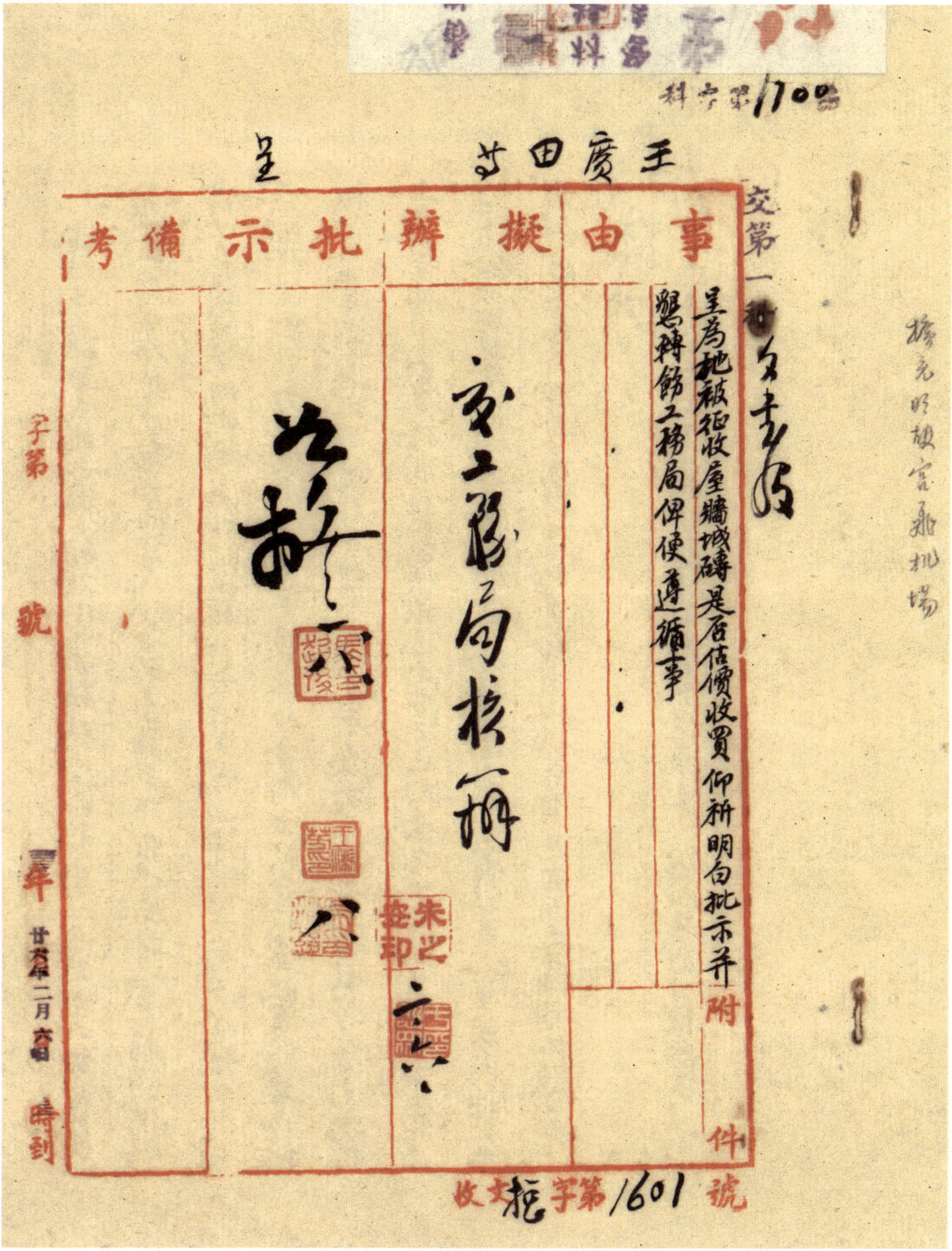
科字第1700
王廣田等 呈
事由：呈為地被征收屋牆城磚是否估價收買仰祈明白批示并懇轉飭工務局俾便遵循事
擬辦：交工務局核辦
批示
備考
廿六年二月六日
收文字第1601號

窃民等土地被交通部擴大明故宮飛機收用，昨於二月二日奉市工務局第一九一三號限令拆屋讓地通告，民等於奉讀之下，惟以應拆之屋牆，均係以前買獲城磚之所砌起，而該項城磚，於二十五年間由南京警備司令部公佈保存城磚條例，限止人民使用，並由警備司令部會同市政府估價收買，民等於地被征收屋應拆讓之際，對於屋牆城磚之來原及將來拆卸之堆放等等，已先後上呈警備司令部，探聞該部將最近之一呈，已於去年十二月五日轉到市工務局，但未經任何批答，而民等值工務局催令拆遷，究竟對民等之屋牆所拆卸之城磚，是否由府部會同估價收買，抑或由民等自運自用之處，固不得而知，惟有呈請

鈞府迅予明白批示，並懇轉飭工務局，俾便遵循，實為公德兩便！

謹呈

南京市政府市長馬

具呈人王廣田　住朝门十九號

王寶貴 十　陳德榮

張廷春　王世德

王學文　儲海山

張得山　王懷興

何樹啟 十　趙有才

聶文之 十　張開良 十

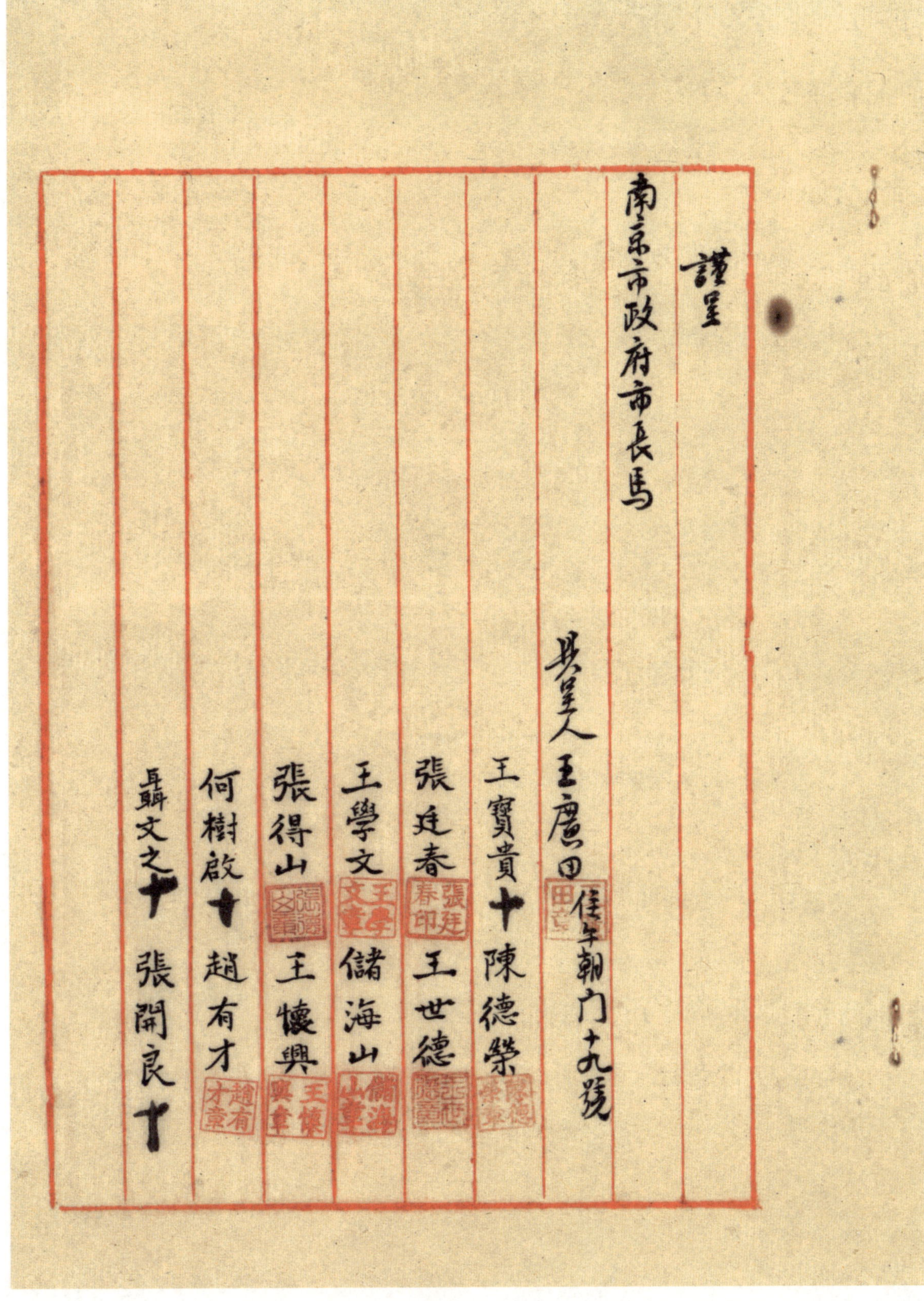

中華民國二十六年二月六日

（二）南京市政府爲王廣田等拆屋所得城磚請補報手續并轉函警備司令部查照辦理致王廣田等的批示、致警備司令部的公函

（一九三七年二月十六日）

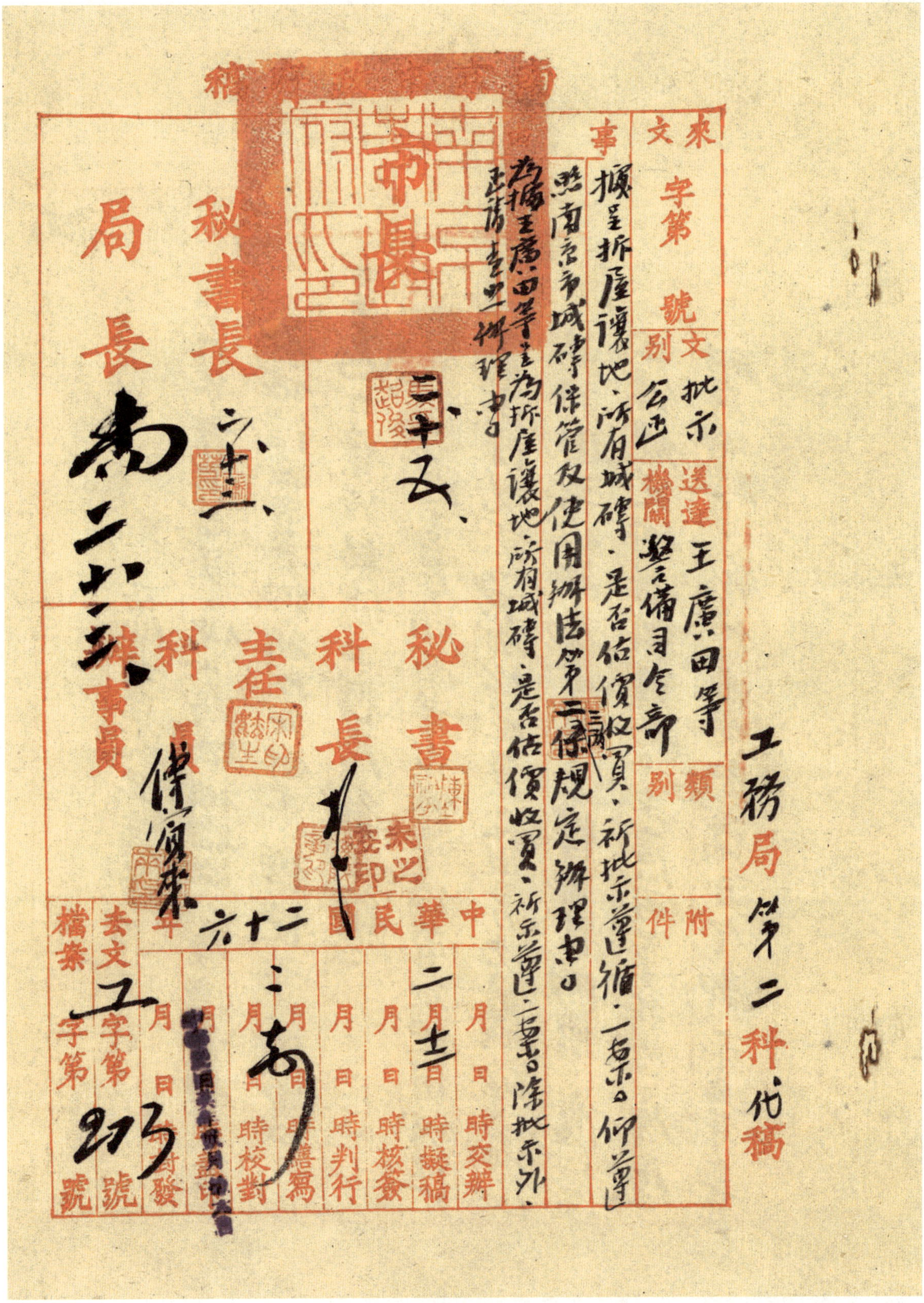
南京市政府稿

來文字第　號

文別：批示　公函

送達機關：王廣田等　警備司令部

類別：工務局第二科代稿

附件

事由：爲據王廣田等呈爲拆屋讓地所有城磚函請查照辦理由

擬呈拆屋讓地所有城磚、是否估價收買、祈批示遵循、一面呈仰遵

照南京市城磚保管及使用辦法第二條規定辦理由

爲據王廣田等呈爲拆屋讓地所有城磚、是否估價收買、祈示遵由一案、除批示外、

市長

秘書長

局長

秘書科長

主任科員

辦事員

中華民國二十六年二月十二日

月日時交辦　月日時擬稿　月日時核簽　月日時判行　月日時繕寫　月日時校對　月日時蓋印　月日時封發

去文工字第213號

檔案字第　號

批

原具呈人王廣田等

二十六年一月六日呈一件。為地被征收、屋牆城磚、是否估價收買、仰祈明白批示、俾便遵循由。

呈悉。案經飭據工務局簽呈稱：

「遵查奉頒南京市城磚保管及使用辦法第三條規定：『凡公私建築、前曾使用城磚者、如遇傾倒或拆卸重建時、不得自行挪用、應按第二條規定辦法辦理』云。王廣田等拆除房屋、所有城磚、前准 南京警備司令部 二十五年十二月三司警參字第一七四三號公函、以請派員會同查勘、如合於修理城牆之用者、可儘量收買。等由。過局、經於本年一月十八日備案復請派員訂期分批會勘。尚未准復。茲據前情、擬請批示王廣田等將拆卸城磚、名項數量、按照上項辦法第二條規定、分別補報該管警局呈轉核辦、以符手續。並已轉函南京警備司令部查照前函辦理。等情、到府、除分函外、合亟明晰批示、仰即遵照辦理。

此批。

公函

案據明故宮午朝門十九號王廣田等呈稱：「地被征收，拆除房屋，所有城磚，是否估價收買，仰祈明白批示，俾便遵循」等情。據此，即經飭據工務局簽呈稱：

「遵查奉頒南京市城磚保管及使用辦法第三條規定，照前擬敘呈，並已轉函南京警備司令部查照前函辦理」。

等情，到府。除批示外，相應函達，即希查照辦理，為荷。

此致

南京警備司令部

市長馬○○

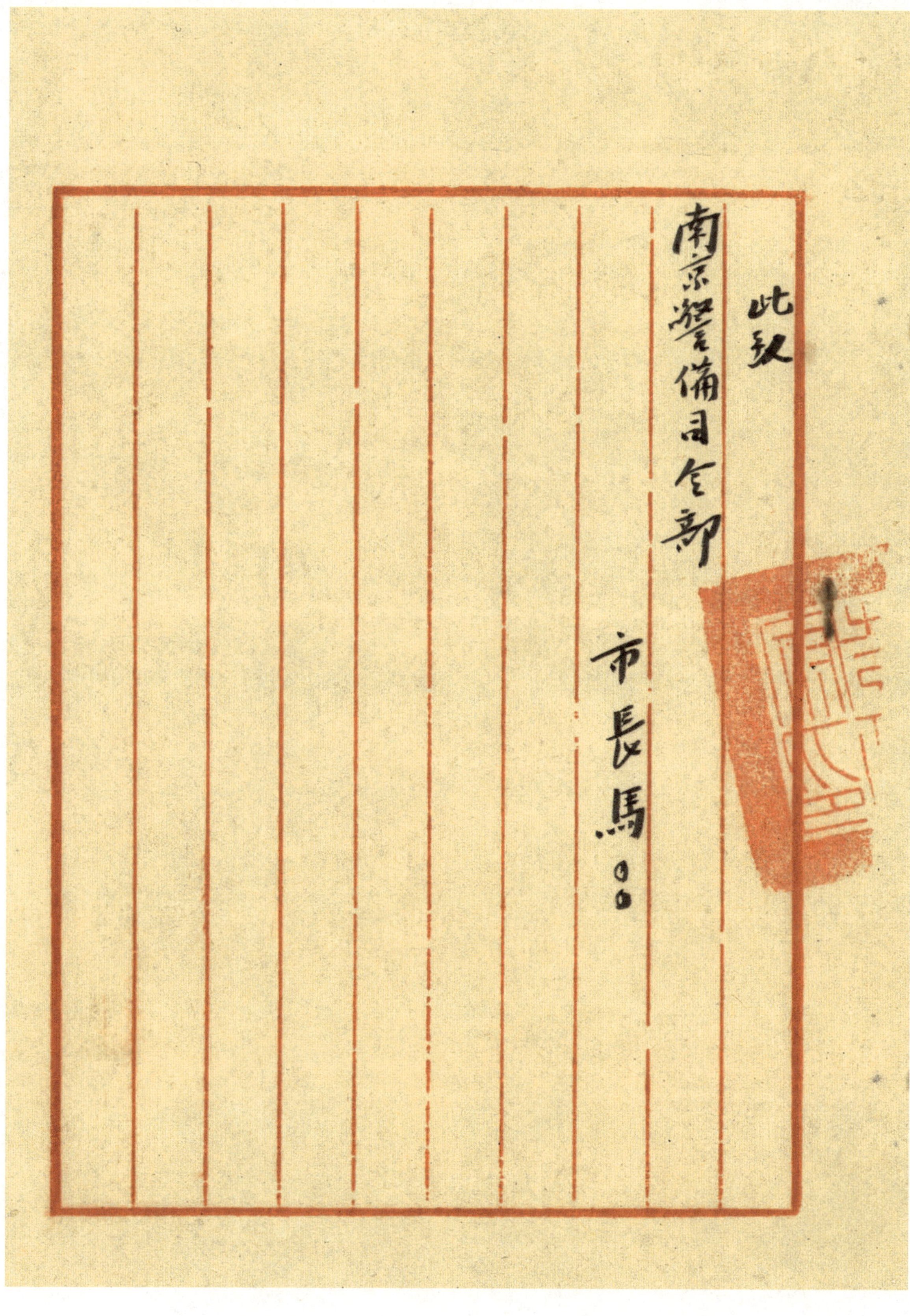

中華民國　年　月　日

監印司徒鑑

校對周伯愷

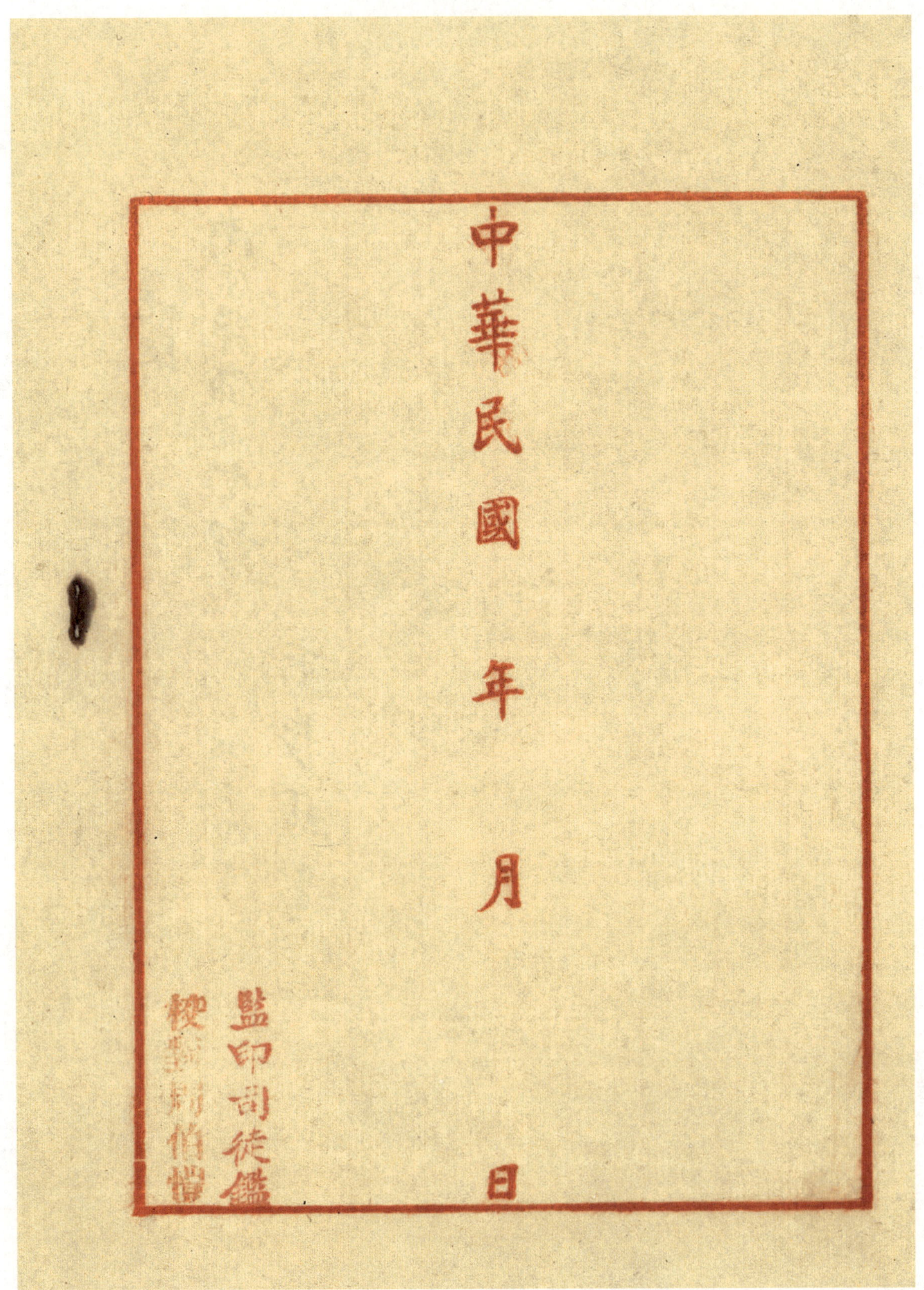

（三）南京市工務局爲請飭財政局援照成案借墊購運費用致市政府的密呈（附件：午朝門及飛機場朱貴發等堆存城磚數量表、南京市工務局收買飛機場城磚預算書）（一九三七年六月十五日）

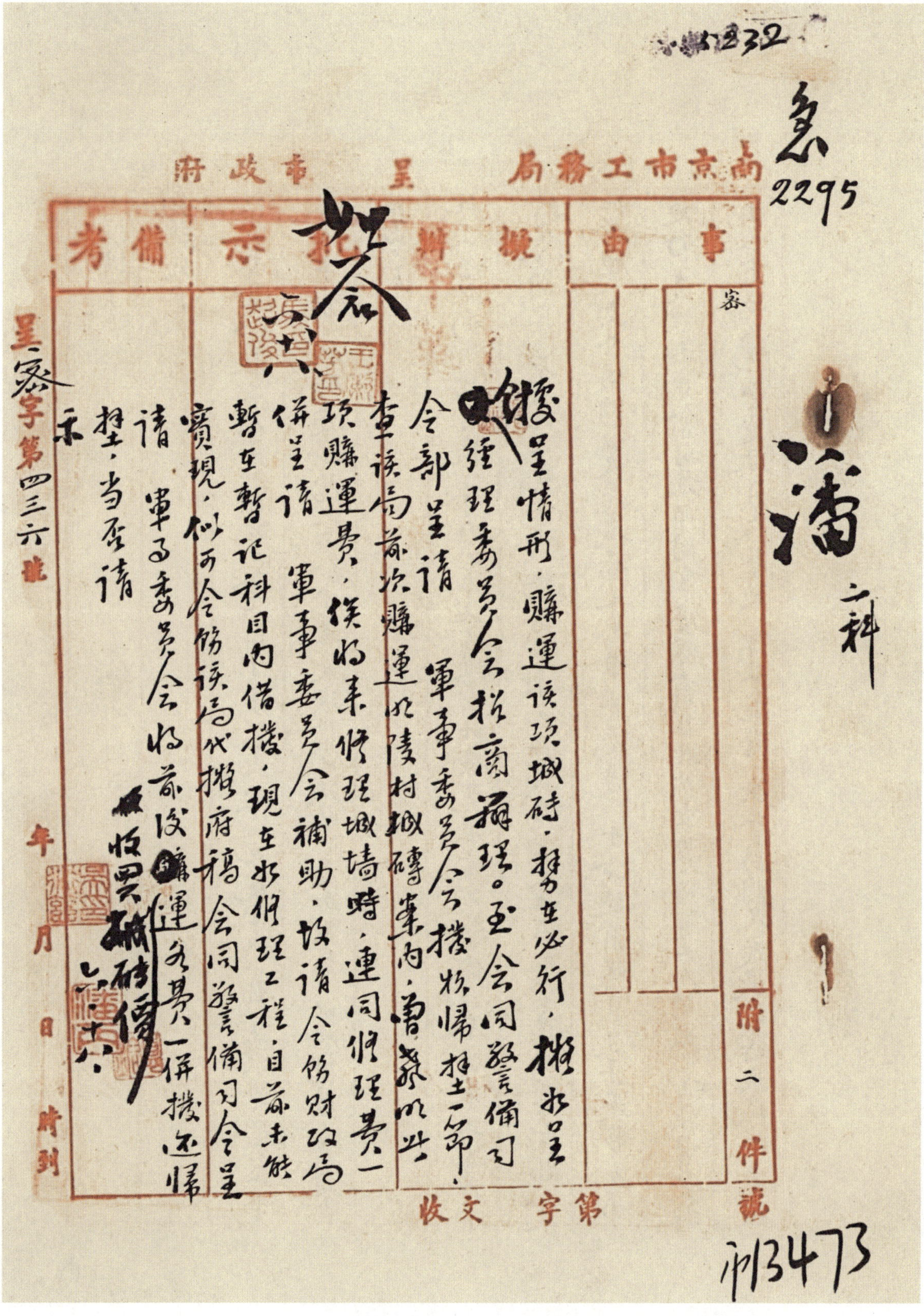

南京市工務局 呈 市政府

事由 擬辦 批示 備考

密

呈密字第四三六號

據呈情形，購運該項城磚，勢在必行，擬准照呈
經理委員會核商辦理。至會同警備司
令部呈請 軍事委員會撥款歸墊一節，
查該局前次購運北陵村城磚案內，曾經以此
項購運費，俟將來修理城墻時，連同修理費一
併呈請 軍事委員會補助，故請令飭財政局
暫在暫記科目內借撥，現在北修理工程，目前未能
實現，似可令飭該局代擬府稿，會同警備司令呈
請 軍事委員會將前後購運各費一併撥還歸
墊。當否請
示

年 月 日 時到

附二件

收文 字第 號

案奉

鈞府交下

航空委員會本年五月二十七日參一彈丁字第一零二九號公函一件，為准軍政部函，以奉

委座手諭：「擴修飛機場之工人茅蓬，及堆積之城磚，應加取締，以壯觀瞻」，轉請查

照由。奉

批交工務局辦理具復」等因。奉此，遵查此案先准南京警備司令部本年五月二十

二日參副字第六九三號公函，囑轉飭承包飛機場擴大工程之營造廠將包工棚廠速

加修理，又午朝門以及飛機場之城磚，并囑遵　手諭提前收買，設法遷移」等由。

過局，隨經派員會同該部副官唐謀前往按址查勘，所有工人棚廠，業經督飭該

承包商姚久記營造廠嚴密整理，俾壯觀瞻；又午朝門及飛機場所堆城磚，為擴

修飛機場工程，征用該處土地，拆除朱貴發等房屋，却存該處，業經會同南京
警備司令部按戶點驗，分別呈報，其堆存於飛機場擴修範圍內之城磚，并已飭
令該承包商移置於場邊隙地，其堆存於午朝門者，則以不在擴修範圍以內，無礙
工事，仍存原處未動。迭據各該城磚所有人呈以房屋被拆，急須他徙謀生，催請給
價收買，當以修城工程，施工有待，而市庫又復奇絀，無款收買，暫從緩議，現既有
礙觀瞻，奉 諭整理，自應設法提前辦理，估計朱貴發等所有整塊城磚，約一萬
二千八百七十二塊，又半截城磚，約二萬三千七百五十五塊，（以兩塊合整塊一塊）按照
收買城磚辦法規定價格，每一整塊給價五分，計約一千二百三十七元四角七分，又
此項城磚於給價收買後，擬運存於太平門城上，按照經理委員會核定尹祥記營
造廠承運明陵村城磚，每一整塊運費八分，計約一千九百七十九元九角六分，兩共約

需三千二百一十七元四角三分，拟援照收買明陵村朱廣德等城磚成案，仍請
鈞府飭由財政局在暫記科目項下如數借墊，如荷
照准，并乞　飭交經理委員會招商辦理，除函復南京警備司令部查照外，理合繕
具朱貴榮等所有城磚數量表，備文呈報，仰祈
鑒核施行，伏候
指令祇遵。再本局會同南京警備司令部點驗城磚，行將竣事，迭據各該所有人
催請給價收買，拟即統計点驗總數，編製收買預算，呈請
鈞府會同南京警備司令部轉呈
軍事委員會撥款辦理，上項墊款，及收買明陵村朱廣德等城磚墊款，均在奉
撥款內如數扣還，備修城工程即可實施，迭次墊款，即在實支工款內結算歸墊

合併呈明。

謹呈

市長馬

附呈朱貴發等所有城磚數量表一份 預算一份

工務局局長宋希尚

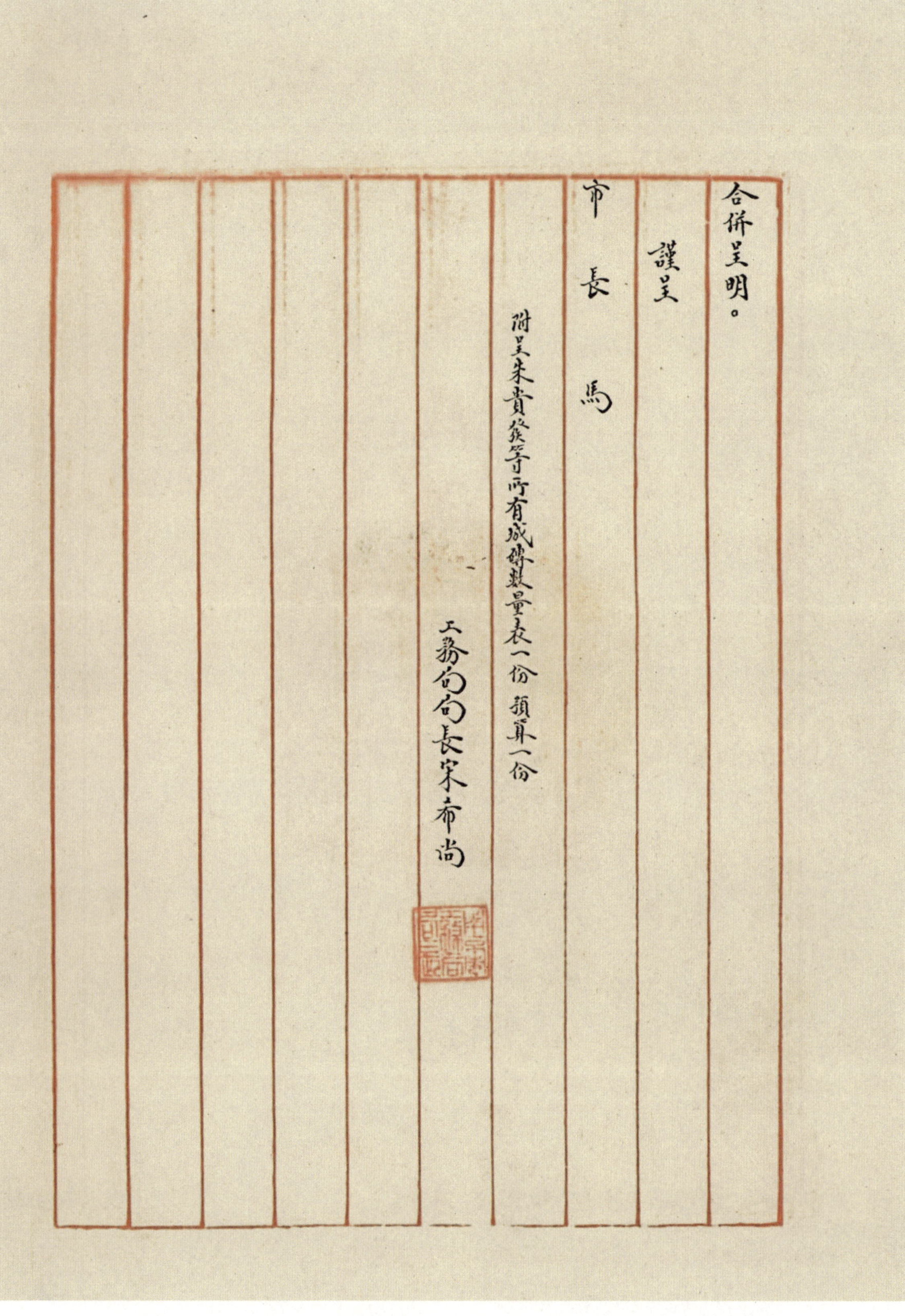

中華民國二十六年六月十五日

監印章筱英

校對周伯愷

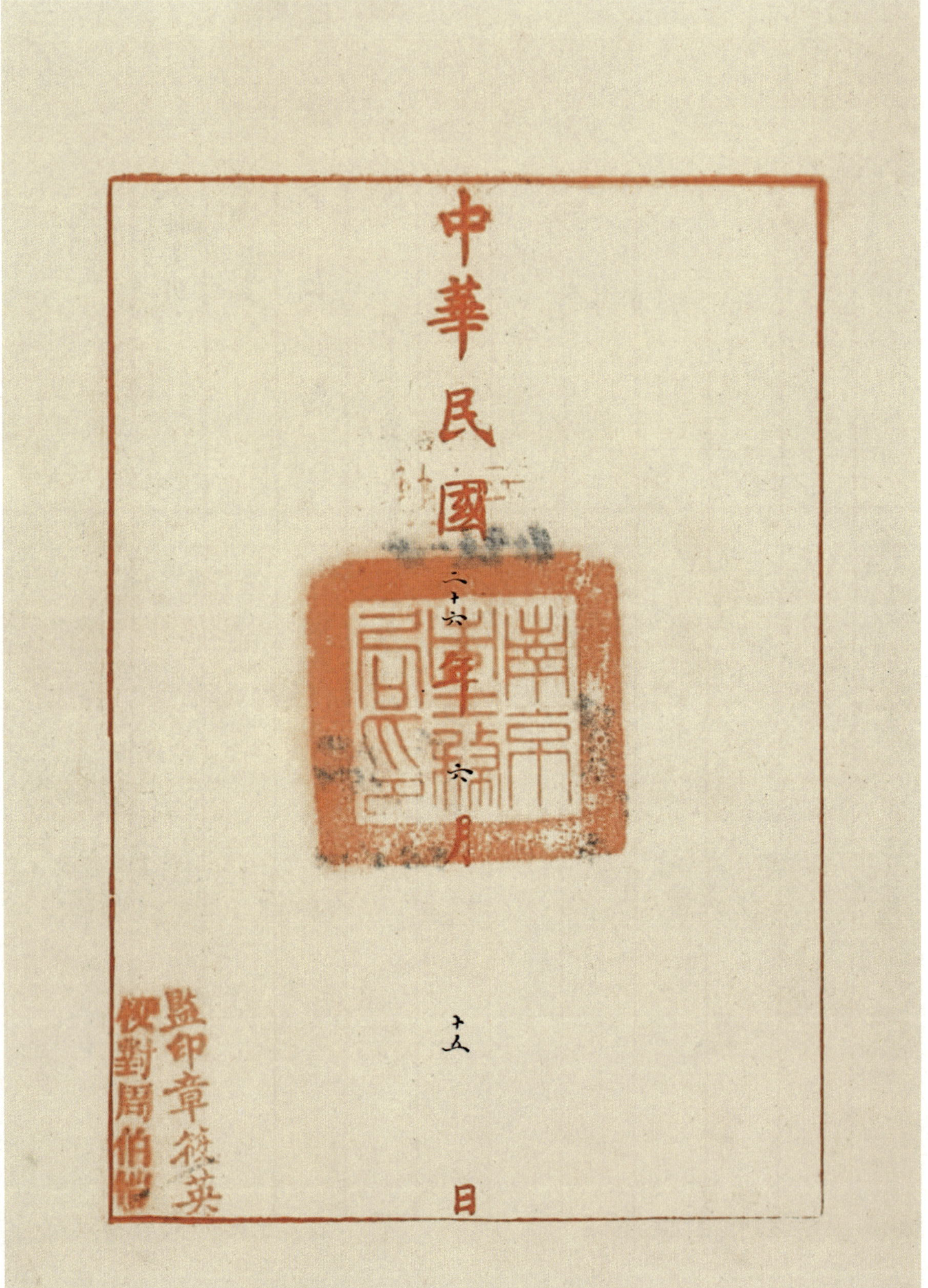

午朝门及飛機場朱貴發等堆存城磚數量表

所有人姓名	城磚數量 整塊	城磚數量 半截	備註
朱貴發	八五〇塊	五〇〇塊	
朱明保	六〇一	五〇〇	
張得山	一六五〇	一一一五	
王品三	九〇〇	二八〇	
高元成	二七八	八三〇	
郭光平	二四〇	二二〇	
張繼昌	四三	一一〇〇	
顧明川	三二〇		

唐懷芝	三三〇	
陳廣金	二八〇	六六〇
仝道玉	四八〇	二三〇
劉世奇	二八〇	
張成愷	四九	
何樹啟	二〇〇	二〇〇
王焕興	一〇〇〇	二〇〇〇
王盛軒	一四〇	
胡玉祥	九〇〇	五〇〇〇
王廣田	七〇〇	二五〇〇

冒錦魁	五〇	
王寶啟	一三〇〇	一〇〇〇
杜方玉	二一五	
王寶貴	四〇〇	
童錫鑾	一四〇	二八〇
趙育才	七〇〇	三〇〇〇
陳名盛	二二〇	二六〇
張廷春	一二一七	四〇八〇
總計	一二八七二	二三七五五

工計A.1(甲)

南京市工務局

收買飛機場城磚工事預算書 (共1頁)

字第　號　　第1頁

地點	明故宮飛機場
工程撮要	收買朱貴發等所有城磚
總價	#3217.43　　平均單價
起案原委及施工方法	准南京警備司令部公函以奉 委座手諭整理轉請提前收買設法遷移以壯觀瞻
附件	數量表一份

預算詳細表

種類	形狀	單位	數量	單價 元	總價 元	備考
1. 磚價						
整塊		塊	12872	0.05	643.60	
半截		〃	23,755	0.025	593.87	以二塊合整塊一塊
計					1237.47	
2. 運費		整塊	24749.5	0.08	1979.96	整磚價計
計					1979.96	
合計					3217.43	

26年6月11日　計算　校對　審核　複核

（四）南京市政府爲遷運明故宮機場城墻案招商辦理一事致市工務局的密指令、致市經理委員會的密訓令（一九三七年六月二十二日）

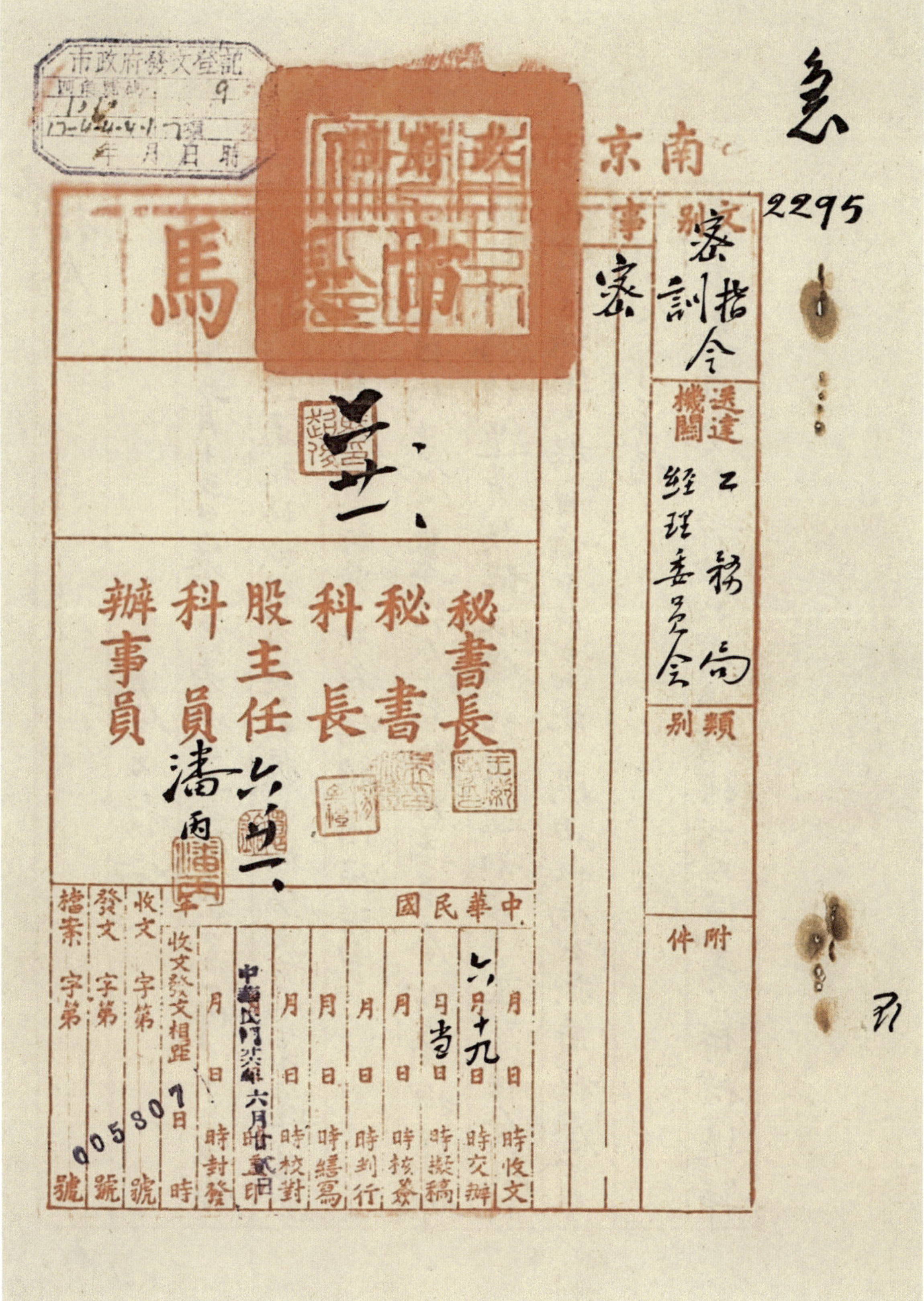
急

2295

南京市政府

文別	密指令 密訓令
送達機關	工務局 經理委員會
事由	密
類別	
附件	

市長 馬

廿二

秘書長

秘書

科長

股主任 六　廿一

科員 潘雨

辦事員

中華民國

月日時收文	六月十九日時交辦	月日時擬稿	月日時核簽	月日時判行	月日時繕寫	月日時校對	中華民國廿六年六月廿二日時蓋印	月日時封發

收文發文相距　日　時

收文　字第　號

發文　字第　號

檔案　字第　號

005807

密

指令

令工務局

本年六月十五日密字第四三六號密呈一件。呈復縣運飛機場城磚及整理擴修機場之工人茅蓬，并擬具預算，祈鑒核轉飭撥款辦理由。

呈件均悉。案經令飭經理委員會核商辦理，仰將城磚縣價運費預估底價，填具通知單，逕商該會進行，并修理城墻工程，目前不能實現，應由該局代擬府稿會同警備司令部呈請

軍事委員會將前後收買城磚價款及運費一併撥還歸

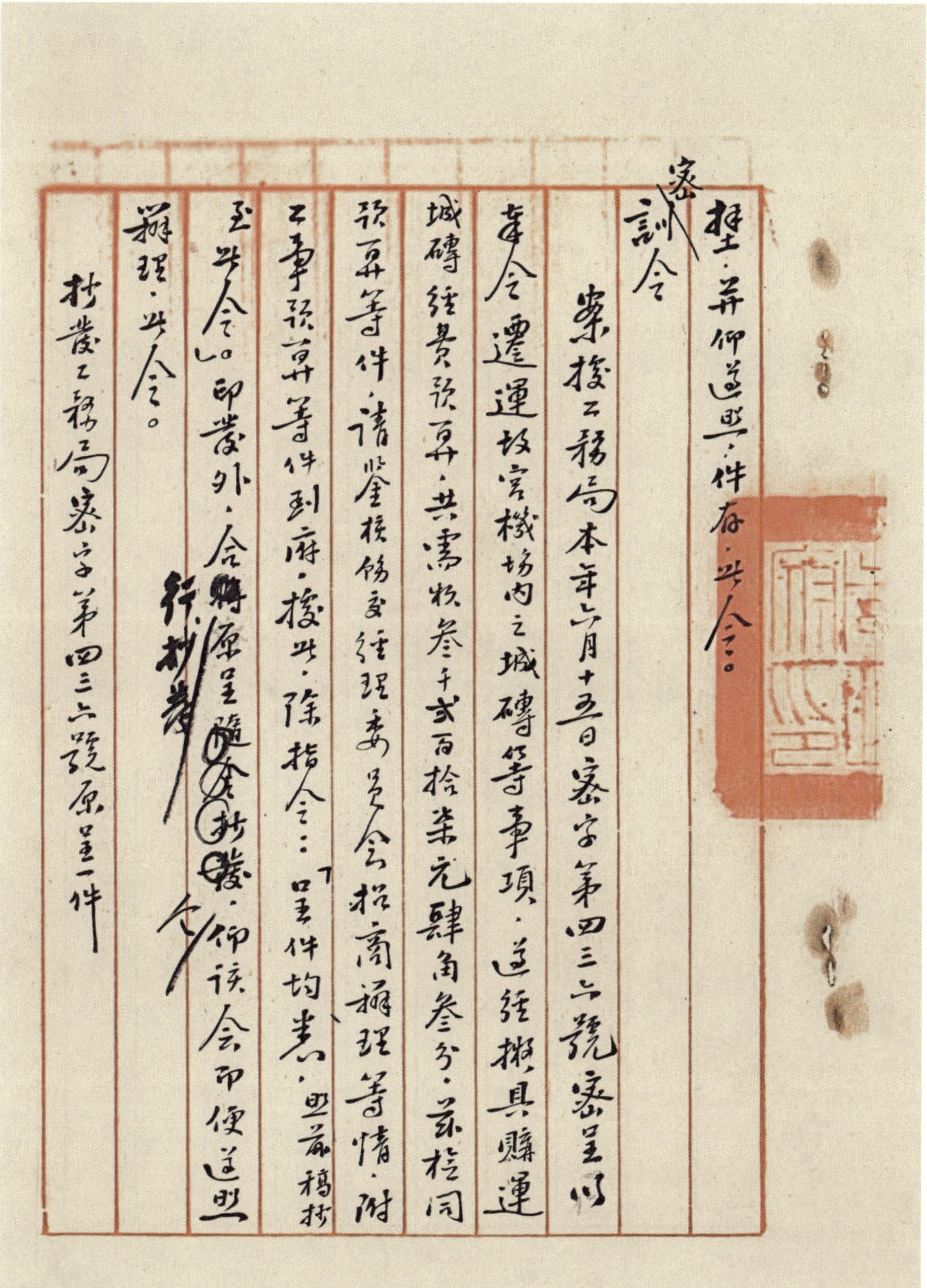

呈，并仰遵照，件存。此令。

密訓令

案據工務局本年六月十五日密字第四三六號密呈以奉令遷運故宮機場內之城磚等事項，遵經擬具搬運城磚經費預算，共需叁千貳百拾柒元肆角叁分，并擬同預算等件，請鑒核飭交經理委員會接洽辦理等情，附工事預算等件到府。據此，除指令：「呈件均悉。照所擬核准，此令。」印發外，合將原呈隨令抄發，仰該會即便遵照辦理。此令。

抄發工務局密字第四三六號原呈一件

監印司促盛

校對張因

南京城墻檔案

城磚的保管與利用

肆

城磚的利用

南京特別市政府爲限制任意取用城磚致衛生部、軍官學校的公函（摘自《首都市政公報》）（一九二八年十二月六日）

附原呈

呈爲呈請事案查前奉
鈞令第一二二四號飭職局將北極閣山下沿鐵路旁一帶墳墓佈告限期遷移逾限即由取締科剷除等因奉此業經出示布告限自布告之日起於二十日內自動遷移並呈復
鈞府各在案迄今逾限多日所有墳墓無一遷移查該處墳墓有數千之多概屬陣亡或病故之官兵有已葬多年者亦有新近埋葬者棺木既薄腐朽自易一旦掘起搬運勢必狼藉難堪再四思維迄無善法唯有就地設法火葬較爲便捷將來執行時擬請令飭衛生處會同辦理是否有當理合備文呈請
鈞府鑒核示遵謹呈

市　長　劉

工務局局長陳揚傑
十二月七日

■限制任意取用城磚案

1. 公函衛生部 軍官學校 奉國府令城磚由府保管不得任意取用由

公函第六六五八號　十七年十二月六日

逕啓者案查前准
貴（部/校）函開以建築（部署/講堂）需用城磚囑爲（撥助/用）等由當經函復在案
茲奉
國民政府指令內開呈悉查此案既經本府國務會議決議令飭照辦所有該項城磚自應由該市政府妥爲保管不能任意取用仰卽遵照辦理此令等因奉此相應函達卽希
查照爲荷此致
衛生部
中央陸軍軍官學校

南京特別市市長劉紀文

2. 訓令工務局奉國府令城磚由府保管不得任意取用由

訓令第一八八五號　十七年十二月六日

案奉
國民政府第二三二號指令本府呈爲奉令拆除神策門至太平門城牆自當遵辦惟近來迭准各機關來文索用城磚應如何處置請鑒核令遵由內開呈悉查此案既經本府國務會議決議令飭照辦所有該項城磚自應由該市政府妥爲保管不能任意取用仰卽遵照辦理此令等因奉此合行令仰該局長卽便遵照妥爲保管是爲至要此令

市長劉紀文

■禁砍三台洞菓木案

工務局佈告禁止採石工人砍伐三台洞上菓木以充柴薪案

南京特别市政府與中央陸軍軍官學校關于利用城磚建築房屋的一組文件

（一）南京特別市政府爲停止拆卸太平門至神策門一段城磚致中央陸軍軍官學校的函、致市工務局的訓令（摘自《首都市政公報》）

（一九二九年三月二十二日）

首都市政公報　公牘

施行書一份一併具文呈請仰祈
鑒核俯准連同前呈請撥修理石婆婆巷馬路工料費洋七百三十一元七角三分一併飭下財政局併案撥發以便尅日興修實爲公便謹呈

市長　劉

附工事施行書一份

工務局長陳揚傑三月五日

■令發自流井售水章程案

指令工務局據呈送管理自流井售水章程仰即遵照修正案施行案由　指令第一一七二號　十八年三月二十五日

呈一件呈送管理中正街自流井售水章程仰祈核准由

呈及章程均悉查原案該局前送市政法規委員會業經修正列入彙編茲檢發修正案一份仰即遵照施行至售水以桶計價桶有大小不足以昭公允似宜裝置水表按度計價且可免管理員有以多報少之弊在水表未裝置以前暫照原案辦理此令

計發修正案一份

附原呈

呈爲呈請事竊查職局擬具管理中正街自流井售水章程業於一月二十一日送交市政法規委員會請其審查後提交市政會議公決在案但閱時已久尚未得復而中正街自流井售水在即迫不及待該項章程在法規委員會未曾審查以前可否先作暫行章程理合抄同該項章程一份備文呈報仰祈
鑒核批准施行實爲公便謹呈

市長　劉

計抄呈中正街自流井售水章程一份

工務局局長陳揚傑　三月十六日

七二

■軍官學校請撥用拆卸城磚案

1.函中央軍官學校爲停止拆卸城磚一案既已遝呈國府應俟奉令准繼續拆卸再行辦理案由函第二八二號　十八年三月二十二日

逕復者頃准
大函以准敝府工務局函請停止拆卸城磚等因查太平門至神策門一段城牆拆卸城磚撥充建築教室前奉
國府批准轉飭照辦各項建築日來正在進行若一旦停止勢必影響工程全部擬請仍行遵照前案辦理俾免工虧一簣除逕呈
國民政府外即希查照等因准此查敝市城牆業奉
國民政府令據鐵道部呈請即行停止拆卸在案敝府自應遵案辦理
貴校需用城磚既已逕呈
國民政府應請俟奉指令如可繼續拆運再行辦理未奉令准期

間似未便仍照前案拆卸准函前因除令知工務局外相應函復即希查照為荷此致

中央陸軍軍官學校

南京特別市市政府啓

2. 訓令工務局為准中央軍校函請繼續拆運城磚業經函復在未奉令准期間未便辦理仰即知照案由 訓令第一〇一七號 十八年三月二十二日

為令知事案准中央陸軍軍官學校函開頃准貴府工務局函開逕啓者案奉市府發交奉國民政府訓令第一九四號內開案據本府委員鐵道部長孫科呈稱為呈請事竊查國都設計評議會於三月一日開第二次會討論當由茂非顧問發表關於南京城垣存廢意見以為南京城垣當非無可利用之處在計劃未決定以前應暫予保留以便設計惟查現在該城垣有一部份尚在拆卸之中似應即行制止免與將來計劃或有衝突當經一致贊同在案理合備文呈請鑒核伏乞迅予飭令南京特別市市政府即行停止拆卸工作以便設計實叨公便等情據此除指令呈悉所請應予照辦仰候令行該市政府遵照可也此令印發外合行令仰該市政府遵照辦理等因飭即停止拆卸等因奉此查貴校前因建築房屋需用城磚曾經與敝局會同派員商定辦法自行拆運在案現在如尚未運畢應請轉飭包工立即停止拆卸奉令前因相應函達即希查照辦理見復為荷等因准此查太平門至神策門一段城牆折卸城磚撥充敝校建築教室之用前奉國府批准轉飭貴府照辦在案惟敝校各項建築日來正在進行若一旦停止勢必影響工程全部一切建築將陷於不可收拾擬請貴府仍行遵照前案所請辦理俾全部建築免至功虧一簣除逕呈國民政府外理合函復即希查照等因准此除以查敝市城牆業奉國民政府令據鐵道部呈請即行停止在案敝府自應遵案辦理貴校需用城磚既已逕呈國民政府應請俟奉指令如可繼續折運再行辦理在未奉令准期間似未便仍照前案折卸等語函復該校外合行令仰該局長即便知照在該校未奉國民政府令准繼續折卸城磚以前應遵前案辦理毋得任其再行折運是為至要此令

市長劉紀文

■改製挹江門舊城門為漢西門城門案

1. 函道路工程處據工務局呈為挹江門城門移設漢西門一案請飭道路工程處辦理相應函請查

（二一）南京特別市政府爲撥用拆卸城磚案致中央陸軍軍官學校的函、致市工務局的訓令（摘自《首都市政公報》）（一九二九年四月十五日）

案由　指令第一四三五號　十八年四月十五日
呈一件爲造具修理薛家巷馬路陰溝工事施行書祈鑒
核撥款興工由

呈暨工事書均悉查該巷地近鼓樓係中山路緊要支線自應放寬以利交通應即就原有石片路加以修理不必多事更張以免虛糜仰即遵照辦理書存此令

附原呈

呈爲呈請事竊奉
鈞府訓令第五八五號以准
國軍編遣委員會總務部函以本會已遷入薛家巷暨南大學該一帶道路崎嶇一經雨雪更屬泥濘每週委員長暨各委員臨會辦公車馬往來均感不便請即轉飭迅予勘修等因飭即遵照剋日派員前往勘估與修具報毋延切切此令等因奉此遵經派員前往勘估在案現已勘估完畢預算修理加寬薛家巷馬路工料費計需洋一千一百〇三元七角五分一厘理合造具工事施行書一份一併具文呈請仰祈鑒核俯予轉飭財政局迅予撥款興工實爲公便謹呈
市長劉
附工事施行書一份
工務局局長陳揚傑

三月五日

■軍官學校撥用拆卸城磚案

1. 函復軍官學校屬將太平門拆卸之城磚准予推用並拆洪武門套城應用已令工務局知照案
由　函第四七七號　十八年四月十五日

逕復者案准
貴校函開以建築各部敎室需用城磚函請轉飭將太平門拆卸之城磚准予推用尚不敷六萬塊擬請將洪武門外之套城全部拆用即希見復等由准此除分工務局知照外相應函復
查照此致
中央陸軍軍官學校
南京特別市市政府啓

2. 訓令工務局准軍官學校函請將拆卸之太平門城磚准予推用並拆洪武門套城應用仰即知照案由　訓令第一二二二號　十八年四月十五日

案准
中央陸軍軍官學校函開查敝校前以建築各部敎室需用城磚前經呈奉
國府批准轉令照辦在案旋接國府文官處暨貴府工務局先後來函停止拆卸等由准此查敝校各部建築正在進行需要城磚

異常迫切若一旦停止則全部工程勢將陷于不可收拾特再函請貴府轉飭工務局除前在太平門拆卸之城磚准予推用外尚不敷六萬塊之數擬請將洪武門外之套城全部拆卸應用因此項套城對於軍事上觀瞻上無大妨礙且使礮校工程亦不致半途而廢理合函達煩請查照即希見復等由准此除函復外合行令仰該局長即便知照此令

市長劉紀文

限期拆除子午線路內民屋案

佈告限期拆除自新街口至珠寶廊一段子午線路內民屋案

佈告第七號　十八年四月廿三日

為佈告事案奉

市政府第一二四二號訓令以奉

國民政府蔣主席電令內開子午綫路限六月一日以前完成等因飭即妥為規劃依限蕆事等因奉此查子午線路自新街口至珠寶廊一段亟須興工建築該路線內有房屋之處暫先拆二十公尺當經派員測量用綠色劃定拆線其無房屋之處即闢四十公尺并以紅色劃定四十公尺寬度拆線仰該拆線以內居民儘於四月底先照劃定綠色拆線將屋自動拆讓不得觀望延緩如被拆各戶一時無房屋遷住准即來局聲請免費移入平民住宅居住以示體卹事關首都路政慎勿違延自誤切切特此佈告

代理局長金肇組

公　安

查禁反動刊物案

訓令公安局為准內政部咨請查禁反動刊物「摩洛」仰嚴行查禁案由　訓令第一一二五號　十八年四月二日

為令飭事案准

內政部咨開案奉

行政院令開為令遵事現奉

國民政府第一八四號訓令內開據本府文官處簽呈稱准中央執行委員會祕書處函為宣傳部查獲反動刊物摩洛一種內容純係鼓吹共產謬說請交府令飭查禁奉批照辦函請查照等由理合簽請鑒核等情據此自應照辦除飭處函復外合行抄發原件檢同刊物令仰該院即便遵照轉飭嚴密檢查務期禁絕是為至要此令等因奉此除令交通部轉飭各郵局停寄并令行江蘇省政府轉飭上海臨時法院將該書店封閉外合行令仰該部即便遵照轉行各省市一體嚴行查禁此令等因奉此除分行外相應咨請查照為荷等因准此合行令仰該局長轉飭所屬一體嚴行查禁此令

市長劉紀文

科長前往該處將各項疑問分條商詢卽由該處示以所擬全市計劃詳圖經該科長詳加研究認爲該項全市計劃尙須研討之點甚多此項橫馬路圖樣既根據全市計劃而來自與全市計劃係屬一體如一部變更則全部受其影響故如須變更該項橫馬路圖樣之位置卽無異變更其所擬全市計劃現在如於原計劃之外召擬一種橫馬路計劃非從根本着手另擬一種全市計劃不可故特根據南京之地理歷史參以本國之風俗習慣經濟狀况並參考世界各埠最新計劃以及市政原理另行草擬首都全市新計劃一種已經大致就緒兹因中山路兩旁請求建築者甚多該路段落之規定刻不容緩特先將該項新計劃中關於中山路橫馬路地圖樣之一部繪圖呈覽以供採擇所有計劃之旨趣當另於呈送該計劃時繕錄呈覽其關於中山路段落劃分之理由謹臚列如下

（一）段落之長度（即橫馬路間之距離）視所至區域性質不同而異故全線橫馬路之距離並不一律

（二）自江邊至鼓樓一段爲急行車輛行駛之區域故橫馬路之數宜少（卽段落之長度宜大）以免車輛停息之次數太多然亦不宜距離太長致增其他之不便及危險本圖規定該段標準距離爲三百公尺其因當地情形（若土山大塘等等）有須略爲變更者則不用三百公尺

（三）自鼓樓至逸仙橋一段爲舊城繁盛之區舊日路綫大部均可利用不宜强爲劃分故橫馬路之距離因地位之不同而長短不等因該段在新計劃中擬定之商業區界內故距離較短約在一百公尺與二百公尺之間其因當地情形所限者不在此例

（四）自逸仙橋至黃埔路其段落長度擬定爲一百五十公尺自黃埔路至中山門擬定爲中央政治區域暫予保留

（五）所有段落距離僅按照中山路中心線量出

以上所陳是否有當理合檢同該項圖樣呈請

鈞長鑒核示遵實爲公便謹呈

市長劉

計呈送中山路兩旁段落分劃圖一種

代理工務局局長陳和甫

八月七日

■函軍官學校請備運磚旂幟並制止拆卸大城磚案

1.公函軍官學校爲函請轉飭搬運城磚車輛須備旗幟以便稽考並請制止拆卸城牆大磚由　公函第九七五號　十八年八月十四日

逕啓者案據代理工務局局長陳和甫呈稱現據建築科材料股主任陶天杏簽稱竊職奉科長發交市府第二三四三號訓令內開將洪武門外及太平門內所拆存之城磚撥交中央軍官學校應用外並辦理具報等因准此職卽於七月三十一日起派稽查盧紹先在洪武門外監發城磚管理員孫廣瑞練習生宿亞南在太平門內監發該項城磚昨據該員等報稱洪武門運輸城磚車輛人多未備設校旗幟致稽查不易識辨又太平門內有工人不受該員等指揮將城牆上整磚拆下運輸等情職據報後卽赴該兩處查勘俱屬實情理合呈報可否由局呈請市府將以上情形轉知該校請將所有車輛發給憑證並飭令工人不得拆運城上整磚以遵明令實爲公便等情據此查此案前奉鈞令准予撥用上二處拆下城磚卽經轉飭該股遵照辦理在案茲據前情是本市未拆各城牆迭經奉令禁拆自未便再任該校擅自拆卸卽運用拆存城磚車輛亦應有所稽查以免漫無限制理合據情備文呈報鈞府鑒核擬請轉函該校此後不得再拆城磚卽搬運已拆城磚各車輛亦宜由校給予憑證旂幟庶易辨別而資查考究應如何辦理之處統乞訓示祇遵等情據此查此案前准貴校函請撥用拆存城磚卽經照辦並令該局驗發在案是此項撥用城磚以已經拆卸者爲限其未拆之城牆早奉國民政府訓令停止拆卸自未便任聽該工人等擅拆應請轉令從速制止至搬運拆存城磚之車輛並希由貴校給予旗幟以資識別而便稽考相應函達卽希查照轉飭遵照辦理爲荷此致

中央陸軍軍官學校

南京特別市市政府啓

2. 指令工務局爲呈請轉函軍官學校勿再拆卸城上大磚候轉函查照辦理仰卽知照案由　指令第三〇八九號　十八年八月十四日

呈一件呈請轉函軍官學校勿再拆卸城上大磚由

呈悉候轉函中央陸軍軍官學校查照辦理仰卽知照此令

原呈見公函第九七五號

■令飭擬定商人特許廣告計劃案

1. 訓令工務局爲據承辦廣告捐認商呈請迅定商人特許廣告計劃仰卽遵照前令剋日擬復由　訓令第二四七九號

十八年八月十四日

爲令飭事案據承辦廣告捐認商許岳呈稱竊認商於民國十七年十二月一日承辦鈞府財政局廣告捐每月承額六百二十一元原希收入暢旺俾足解款及開支之數詎市內公共廣告場未

南京特別市政府爲采運山石及城磚均須繳價納税案致國軍編遣委員會中央及第一編遣區營房設計處的公函及致市工務局的指令

（摘自《首都市政公報》）（一九二九年十月三十一日）

■（五七）呈送奇望街至中山路幹線兩旁段落計劃圖案

▲呈行政院爲呈送奇望街至中山路幹線兩旁段落計劃圖仰祈鑒核備案由　呈第二一一號　十八年十月廿九日

爲呈請事竊查屬市區内自奇望街至吉祥街係本市一最大幹線而爲銜接中山路貫聯南北交通之要道但該路途徑甚長車馬往來尤多交通時感阻滯亟應將横路段落計劃妥速擬定以資綏衛因經令飭工務局擬具奇望街至楊公井幹綫兩旁段落分劃圖呈送前來當即詳加審核奇望街至楊公井寬度定爲二十四公尺三十八公分尚屬可行至横路寬度除戸部街爲該路東西要道應改爲二十公尺外其餘所定尺寸均無不合又楊公井以北之横路段落計劃俟闘路計劃妥訂後再行計議業經提交職府第六十六次市政會議議决照案通過在案理合檢同分劃圖一份備文呈送仰祈
鈞院鑒核俯賜備案并乞
指令祇遵實爲公便謹呈
行政院
計送奇望街至中山路幹線兩旁段落分劃圖一份
南京特別市市長劉紀文

■（五八）函復營房設計處採運山石及城磚均須繳價納税案

▲公函營房設計處爲函復飭據工務局核復採運山石及碎城磚均須照章向該局繳價給照領運即希查照辦理由

公函第一三五七號　十八年十月三十日

逕復者案准
貴處營字第一九五號函開以據新華建設公司承築小營及通濟門等處營房需用九華山石子暨西華門三合土等項材料惟事關動用土地應如何辦理方合手續函請查照見復等由准經令據工務局核明復稱當經飭科查復去後兹據報稱查九華山現存石子及大片共約五六百方如新華公司需要此項石子石片可依照限制採運市區内山石辦法來局繳價領運至西華門外碎城磚（即三合土）亦可准由該公司推運惟須依照管理城磚章程之規定來局聲請繳價給照領運以符定章等情據經查核無異是否有當理合備文呈復仰祈鑒核示遵等情前來除指令外相應函復即希
查照辦理爲荷此致
國軍編遣委員會中央及第一編遣區營房設計處
南京特別市政府

▲指令工務局爲呈復營房設計處請運用九華山石子暨西華門三合土一案須照章繳價領運准如所呈辦理候函復

該處查照案由　指令第四四〇一號　十八年十月卅日

呈一件呈復營房設計處請運用九華山石子暨西華門三合土一案須照章繳價領運由

簽呈及繳件均悉准如所呈辦理候函復營房設計處查照定章辦理可也此令

原呈見公函第一三五七號

■(五九)拆除羊皮巷轉角房屋案

▲訓令工務局土地局為准內政部咨以拆除羊皮巷轉角房屋計劃書核准公布令仰遵照辦理由　訓令第三三〇九號　十八年十月三十日

為令行事案准

內政部咨開案准咨開以老王府羊皮巷東口交叉點街道太狹有礙交通該處轉角房屋亟須拆除以資便利囑由本部查照備案等因並附送圖單各一份到部復准補送計劃書一份前來准此除依法核准公告外相應咨復查照即請依法辦理為荷等由

准此查此案前據該局長/工務局長呈請即經轉咨并指令在案茲准前由合行令仰該局長即便遵照辦理/知照此令

市長劉紀文

■(六〇)修正通過處理掘路規則及修路收費表案

▲指令工務局為擬定處理掘路規則及修路收費表仰照修正案具報備案由　指令第四四一三號　十八年十月三十一日

呈一件為擬訂處理掘路規則及修路收費表呈請核示由

呈暨規則等件均悉案經審查修正並提交市政會議議決修正通過合行抄發修正規則及表仰即遵照公布施行可也此令

計抄發修正規則表各一份

附原呈

呈為呈請事竊查工務以路政為要而路政以養路為先本市自改建首都以來新闢及修理各項馬路亦已不少惟建設伊始公私各項建築日增月盛動輒須掘動路面如最近電話局埋置電纜將路面翻掘後不照原狀修復使甫經修理者等於未修而新闢馬路一經翻掘不能恢復原狀尤為可惜將來類似此等情事者必日益增多亟宜厘定掘路規則以便取締而資保養茲經局長酌擬處理掘路規則草案九條并按照現在工料市價附擬修路收費表以便按路之等級收取費用是否有當理合檢同繕具

南京特別市政府關于拆除光華門月城城磚建造市立圖書館的一組文件

（一）南京特別市政府爲拆除光華門月城城磚建造市立圖書館候預算審定再行飭遵致市工務局的指令（附件：工務局呈文）（摘自《首都市政公報》）（一九三〇年一月十三日）

首都市政公報　公牘　二二

爲令遵事案查一月十一日本府第八十四次市政會議本市長交議參事室審查工務財政兩局會訂取締廣告及征捐章程報告請核示案當經議決三點（一）第四條揭布下「之」字及隨時矯正下「或撤銷」三字均刪所有第二項全文接續該條第一項直書（二）第三條但字下「未越出有自己地位」數字刪就其營業「其」字改「自己」二字或揭布自已招牌「自己」二字刪餘照原文所有第二項全文接續該條第一項直書（三）關於累進一點尚應有研究之處全案仍交財政工務兩局再加審查在案除分令外合行令仰該局長卽便遵照審查呈候核奪此令

市長劉紀文

（三二）拆除光華門月城城磚建造市立圖書館案

▲指令工務局爲據呈准警察廳函請拆除光華門月城拆餘城脚及月城門等由並陳明該處城牆脚前經呈請拆取城磚以作建造市立圖書館之用請併案示遵等情令知候預算審定後再行飭遵案由　指令第一一一號　十九年一月十三日

呈爲准首都警察廳函請拆除光華門月城拆餘城脚及月城門等由查該處城牆脚前經呈請拆取城磚以作建造市立圖書館之用請併案示遵由

呈悉查拆除光華門城磚爲建築市立圖書館之用事屬可行應准照辦惟原案因預算關係業經本府飭交財政局審查應候查復到府再行飭遵仰卽知照此令

附原呈

呈爲呈請事本年十二月十四日准

首都警察廳公函安字第五四號內開逕啓者案據敝廳督察處王幹事呈稱爲轉報事據光華門巡查李德潤報稱竊查光華門外之月城前由工務局奉令拆去城牆兩面近剩東面尚有城門并未拆去接連大城形似樓梯難免夜間有宵小越城而過復思冬防戒嚴期內必須防範未然擬請廳長轉知工務局派工前往該光華門外之月城連月城門亦同拆去以防宵小竄入城內而保公安是否有當報請轉呈等情前來查該巡查所陳不爲無見可否仰祈廳長轉函工務局請其派工從速整理以固國防之處理合轉報并乞鑒核示遵等情據此查該巡查所陳防禦宵小尚有見地除指令外相應函請貴局查照迅卽派工查勘辦理務使宵小無從越竄以保公安至紉公誼等因准此查光華門（卽洪武門）拆餘月城城脚及月城門爲冬防戒嚴起見自可拆除以保公安前經職局擬拆卸該處城磚以作建造市立圖書館之用業已呈請

鈞府核示在案茲准前由除函復外理合轉呈仰祈

鑒核賜予併案核示遵行謹呈

市長劉

工務局局長陳和甫

十二月三十日

(二四)改正國府前馬路路線案

▲指令工務局爲呈復派員前赴參軍處接洽補送改正國府前馬路路線計劃書情形令候參軍處將是項計劃送到再行核辦案由　指令第一一六號　十九年一月十三日

呈爲簽復派員前赴參軍處接洽補送改正國府前馬路路綫計劃書情形請鑒核由

呈悉候參軍處將是項計劃書送到再行核辦仰即知照此令

附簽呈

爲簽復事本年一月四日奉

鈞府第三九七三號訓令內開准內政部咨請轉函參軍處補送改正國府前馬路路線計劃書已函請參軍處查照仰即派員接洽辦理等因奉此遵即飭設計科派職員張競成前往接洽去後茲據復稱奉命派赴參軍處接洽補送改正國府前馬路路線計劃書事據該處聲稱是項計劃書前准

鈞府函知已在草擬之中一俟擬定當即函送

鈞府至電燈房之位置大小現尚未定定後再爲詳達等語報請

核轉前來奉令前因理合簽復仰祈

鈞長鑒核謹呈

市長劉

工務局局長陳和甫

一月八日

(二五)驗收重修粵軍烈士墓工程案

▲指令工務局爲呈報驗收重修粵軍烈士墓工程請備案等情指令照准案由　指令第一一九號　十九年一月十三日

呈爲遵令飭原包工重行修理粵軍烈士墓工程業已工竣驗收無異報請備案由

呈悉既據該局驗收與原定計劃及所訂合同尚屬相符應准備案仰即知照此令

附原呈

呈爲呈報事案查修理莫愁湖粵軍烈士墓工程一案前據包工楊同興報告工竣當經呈報

鈞府派員驗收在案旋於本年八月二十三日奉

鈞府指令第三二三七號內開呈悉修理粵軍烈士墓一案業經本府派員查復認爲該項工程異常粗劣其爲偷工減料無疑仰即按照原定計劃及所訂合同責令該包工楊同興重行修理工

（二）南京特別市政府爲撥發建築圖書館拆運城磚費案致市財政局、工務局的訓令（摘自《首都市政公報》）
（一九三〇年一月二十三日）

財政局先將現收全市各戶房捐及各戶房屋租金數額刊印公布在案台行令仰該局長卽便遵照辦理具報此令等因奉此遵查職局現憑征收全市房捐祇有上年復查編造之房捐底册惟此項底册祇載街巷名稱門牌號數房屋類別戶名及商業種類或住戶職業並房捐征收月份等項並未塡列各房屋租金數額緣房捐雖按房租數目征收但自住並無租價之房屋以及租賃房屋之故意以多報少者均係按照征收房捐章程分別估定其應納稅額又房捐戶數向爲便利及減少免捐戶數起見多以一個門牌爲一戶其一門牌以內之房屋雖同在數戶亦祇塡房主姓名或領租人姓名而已雖間有各個塡列者然爲數究屬甚少按照捐册雖能推定其房屋租金數額然無從推定者當亦不在少數茲奉前因擬將現在房捐底册抄錄全份送請
警核如須刊印卽照樣印刷第查前項捐册計四十本共二萬六千餘戶抄錄全份假定每人每日抄一百戶應需十人抄寫一月（連星期例假算）方能完竣但職局員額有限且均有固定職責無法抽調兼繕擬酌雇臨時書記十人每人月給薪金三十元以一個月爲限計需銀三百元又印刷此項册紙約二千張需銀八元筆墨炭火裝訂等費約需二十二元共約需銀三百三十元擬請俯准劃撥臨時經費以資應用所擬是否有當理合檢同樣張具文上呈仰祈
鑒誓示遵謹呈

市長劉

附房捐底册樣張一份　　財政局局長金國寶

一月十三日

■（一一）徵收公共振裕兩公司舊欠車利案

▲訓令財政工務局爲議決由工財兩局負責征收公共振裕兩公司舊欠車利仰卽遵照由　訓令第二四六號　十九年一月二十三日

爲令遵事案查一月二十一日本府第八十七次市政會議本市長交議參事陳自康財政局長金國寶會呈查復公共振裕兩公司賬目情形並附呈該兩公司摺呈請予核示案當經議決舊欠車利准計至停車行駛之日止由財政局協同工務局負責征收以後車利由財工兩局會商重訂由工務局協助財政局如期征收毋任延欠在案除分令外合行令仰該局長卽便遵照辦理此令

市長劉紀文

■（一二）撥發建築圖書館拆運城磚費案

▲訓令財政局爲遵照市政會議議決籌撥建築市立圖書館須用城磚拆運費一千元仰卽遵照由　訓令第二五二號

十九年一月二十三日

爲令遵事案據工務局局長陳和甫呈稱竊查建築市立圖書館工程一案前經職局將重行招工比賬並於本月十一日與包工周順記訂立合同興工建造及擬取用洪武門拆餘套城牆脚城磚等情呈報鈞府在案茲據監工員報告該項工程牆基業已掘就如天氣晴和卽可繼續塡築三合土底脚惟底脚築竣卽需用城磚砌牆核實計算須用城磚二百方爲數至鉅究擬如何辦理合報請提早籌劃以利工程等情據此查所稱需要城磚數量尚無不合此項城磚現擬將復成倉舊倉房拆除三間約可得城磚一百方之譜其餘則取用洪武門套城城脚之磚惟此項城磚拆運費並不在原定預算之內自應另請追加預算以便開支茲經核實估計拆卸復成倉舊倉房城磚每方需拆費洋三元計一百方共需拆費洋三百元拆卸洪武門套城城磚及運費共計每方需洋七元計一百方共需拆運費洋七百元兩共需洋一千元擬請鈞府查核俯准照此追加預算並轉飭財局照撥以資應付所有建築市立圖書館工程需用城磚應追加拆運費一千元請予核示等情據經提交本府第八十七次市政會議議決城磚遷拆費一千元准飭財政局照撥由工務局實支實銷在案除令行工務局遵照具領外合行令仰該局長卽便遵照籌撥此令

市長劉紀文

▲訓令工務局爲遵照市政會議議決遷赴財局領撥城磚拆運費一千元應用由　訓令第二五三號　十九年一月二十三日

爲令遵事案查一月二十一日本府第八十七次市政會議本市長交議參事室審查工務局呈爲建築市立圖書館須用城磚並請撥遷拆費報告案當經議決城磚遷拆費一千元准飭財政局照撥由工務局實支實銷在案除令飭財政局籌撥外合行錄案令仰該局長卽便遵照遷赴財政局領款應用此令

市長劉紀文

■（一四）蠲免浦口被災商戶房鋪捐三個月案

▲指令財政局爲核復浦口市政管理處造送被災各戶調查表冊候令該處將各戶捐額若干造冊呈核案由　指令第三〇〇號　十九年一月二十三日

呈爲核復浦口市政管理處造送被災各戶調查表冊由呈悉候令浦口市政管理處將各戶捐額造送清冊再行令飭查核此令

原呈見訓令第二四八號

▲訓令浦口市政管理處爲令飭將被災各戶每戶捐額若干造冊呈核由　訓令第二四八號　十九年一月二十三日

爲令遵事案查前據該主任呈送上年浦口兵變被災商戶調查

南京陣亡將士公墓馥記工程處爲小紅山官邸接待室工程需用城磚致市工務局的呈文（一九三四年五月二十九日）

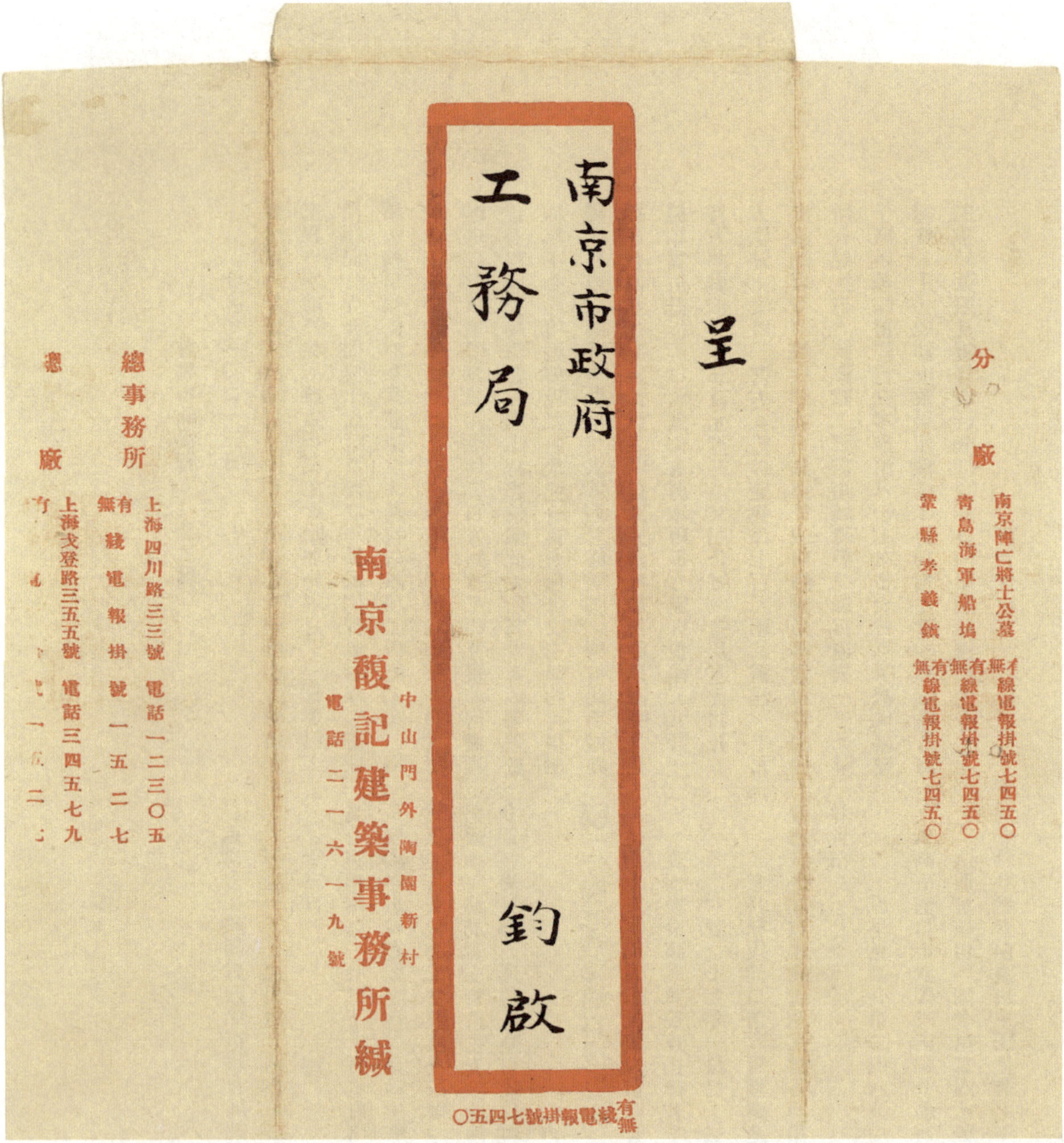

南京馥記建築事務所

第　號第　頁

總廠
上海戈登路三五五號
電話三四五七九
有無線電報掛號一五二七

總事務所
上海四川路三三〇號
電話一二三〇五
有無線電報掛號一五二七

查小紅山官邸接待室工程需用城磚十八方，該項城磚已由承包人在中山門外設法覓就，擬即運往小紅山應用，茲特備具布旗一面，請求准予加印，以便運輸。謹呈

南京市政府

工務局　台核

承包人　南京陣亡將士公墓馥記工程處

中華民國廿三年五月廿九日

分廠
廣州總理紀念堂　電報掛號〇五四七
南京陣亡將士公墓　電報掛號七四五〇
青島海軍船塢　電報掛號七四五〇
常縣孝義鎮　電報掛號七四五〇

電報掛號　七四五〇　電話　二一六一九

僞南京特別市政府與僞警衛旅司令部關于將萬竹園城墻坍塌下城磚發還原處的往來公函

（一）僞南京特別市政府爲請轉飭第二團第一營將萬竹園城墻坍塌下城磚退還原處致僞警衛旅司令部的公函（一九四一年五月六日）

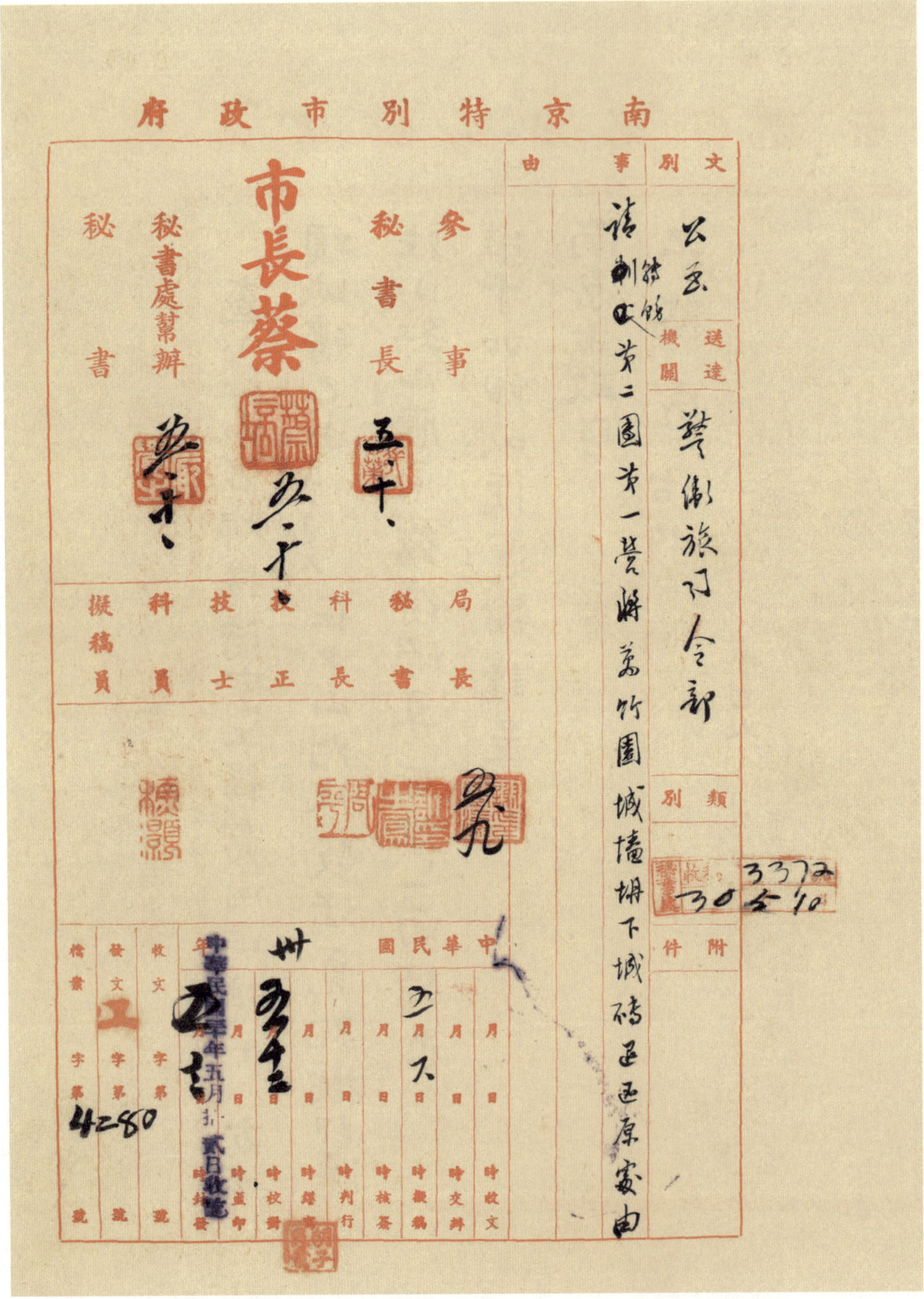

南京特別市政府

文別：公函

送達機關：警衛旅司令部

事由：請轉飭第二團第一營將萬竹園城墻坍下城磚退還原處由

市長蔡

參事

秘書長

秘書處幫辦

秘書

局長　秘書　科長　技正　技士　科員　擬稿員

類別

附件

中華民國　年　月　日

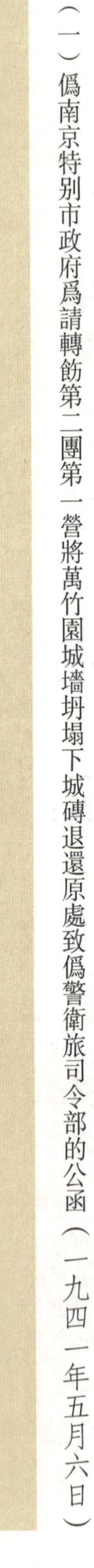

公函工字第　號

案准警政部政治警察署函開：案據報稱南京西城隅云云，以憑治安等由，准經飭工務局查勘去後，茲據報告該處城墻云云。現為在陸續搬運中，此時若需修復，則此項城磚缺少頗鉅，且亦無從購置，應請設法阻止搬運等情，據此，查此該處城墻亟須修復，此項城磚均需應用，相應函請查照，希即轉飭該警部勿再搬運，並將已運部份退還原處，以便修復，並希見復為荷。此致

警衛旅司令部

市長蔡

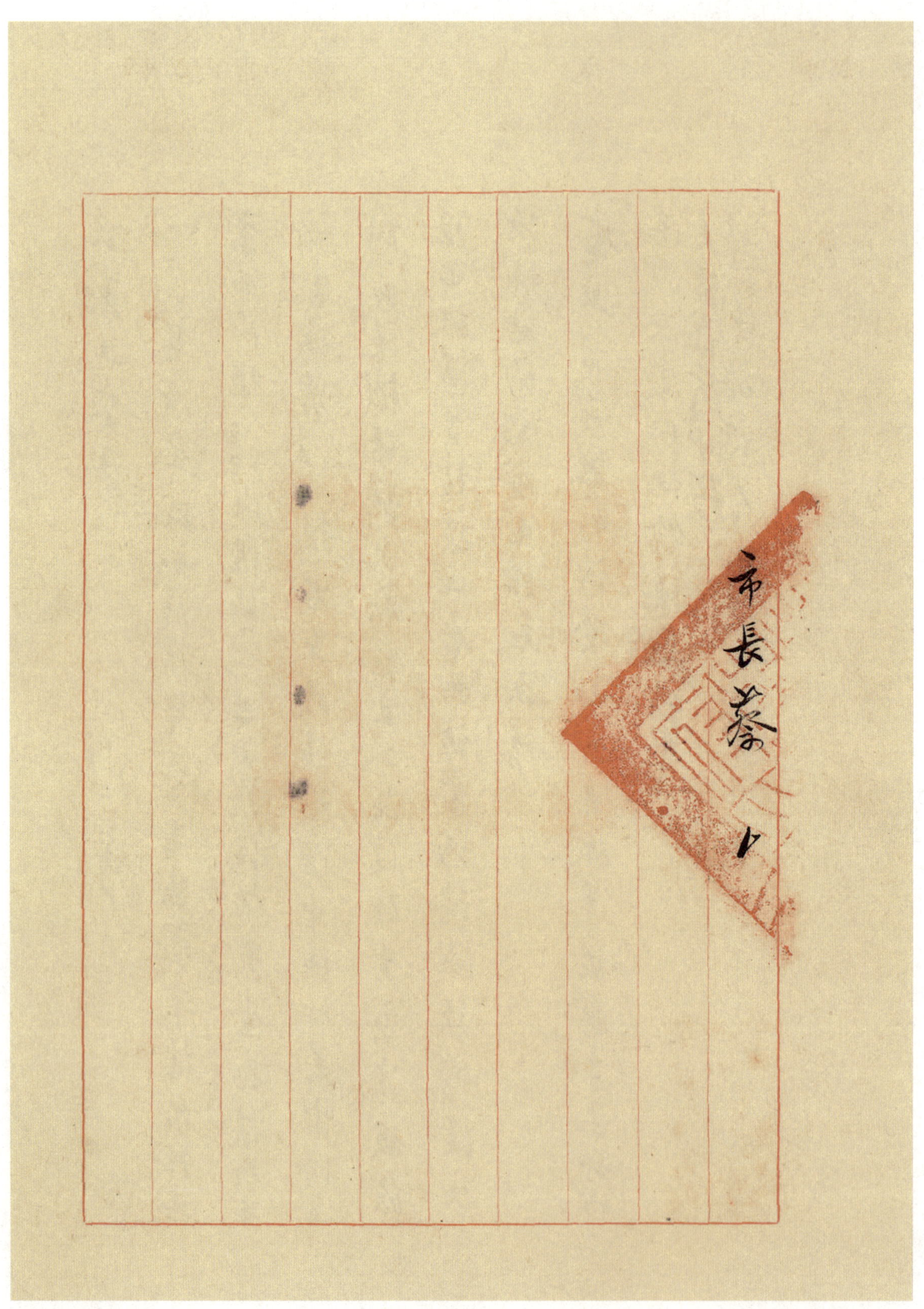

中華民國卅年五月六日

監印

對

監印程峻峰

校對伍尚鑑

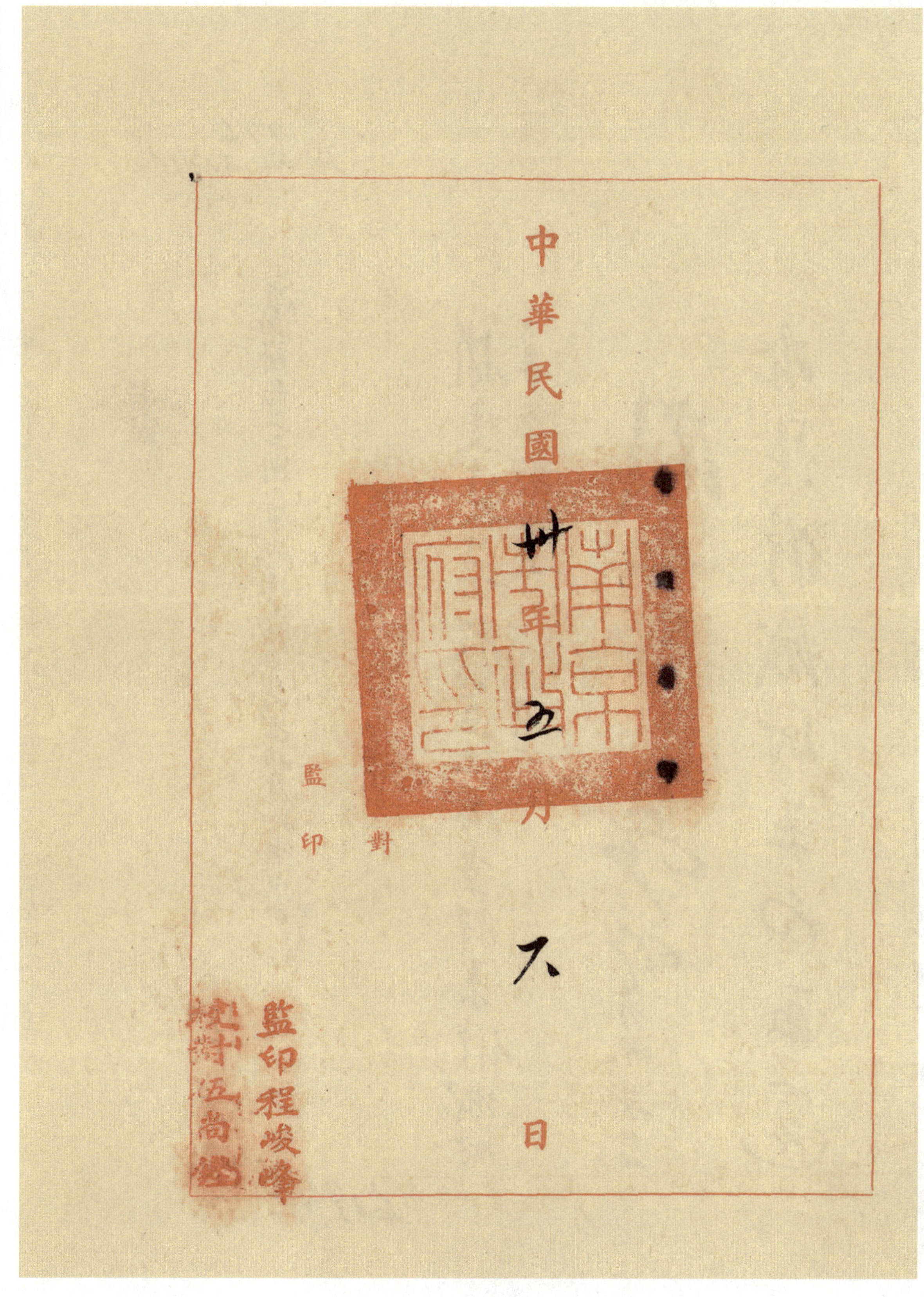

工務

工務局收文第776號 中華民國30年5月22日10

交第二科

事由	擬辦	備考
准函請飭止二團一營搬運城磚一案，据杭特務查照由	據交建築股登記存查，將來修城時再函取還 五、廿二、 閱 英世 五月廿二日	此係修城時再向取還

字第　號

卅年五月廿一日四時到

收文　字第6194號

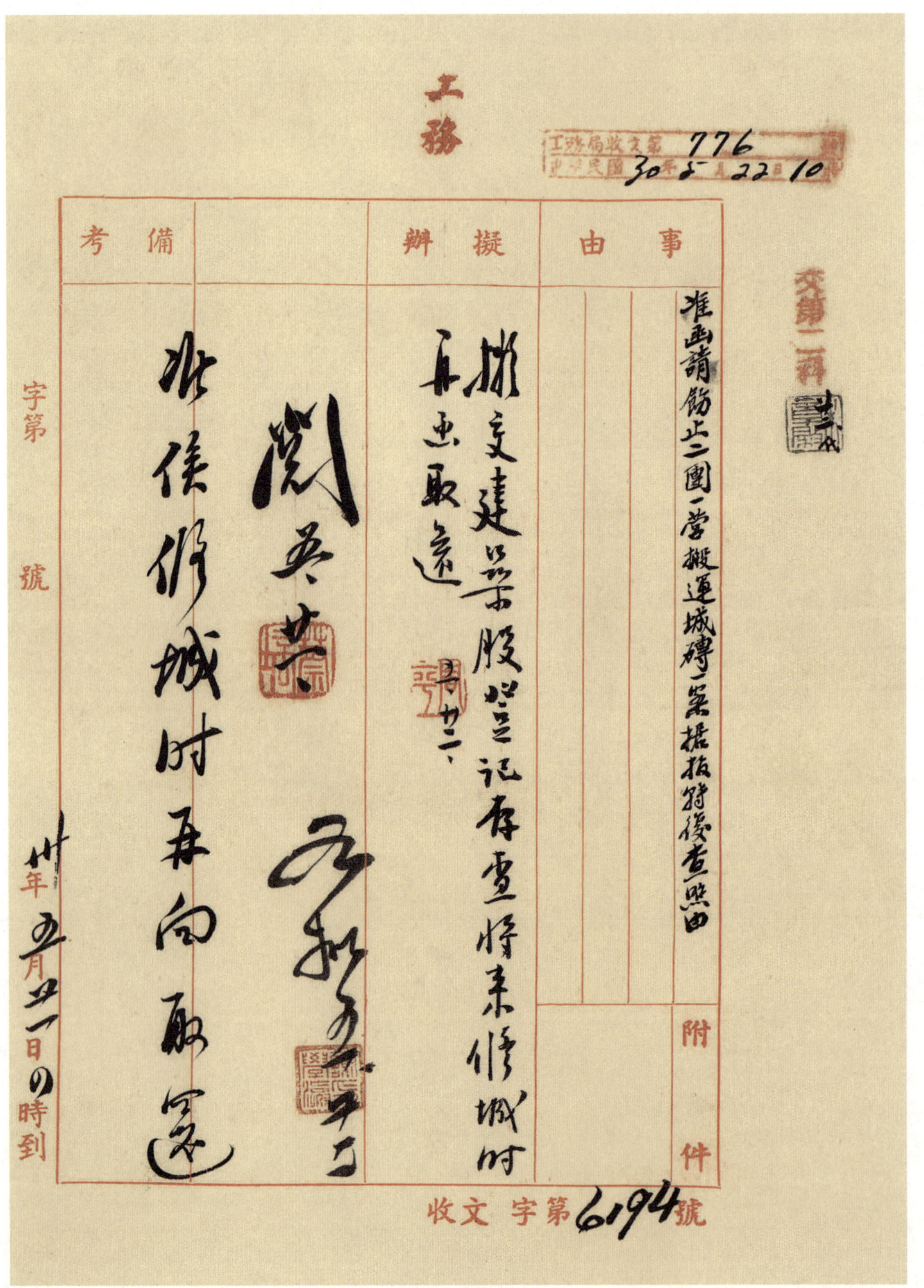

警衛司令部公函

副字第拾號

案准

貴府工字第四二八〇號公函略開：

「准政治警察署函「請修建本市西南隅塌毀城墻」等由；經飭據工務局勘報「該處城磚多為警衛旅第二團第一營搬用，請設法阻止」等情；請查照轉飭該營勿再搬運，並將已運部分退還原處，以便修復」

等由；准此，當經派員勘驗制止，嗣據該營復稱：

「職營移駐花露岡前庇寒所原址時，因該屋地板破損無存，地面凹陷，不堪駐用，經報請招工勘脩，僉以脩復此項地板殊為耗時誤事，旋查坿近城關堆棄前被砲火擊毀之城磚廢置滿地，附近居民，難免搬動，職為利用廢物，節省公帑計，暫將上項廢磚，搬用千餘塊，權作舖地角，自四月二十三日完工後，實無續搬情事，惟此項城磚，一經挖出，送還即須並將地板修復，為此擬懇轉請市府予以通融，在城闕未興修以前，暫為借用，一俟興工，即當退還，等情，附呈到師，查該營既未繼續搬運，其已運部分，若俟動工修城時退還，似尚可行，應請暫予通融，准照前由，相應函達，即希查照示復，為荷，此致

南京特別市政府

師長 鄧大年

中華民國三十五年五月二十一日

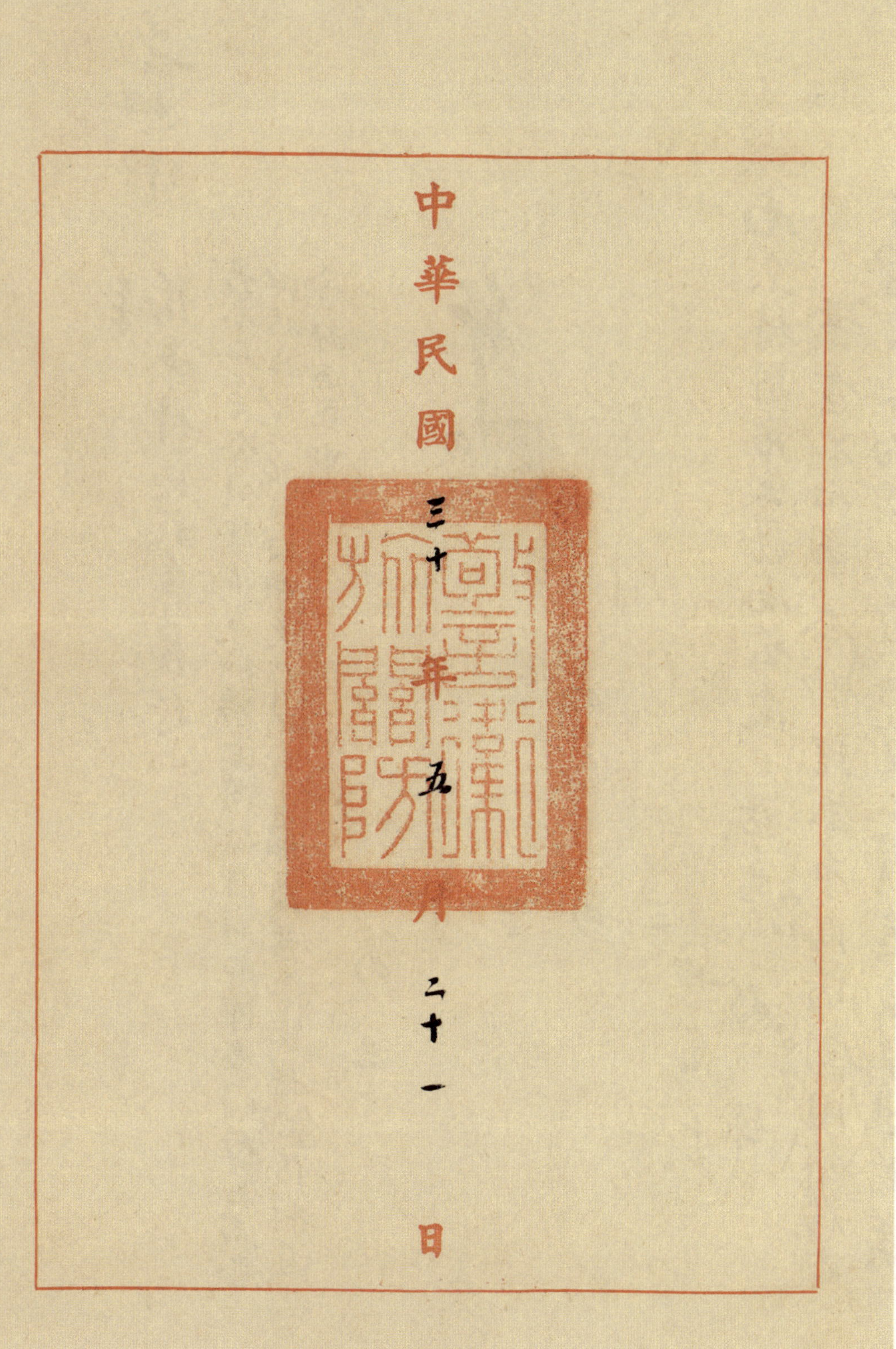

關于拆卸漢西門和光華門内套城城磚修理城墻的一組文件（注：套城現指甕城，下同）

（一）僞南京特別市工務局爲請轉知日方南京防衛司令部拆卸漢西門内套城廢址磚料致日方首席聯絡官的公函

（一九四三年四月三日）

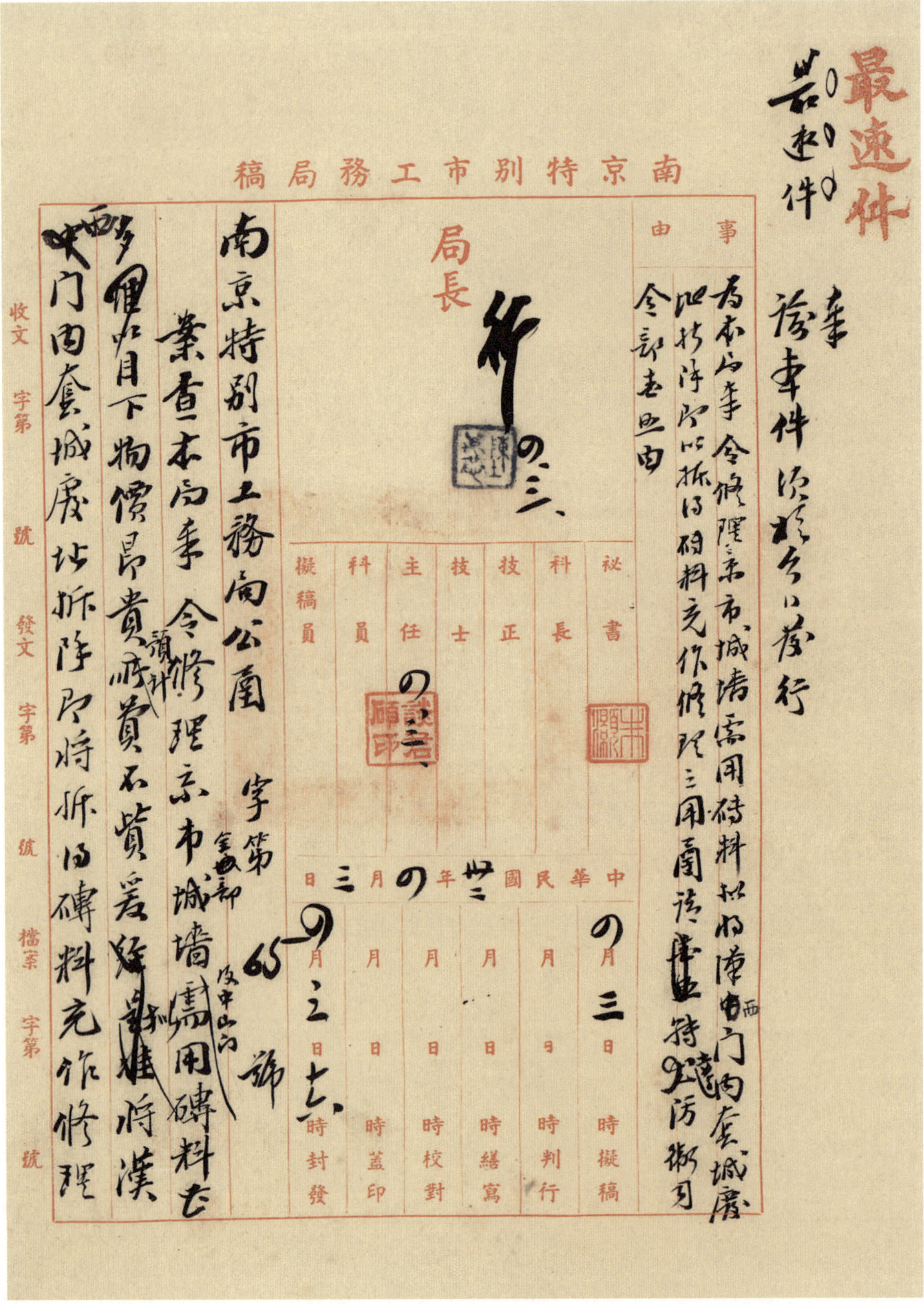
最速件

最速件

南京特別市工務局稿

事由：爲本局奉令修理京市城墻需用磚料擬將漢中西門内套城廢址拆除以所拆得磚料充作修理之用函請轉知防衛司令部查照由

局長

南京特別市工務局公函　字第65號

案查本局奉　令修理京市城墻需用磚料甚多，惟目下物價昂貴，所費不貲，爰擬將漢中西門内套城廢址拆除，即將拆得磚料充作修理

中華民國卅二年四月三日

用廢城墻材料茲以開工在即相應函請

查照即行轉知南京防衛司令部查照至紉公誼

此致

首席聯絡官富永殿

局長陳○○

校對　汪恩澍

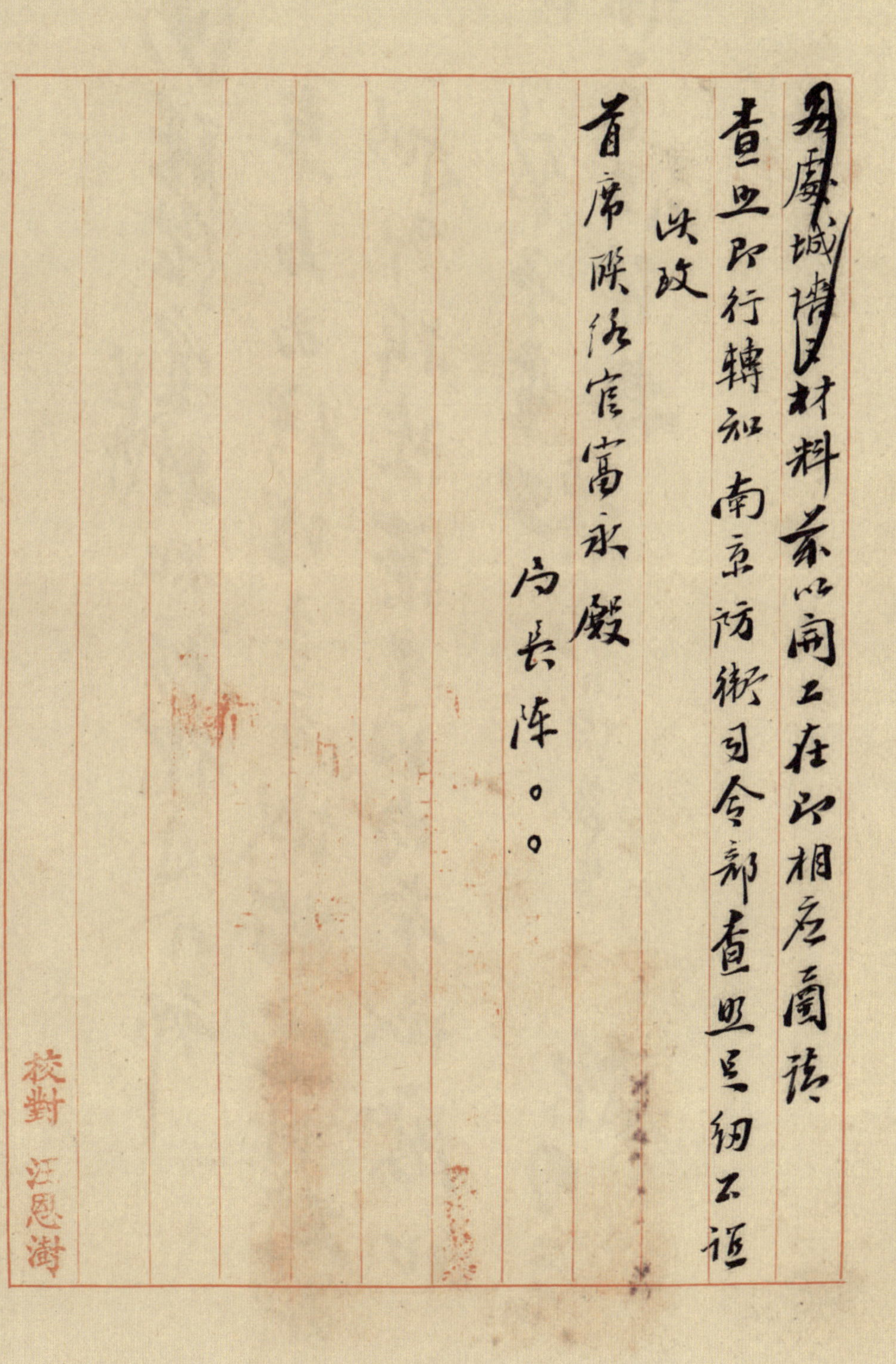

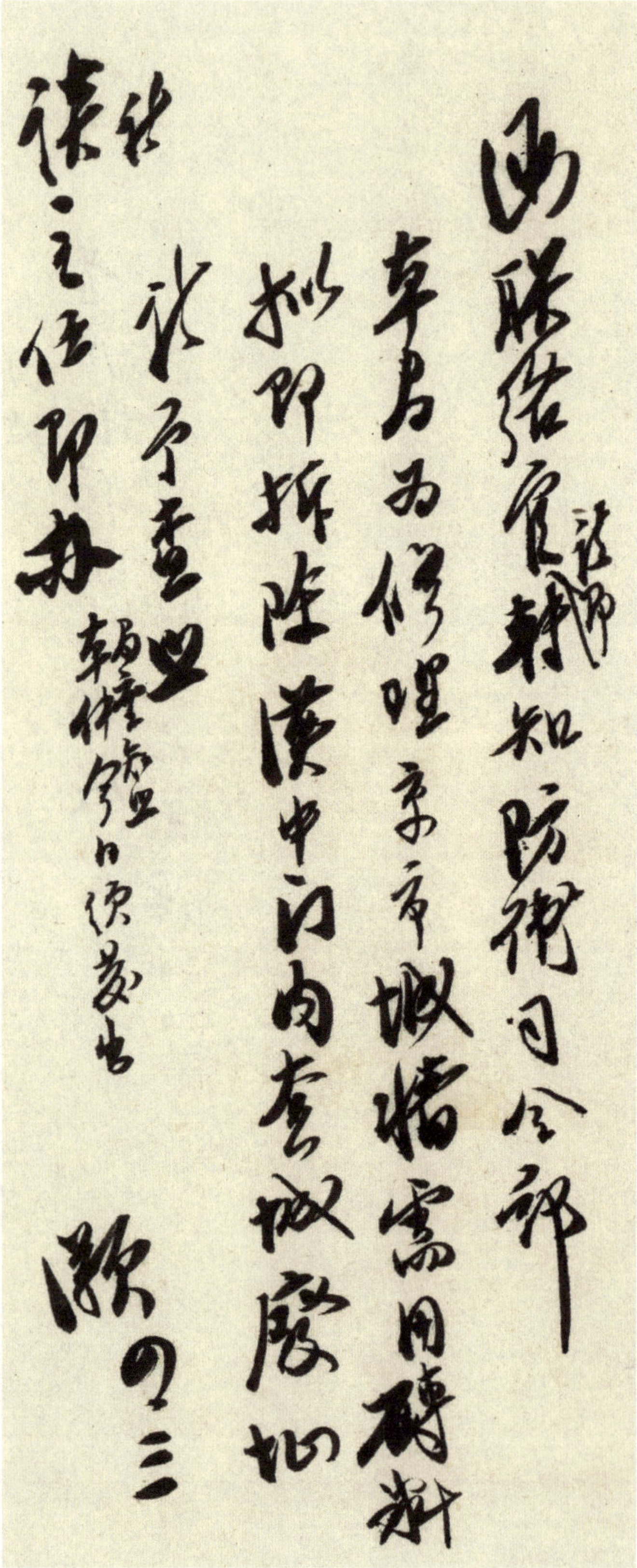
函聯絡官請即轉知防衛司令部
章君為修理京市城牆需用磚料
擬即拆除漢中門內舊城廢址
請予查照
[illegible]
秘
張主任即辦

（二）僞南京特別市政府爲用漢西門內套城廢址拆卸下城磚修理京市城墻致僞首都憲兵司令部、僞首都警備司令部、僞首都警察總監署的公函（一九四三年四月六日）

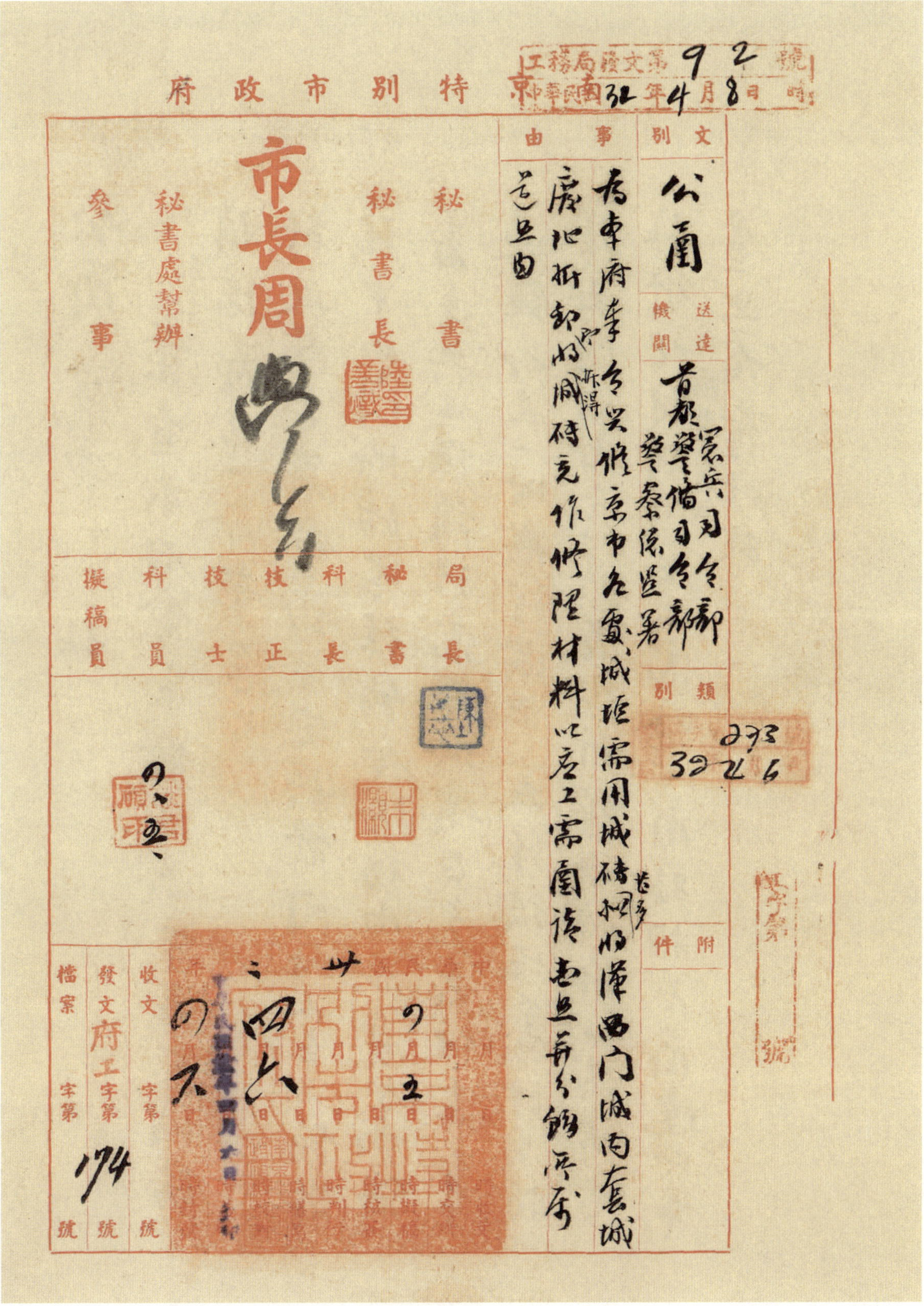

南京特別市政府

工務局發文第 92 號　32年4月8日

文別：公函

送達機關：首都憲兵司令部、首都警備司令部、首都警察總監署

事由：爲本府本年修理京市各處城垣需用城磚，擬將漢西門城內套城廢址拆卸所得城磚充作修理材料，以應工需，函請查照並希分飭所屬知照由

市長　周
秘書長
秘書
秘書處幫辦
參事

局長　秘書　科長　技正　技士　科員　擬稿員

收文　字第　號
發文　府工字第174號
檔案　字第　號

公函 字第 號

案查本府會呈修理京市各處城墻損壞部份一案業奉
行政院令准會議決定興修同時又奉 飭修理中山門城墻並經飭令工務局派員籌備着手興工惟須計需用城磚甚多不但需費過鉅抑且一時無從購買並經設法籌計決將漢西門城內套城廢圮拆卸即將拆下城磚充作修理材料以應工需除分函外相應函達即希
查照並飭屬遵照為荷此致

首都憲兵司令部
警備司令部
警察總監署

市長周〇〇

中華民國卅二年四月　日

校對

監印

監印楊宣仁

校對高祖培

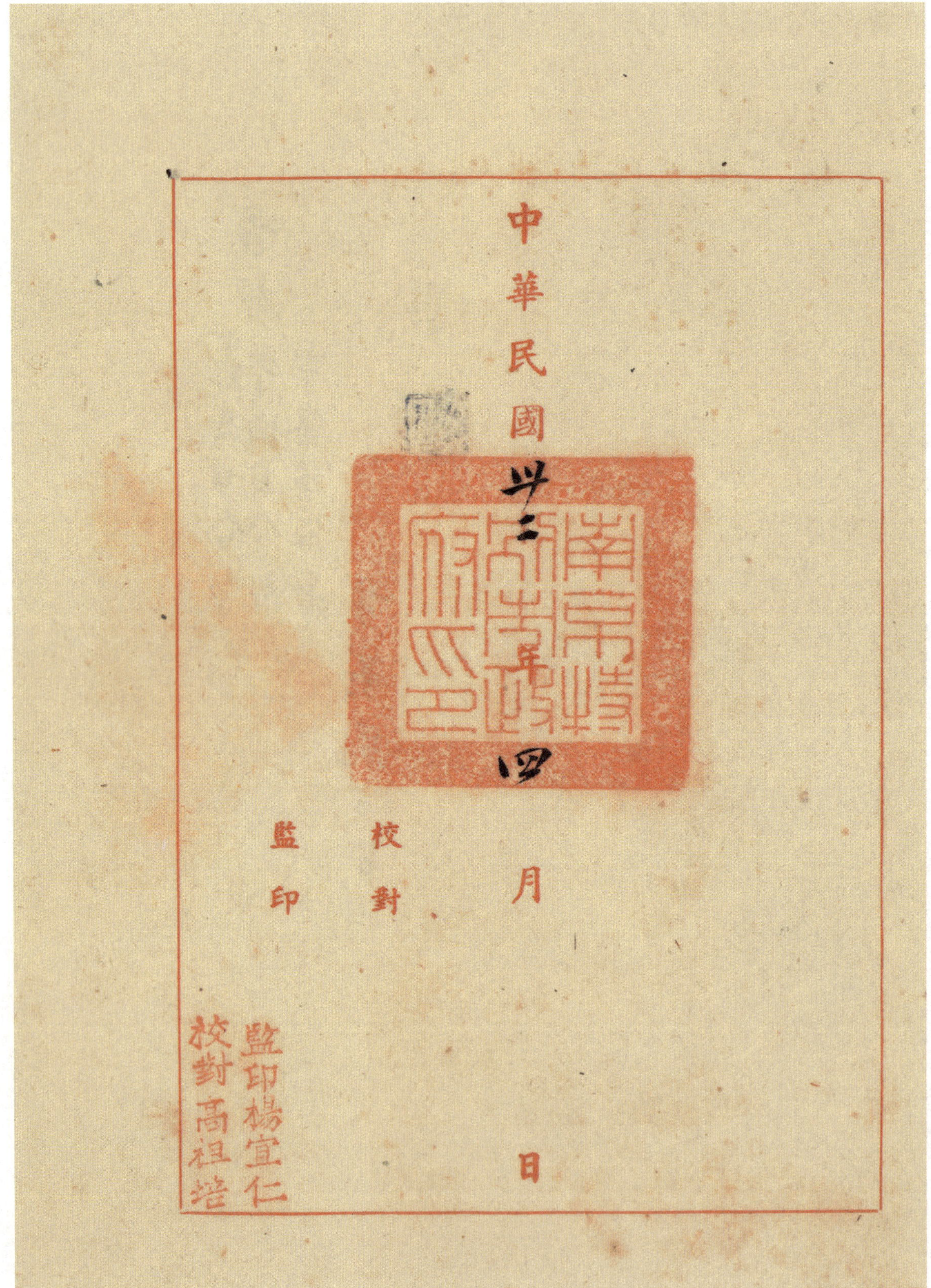

（三）僞南京特别市工務局爲拆卸漢西門套城城磚應用致僞經理總監署被服總廠的公函（一九四三年四月十日）

為本府局修理各城牆需用廢城門漢西門套城之磚
通知
經理總監署被服總廠查照
圖請貴廠有該廠管轄之第一工場油
衣場取內
經已商明油衣場管理人范君來

南京特別市政府工務局

文別	事由
公函	為拆卸漢西門甕城收集舊城磚應用函請查照由
送達機關	
被服廠	
類別	
附件	

局長 判 四、六

祕書	科長	技正	技士	科員	擬稿員

收文字第號	發文二字第130號	檔案字第號

中華民國 年 四 月 十 日

時收文	時交辦	時擬稿	時核稿	時判行	時繕寫	時校對	時蓋印	時封發
月 日	月 日	月 日	月 日	月 日	月 日	月 日	月 日	月 日

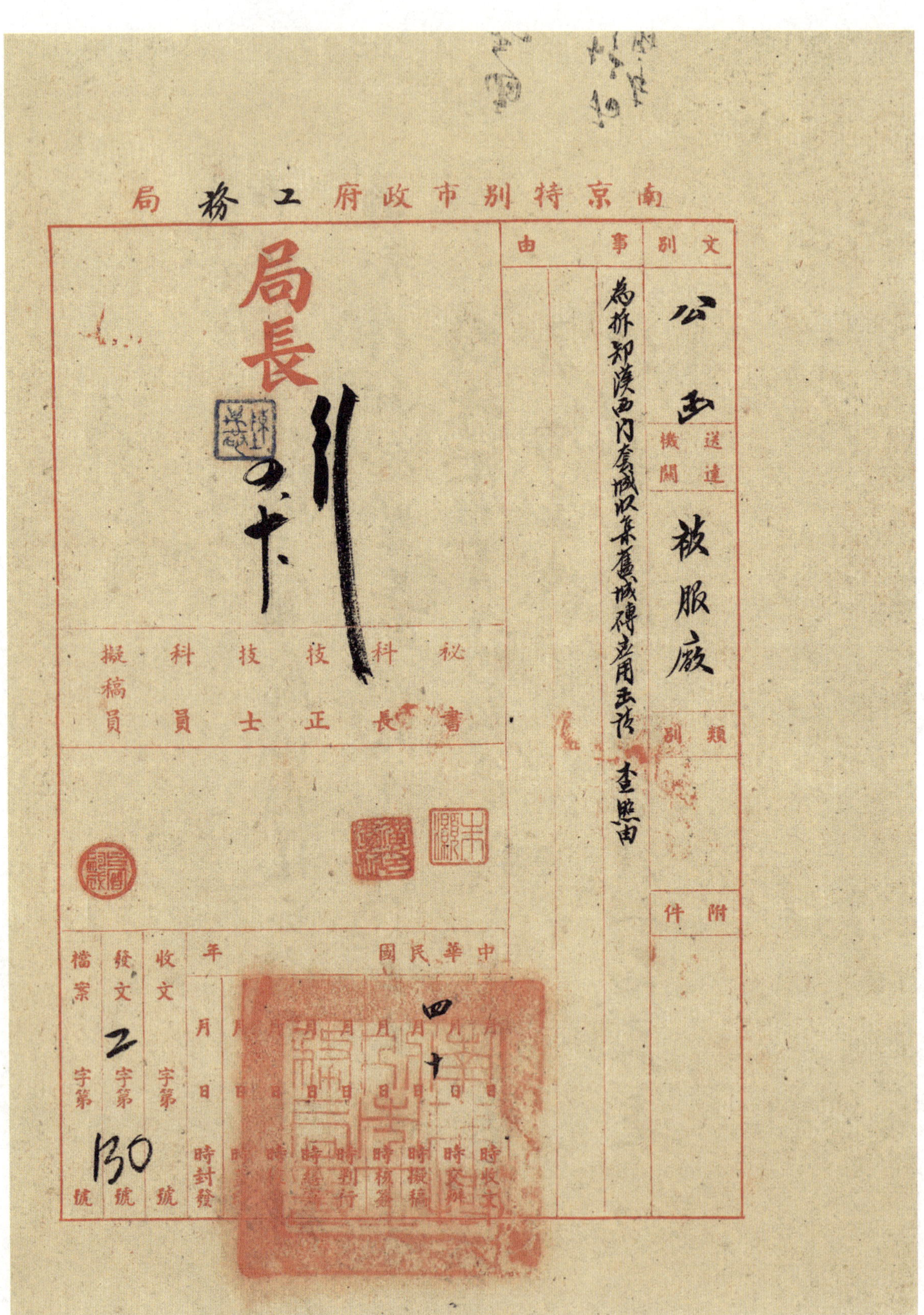

函
銜 公 函 字第 號
查本局現在修理各處城墻因城磚材料缺乏不易購置經呈奉 市府
核准將漢西門套城拆卸收集舊城磚應用以供需要因
貴廠管轄之第一工場沙石場設立在彼將來有所誤會除已派員與油衣場管理人范君商洽以
外相應函達
查照飭知為荷
此致
被服廠
銜 名

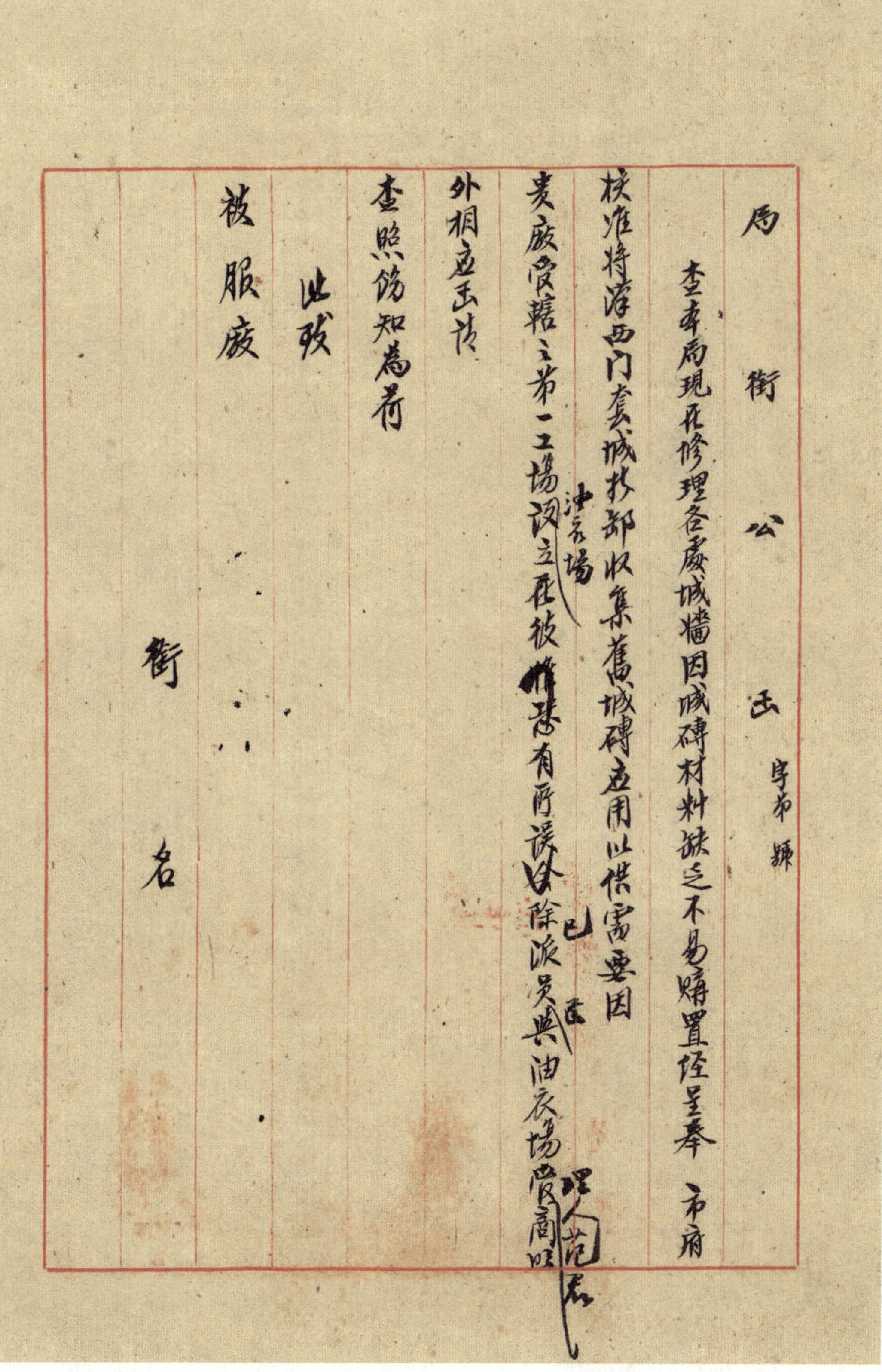

（四）偽南京特別市政府為修理京市城垣暨中山門需用城磚擬拆卸漢西門、光華門等處內套城致偽行政院的呈文（一九四三年四月十二日）

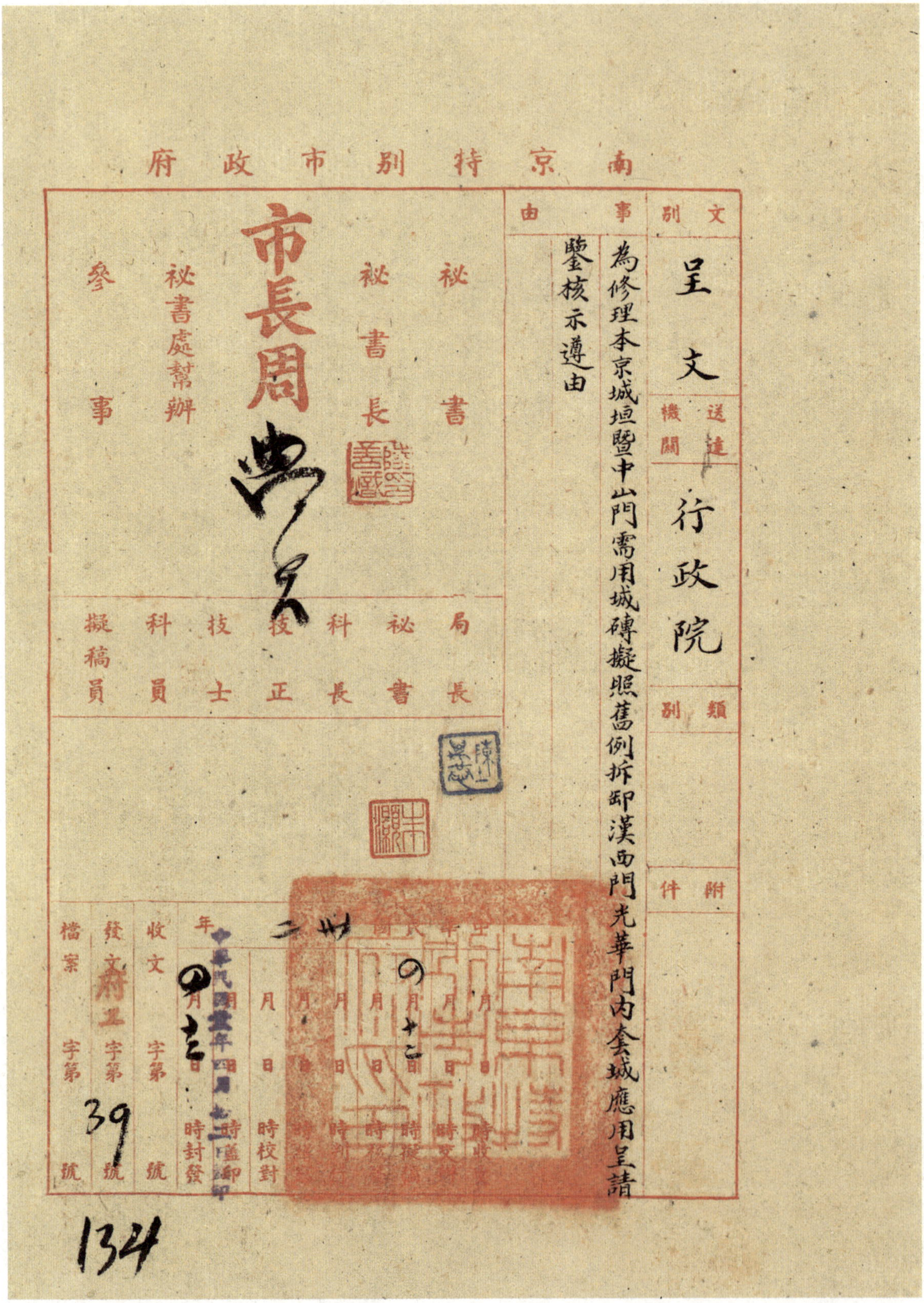

南京特別市政府

文別：呈文

送達機關：行政院

類別

附件

事由：為修理本京城垣暨中山門需用城磚擬照舊例拆卸漢西門光華門內套城應用呈請鑒核示遵由

市長周

秘書　秘書長　秘書處幫辦　參事

局長　秘書　科長　技正　技士　科員　擬稿員

檔案　字第　號

發文　府工字第39號

收文　字第　號

中華民國卅二年四月十二日

134

敬查本府前奉

准修理本京城垣暨中山門一帶，現以該工程急待

興工，需用城磚為數甚鉅，為節省經費計，擬援照

前建築挹江門、中山門、漢中門等舊例，拆卸本市

漢西門內舊城廢址以資應用。查該處舊城坐落

城內，與本市防務無關，磚再設有不敷，則擬

繼以光華門舊城拆用。但以事關拆卸舊城，市長

未便擅專，理合具文呈請

鑒核，並乞轉飭遵辦，

指令祗遵，實為公便。謹呈

行政院院長汪

南京特別市市長周□□

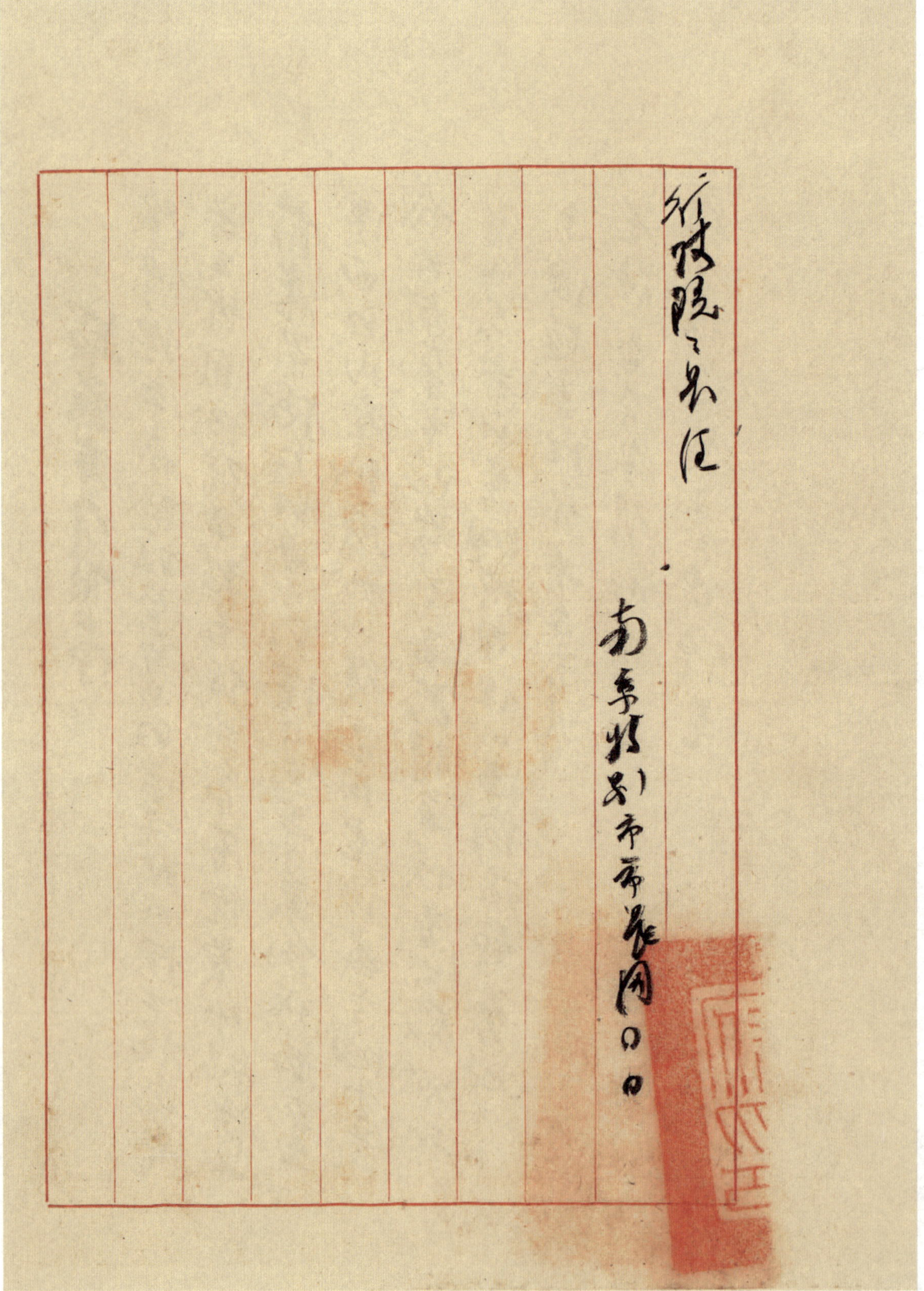

中華民國　　年　　月　　日

校對

監印

（五）僞行政院爲准予拆卸漢西門、光華門等處内套城致僞南京特别市政府的指令（一九四三年四月十四日）

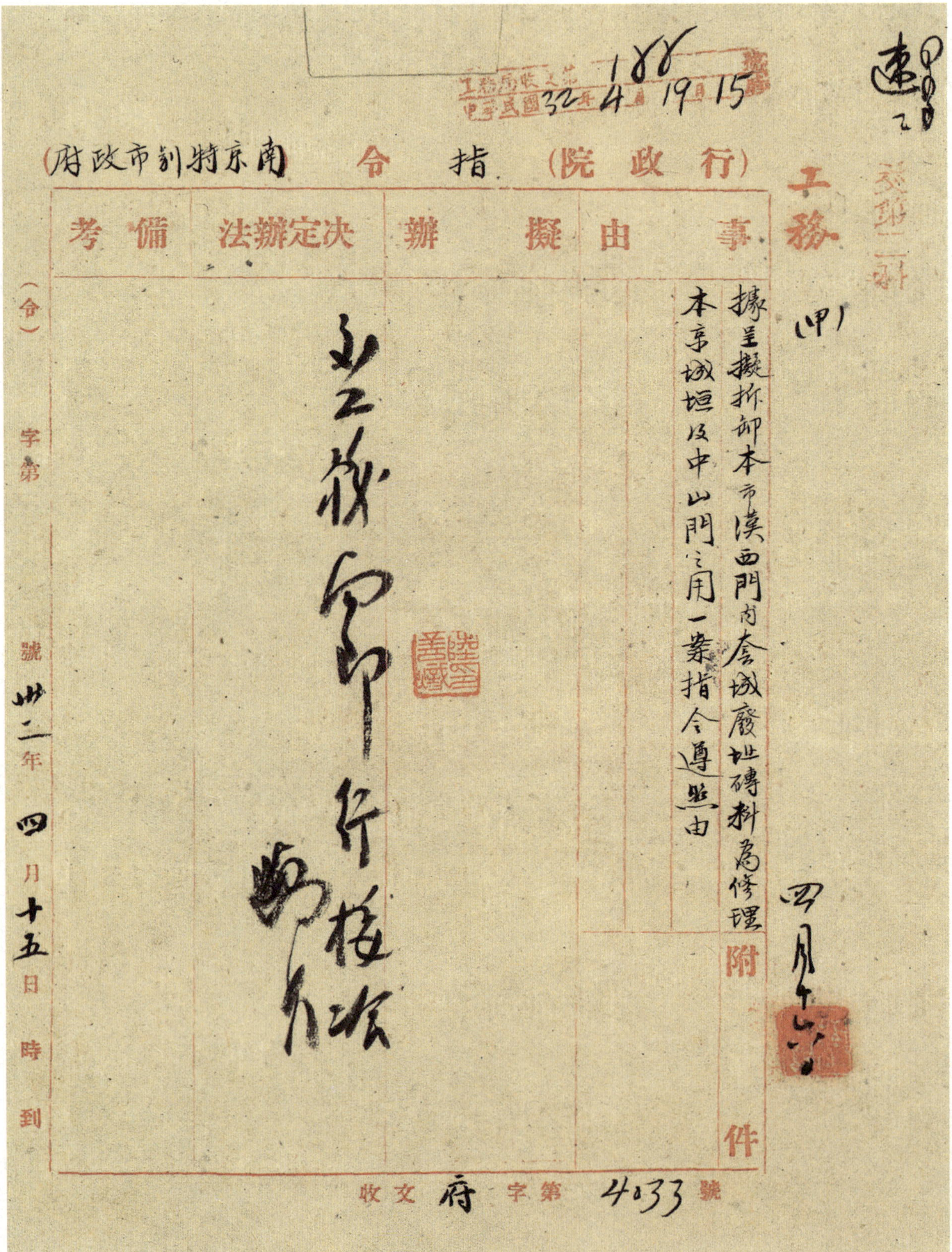

工務局收文 中華民國32年4月19日15 188

行政院指令（南京特别市政府）

工務

事由	擬辦	決定辦法	備考
據呈擬拆卸本市漢西門内套城廢址磚料爲修理本市城垣及中山門之用一案指令遵照由			

附件

（令）字第 號 卅二年四月十五日時到

府收文 字第4033號

行政院指令 政字第1147號

令南京特别市政府

三十二年四月十二日呈一件，為修理本京城垣暨中山門需用城磚，擬照舊例拆卸漢西門光華門内套城應用，呈請鑒核示遵由

呈悉。所請准予照辦，惟應將需用城磚數目，分别咨行首都警備司令部及首都警察總監署查照，並會同各該部署派員監視拆卸，以昭慎重，除分令外，仰即遵照。

此令。

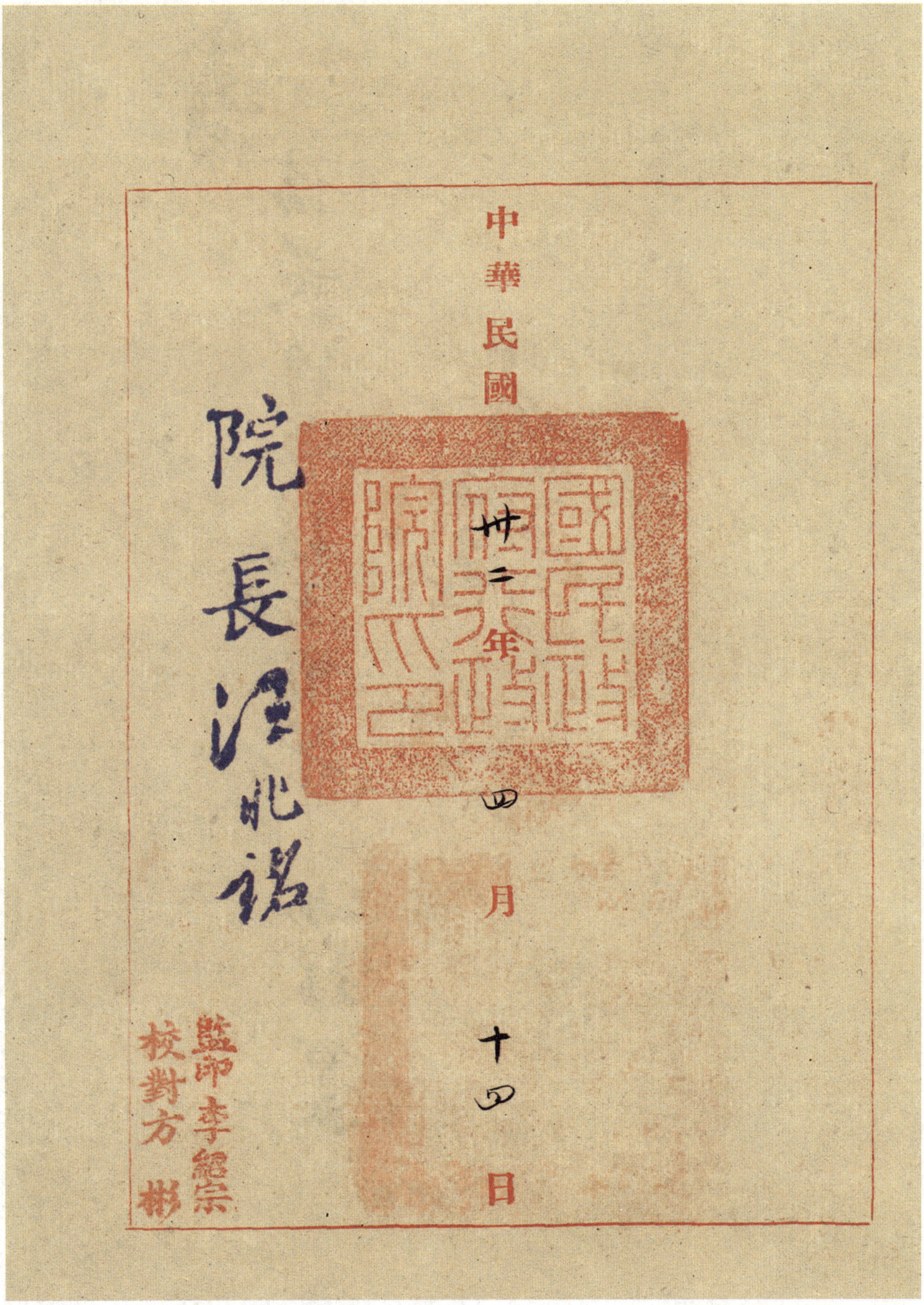
中華民國卅二年四月十四日

院長汪兆銘

監印李紹宗
校對方彬

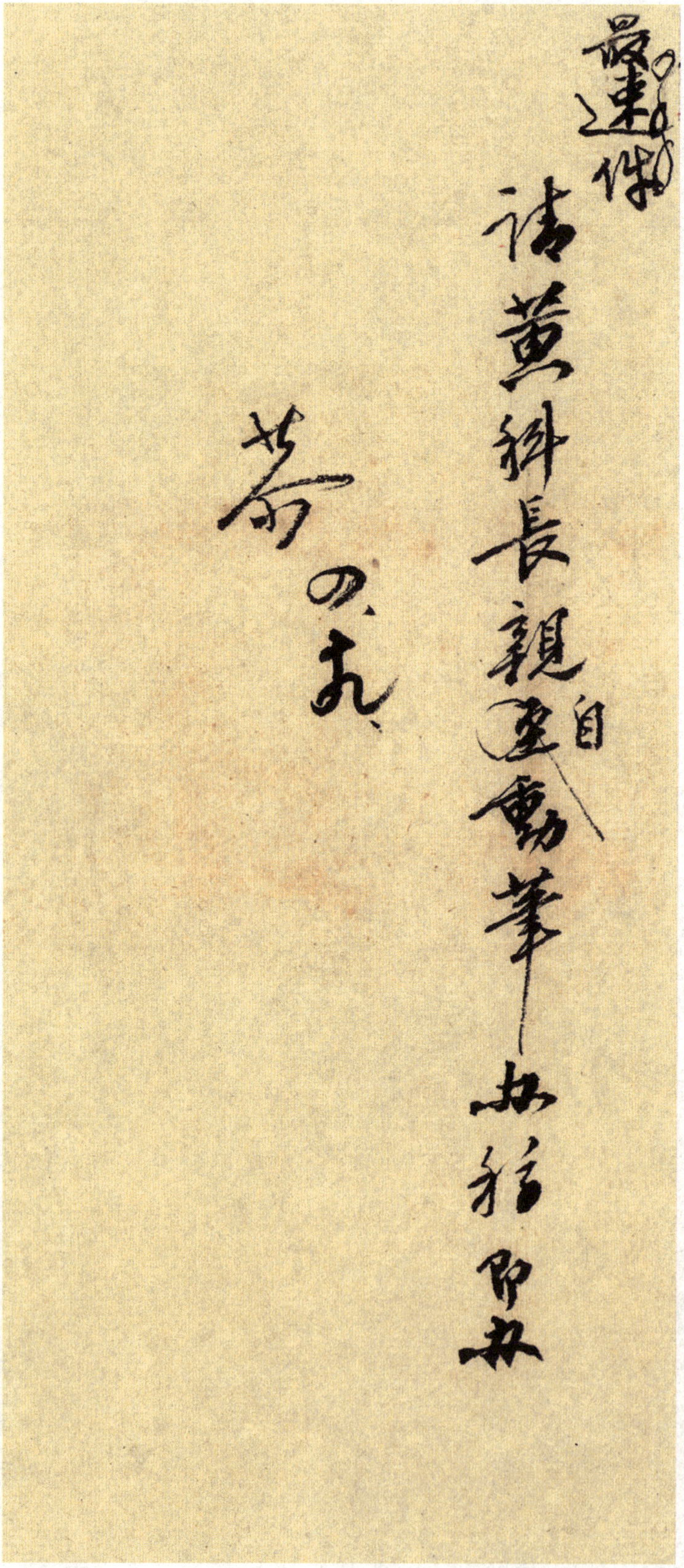

最急速件

請黃科長親自啓

勛筆

如翁

即叔

芬の丸

（六）僞南京特別市政府爲檢送需用城磚數量表并請派員會同監視拆卸致僞首都警備司令部、僞首都警察總監署的公函（附件：需用城磚數量表）（一九四三年四月二十一日）

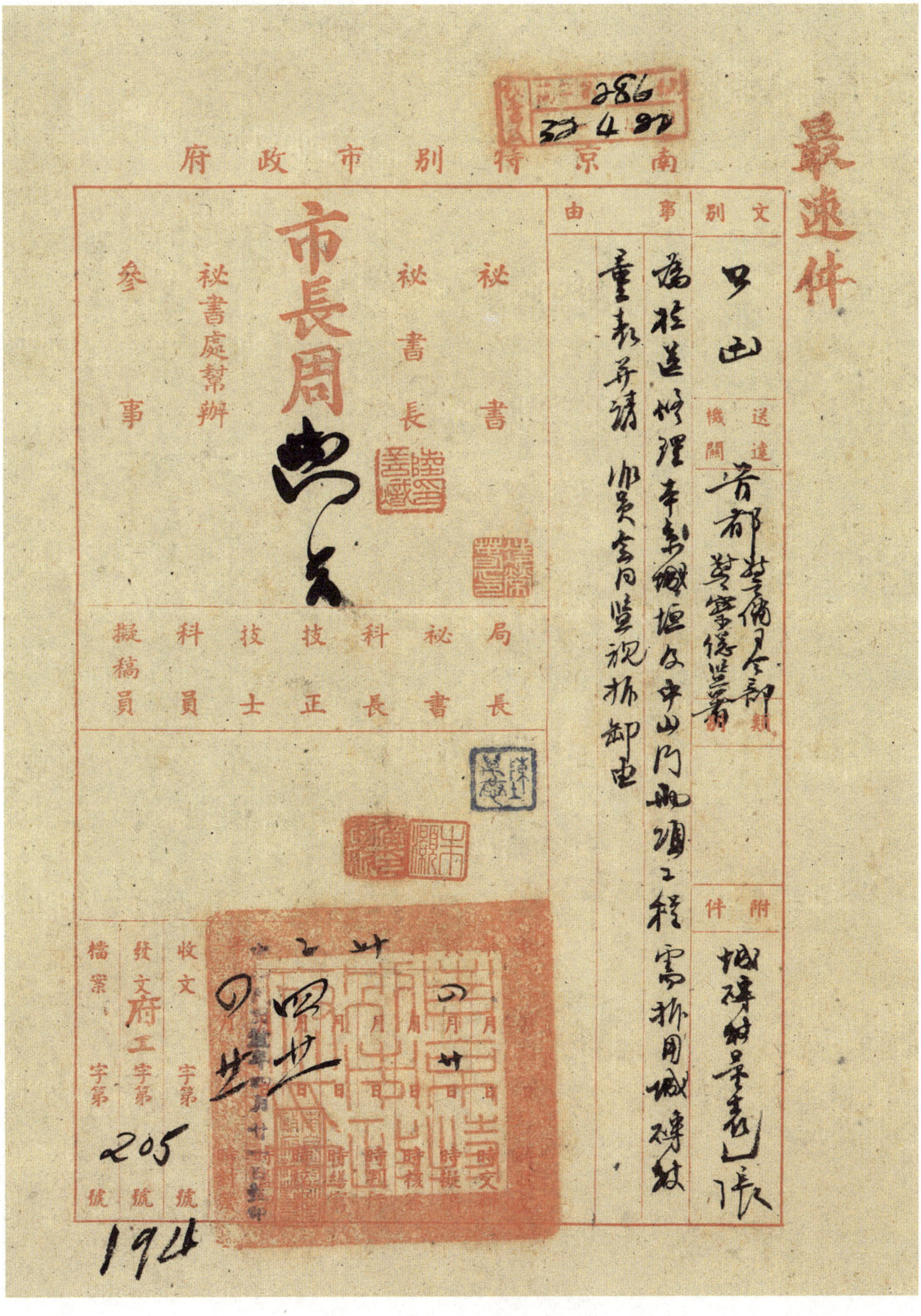
最速件

南京特別市政府

文別：公函

送達機關：首都警備司令部、首都警察總監署

事由：爲於送修理本市城垣及中山門兩項工程需拆用城磚數量表并請派員會同監視拆卸由

附件：城磚數量表一張

市長周

秘書　秘書長　秘書處幫辦　參事

局長　秘書　科長　技正　技士　科員　擬稿員

收文　字第　號

發文　府工字第205號

檔案　字第　號

公函　字第　號

案查修理本京城垣暨中山门需用城磚，擬拆
卸漢西门光華门內舊城應用，業經本府呈奉
行政院財字第一二四七號令開：「呈悉。所請准予照
辦——（下叙指令原文）——仰即知照」等因。查上開兩
項工程均屬務須修理，不容再緩，已飭工務局着
手施工，除分函首都警察總監署（首都警備司令部）查照外，茲
檢送需用城磚數量表兩張，即希
查照派員會同監視拆卸，以昭慎重為荷。此致
首都警備司令部
警察總監署

附需用城磚數量表一張

市長周〇〇

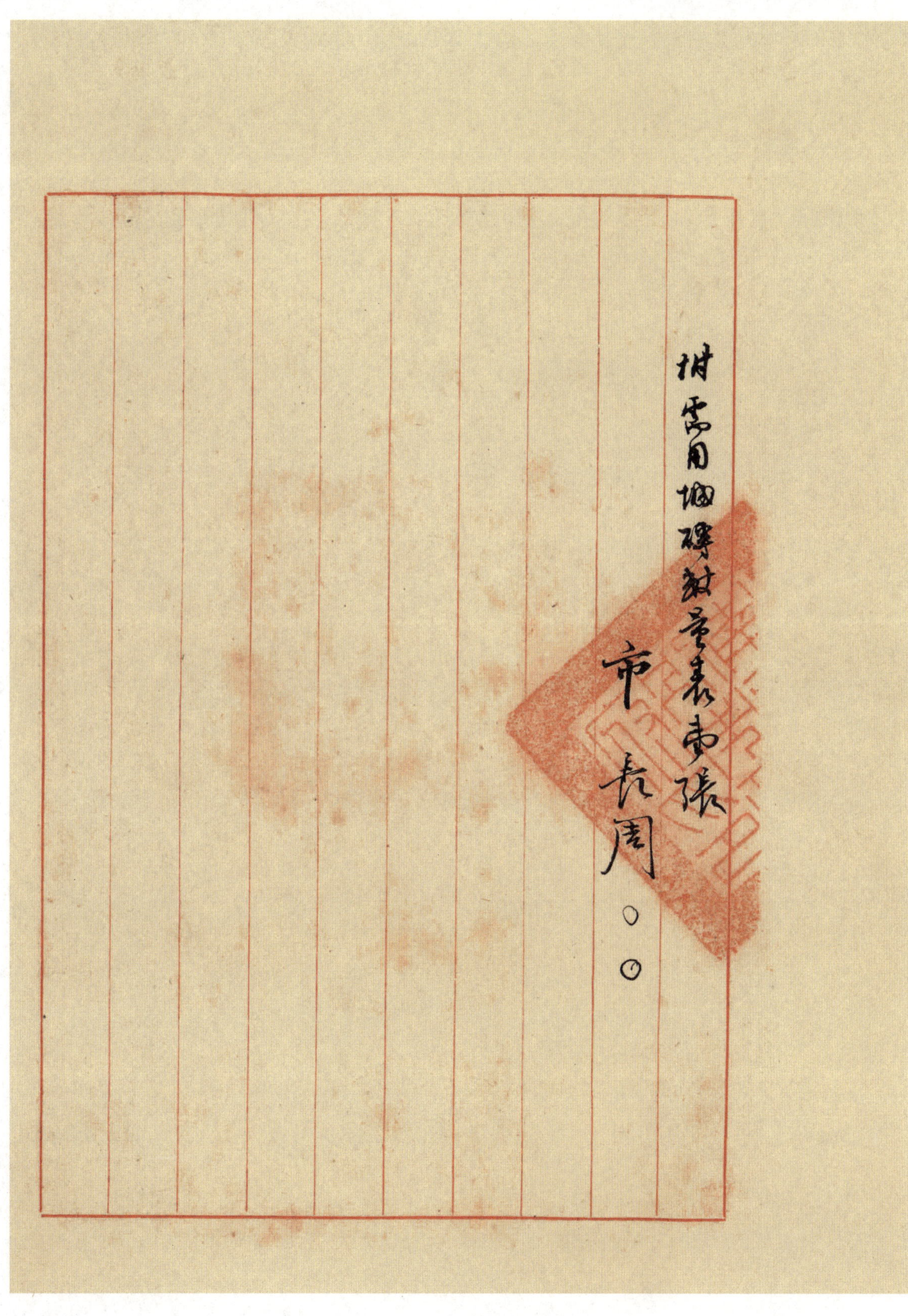

中華民國　年　月　日

校對

監印

監印楊宜仁

校對高祖培

修理本市各處損坏城垣用磚約數

1.草塲门	4500.00块		8.中山门	70000.00块
2.漢西门芦柴厰	100.00〃			
3.清涼门	30.00〃			
4.中華门	6250.00			
5.賽〃橋東	4700.00			
6〃西	1650.00			
7.光華门	7500.00			

（七）僞南京市工務局爲請轉飭油衣廠拆除漢西門套城内車棚以便拆理舊城磚致僞經理總監署被服廠的公函
（一九四三年五月十二日）

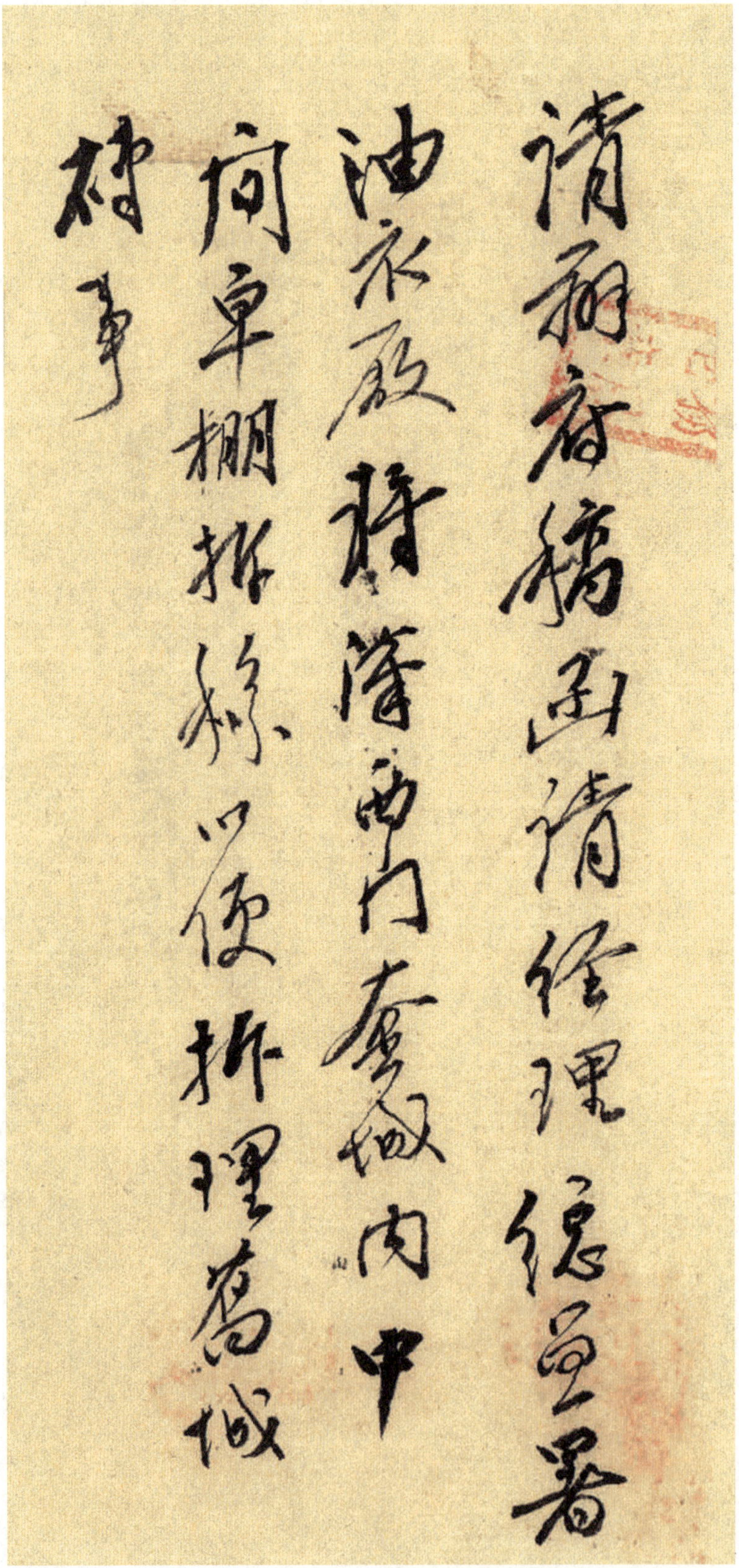

請鈞府轉函請經理總監署油衣廠將漢西門套城內中向車棚拆除以便拆理舊城磚事

工務局發文第336號
中華民國32年5月15日

由 為請轉飭油衣廠草棚隙地遷移以便繼續拆運城磚並請查照由

函稿 公函　字第　　號

案查本局奉　令前修本京各處損壞城墻因需用城磚利用漢西門套城舊磚拆下應用前經函
達在案
貴廠轉飭第二工廠油衣廠查照在案茲仍拆至油衣廠草棚處擬請飭知該廠於套城其他隙地就近遷移以便繼續拆運用特再函煩請
查照協助為紉公誼
此致
經理總監署被服廠

五、十二
2、十七

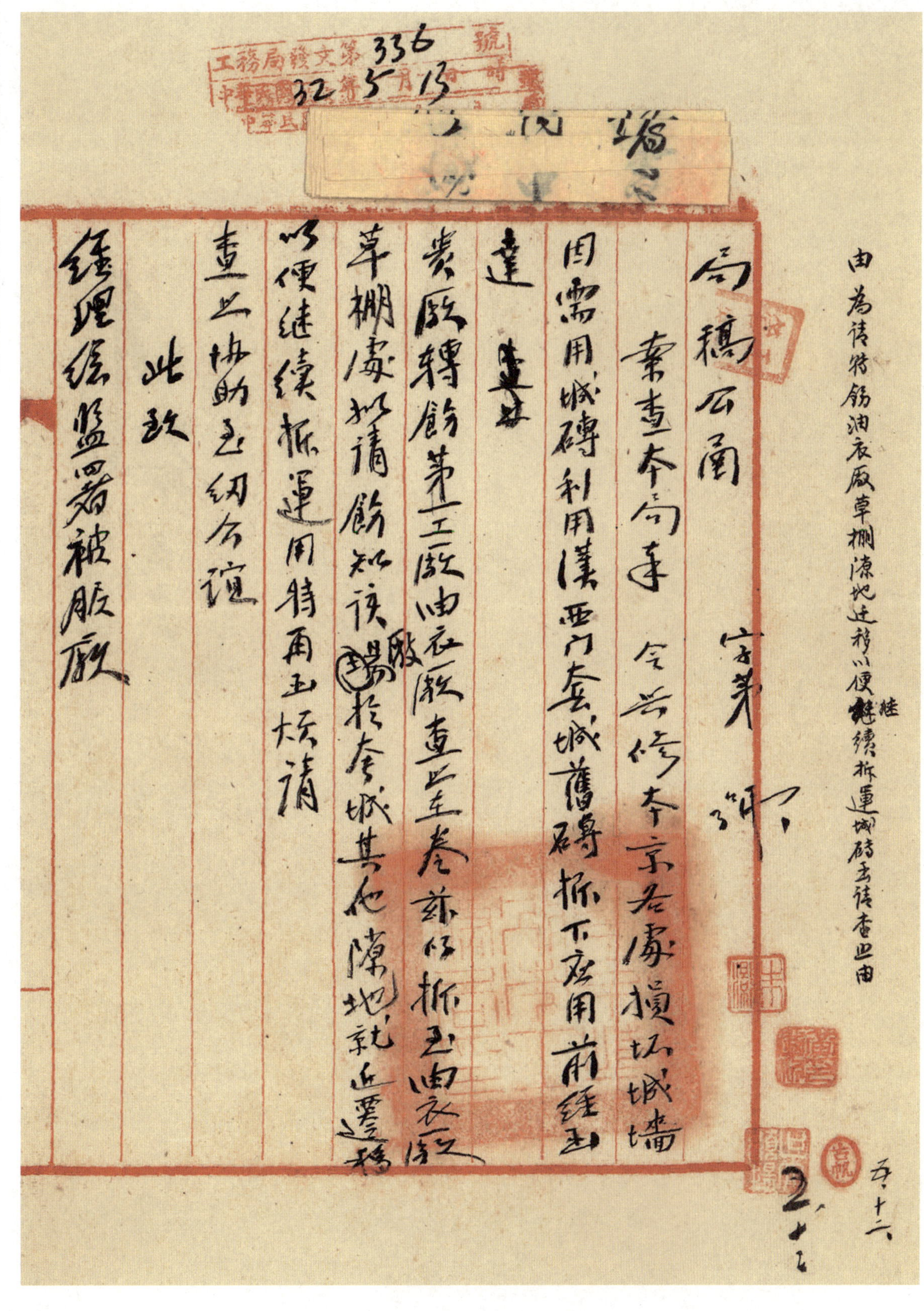

行

荅 五、十六

校對 [illegible]恩澍

僞南京特別市政府、僞市工務局關于拆運城磚修理洪武路破布營下水道的一組文件

（一）僞南京特別市工務局爲送拆運城磚修理洪武路破布營下水道承攬書和工款支出計算書致僞市政府的呈文（附件：承攬書、工款支出計算書及附屬表）（一九四四年六月二十一日）

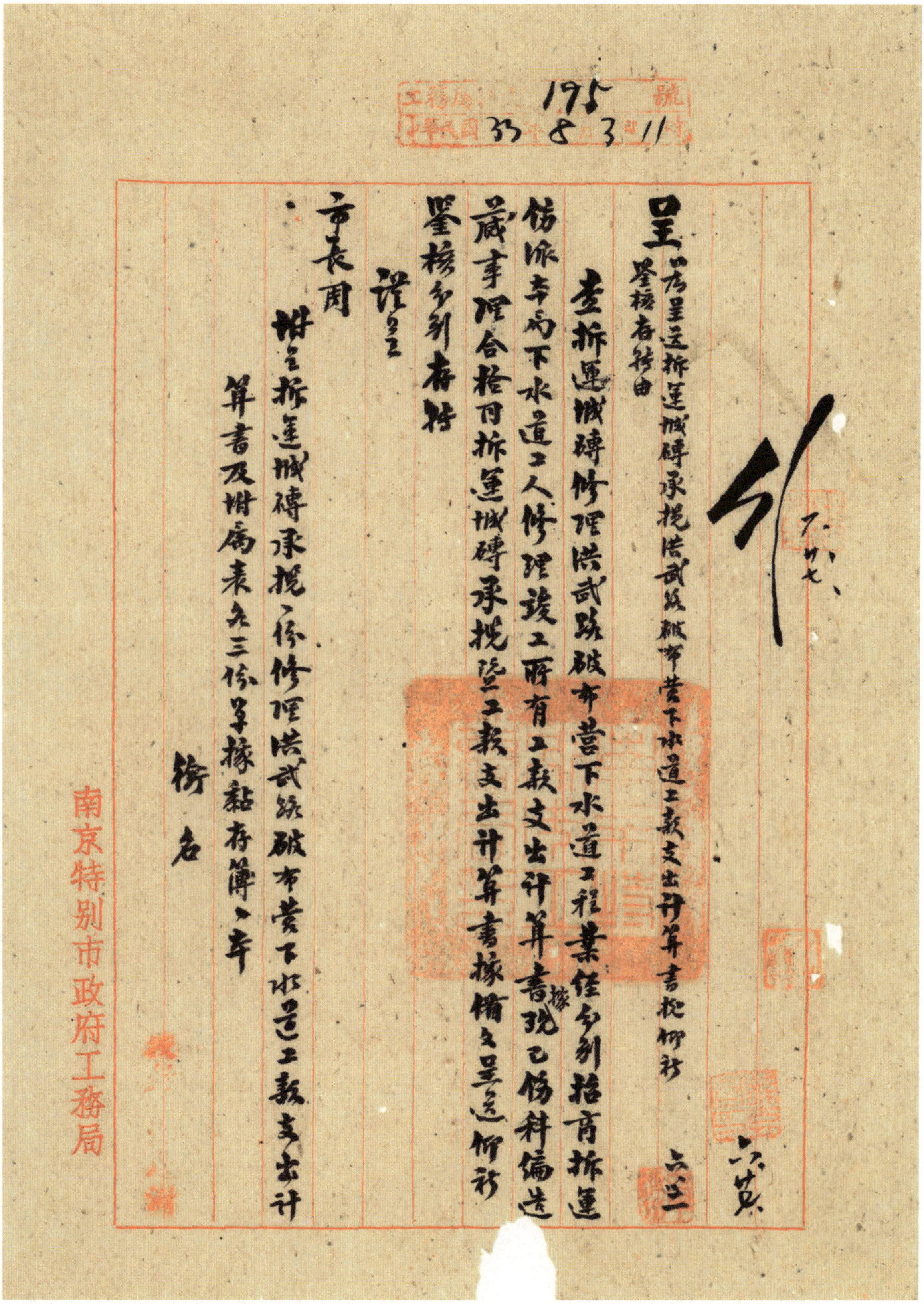

工務局 195 號

中華民國 33 8 3 11

呈一件 爲呈送拆運城磚承攬洪武路破布營下水道工款支出計算書祈仰祈鑒核存轉由

查拆運城磚修理洪武路破布營下水道工程業經分別招商拆運，仿派本局下水道工人修理竣工，所有工款支出計算書據已飭科編造蕆事，理合檢同拆運城磚承攬暨工款支出計算書據備文呈送，仰祈

鑒核分別存轉。

謹呈

市長周

附呈拆運城磚承攬一份、修理洪武路破布營下水道工款支出計算書及附屬表共三份、單據黏存簿一本

銜名

南京特別市政府工務局

立承攬人基昌建築公司今攬到
南京特別市政府工務局修理洪武路破布營需用城磚材料運輸工
程一宗謹將材料數量單價開列于後：
一、拆除復成橋舊墻城基城磚運到洪武路工地每塊城磚五元五
角（半截磚以兩塊作一塊計）包括拆工運力在內數量以陸千叁
百捌拾塊為限計共該價三萬五千零玖拾元整
二、拆除清涼門舊城磚運往洪武路破布營工地每塊五元五角
（半截磚以兩塊作一塊計）包括拆工運力在內數量以陸千叁
百捌拾塊為限計共該價叁萬伍千零玖拾元整
三、以上兩項共計柒萬零壹百捌拾元整分三期付款立承攬
將先付四成半數運到工地後再付四成全部運畢將全款
付清
四、本工程限拾晴天將材料完全運到工地逾期一天罰洋肆百
元

南京特別市政府工務局

五、本工程拆運時由工務局給予證明書并派員隨時查驗運輸完畢須將證明書繳還

六、本工程如有中途停頓或逾期不完或利用證明書多拆多運以及其他不法情事概由保證人負賠償責任

基昌建築公司

承攬人負責人 陳昌言

住址 本市上江考棚十八號

保證人店主

店號 永和祥五金玻璃號

住址 國府路九號

對保人

中華民國卅三年四月 日訂立

南京特別市政府工務局

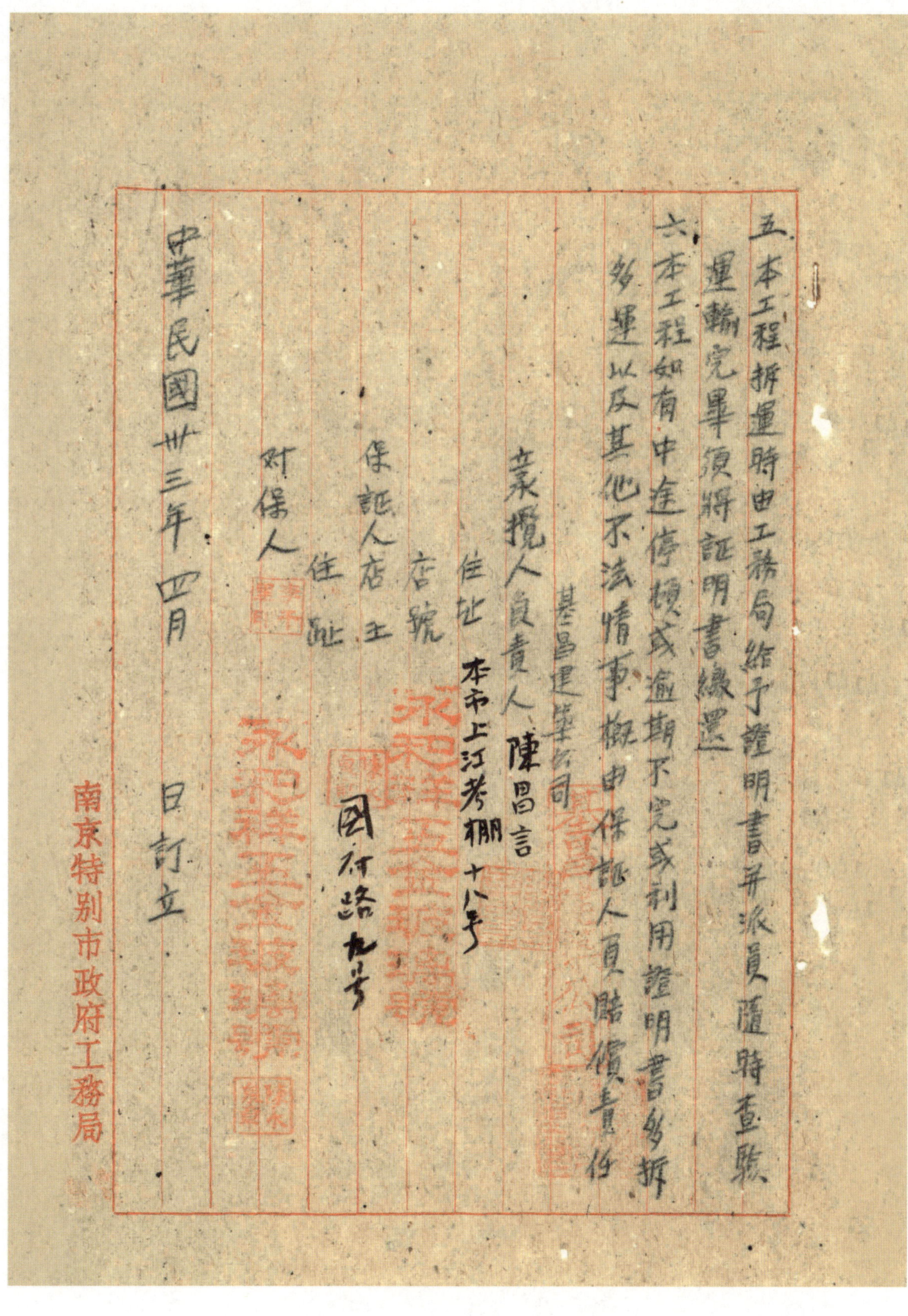

南京特别市工务局洪武路破布营下水道工款支出计算书

中华民国三十三年

南京特別市工務局

收支對照表

中華民國33年5月份

收項 百	十	萬	千	百	十	元	角	分	科目	付項 百	十	萬	千	百	十	元	角	分
		8	0	0	0	0	0	0	收入之部 洪武路 破布營 下水道工欵									
									支出之部									
									工程費			7	0	1	8	0	0	0
									奬勵金				9	7	0	0	0	0
									結存					1	2	0	0	0
		8	0	0	0	0	0	0	合計			8	0	0	0	0	0	0

局長　科長　會計主任　出納員　製表員

南京特別市工務局洪武路及破布營下水道工款費五月份支出計算書

中華民國33年5月　日

科目	本月份概算數	本月份計算數	比較 增	比較 減	備攷
第一款 洪武路破布營下水道工款	八〇、〇〇〇.〇〇	七九、八八〇.〇〇		一二〇.〇〇	
第一項 工事費	八〇、〇〇〇.〇〇	七九、八八〇.〇〇		一二〇.〇〇	
第一目 工程費	七〇、二〇〇.〇〇	七〇、一八〇.〇〇		二〇.〇〇	
第一節 工程費	七〇、二〇〇.〇〇	七〇、一八〇.〇〇		二〇.〇〇	
第二目 獎勵金	九、八〇〇.〇〇	九、七〇〇.〇〇		一〇〇.〇〇	
第一節 職員獎勵金	三、〇〇〇.〇〇	三、〇〇〇.〇〇			
第二節 下水道工人獎勵金	六、八〇〇.〇〇	六、七〇〇.〇〇		一〇〇.〇〇	

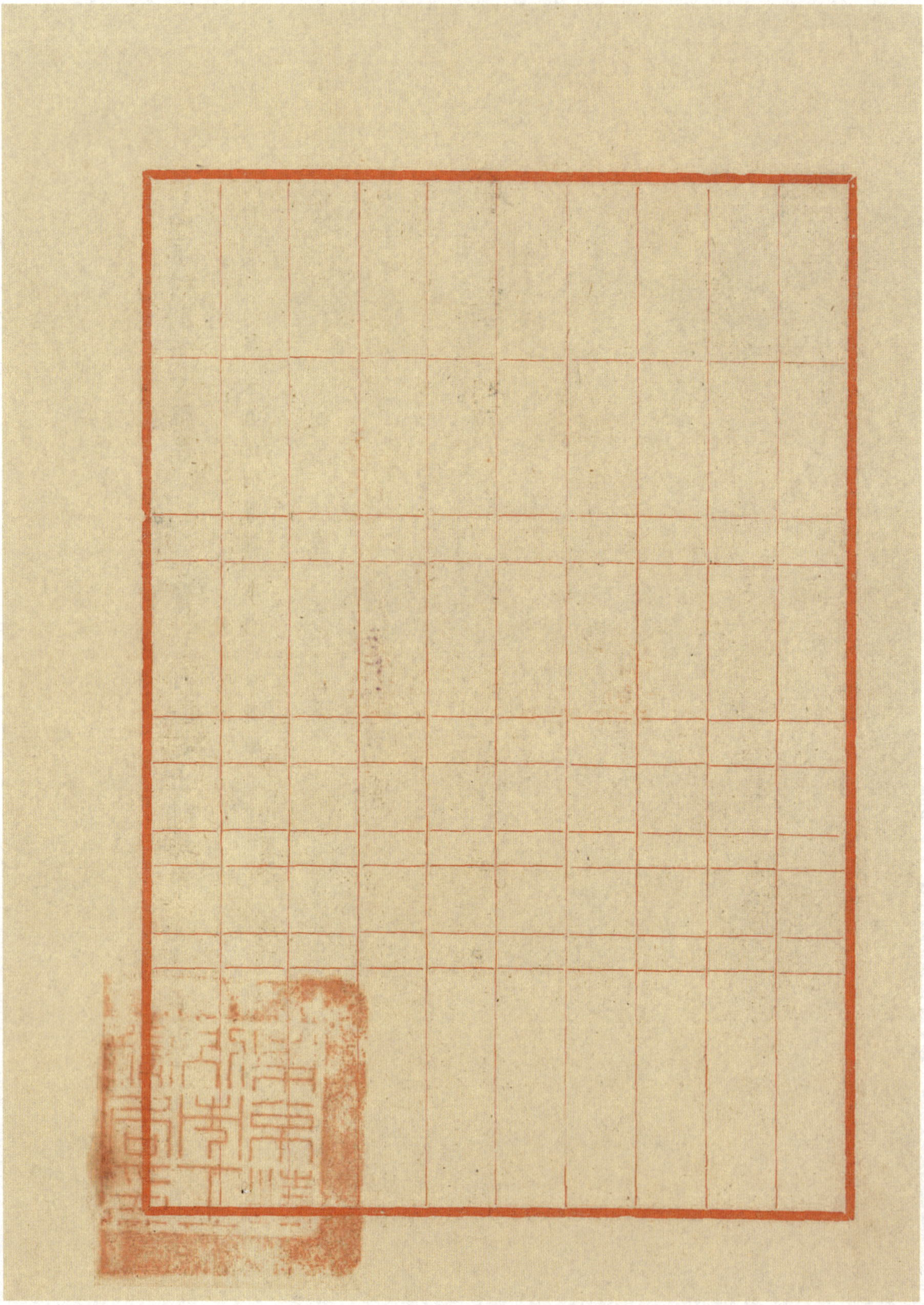

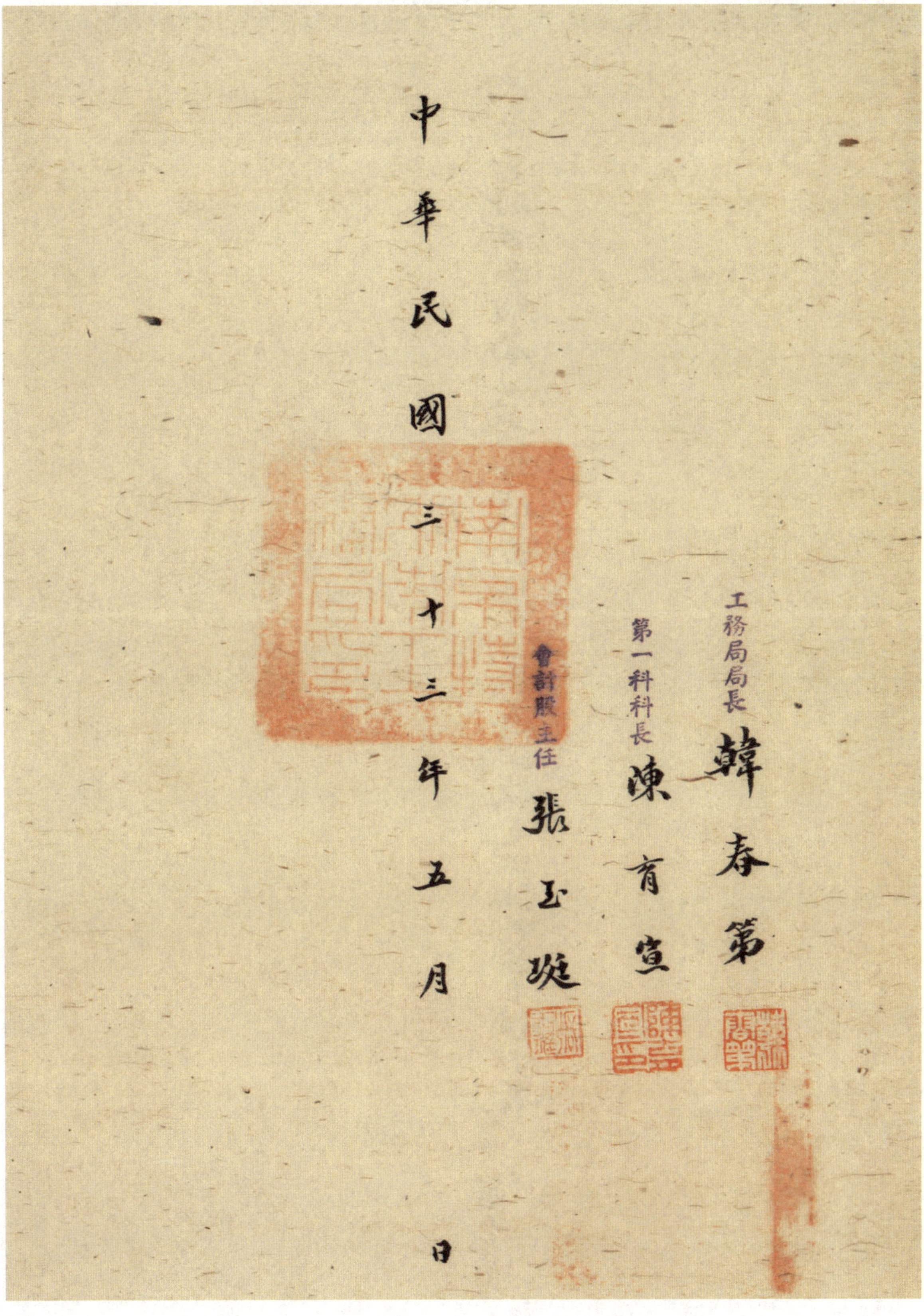

工務局局長 韓春第
第一科科長 陳育宣
會計股主任 張玉璇

中華民國三十三年五月 日

南京特別市工務局洪武路破布營下水道工款支出計算書附屬表

中華民國三十二年

南京特別市工務局三十三年五月份支出計算書附屬表 第一頁

商號	品名	數量	實支數	單據	備考
基昌建築公司	拆運城磚工費	第一期	二八〇七二〇〇	一	
〃	〃	第二期	二八〇七二〇〇	2	
〃	〃	第三期	一四〇三六〇〇	3	以上第一項第一目第一節計七萬〇壹百捌拾元
第一項第一目單據三件計國幣柒萬〇壹百捌拾元正					

姓名	品名	數量	實支數	單據	備考
吳顯揚等	職員獎勵金	監修洪武路破布營	一〇〇〇〇	一	以上第一項第二目第一節 計壹仟元
袁煥亭等	下水道工人獎勵金	建造洪武路破布營	六七〇〇〇	三	以上第一項第二目第二節 計陸百七十元

第一項第二目單據四件計國幣壹仟陸佰柒拾元正

韓春第

陳育宣

張玉璇

中華民國三十三年五月　日

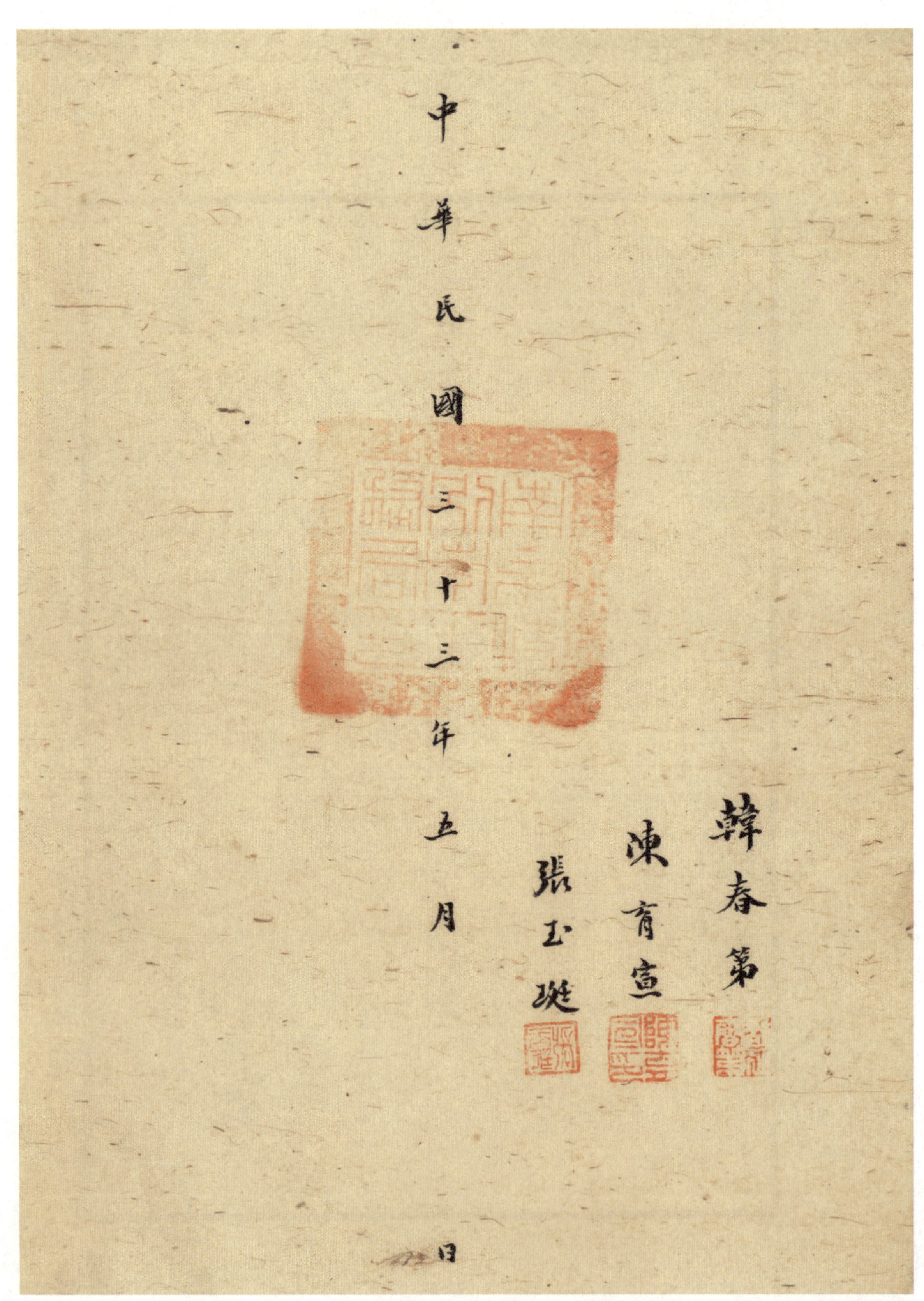

（底）

今領到

南京特別市政府發給疏濬洪武路破布營下水道工料費捌萬元整此據

代理工務局局長韓春第

中華民國三十三年四月　日

南京特別市政府工務局

（三）僞南京特別市工務局爲改用城磚修築洪武路破布營下水道工程竣工請派員驗收致僞南京特別市政府的簽呈（一九四四年六月三十日）

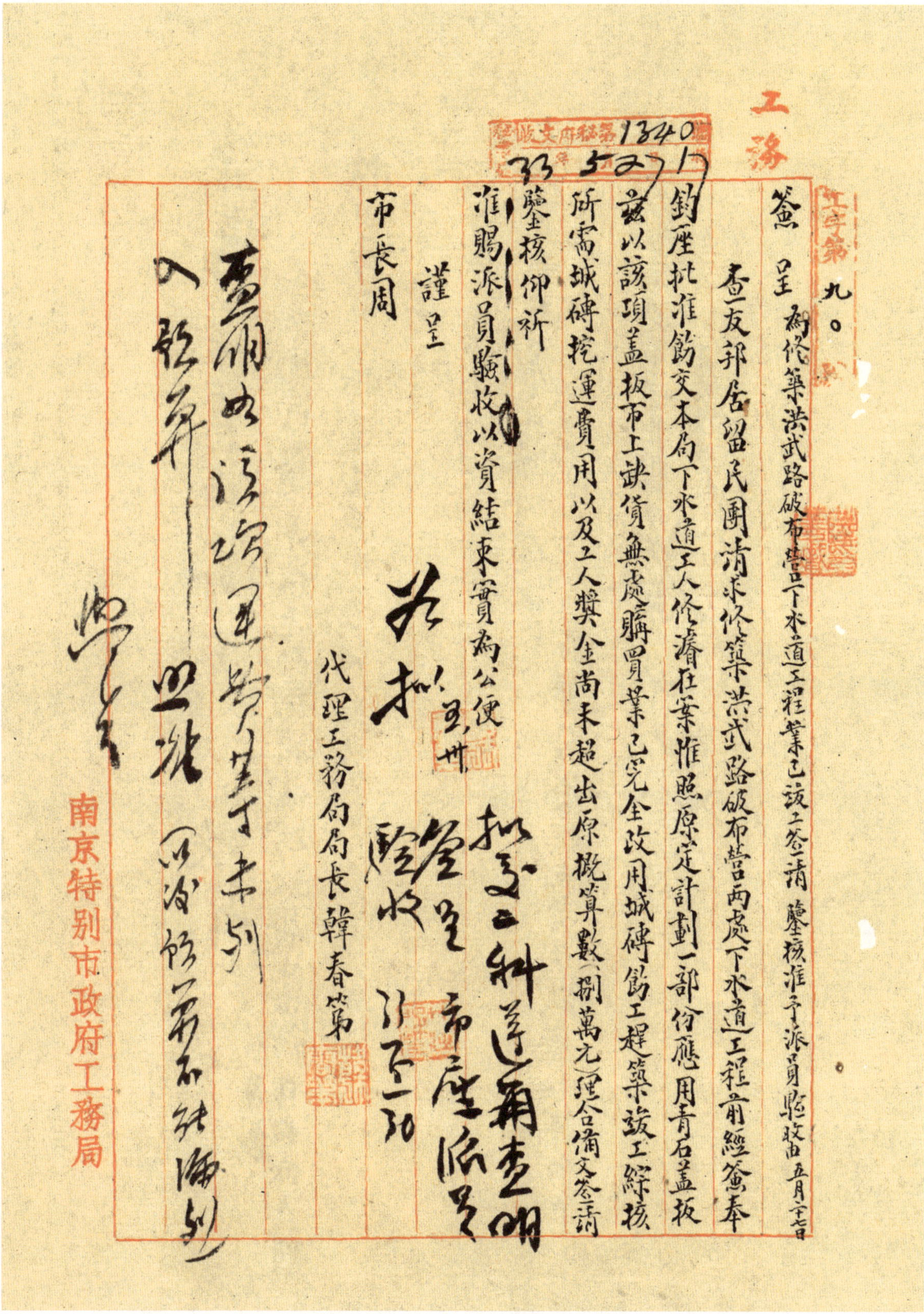

工務

簽呈　工字第九〇號

呈爲修築洪武路破布營下水道工程業已竣工簽請鑒核准予派員驗收由　五月廿七日

查友邦居留民團請求修築洪武路破布營兩處下水道工程前經簽奉鈞座批准飭交本局下水道工人修濬在案惟照原定計劃一部份應用青石蓋板茲以該項蓋板市上缺貨無處購買業已完全改用城磚飭工程築竣工綜核所需城磚挖運費用以及工人獎金尚未超出原概算數（捌萬元）理合備文簽請

鑒核仰祈

准賜派員驗收以資結束實為公便

謹呈

市長周

代理工務局局長韓春第

南京特別市政府工務局

僞南京特別市工務局關于拆運城磚的一組運輸證明書

（一）僞南京特別市工務局爲修理太平橋工程從中山門拆運墻磚請沿途軍警憲放行的證明書（一九四四年一月十日）

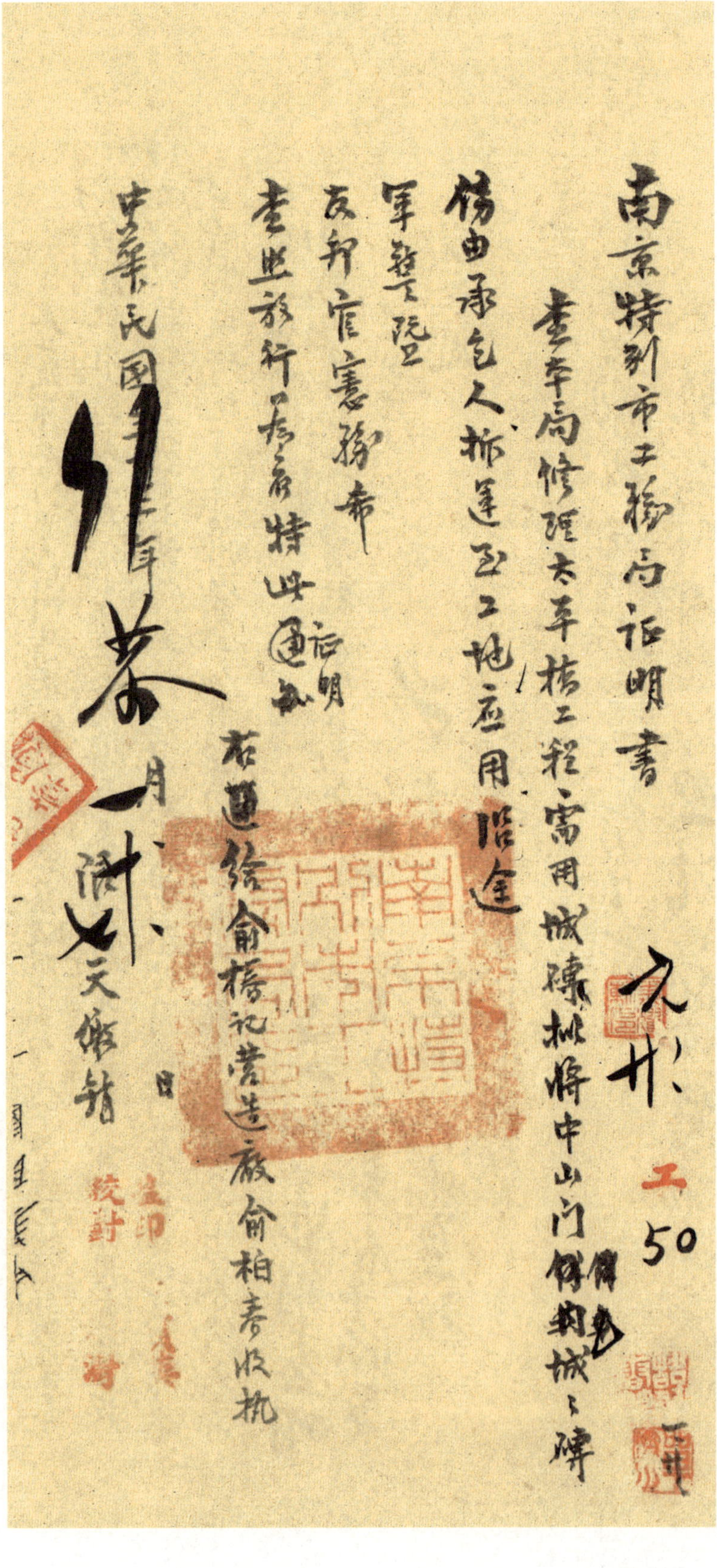
南京特別市工務局證明書
查本局修理太平橋工程需用城磚，擬將中山門附近城上磚
僱由承包人拆運至工地應用，除
分函
軍警憲沿途知照
友邦官憲務希
查照放行爲荷，特此證明
右通給俞福記營造廠俞柏考收執
中華民國卅三年一月十日
工 50

（二）僞南京特別市工務局爲由清涼門運城磚請沿途放行的證明書（一九四四年五月八日）

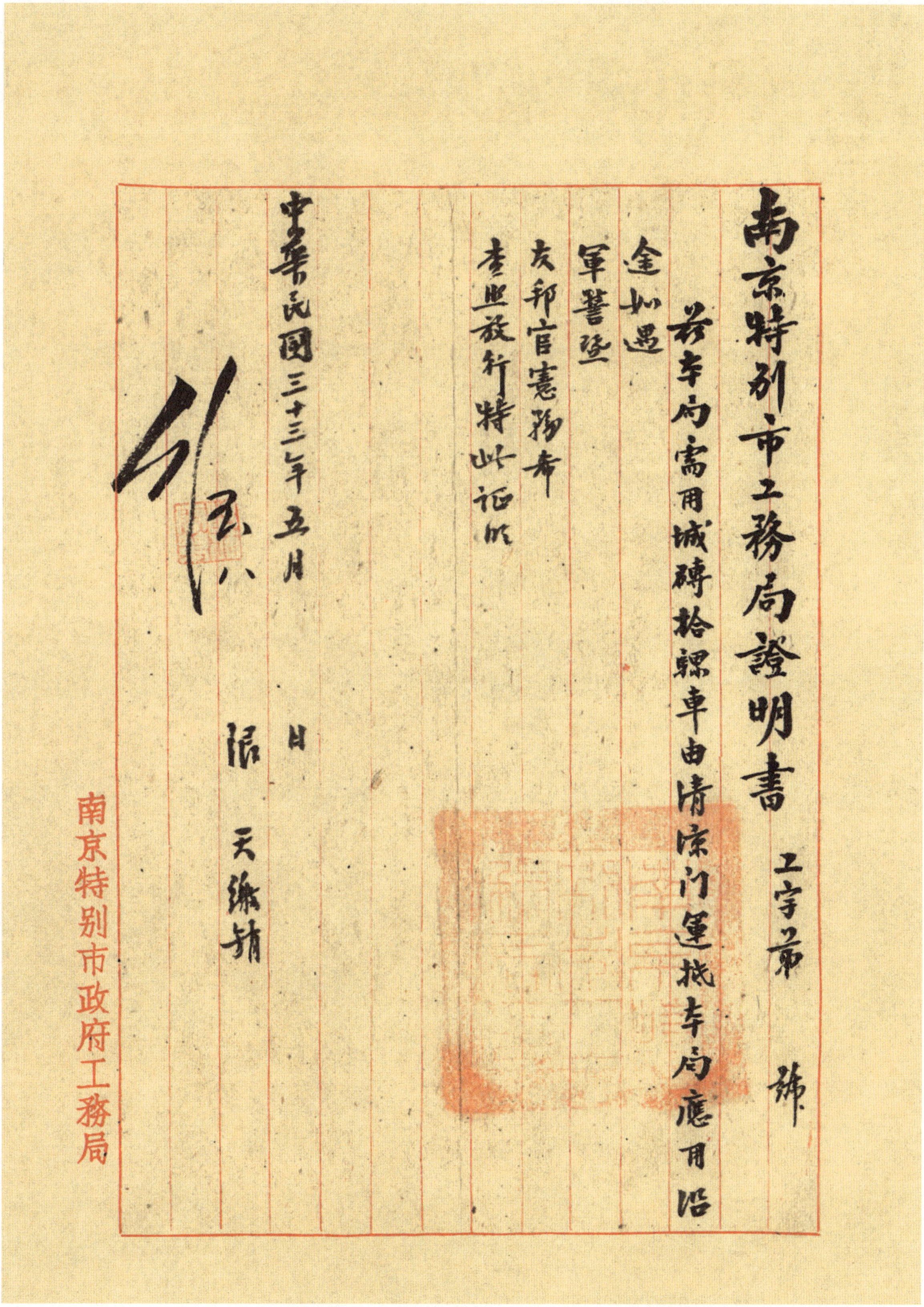
南京特別市工務局證明書　工字第　號

茲本局需用城磚拾輛車由清涼门運抵本局應用沿途如遇

軍警盤查

友邦官憲務希

查照放行特此証明

中華民國三十三年五月八日

張天緯

南京特別市政府工務局

南京城墻檔案

城磚的保管與利用

伍
民間盜賣、私運城磚的查禁

僞南京市工務局關于調查下關等處有人盜竊收藏城磚致僞市政府的一組公文

（一）僞南京市工務局請求調查沒收城磚致僞市政府的簽呈（一九四〇年一月十七日）

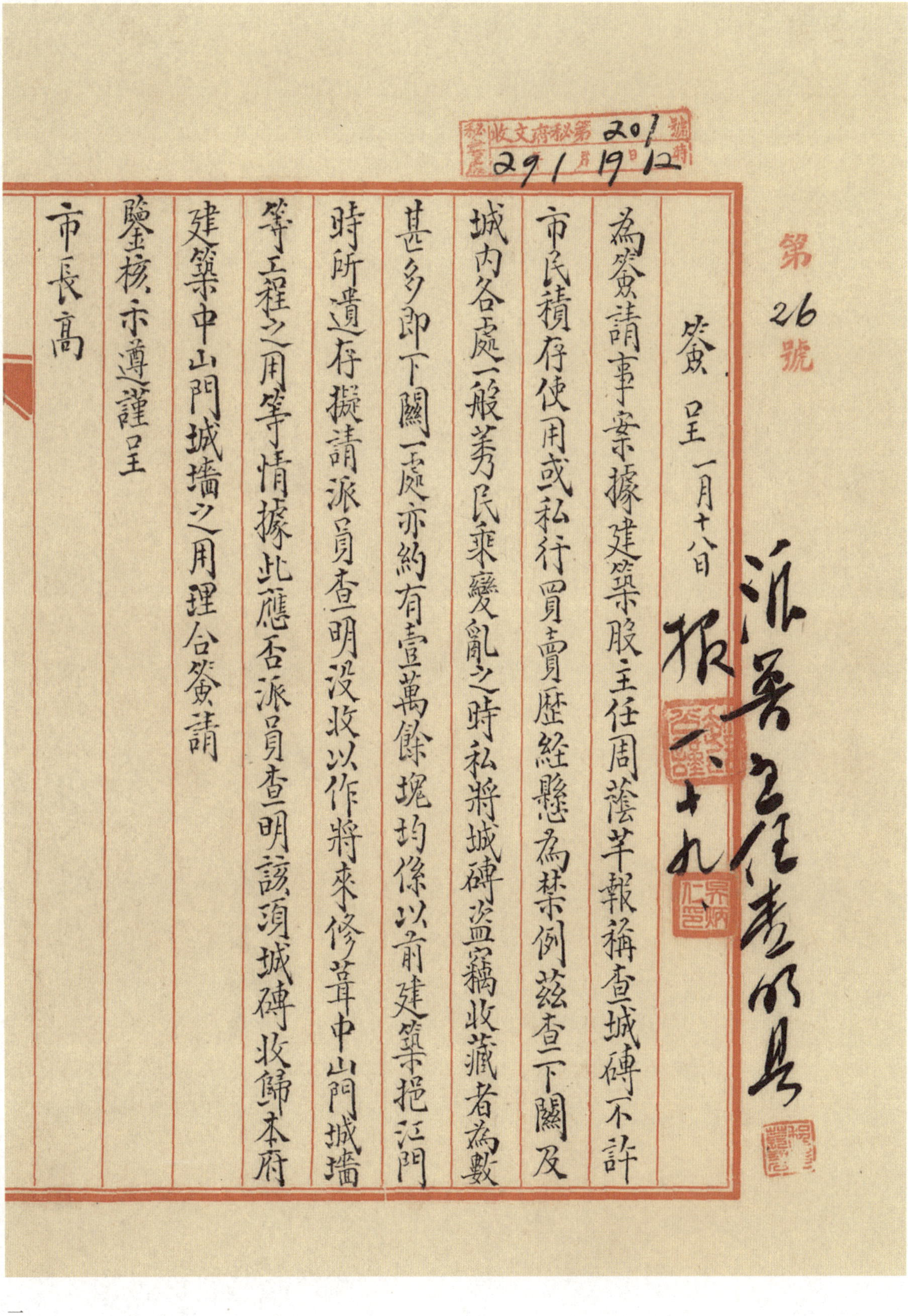

第26號

簽呈 一月十八日

為簽請事案據建築股主任周蔭芊報稱查城磚不許
市民積存使用或私行買賣歷經懸為禁例茲查下關及
城內各處一般莠民乘變亂之時私將城磚盜竊收藏者為數
甚多即下關一處亦約有壹萬餘塊均係以前建築挹江門
時所遺存擬請派員查明沒收以作將來修葺中山門城牆
等工程之用等情據此應否派員查明該項城磚收歸本府
建築中山門城牆之用理合簽請
鑒核示遵謹呈
市長高

工務局局長趙公謹

後學李根源拜

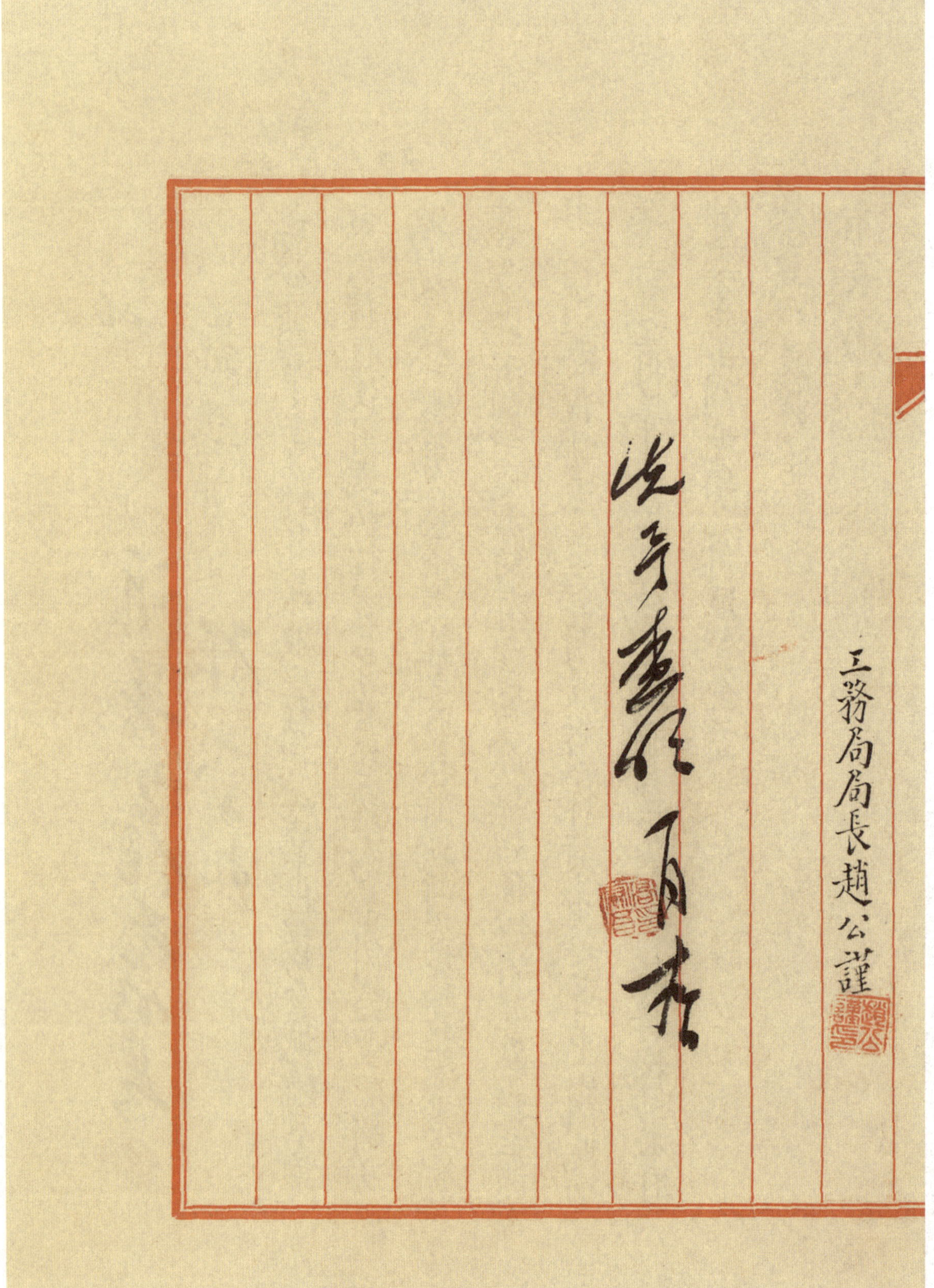

（二）僞南京市工務局爲報告調查情况致僞市政府的簽呈（一九四〇年二月二十九日）

簽呈　二月二十九日

為呈報事案查前據職局建築股主任周蔭芊呈稱以下關及城內各處居民私藏城磚為數甚多即下關一處亦約有壹萬餘塊請予派員查明沒收備作公用經簽奉

批開先予查明等因遵即派員前往詳查據報該項城磚係事變前各處居民收買作為蓋屋墊脚之用事變後下關一帶房屋被焚此項城磚即埋沒土中間有自行挖出仍擬留作私用收集殊感困難等情理合據情呈報仰乞

鑒核示遵謹呈

市長高

工務局局長趙公謹

志游

南京市政府關于下關等地盜賣城磚案與首都警察廳的往來公文

（一）南京市工務局爲請首都警察廳制止下關等地盜賣城磚的簽呈（一九四七年五月十二日至一九四七年五月十四日）

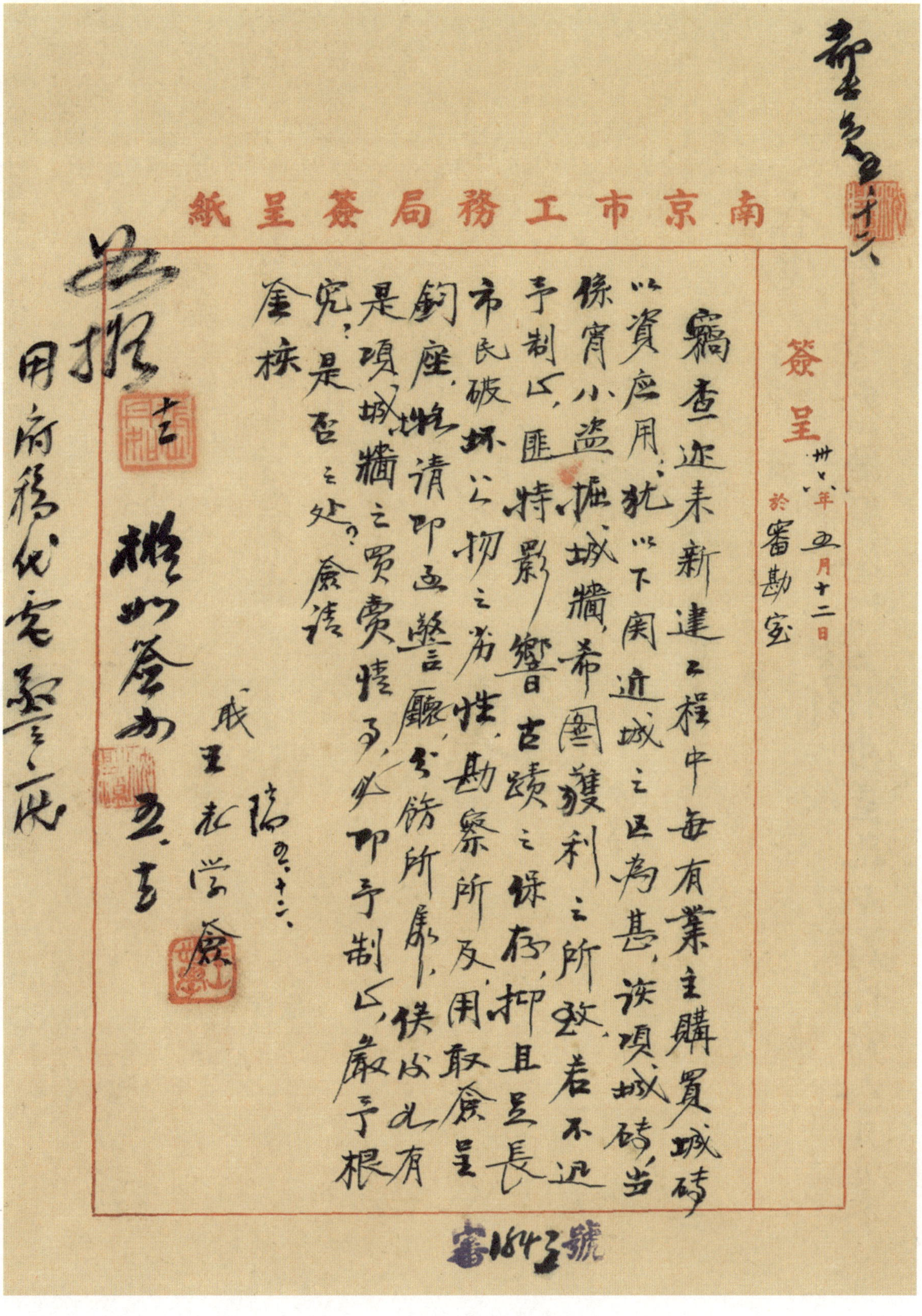
南京市工務局簽呈紙

簽呈 卅六年五月十二日 於審勘室

竊查近來新建工程中每有業主購買城磚以資應用，就以下關近城之區爲甚。該項城磚，當係宵小盜掘城牆，希圖獲利之所致。若不迅予制止，匪特影響古蹟之保存，抑且足長市民破壞公物之劣性。勘察所及，用敢簽呈鈞座，擬請即函警廳，分飭所屬，嗣後凡有是項城牆之買賣情事，即予制止，嚴予根究。是否有當，敬請鑒核。

職王袞堂簽

陽五、十二

照擬 吉

擬如簽办 五、吉

用府稿代電警廳

都……十六

審1842號

（二一）南京市政府爲據工務局呈請防止盜賣城磚一案致首都警察廳的代電（一九四七年五月十四日）

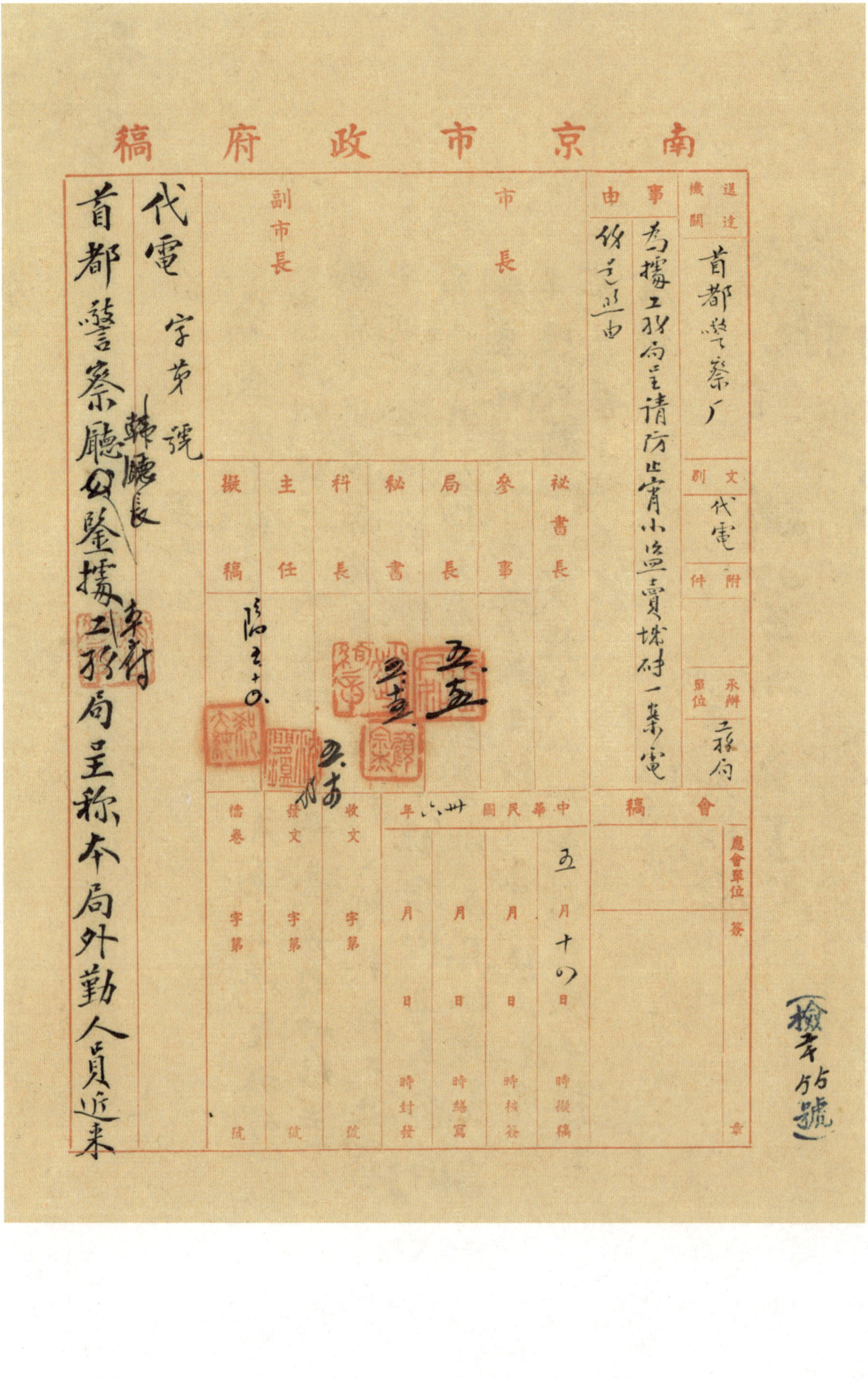

南京市政府稿

送達機關：首都警察厂

事由：為據工務局呈請防止宵小盗賣城磚一案電仰查照由

文別：代電

承辦單位：工務局

中華民國卅六年五月十四日

代電 字第 號

首都警察廳韓廳長公鑒：據工務局呈称本局外勤人員近来

奉派查勘新建工程時見有業主購用城磚砌築墻壁情事尤以下關城北一帶居多該項城磚來源當係宵小盜掘城垣私售漁利若不迅予制止匪特影響古蹟之保存且足以滋長市民破壞公物之劣性擬請由鈞府令行警廳分飭所屬各局所嗣後如遇有該項城磚買賣情事即嚴行根究以清盜源是否有當理合呈乞鑒核等情查該局所陳不為無見合行電仰該廳轉飭所屬隨時督察防止為要市長沈○。印

關于查禁偷竊新民門、金川門、大石橋等處城磚橋磚案的一組公文

（一）下關區工務管理處請該管保長查緝的報告書（一九四七年十二月十二日）

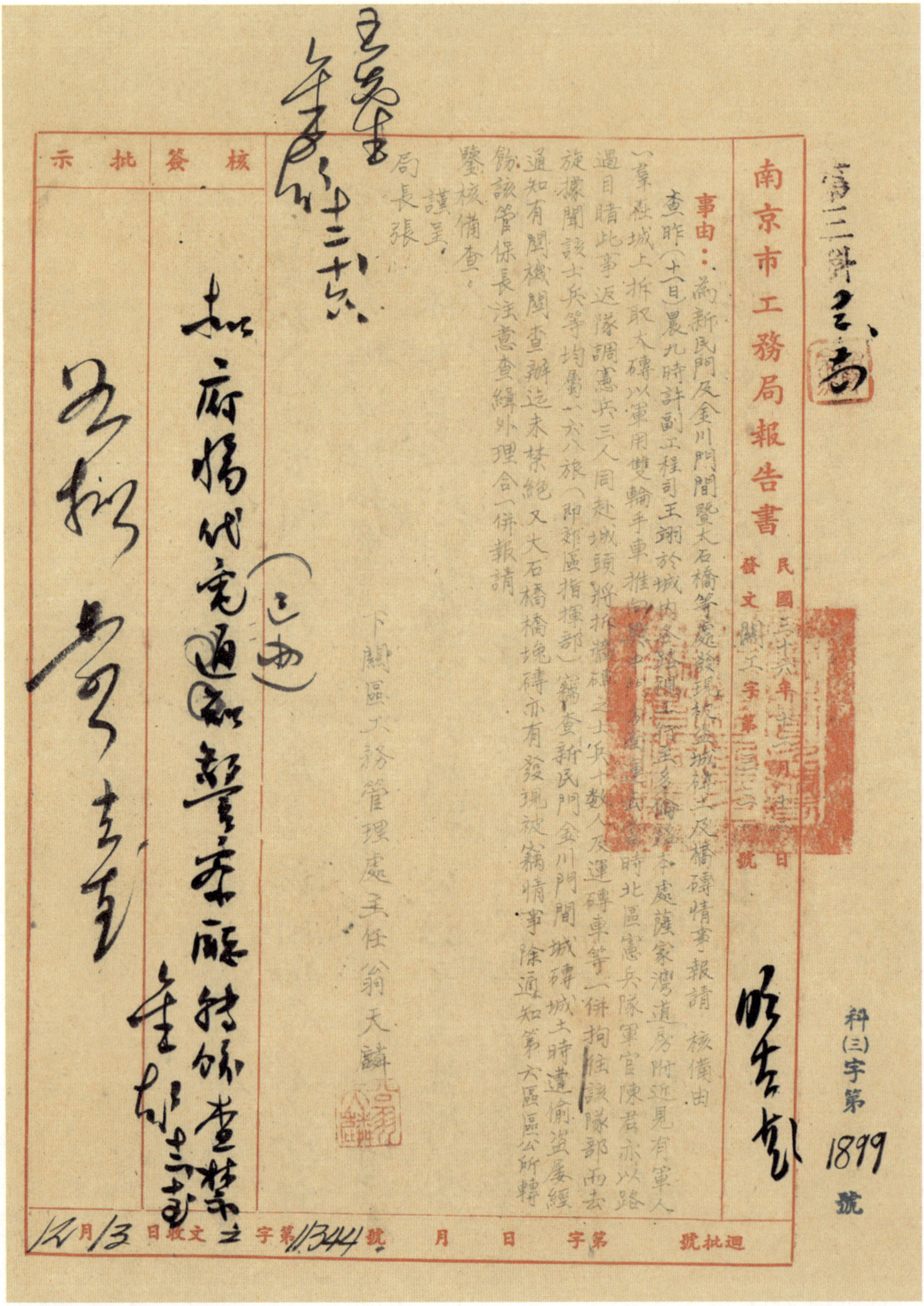

南京市工務局報告書

民國三十六年十二月十二日

發文關工字第三二二號

事由：爲新民門及金川門間暨大石橋等處發現偷盜城磚土及橋磚情事報請核備由

查昨（十一日）晨九時許副工程司王翊於城內各路調查行至多倫路本處薩家灣道房附近見有軍人一羣在城上拆取大磚以軍用雙輪手車推向[illegible]時北區憲兵隊軍官陳君亦以路過目睹此事返隊調憲兵三人同赴城頭將拆撬磚之士兵十數人及運磚車等一併拘往該隊部而去旋據聞該士兵等均屬一六八旅（即郊區指揮部）竊查新民門金川門間城磚城土時遭偷盜屢經通知有關機關查辦迄未禁絕又大石橋橋塊磚亦有發現被竊情事除通知第六區區公所轉飭該管保長注意查緝外理合一併報請

鑒核備查。

謹呈

局長張

下關區工務管理處主任翁天麟

科(三)字第1899號

12月13日收文　字第11344號

（二）南京市政府爲請飭查禁偷竊城磚、橋磚案致首都警察廳的代電（一九四七年十二月十四日）

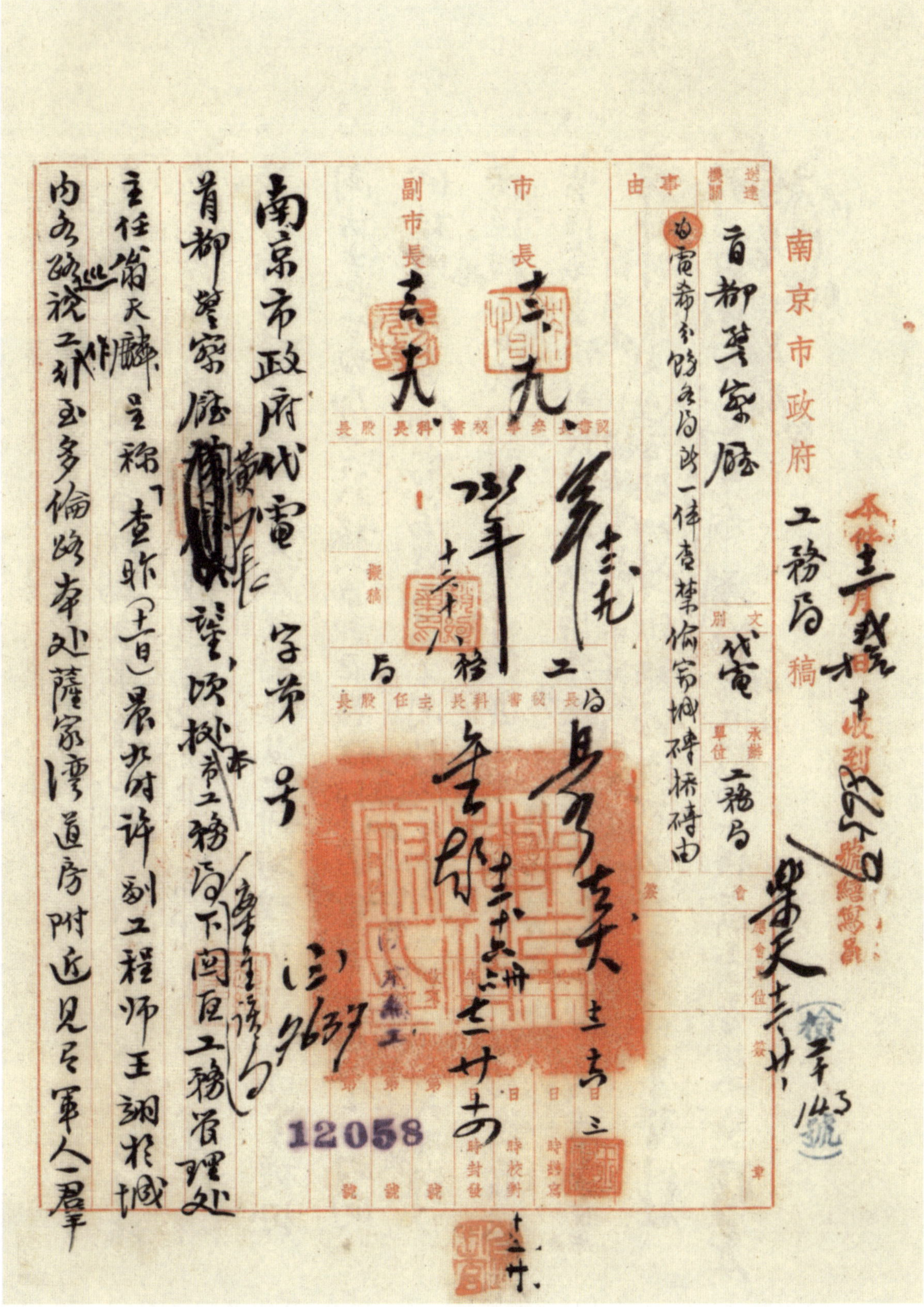
南京市政府 工務局 稿

送達機關：首都警察廳

事由：爲電希分飭各局所一体查禁偷竊城磚橋磚由

文別：代電

承辦單位：工務局

南京市政府代電 字第 號

首都警察廳[illegible]覽：頃據本府工務局下關區工務管理處主任俞天麟呈稱：「查本（十二）月廿日晨九時許，副工程師王翊非，城內各路巡視工作，至多倫路本處薩家灣道房附近見有軍人一群

12058

在城上拆取大砖，以军用双轮手车摇向兴中门方面运去，当时北
区宪兵队军官陈君亦以路过目睹此事，返队调宪兵三人同赴城
头，将拆墙砖之士兵十数人及运砖车等一併拘获，该部队而去。旋据
闻该士兵等均属一六八旅（即郭良指挥部），窃盗新民门、金川门间以
（似应迅谋有效制止，以重城防）
城砖、城土，时当偷窃，虽通知各关机关查办，迄未禁绝。又大石桥
桥堍砖亦已发现被窃情事，除通知第六区区公所饬该管保
长注意查缉外，理合一併报请鉴核。查城墙关係城防至重，
前开关係城砖之拆毁，更属要，自不容有所破坏，拟毋
拆砖不惜交通，维护军纪，俾资不易，严予查禁，以杜
据报前情
钧部查照，即希通饬所属，严予查禁为荷
南京市政府
市长沈 印

（三）南京市政府爲請飭屬查禁偷竊城磚、橋磚案致首都衛戍司令部的公函（一九四七年十二月二十日）

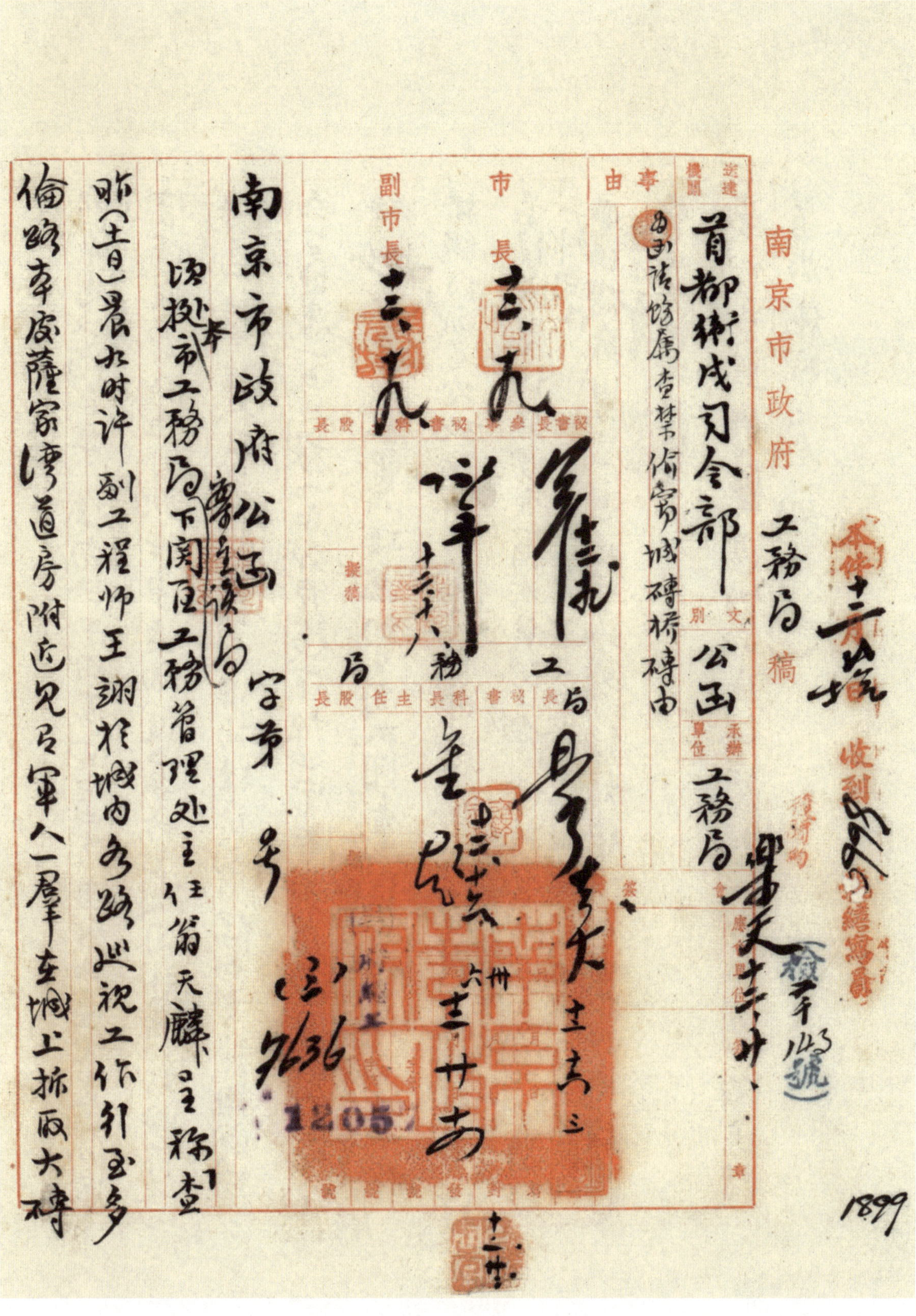
南京市政府 稿

送達機關：首都衛戍司令部

事由：函請飭屬查禁偷竊城磚橋磚由

文別：公函

承辦單位：工務局

市長　副市長

南京市政府公函　字第　號

頃據本市工務局簽呈，以本局下關區工務管理處主任翁天麟呈稱：查昨（十一日）晨九時許副工程師王翊於城內各路巡視工作，行至多倫路與薩家灣道旁附近，見有軍人一群在城上拆取大磚

1899

以軍用双輪手車推向兵中門方面運去，當時此處憲兵隊軍
官陳君亦以路過目睹此事，返隊詢憲兵三人同赴城邊將拆墻
磚之士兵十数人及運磚車等一併拘往該部，隨向旋擬詢該士
兵等均係一六八旅（即鄭旅長指揮部）寓居新民門金川門間城
磚城土時遭偷竊，屢經通知憲兵團機關查办，迄未禁絕，又大石橋似應迅謀有效制止，以重城防，請
橋堍磚石亦發現被竊情事，除通知第六區公所飭該管保
長注意查緝外，理合一併報請鑒核等情。查城墻、橋梁關係防務，均極重要，自不容有所破壞。
據報前情，相應函請
貴部查照，通飭所屬一併嚴予查禁為荷。此致
首都衛戍司令部

市長 沈○

關于制止舊皇城一帶貧民挖掘城磚的一組公文

（一）成賢區工務管理處致南京市工務局的報告書（一九四八年三月四日）

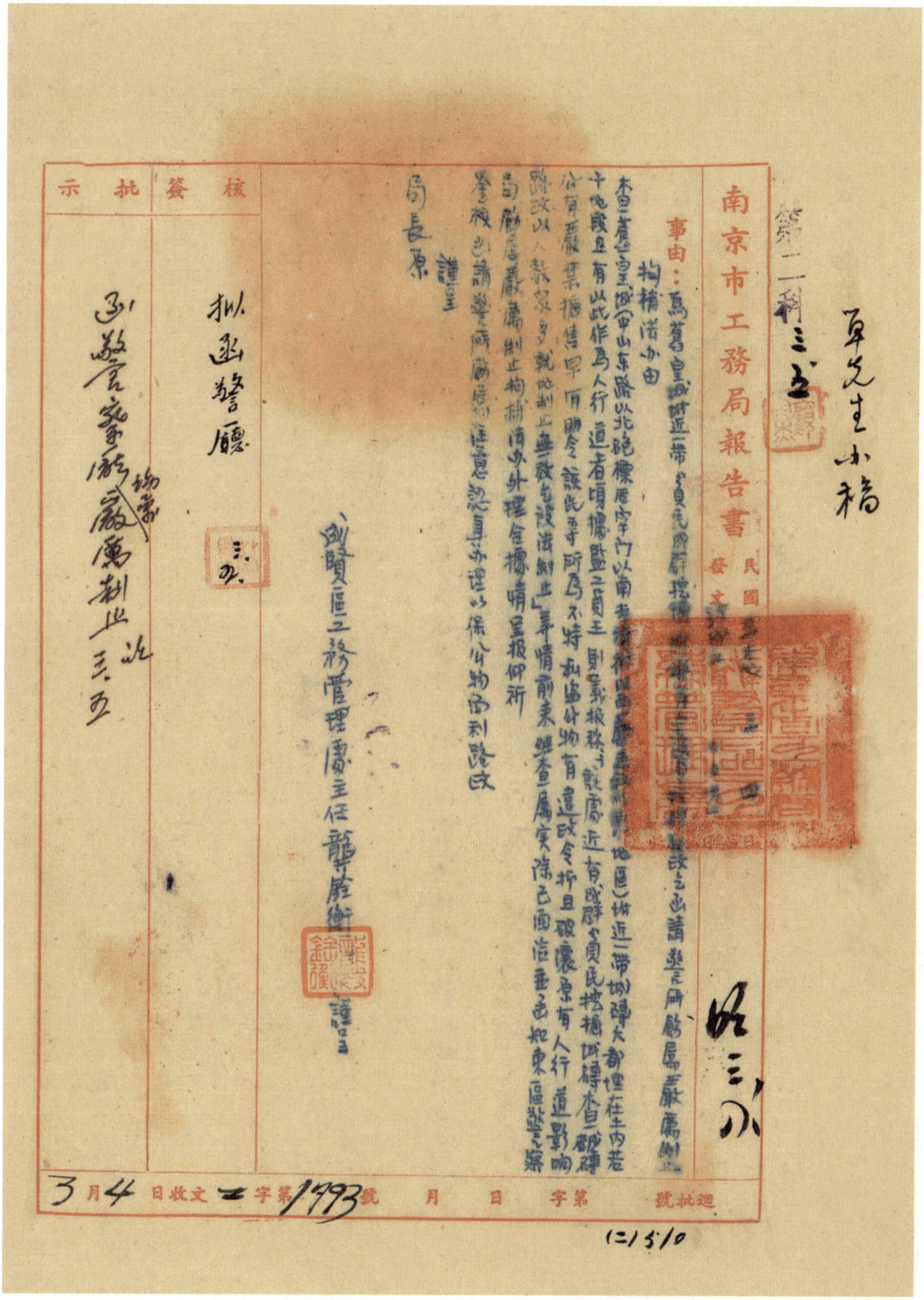

南京市工務局報告書

民國三十七年三月四日　發文

第二一科

事由：為舊皇城附近一帶貧民成群挖掘城磚，請函警察局嚴屬制止拘捕法辦由

查舊皇城（中山東路以北……以南……地區）附近一帶城磚大都埋在土內，若干地段且有以此作為人行道者。頃據監工員王則義報稱：該處近有成群貧民挖掘城磚，查該磚公有，嚴禁擅售，早有明令，該民等所為不特私盜公物，有違政令，抑且破壞原有人行道，影響路政，以人數眾多，無法制止，無權拘捕法辦制止等情前來。經查屬實，除已函知東區警察局……外，理合據情呈報，仰祈鑒核函請警察局嚴屬制止拘捕，以保公物而利路政。

謹呈

局長原

成賢區工務管理處主任龍彝衡

核　簽　批　示

擬函警廳　三、五

函警察廳嚴屬制止　三、五

草先生小稿

三、五

三月四日收文　字第1793號　月　日　字第　號批迴

(2)510

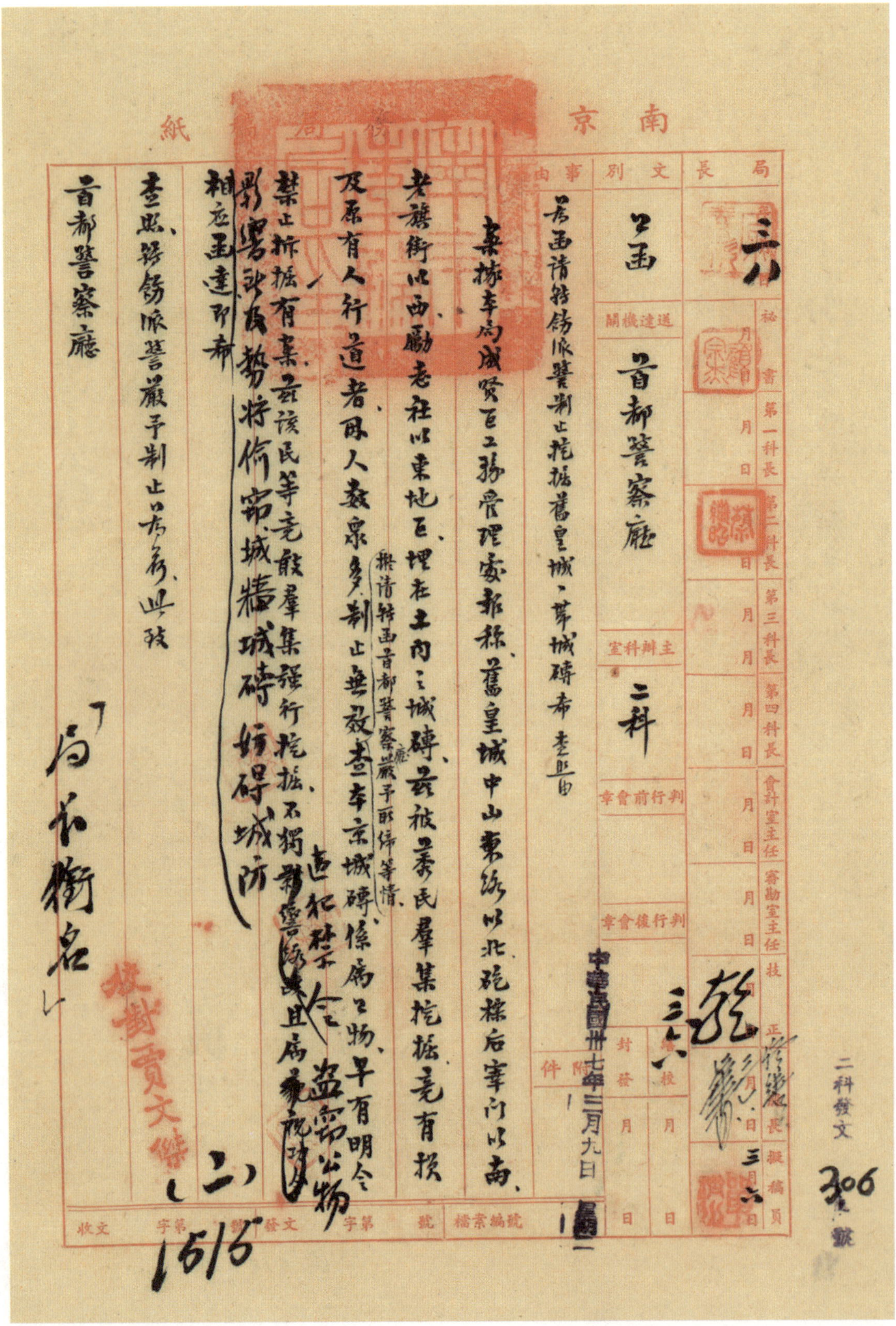

南京市工務局稿紙

局長　三、六

文別：公函

事由：爲函請轉飭派警制止挖掘舊皇城、等城磚希查照由

送達機關：首都警察廳

主辦科室：二科

附件

中華民國卅七年三月九日

案據本局城區工務管理處報稱、舊皇城中山東路以北、西華門以南、老旗街以西、勵志社以東地區、埋在土内之城磚、每被莠民群集挖掘、竟有損及原有人行道者、因人數衆多、制止無效、擬請轉函首都警察廳嚴予取締等情。查本京城磚係屬公物、早有明令禁止拆掘有案。茲該民等竟敢群集強行挖掘、不獨違犯禁令，盜竊公物，且屬[illegible]

影響市容、勢將偷竊城牆城磚、妨碍城防

相應函達、即希

查照、轉飭派警嚴予制止爲荷。此致

首都警察廳

局　銜名

校對　賈文傑

（二）

1616

二科發文306號

（三）東區警察局爲制止貧民掘取城磚售賣致成賢區工務管理處的復函（一九四八年三月七日）

首都警察廳東區警察局用牋

案准

貴處37成工字第六二號箋函以據報本市中山東路以北炮標后宰門以南光旗街以西勵志社以東一帶地區貧民掘取城磚售賣囑即飭屬制止等由查取締掘取城磚本局并未間斷嗣後如再發現此類事件希隨時與本局中山門警察所洽辦或以電話（本局電話號碼爲二三四五九）告知本局值日官當即派警協助准函前由除令知中山門警察所外相應函復

發文東政保字第0623號

首都警察廳東區警察局用牋

查照爲荷

此致

南京市工務局成賢區工務管理處

首都警察廳東區警察局

啟

三月七日

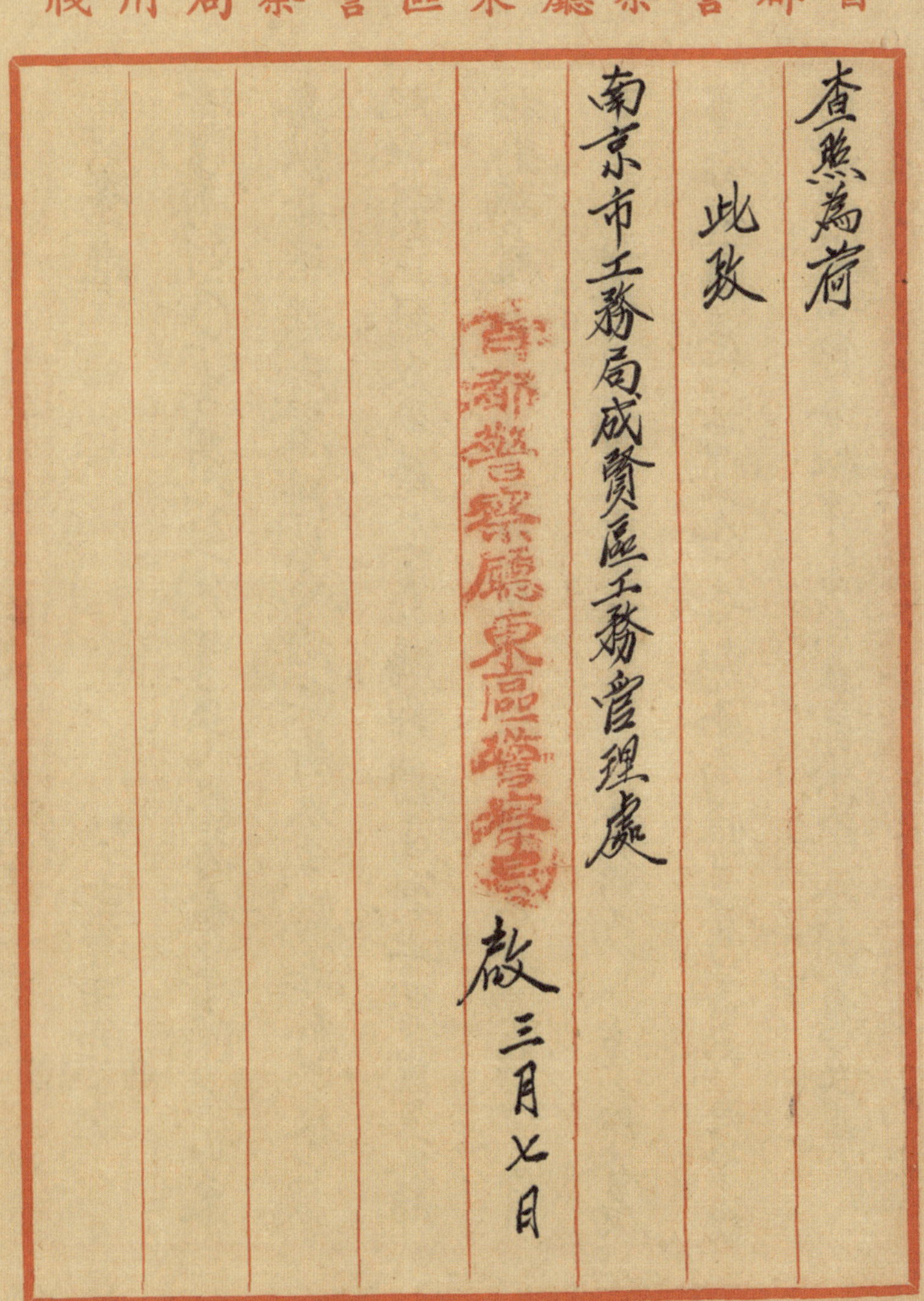

南京市政府爲查禁偷拆玄武湖南面和清涼山等處城墻磚與首都衛戍總司令部、首都警察廳的往來公文

（一）南京市政府爲玄武湖南面和清涼山附近等處城墻磚被人偷拆請嚴密查禁致首都衛戍總司令部的公函（一九四八年六月十八日）

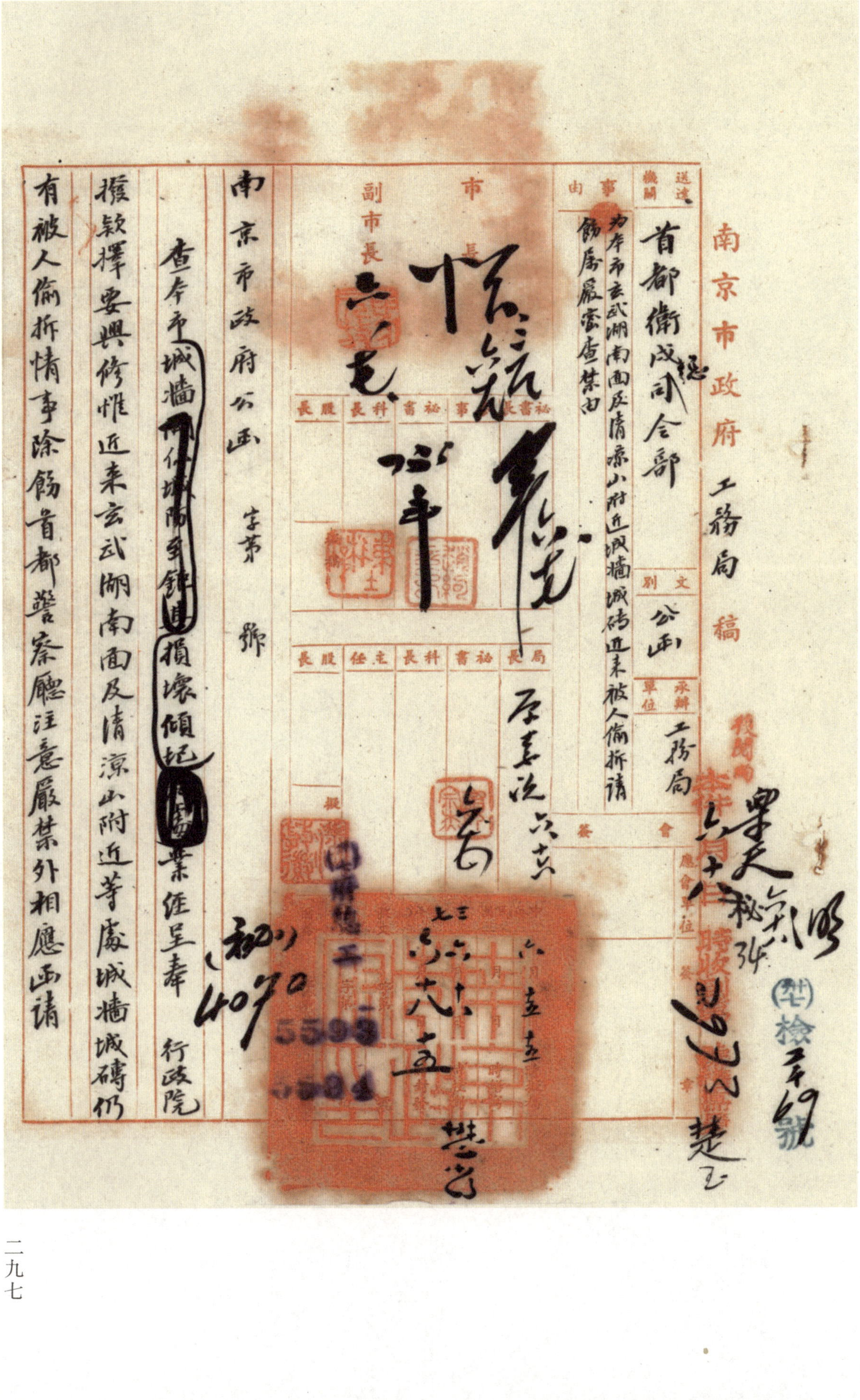
南京市政府工務局稿

送達機關：首都衛戍總司令部

事由：爲本市玄武湖南面及清涼山附近城墻城磚近來被人偷拆請飭屬嚴密查禁由

文別：公函

承辦單位：工務局

南京市政府公函 字第 號

查本市城墻……損壞傾圮……業經呈奉行政院撥款擇要興修惟近來玄武湖南面及清涼山附近等處城墻城磚仍有被人偷拆情事除飭首都警察廳注意嚴禁外相應函請

查照迅予飭屬嚴密查禁以固城防為荷

此致

首都衛戍司令部楊

市長沈〇

（二）南京市政府爲請轉飭所屬查禁玄武湖、清涼山等處偷拆城磚案致首都警察廳的公函（一九四八年六月十七日）

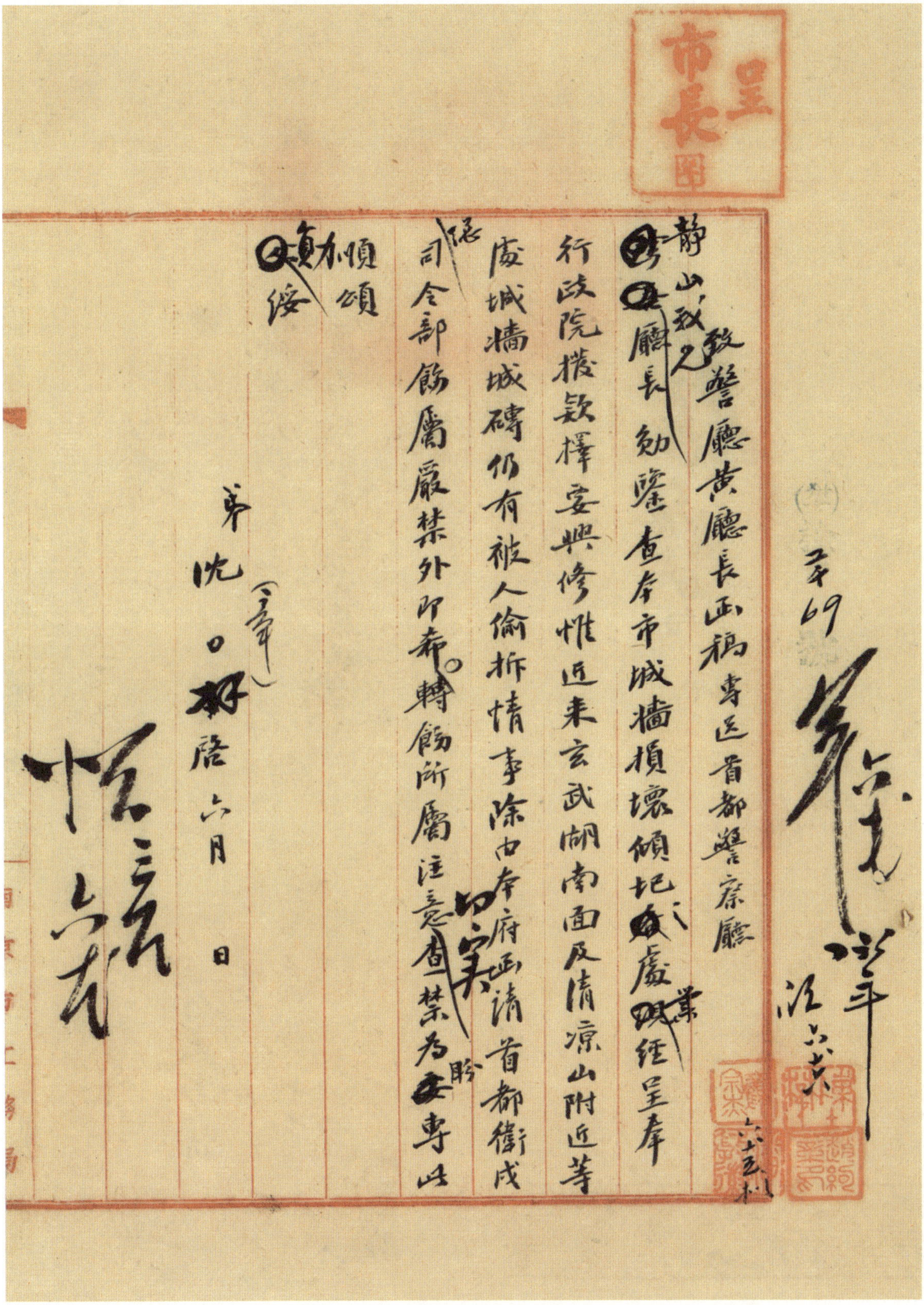
呈 市長 閱

致警廳黃廳長函稿 專送首都警察廳

黃廳長勛鑒：查本市城牆損壞傾圮之處業經呈奉行政院撥款擇要興修，惟近來玄武湖南面及清涼山附近等處城牆城磚仍有被人偷拆情事，除由本府函請首都衛戍司令部飭屬嚴禁外，即希轉飭所屬注意查禁為盼。專此，順頌

勛綏

弟沈〇〇啓 六月 日

（三二）首都衛戍總司令部爲復已出示嚴禁盜掘城磚致南京市政府的代電（一九四八年六月二十四日）

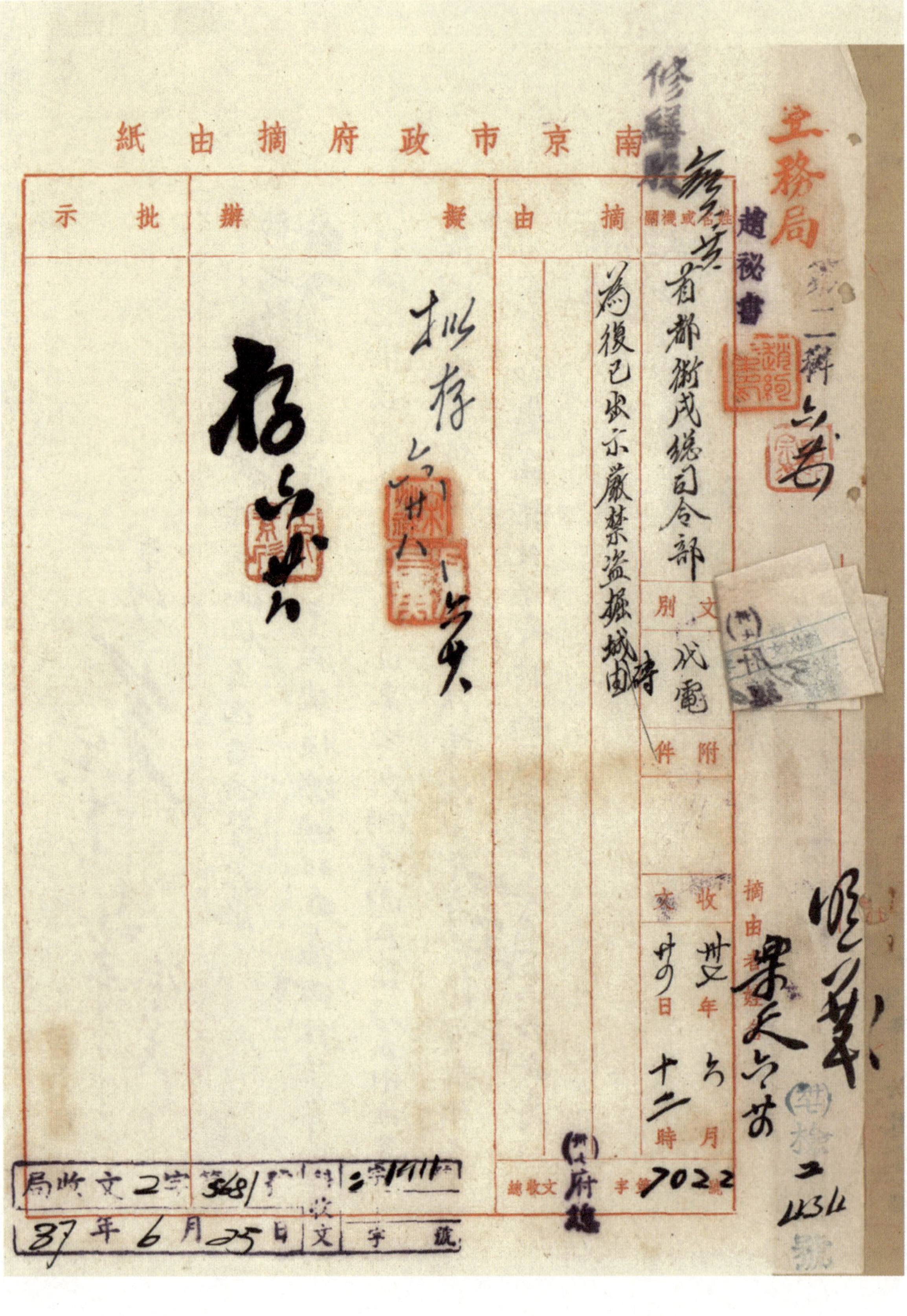
南京市政府摘由紙

姓名或機關	摘由	擬辦	批示
首都衛戍總司令部	爲復已出示嚴禁盜掘城磚	擬存	存

文別：代電

附件：

收文：卅七年六月廿四日十二時

府收文字第7022號

局收文二字第3681號

87年6月25日

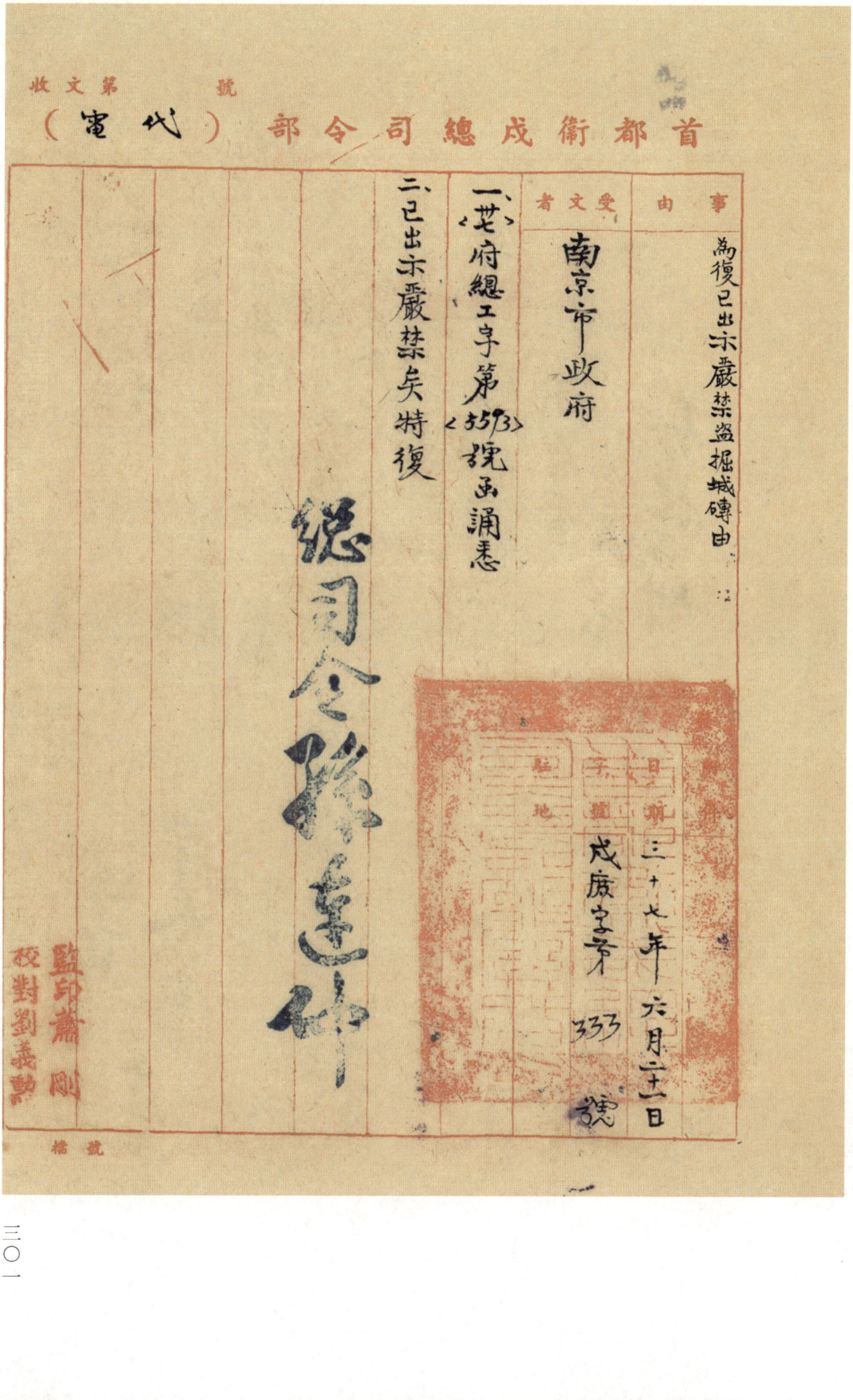

收文第　　號

首都衛戍總司令部（代電）

事由：為復已出示嚴禁盜掘城磚由

受文者：南京市政府

一、（卅七）府總工字第（3593）號函誦悉

二、已出示嚴禁矣特復

總司令孫連仲

發文附件
日期：三十七年六月二十一日
字號：戍庶字第333號
駐地：

監印蕭剛
校對劉義勳

檔號

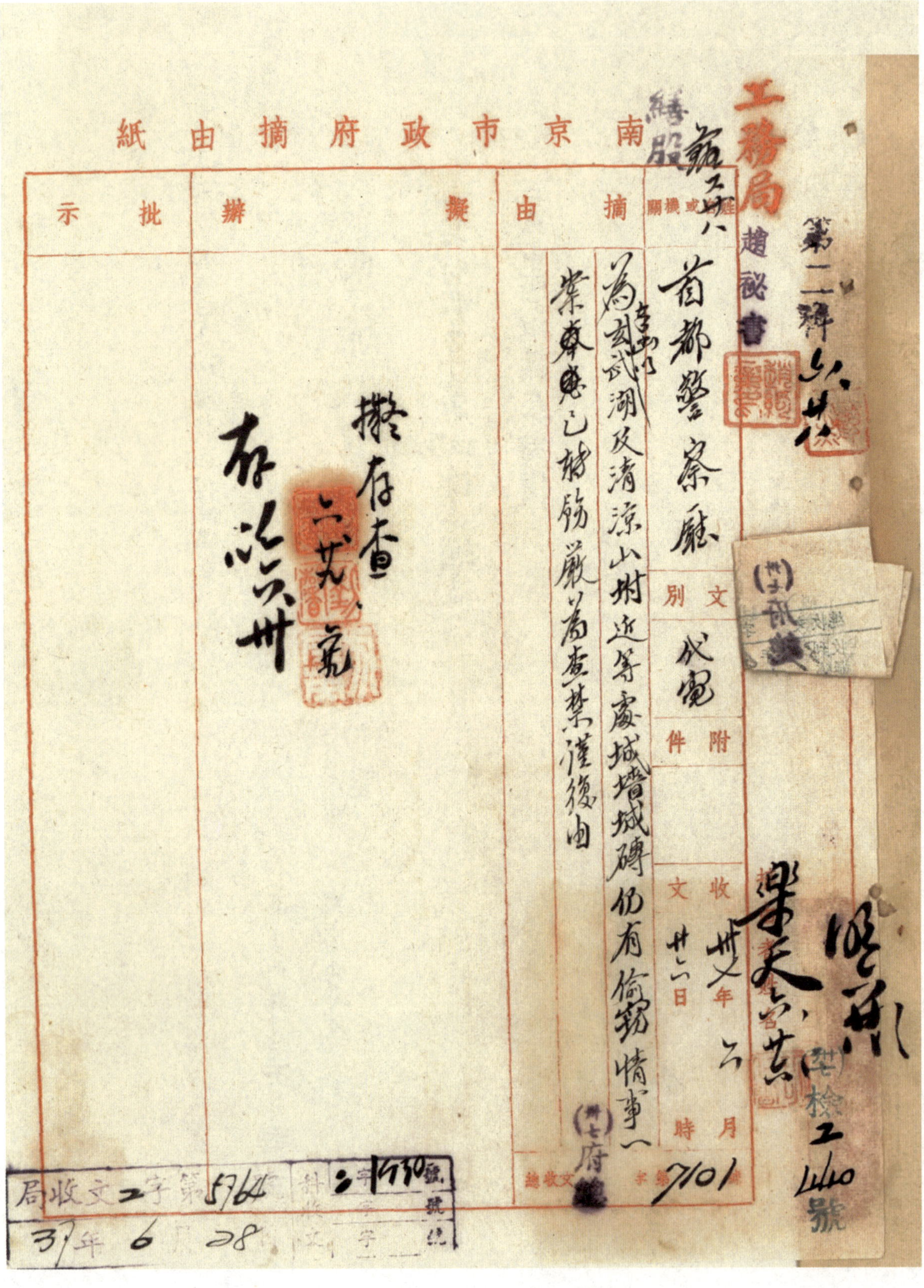
南京市政府摘由紙

摘由	擬辦	批示
首都警察廳 為玄武湖及清涼山附近等處城墻城磚仍有偷竊情事一案奉悉已轉飭嚴為查禁謹復由	擬存查 六廿九	存 六卅

文別：代電

收文：卅七年六月廿八日

字第7101號

局收文工字第5764號

37年6月28日

工務局

（四）首都警察廳爲玄武湖和清涼山附近等處城墻磚仍有偷竊情形已轉飭嚴查致南京市政府的代電（一九四八年六月二十六日）

首都警察廳

代電

事由	擬辦	批示
代電不錄由		

附

發文珍政保字第　號

中華民國卅七年六月　日

2260

中華民國　年　月　日收　字第　號

南京市市長沈鈞鑒：六月十八日鈞函奉悉。玄武湖及清涼山附近等處城牆城磚仍有偷竊情事，已轉飭所屬嚴爲查禁矣。謹復。首都警察廳廳長黃珍吾叩。珍

收文

政保已有

監印

校對

關于竺橋橋欄城磚被竊請求取締的一組文件

（一）成賢區工務管理處致南京市工務局的呈文（一九四八年十一月九日）

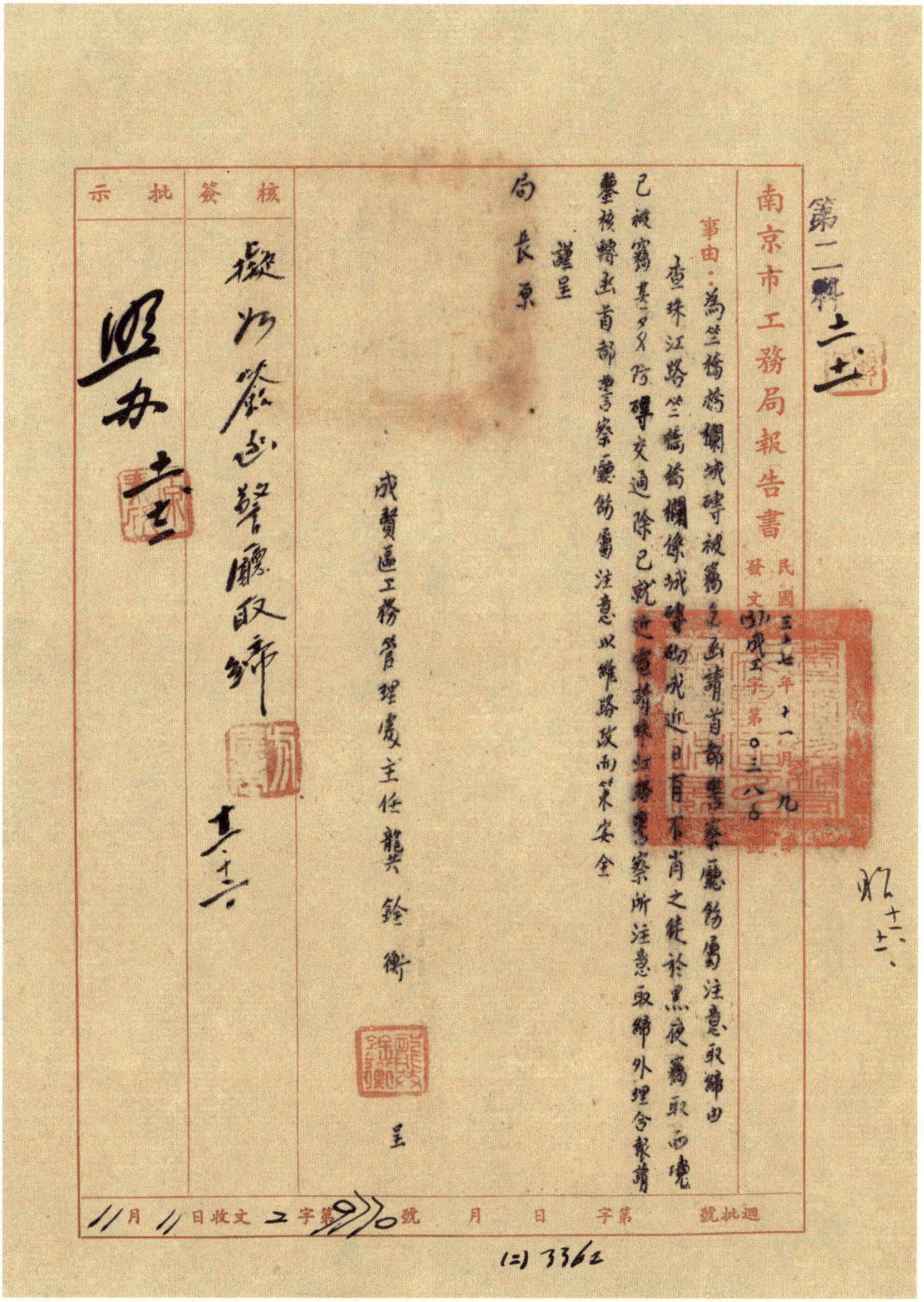

第一一一

南京市工務局報告書

民國三十七年十一月九日
發文 成工字第〇三八〇號

事由：為竺橋橋欄城磚被竊乞函請首都警察廳飭屬注意取締由

查珠江路竺橋橋欄係城磚砌成，近日有不肖之徒於黑夜竊取，西境已被竊甚多，防礙交通。除已就近電請珠江路警察所注意取締外，理合報請鑒核，轉函首都警察廳飭屬注意，以維路政而策安全。

謹呈

局長 原

成賢區工務管理處主任 龔銓衡 呈

核簽	批示
擬函警廳取締 十一．十六	照辦 十二

11月11日收文 工字第9770號 月 日 字第 號批迴

(2) 3362

（二）南京市工務局致首都警察廳的公函（一九四八年十一月十三日）

南京市工務局稿紙

局長：

文別：公函

事由：為竺橋〻欄城磚被人偷拆函請查照飭警取締由

送達機關：首都警察廳

主辦科室：二科

案據本局成賢區工務管理處報稱珠江路竺橋兩旁橋欄係用城磚砌成近被莠民於黑夜偷拆城磚殊屬有碍交通擬請轉函警察廳飭屬查禁等情相應函達即希查照轉飭該管警察局派警隨時嚴加取締以策交通安全為荷

此致

首都警察廳

局長 原○

中華民國卅七年十一月十三日

校對 賈大繼

2062

2295

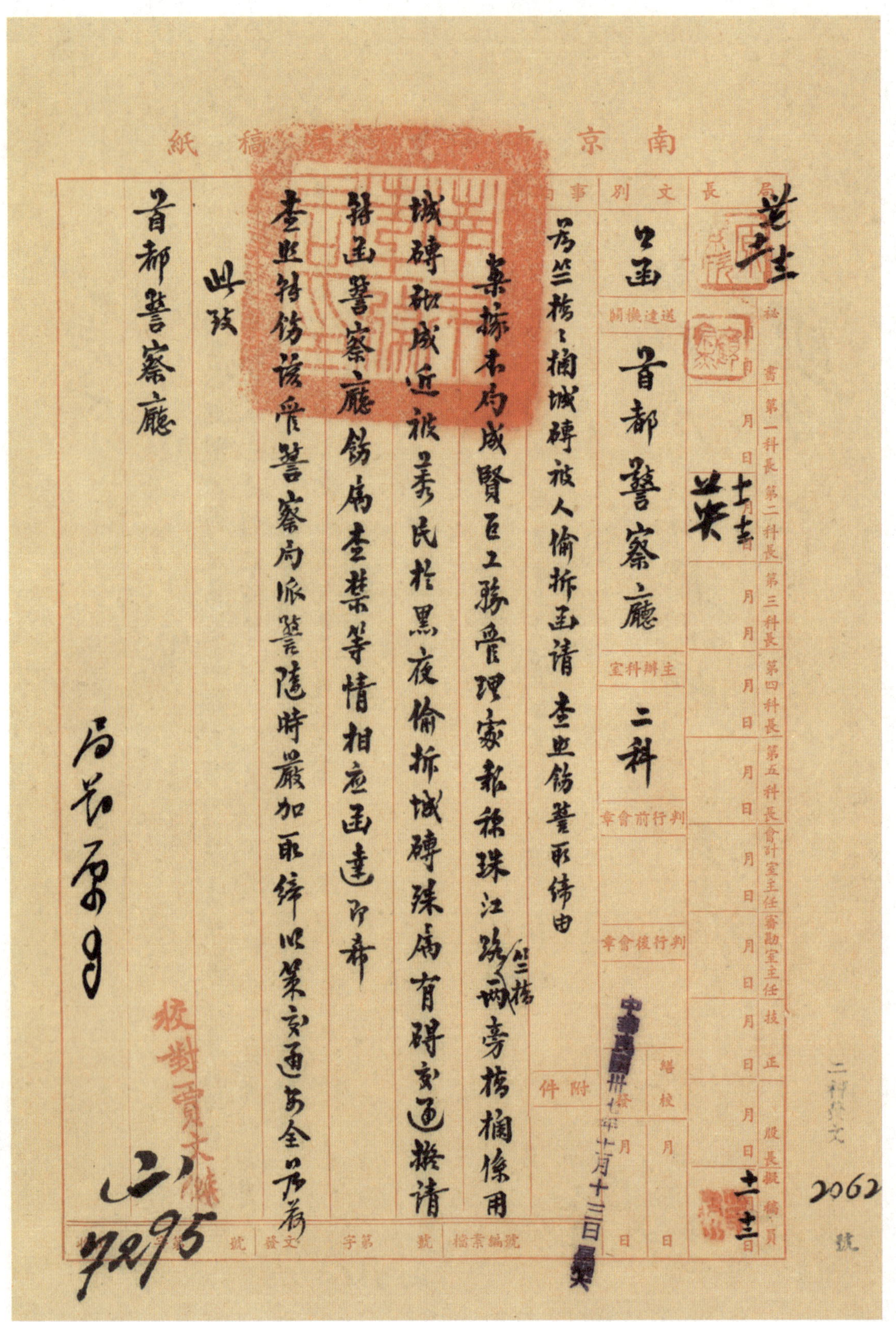

南京市政府、工務局關于民衆告發禁止盜賣玄武門城磚的一組文件

（一）市民古方爲鷄鳴寺段城墻女墻被拆請予制止致南京市政府的信函（一九四七年二月二十日）

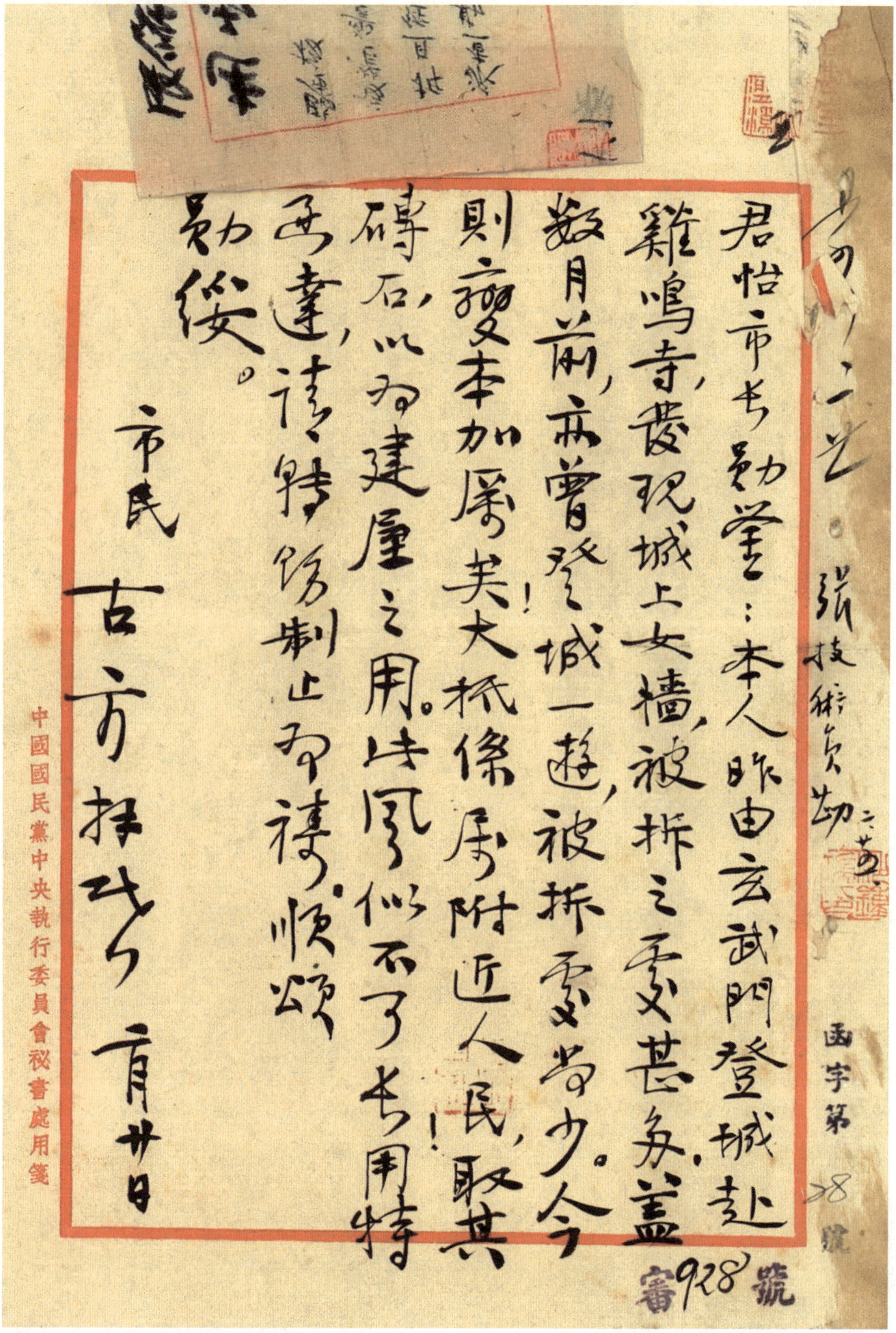

君怡市長勛鑒：本人昨由玄武門登城赴雞鳴寺，發現城上女墻被拆之處甚多，蓋數月前亦曾登城一游，被拆處尚少。今則變本加厲矣！大抵係爲附近人民取其磚石，以爲建屋之用。此風似不可長，用特函達，請轉飭制止爲禱。順頌勛綏。

市民 古方 拜啓 二月廿日

姚 三、一

奉

派查勘雞鳴寺城墻被拆一案遵即前往查該處城墻上之墻垛確有多處被拆且經细詳查該被拆城磚多半係由城上向城下拋擲然後運去擬函請該管警局暗中派員查視拘辦是否有當理合簽請

鑒核

職張斌謹呈 二、廿八

速函警廳嚴行取締並用本府紙代市長擬稿 三、一

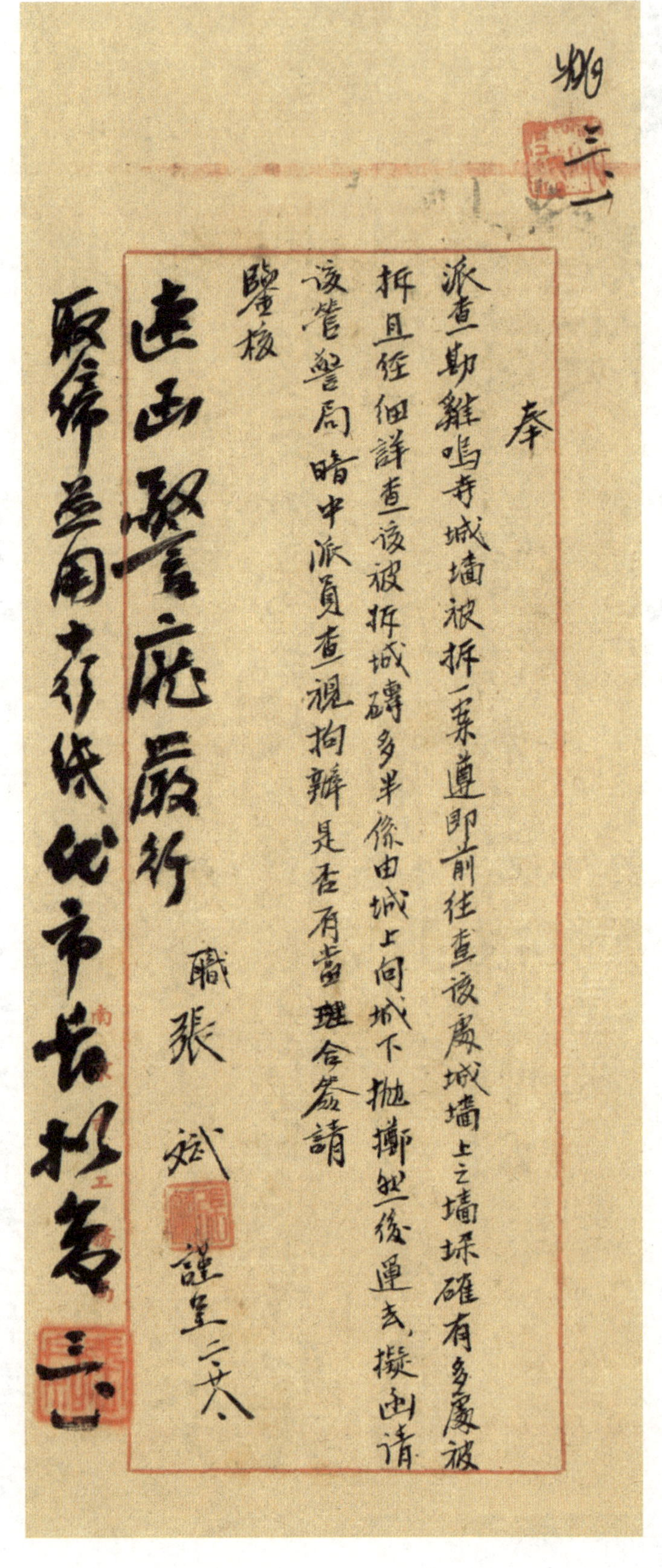

（三）南京市工務局爲請轉飭制止偷竊玄武門至鷄鳴寺一帶城磚致首都警察廳的公函（一九四七年三月四日）

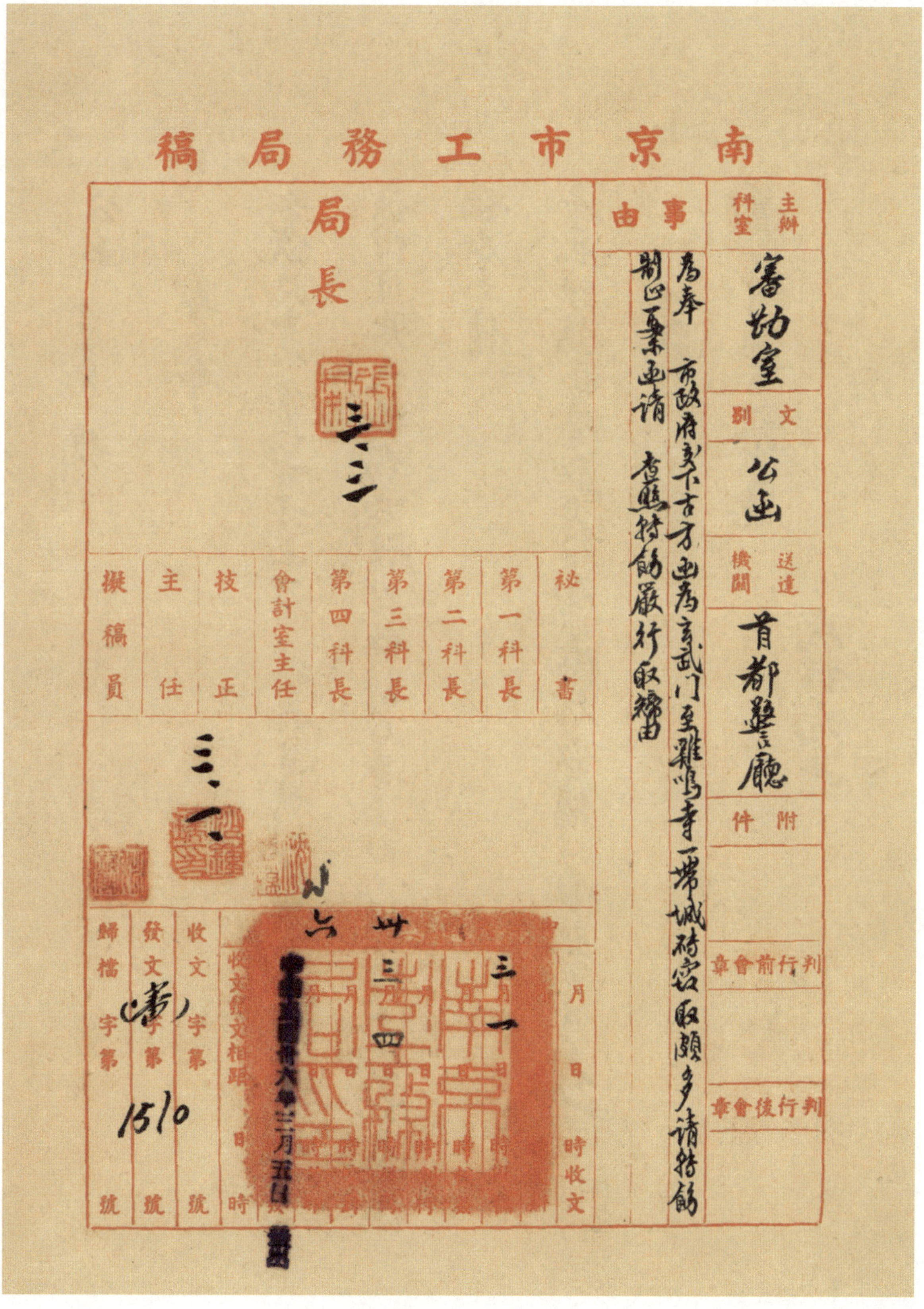

南京市工務局稿

主辦科室	審核室
文別	公函
送達機關	首都警察廳
附件	
判行前會章	
判行後會章	
事由	為奉 市政府京市工字函為玄武門至雞鳴寺一帶城磚竊取頗多請轉飭制止一案函請 查照轉飭嚴行取締由

局長 三、三

秘書	第一科長	第二科長	第三科長	第四科長	會計室主任	技正	主任	擬稿員

三、一

卅六 三 四

收文 月 日 時 收文 三一

收文與發文相距 日 時

收文字第 號

發文字第 號

歸檔字第（寄）1510號

中華民國卅六年三月五日發出

公函　字第　號

案奉

市政府交下市民吉方函一件據称京武门至雞鳴寺一帶城磚被附近居民偷窃甚多請特飭制止等由即經派員前往查勘屬實相應函請

查照特飭該管警察局嚴行取締以儆效尤爲荷

此致

首都警察廳

代理局長

監印宋符孫

校對賈文傑

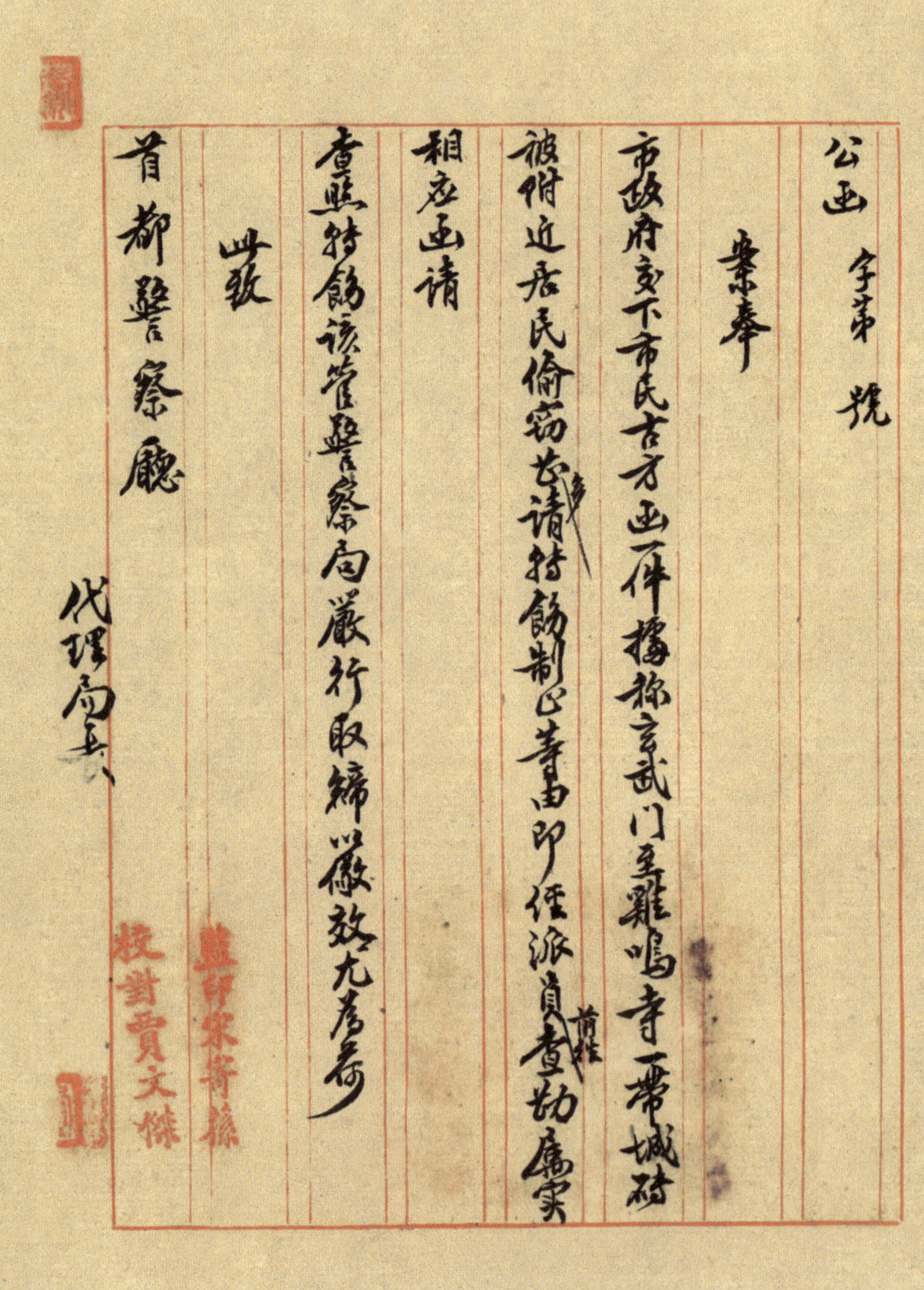

（四）南京市政府致市民古方的回函（一九四七年三月六日）

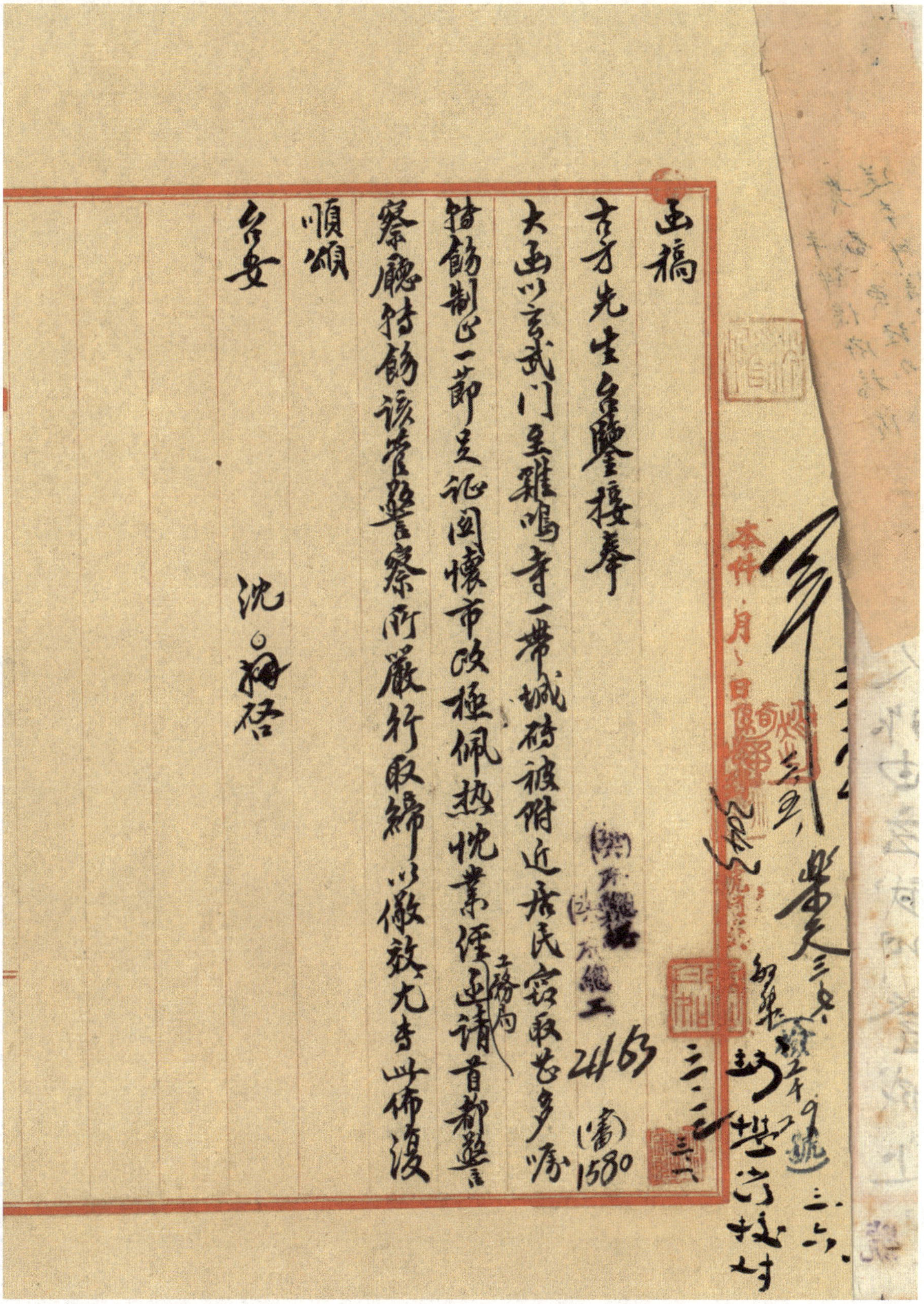
函稿
古方先生台鑒：接奉
大函以玄武門至雞鳴寺一帶城磚被附近居民竊取甚多，囑
轉飭制止一節，足徵關懷市政，極佩熱忱。業經函請首都警
察廳轉飭該管警察所嚴行取締，以儆效尤。專此佈復，
順頌
台安
沈○梅啓

本件係府稿請
貴局察經辦人復閱後仍
送本科繕校室繕發
秘書處第二科　三月六日上

關于制止挖掘明故宮界石城磚的一組往來文書

（一）未具名之美僑致南京市政府的信函（一九四七年十月三十日）

October 30, 1947

Office of the Mayor,
Nanking Municipal Government
Nanking

Sirs:

Article 166 of the newly adopted Constitution of the Republic of China states "The state shall encourage scientific inventions and creations and shall protect old landmarks and relics pertaining to history, culture, or the arts."

It has been personnally observed by me that lao pao hsin are engaged in the removal of the foundations and remains of the Ming Palace, located near Chung Shan Men. The Cantonese troops stationed in that area have effectively removed, to a depth of fifteen or twenty feet, all foundations of the North Gate of the Palace, which was equal in extent and grandeur to the South Gate, still standing.

In the interest of preserving this landmark for excavation by qualified archaeologists and historians, it is suggested that the Municipal Government, in conjunction with the National Government's Ministry of National Defense, take immediate steps to halt all digging in the Ming Palace area.

Bricks, tiles, and stone remains are being systematically removed, reduced to small size, and sold for building materials to be used in nearby construction. Among the objects [already] removed, [and destroyed,] are the remains of a dragon screen, equal in beuaty to the one in Peiping [(Pei Hai)] which isstill standing, and which could have been partially or completely restored by an archeologist. The materials from this screen have already been destroyed, and no doubt form the mortar of the New National Museum. Nobody knows what other objects have been removed, or will be removed if this digging is not stopped atonce.

Sincerely, An American

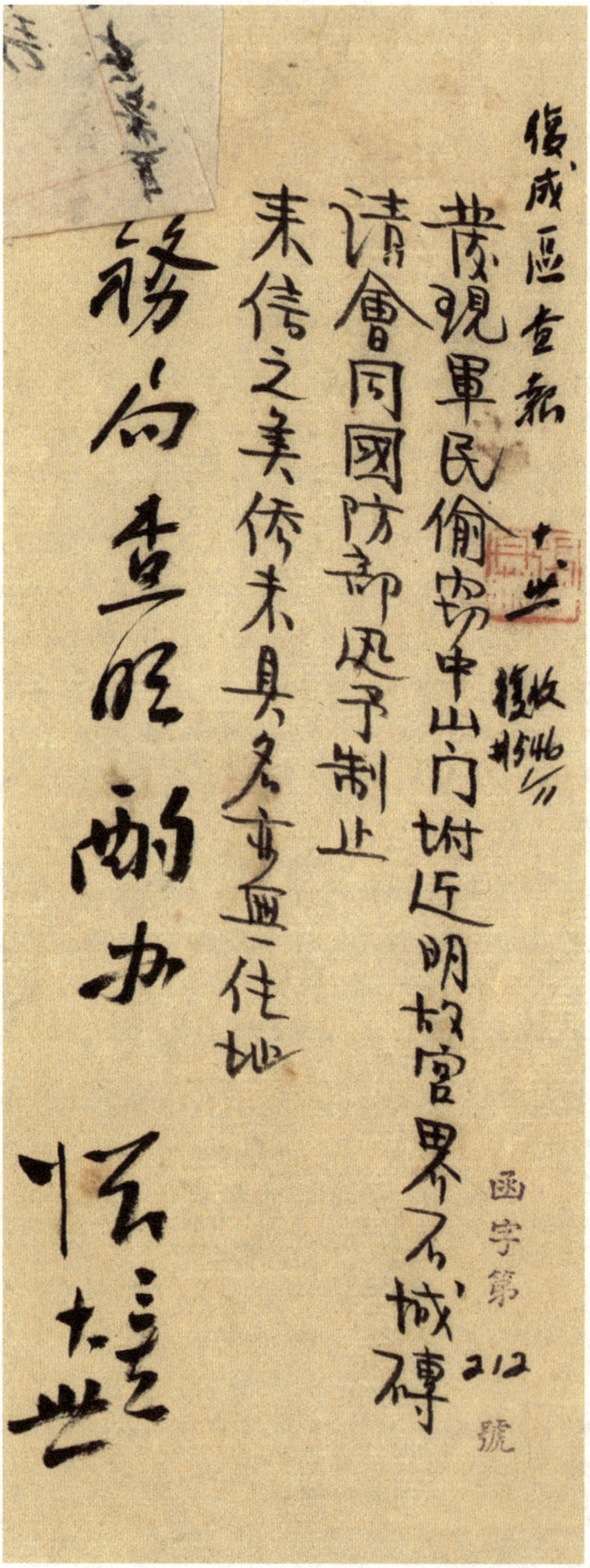

復成區查報

茲現軍民偷竊中山門附近明故宮界石城磚

請會同國防部予制止

來信之美僑未具名與住址

十.卅

復收 5146 11/1

函字第212號

務向查明辦

怡 十.卅

（三）南京市工務局爲調查中山門一帶挖掘磚石情形的便箋（一九四七年十一月三日）

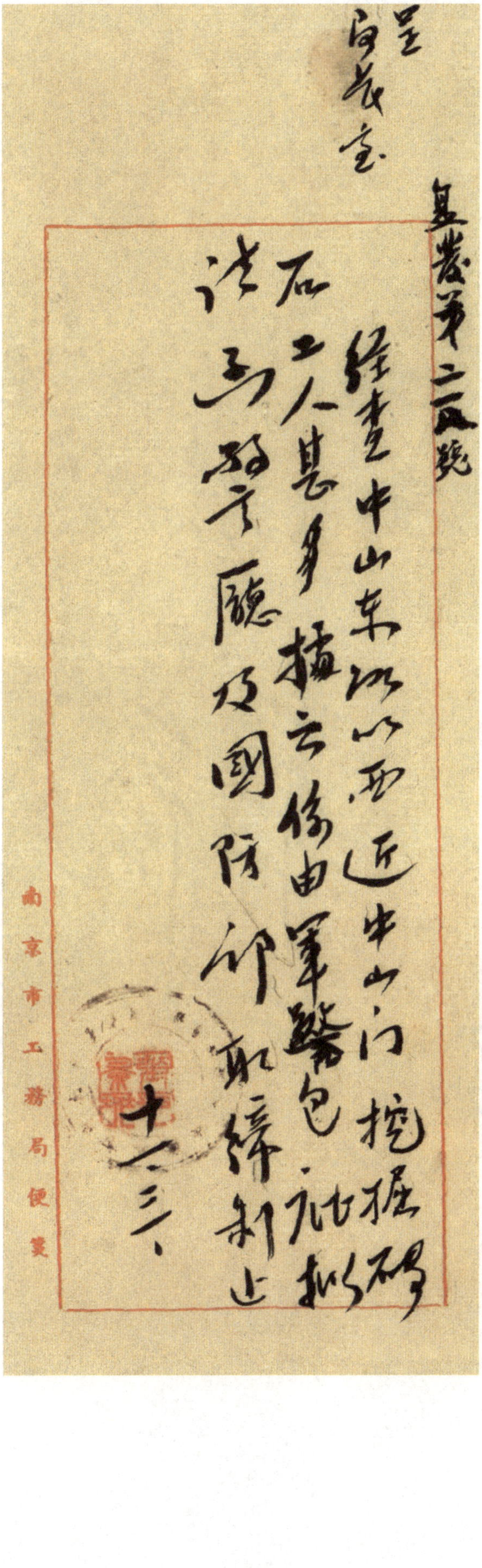
呈
局長 金
星發第二五號
經查中山東路以西近中山門挖掘磚石工人甚多，據云係由軍醫包工，擬請函警廳及國防部取締制止。
十一、三、
南京市工務局便箋

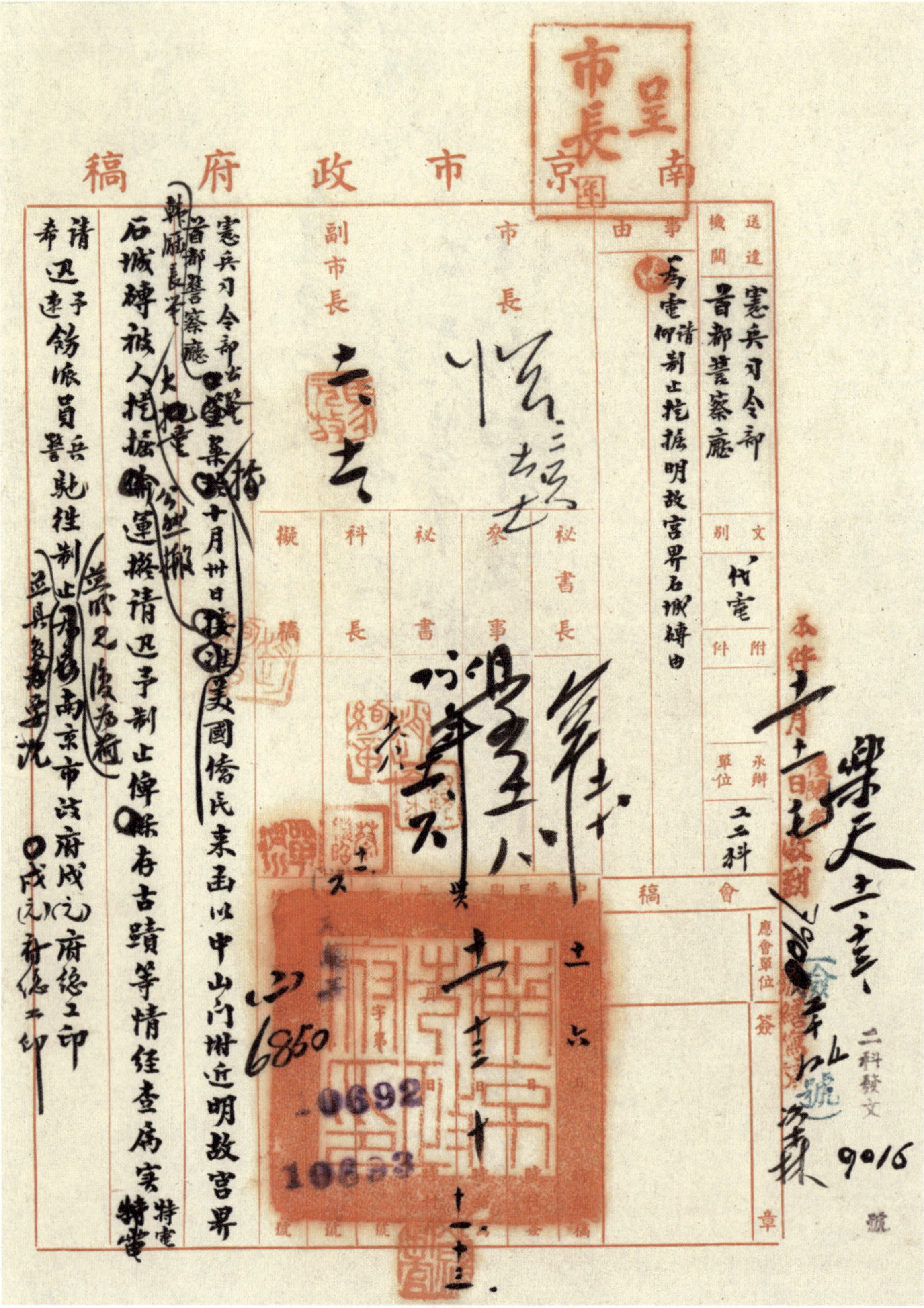

南京市政府稿

送達機關：憲兵司令部、首都警察廳

事由：為電請制止挖掘明故宮界石城磚由

文別：代電

承辦單位：二科

憲兵司令部、首都警察廳公鑒：案准美國僑民來函以中山門附近明故宮界石城磚被人挖掘偷運，擬請迅予制止，俾保存古蹟等情，經查屬實，特電請迅予飭派員警兵馳往制止為荷。南京市政府戌元府總工印

（四）南京市政府致憲兵司令部、首都警察廳的代電（一九四七年十一月十三日）

（五）憲兵司令部致南京市政府的公函（一九四七年十一月二十一日）

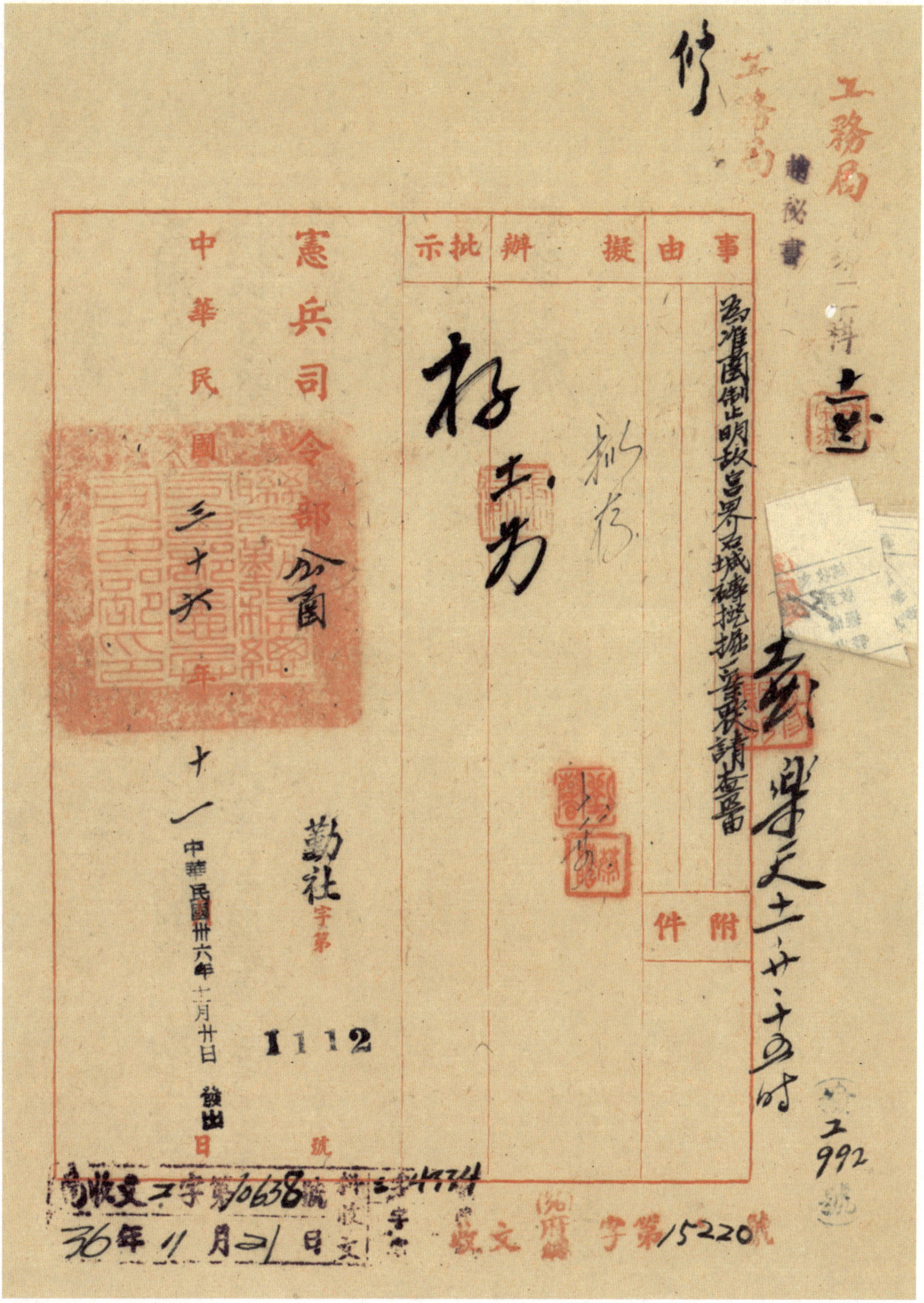
工務局
事由：為准函制止明故宮界石城磚挖掘一案函請查照由
擬辦
批示
附件
憲兵司令部公函
勤社字第1112號
中華民國三十六年十一月
中華民國卅六年十一月廿日發出
南京市政府收文字第15220號
收文工字第10638號
36年11月21日

案准

贵府本（卅六）年十一月十三日（卅六）府总工字第一○九六二号代电："为电请制止挖掘明故宫界石城砖并盼见复"等由，准此。业已令饬驻京宪兵第一团转饬严加制止矣。相应函复，即希

查照为荷！

此致

南京市政府

（六）憲兵司令部爲據報告空軍挖掘明故宫機場城磚請查照致市政府的公函（一九四七年十二月十一日）

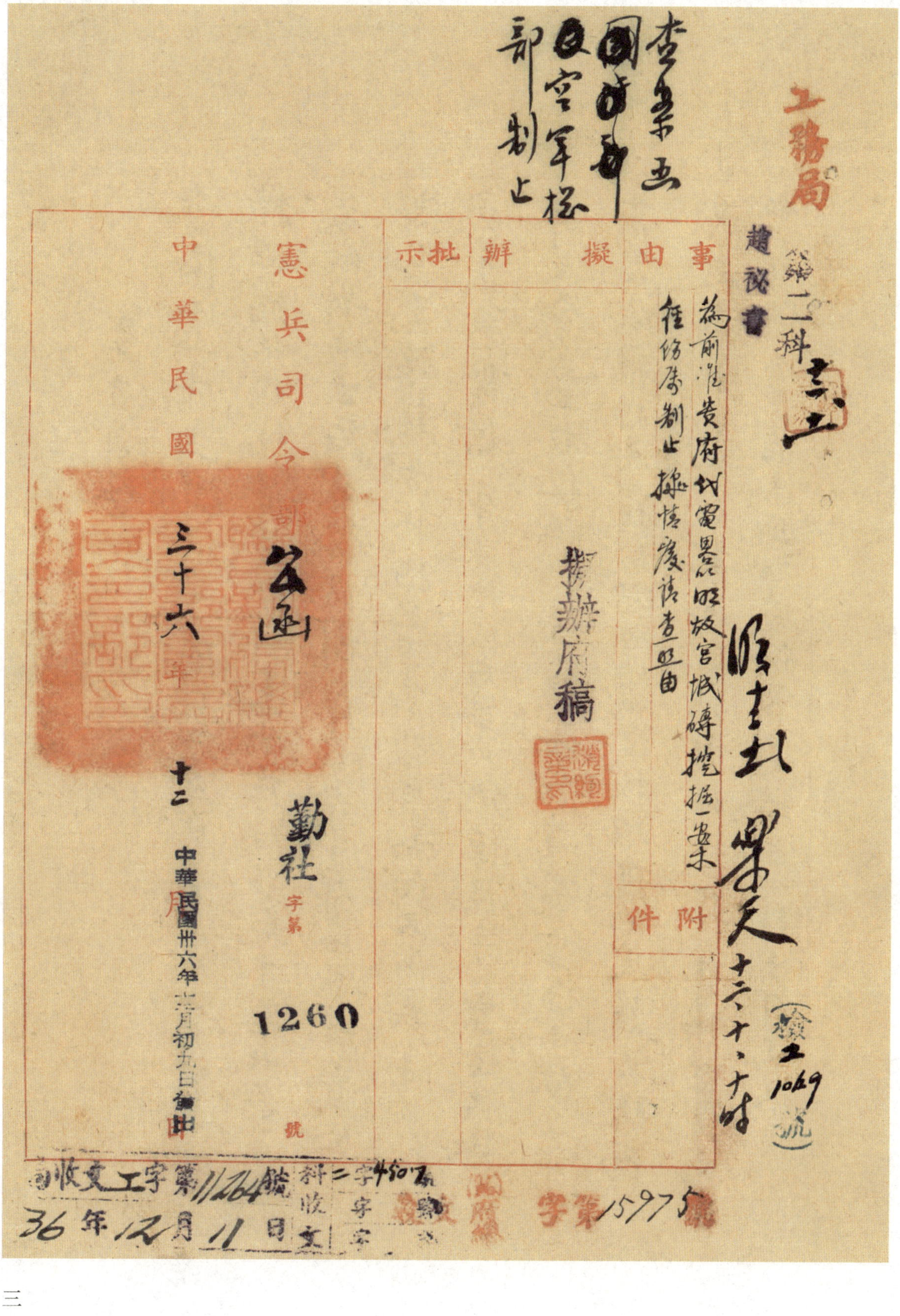

工務局

趙秘書

第二科

查案函 國防部 空軍總部 制止

事由：為前准貴府代電略以明故宮城磚挖掘一案經飭屬制止據悉後請查照由

擬辦：擬辦府稿

批示：照去函 畢天 十二、十一、十時

附件

憲兵司令部（函）

勤社字第1260號

中華民國三十六年十二月

中華民國卅六年十二月初九日發出

收文工字第11264號 36年12月11日

字第1597號

案查前准

貴府本(36)年十二月十三日(卅六)府總工字第一一五號代電囑制止挖掘明故宮機場界石城磚，業經轉飭駐京憲兵第一團嚴切制止去后，茲據該團本(36)年十二月四日琴普字第〇三四九號報告稱：「據空軍第九地區勤務大隊長葛培萱(空軍少校)聲稱：『本隊挖掘西華門城垣，係奉空運大隊部之命令，至於挖掘城磚之用途，係建築空運大隊空軍第四中隊飛行員宿舍(住於明故宮機場)，現已建築五棟，尚擬建築機械室二棟，而挖掘該城垣，僅報請空軍司令部備案，並未函知其他有關機關』已。」經本團派員當告其曾奉有令阻止，飭其勿再續挖，復據彼聲稱：「乃係奉令行為，如欲阻止，請直接向空總部交涉」等情，相應函復，即希逕與空軍總司令部洽辦為荷！

此致

南京市政府

（七）空軍總司令部爲第九勤務大隊挖掘明故宫界石城磚一案已飭空運第一大隊查報致南京市政府的代電（一九四八年一月十二日）

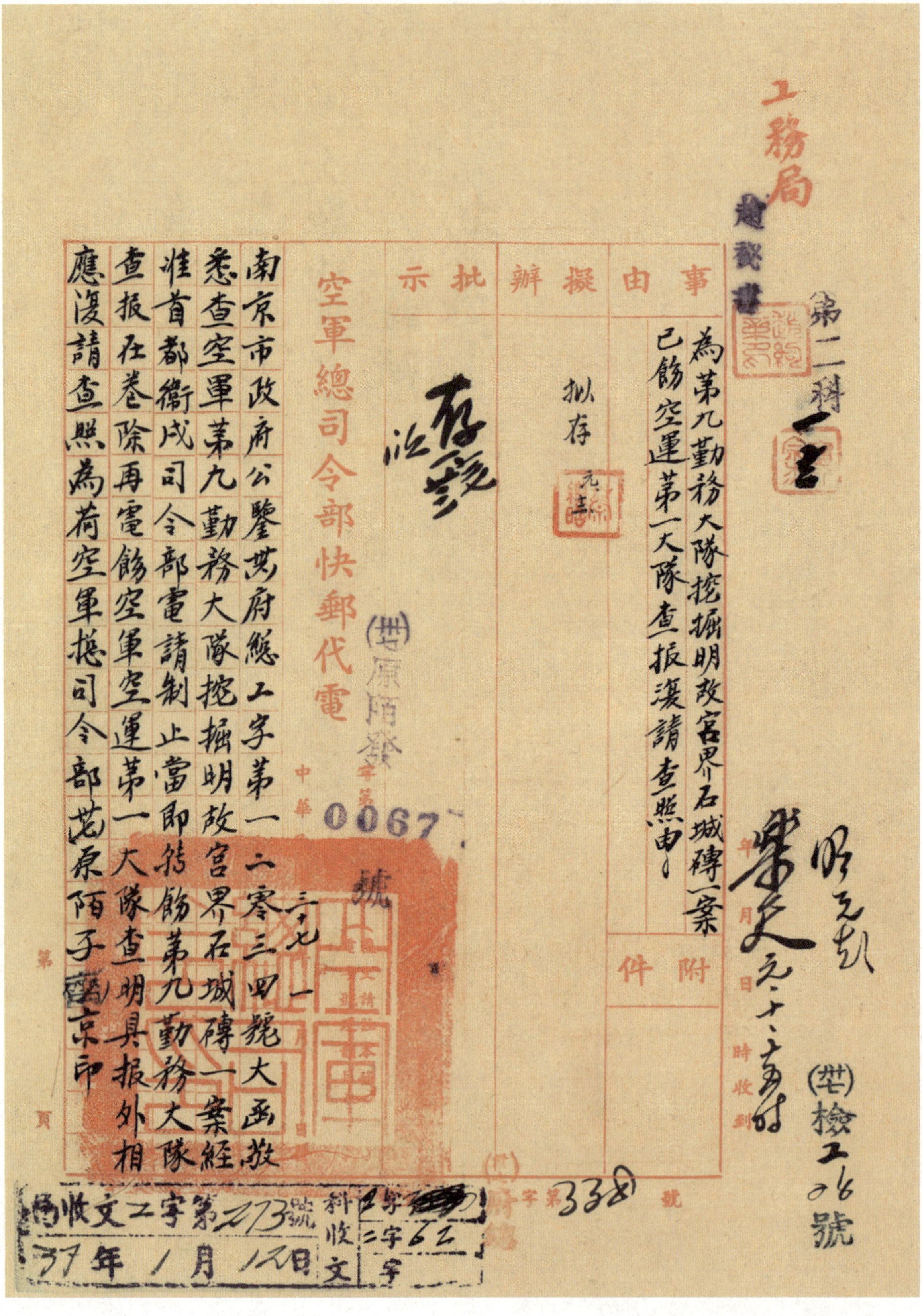

工務局

第二科

事由：爲第九勤務大隊挖掘明故宫界石城磚一案已飭空運第一大隊查振復請查照由

擬辦：擬存

批示：存

附件

空軍總司令部快郵代電

南京市政府公鑒：茲府總工字第一二零三四號大函敬悉。查空軍第九勤務大隊挖掘明故宫界石城磚一案，經准首都衛戍司令部電請制止，當即轉飭第九勤務大隊查報在卷。除再電飭空軍空運第一大隊查明具報外，相應復請查照為荷。空軍總司令部范原陌子[illegible]京印

三十七 一

收文工字第2273號

37年1月12日

字第338號

（八）空軍總司令部爲調查明故宮機場内城墻拆除情形致南京市政府的代電（一九四八年二月十三日）

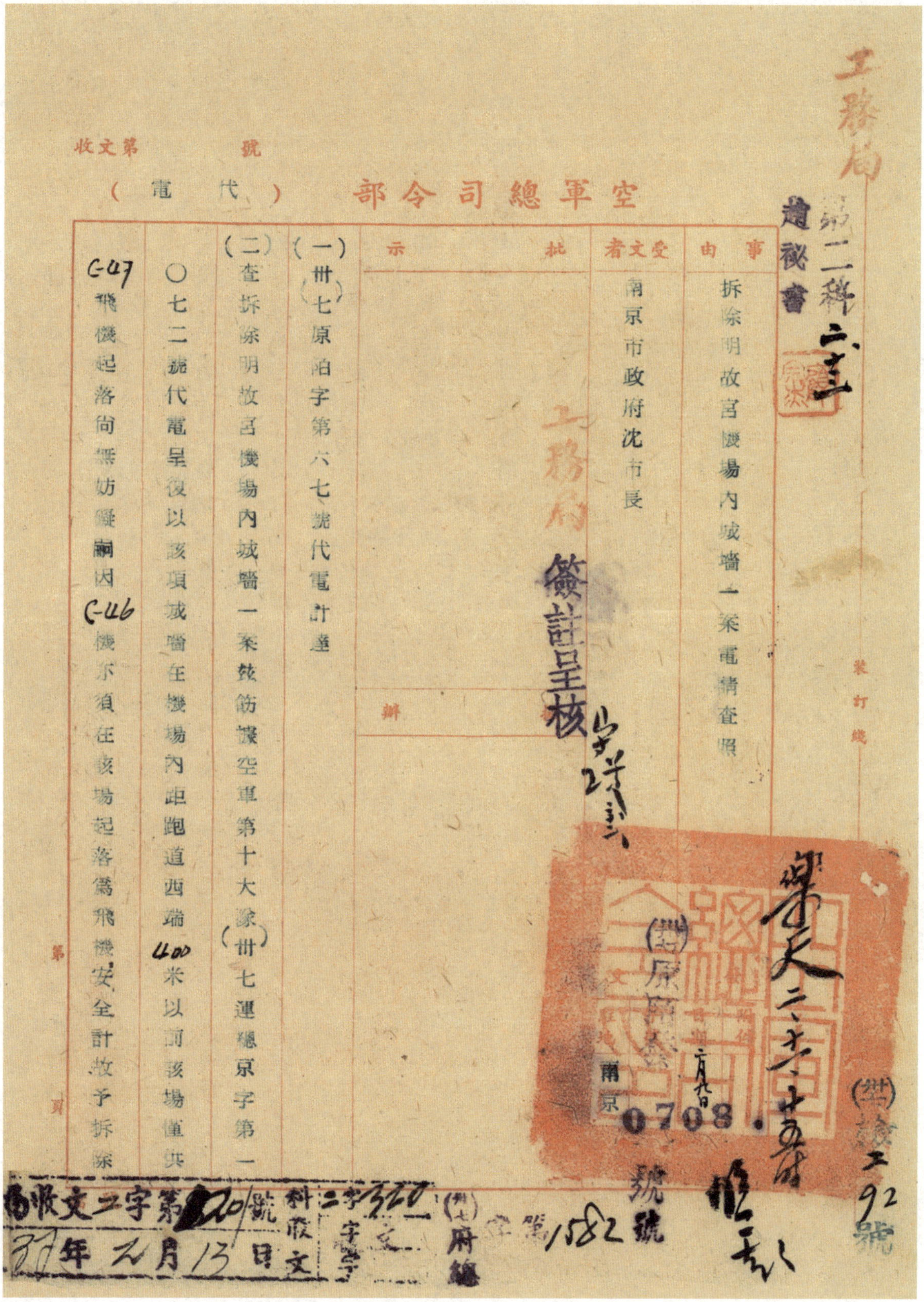
收文第　　號

空軍總司令部（代電）

事由	受文者	批示
拆除明故宮機場内城墻一案電請查照	南京市政府沈市長	簽註呈核

（一）卅七原泊字第六七號代電計達

（二）查拆除明故宮機場内城墻一案兹飭據空軍第十大隊（卅七運穩京字第一〇七二號代電呈復以該項城墻在機場内距跑道西端400米以前該場僅供C-47飛機起落尚無妨礙嗣因C-46機亦須在該場起落爲飛機安全計故予拆除

一部份倘C-46機擬於夜間降落則仍應繼續拆除惟自奉令後即已遵令停拆繪製C-47 C-46飛機起落圖解請鑒核

（三）查該項城牆既妨礙C-46飛機起落安全自應報請拆除惟該大隊未經奉准擅先處理究屬不合已飭查明責任議處報核并報請

主席准予令飭有關機關拆除以策安全

（四）檢同原呈圖解各一份請查照

（五）附C-47 C-46飛機起落圖解各一份

總司令 周至柔

中國空軍總司令部

一、C-46下滑速度為130 m.p.H.(合3500 m per minute)
二、C-46標準下滑率為150 m per minute
三、下滑高度與飛行前進之比率為3:70
四、明故宮機場15號跑道長800 m距跑道端400 m處有城墻高11 m
五、C-46着陸前飛越城墻之最低高度應較城墻高20 m
六、飛機在最低高度飛越城墻其着陸點L在距跑道端373 m處(距城墻773 m處)僅餘427 m可供滑行
七、城墻拆除一部份可影响着陸前下滑高度(高度減低)則着陸點接近跑道端

圖示:

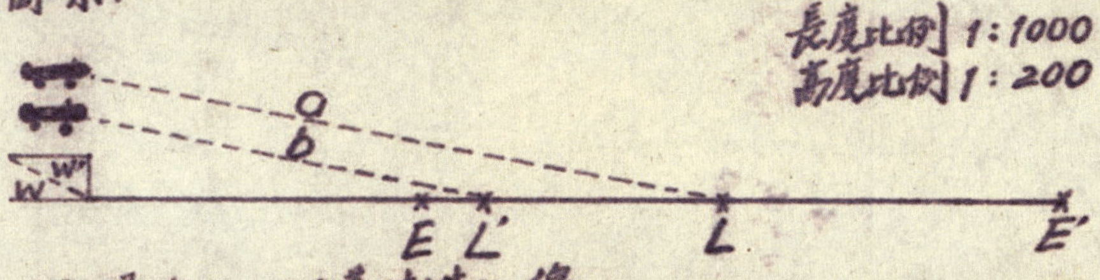

a.現在C-46着陸進入線
b假想進入線(城墻拆除後而達成安全之着陸進入線)
E跑道端　　E'跑道他端
L為a之着陸點(EL=373 m　LE'=427 m)
W城墻
W'建議拆除之城墻

第　　頁

工務局

南京市工務局簽註紙

（批）檢 工92號

查明故宮機場內之城墻既與軍用飛機之升降有所妨礙似可予以拆除惟該項城墻若任空軍大隊拆作他用殊屬可惜現本京城墻損壞頗劇迭接衛戍總司令部來函請修倘能將是項拆下城磚予以利用對於城防至感重要擬請函復空軍總部准由本局派工拆除運回應用當否仍請

核奪謹呈

市長沈

副市長馬

職 原素欣 謹簽 二月十八

工務局

擬辦府稿

擬照辦並函復空軍總部外

並函衛戍總部知照

照擬

(二)1320

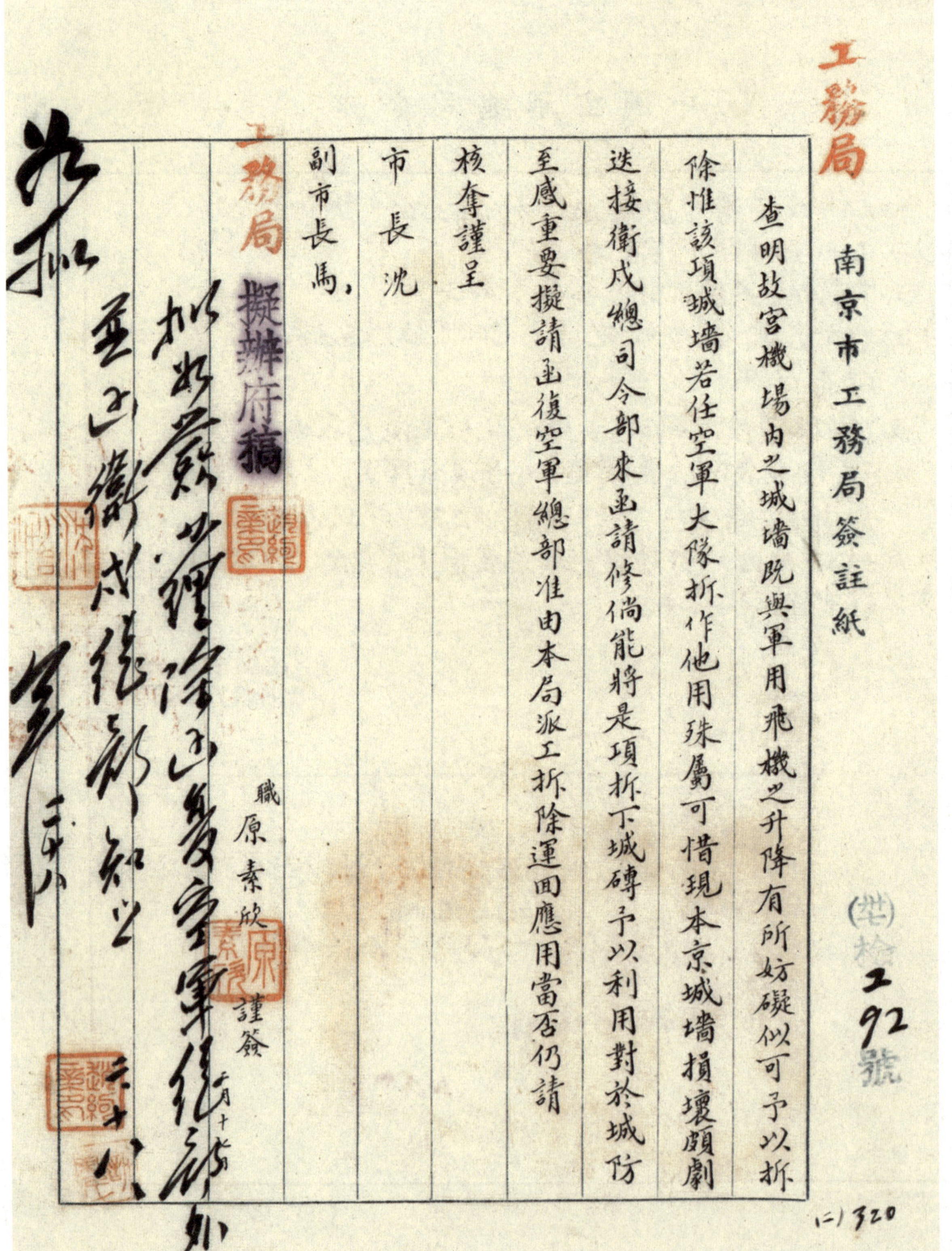

（十）南京市政府爲請利用明故宮機場拆除的城磚修葺本市塌陷城墻致空軍總司令部、首都衛戍司令部的公函（一九四八年二月二十一日）

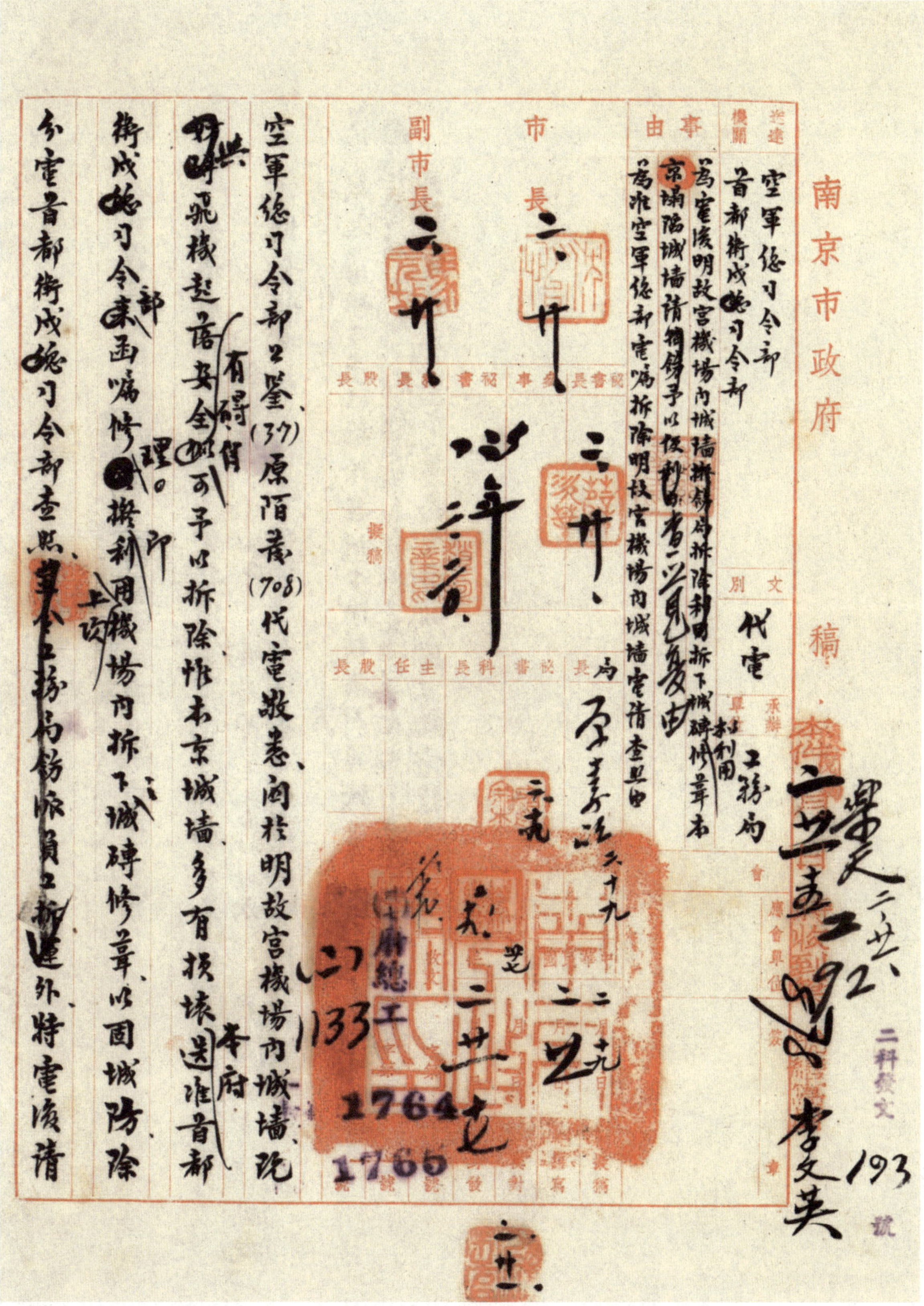
南京市政府稿

送達機關：空軍總司令部　首都衛戍總司令部

文別：代電

事由：爲電復明故宮機場内城墻准予拆除，請將拆下城磚交由本府修葺本京塌陷城墻由

市長　副市長

空軍總司令部（37）原陌丧（708）代電敬悉，關於明故宮機場内城墻既妨飛機起落安全，自可予以拆除。惟本京城墻多有損壞，迭准首都衛戍總司令部來函囑修理，擬利用機場内拆下城磚修葺，以固城防。除分電首都衛戍總司令部查照，並令工務局飭派員工拆運外，特電復請

1764

1766

李文英

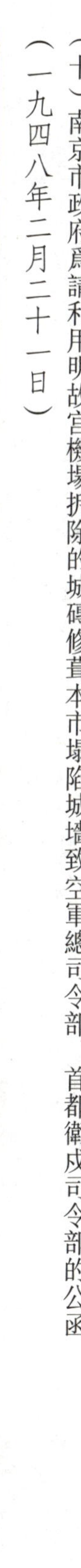

查照飭予以便利為荷見復俾便轉飭工務局勘派員工前往拆運南京市政府丑府總工印

首都衛戍總司令部、空軍總司令部：案准空軍總司令部代電，以明故宮機場內

城墻妨碍飛機升降安全，擬予拆除等由，嘱查照。當以此項機場城墻原属故宮遺跡，現既屬有碍飛

機起落，自似可予以拆除，其拆下城磚擬利用修葺本京瑞隴城墻。除電復印

併希飭令工務局派員前往拆運[illegible]首都派員[illegible]

外，特電請查照為荷。南京市政府丑府總工印

（十一）首都衛戍司令部爲利用明故宮機場拆除城磚案請向江寧要塞司令部接洽致南京市政府的代電（一九四八年三月一日）

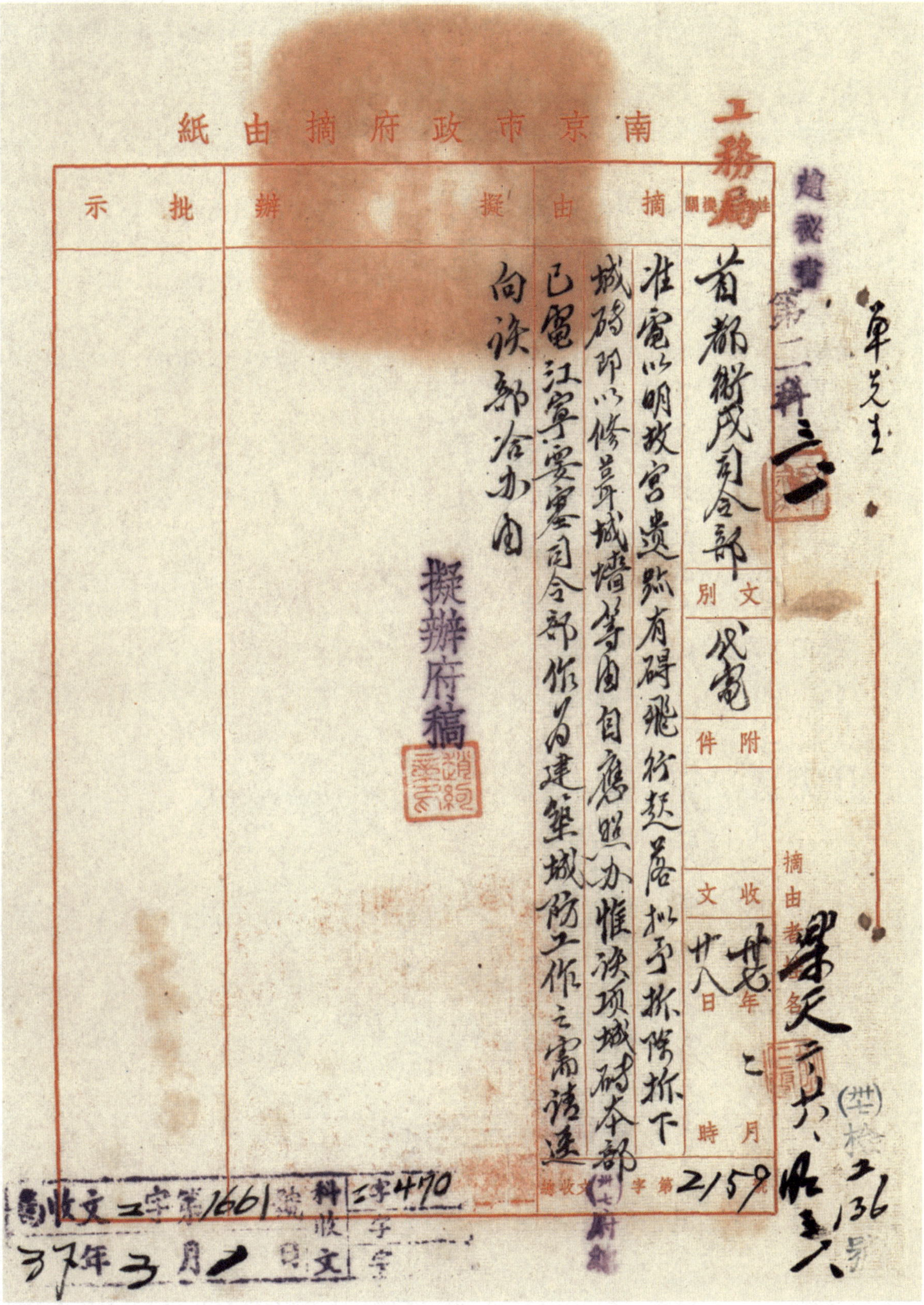

南京市政府摘由紙
工務局
機關 首都衛戍司令部
文別 代電
附件
收文 卅七年二月廿八日
摘由 准電以明故宮遺跡有碍飛行起落，擬予拆除，拆下城磚即以修葺城墻等由，自應照辦，惟該項城磚本部已電江寧要塞司令部作爲建築城防工作之需，請逕向該部洽辦由
擬辦 擬辦府稿
批示
收文字第2159號
收文二字第1661號
37年3月1日

首都衛戍司令部代電

事由

批示

附件

戍庶字第　號

中華民國三十七年二月廿七日

南京市政府公鑒准貴府卅七府總工字第1165號代電以明故宮遺跡有碍飛机飛行起落自可予以拆除其拆下城磚拟即利用修葺本京塌陷城牆等由自應照辦惟該項城磚本部已電江寧要塞司令部作為建築城防要塞工事之需令貴府既屬需要請逕向江寧要塞司令部洽辦可也特復首都衛戍總司令部戍庶魯印（咸）

100

（十二）江寧要塞司令部爲同意利用明故宮機場拆除城磚修築城墻案致南京市政府的代電（一九四八年三月十日）

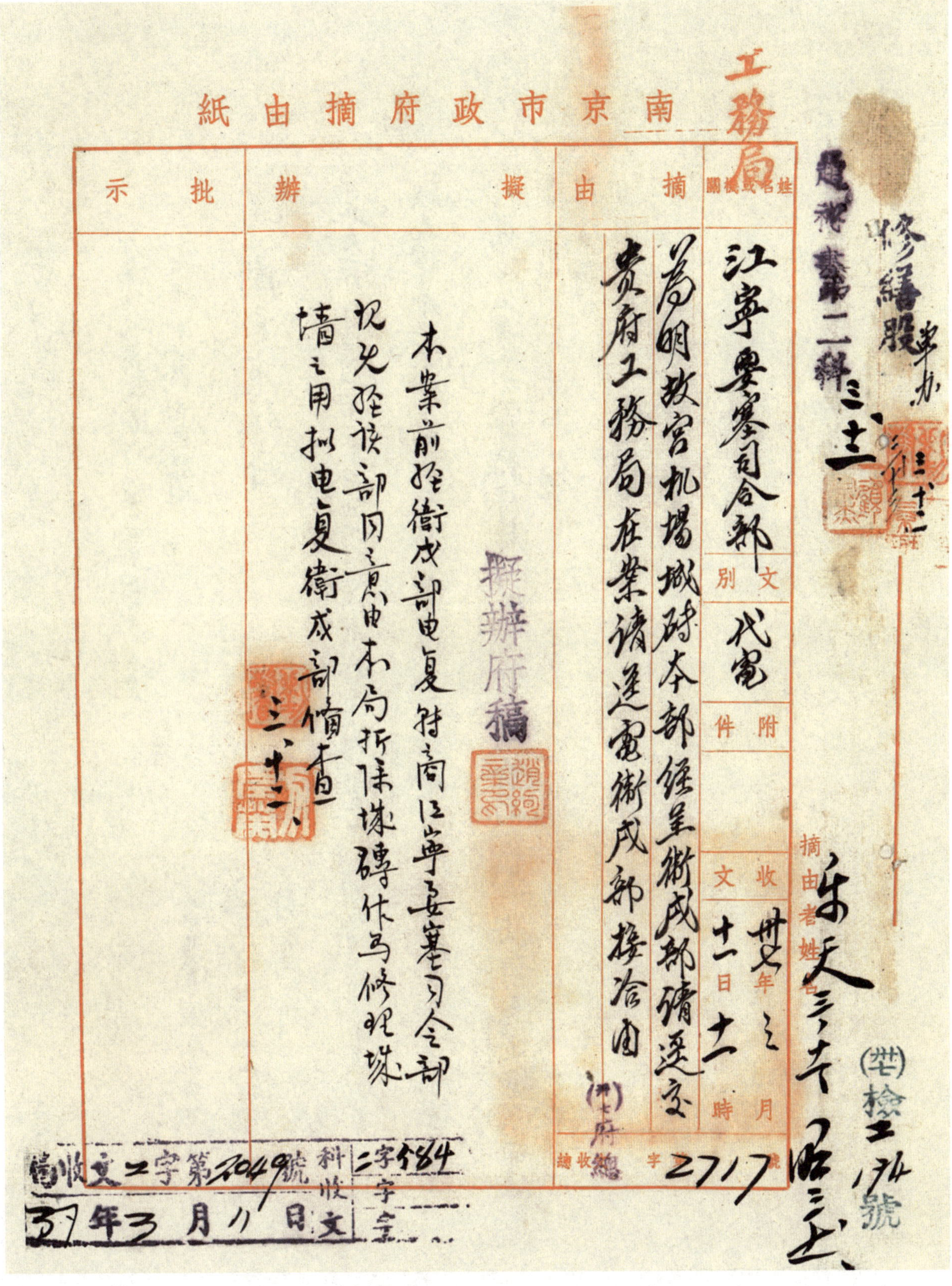

南京市政府摘由紙

姓名或機關	江寧要塞司令部
文別	代電
附件	
收文	卅七年三月十一日 時
摘由	爲明故宮机場城磚本部經呈衛戍部請逕交貴府工務局在案請逕電衛戍部接洽由
擬辦	本案前據衛戍部電復特商江寧要塞司令部現已徑該部同意由本局拆除城磚作爲修理城墻之用擬电复衛戍部備查 三、十二
批示	

擬辦府稿

工務局　建秘叁第二一號　三、十三　修繕股承办

摘由者姓名

（卅七）檢工1514號

總收文 字 2717 號

府收文二字第2049號　科收文二字584

37年3月11日

江寧要塞司令部 代電

收文第（　）號

事由	為明故宮機場城磚本部經呈衛戍部請逕交貴府工務局在案由
受文者	南京市政府

三月六日府總工字第二〇六號代電敬悉明故宮機場城磚拆除後由貴府接收為修葺本京城墻用自屬同意惟本部經以二月二十四日紀參智字第四二〇號代電呈復衛戍部請將該磚逕交貴府工務局在案敬請逕電衛戍部接洽為荷

司令　胡雄

發文	
附	
日	中華民國卅七年叁月拾日發文
字	紀參智四·4435號
駐	南京挹江門

第　頁

監印　王[illegible]德

檔號

（十三）南京市政府爲利用明故宫機場内城磚已電准江寧要塞司令部同意請查照致首都衛戍總司令部的代電（一九四八年三月十六日）

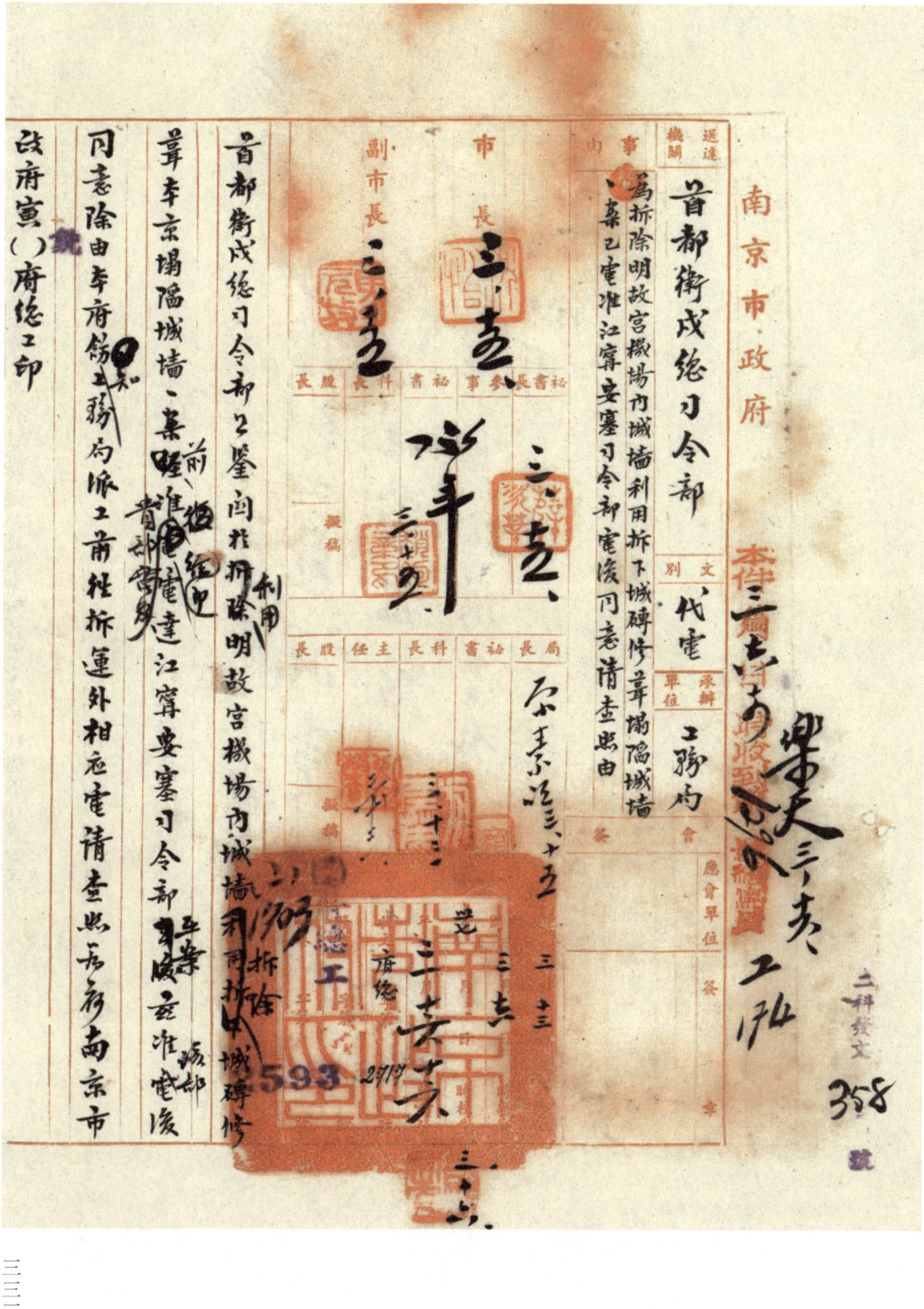

南京市政府

送達機關：首都衛戍總司令部

文別：代電

承辦單位：工務局

事由：爲拆除明故宫機場内城墻利用拆下城磚修葺場隔城墻，業已電准江寧要塞司令部電復同意，請查照由

首都衛戍總司令部公鑒：查拆除明故宫機場内城墻利用拆下城磚修葺本京場隔城墻，業經電准江寧要塞司令部電復同意，除由本府飭工務局派工前往拆運外，相應電請查照為荷。南京市政府寅（）府總工印

南京市工務局關于查禁民衆盜竊城磚、調查破落城磚存放地點與各區工務管理處的往來公文

（一）南京市工務局致各區工務管理處的訓令（一九四八年四月十四日）

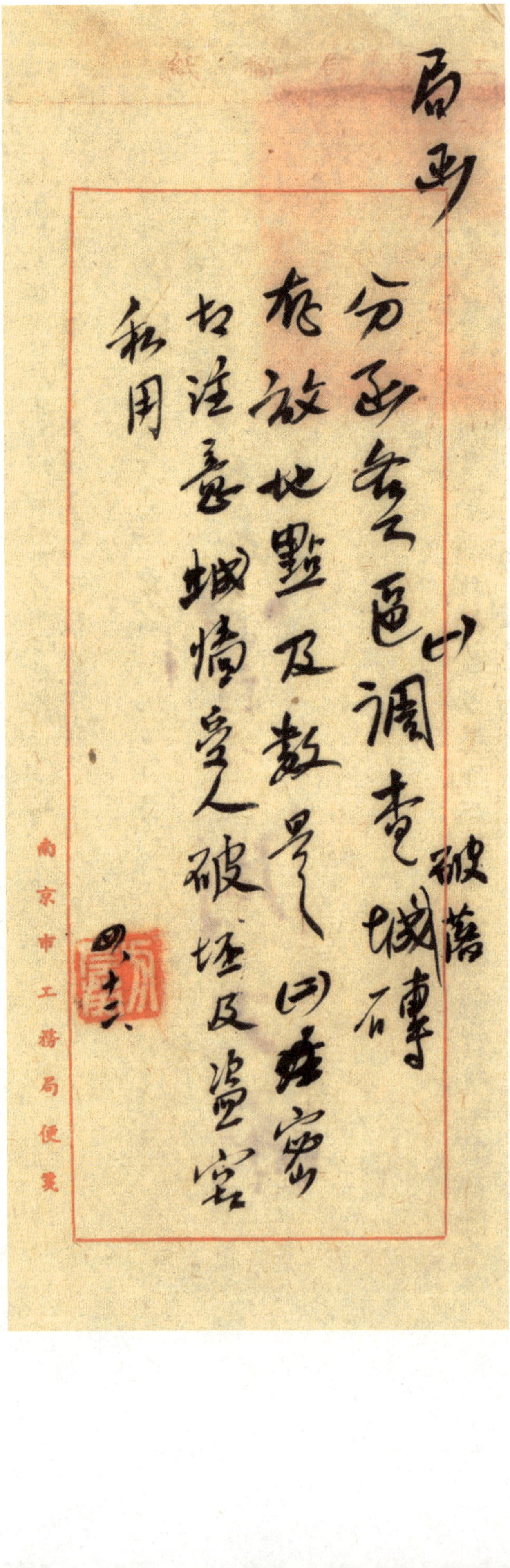
啟函

分函各區以調查破落城磚存放地點及數量（二）並密切注意城牆受人破壞及盜竊私用

田志

南京市工務局便箋

南京市工務局訓令

（卅七）京工字第2396號

事由：為令仰查禁莠民破壞城墻並查明各處留存破落城磚詳實報局由

令五台一區工務管理處

查本京城墻常有發現被人破壞並將挖下城磚盜竊私用亟應派員嚴密查禁以固城防各區所轄地區如有留存破落城磚應即查明地點數量詳實列表報局以便利用除分令外合行令仰遵照辦理。

此令

中華民國三十七年四月　日

中華民國卅七年四月十四日

代理局長　原素欣

監印　宋將蓀

校對　賈文偉

五工 034　4/16

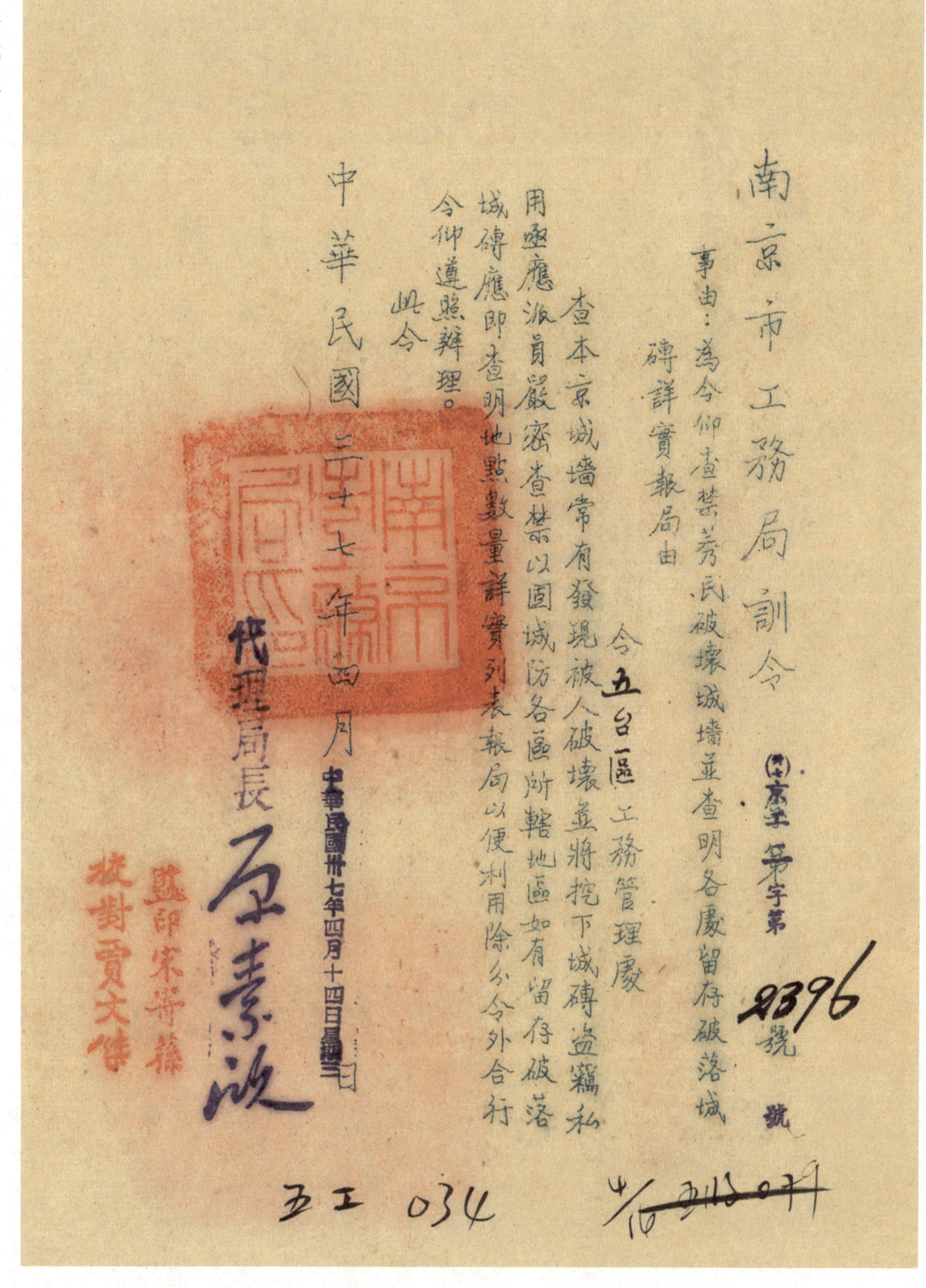

北政517

南京市工務局訓令

京工字第2396號

事由：為令仰查禁旁民破壞城墻並查明各處留存破落城磚詳實報局由

令城北區工務管理處

查本京城墻常有發現被人破壞並將挖下城磚盜竊私用亟應派員嚴密查禁以固城防各區所轄地區如有留存破落城磚應即查明地點數量詳實列表報局以便利用除分令外合行令仰遵照辦理。

此令

中華民國三十七年四月

中華民國卅七年四月十四日

代理局長 原素欣

監印宋寄蘇

校對賈文[illegible]

張工程司查 四、十六

南京市工務局訓令 (卅七)京工一字第2396號

事由：為令仰查禁旁民破壞城墻並查明各處留存破落城磚詳實報局由

令下關區工務管理處

查本京城墻常有發現被人破壞並將挖下城磚盜竊私用亟應派員嚴密查禁以固城防各區所轄地區如有留存破落城磚應即查明地點數量詳實列表報局以便利用除分令外合行令仰遵照辦理。

此令

中華民國三十七年四月 中華民國卅七年四月十四日星期三日

代理局長

監印 宋學蘇 校對 賈文傑

37年4月16日上午 時
收文下關 字第570號

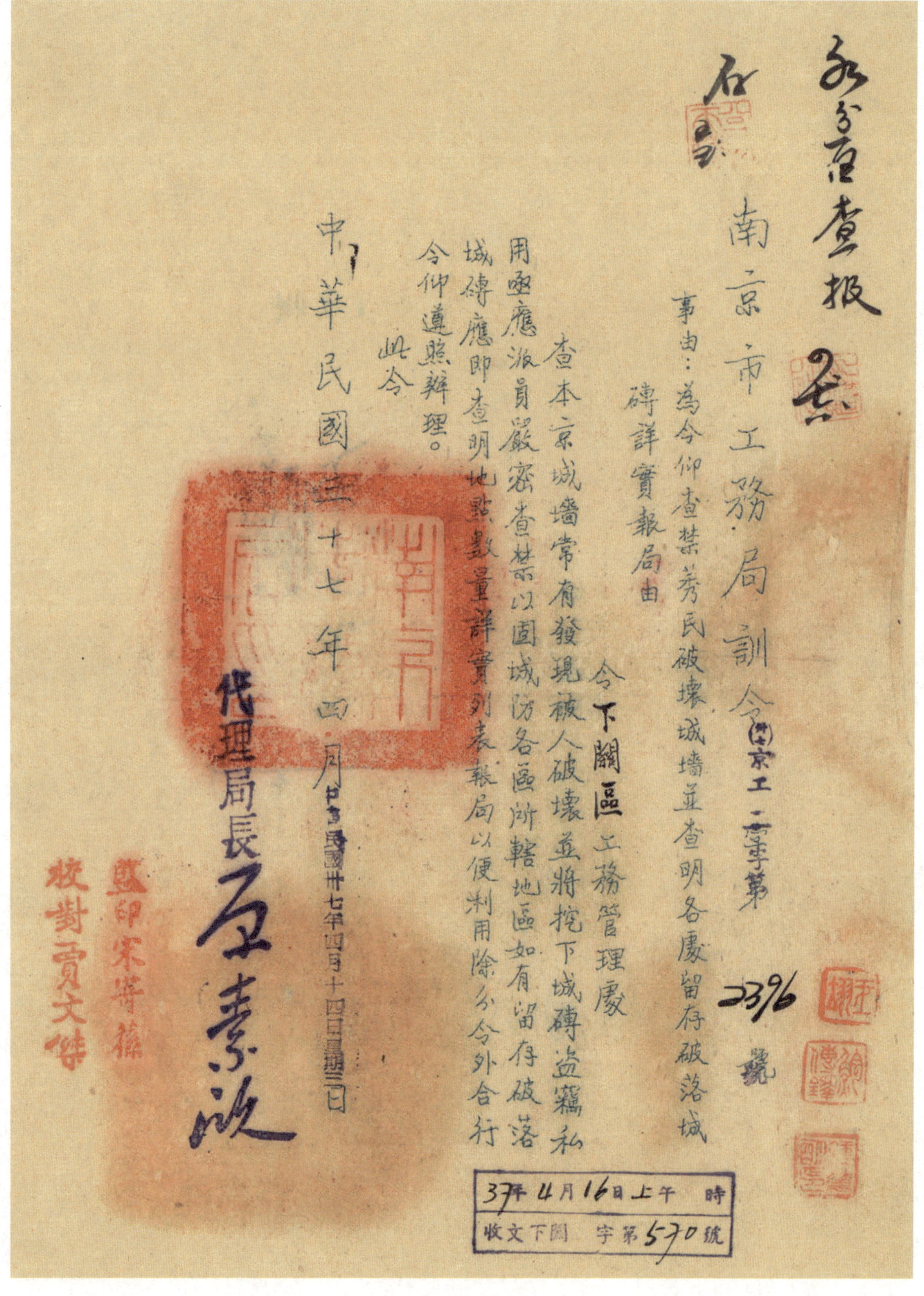

南京市工務局訓令 (京工二)字第2396號

事由：為令仰查禁旁民破壞城牆並查明各處留存破落城磚詳實報局由

令成賢區工務管理處

查本京城牆常有發現被人破壞並將挖下城磚盜竊私用亟應派員嚴密查禁以固城防各區所轄地區如有留存破落城磚應即查明地點數量詳實列表報局以便利用除分令外合行令仰遵照辦理。

此令

中華民國三十七年四月 中華民國卅七年四月十四日發

代理局長

監印宋寄蘇

校對賈文傑

成賢區 收文 令字267號 37年4月15日

收#927 16/4

南京市工務局訓令

（京工二）字第2356號

事由：為令仰查禁莠民破壞城墻並查明各處留存破落城磚詳實報局由

令復成區工務管理處

查本京城墻常有發現被人破壞並將挖下城磚盜竊私用，亟應派員嚴密查禁，以固城防。各區所轄地區如有留存破落城磚，應即查明地點數量，詳實列表報局，以便利用。除分令外，合行令仰遵照辦理。

此令

中華民國三十七年四月

代理局長　原素欣

中華民國卅七年四月十四日發出

監印宋寄龢　校對賈文鋒

田
民工務員知照，
並轉飭各工隊知照。
四、十六　田魁

（二）成賢區工務管理處爲轄區内城磚存放情況致市工務局的呈文及調查表（一九四八年四月十六日）

南京市工務局成賢區工務管理處稿

稿別	
事由	爲呈送轄區內城磚存放情況調查表仰祈鑒核由
受件機關或受件人	局長
附件	如文
與本件有關之件	

主任　年四月十六日時

主管工程司　年月日時

器材管理員　年月日時

人事管理員　年月日時

文書　交辦　年月日時　擬稿　年月日時

歸檔	電			文					
年月日	總數	發電	譯發	交譯	封發	蓋印	校對	繕寫	交繕
檔案號數			年月日時	年月日時	37.4.16. 發成字〇一二一二號	年月日時	年月日時	年月日時	年月日時

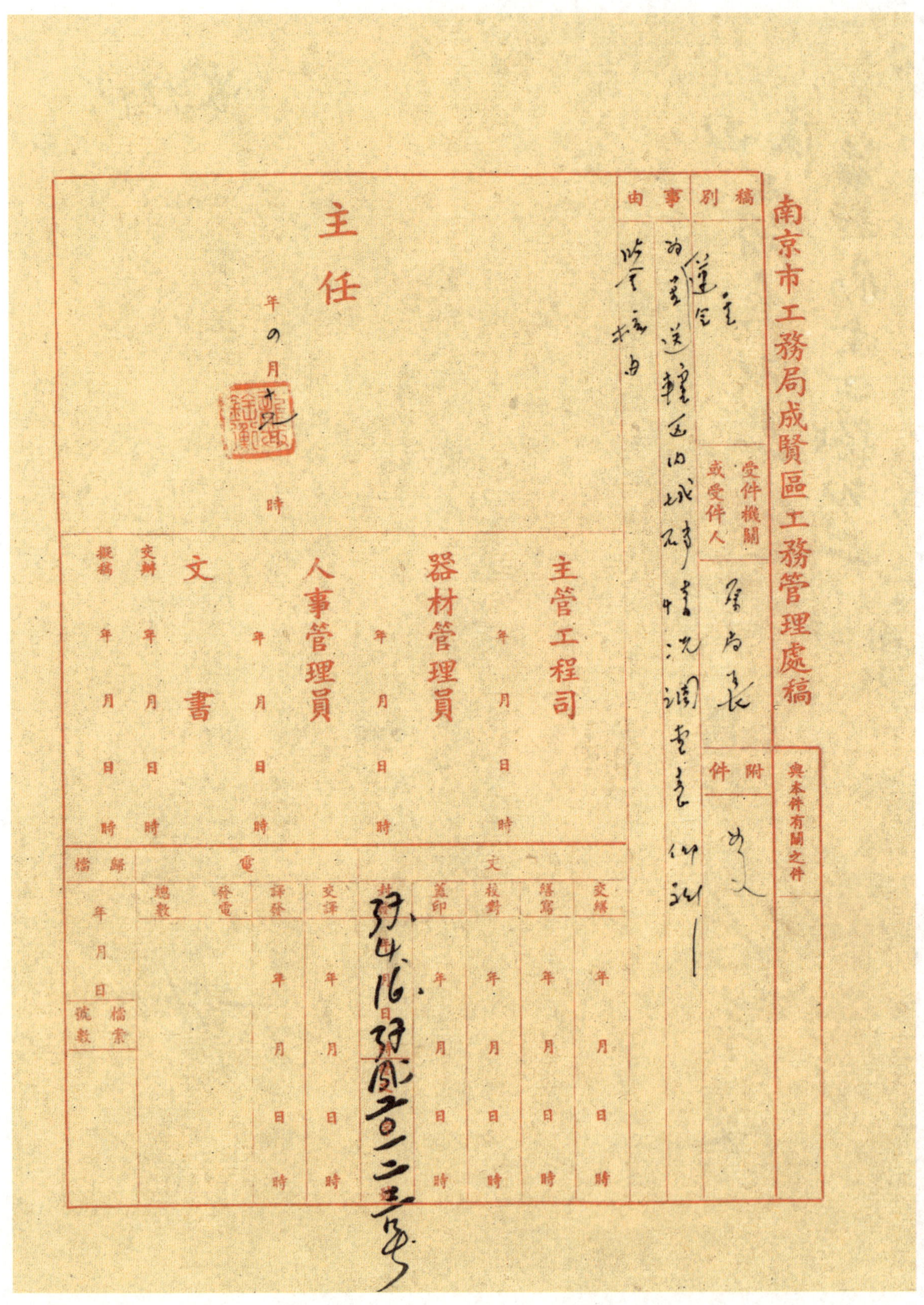

簽呈

案奉四月十四日發府二二字第2396號訓令飭查明城磚地點數量列表呈報以便利用學園事此自應遵辦

經派員詳查謹列表具報仰祈

鑒核

謹呈

市長馬

附城基、及土方城磚地點數量調查表一份

全銜

~500公尺間

戒嚴區內城磚地點及數量調查表　37～4～17

地點	說明	數量	單位	備考
太平門西400～500公尺間	1/2至1/3大小城磚	2,000	塊	約合1,000整塊在城牆頂上
〃	碎磚	4	立方	
九華山一公教一部	碎城磚 碎磚	25	立方	在城牆腳下

戒嚴區內城磚甚多，均已深埋土下二三公尺，確實之數量無法估計

主任　　　　37年4月17日

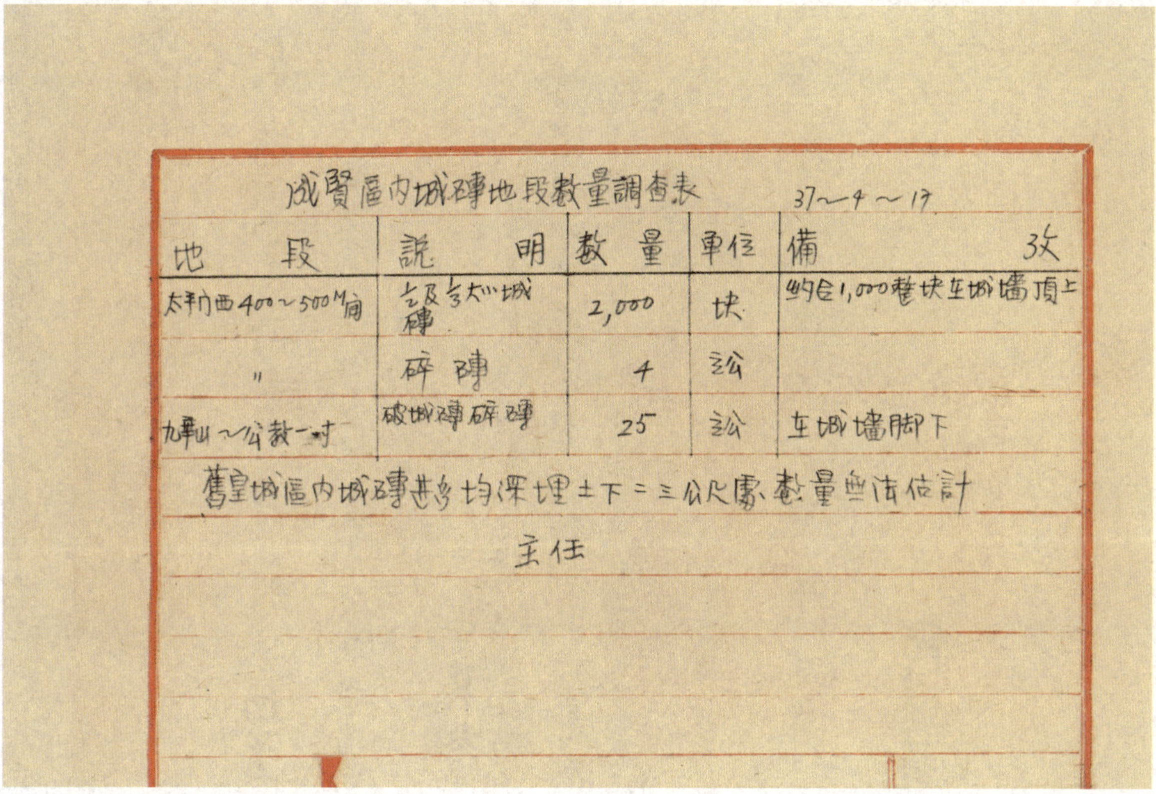

成賢區內城磚地段數量調查表　37～4～17

地段	說明	數量	單位	備考
太平門西400～500M間	[illegible]大小城磚	2,000	塊	約合1,000整塊在城牆頂上
〃	碎磚	4	公方	
九華山～公教一村	破城磚碎磚	25	公方	在城牆腳下

舊皇城區內城磚甚多均深埋土下二三公尺處數量無法估計

主任

（三）莫愁區工務管理處爲轄區内并無破落城磚致市工務局的呈文（一九四八年四月十四至一九四八年五月一日）

劉公閲

收文黄字第618號

南京市工務局訓令（卅七）京工二字第2396號

事由：爲令仰查禁莠民破壞城墻並查明各處留存破落城磚詳實報局由

令莫愁區工務管理處

查本京城墻常有發現被人破壞並將挖下城磚盜竊私用，亟應派員嚴密查禁以固城防。各區所轄地區如有留存破落城磚，應即查明地點數量，詳實列表報局，以便利用。除分令外，合行令仰遵照辦理。

此令

中華民國三十七年四月

中華民國卅七年四月十四日星期三

代理局長

監印宋寄蘇

校對賈文傑

存

查本處所轄地區內經由各分區主管分洽後查明並無留存破落城磚謹呈

主任

職劉光英謹呈 二月一日

南京市工務局便箋

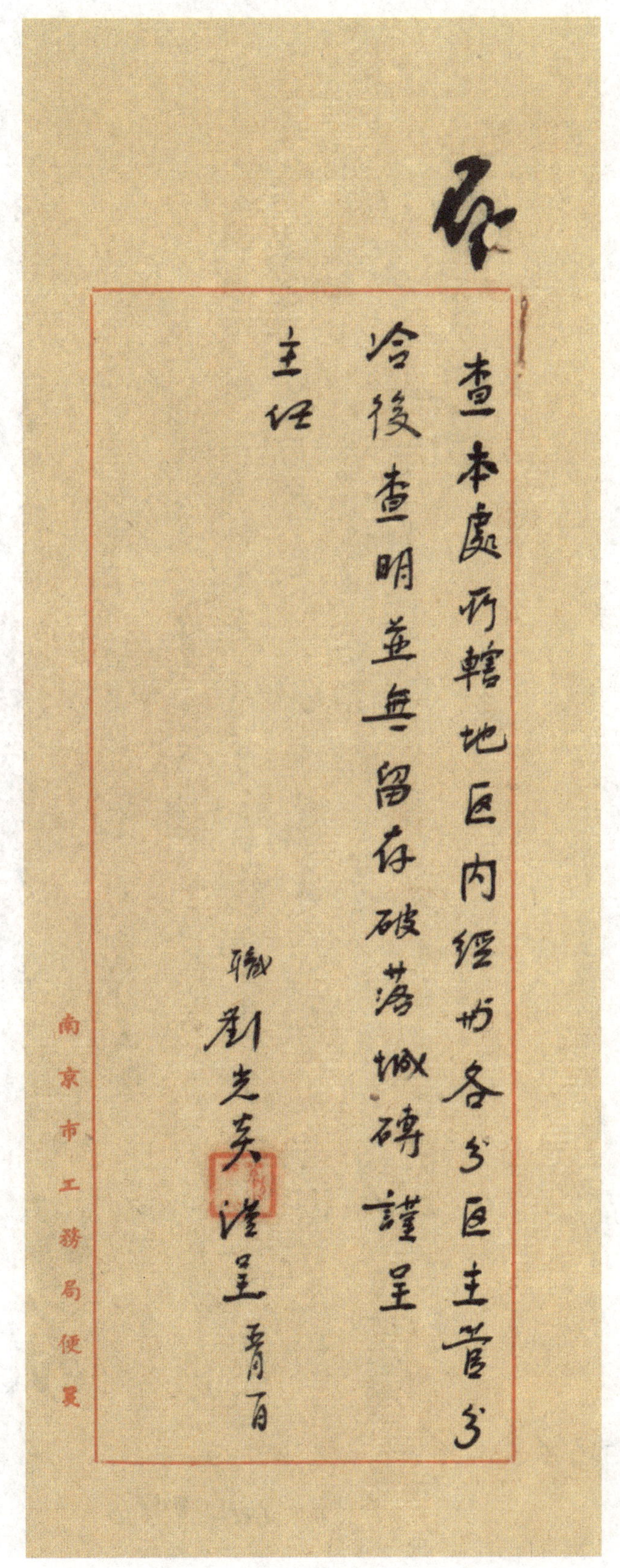

關于取締午朝門一帶有人盗挖城磚案的一組公文

（一）復成區工務管理處爲午朝門一帶有人盗挖城磚請予取締致南京市工務局的報告書（一九四八年六月二十九日）

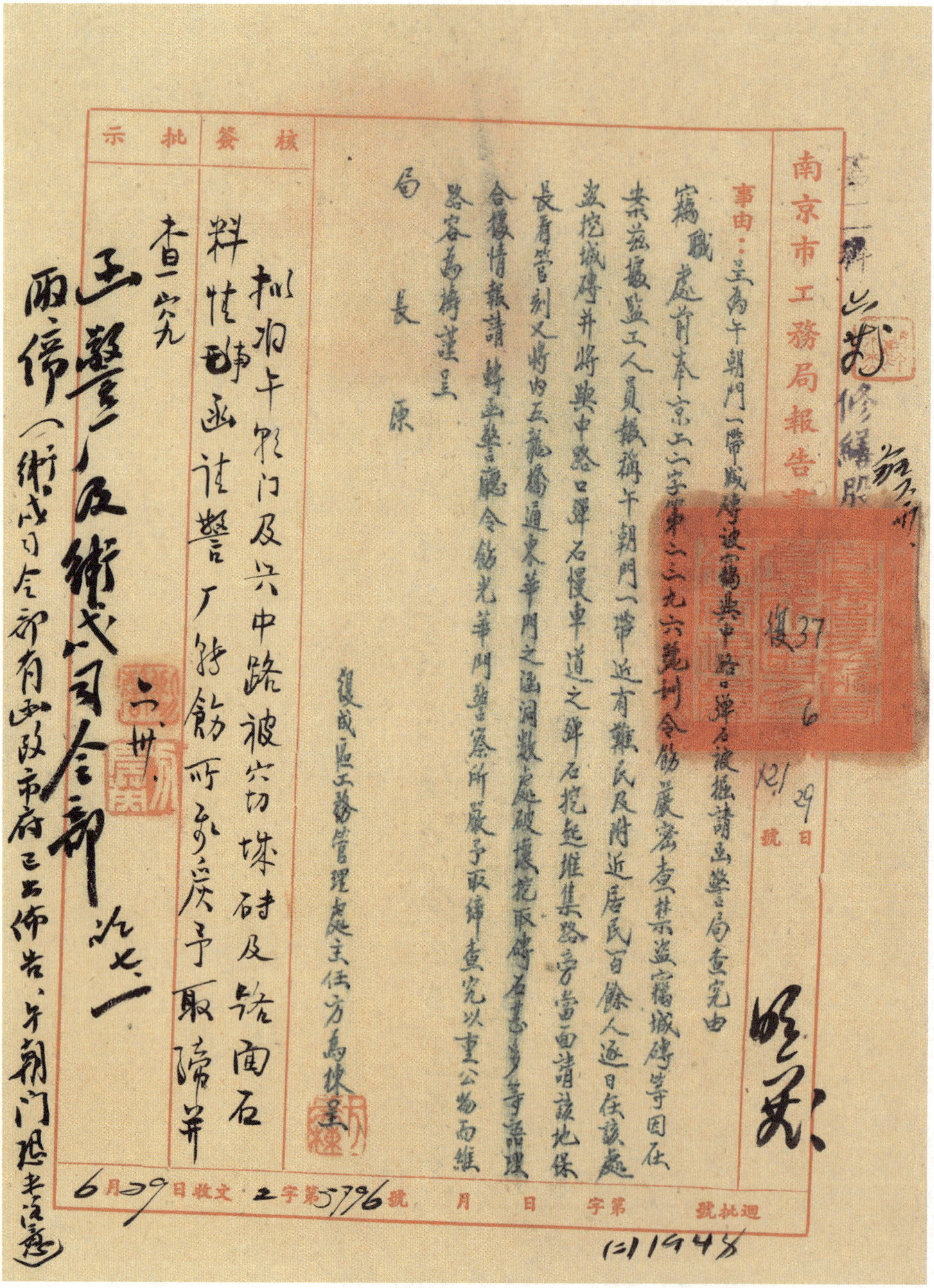

南京市工務局報告書

事由：呈爲午朝門一帶城磚被竊輿中路口彈石被掘請函警局查究由

竊職處前奉京工二字第二三九六號訓令飭嚴密查禁盗竊城磚等因在案。茲據監工人員報稱：午朝門一帶近有難民及附近居民百餘人逐日在該處盗挖城磚，并將輿中路口彈石侵車道之彈石挖起堆集路旁，當面請該地保長負責管制，刻又將内五龍橋通東華門之涵洞數處破壞，挖取磚石甚多等語。理合據情報請鈞局函警廳令飭光華門警察所嚴予取締查究，以重公物而維路容，爲禱。謹呈

局長原

復成區工務管理處主任方爲棟（呈）

復 37 6 29 號 日

核簽批示：

擬將午朝門及輿中路被竊城磚及路面石料情形函請警廳轉飭所屬予取締，并查究。六、卅

函警廳及衛戍司令部 兩稿（衛戍司令部有函致市府已出佈告，午朝門想未注意）

6月29日收文 工字第5796號

（二一）南京市工務局爲午朝門一帶有人盜挖城磚，請嚴予查禁致首都衛戍司令部、首都警察廳的公函（一九四八年七月六日）

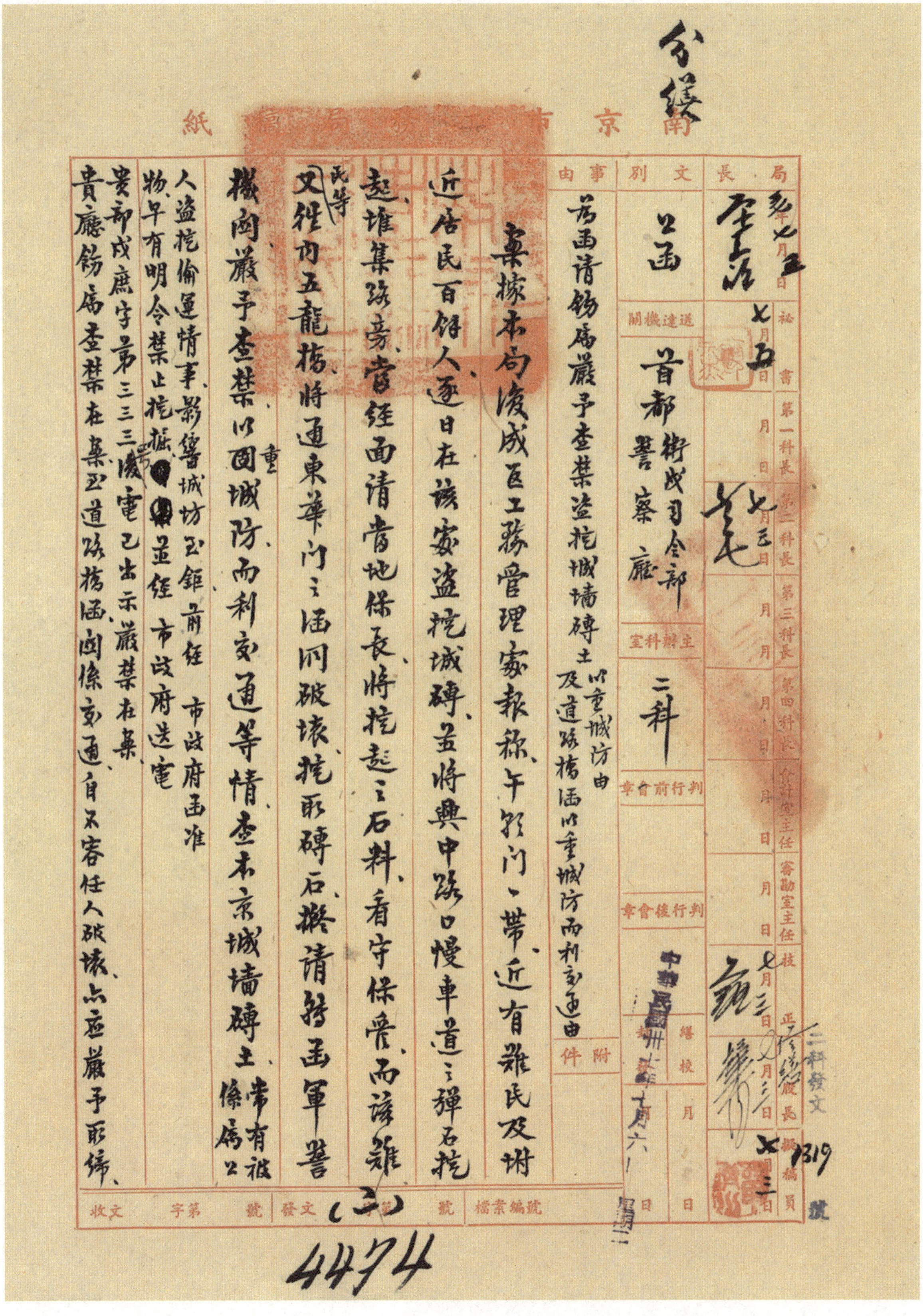

南京市工務局稿紙

局長：（簽名）三七年七月五日

文別：公函

送達機關：首都衛戍司令部、首都警察廳

事由：爲函請飭屬嚴予查禁盜挖城墻磚土以重城防由 及道路橋涵以重城防而利交通由

主辦科室：二科

案據本局浚成區工務管理處報稱：午朝門一帶近有雜民及附近居民百餘人，逐日在該處盜挖城磚，並將興中路口慢車道之彈石挖起，堆集路旁。當經面請當地保長將挖起之石料看守保管，而該雜民等又往內五龍橋將通東華門之涵洞破壞，挖取磚石，擬請轉函軍警機關嚴予查禁，以固城防而利交通等情。查本京城墻磚土，係屬公物，常有被人盜挖偷運情事，影響城防至鉅，前經市政府函准，早有明令禁止挖掘，並經市政府迭電

貴部戍庶字第三三三淺電已出示嚴禁在案

貴廳飭屬查禁在案。至道路橋涵，關係交通，自不容任人破壞，亦應嚴予取締、

收文　字第　號　發文（二）號　檔案編號

中華民國卅七年七月六日

二科發文 1319 號

4474

據報前情、相除函請首都警察廳衛戍司令部飭屬注意查禁外、相應函請

查照惠予飭屬嚴行查禁為荷

此致

首都警察廳衛戍司令部

局長原

南京城墻檔案

城磚的保管與利用

陸
城磚相關案件

關于處理葉平安私存城磚案的一組文件

（一）僞警衛師司令部爲准僞首都警察廳函解送私賣城磚案犯葉平安依據城磚保管辦法處理請查照致僞南京特別市政府的公函

（一九四一年十月八日）

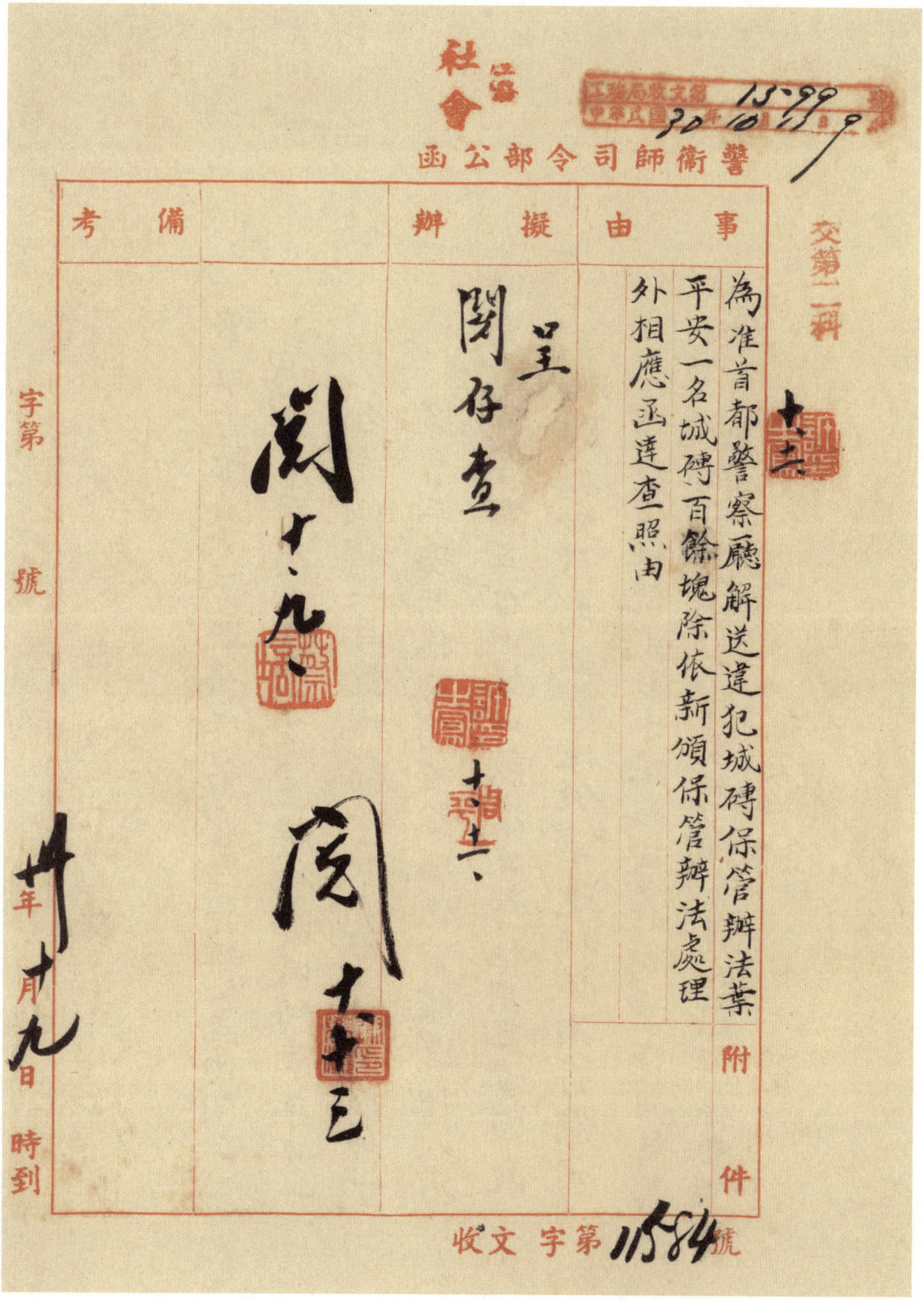

警衛師司令部公函

社會

15799 30 10 11 9

交第二科

事由：為准首都警察廳解送違犯城磚保管辦法葉平安一名城磚百餘塊除依新頒保管辦法處理外相應函達查照由

附件

擬辦：呈閱存查

閱 十、九

閱 十三

備考

字第 號

廿年十月九日時到

收文字第11584號

警衛師司令部公函

警法字第125號

案准首都警察廳法字第四一三二號公函内開：

「據本廳南區警察局呈解私賣城磚葉平安一名并城磚一百餘塊請予訊究等情經飭科訊據葉平安供稱城磚百餘塊係前購買他人房料存儲五台山現因該處友邦佔用已奉市政府通知限期撤除遂僱車運往城南存儲因不知管理規則故未呈報實非轉賣運用等語」

查存儲城磚未經呈報登記違犯城磚保管辦

法第七條相應將該葉平安一名連同城磚送

請查收依法究辦。

等由，准此，除將城磚暫存，該葉平安一名，收押候審，

依據城磚保管辦法處理外，相應備函，請煩

查照為荷！

此致

南京特別市市長蔡

師長

中華民國三十年十月八日

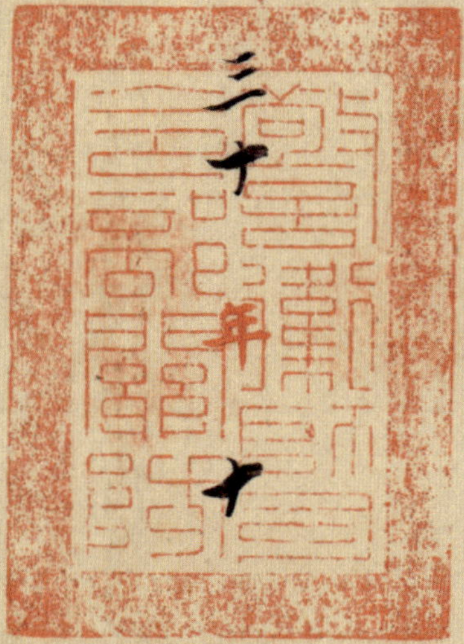

監印朱之震
校對郎王森

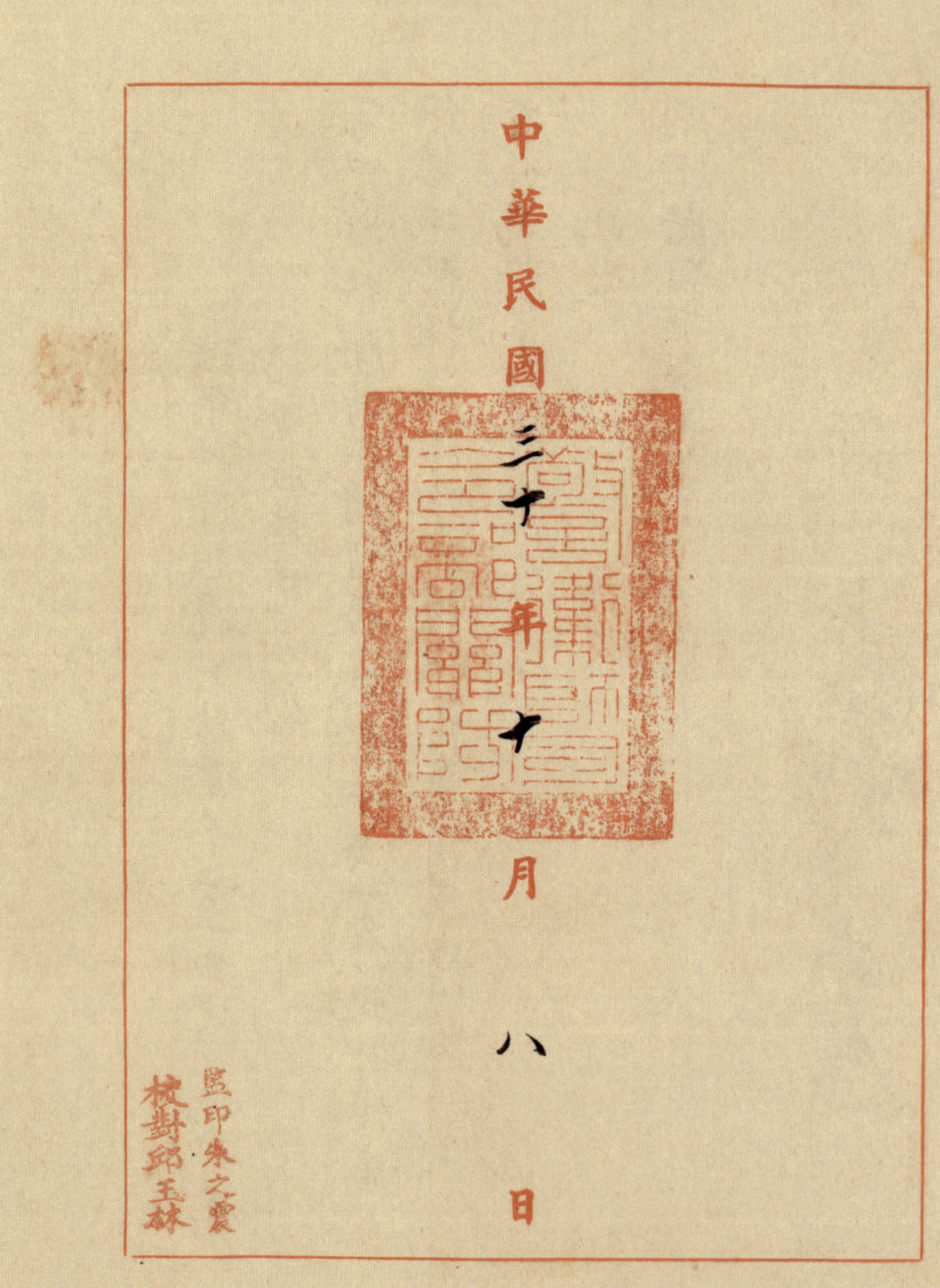

（二）僞警衛師司令部爲葉平安案審理終結檢送判決書與私存城磚致僞南京特別市政府的公函（附件：僞警衛師司令部軍法處判決書、城磚收條）（一九四一年十一月二十九日）

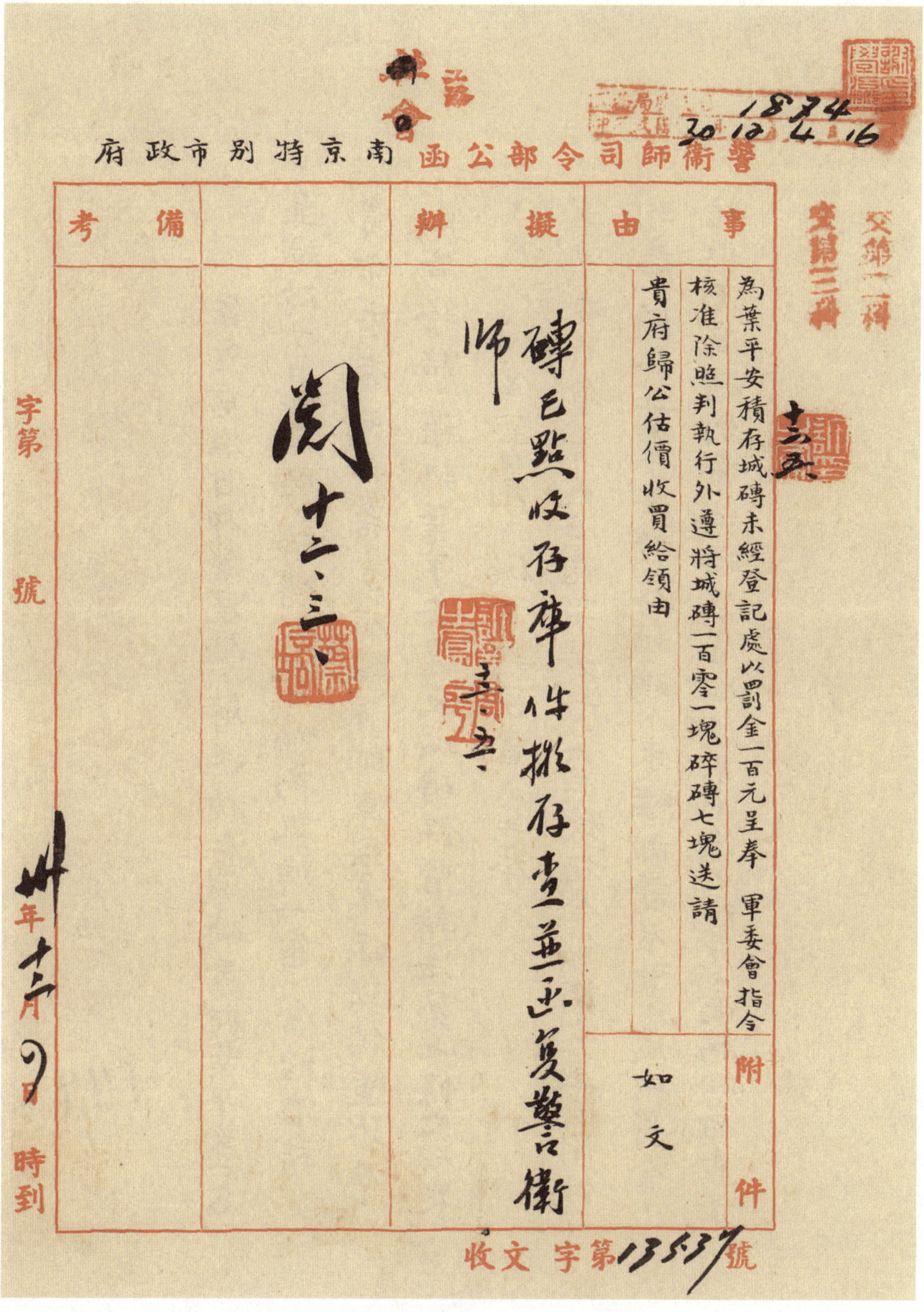
警衛師司令部公函　南京特別市政府

事由	擬辦		備考
為葉平安積存城磚未經登記處以罰金一百元呈奉　軍委會指令核准除照判執行外遵將城磚一百零一塊碎磚七塊送請貴府歸公估價收買給領由	磚已點收存庫，件擬存查並函復警衛師	閱 十二、三	
附件：如文			

字第　號

卅年十二月四日　時到

收文　字第13537號

警衛師司令部公函

警法字第 177 號

案查前准首都警察廳，解送積存城磚案犯葉平安一名並城磚一百零一塊，碎磚七塊，囑為訊辦一案，當經咨請
貴市府查照在案！。茲經 敝師軍法處依法偵查審理，已告終結．確認葉平安違反城磚保管辦法第七條之規定，處以罰金一百元，擬具判決書．呈奉
軍事委員會會公法乾字第五八六三號指令節開：「呈及附件均悉，關於葉平安積存城磚，未經報請登記，處以罰金，核與南京特別市城磚保管辦法第七條之規定，尚屬相符．應予

照准，惟此項城磚，應移送南京特別市政府暫為收存，俟估價收買時，轉飭具領。罰金一百元。仍由該師自行保管。仰即遵照辦理具報備查」等因。奉此！除照判執行及宣示外，相應檢送判決書一本，連同城磚一百零一塊碎磚七塊，一併函送，即希貴市府查收，并請隨掣收條一紙，以便轉給葉平安，而為將來估價收買領款憑證。至級公誼。

此致

南京特別市市長蔡

計送 判決書一本 城磚一百零一塊 碎磚七塊

師長 鄒大季

中華民國二十年十一月二十九日

監印朱之震

校對邱玉林

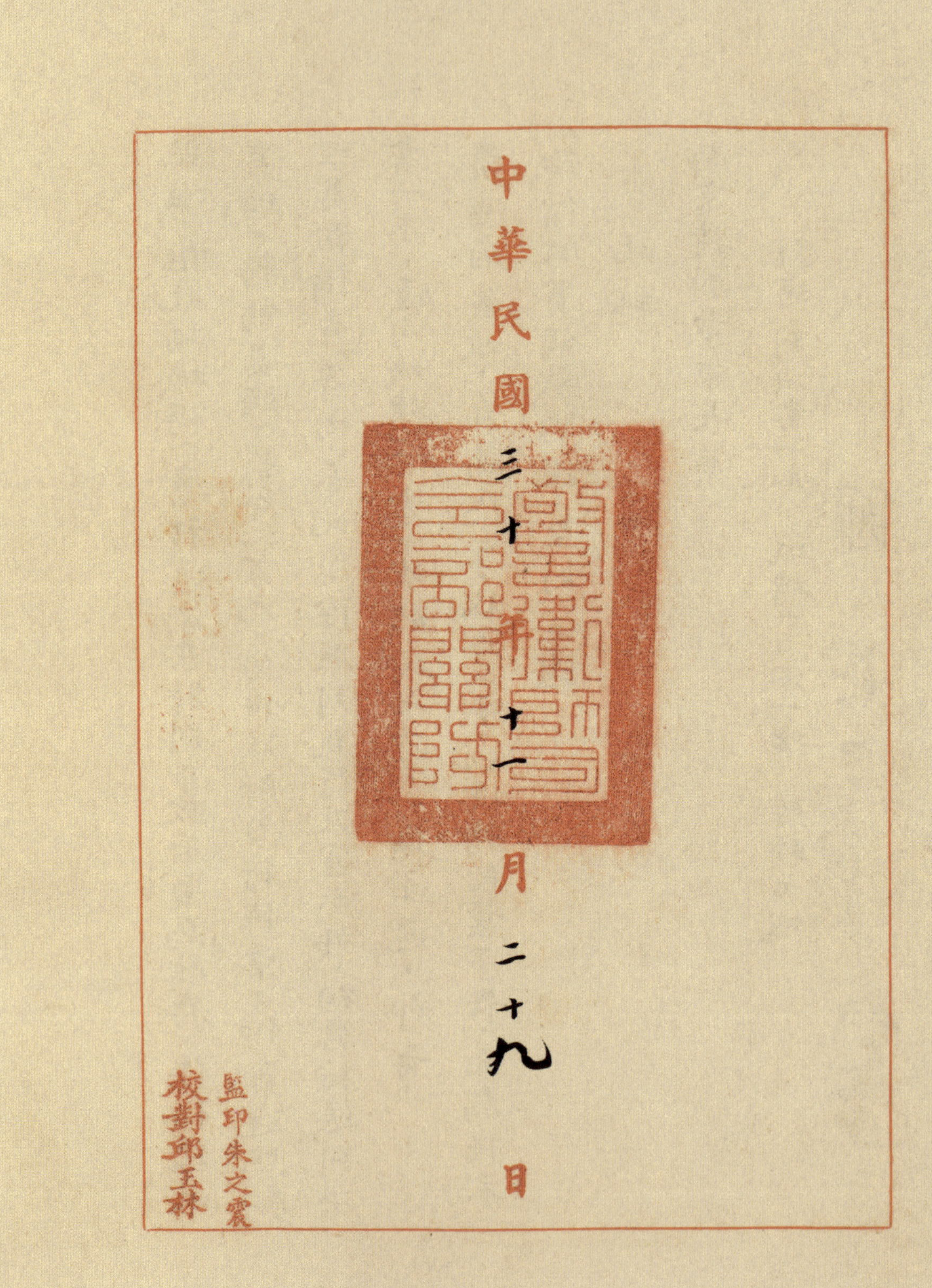

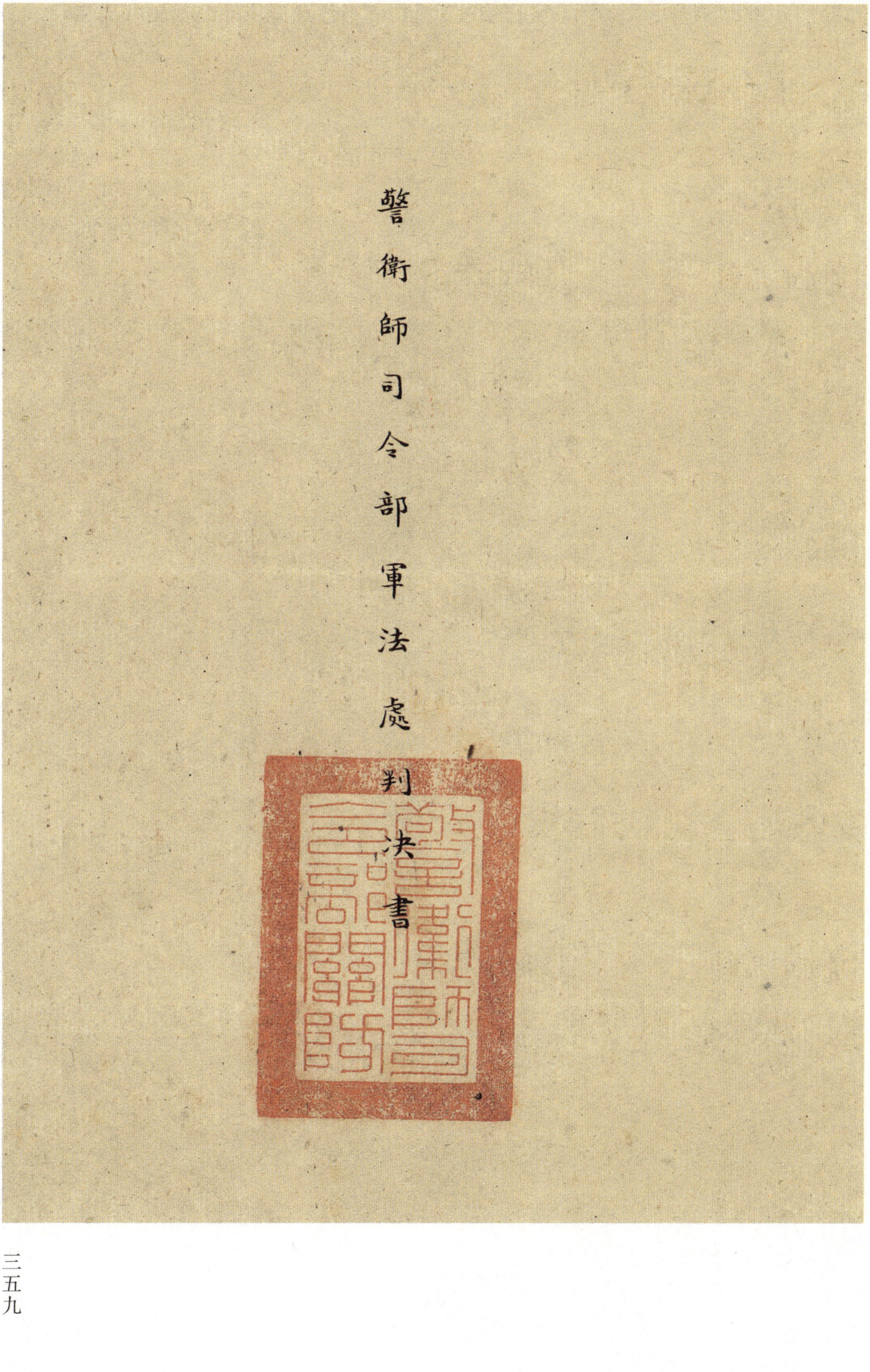

警衛師司令部軍法處判決書

警衛師司令部軍法處判決書 三十年度警法字第 九 號

被告葉平安年三十八歲六合縣人李京中華門外松記

磚瓦店店主

右被告因違反城磚保管辦法一案經本處審理判決如主文

主文

葉平安積存城磚未經報請登記判處罰金一百元城磚估價

收買歸公存儲備用如無力繳納罰金易科監禁（以監禁一

日折扣罰金一元）

事實

緣葉平安於本年十月一日積存城磚一百零一塊碎磚七塊

經道南區警察局轄境被警查獲送至首都警察廳由廳轉將

人犯物證一併解送本師訊辦奉交本處審理之

理由

訊據葉平安供認是項城磚係前價購五台山陳姓舊房因日本大使館需用地基限期拆讓乃在牆根下掘出城磚搬運至誠心佛堂存儲實不知登記手續並無轉賣情事等語核與本師派遣副官劉禮茂分赴該犯所開松記磚瓦店及誠心佛堂等處偵查復稱情形無異惟該犯因拆讓房屋掘得城磚理應報請登記即雖易地存儲亦屬違背法令況乎本師與南京特別市政府會銜公佈之城磚保管辦法張貼通衢彰彰在人耳目該犯自不得以不明登記手續卸免刑責綜上論結應依南京特別市城磚保管辦法第七條第一項之規定從輕判處罰金城磚歸南京特別市政府估價收買存儲以備公用如無力繳納罰金依同條第二項易科監禁并依刑法第四十二條第一項暨刑事訴訟法第二百九十一條之規定判決如主文

軍法處

軍法官劉宗唐

書記尹蘊珊

中華民國三十年十月二十八日

右判決證明與原本無異

書記尹蘊珊

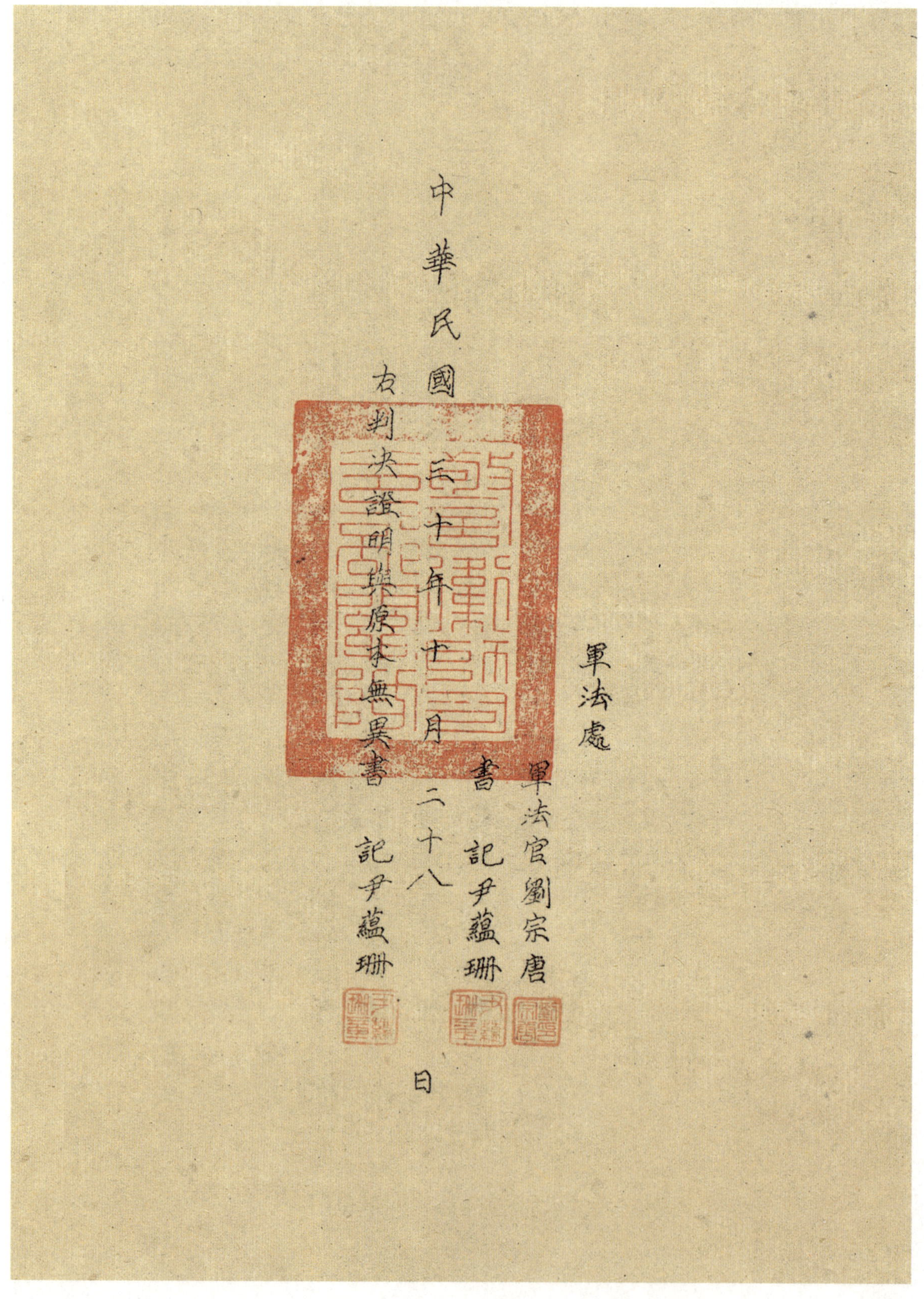

頃收到
衛戍司令部送來城磚壹百零
壹塊 碎磚七塊

南京特別市政府工務局第三科

十六 二六

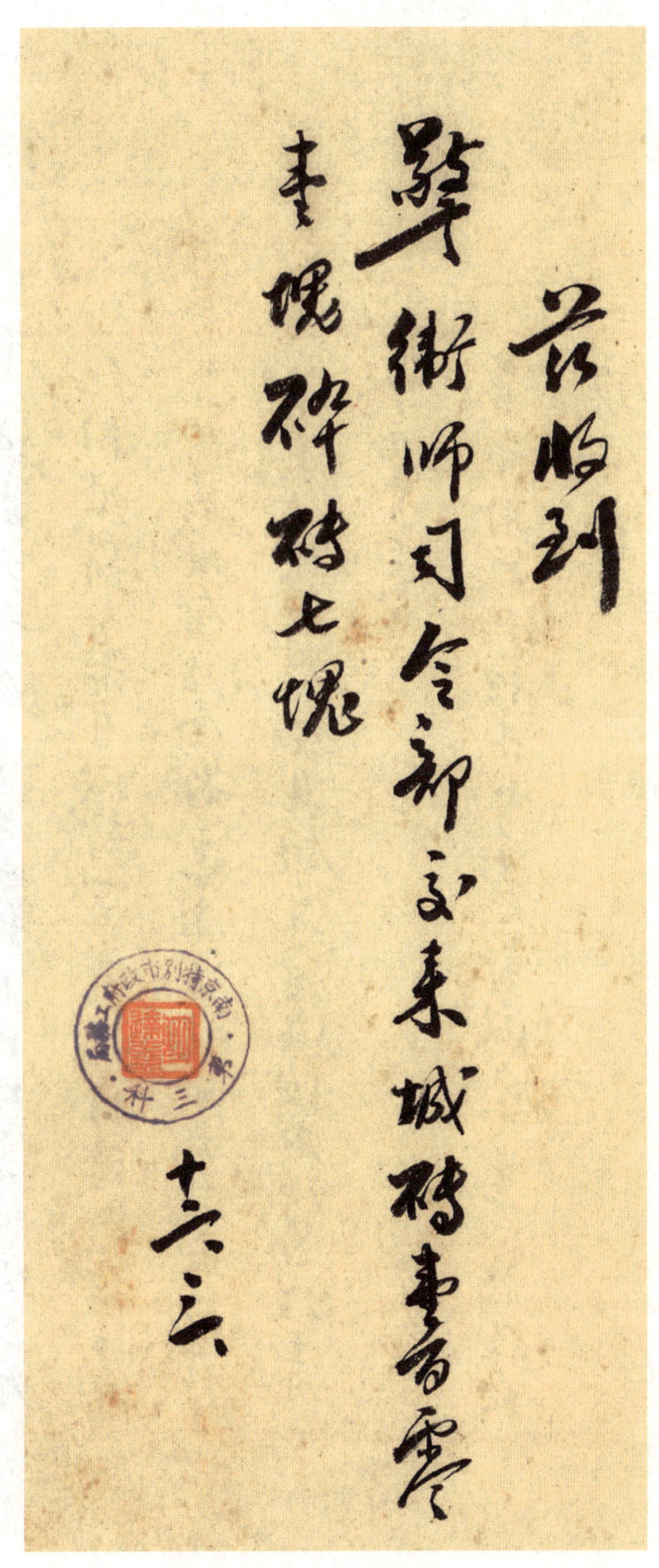

（三）僞警衛師司令部爲請補發葉平安城磚收條致僞南京特別市政府收發處的公函（一九四一年十二月六日）

警衛師司令部用箋

逕啟者，案查葉平安積存城磚未經報請登記，判處罰金，所有城磚一百零一塊、碎磚七塊，呈奉軍事委員會指令，移送南京特別市政府收存，將來估價時飭令具領，等因。此項城磚已於十月二十九日送交

貴市府收訖，但未掣發正式收條，無憑轉給，相應函請

查照前函補發收條一紙，以便轉給葉平安為

警衛師司令部用牋

將佐價時領款之憑証，以清手續，而符定案，並紉公誼！

此致

南京特別市政府收發處

警衛師司令部啟

十二月六日

（四）僞南京特別市政府爲葉平安案已另給收據的便條（一九四一年十二月六日）

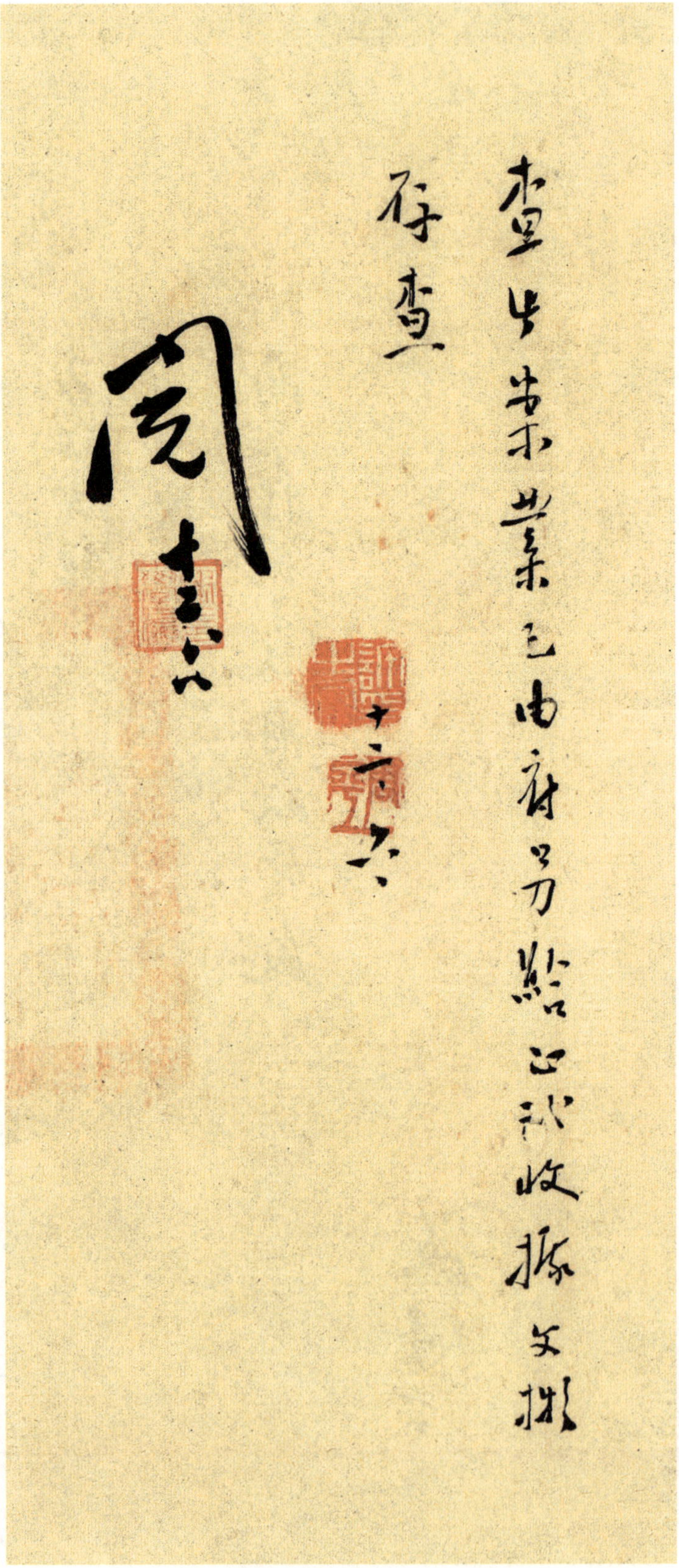
查此案葉已由府另給正式收據 文樸
存查 十二，六
閱 十二，六

關于賈德森收買泰豐磚瓦店城磚案的一組文件

（一）僞南京市工務局職員胡斌爲賈德森收買泰豐磚瓦店城磚一事致僞南京市工務局的報告（附件：證明發票）

（一九四二年四月三日）

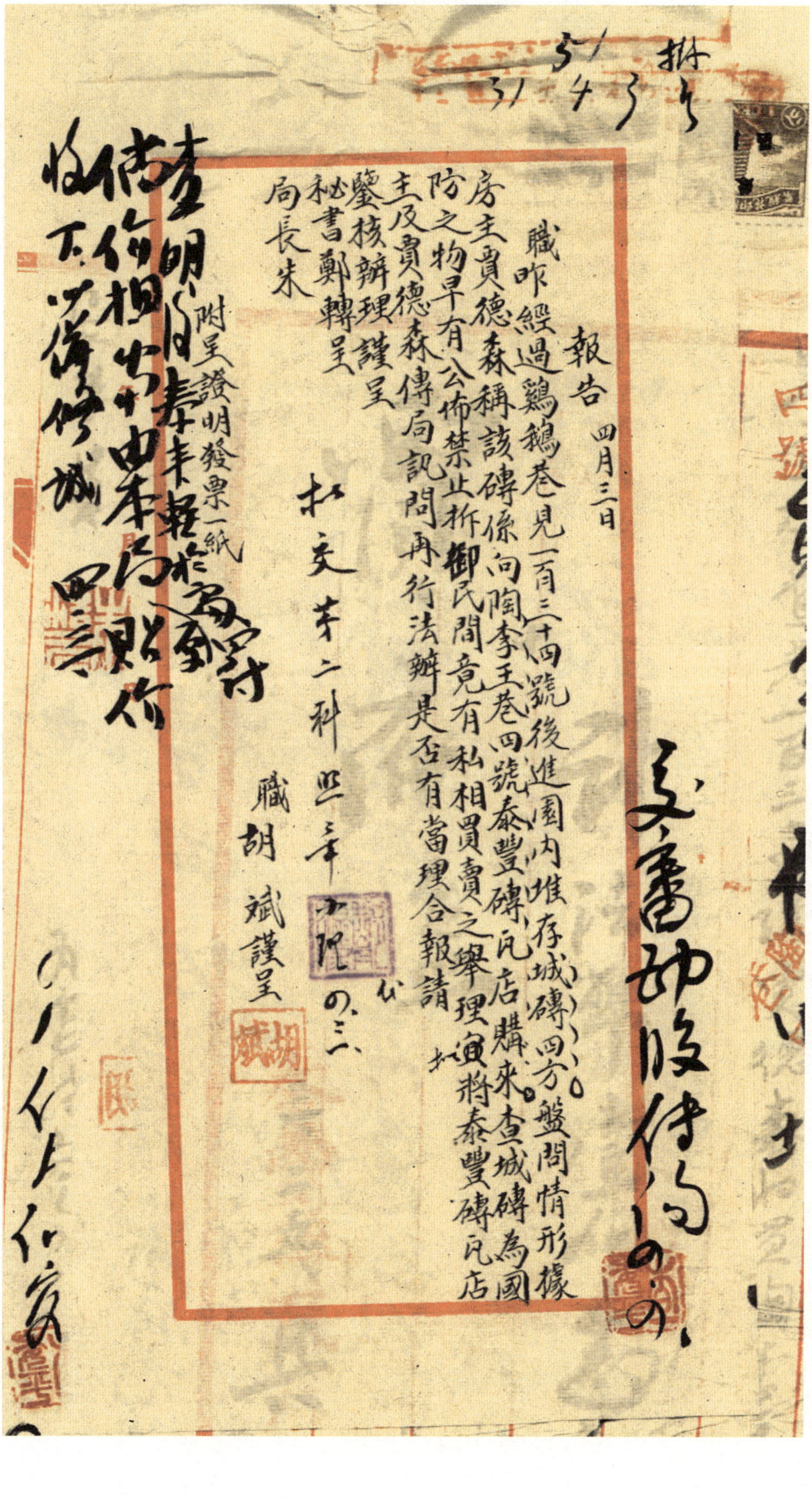
報告　四月三日
職昨經過鷄鵝巷見一百三十四號後進園内堆存城磚四方盤問情形據
房主賈德森稱該磚係向陶李王巷四號泰豐磚瓦店購來查城磚爲國
防之物早有公佈禁止拆御民間竟有私相買賣之舉理宜將泰豐磚瓦店
主及賈德森傳局訊問再行法辦是否有當理合報請
鑒核辦理謹呈
秘書鄭轉呈
局長朱
職　胡　斌謹呈
附呈證明發票一紙

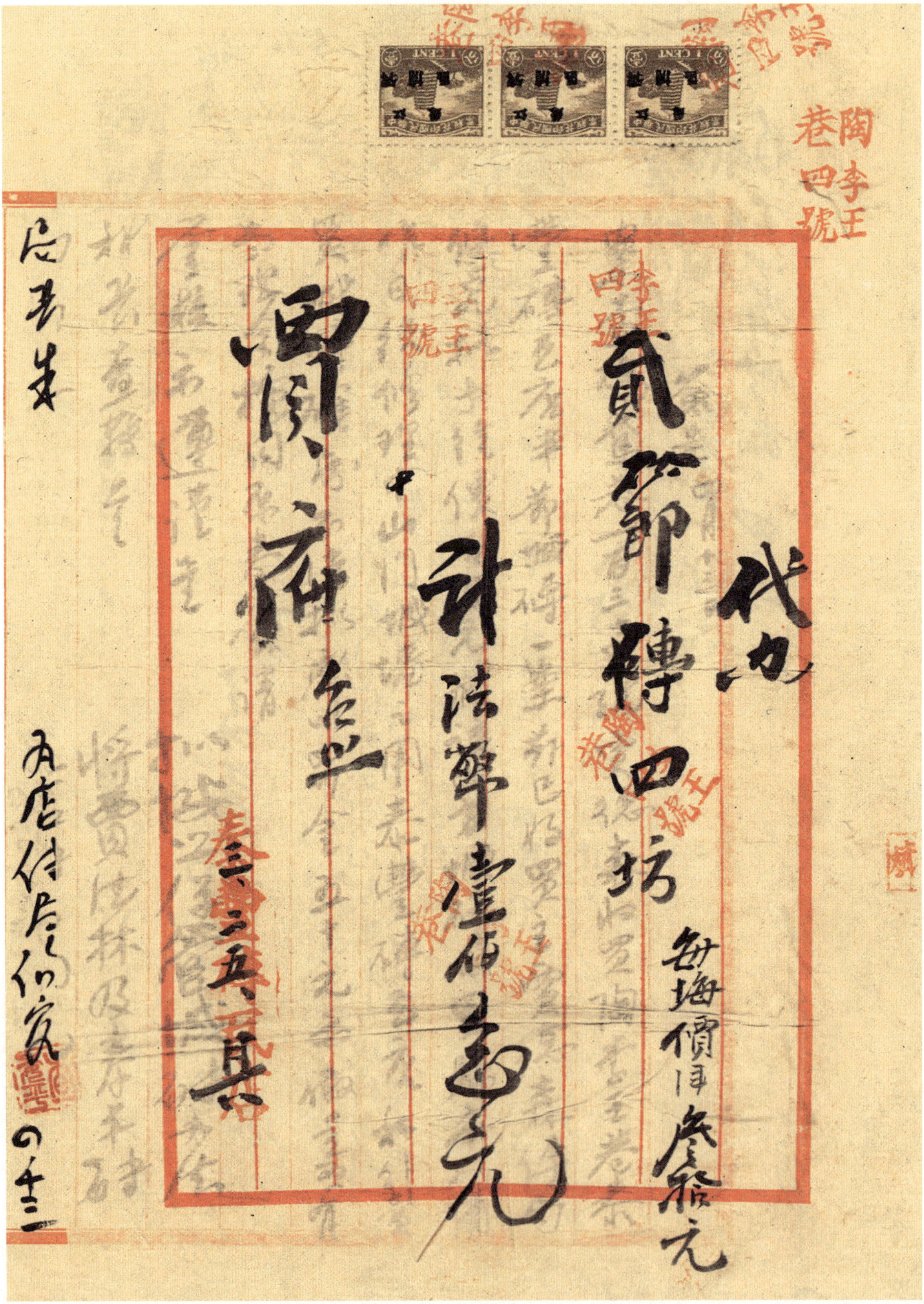

陶李王巷四號

代办

貳節磚四坊 每塊價洋伍拾元

計法幣壹佰元

賈府台照

三六、五、具

（二）僞南京市工務局審勘股主任蔣成章爲賈德森收買城磚擬處罰金致僞市工務局的簽呈（一九四二年四月十三日）

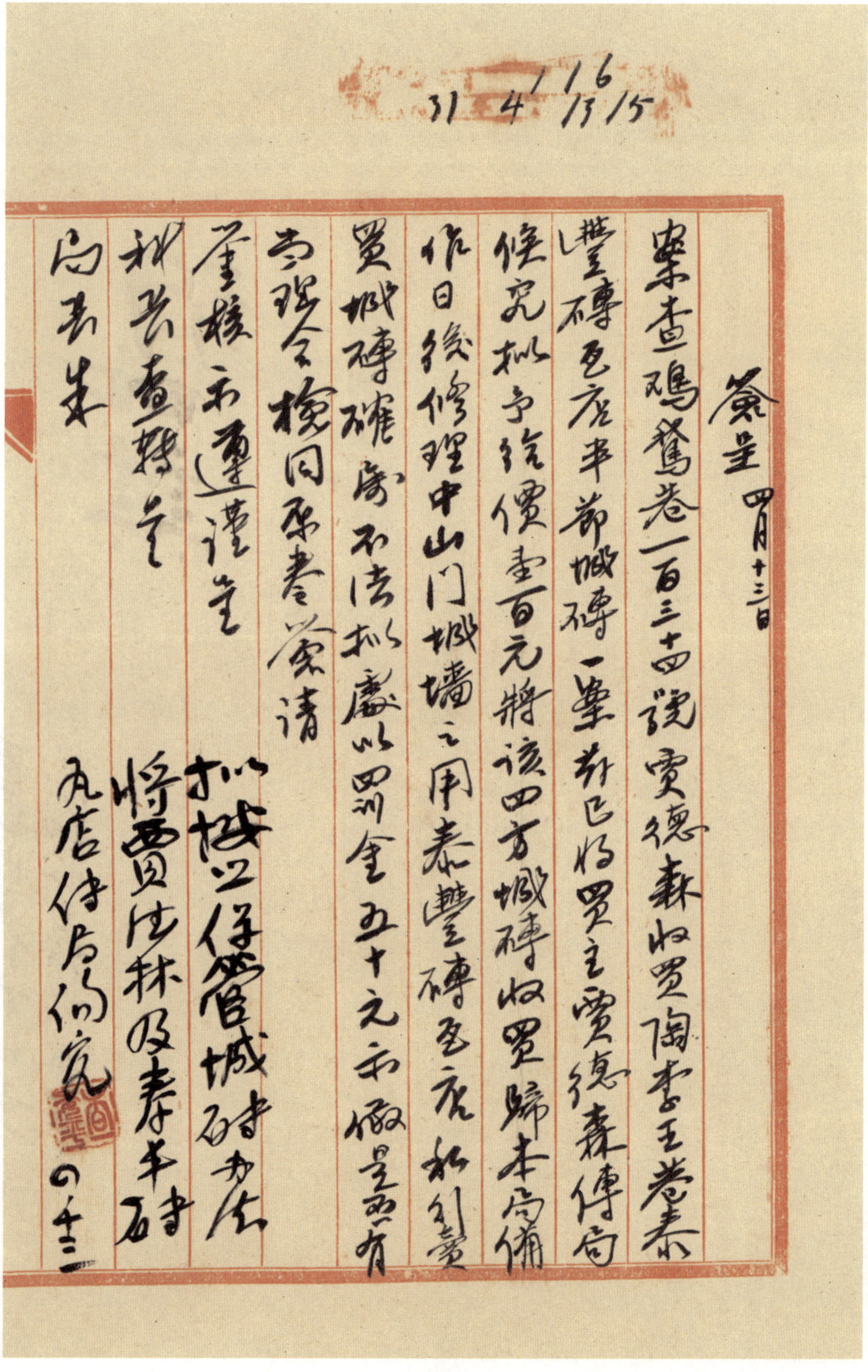

116
31 4 13 15

簽呈 四月十三日

案查鷄鳴警卷一百三十四號賈德森收買陶李王榮泰豐磚瓦店半節城磚一案，業已將買主賈德森傳局隨究，擬予罰價壹百元，將該四方城磚收買歸本局備作日後修理中山門城墻之用。泰豐磚瓦店私賣城磚，殊屬不法，擬處以罰金五十元示儆。是否有當，理合檢同原卷簽請

鑒核示遵。謹呈

科長 查轉 呈

局長 朱

擬以保管城磚辦法
將賈德森及泰豐磚石

[illegible]
四.十三

丁酉廿六

書勤胺主任存 成章

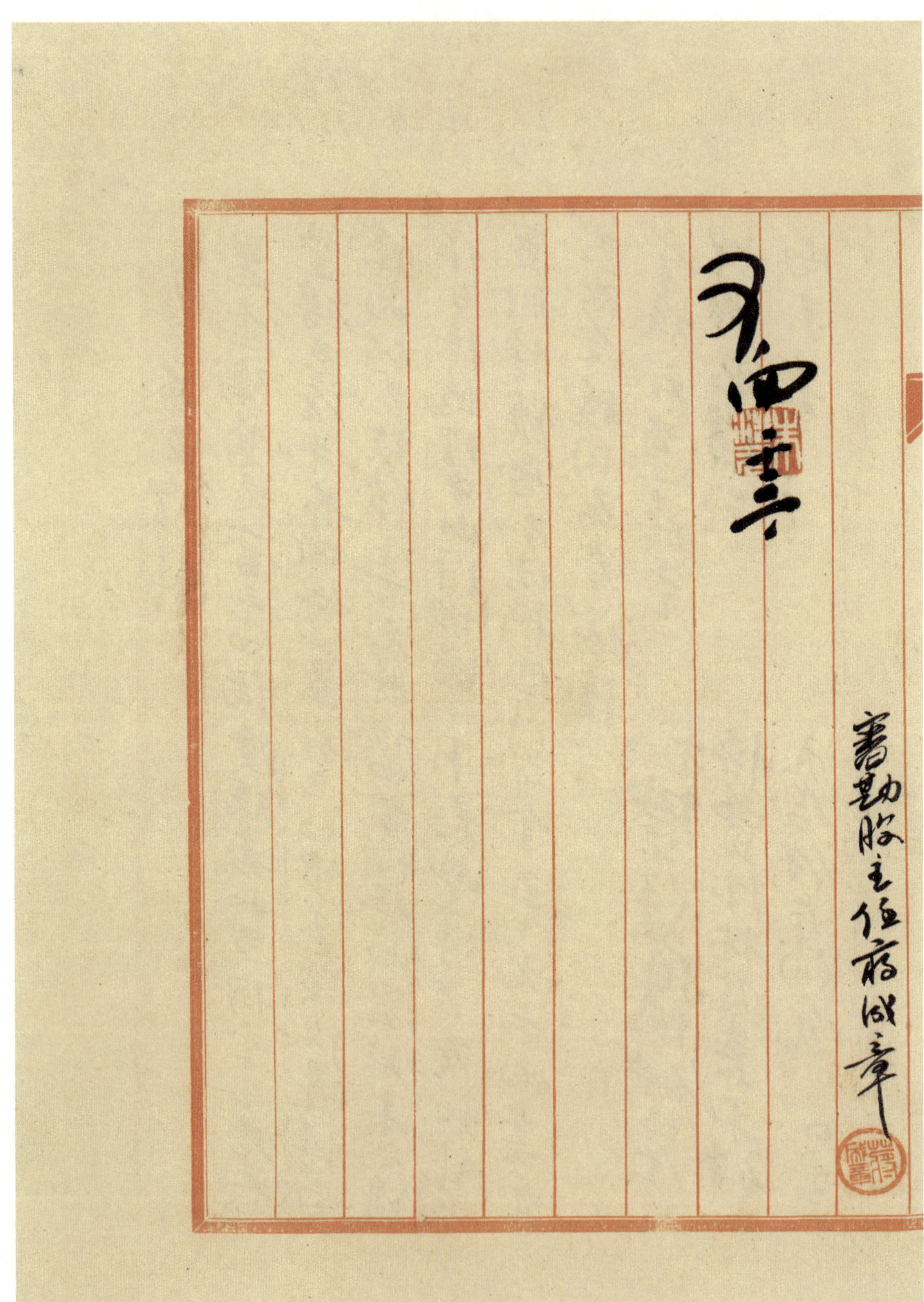

（三）僞南京市工務局代理材料庫管理員儲興華爲賈德森應繳城磚尚缺三方致僞南京市工務局的報告（一九四二年四月十五日）

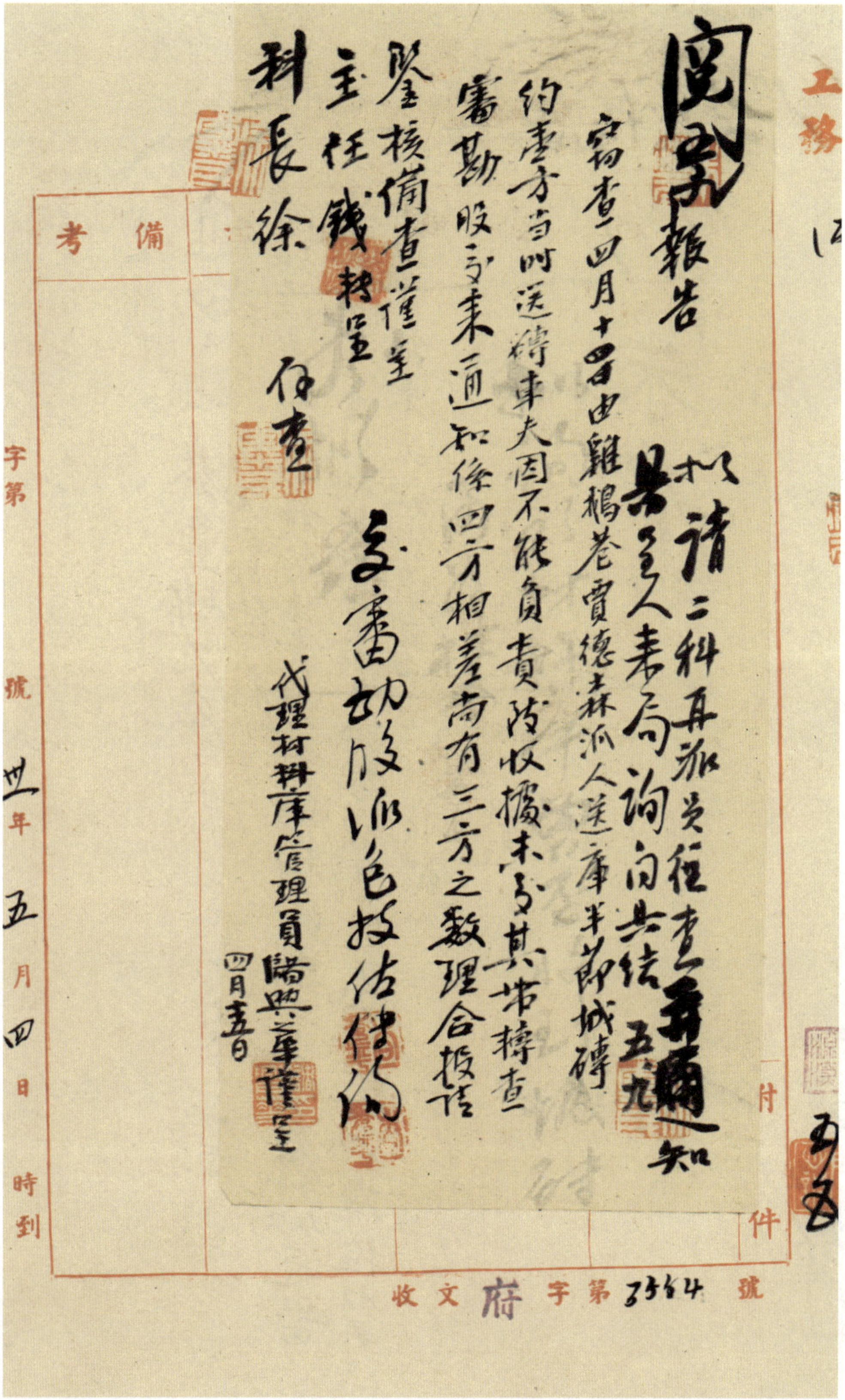

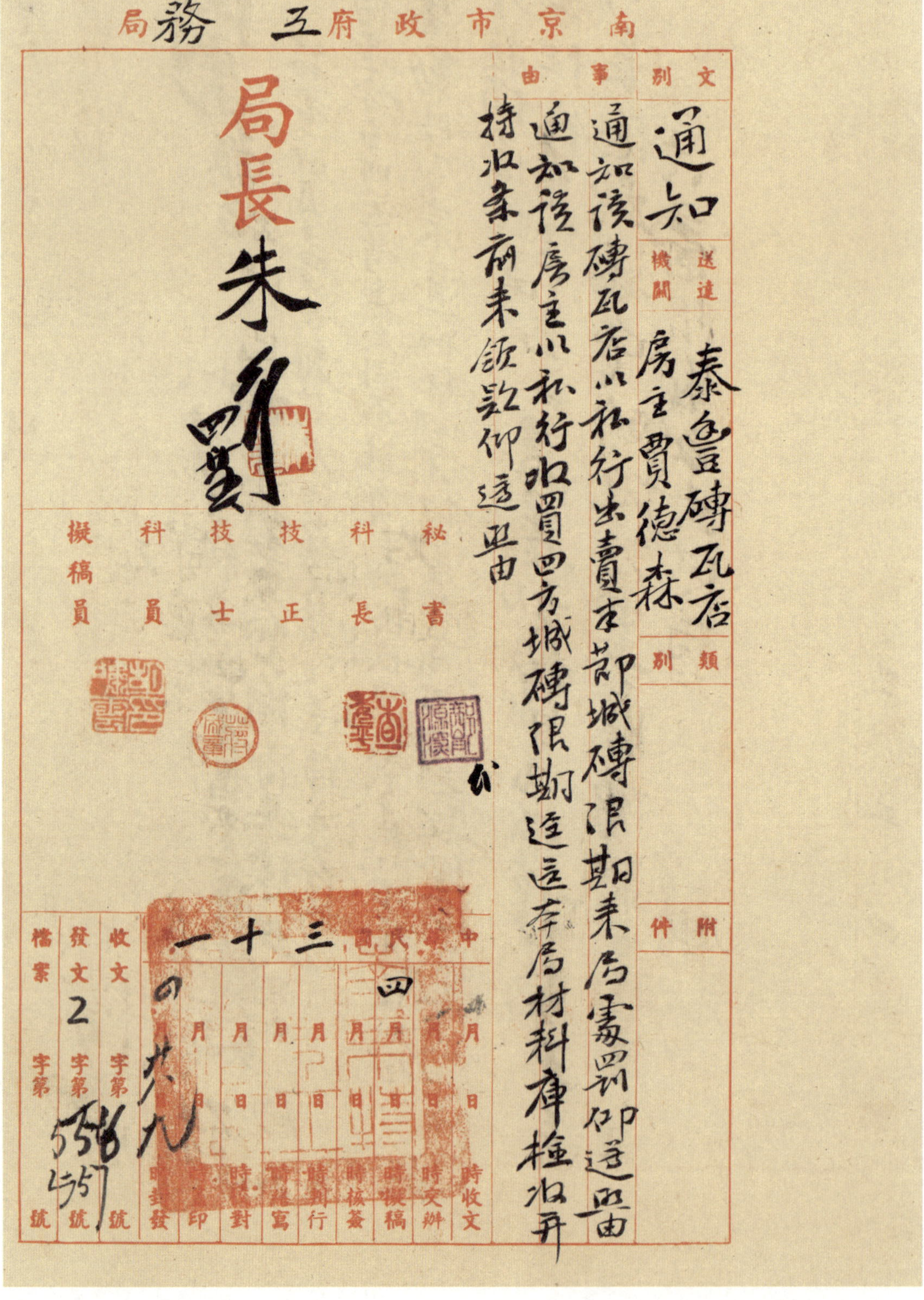

南京市政府工務局

文別	通知
送達機關	泰豐磚瓦店 房主賈德森
類別	
事由	通知該磚瓦店以私行出賣本節城磚限期來局處罰仰遵照由 通知該房主以私行收買四方城磚限期迅速來局材料庫檢收并持收条前來領款仰遵照由
附件	

局長朱

秘書 科長 技正 技士 科員 擬稿員

中華民國三十一年四月 日

收文 月 日 時 辦 擬稿 核簽 判行 繕寫 校對 蓋印 封發

收文 字第 號　發文 2 字第 5556 5557 號　檔案 字第 號

（四）僞南京市工務局爲限期接受處罰及收繳城磚致泰豐磚瓦店、賈德森的通知（一九四二年四月二十八日）

局通知　　五字第　　號

為通知事查該磚瓦店商於私行出賣與雞鵝巷一三四號賈德森朱鄭城磚一案殊屬不法已極限於文到五日內來局聽候處罰仰即遵照特此通知

右通知泰興磚瓦店

為通知事查該房主私自收買陶李王巷四號泰興磚瓦店四方城磚一案殊屬違法著限期五天速將該四方城磚速送本

局材料庫檢收二並持收據來局銷款為（抄時註明地点）
要（仰即遵照）特此通知

右通知廠主賈德森

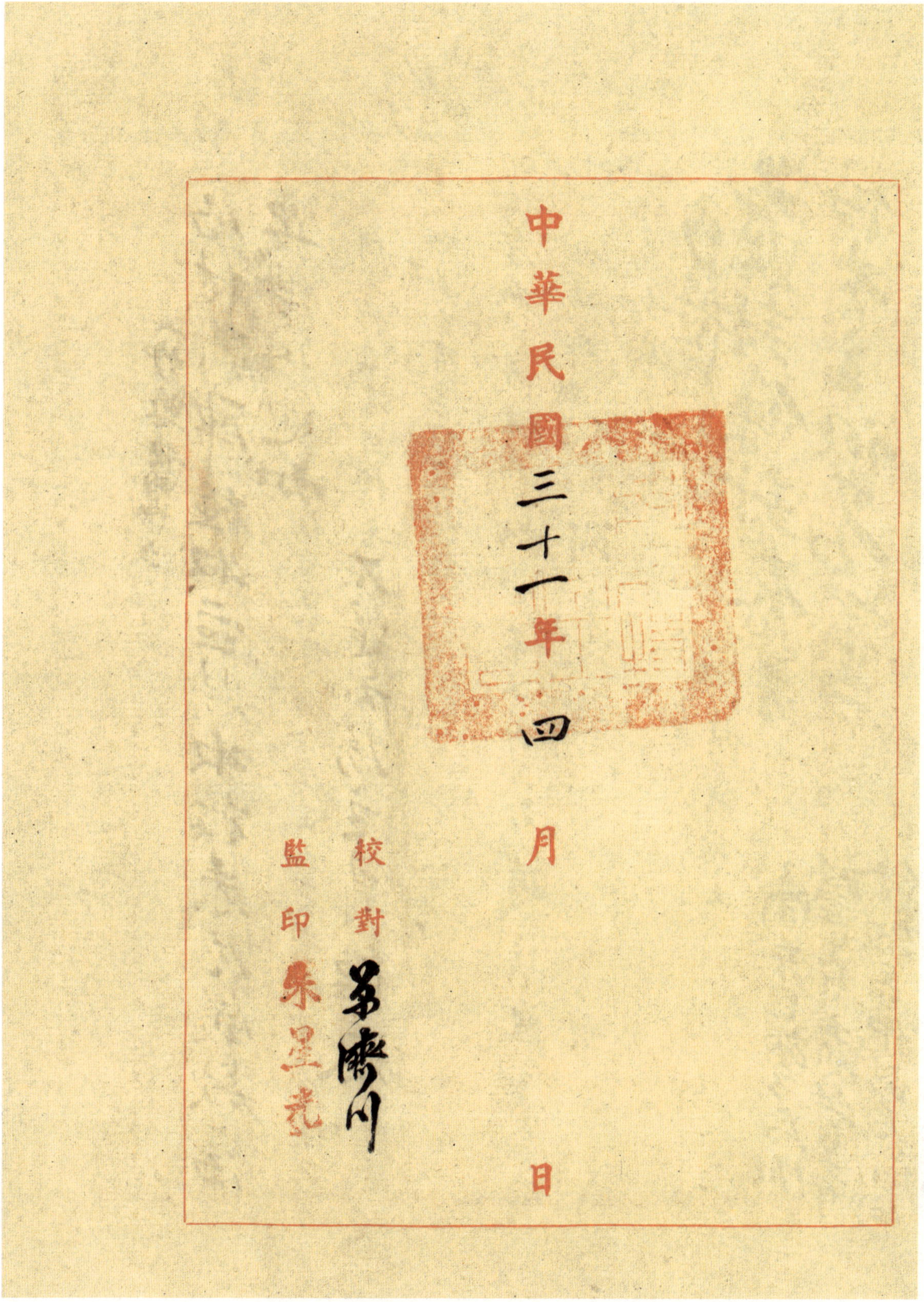

中華民國三十一年四月　日

校對

監印

關于鄒長勝私存城磚案的一組文件

（一）僞南京市工務局職員胡斌爲查獲郝長記磚瓦行私賣城磚的報告（一九四二年四月十三日）

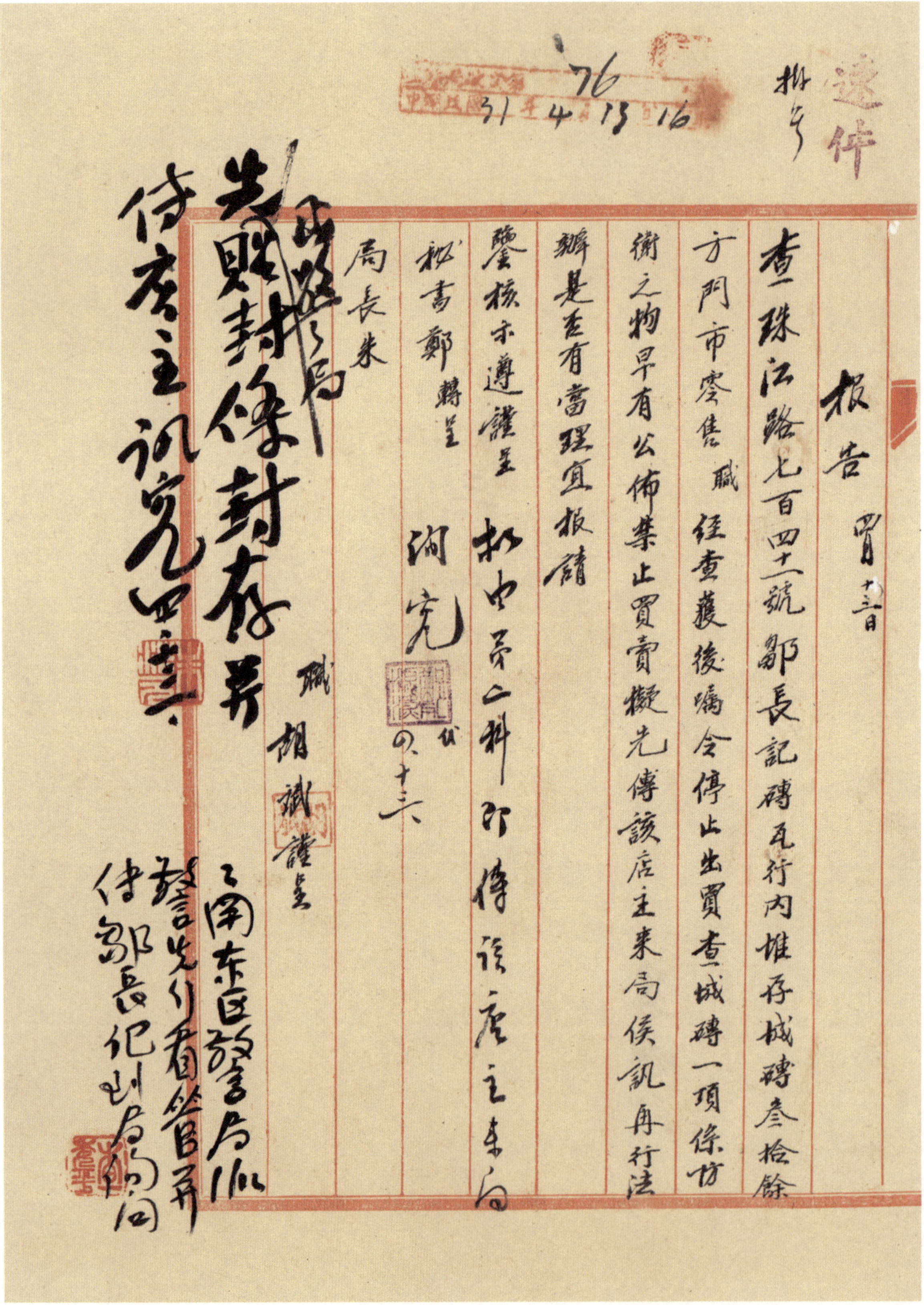

遞件

擬辦

76

31 4 13 16

報告　四月十三日

查珠江路七百四十一號鄒長記磚瓦行內堆存城磚叁拾餘方門市零售　職經查獲後囑令停止出賣查城磚一項係防衛之物早有公佈禁止買賣擬先傳該店主來局候訊再行法辦是否有當理宜報請

鑒核示遵　謹呈

秘書鄭　轉呈

局長朱

職　胡斌　謹呈

擬由第二科即傳該店主來局詢究　四.十三

先照封條封存，并傳店主訊究　四.十三

函東區警察局派警先行看管，并傳鄒長記到局詢問

（二）僞南京市工務局爲請派警保管鄰長記所存城磚致僞東區警察局的公函（一九四二年四月十四日）

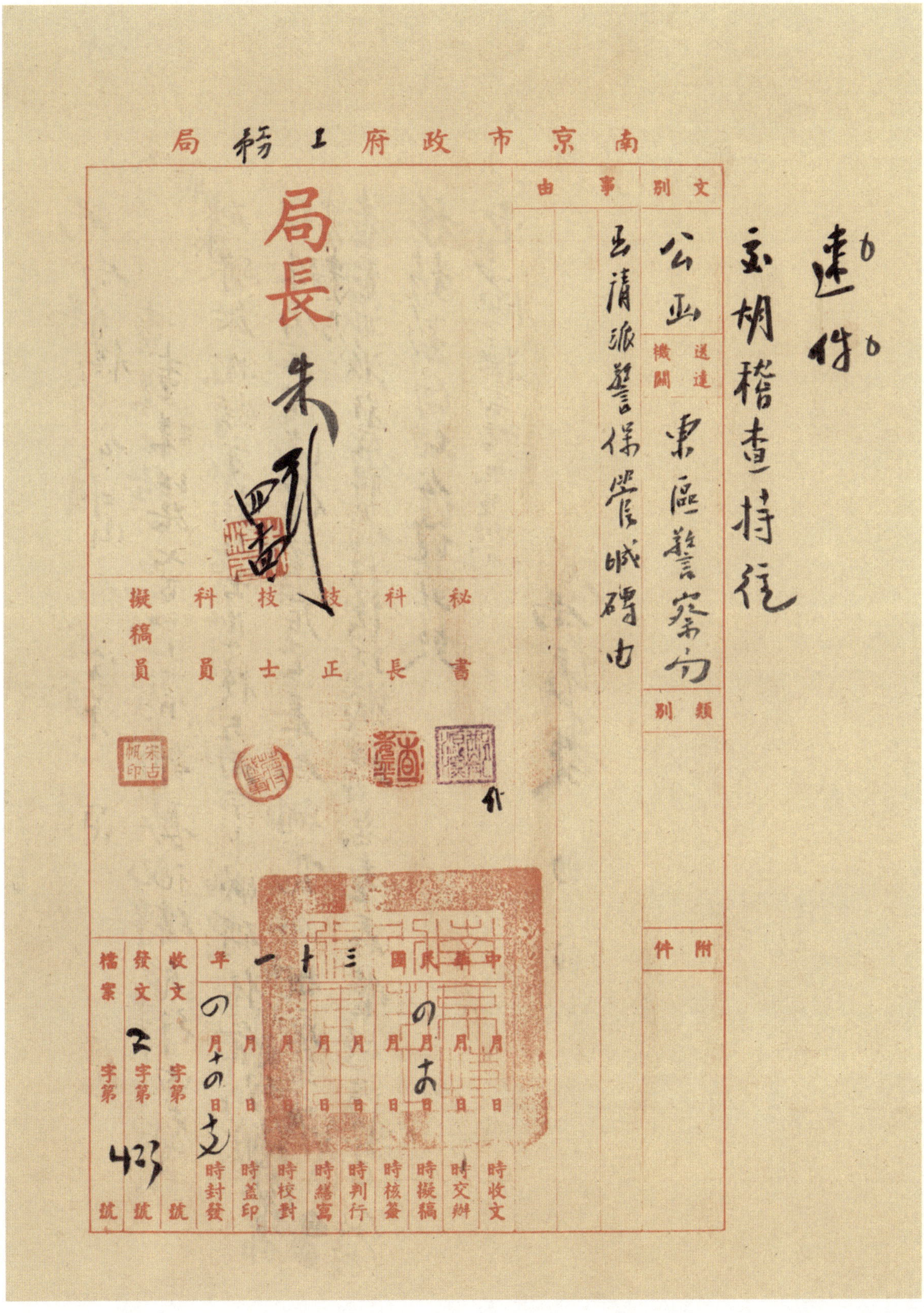

南京市政府工務局

文別	送達機關	事由
公函	東區警察局	爲請派警保管城磚由

類別

附件

局長 朱剛

秘書 科長 技正 技士 科員 擬稿員

中華民國三十一年四月 十四日

收文 字第 號

發文 字第 423 號

檔案 字第 號

收文 月 日 時
交辦 月 日 時
擬稿 月 日 時
核簽 月 日 時
判行 月 日 時
繕寫 月 日 時
校對 月 日 時
蓋印 月 日 時
封發 四月十四日 時

函稿　公函　字第　號

查珠江路七百四十一號鄧長記磚瓦行內存有
城磚叁拾餘方私行出售核與南京市城磚保管辦法
殊屬不合除傳該店主來局訊究外相應函請
貴局查照派警暫將該項城磚點查看管以防私自
移動至紉公誼此致

東區警察局

局長朱〇〇

派員率同本局稽查員胡持 令同

中華民國廿一年四月　日

校對

監印　朱星光

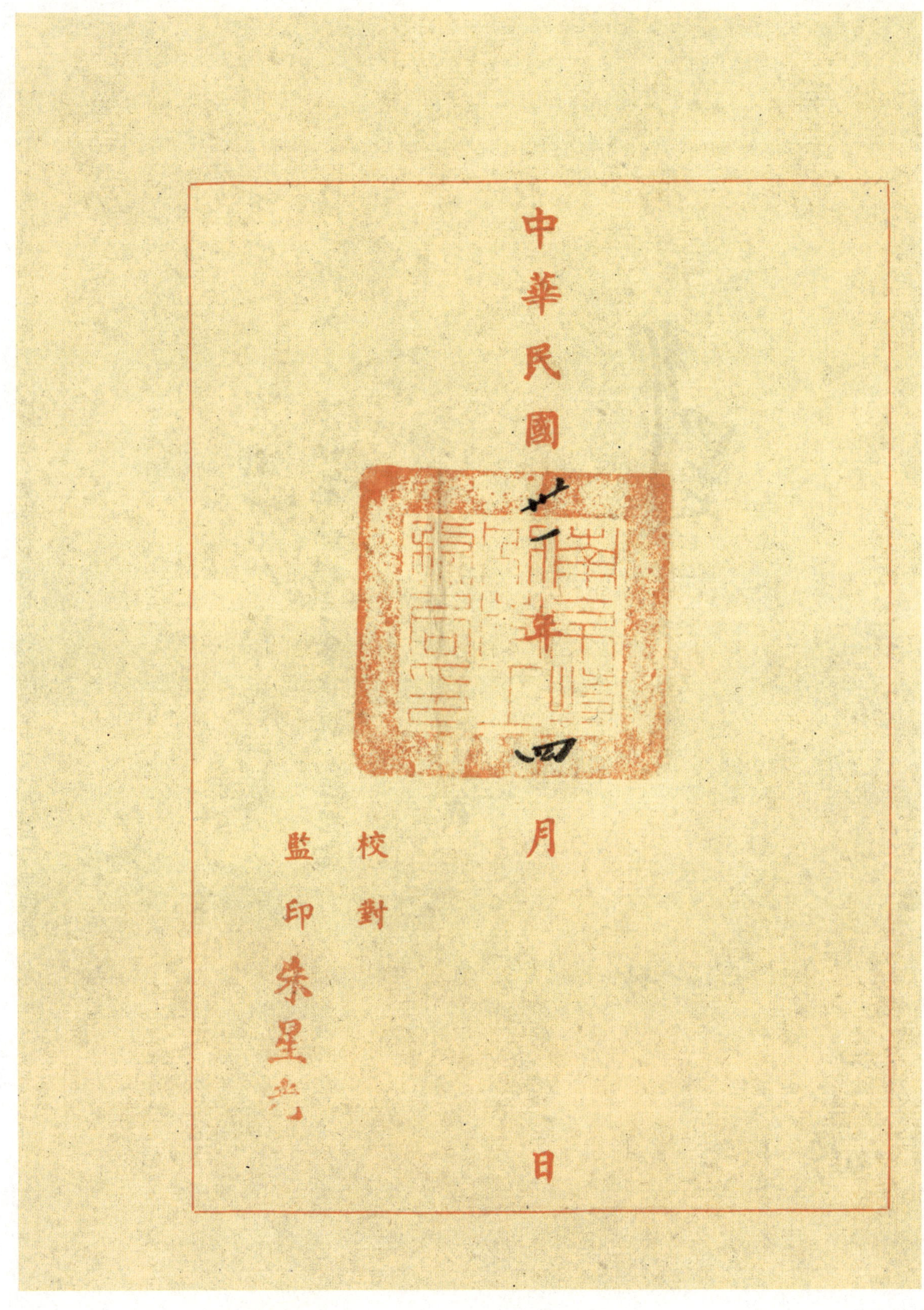

（三二）僞南京市工務局爲處理鄉長勝私存城磚一案致僞警衛師司令部的公函（一九四二年四月十八日）

南京市政府工務局

文別	公函
送達機關	警衛師司令部
類別	
附件	

事由：爲函知鄉長生私存城磚一案函請查照由

局長 四月十六

秘書　科長　技正　技士　科員　擬稿員

中華民國卅一年

收文	交辦	擬稿	核簽	判行	繕寫	校對	蓋印	封發
月　日　時	月　日　時	四月十六日　時	月　日　時	月　日　時	月　日　時	月　日　時	月　日　時	四月十八日　時

收文　字第　號

發文　工字第469號

檔案　字第　號

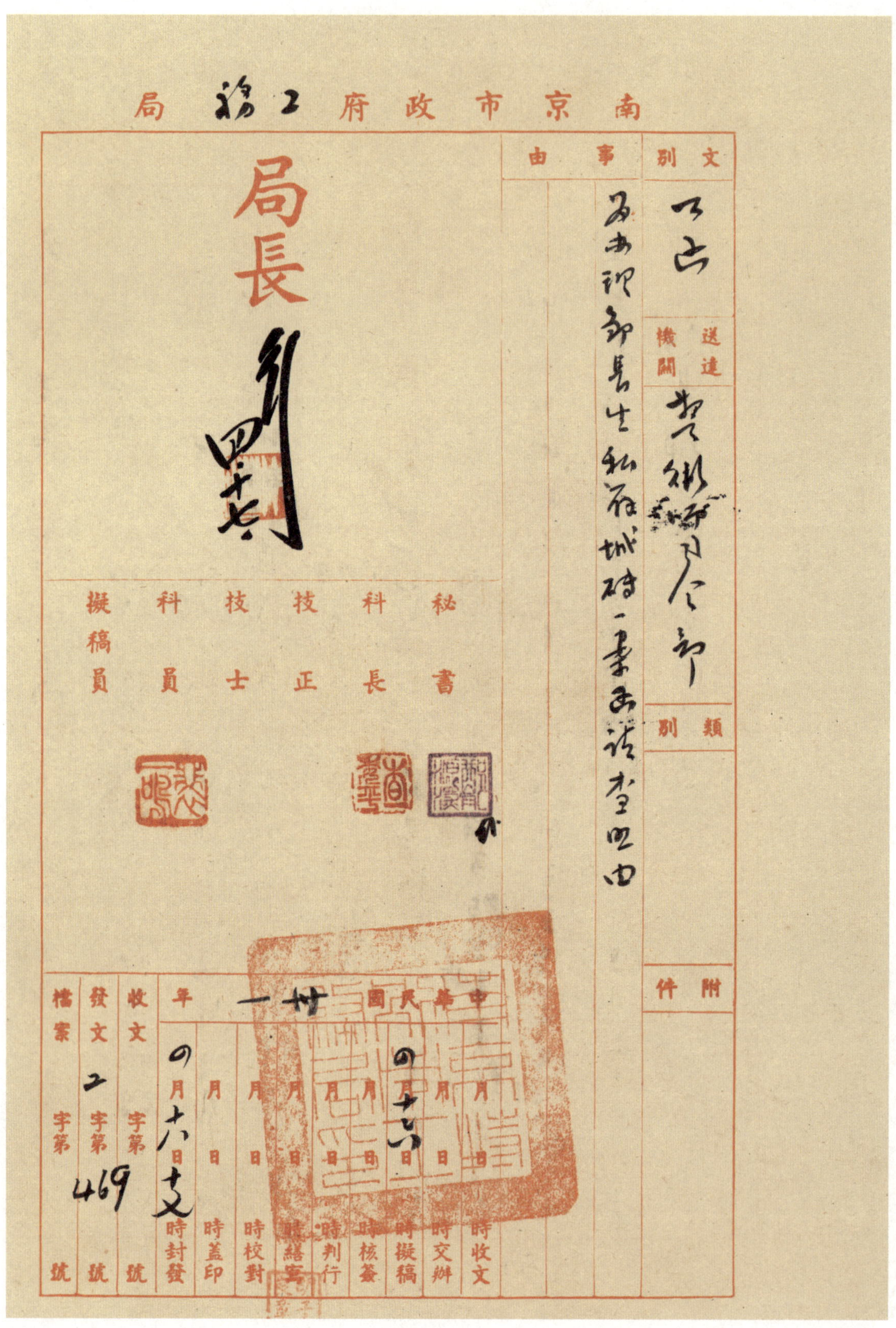

本府公函　第　號

案據查報，珠江路七百四十一號院內存有城磚叁拾餘萬方，業經前往傳知該城磚所有人鄒長生來府訊據面稱：此項城磚係去歲八月間由紱曾鄒部長仲代買，經彼處因事整修（的）週圍住宅，實因不明於本市法令，請求從寬免究，並願立具保結，請准傳遞到所有現存城磚，並願向本府補具呈報手續，如有需用，隨時可作價收買等情，查核所稱尚屬實在，既據願立具保結，即姑念無知，准予按照南京市城磚保管及使用辦法第二條規定，除飭其補具呈報手續（不得私自移動），並飭速備紱由來案，相應該

先生

頃城碑來源外，相應函達，即希

查照，並即賜寄為荷，此致

警衛師司令部

局長朱〇〇

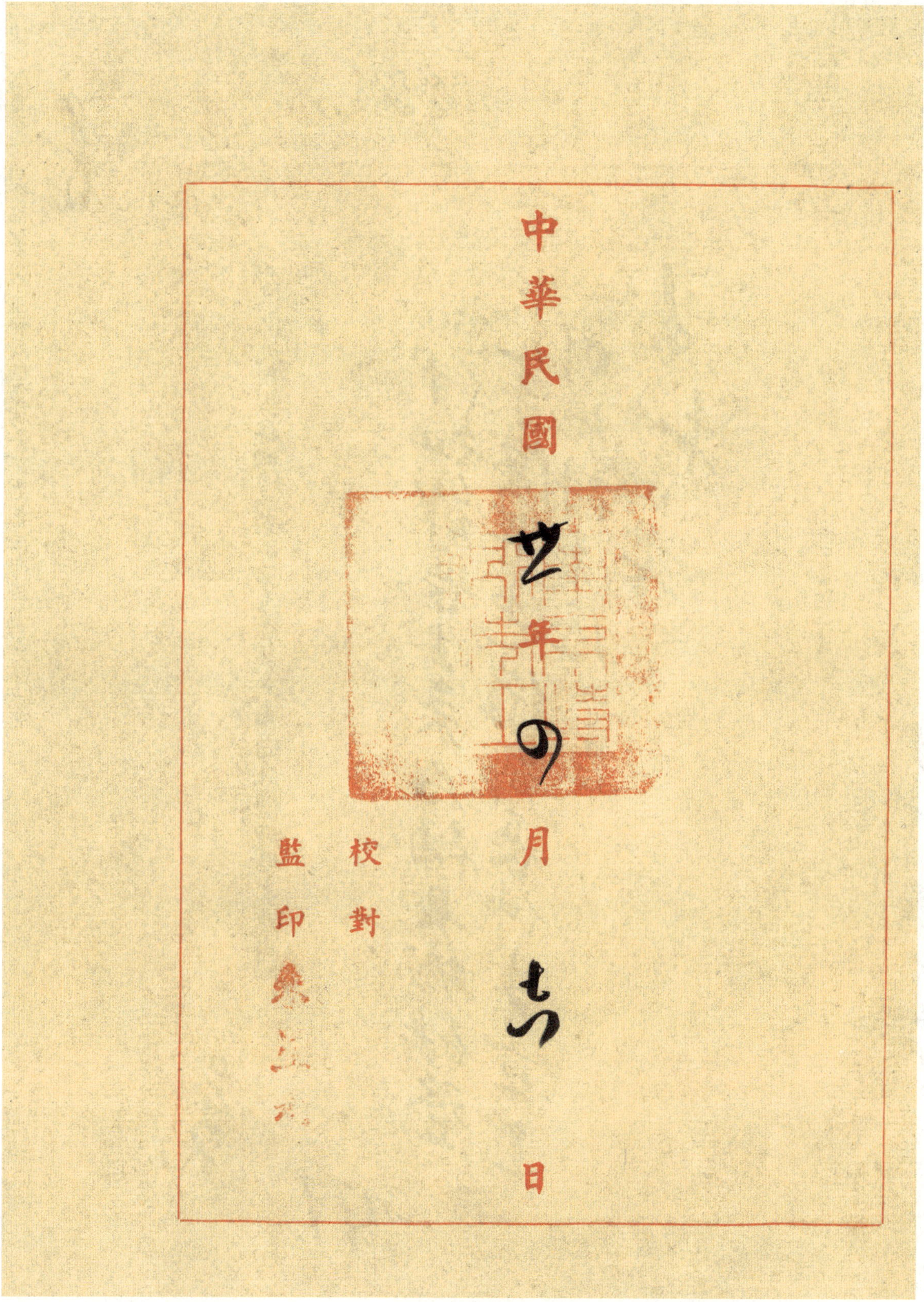

中華民國廿年四月七日

校對

監印

市工務局收文第451號
民國31年4月25日11時

工務

速件

警衛師司令部公函

事由	擬辦	備考
函復鄒長生私存城磚一案應予從寬免究希將該項城磚來源函知備查由	擬俟知鄒長生來局補具城磚登記手續并速筋鄒長仲來字呈明城磚來源 [illegible] 如擬 四廿四	

附件

收文府字第3177號

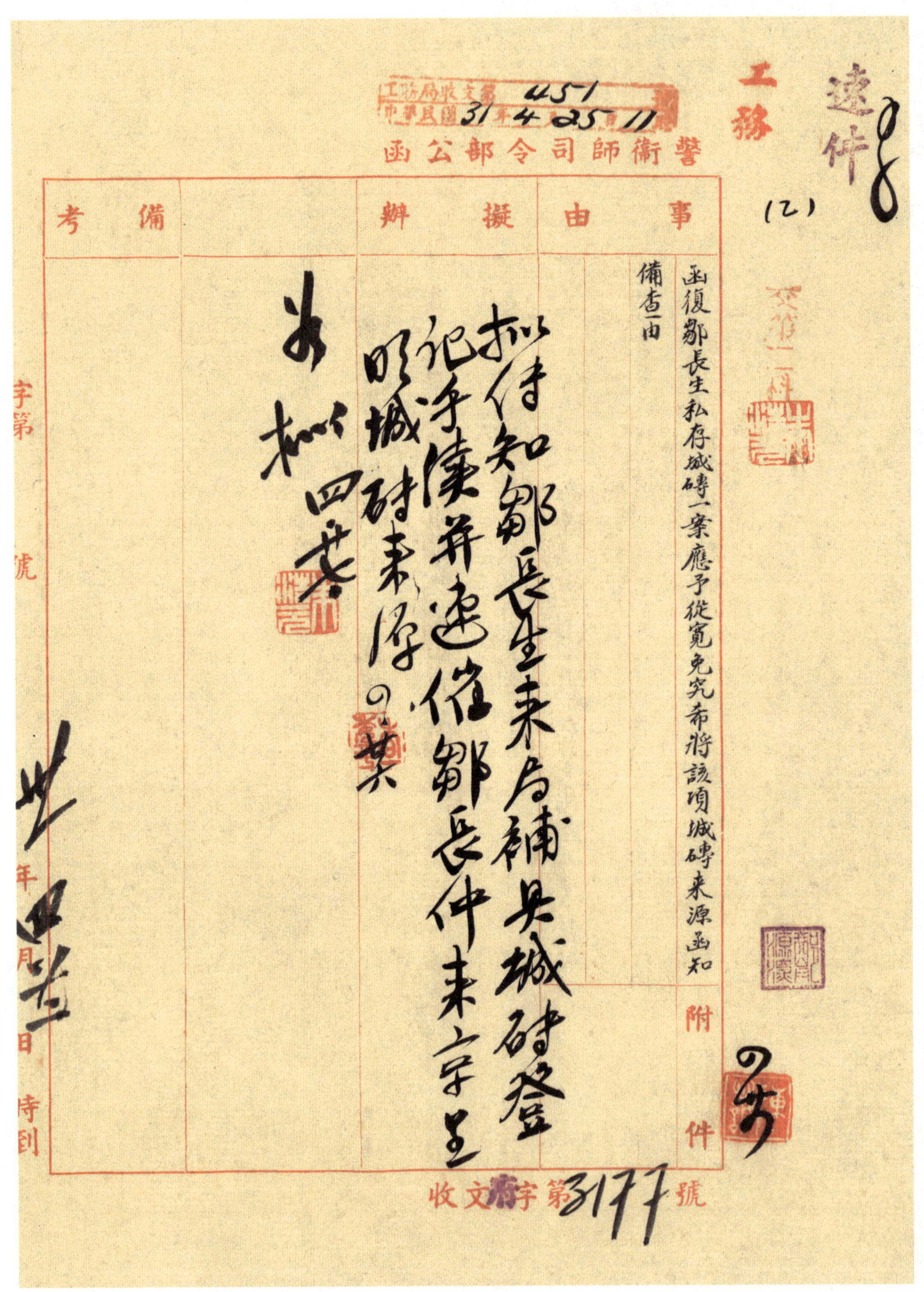

警衛師司令部公函

警法字第七六號

案准

貴局工字第四六九號公函內開：

「案據查報珠江路七百四十一號後院內存有城磚三十餘公方等情，當經傳知該城磚所有人鄒長生來局訊據面稱，此項城磚係去歲八月間由彼弟鄒長仲代買，現彼弟因事赴徐，約週餘返京，實因不明規章，請求從寬免究，并願立具保結，隨傳隨到，所有現存城磚並願向本局補具登記手續，如有需用，隨時可給價收買等情，查核所稱尚屬實在，既據願立上項保結，擬即姑念無知，准予按照南京市城磚保管及使用

辦法第二條規定除飭其補具登記手續不准私自移動并飭速催

彼弟來京報明該項城磚來源外相應先行函達即希查照見

復為荷」

等由；准此。查該鄒長生所存城磚三十餘公方，申請不明規章，願補

登記手續，既经

貴局查明屬實，應予從寬免究，一俟代買人鄒長仲來京報明該項城

磚來源後，仍希函達本师以便查考。准函前因，相應函復

查照，為荷！此致

南京特別市政府工務局

師長 李讓一

中華民國二十一年四月二十一日

監印李顯光

校對高培蒼

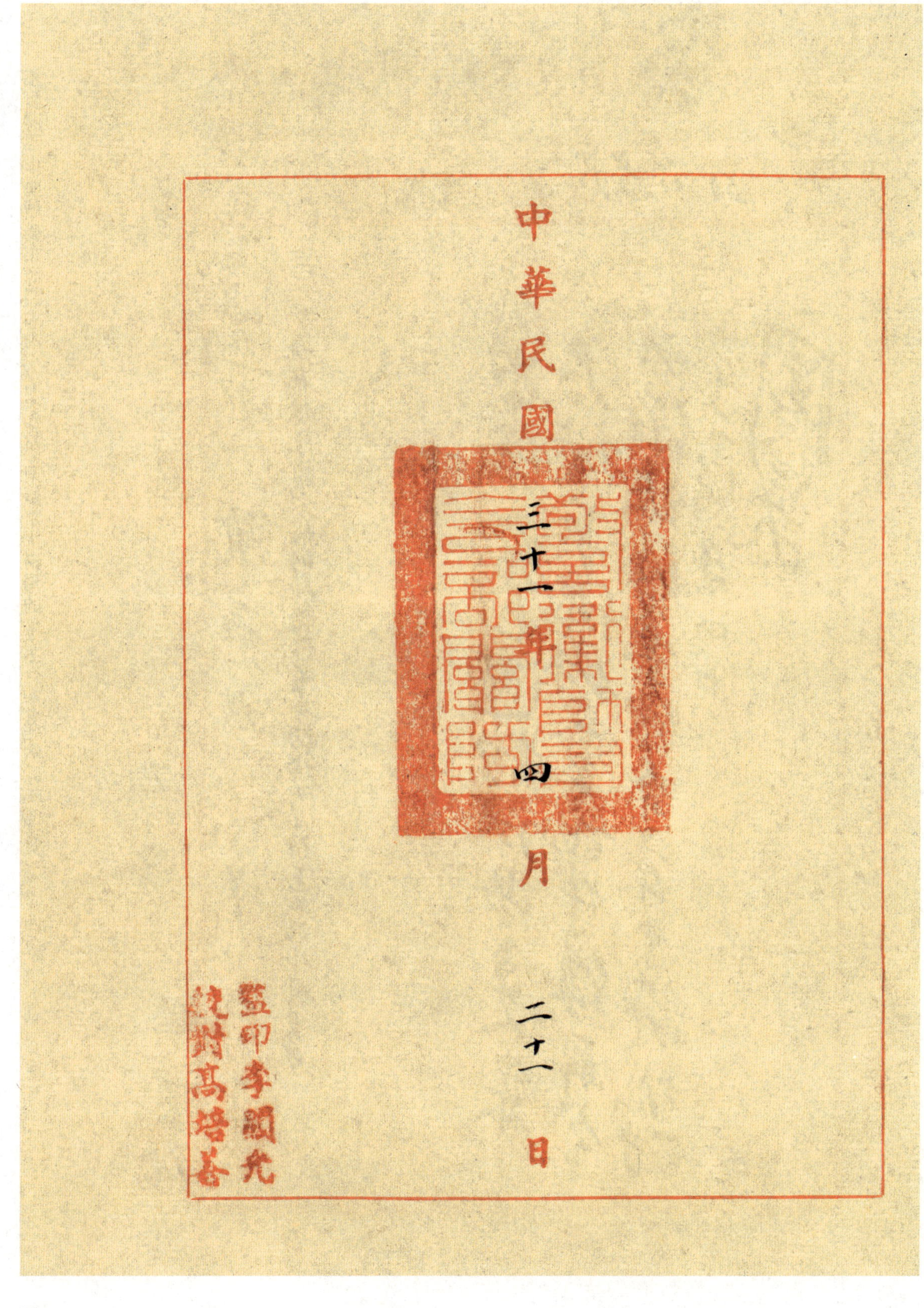

（五）鄒長勝爲申明城磚來源懇求准予備案致僞南京市工務局的呈文（一九四二年四月二十四日）

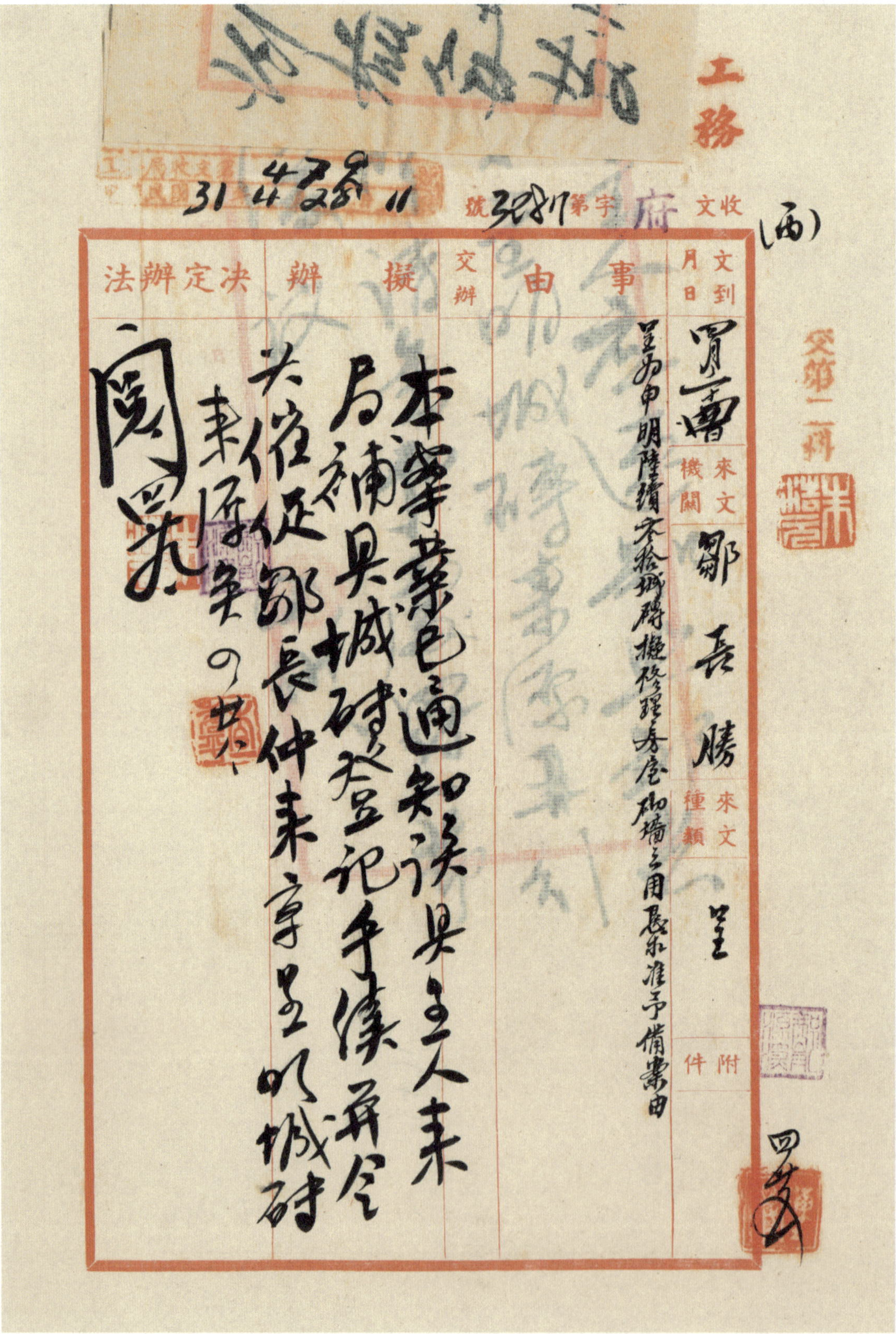
工務

收文 府 第 字 3281 號

31 4 28 11

文到月日	來文機關	來文種類	附件	事由	交辦	擬辦	決定辦法
	鄒長勝	呈		呈爲申明陸續買拾城磚擬修理房屋砌墻之用懇求准予備案由		本案業已通知該吳姓之人來局補具城磚登記手續並令其促鄒長仲來局呈明城磚來源	閱

呈

呈為申明、曾因事變後、陸續零收城磚頭、擬做修理房屋、砌墻之用、懇請鑒
核、請賞准備案、事竊民鄒長勝、居住大影壁第一五六號、曾因事變、房屋
被毀、墻垣倒坍、民待大局奠定、於民國二十八年回京、覩此房屋、墻垣倒
坍、待為修砌整理、出於不得已、民陸續零收城磚頭、約計拾餘萬方、民實
屬不知、有違背南京市城磚保管規則、業蒙

鈞局傳案、民業經具結在案、而所零收磚頭、實係砌墻之用、遵照城磚保管規則、決爲不敢移動、況民事變後家産損失殆盡、值此生活高昂之際、一家數口、困苦不堪、嗷嗷待斃、以後查民如有變賣城磚頭情事、甘願處罰、爲此據情具文申明、懇請

鑒核、伏乞

賞准備案、原情寬宥、免予處置、實為公便、迫切呈請、敬候

批示祇遵、謹呈

南京市工務局

具呈民人鄒長勝　謹呈

中華民國三十一年四月二十四日

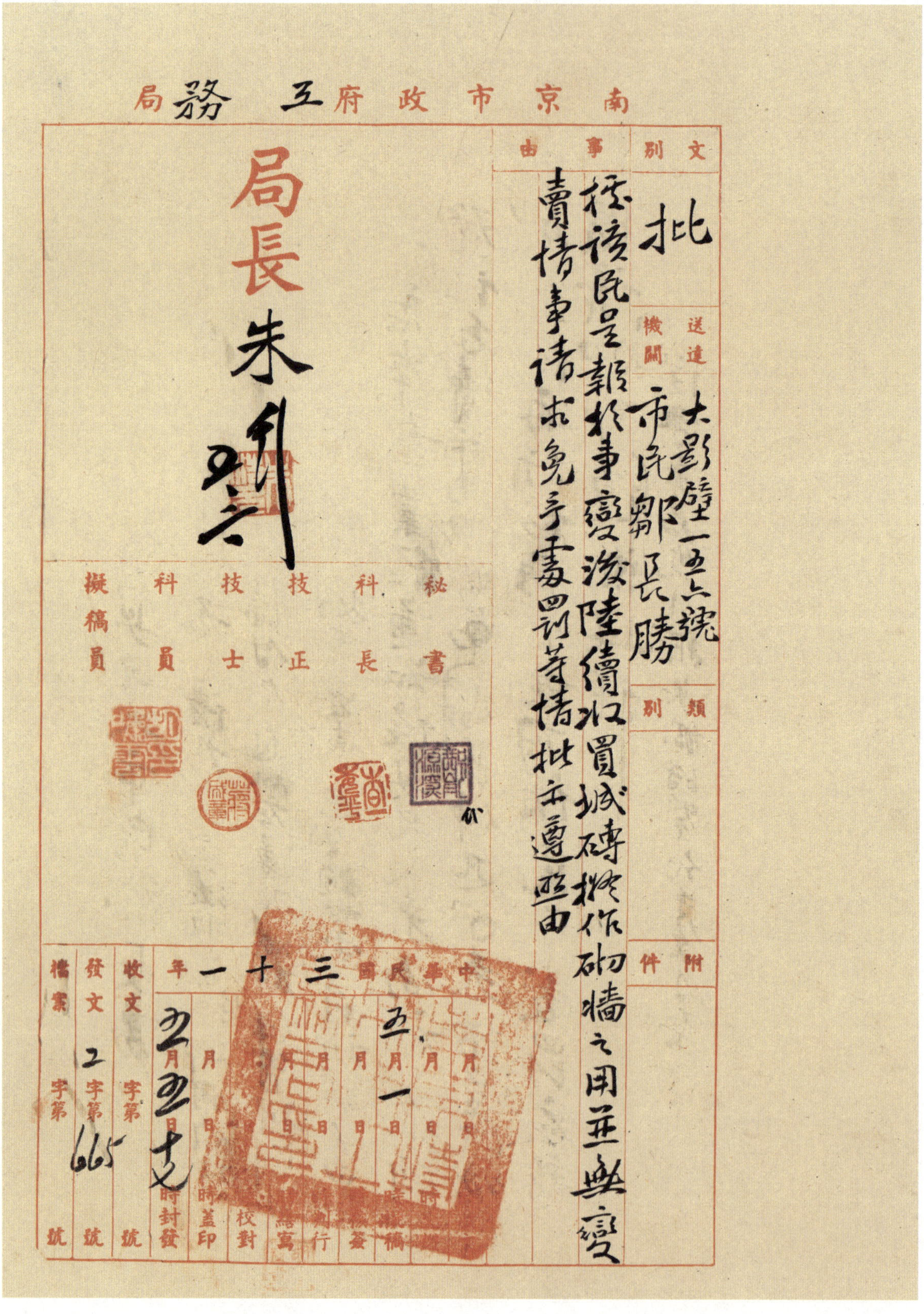

南京市政府工務局

文別	批
事由	據該民呈報於事變後陸續收買城磚擬作砌牆之用並無變賣情事請求免予處罰等情批示遵照由
送達機關	大影壁一五六號市民鄒長勝
類別	
附件	

局長朱[illegible]

秘書 科長 技正 技士 科員 擬稿員

中華民國三十一年 五月一日

收文 字第 號

發文 工字第665號

檔案 字第 號

封發 五月五日

（六）僞南京市工務局爲據呈請先行補具城磚登記手續致鄒長勝的批文（一九四二年五月五日）

局批示　　五字第　號

具呈人市民鄒長勝

呈一件　為呈請飭事變後收買城磚用作砌牆自本通知應遵照城磚保管規則如有變賣違法須甘受罰祈核示由

呈悉。本案業經通知該具呈人來局補具城磚登記手續，并令其催促弟鄒長仲迅即來京呈明城磚來源，再行核辦。所請免予處罰，應暫緩議。仰即遵照。此批

逕遞來局先行補具城磚登記手續為要

中華民國三十一年五月　　日

校對　單濟川

監印　朱墨丸

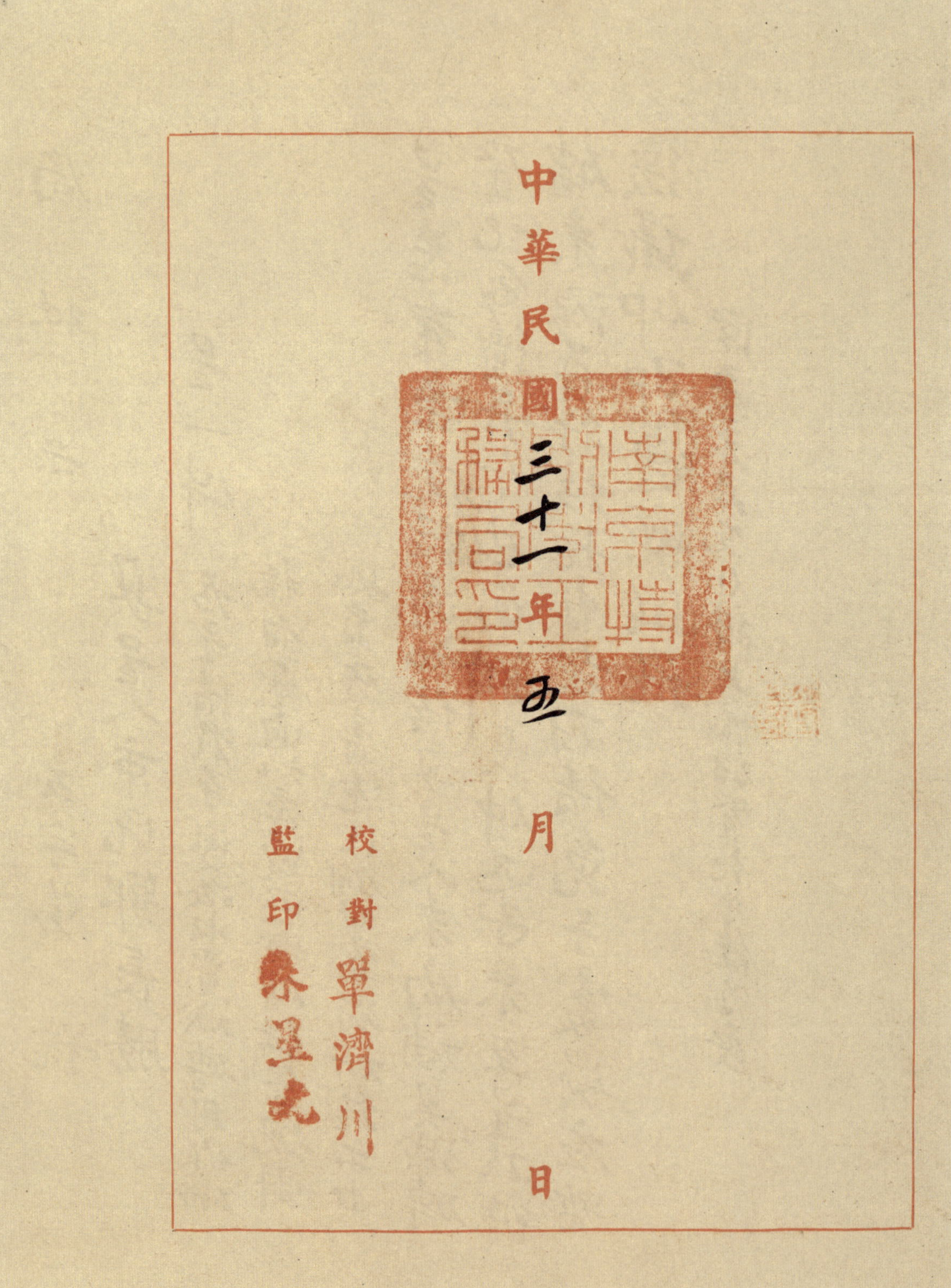

（七）鄉長勝爲遵令先行補報城磚登記手續致僞南京市工務局的呈文（一九四二年五月七日）

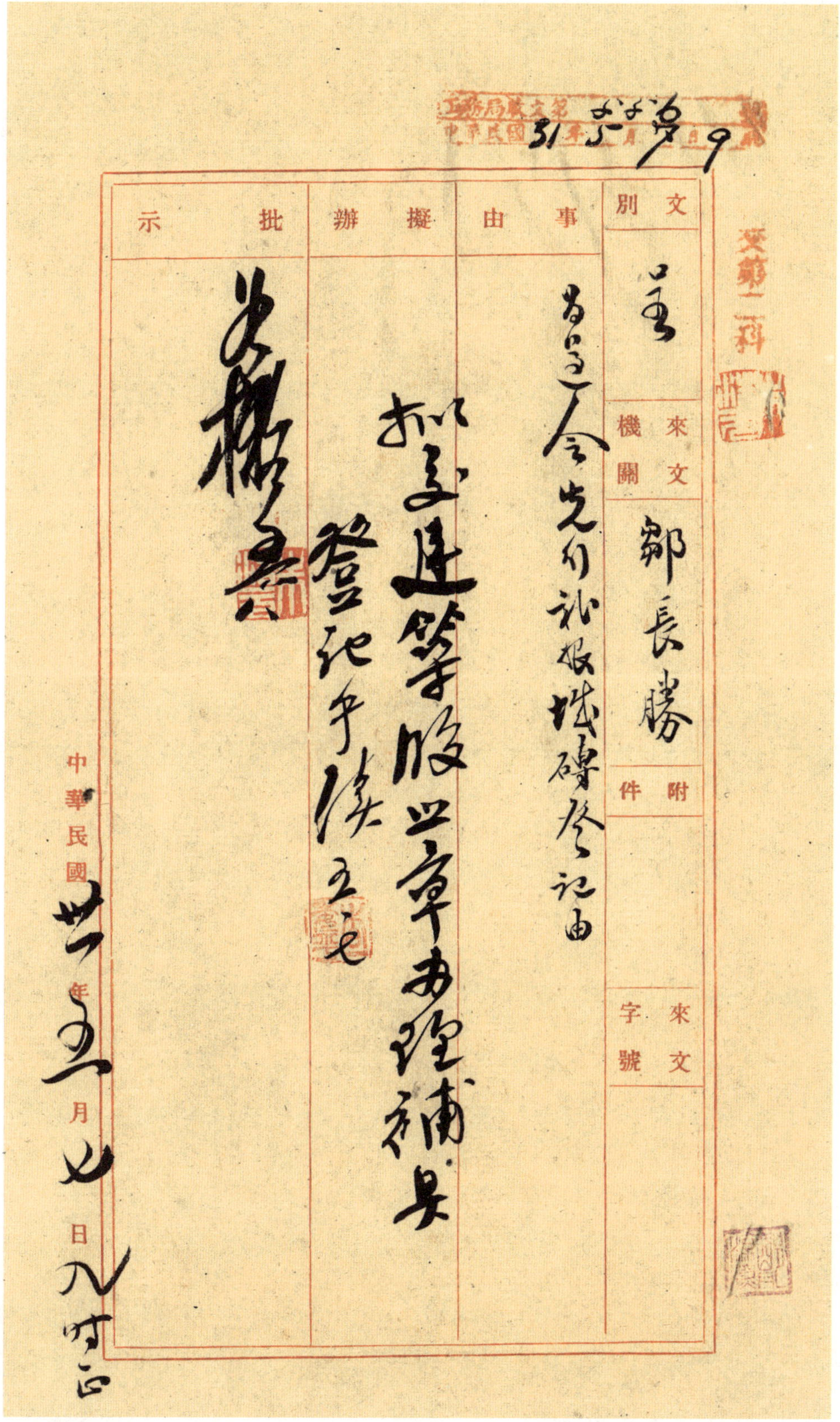

文別	來文機關	附件	來文字號	事由	擬辦	批示
呈	鄉長勝			爲遵令先行補報城磚登記由	擬遵照第四章辦理補具登記手續	如擬

中華民國卅一年五月七日

呈

呈為奉批遵令、城磚登記、懇請鑒核、准予備案事、竊商鄒長勝、居住大影壁
一五六號、曾因事變、陸續收買城磚頭、拾餘英方、以作砌墻之用、業經據情申明、呈
鈞局在案、於本月五日、奉到
鈞局批示、工字第六六五號內開、呈悉本案、業經通知該具呈人來局補具城磚
登記手續、并令催促鄒長仲、迅予來京、呈明城磚來源、再行核辦有案、仰即

從速來局、先行補具城磚登記手續為要、等因。商自奉到
鈞批、即用快函至宿縣、催鄒長仲、迅速來京、現隔多日、未見來京、商萬分
着急、復又派鄉親、前往宿縣催促、俟伊到京、即至
鈞局、呈述一切、仰蒙
鈞局體恤、原情寬宥、免予處置、不勝感戴。商未敢稍緩、是以遵

令、先行補具城磚登記手續、合計拾餘萬方、該磚存放本宅原處、伏乞

賞准備案、實為公便、理合具文呈請

鑒核、謹呈

南京市政府工務局

具呈商人鄒長勝

謹呈

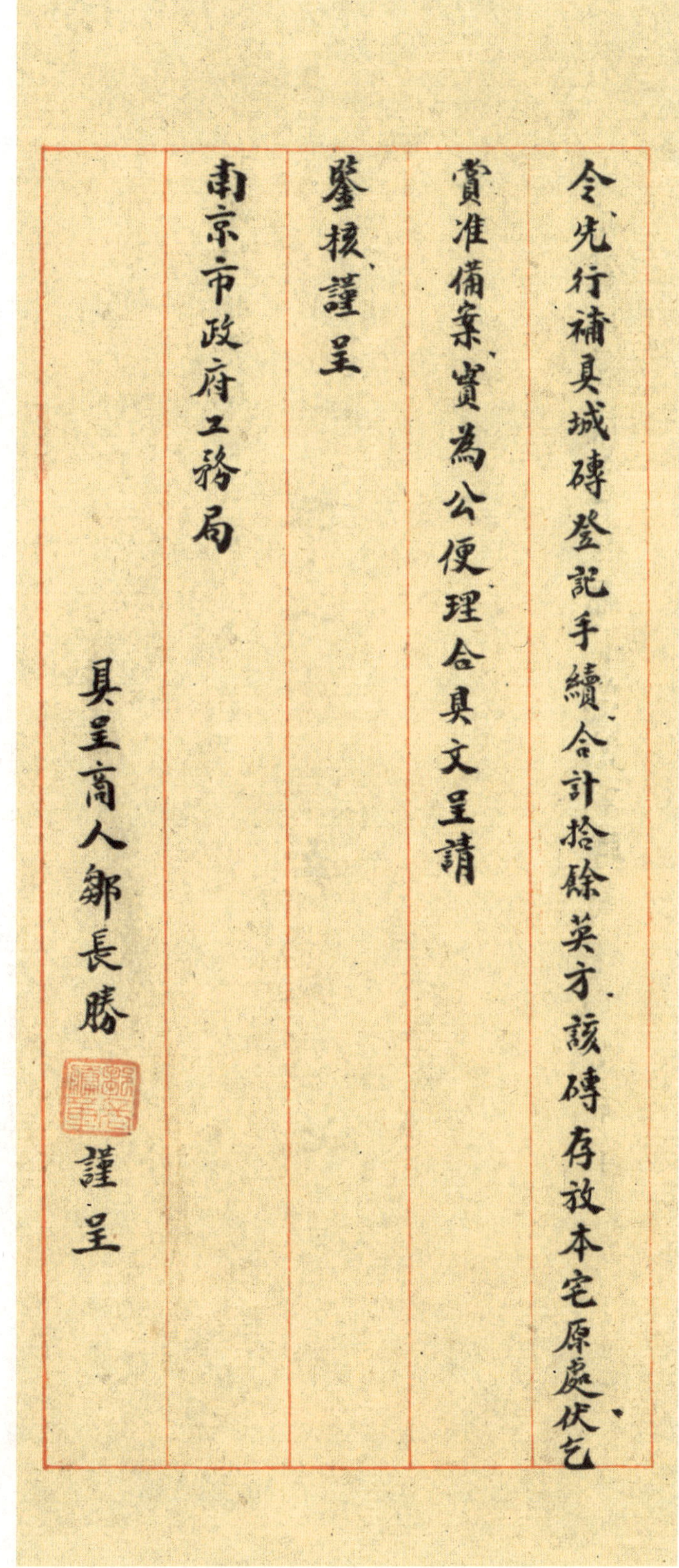

中華民國三十一年　五　月　七　日

（八）僞南京市工務局爲據呈請補行手續姑准備案致鄒長勝的批文（一九四二年五月十一日）

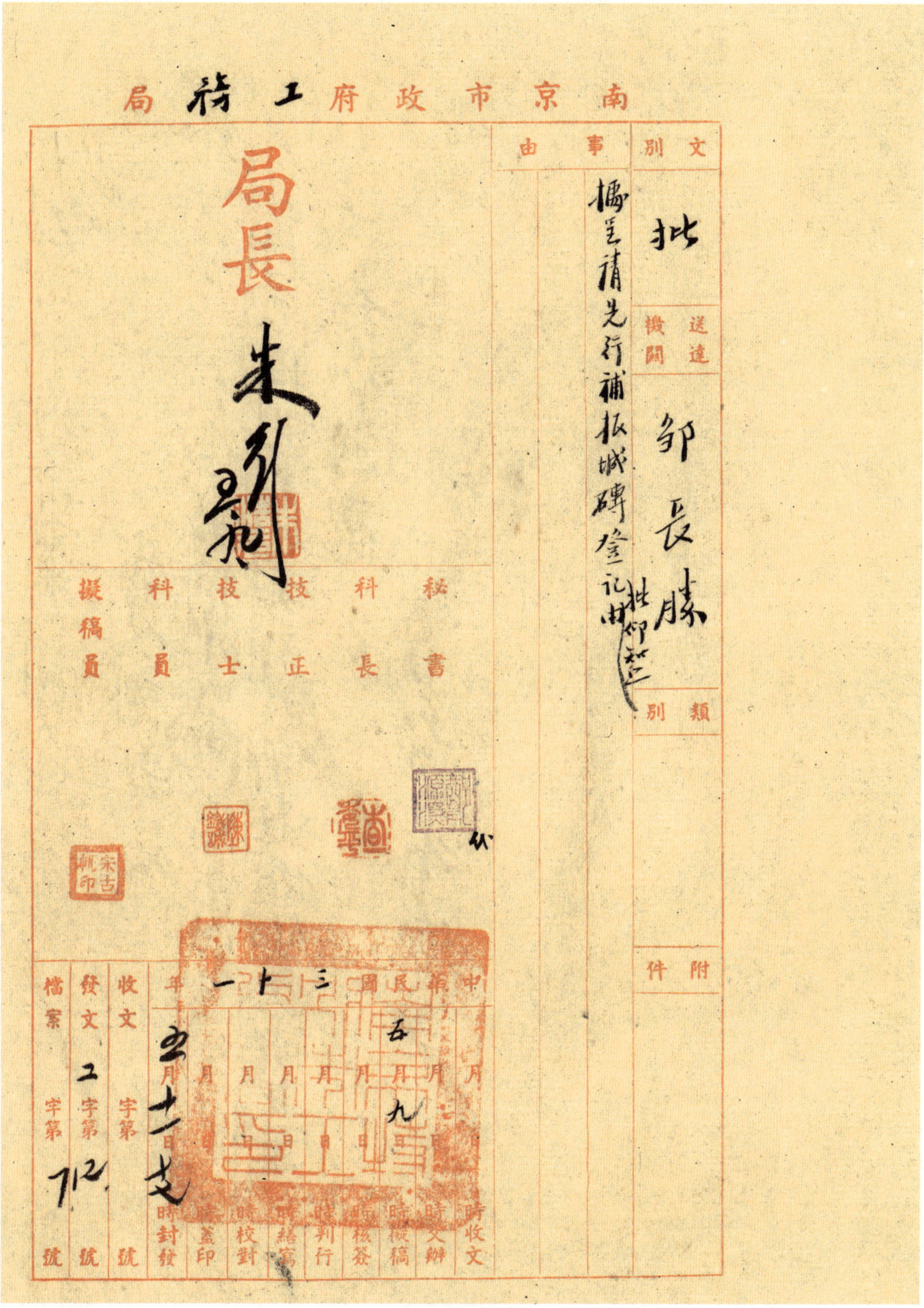

局批　　字第　　號

具呈人鄧長勝

呈乙件為遵批補行城磚登記手續由

呈悉。姑准先行備案，仰速催鄧長仲來京

以憑核辦。此批

局長朱[illegible]

D

中華民國廿年五月　日

校對　單濟川

監印　朱昱光

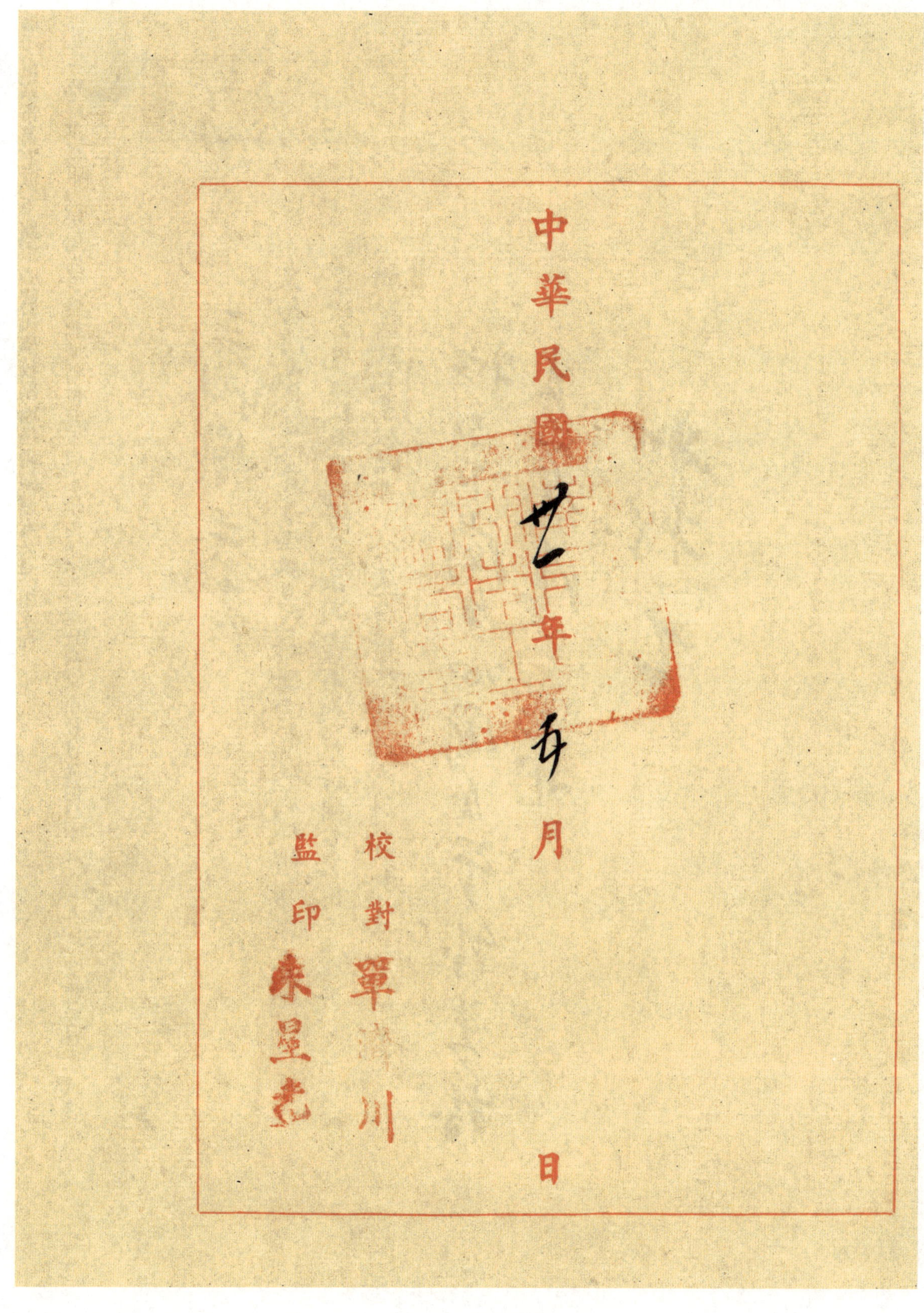

關于南京市第七區下關中心國民學校圍墻城磚歸屬案的一組文件

（一）曹耀琪爲祖遺房屋尚有殘剩城磚留弃下關小學内請予發還致南京市社會局的呈文（一九四六年三月十八日）

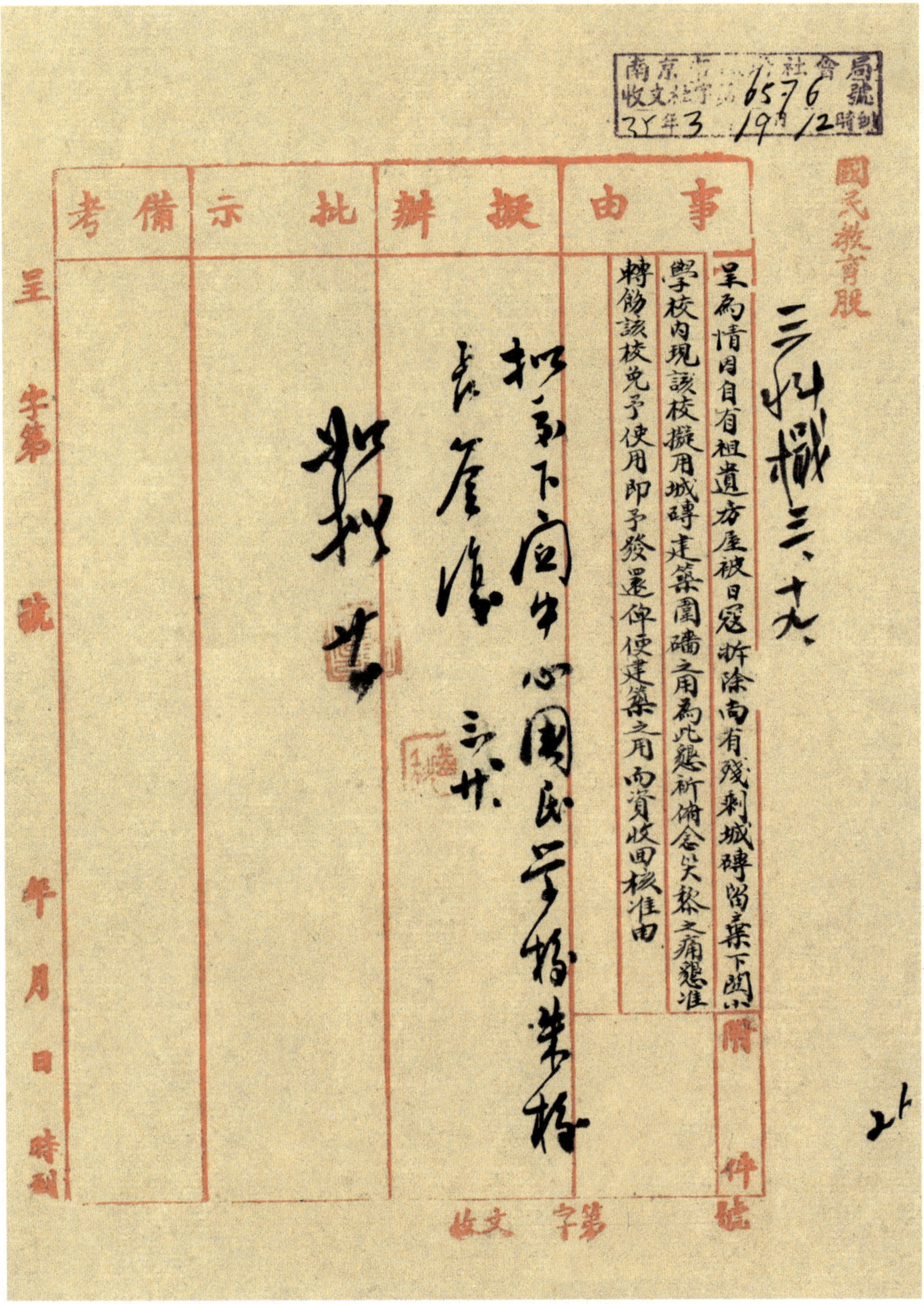
南京市社會局收文 35年3月19日 6576號

國民教育股

事由	擬辦	批示	備考
呈爲情因自有祖遺房屋被日寇拆除尚有殘剩城磚留棄下關小學校内現該校擬用城磚建築圍牆之用爲此懇祈俯念災黎之痛懇准轉飭該校免予使用即予發還俾便建築之用而資收回核准由	擬令下關中心國民學校具報		

附件

呈　字第　號　年　月　日　時到

收文　字第　號

窃民人於有祖遺基地坐落下關虹门口第58至66號門牌建築瓦平房前後
五進計瓦平房二十六間連披房湯鍋在内由先父曹啟有在日開設曹榮興湯鍋爲世營之
業務該屋左右磚墻係全用城磚爲重該城磚購買紫金城之城磚而湯鍋房屋在於三四
進之間因須堅固耐久不幸於二十六年間日寇犯境將房拋棄僅顧保全性命率領全
家二十餘口逃避異境免遭慘殺該日軍侵佔首都後房屋全被日小關兵站拆除其時
無能爲力惟有聽其所爲含屈忍痛以待天日所幸值此抗戰勝利天日重見人民
得有解痛之日矣茲查得本基地後身下關小學校尚有民人殘剩之城磚甚夥存
在其校今聞該校擬用此城磚建築圍墻之用回憶民人自遭抗戰之損失可謂罄家
蕩產苦不待言爲此殘剩之城磚甚夥祈乞
鈞局鑒核俯念災黎之痛飭知該校免予使用賜予發還俾便建築之用而資收回以

示救濟則不勝盼切之至理合具文呈請仰祈

鈞長鑒核俯賜示遵而資收回實爲公德兩便謹呈

南京市社會局局長沐

具呈人民人曹耀琪 謹呈

地址下關虹門口第三十六號曹榮興湯鍋

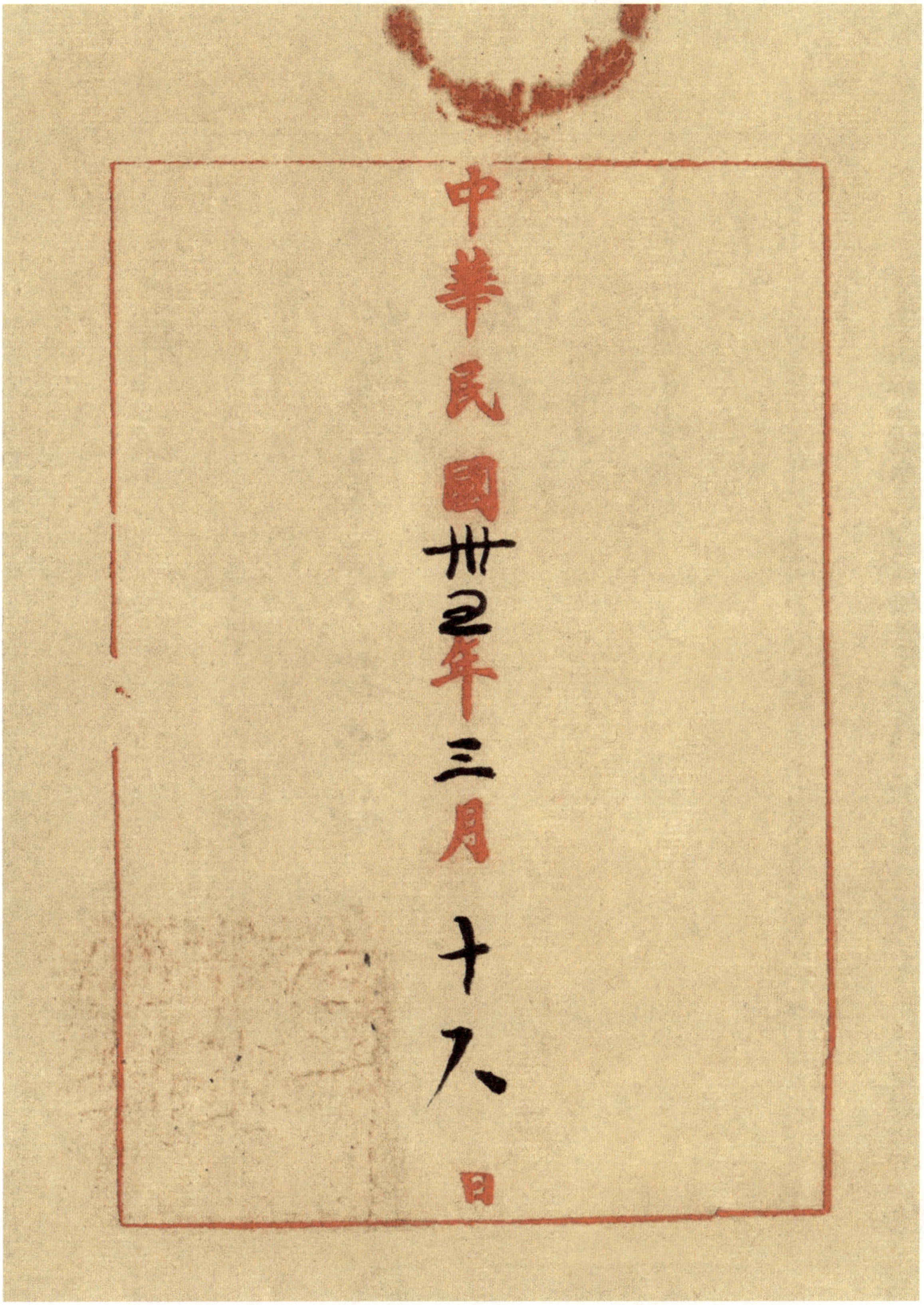
中華民國卅七年三月十八日

（一一）南京市第七區下關中心國民學校爲圍墻城磚非曹耀祺所有致南京市社會局的呈文（一九四六年三月三十日）

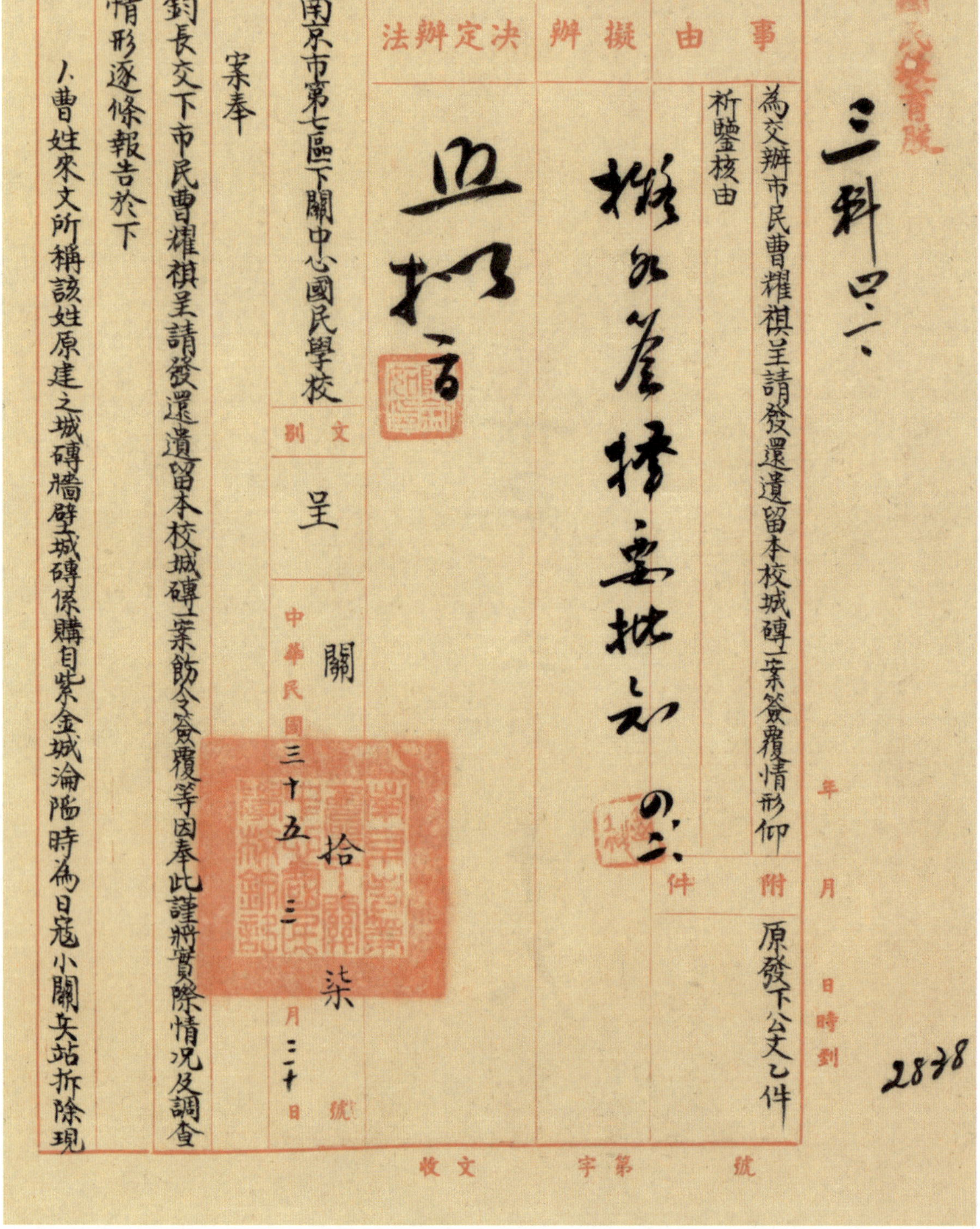
南京市政府社會局
收文社字第7361號
35年3月30日

三科 卯六

事由：爲交辦市民曹耀祺呈請發還遺留本校城磚一案簽覆情形仰祈鑒核由

擬辦：擬存 轉安 批知

決定辦法：照擬

附件：原發下公文乙件

文別：呈

關 拾柒 號

中華民國三十五年三月二十日

南京市第七區下關中心國民學校

案奉

鈞長交下市民曹耀祺呈請發還遺留本校城磚一案飭令簽覆等因奉此謹將實際情況及調查情形逐條報告於下

1.曹姓來文所稱該姓原建之城磚牆壁城磚係購自紫金城淪陷時爲日寇小關兵站拆除現

收文 字第 號

2838

本校内尚有殘剩之城磚各節查本校北面原有城磚圍牆一道此牆係用城磚堆砌而成未用灰泥等物粘合究係戰前所造抑戰後所造係本校所有抑曹姓所指之殘剩城磚因缺乏證件無從確定曹姓未提出證件似亦不能由渠認領

2、曹姓來文中稱聞該校擬用此城磚建築圍牆之用云云查勝利後本校接收時北面即砌有城磚圍牆一道截至近日止並未移動亦未有利用城磚再建圍牆之舉

3、職曾赴本府地政局調閱地籍圖及本校所有土地圖狀載明本校北面土地係為丁姓所有圖上並註有此係丁姓臨時圍牆並無曹姓字樣現本校北面城磚圍牆是否係丁姓圍牆亦無從確定

理合將實際情況及調查情形具文呈覆如何之處仰祈

鈞長鑒核示遵

謹呈

南京市社會局局長陳

南京市第七區下關中心國民學校校長朱步章

監印

校對

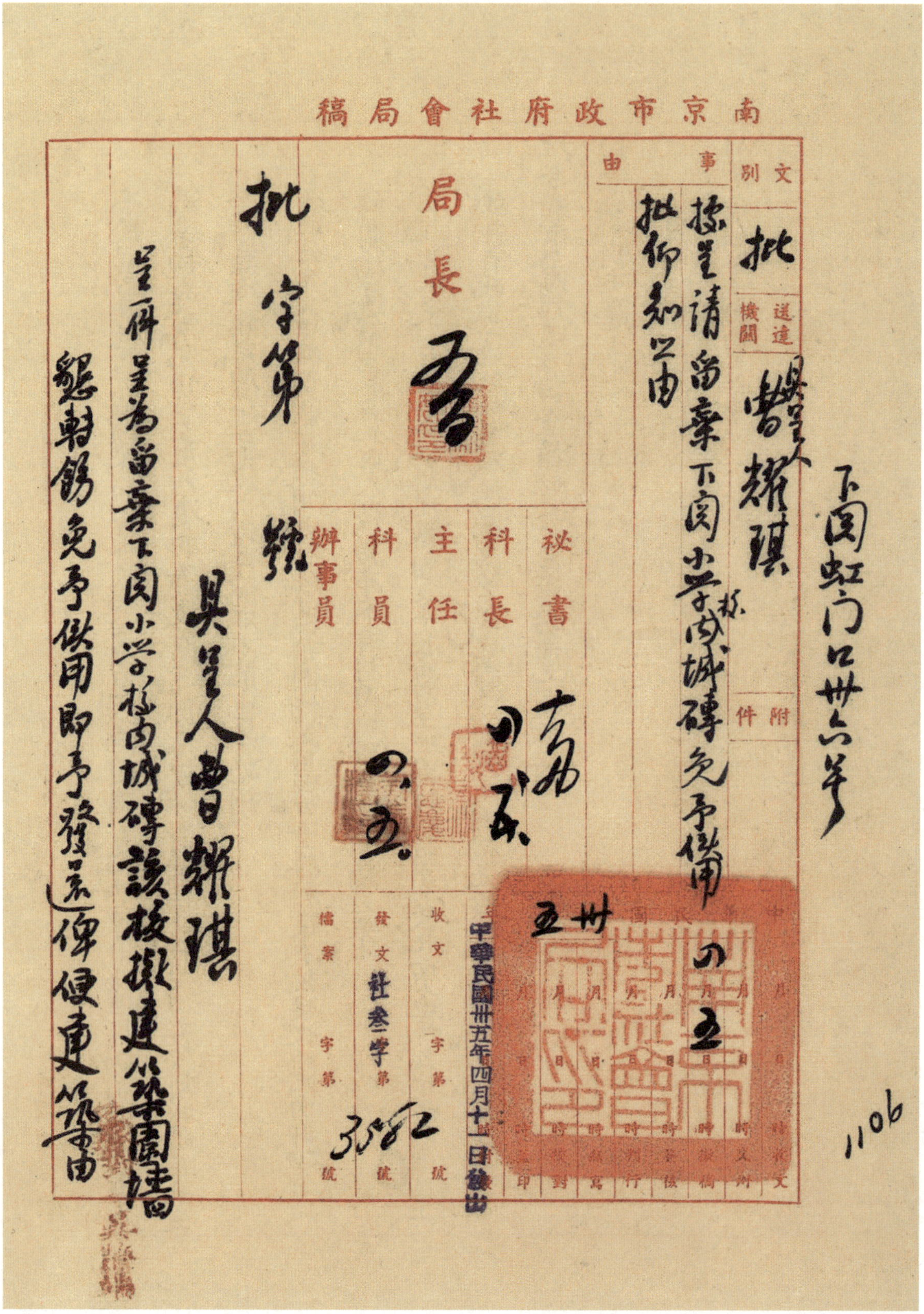
南京市政府社會局稿

文別	批
送達機關	具呈人曹耀琪　下關虹门口卅六号
事由	據呈請留棄下關小学校內城磚免予備用批仰知照由
附件	

局長　吴

秘書　科長　主任　科員　辦事員

批　字第　號

具呈人曹耀琪

呈件呈為留棄下關小学校內城磚該校擬建築圍墻懇請飭免予徵用即予發還俾便建築由

收文　字第　號

發文　社叁字第 3582 號

檔案　字第　號

中華民國卅五年四月十一日發出

1106

（三）南京市社會局爲所請城磚缺乏證件未便照准致曹耀琪的批復（一九四六年四月十一日）

呈悉。查下關小營北面原有城磚圍墻
一道，該孫近日並未移動，亦未有利用城
磚再建圍墻之舉。該民所呈殘剩
城磚究何據，以缺乏證件，所請未便發還，
仰即知照。
此批

局長 陳○○

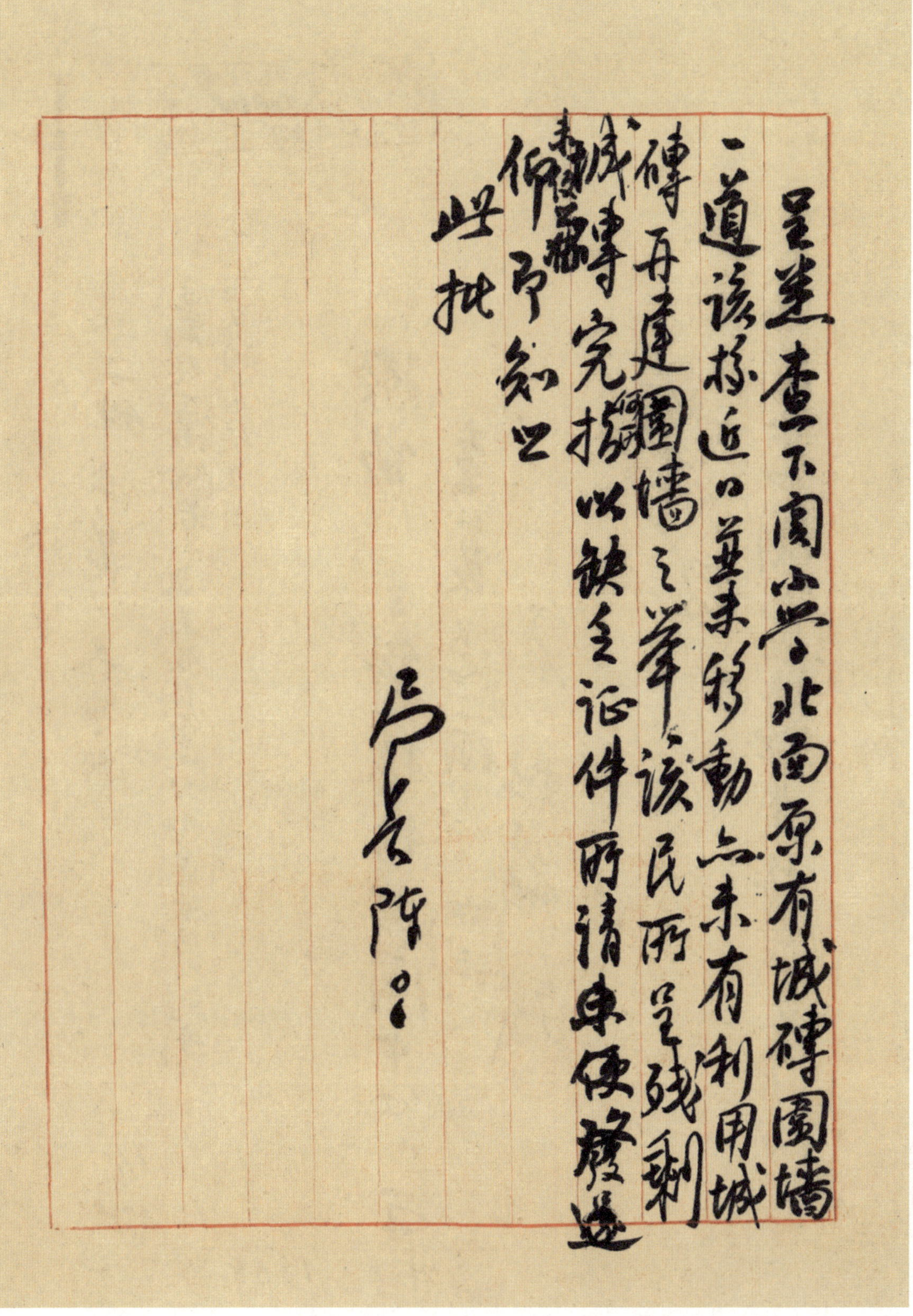

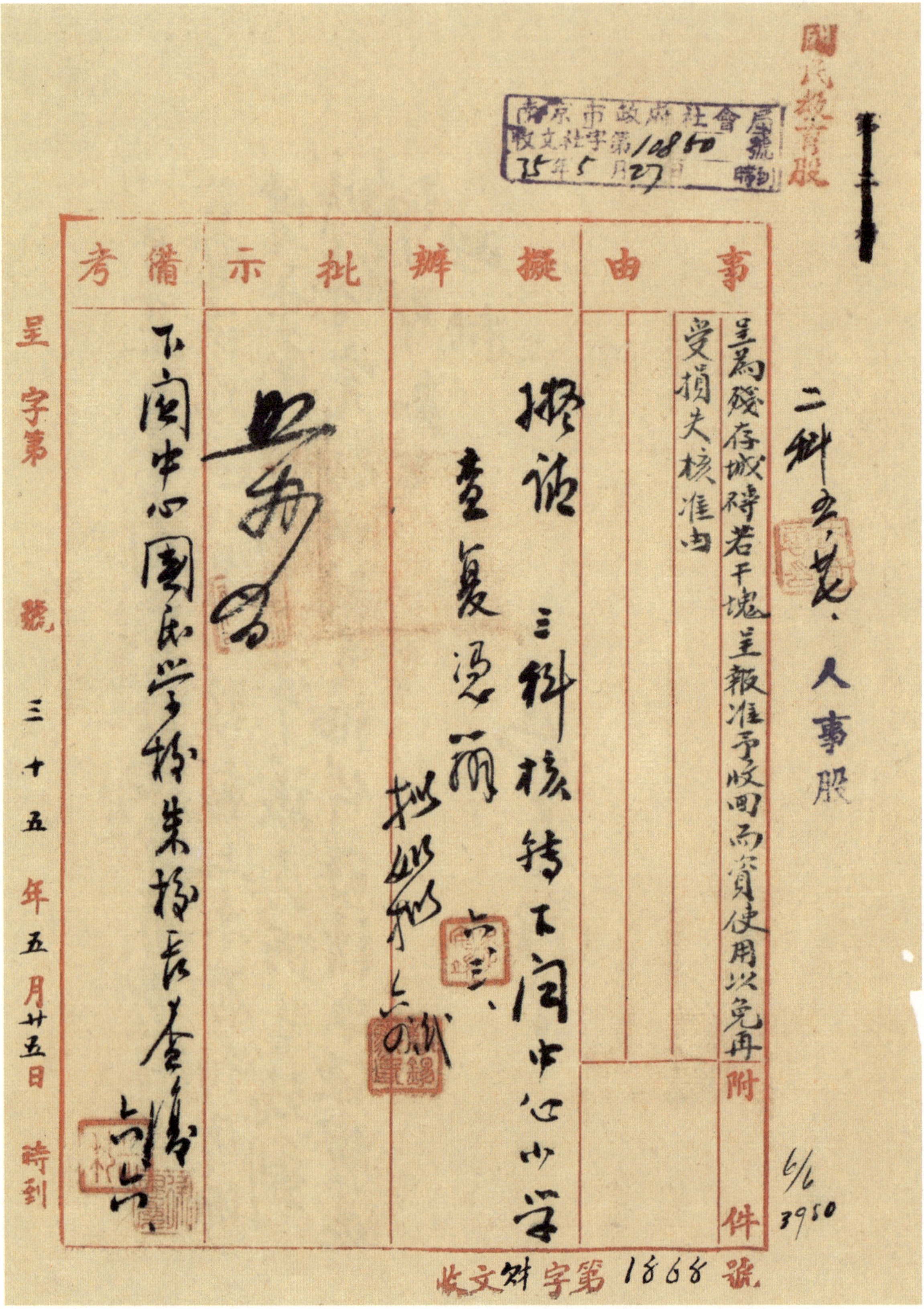
南京市政府社會局
收文社字第10850號
35年5月27日 時到

事由	擬辦	批示	備考
呈爲殘存城磚若干塊呈報准予收回而資使用以免再受損失核准由	擬請三科核轉下関中心小学查復憑辦		下関中心国民学校朱校長查復
附件			

呈 字第 號
三十五年五月廿五日 時到

收文 字第1868號

竊民先父丁興旺在日曾在下關第七區虹門口地方已自基地上建築瓦平房大小七間內有城磚四址註明東至鐵路向西至虹門口南至下關小學北至曹姓為界不幸於二十六年間被日寇將拆毀所幸值此抗戰勝利尚存有殘餘之城磚若干棄置於下關中心小學旁及該學校圍墻之用查該城磚是於二十三年八月三十日由先父在日洗中許道九等購得業主周業勤名下計磚兩萬塊受買洋五千壹百叁拾元其時已向市財政局第2172號批示准予買賣在案竊民現已返京為此具呈仰懇

鈞長鑒核俯賜准予收回俾使自行使用批示祇遵實為公便

謹呈

南京市社會局局長陳

具呈人民人丁道泰謹呈

中華民國三十五年五月二十五日

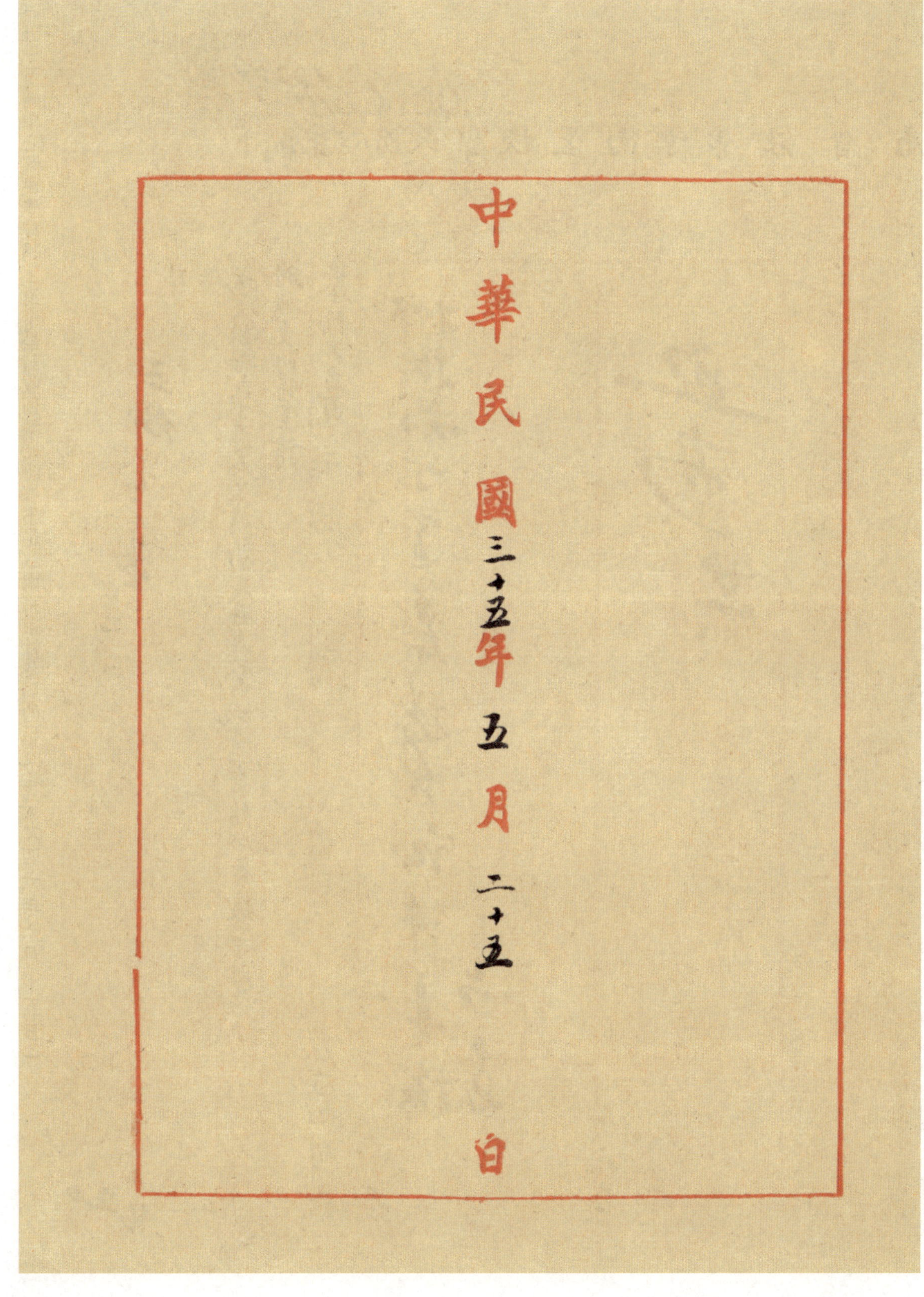

（五）下關中心國民學校爲丁道泰呈請收回城磚證據不足致南京市社會局的呈文（一九四六年六月十五日）

社會局收文 35年6月15日 12229

國民教育股

三科 六、一五

下關中心國民學校呈南京市社會局

事由	擬辦	批示	備考
爲交辦市民丁道泰呈請收回殘存職校內城磚一案飭令查復等因茲將調查所得呈請鑒核示遵由	擬批知丁道泰據此件再核 六、十七	如擬 世	關字第三八號 年 月 日 時到
附件：原呈乙件			

收文 字第 號

420

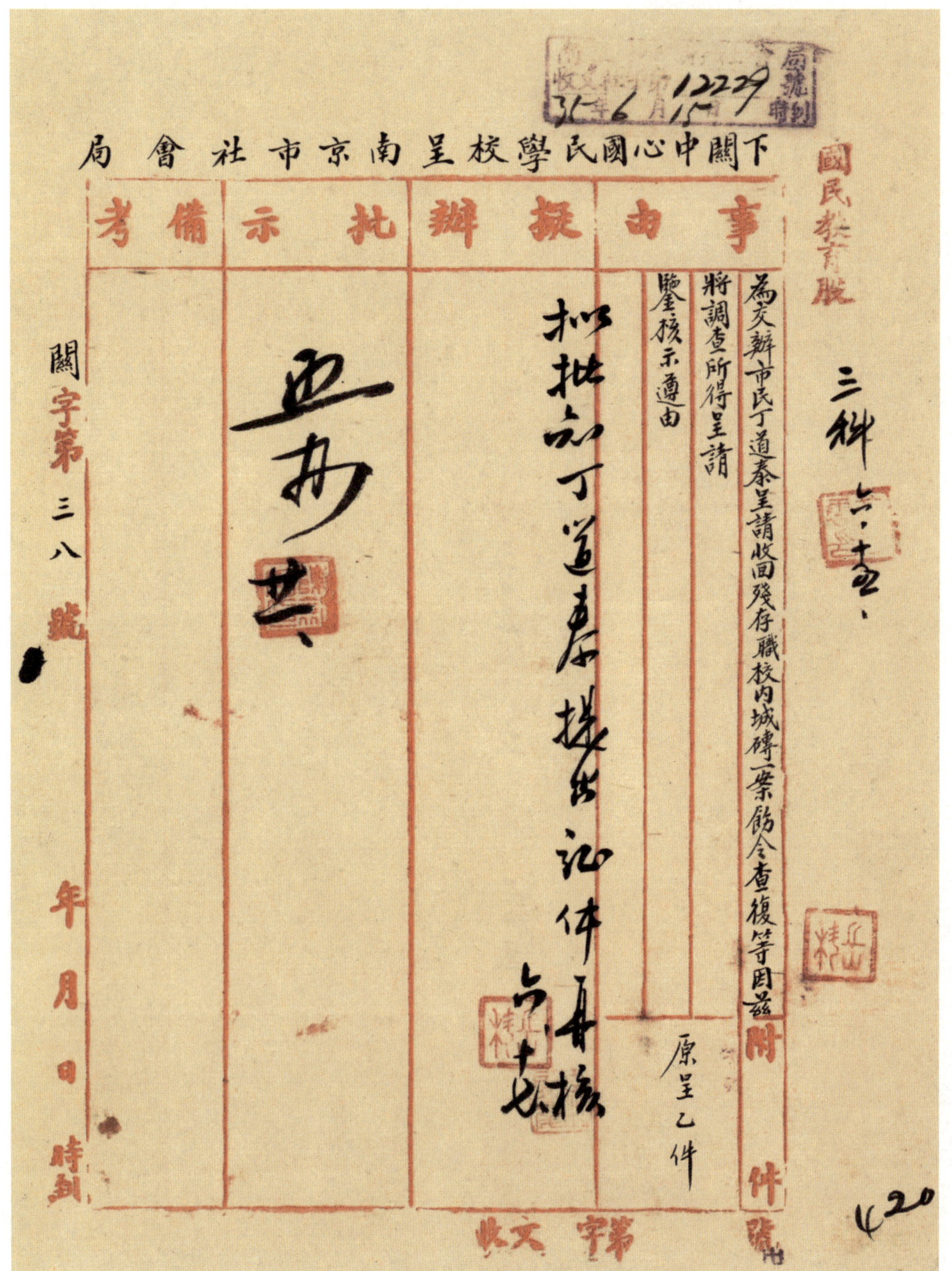

案奉

鈞長交下市民丁道泰呈請收回殘存職校內城磚一案飭令查復等因奉此自應遵辦經職詳

查茲逐條報告於下：

一、丁姓來呈所稱「城磚墻於廿六年被日寇拆毀所幸尚存有殘餘之城磚若干棄置於下

關中心國民學校及該學校圍墻之用」一節查職接收本校時北面原有圍墻一道此墻

係用城磚所砌究係戰前所造抑戰後所造係本校所有抑丁姓所有因缺乏証件無從

確定丁姓未提証件似亦不能由其認領

二、丁姓來呈申稱「該城磚是於廿三年八月三十日由其父在日憑中許道九等購得業主周

業勤名下計磚兩萬塊價洋五千一百三十元其時已向市財政局第二一九二號批示准予

買賣在案」查此磚是否即係其當年所有尚屬疑問而又將未批示隨呈送核似難徵信

三、查此城磚經職調查民間所有甚多本年三月間曾有市民曹耀祺呈請發還經飭提出
證件至今未見呈復現丁姓又呈請發還究係何人所有抑或由他處運來無從稽考若日
後再有他人索還彼此相爭糾紛必多似宜慎重處置之必要
奉查前因理合將調查情形具文呈覆如何之處仰祈
鈞長鑒核示遵實爲公便
謹呈
南京市社會局局長陳
附還原呈乙件
南京市第七區下關中心國民學校校長朱步章

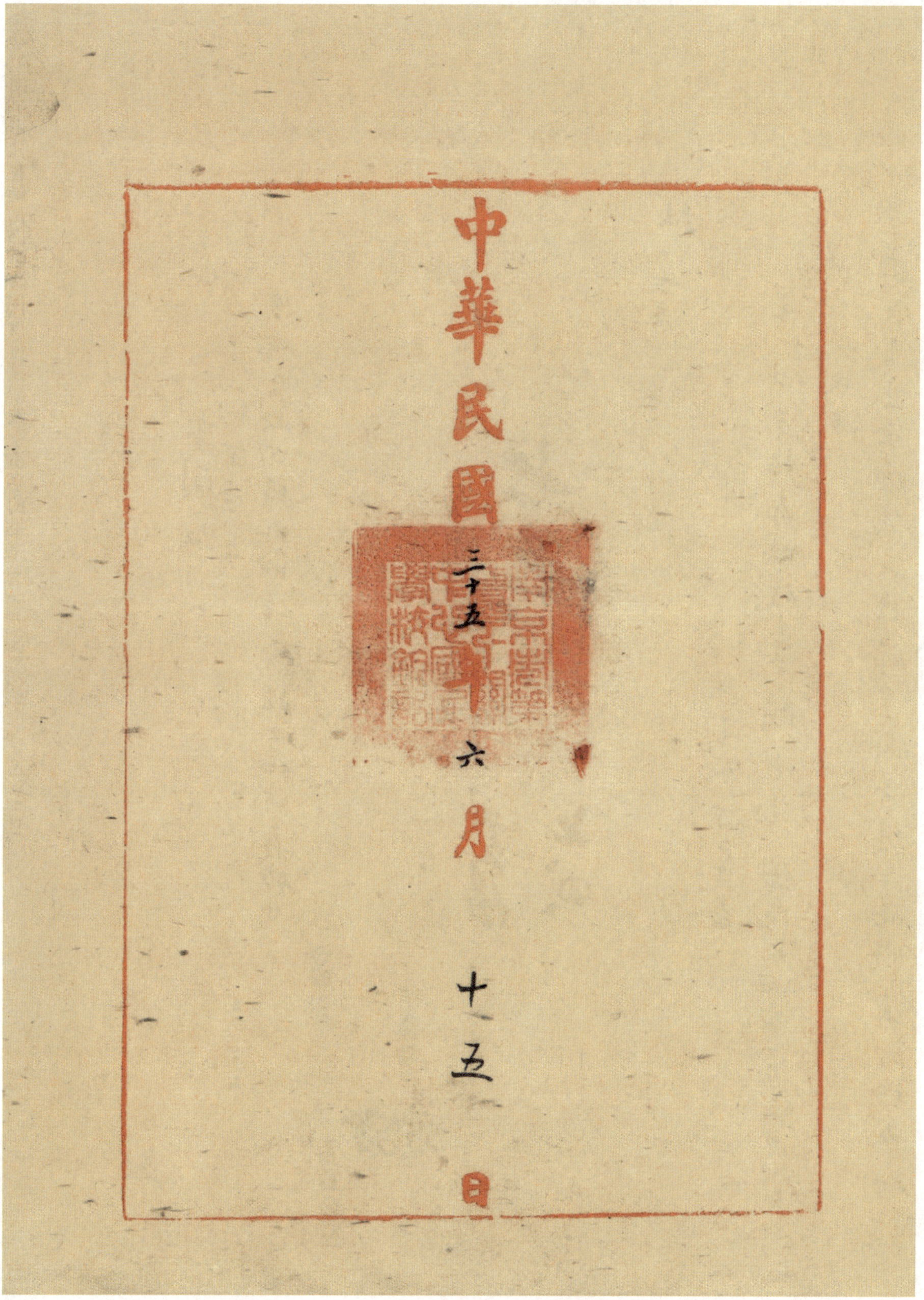
中華民國三十五年六月十五日

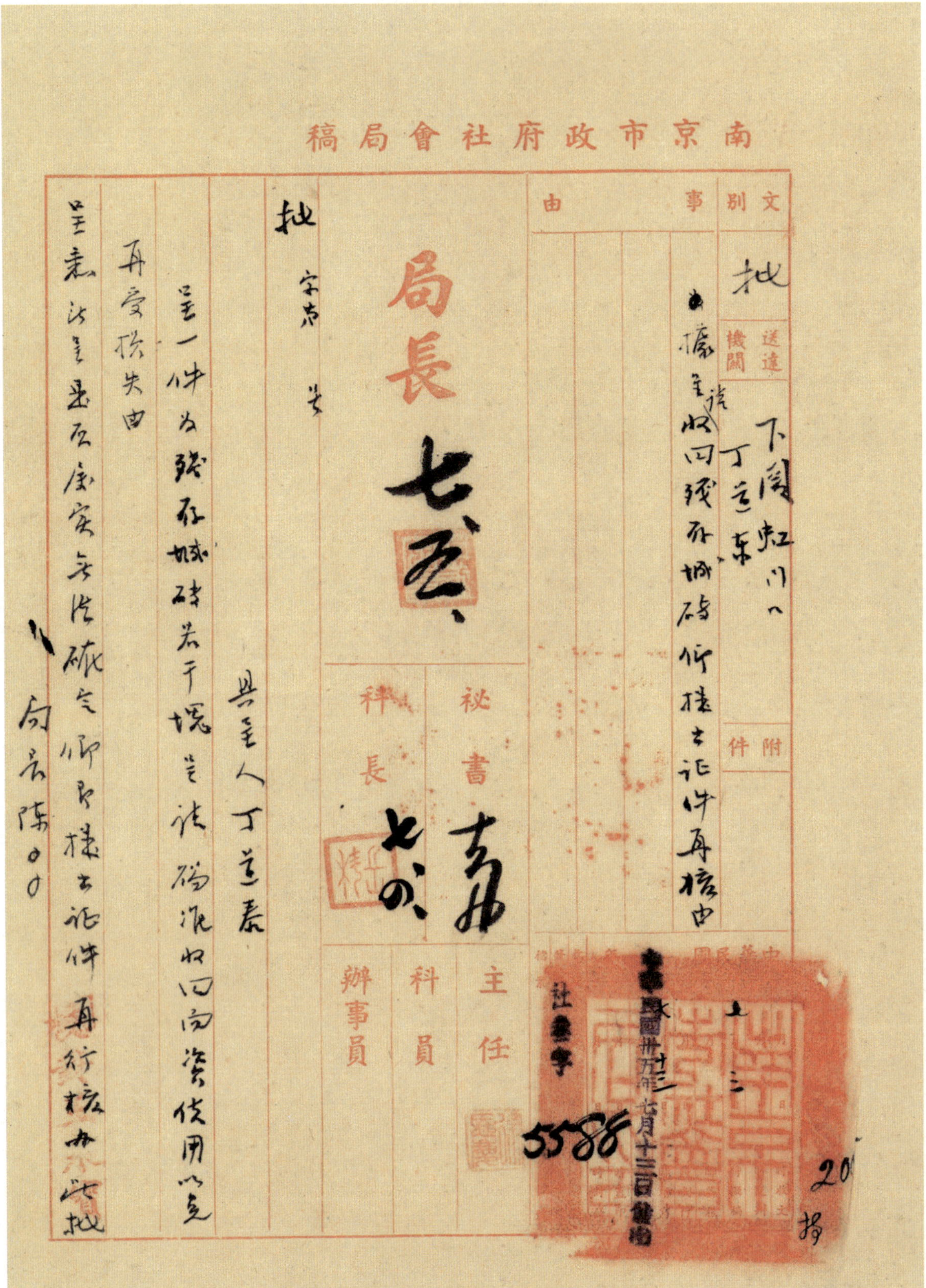

南京市政府社會局稿

文別：批

送達機關：下關虹门八 丁道泰

事由：據呈請收回殘存城磚飭檢出證件再核由

附件

局長 七、五

秘書 七、四

科長

主任

科員

辦事員

批 字第 號

具呈人丁道泰

呈一件爲請存城磚若干塊呈請准收回自資使用以免再受損失由

呈悉。詳呈是否屬實，無從證明，仰即檢出證件再行核辦。此批。

八 局長陳〇〇

社 字 55588

民國卅五年七月十三日

關于蕭振軍用城磚私建房屋案的一組文件

（一）首都警察廳北區警察局爲蕭振軍用城磚建房請查照取締致南京市工務局的公函（一九四七年三月十七日）

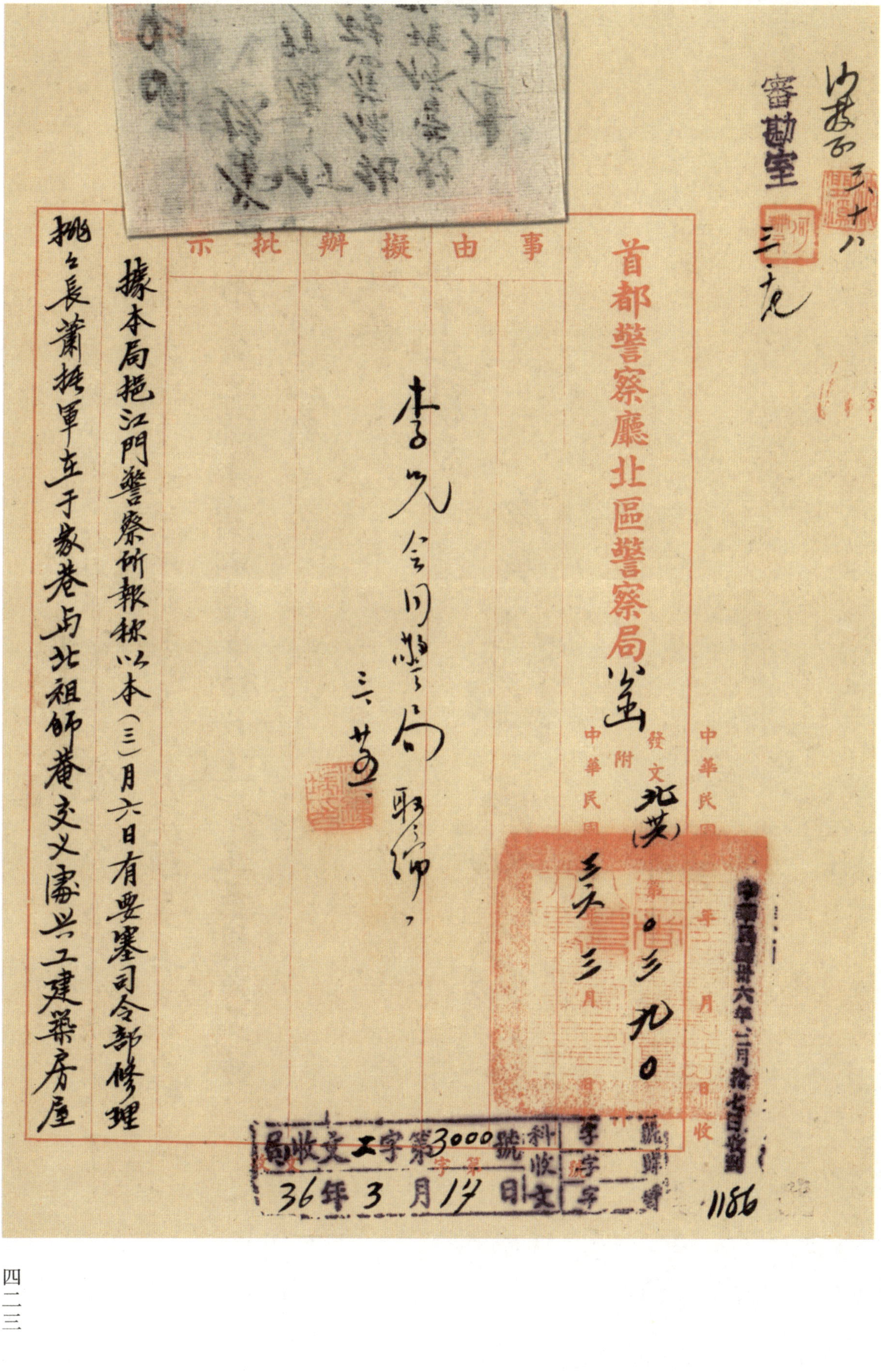
首都警察廳北區警察局箋

事由　擬辦　批示

據本局挹江門警察所報稱以本(三)月六日有要塞司令部修理

挑長蕭振軍在于家巷與北祖師菴交叉處興工建築房屋

局收文工字第3000號

36年3月14日

且態度横蠻制止無效材料中尚有古代大方磚等特查該蕭挺軍身屬軍人既違章建築不服制止反而態度横蠻其古代大磚且有來歷不明之嫌事關城墻古磚及違章建築相宜函請

查照取締爲荷

此致

南京市工務局

局長 張安[illegible]

監印 核對

（二一）南京市工務局職員李維年爲蕭振軍所用確係舊磚且房屋已完工致南京市工務局的簽呈（一九四七年四月七日）

函要塞司令部轉飭拆除
四．八

函覆蕭振軍
四．八

吳 四．八

查北祖師菴干家巷轉角有江寧要塞司令部重炮營修理班〻長蕭振軍私建平屋壹間所用磚料純係舊磚據稱係營中剩餘〻舊磚借用業已全部完〻在案何〻處理理合簽請
鑒核

職 李維年 四．七

南京市工務局便箋

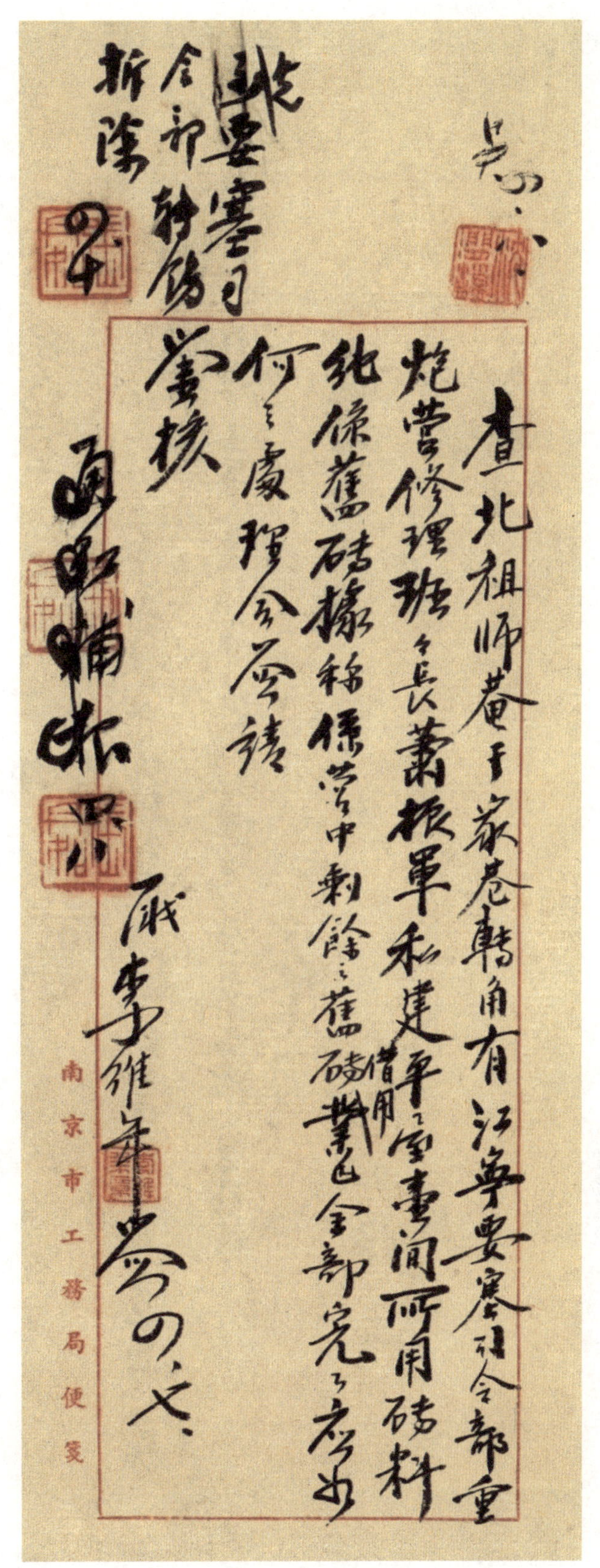

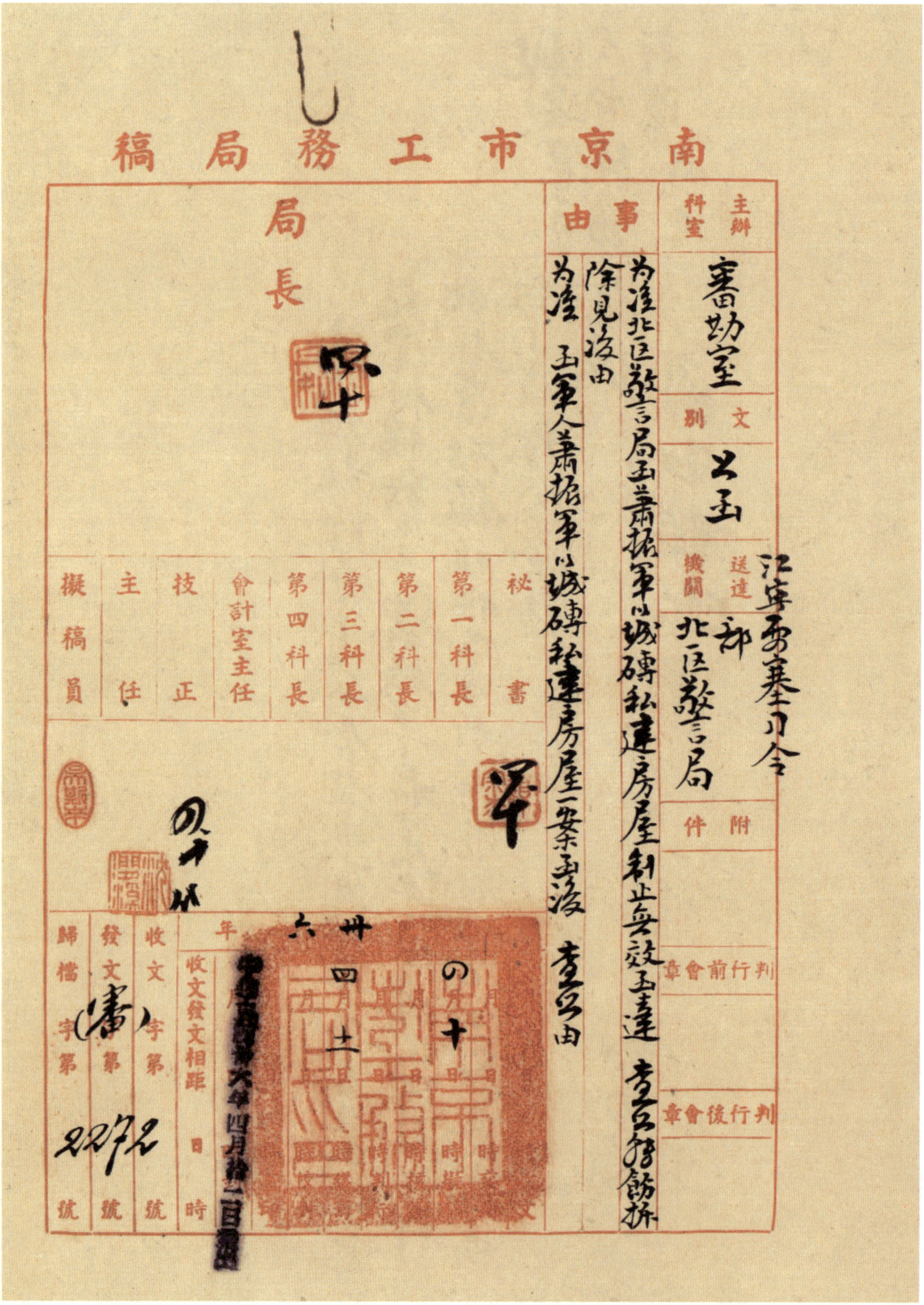

南京市工務局稿
主辦科室 審勘室
文別 公函
送達機關 江寧要塞司令部 北區警察局
事由
為准北區警察局函蕭振軍以城磚私建房屋制止無效函達查照飭拆除見復由
為准 函軍人蕭振軍以城磚私建房屋一案函復查照由
局長
秘書
第一科長
第二科長
第三科長
第四科長
會計室主任
技正
主任
擬稿員
附件
判行前會章
判行後會章
年 月 日
收文發文相距 日 時
收文 字第 號
發文 字第 號
歸檔 字第 號
卅六 四 十
2272
中華民國卅六年四月拾二日

（三二）南京市工務局爲請轉飭蕭振軍自行拆除并查明城磚來源致江寧要塞司令部、北區警察局公函（一九四七年四月十二日）

公函　字第　　號

案准北區警察局函稱，有要塞司令部修理排排長蕭振軍，率其家眷在北祖師菴交叉處以古代大方磚私建房屋，態度蠻橫，制止無效，事關城墻古磚及軍人違章建築，函請查照等由，經查屬實，相應函請查照轉飭自行拆除，以免效尤，並希將城墻古磚來源查明見復為荷。

此致

江寧要塞司令部

代理局長張○○

公函　字第　號

案准

貴局北（卅六）字第〇三九〇號公函，以要塞司令部修理排排長蕭振軍，李子家巷與北祖師菴交叉處以古代大方磚私建房屋，李澍城墻古磚及李子年建築時所取磚等由，經已函請要塞司令部轉飭自行拆除矣，相應函復，即希

查照為荷。

此致

北區警察局

代理局長張○○

（四）江寧要塞司令部爲蕭振軍用城磚營建確無實據飭令補辦營建手續致南京市工務局的公函（一九四七年六月三十日）

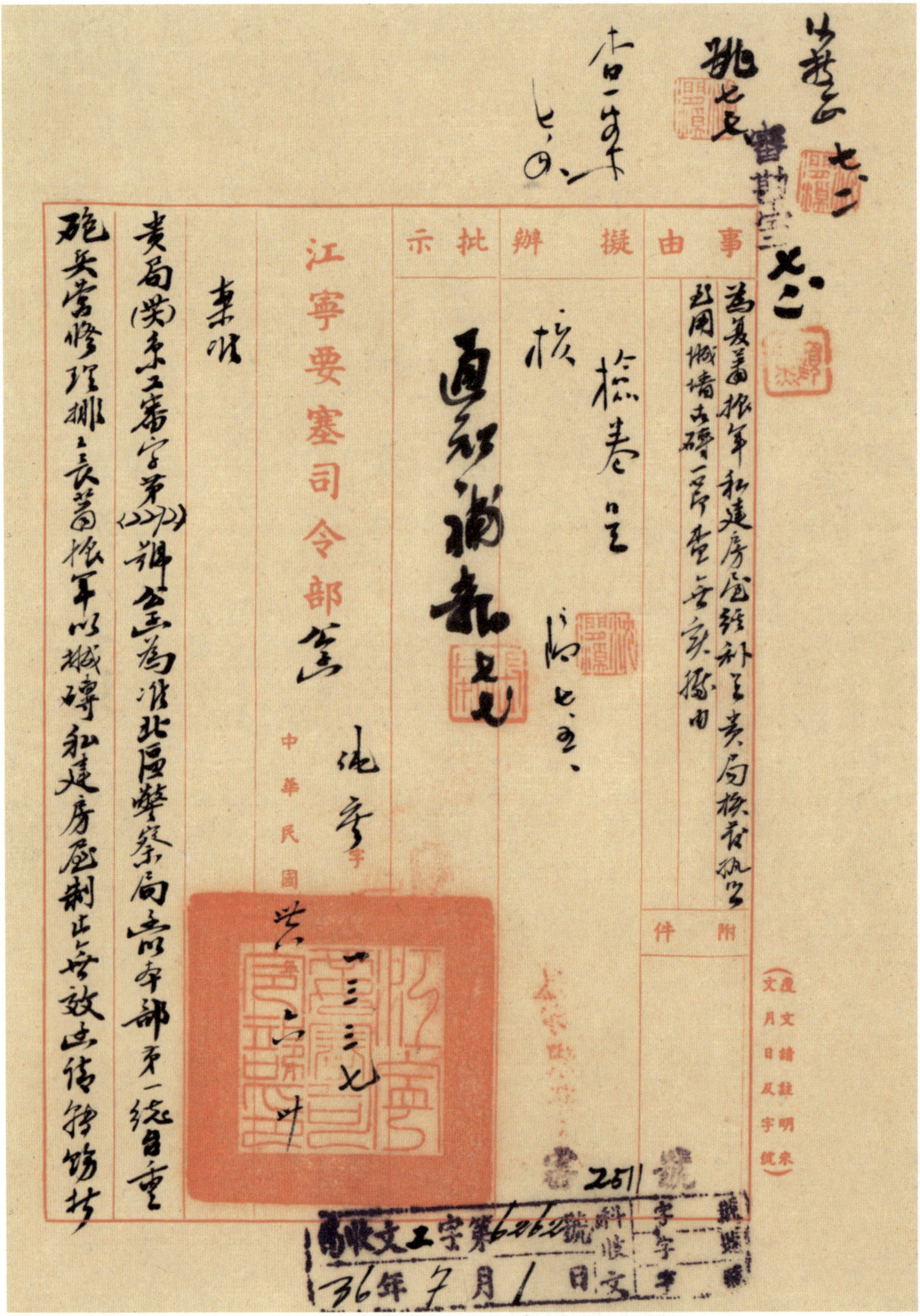

事由：爲蕭振軍私建房屋經飭至貴局核發執照所用城牆舊磚一節查無實據由

擬辦：核 抄卷呈核 七、三

批示：通知補報

附件

江寧要塞司令部箋 字第一三三七號

東北

貴局(36)京工審字第(2272)號公函爲准北區警察局函本部第一總台重砲兵營修理排排長蕭振軍以城磚私建房屋制止無效函請轉飭拆

中華民國卅六年六月卅日

南京市工務局收文工字第6262號 36年7月1日

詳一案經多方勘察該屋用城磚營建一節確無實據惟該民
未經申請營造執照擅自建造一節業已飭令補具手續准照
等由准將辦理情形復請
查照
此致
南京市工務局

司令　胡雄

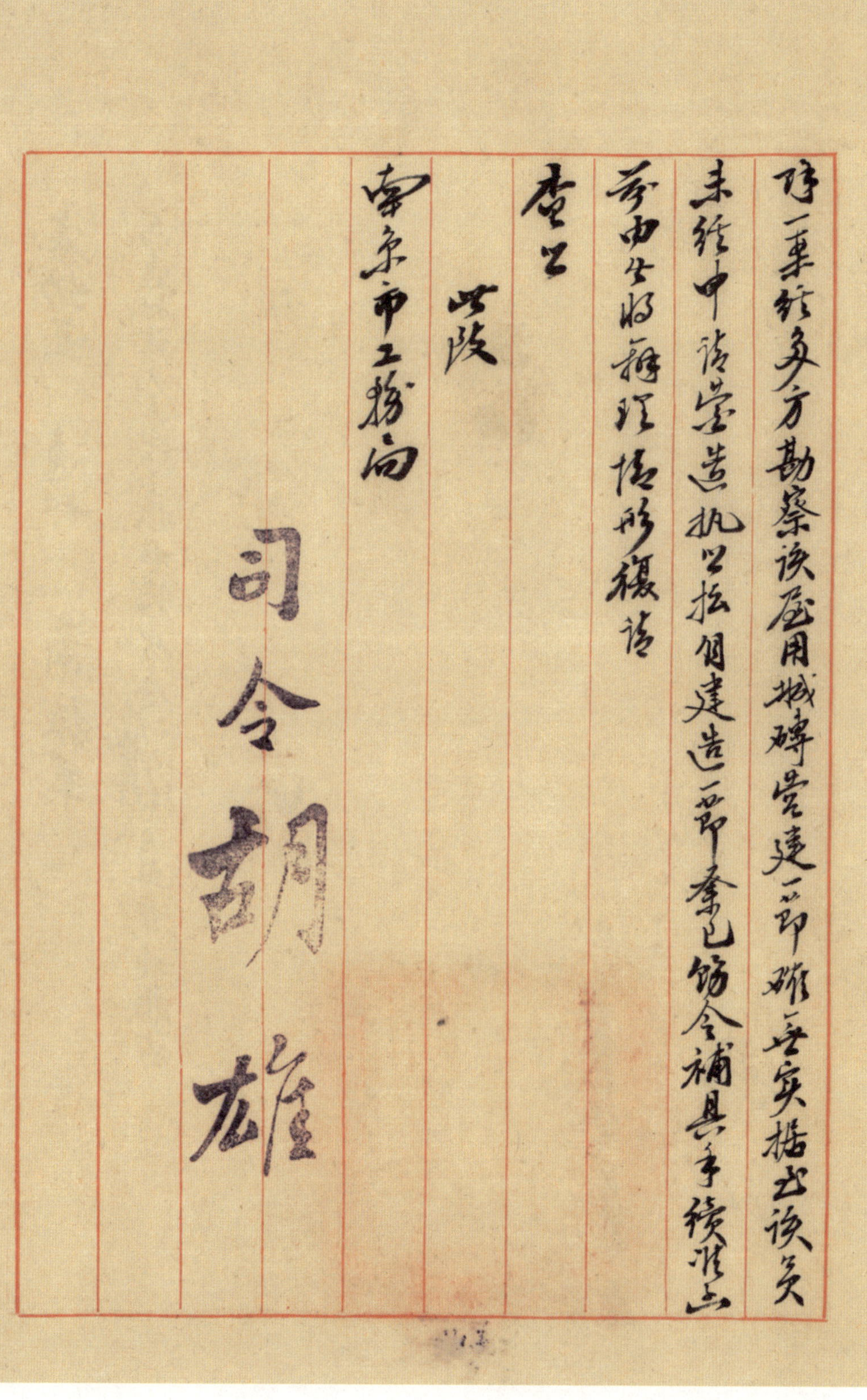

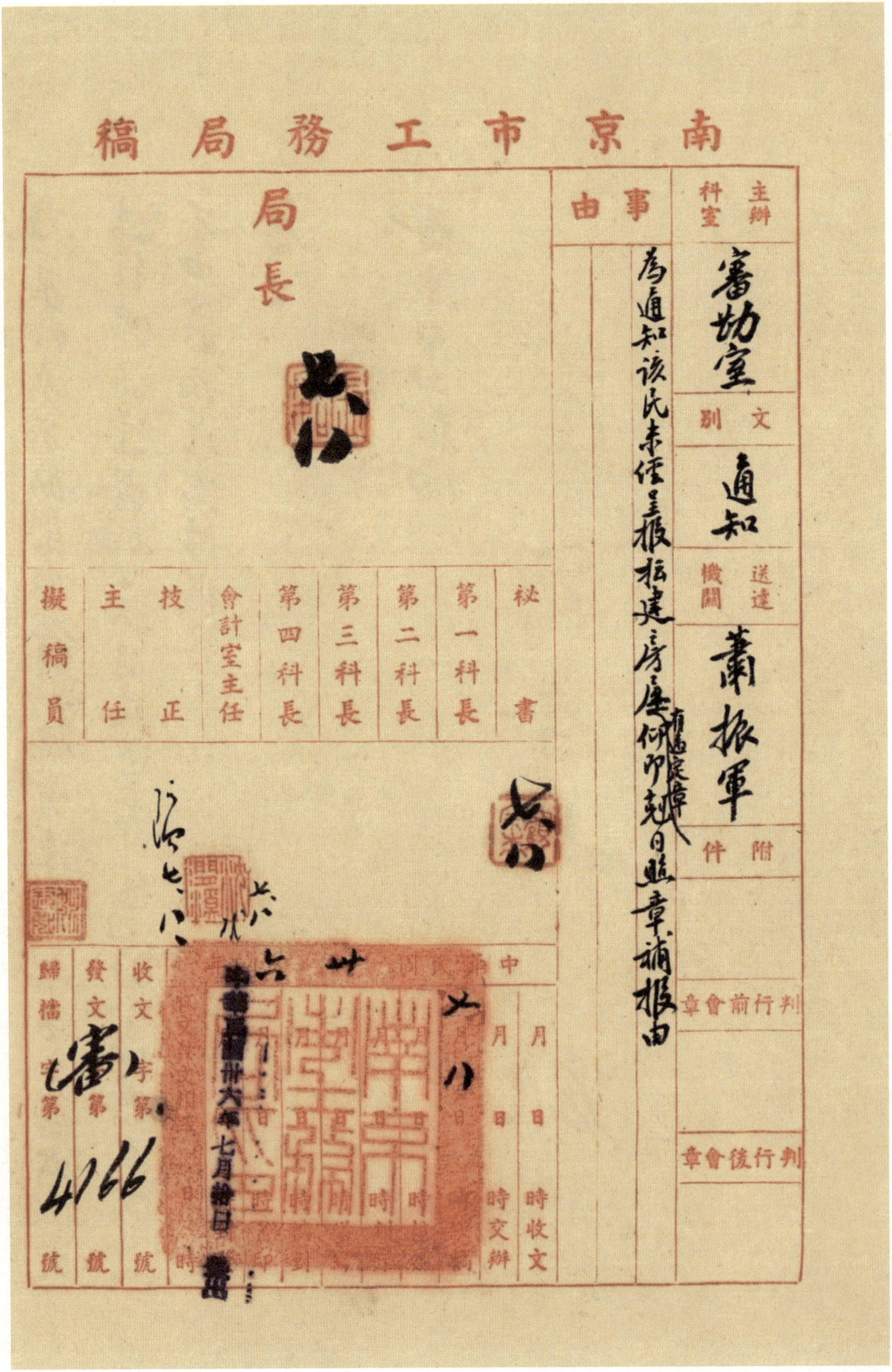

南京市工務局稿

主辦科室	文別	送達機關	事由
審協室	通知	蕭振軍	爲通知該民未經呈報擅建房屋，仰即克日照章補報由

局長

秘書　第一科長　第二科長　第三科長　第四科長　會計室主任　技正　主任　擬稿員

中華民國卅六年七月拾日

發文字第4066號

（五）南京市工務局爲來局補報營建手續致蕭振軍的通知（一九四七年七月十日）

通知　字第　號

查該民朱佳呈報在干家巷與北祖師巷交叉處擬

自建築房屋業已完成有違定章除函江寧要塞司令部轉知外着即日照章購填請

照圖單繪具圖樣併暨檢同土地產權證件來局補報

以憑發定

聽候核飭仰即遵照毋得違延特此通知

右通知　姜蘭根軍

代理局長

校對賈文傑

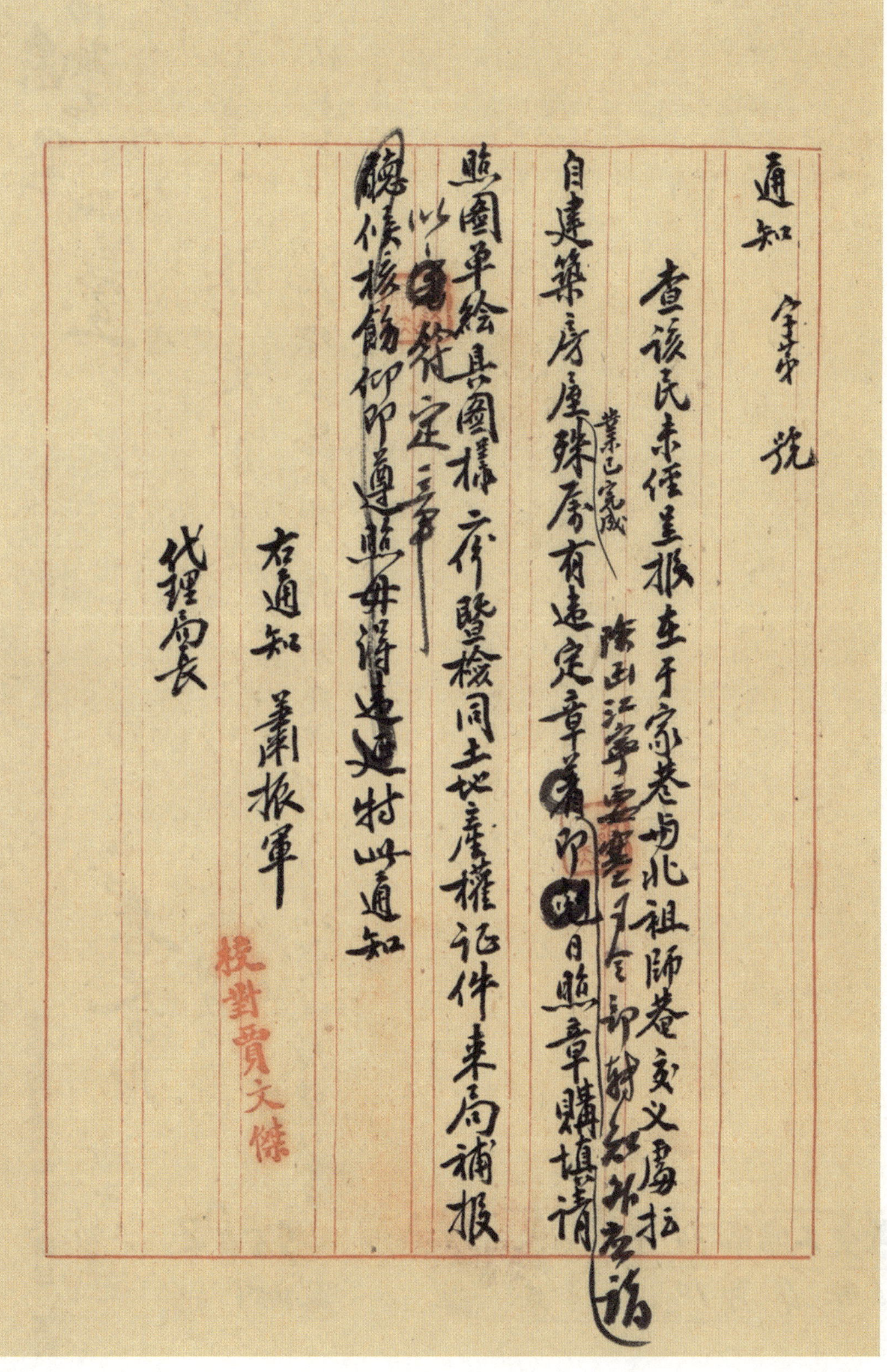

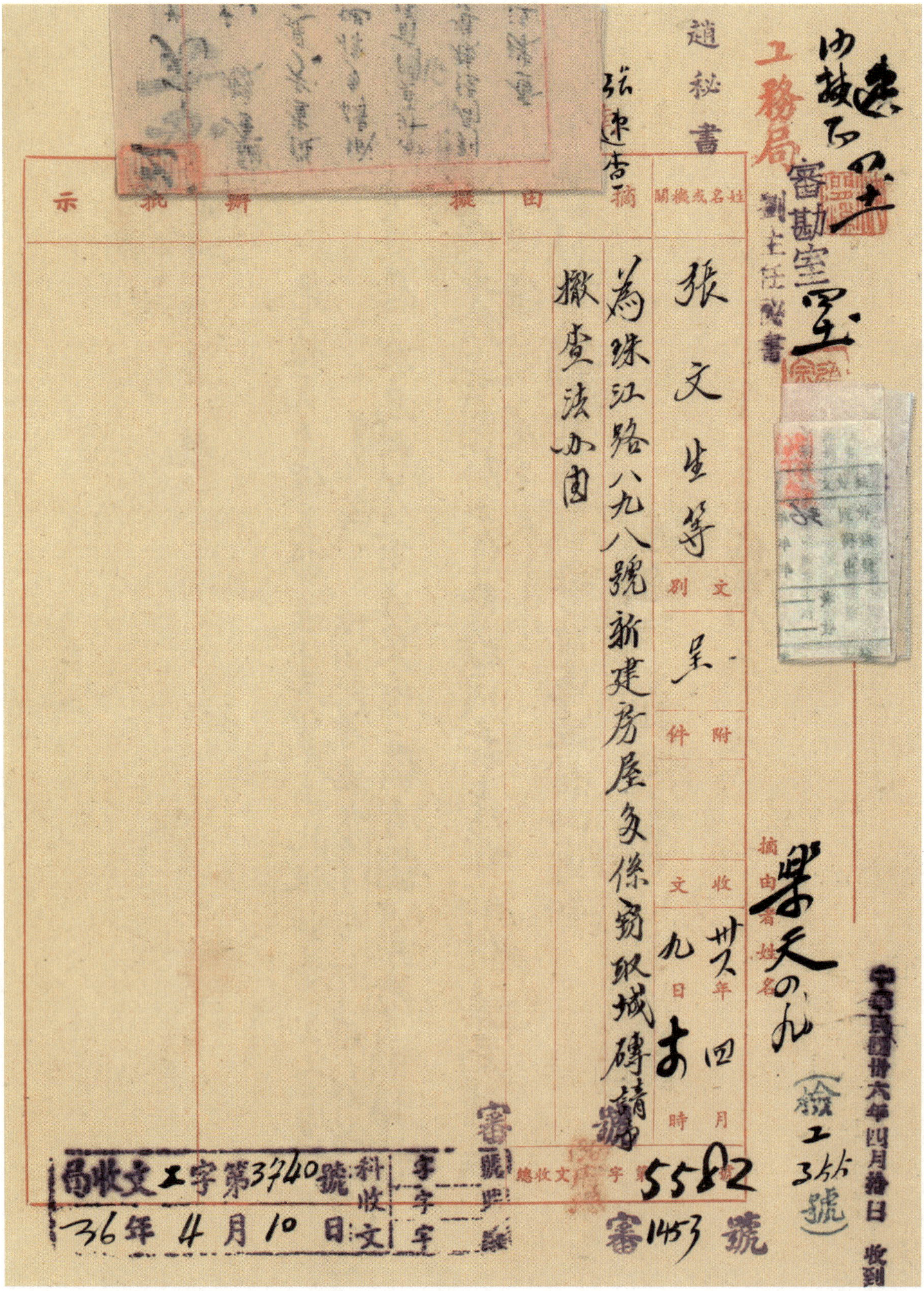
姓名或機關：張文生等

文別：呈

附件：

摘由：爲珠江路八九八號新建房屋多係竊取城磚請撤查法辦由

收文：卅六年四月九日　時

總收文　字第5582號

局收文工字第3740號　36年4月10日

審1453號

中華民國卅六年四月廿日收到

關于龔孟伊竊取城磚私建房屋案的一組文件

（一）張文生等爲珠江路八九八號新建房屋多係竊取城磚請徹查法辦致南京市政府的呈文（一九四七年四月七日）

查本市珠江路八九八號，（即小營車站）新建房屋，多係竊取本市城牆磚，並據市內人云，此項屋基階地，係公地，亦有據以前大都認為公家經營利用城牆舊磚，以作公用公園屬舊照。近聞該項新建房屋並非公家建築，確係本地惡棍（未詳其姓名，有新建房屋可查）自恃强橫，不畏侵佔罪戾，甘冒天下之不韙，竟敢竊取城磚，經營之，目無法紀，現該項城磚，尚未完全用泥灰粉飾，不難查得事實，竊以盜竊公用物品，觸犯刑章，市民為申張正義，非有私人嫌怨，而該房對于研究不法之人，殊惡為仇，於以妨害公用物品，更可嚴厲密告，依律從嚴懲辦，以維安寧，謹特狀請

鑒核施行！謹呈

南京市政府

具呈人　張文生　謹肅

李祥

四月七日

市民田長其孫楨先字秘密合併附呈

（二一）南京市工務局職員胡斌爲珠江路八九八號業主龔孟伊新建樓房多係采用城磚函請警廳辦理致南京市工務局的簽呈（一九四七年四月十五日）

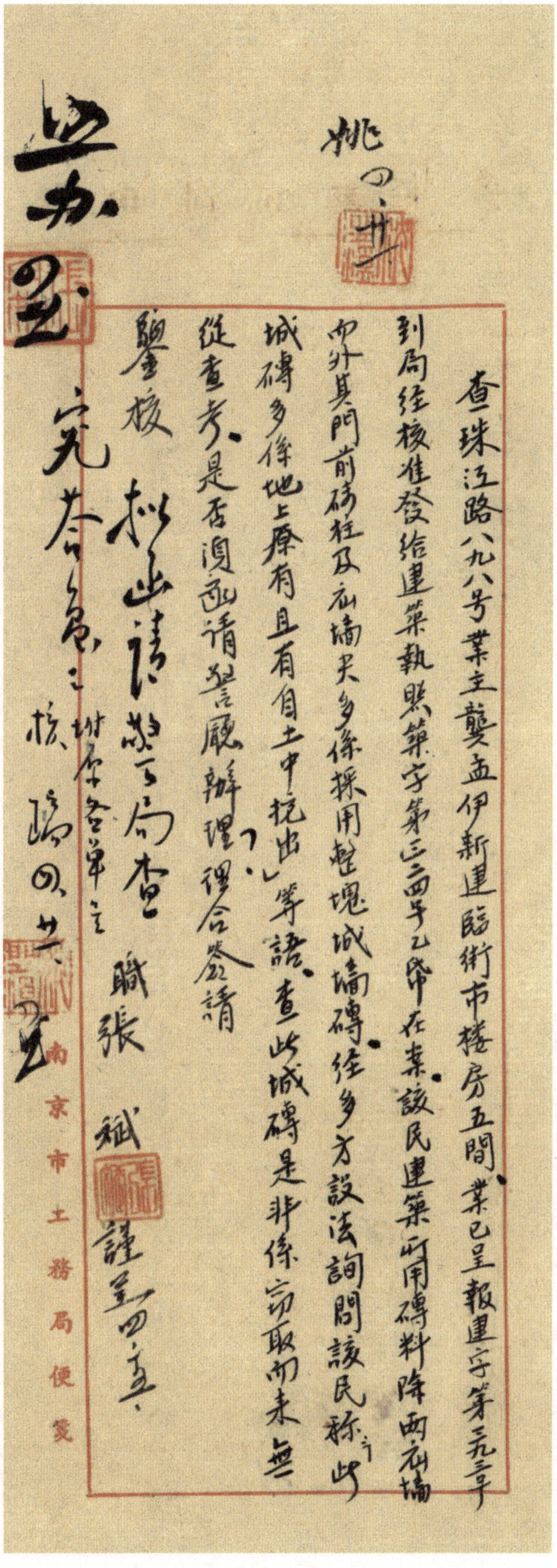

查珠江路八九八号業主龔孟伊新建臨街市樓房五間，業已呈報建字第三九二号到局經核准發給建築執照築字第三兩四乙號在案。該民建築所用磚料除西面牆以外，其門前磚柱及后牆大多係採用整塊城牆磚，經多方設法詢問該民孫，此城磚多係地上原有且有自土中挖出等語。查此城磚是非係窃取而來無從查考，是否須函請警廳辦理，理合簽請

鑒核

職張斌謹呈 四.十五

批出請警局查

完，杏急之核

照辦 四.廿

姚 四.廿一

南京市工務局便箋

（三）南京市工務局爲徹查龔孟伊城磚來源致東區警察局的公函（一九四七年四月二十三日）

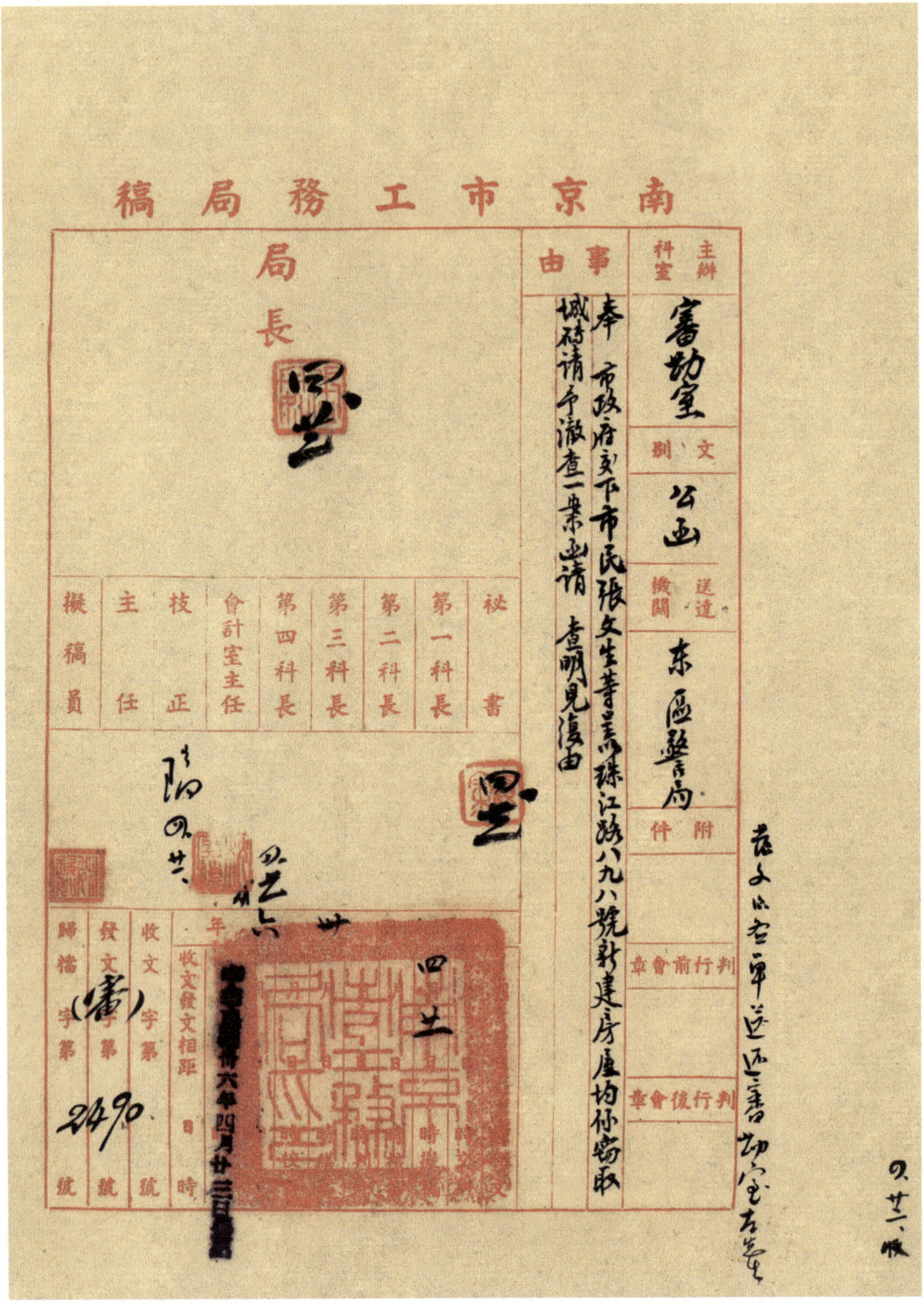
南京市工務局稿

主辦科室	審勘室
文別	公函
送達機關	東區警察局
附件	
事由	奉　市政府交下市民張文生等呈爲珠江路八九八號新建房屋均係竊取城磚請令澈查一案函請　查明見復由

局長

秘書　第一科長　第二科長　第三科長　第四科長　會計室主任　技正　主任　擬稿員

判行前會章　判行後會章

收文字第　號　發文字第　號　歸檔（審）字第 2490 號

中華民國卅六年四月廿三日

公函　字第　號

案奉

市政府交下市民張先生等呈一件，為報珠江路八九八號新建房屋均係竊取城磚，請予澈查。等由。查珠江路八九八號房屋前據業主龔孟伊申報建築到局，係新建臨街市樓房五間，業經核准給照，卅五年在案。經查該項建築所用磚料，除地腳墻外，其餘均雜用整塊城磚，並經詢究該業主，據稱此項城磚有為原有遺存，有自土中掘出等語。是該磚是否非法竊取，無從查考，恐有問題。

李□方函

相應函請
查明見復爲荷
此致
东區警察局
代理局長

校對賈文傑

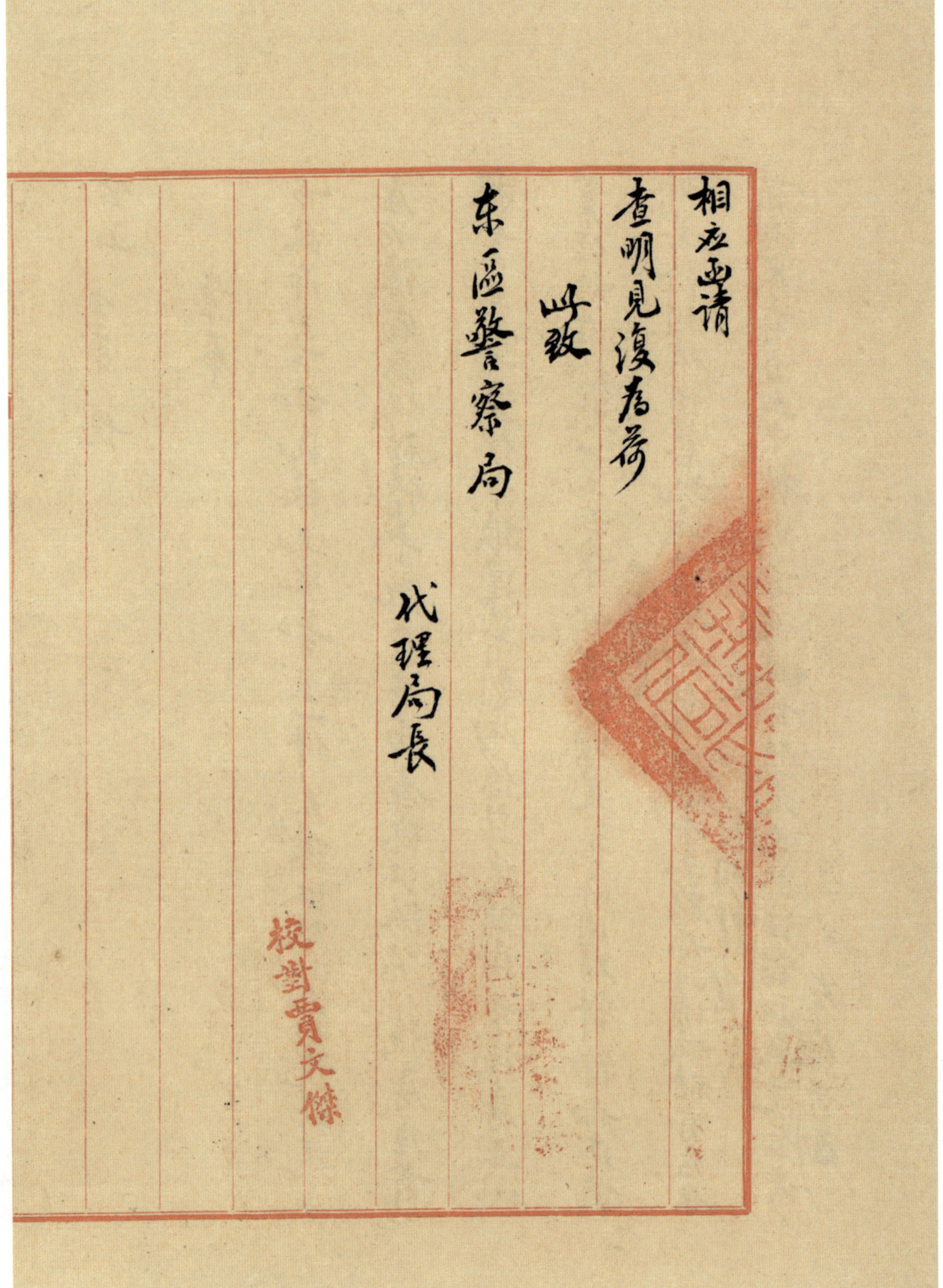

（四）東區警察局爲龔孟伊所用係舊磚并非竊取城磚致南京市工務局的復函（附件：杜廣生證明書、陳樹華證明書）

（一九四七年五月二十五日）

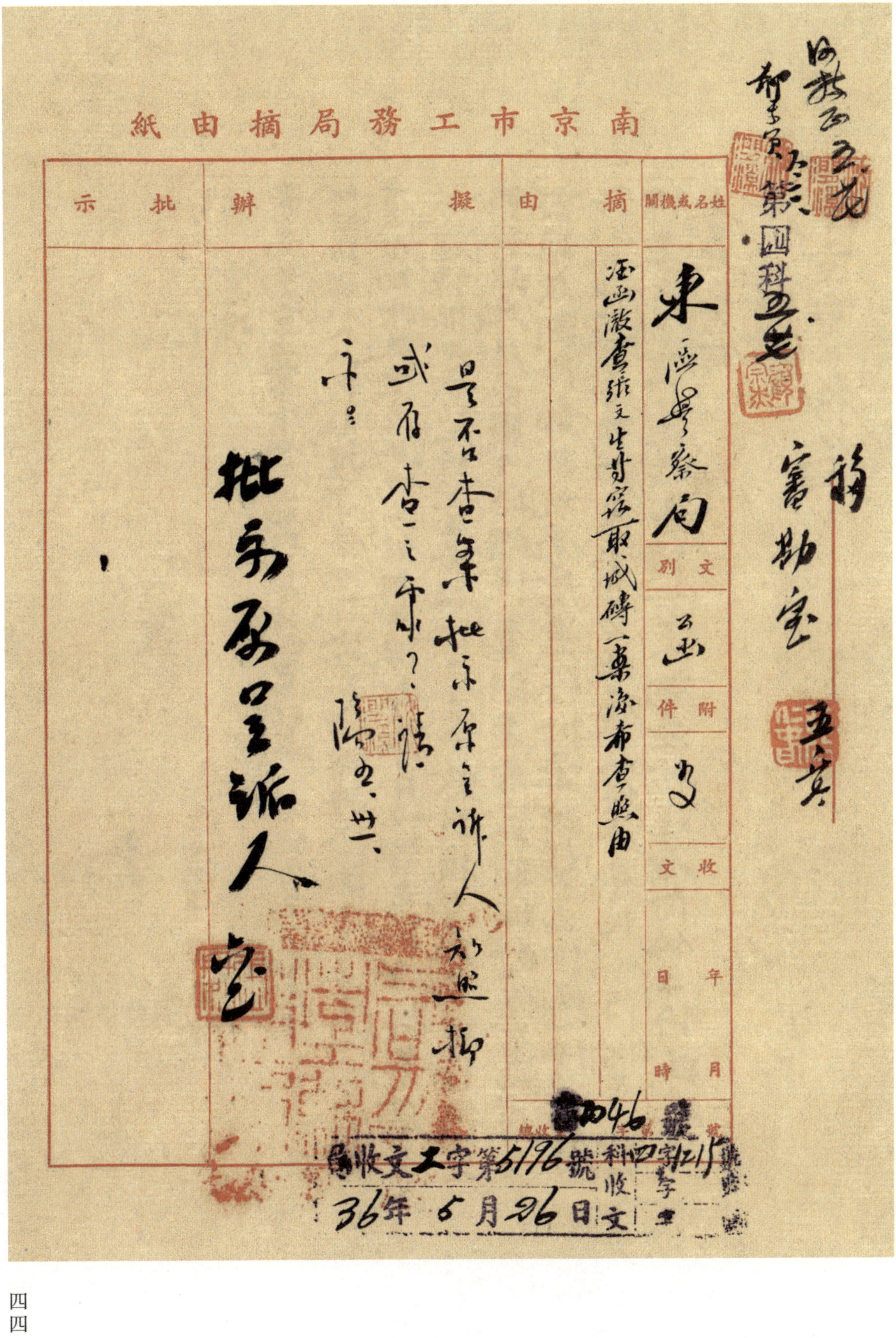
南京市工務局摘由紙

姓名或機關	摘由	擬辦	批示
東區警察局			

文別 公函
附件
收文
年 月 日 時

局收文工字第5196號
36年5月26日

首都警察廳東區警察局公函

東刑字第5094號
卅六年五月廿五日

案准

貴局（卅六）京工審字第二四九〇號公函略以奉　市政府交下市民張文生等呈以珠江路八九八號新建房屋均係竊取城磚請予澈查一案囑查明見復等由准此自應照辦即飭太平橋警察所辦理去後茲據呈復略稱遵經派巡佐魏煥雲前往調查去後據報略稱查珠江路八九八號新建房屋所用之磚確係舊磚並非竊取城磚並有杜唐生證明及國防部史料局處長陳樹義致龔孟伊函一件足資証明等情理合檢同交下原呈函一件及杜唐生証明陳樹義原函一件具文呈復鑒核等情前來相應檢送原附件二件函達

查照為荷

此致

南京市工務局

附匯及證明書各一件

局長 [illegible]

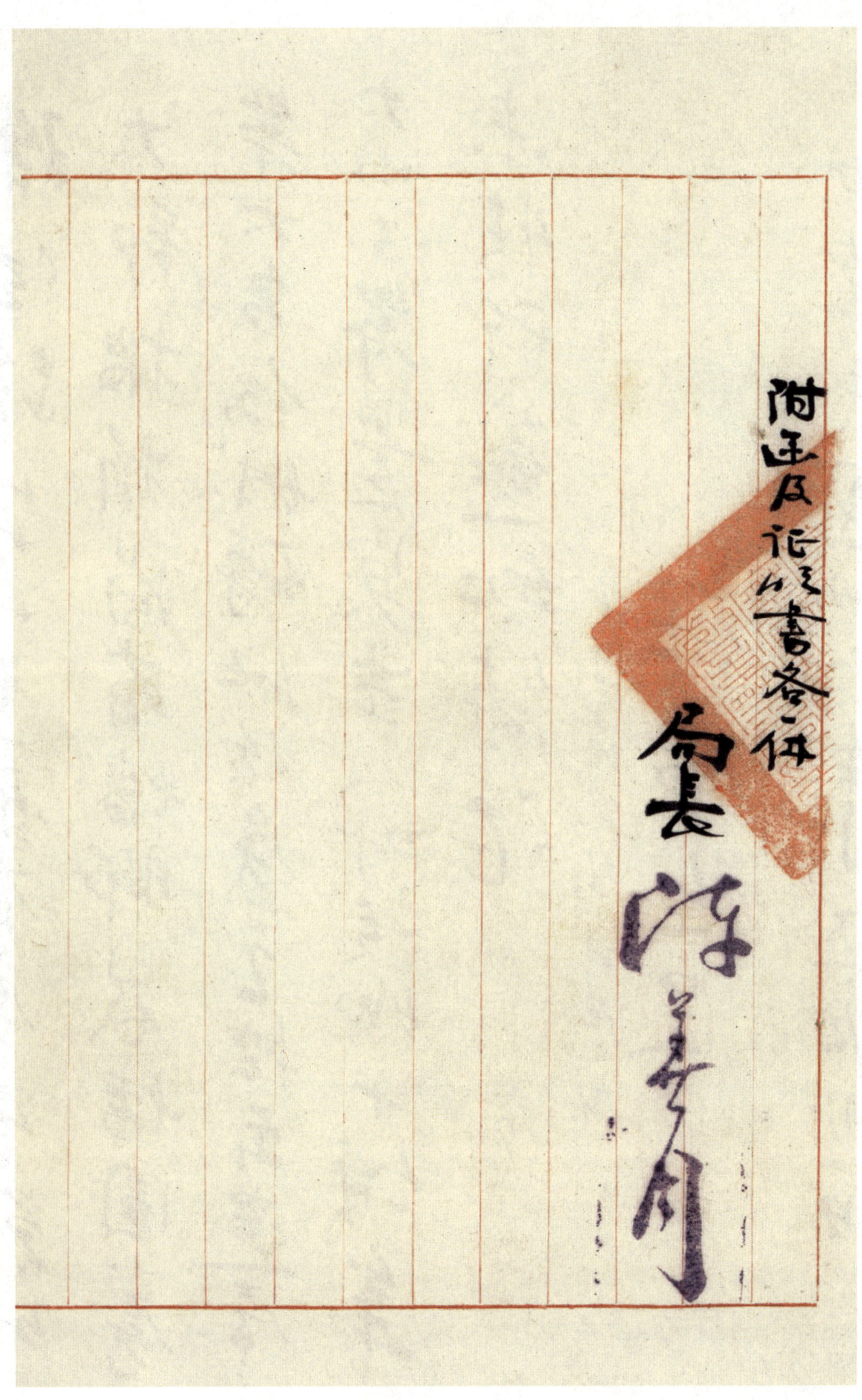

珠江路一九一号原有房屋战时
大部拆折尚有墙脚及墙围小房
等大多係城磚此次房主挖出遷屋
大小不等是实本人对该地十余年
来情形熟知特证

住珠江路一九八号前面小店

杜广生呈

中華民國卅六年五月廿一日

蓋伊買弟名廬閣於珠江路八九八號房地，其地權有關狀可憑，所有地上地下磚石聽憑拆挖，毫無異言，有行政節約可免責，證明為此，順頌

文安

弟陳樹華敬啓

現任國防部史料局處長

陳樹華用箋

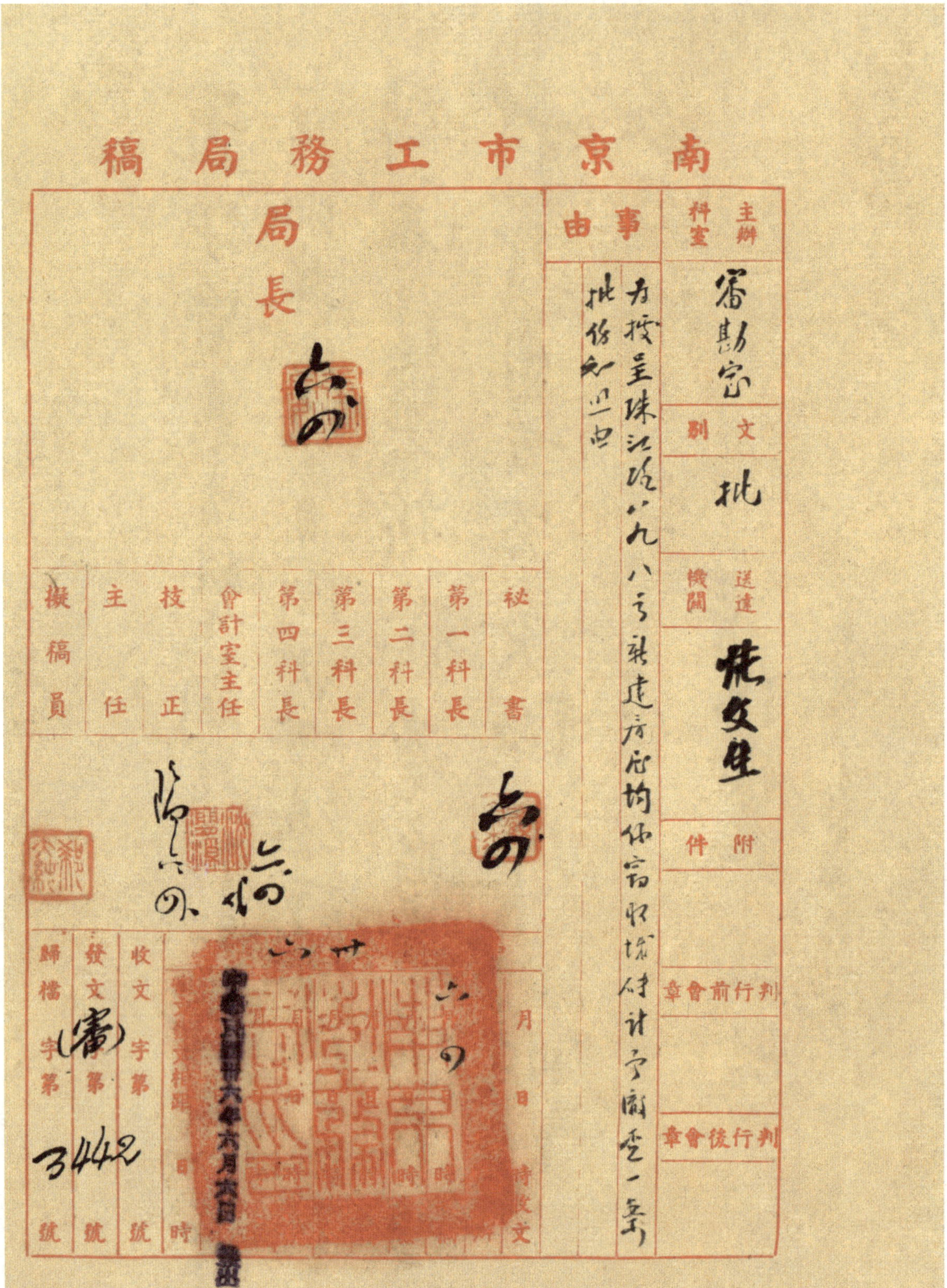
南京市工務局稿

主辦科室	審勘室
事由	爲據呈珠江路八九八号新建房屋均係舊料城磚請予備查一案 批仰知照由
文別	批
送達機關	張文生
附件	
判行前會章	
判行後會章	

局長

秘書　第一科長　第二科長　第三科長　第四科長　會計室主任　技正　主任　擬稿員

收文　字第　號

發文（審）字第3442號

歸檔　字第　號

月　日　時收文

批　字第　號　　具呈人張文生等

本市政府交呈一件　為珠江路八九八號新建房屋均係窃取城磚
呈請嚴查由

呈悉　案經函准東區警察局查復略以該
項新建房屋所用之磚業已查明確係舊料
並非窃取城磚檢附切實証明文件到局
存案仰即知照
此批

代理局長

校對賈文傑

關于謝雲龍請求用缺城磚建築案的一組文件

（一）謝雲龍爲請求准用城墻缺磚建屋致南京市工務局的呈文（一九四七年六月三日）

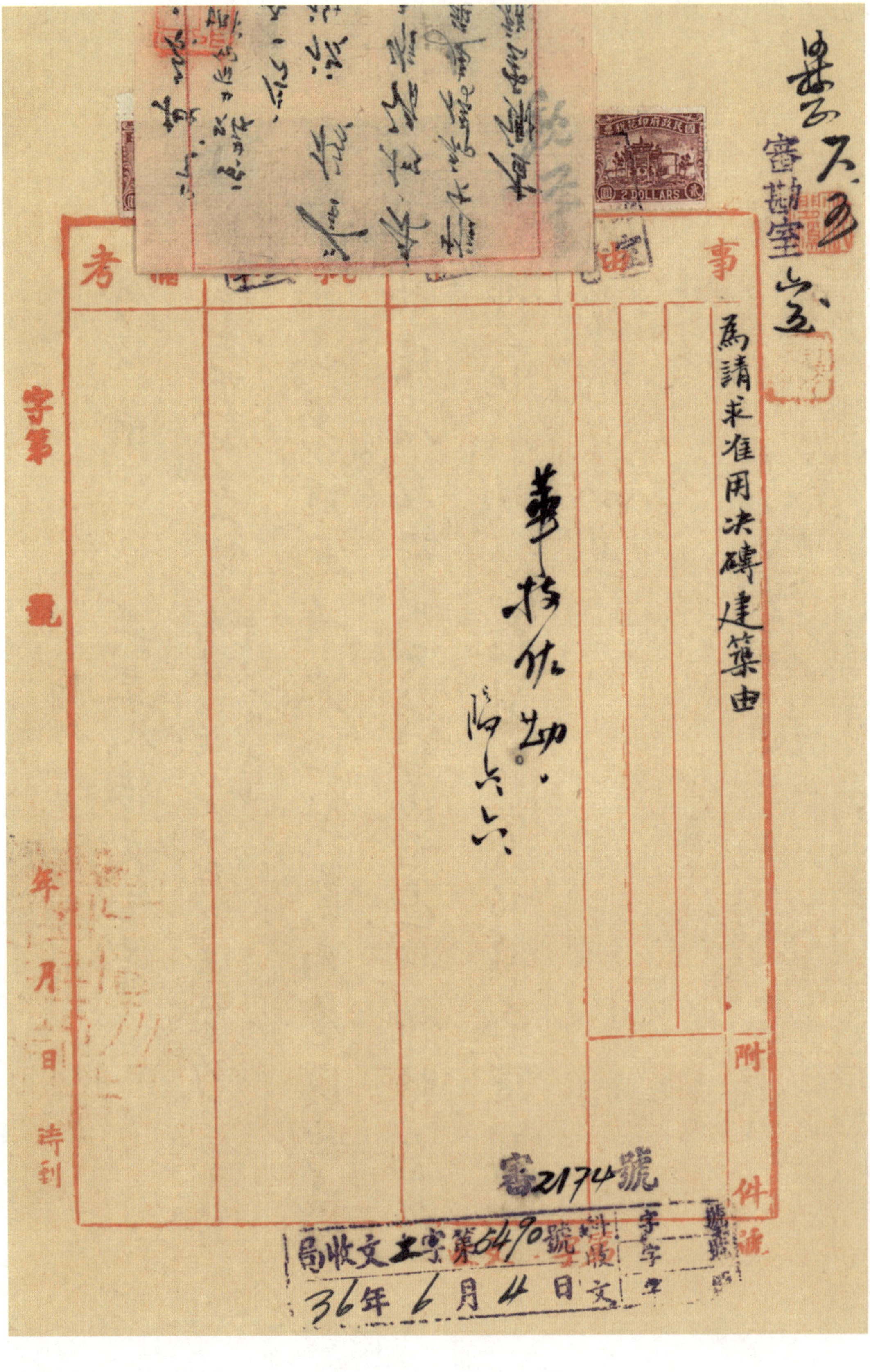
事由
爲請求准用決磚建築由
附件
審2174號
局收文土字第6490號
36年6月4日

為請求建築牆根准用決磚事竊民有二子一名謝俊在西安
服務地政多年現任陝民廳科長一名謝軼凡服務中央黨部現任
專員去歲由重慶回來人口繁衆擬在己地萬家菜園建築房屋
據瓦工云牆脚以堅固爲是由瓦工作主代買舊決磚廿餘方其中
雜以決城磚並有發票係古曆二月廿七日代買昨閱報載禁止城
磚買賣民所買決磚係於禁令未佈之先由東關頭周瓦匠士林
在八寶街洪立坤馬車行買來實非私相授受當此建築興工在
即不得不請求
鈞局准用以前所買舊決磚不勝感德之至
謹呈

南京市工務局

公民謝雲龍謹呈

住本京大中橋琥珀巷十六號

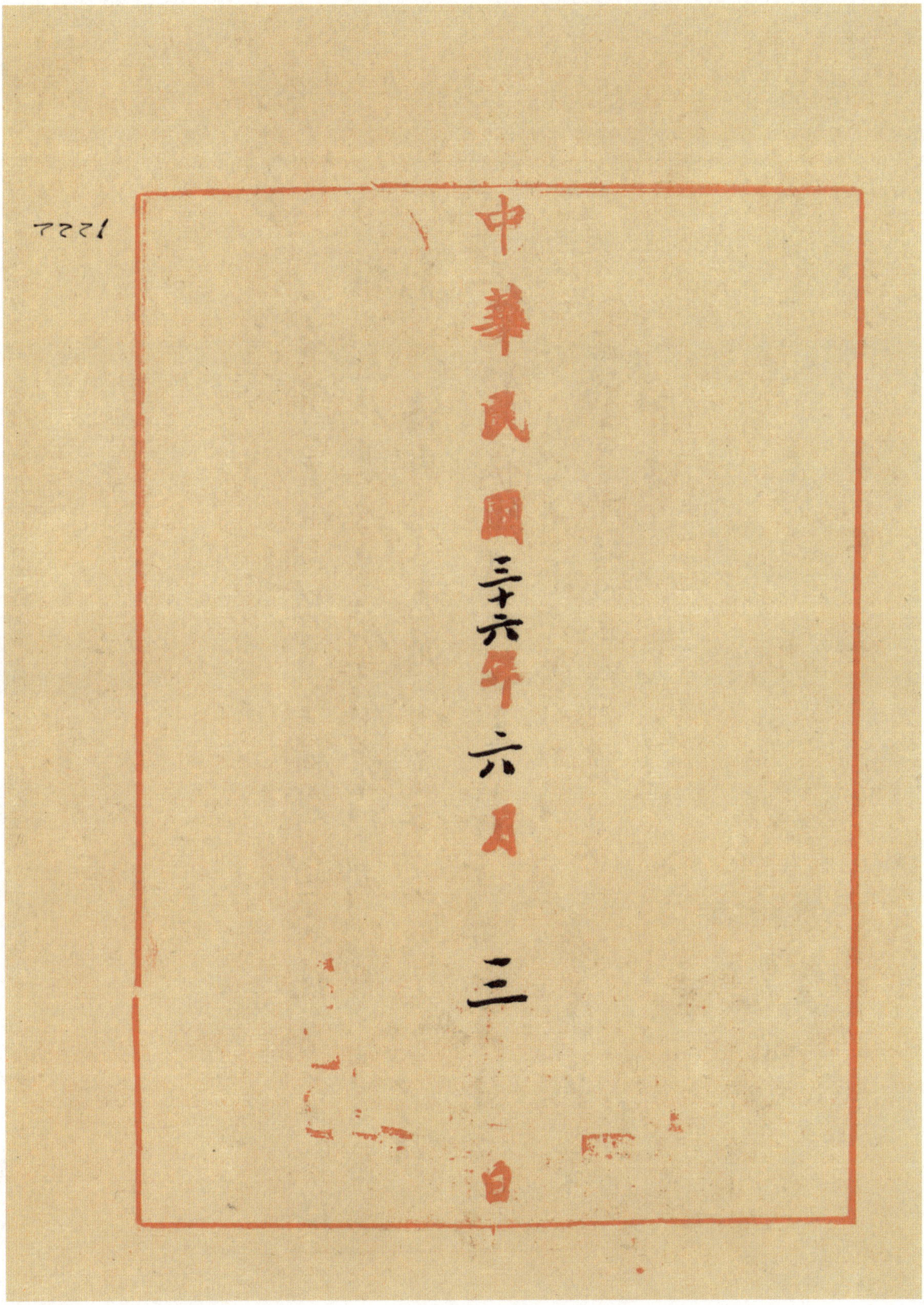
中華民國三十六年六月三日

（二一）南京市工務局職員華漢民爲謝雲龍建房所用城磚係舊屋磚料擬請准予應用的便箋（一九四七年六月十二日）

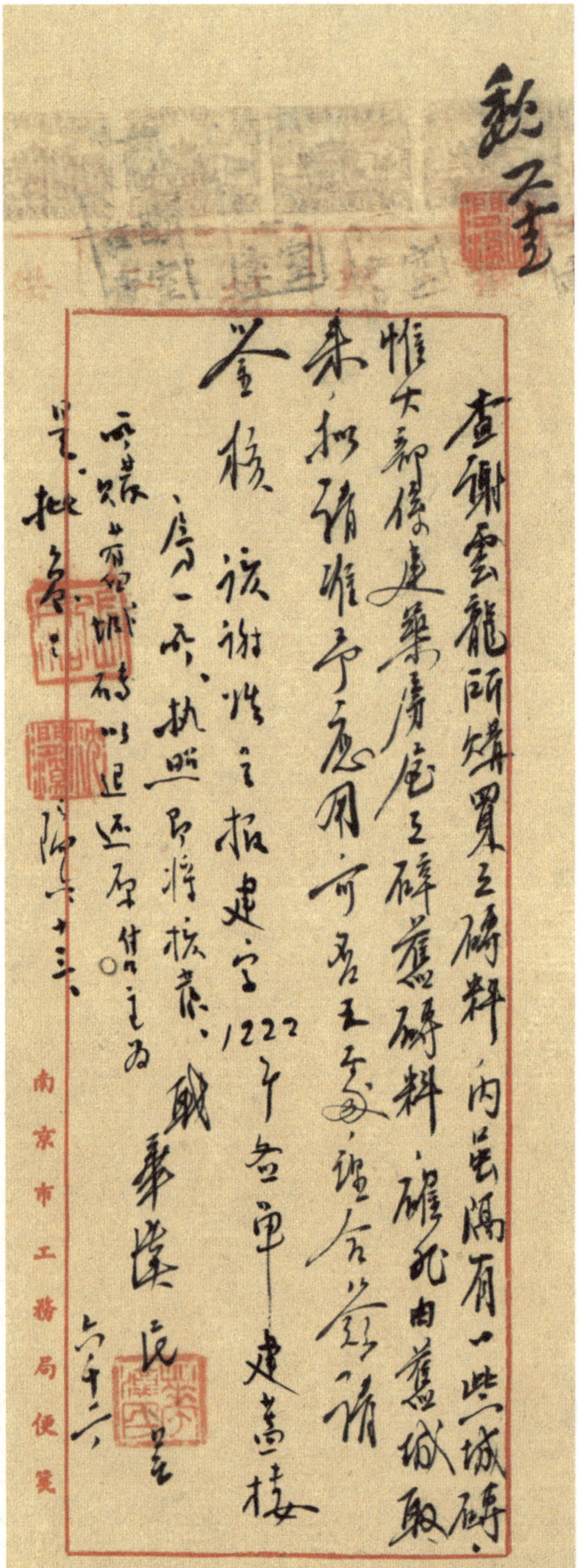

查謝雲龍所購買之磚料，內雖間有一些城磚，惟大都係建築房屋之碎舊磚料，確非由舊城取來，擬請准予應用，可否之處，理合簽請

鑒核。該謝姓之報建字1222號曾申建蓋樓房一所，執照即將核發。

職 華漢民 呈 六、十二

所擬照准，所有城磚可以退還原付價之為。○

呈。批示。陳 六、十三

南京市工務局便箋

（三）南京市工務局爲所購舊城磚應退還原售主致謝雲龍的批文（一九四七年六月二十一日）

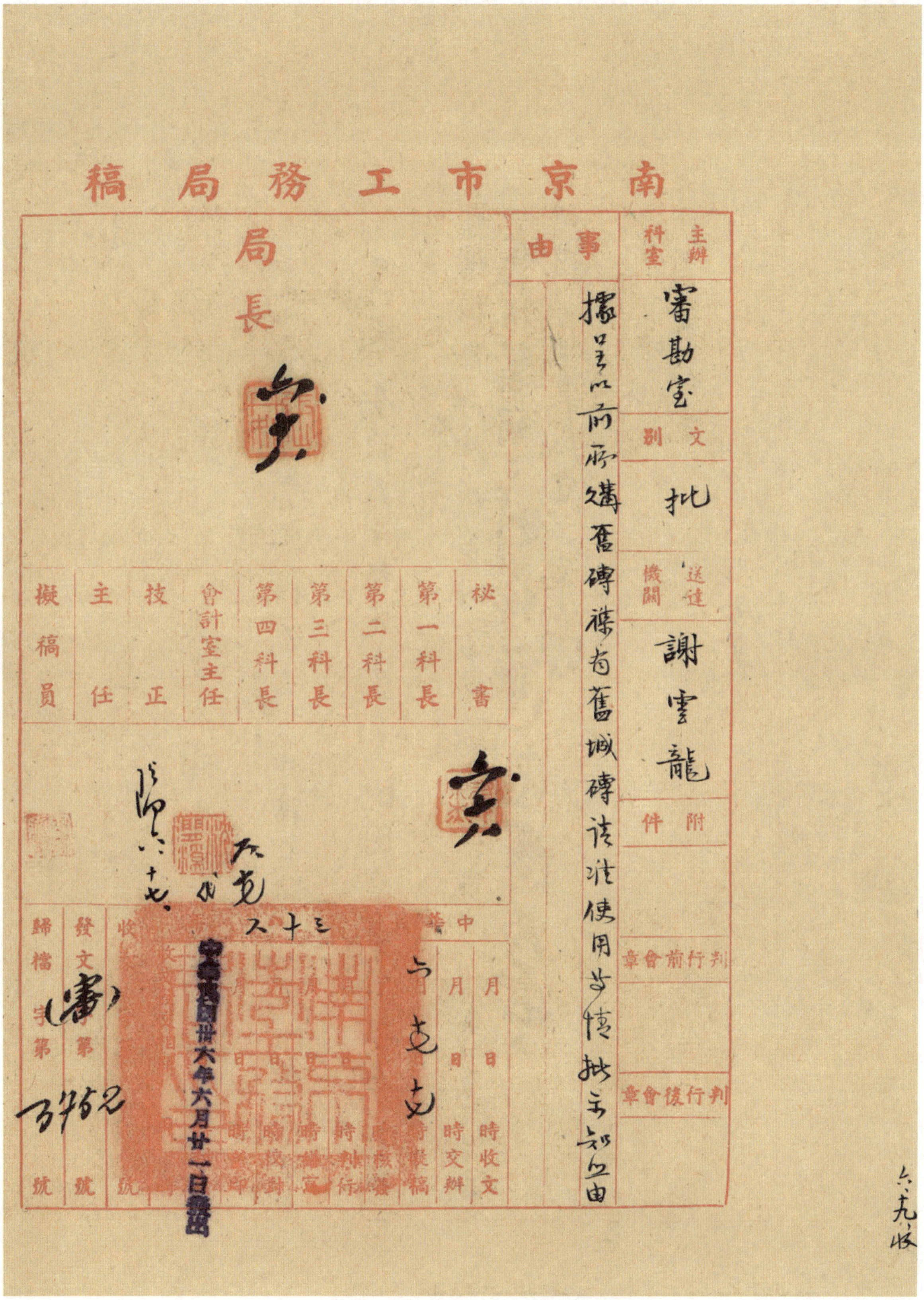
南京市工務局稿

主辦科室	審勘室
文別	批
送達機關	謝雲龍
附件	
判行前會章	
判行後會章	

事由：據呈以前所購舊磚係有舊城磚請准使用等情批示知照由

局長

秘書　第一科長　第二科長　第三科長　第四科長　會計室主任　技正　主任　擬稿員

中華民國三十六年六月廿一日發出

收文　交辦　擬稿　核簽　判行　繕寫　校對　蓋印　封發

收　發文　第　號　歸檔　字第　號

（批）

具呈人謝雲龍

三十八年六月三日呈一件為前購舊磚礫有缺城磚請准使用建屋由

呈悉。查該民呈報建字一二二號圖單，建蓋樓房一所，執照即將核發。所購磚料，色非舊城取來，惟內中礫有舊城缺磚，仰以迅速退還原售主為宜並在禁用之例，仰遵迅還為要。

此批

代理局長

校對賈文傑

（四）謝雲龍爲再請准用缺磚建築墻根致南京市工務局的呈文（一九四七年六月十七日）

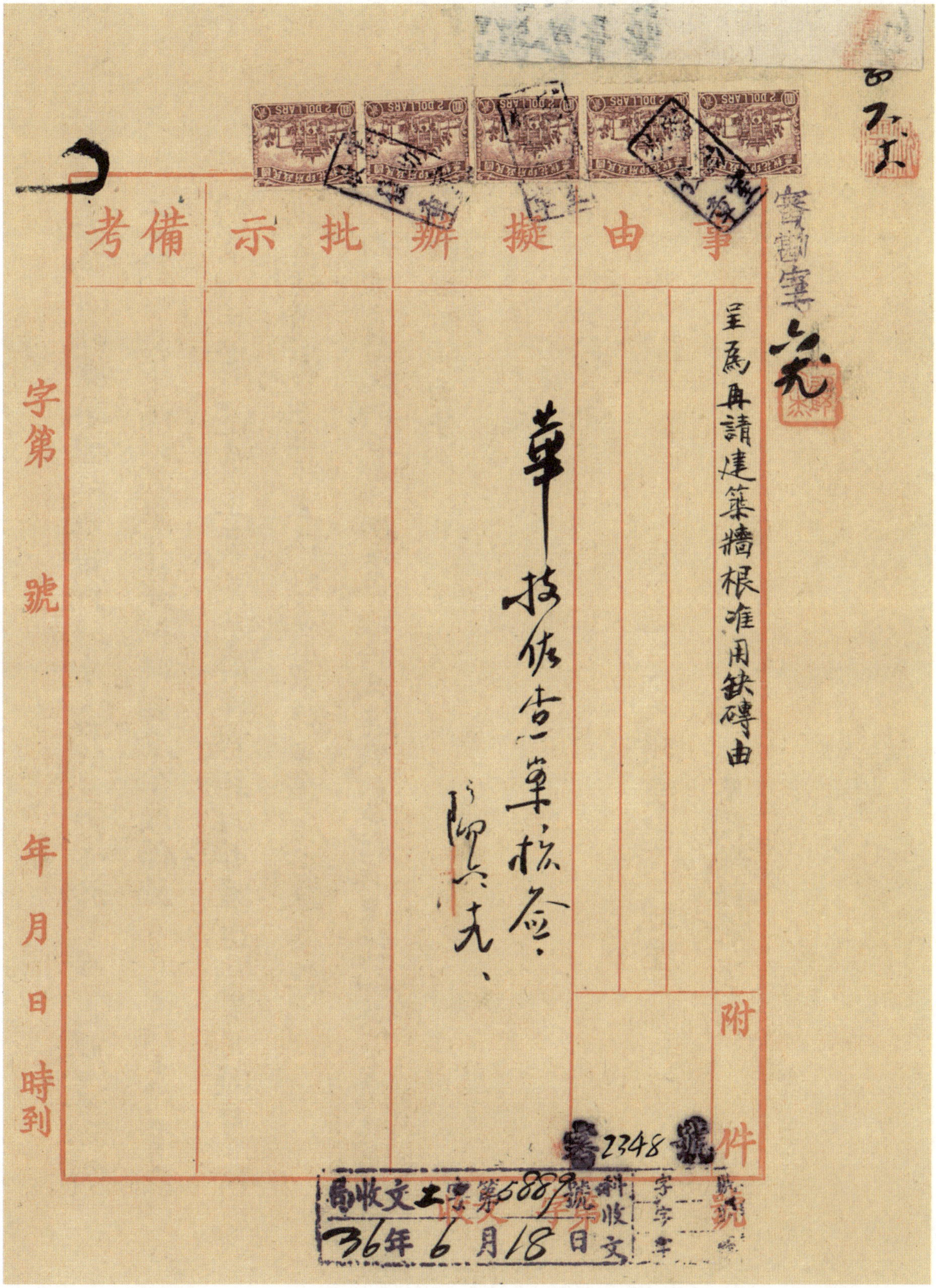
事由
呈爲再請建築墻根准用缺磚由
擬辦
批示
備考
附件
審2348號
字第　號
年　月　日　時到
局收文土字第6889號
36年6月18日

呈為再請建築牆根准用缺磚事竊民前曾於禁令前購置缺磚二十餘方其中襍以少數舊城缺磚因禁令關係於六月三日持呈請准用蒙
鈞局指示以退還賣主為是本應遵照辦理惟查運回費用頗巨且所購之缺磚賣主並非直接由舊城取來係由舊屋拆讓業經
鈞局派員查明在案民亦無理由向其毀約茲特再呈請仰念下情迅予批
准動用公德兩便

謹呈

南京市工務局

公民謝雲龍謹呈

住大中橋琥珀巷十六號

中華民國三十六年六月十七日

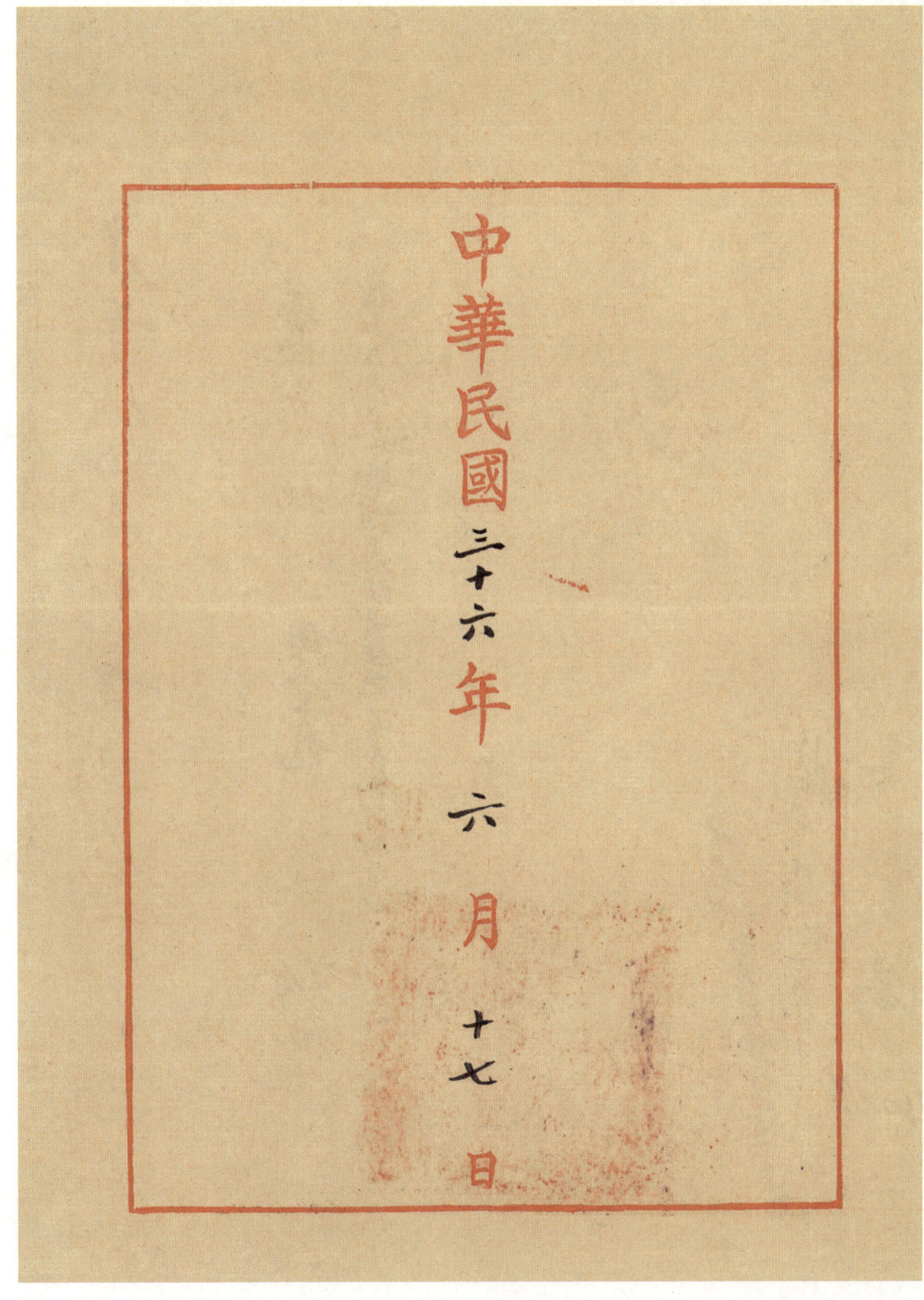

（五）南京市工務局爲選用缺磚砌墻前應先報請查驗致謝雲龍的批文（一九四七年七月四日）

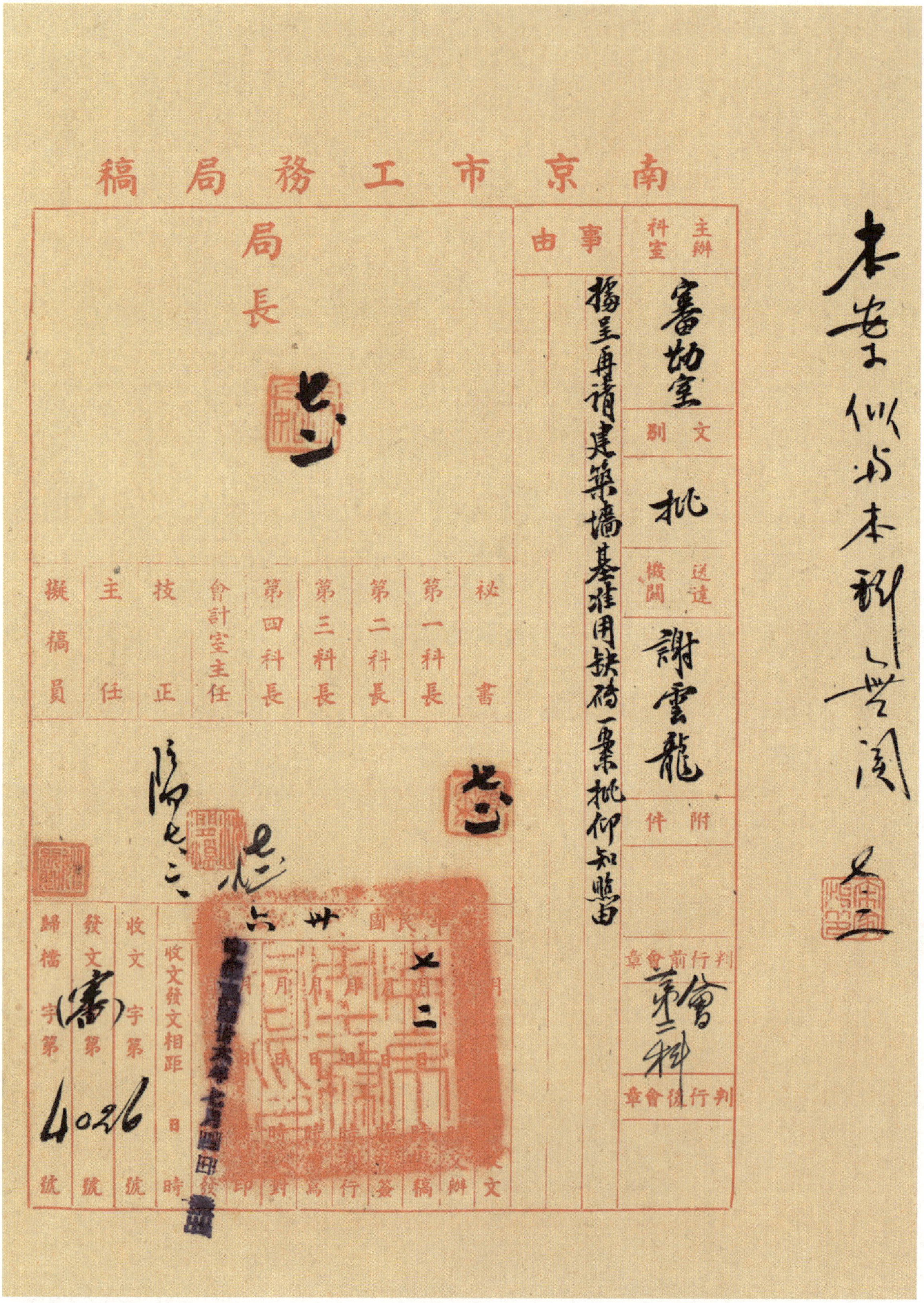
南京市工務局稿

局長

主辦科室：審核室

文別：批

送達機關：謝雲龍

附件

事由：據呈再請建築墻基准用缺磚一案批仰知照由

秘書　第一科長　第二科長　第三科長　第四科長　會計室主任　技正　主任　擬稿員

判行前會章　判行後會章

收文字第　號　發文（審）字第4026號　歸檔字第　號

中華民國卅六年七月四日發

批　字第　號

具呈人　謝雲龍

三十六年七月十七日呈一件　呈爲再請建築墻基准用缺磚祈鑒核由

呈悉。所稱各節尚屬實情，姑准選用少數大塊缺磚以砌墻基，惟在砌用以前應先報請本局查驗爲要。仰即知照。

此批

代理局長

校對賈文傑

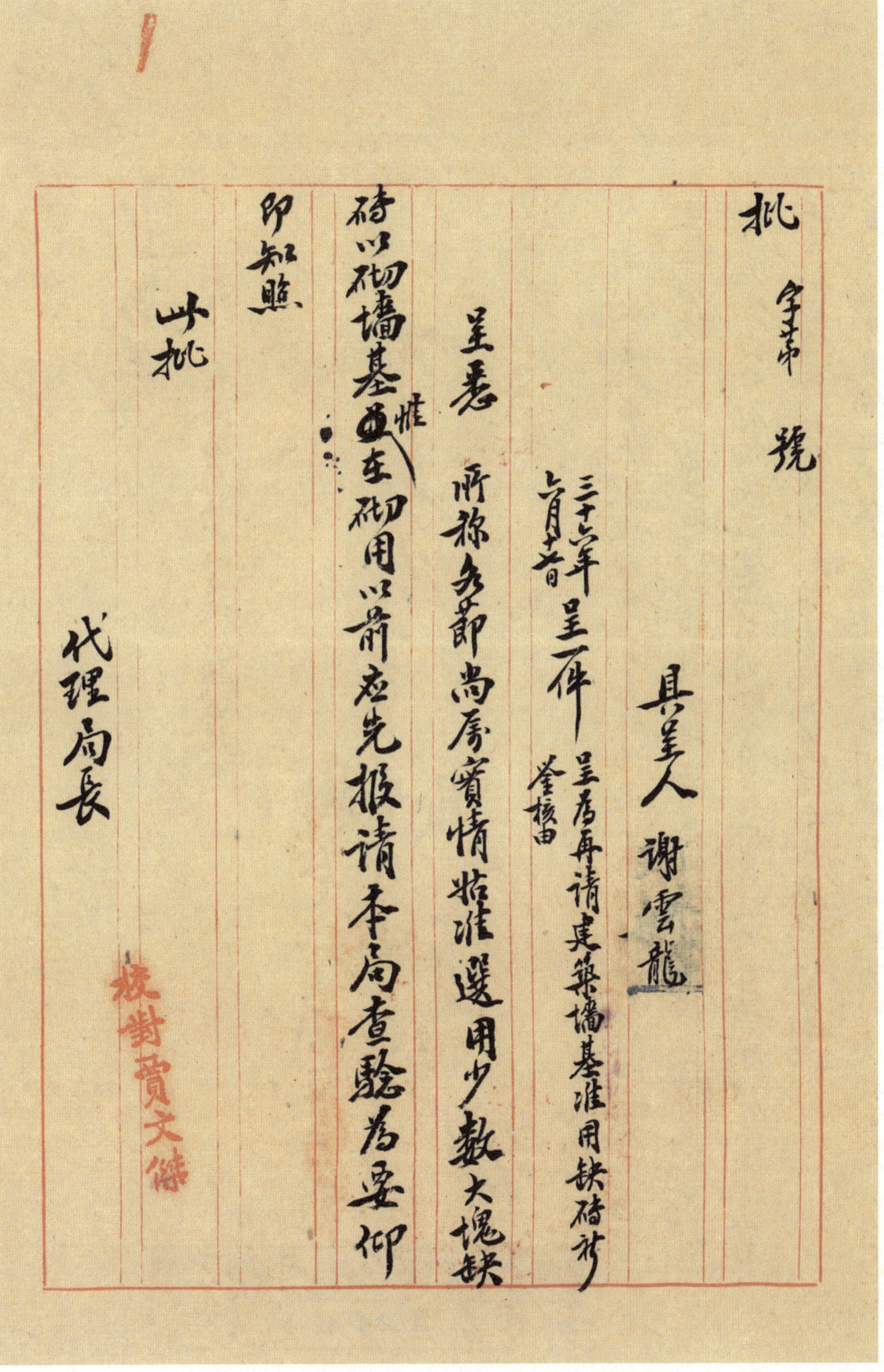

（一）首都警察廳爲請派員前往刑警隊洽領温德山私賣城磚案致南京市工務局的公函（一九四七年六月二十五日）

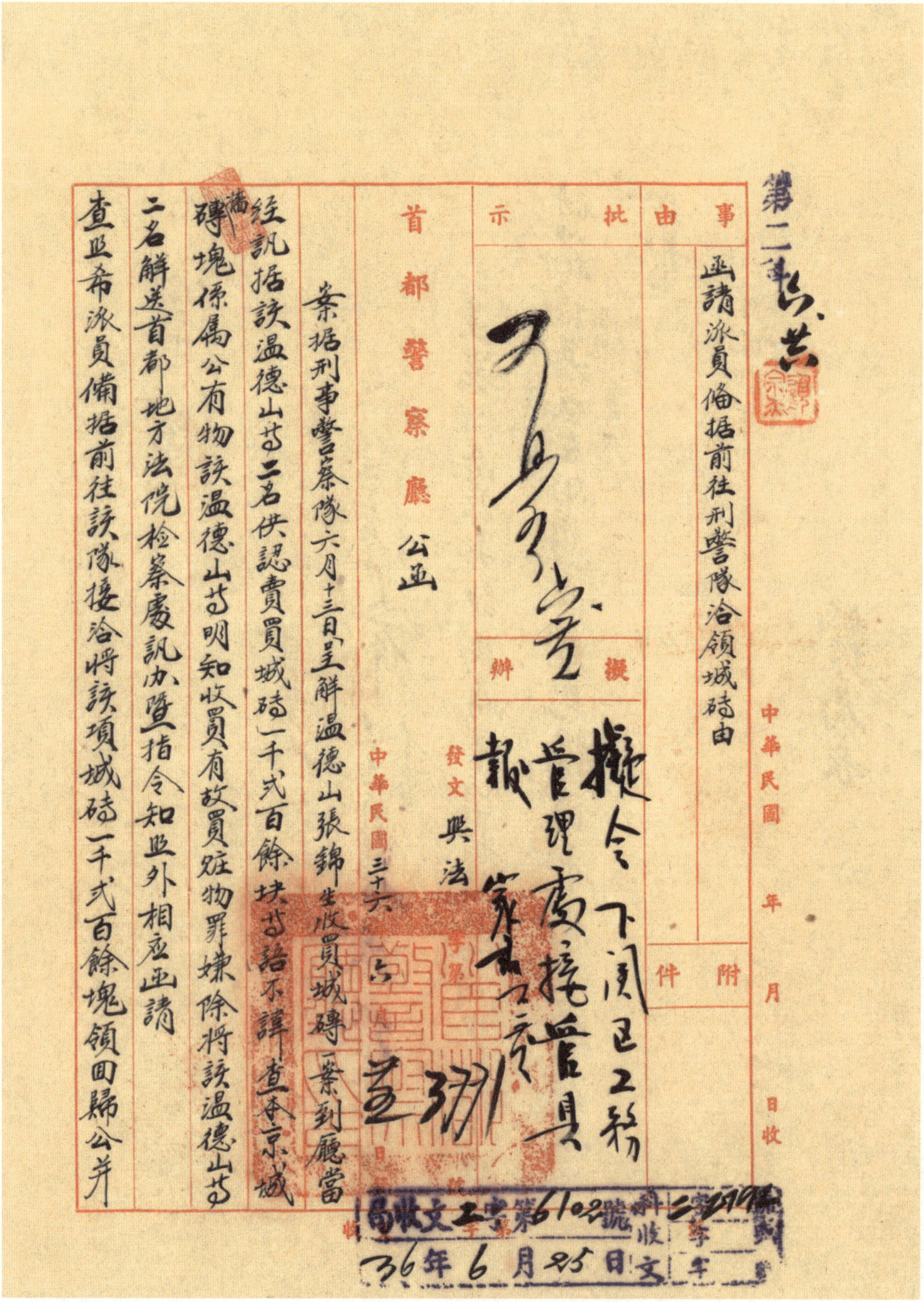

事由：函請派員備据前往刑警隊洽領城磚由

擬辦：擬令下關區工務管理處接洽具領具報

首都警察廳 公函

案据刑事警察隊六月十三日呈解温德山張錦生收買城磚一案到廳當經訊据該温德山等二名供認賣買城磚一千弍百餘塊等語不諱查本京城磚塊係屬公有物該温德山等明知收買有故買贓物罪嫌除將該温德山等二名解送首都地方法院檢察處訊辦暨指令知照外相應函請查照希派員備据前往該隊接洽將該項城磚一千弍百餘塊領回歸公并

中華民國三十六年六月　日

發文 典法 字第　號

局收文工字第6102號 36年6月25日

請見復爲荷々

此致

南京市工務局

廳長 韩文焕

監印 丁正國
校對 韓學海

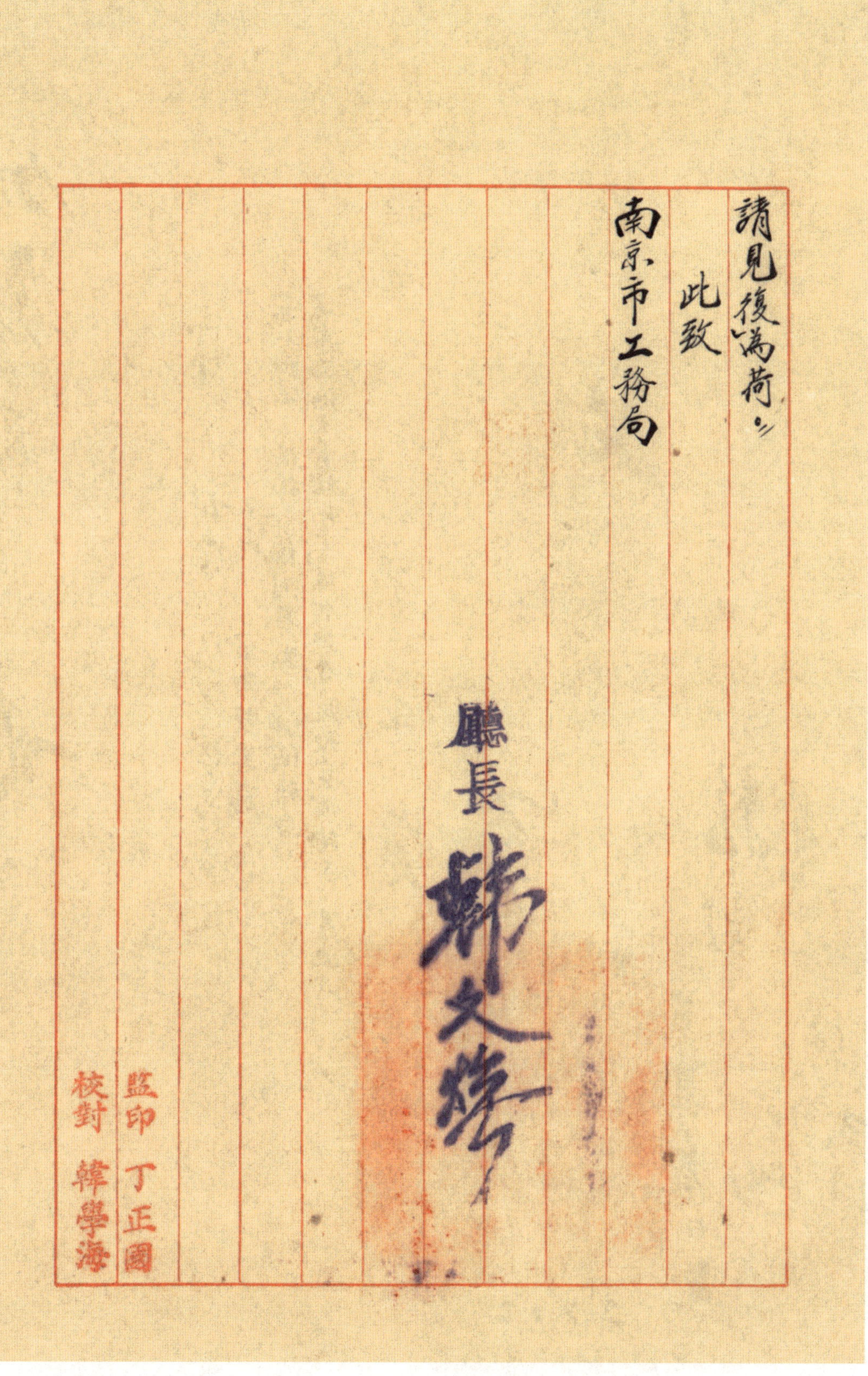

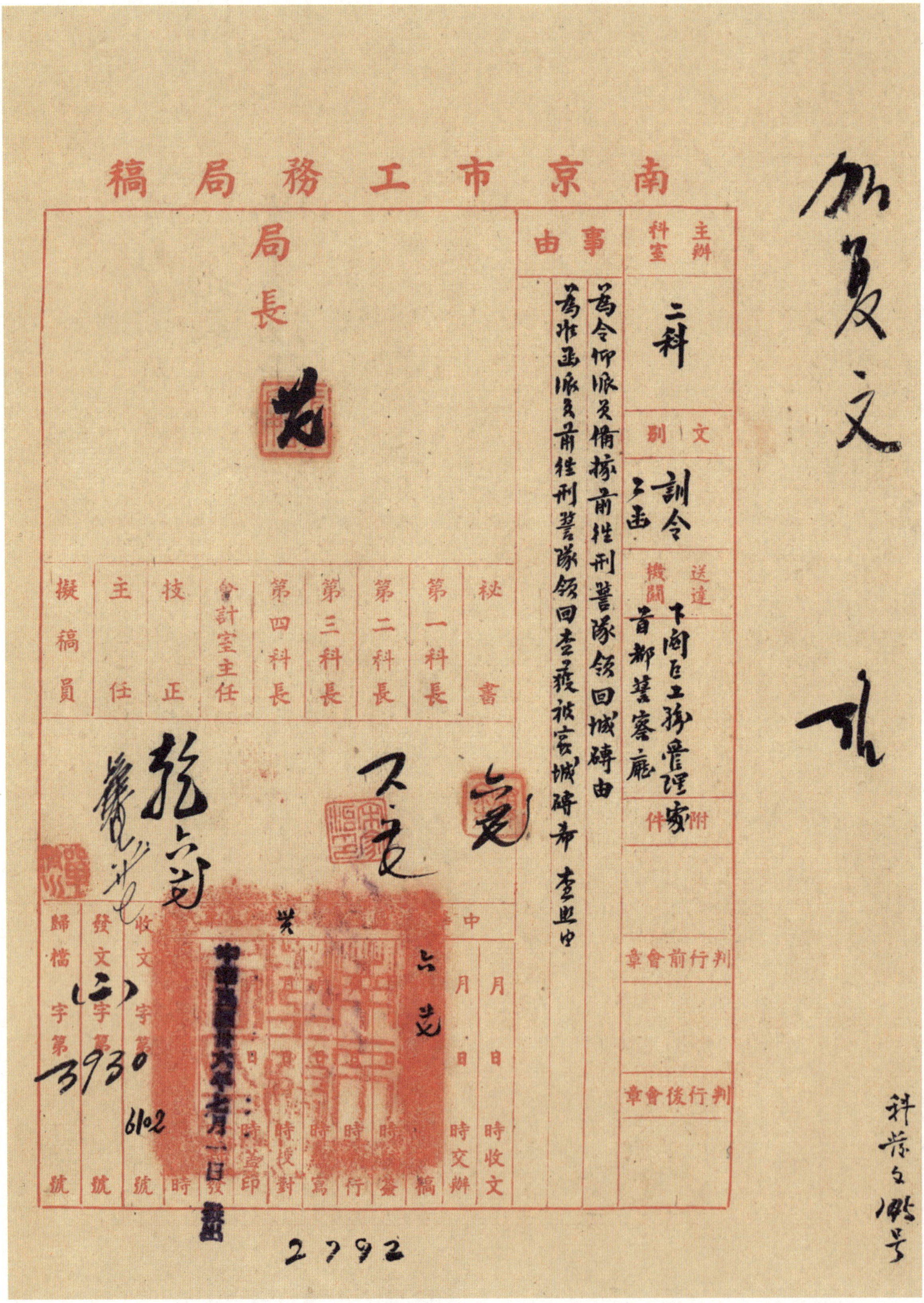

南京市工務局稿

主辦科室	事由	局長
二科	爲令仰派員備據前往刑警隊領回城磚由 爲准函派員前往刑警隊領回查獲被竊城磚希查照由	

文別	送達機關
訓令	下關區工務管理處
函	首都警察廳

秘書　第一科長　第二科長　第三科長　第四科長　會計室主任　技正　主任　擬稿員

附件

判行前會章

判行後會章

中　月　日　時收文　月　日　時交辦　擬稿　核稿　判行　繕寫　校對　蓋印　時發

收文　字第　號

發文（二）字第3930號

歸檔　字第　號

中華民國卅六年七月一日發出

6102

2792

加發文件

科榮文　號

（二）南京市工務局爲派員前往刑警隊洽領城磚致下關區工務管理處的訓令、致首都警察廳的公函（一九四七年七月一日）

〈2〉 〈1〉

令下關區工務管理處

案准首都警察廳與法字第三七七一號公函以據刑事警察隊

呈解溫德山張錦生收買城磚一案（賬敘玉）並請見復等由准此合行（餘玉俊外）

令仰該處迅即派員[redacted]前往該隊領回城磚[redacted]具

報[redacted]以為要。

此令

案准

貴廳與法字第三七七一號公函以據刑事警察隊呈解溫德山張錦生

校對 賈文傑

收買城磚 右安門 [illegible]

該項城磚一千二百塊

[illegible]查本京城墻磚塊係屬本市所有，當派員備據前往該隊領回歸公等

由准此，除飭下同巨工務管理處派員前往該隊接洽領回保管外，相應

復請

查照為荷。

此致

首都警察廳

局長 張〇〇

校對賈文傑

（三）首都警察廳爲請查明温德山收買城磚經過情形致南京市工務局的公函（附件：偵訊筆録）（一九四七年十二月十六日）

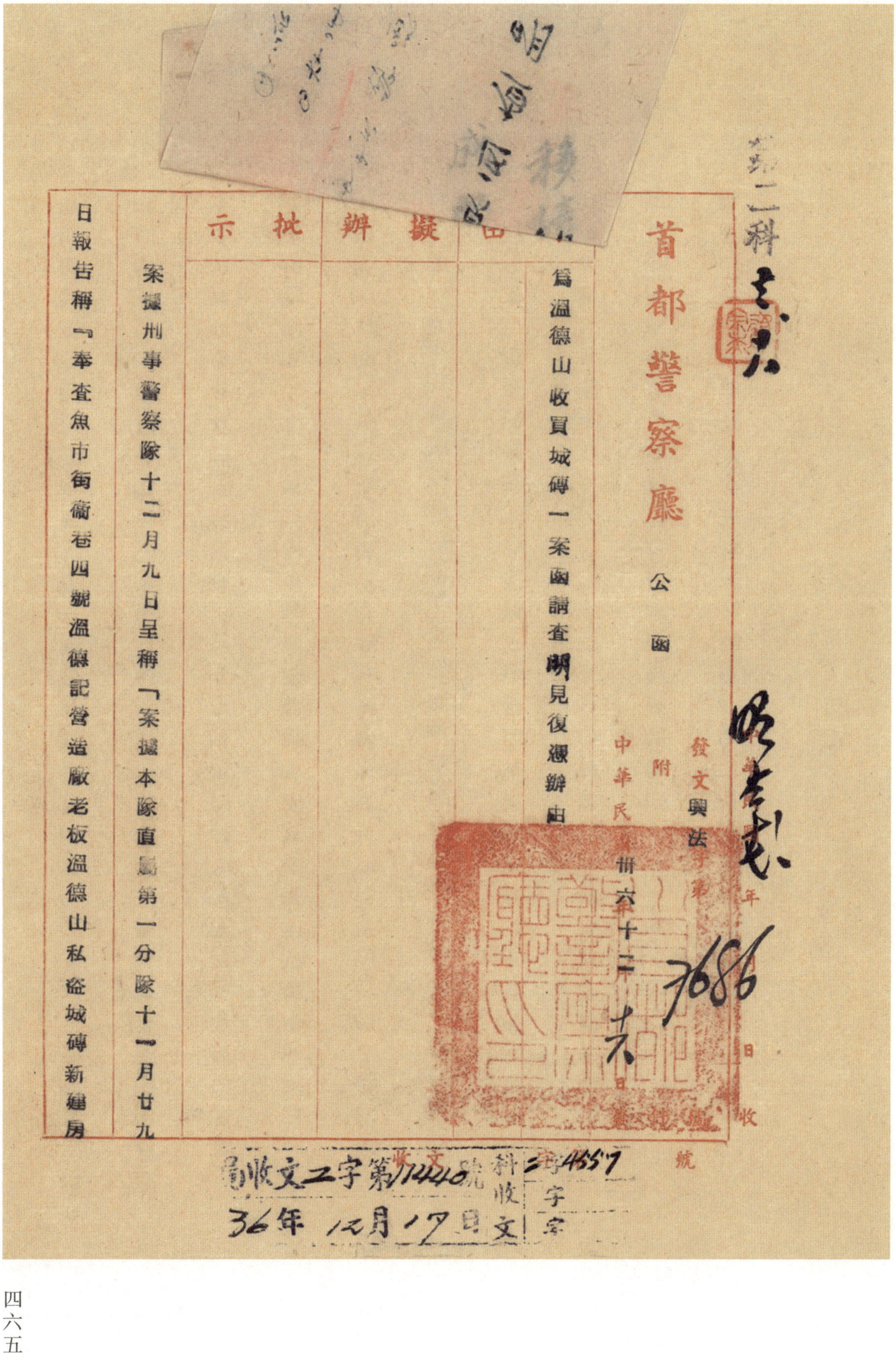

第二科

首都警察廳公函

發文與法字第　號

附

中華民國卅六年十二月十六日

爲温德山收買城磚一案函請查明見復憑辦由

由	擬辦	批示

案據刑事警察隊十二月九日呈稱「案據本隊直屬第一分隊十一月廿九日報告稱『奉查魚市街裔巷四號温德記營造廠老板温德山私盜城磚新建房

局收文工字第11440號
36年12月17日

科收文　字第4557

屋牆腳牆壁等詳情具報經派班長陳琳警實習員胡立功詳查去後據稱該溫德山牆腳確係用城磚建築房外尚有城磚二百餘塊（不完整）查該溫德山曾於本年故買城磚壹千陸百餘塊經第二分隊捕獲層送法院經首都地方法院卅六年度訴二字第七九二號判決書判決該溫德山故買贓物處罰金伍萬元經將溫德山帶隊訊問據供是項所留貳百餘塊城磚係以前購得法院通知工務局運去時未運完之不完整城磚等語除予交保候傳並飭具結不得移動該項城磚外理合將偵查情形報請鑒核」等情據此理合將本案辦理經過情形檢附筆錄保結切結等備文報請鑒核」等情附筆錄及保切結紙各一份據此查該溫德山所稱房外存留城磚貳百餘塊係以前購得經法院通知

貴局運去時未運完之不完整城磚等語一節是否屬實相應函請

監印
校對

貴局查明見覆爲荷

此致

南京市工務局

附抄筆錄保切結各一份

縣長 韓文煥

校對 韓學海

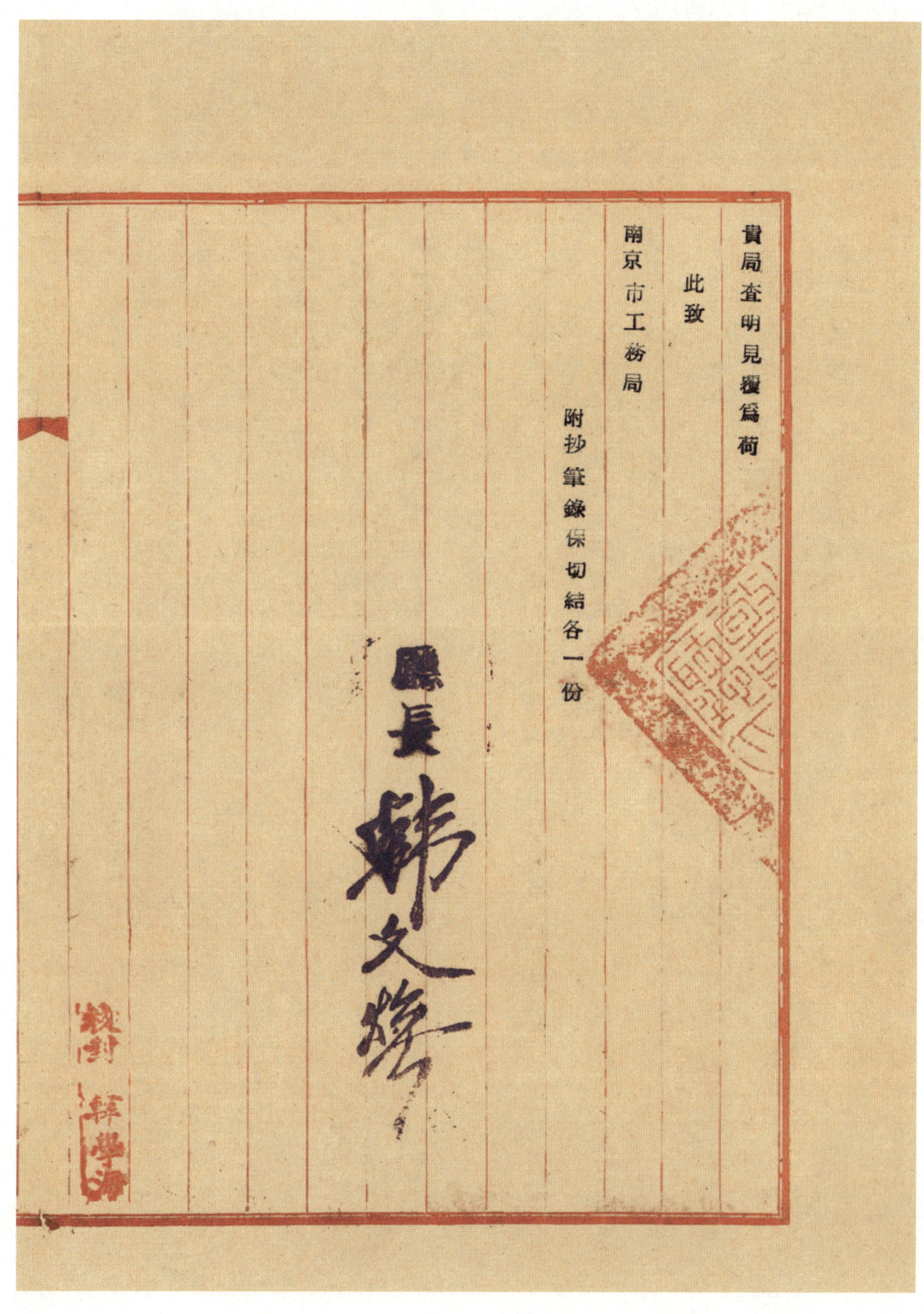

偵訊筆錄 十一月廿九日

問姓名年齡籍貫職業住址

答溫德山四十三安徽營造蕭巷四號

問你在蕭巷四號的房子何時造的

答後面的去年造的前面的今年造的

問你買過多少城磚

答今年五月間買過張錫生城磚千餘塊已經由刑警隊送縣轉解法院處罰五萬元了案所有城磚已由工務局拉去

問爲甚麼你的牆脚還是城磚砌的及你房子旁邊還有數百塊城磚呢

答牆脚城磚是不好的房子旁邊的數百塊城磚是工務局沒有搬完的不完整的磚

問這些城磚是你最近再買的

答是以前買的

問你說的實話嗎

答是實話

右筆錄經宣讀被訊人認為無訛

被訊人溫德山

指纹

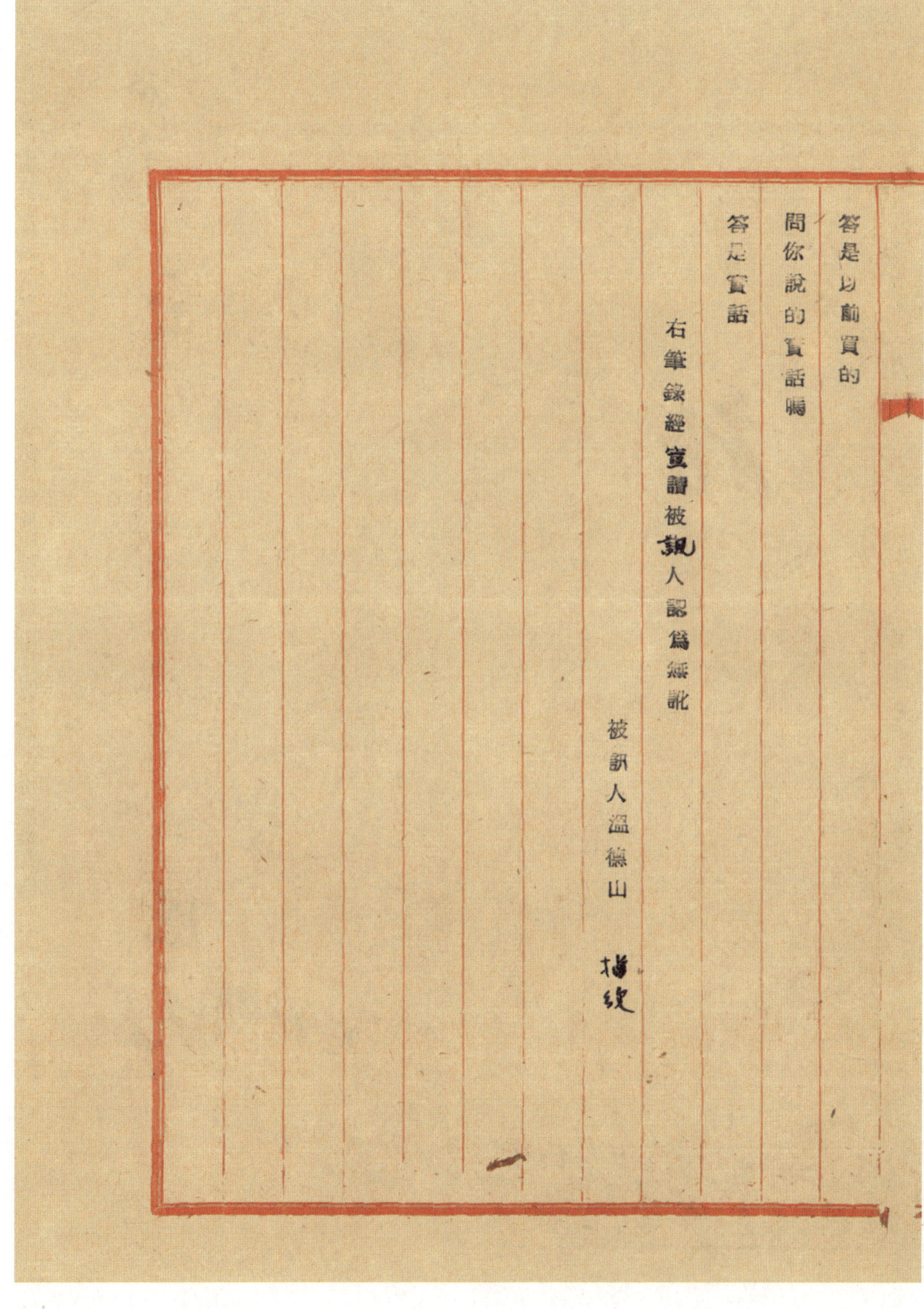

（四）首都警察廳爲請核辦温德山案剩餘城磚是否係屬贓物致南京市工務局的公函（一九四八年二月七日）

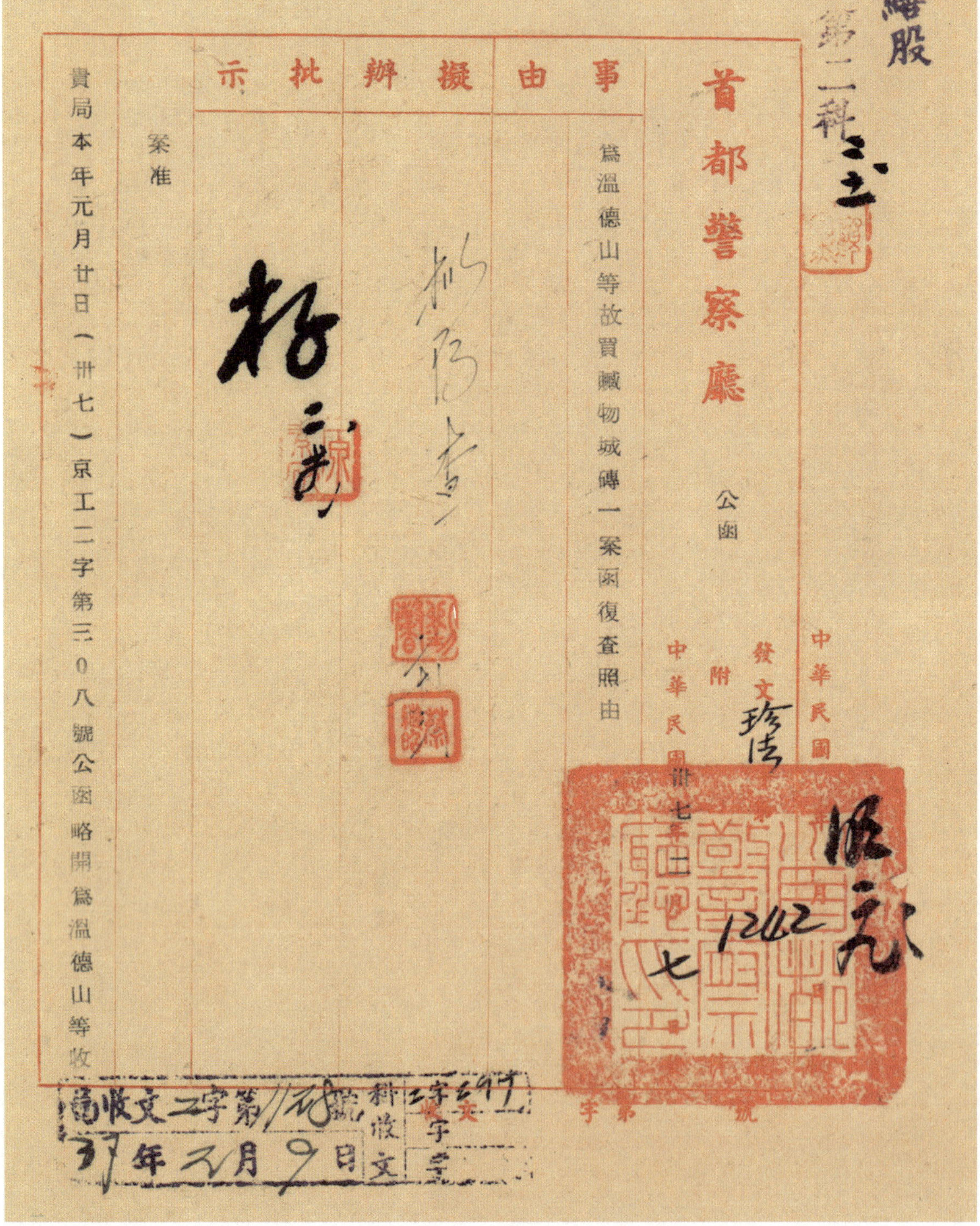
修繕股

首都警察廳 公函

事由：爲温德山等故買贓物城磚一案函復查照由

擬辦

批示

案准

貴局本年元月廿日（卅七）京工二字第三〇八號公函略開爲温德山等收

中華民國卅七年二月七日

購城磚一案函告查運經過情形囑查照等由准此查該項剩餘城磚是否係屬
贓物業已函請首都地方法院檢察處查核辦理見復再行函轉
貴局核辦准函前由相應先行函復即希
查照為荷

此致

南京市工務局

廳長 黃珍吾

監印 吳運恒
校對 韓學海

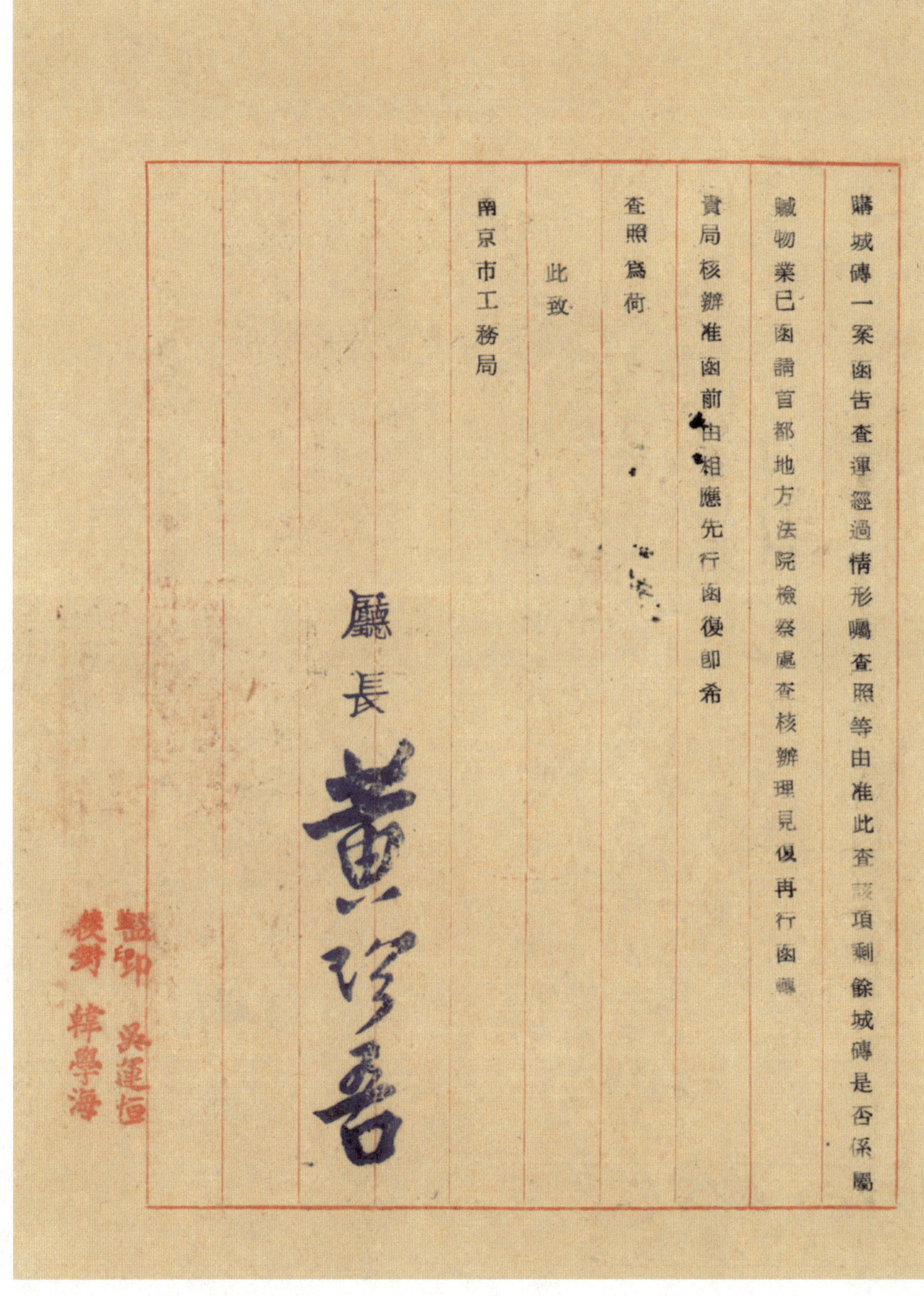

（五）首都警察廳爲温德山案經刑庭判決確定執行致南京市工務局的公函（一九四八年三月十三日）

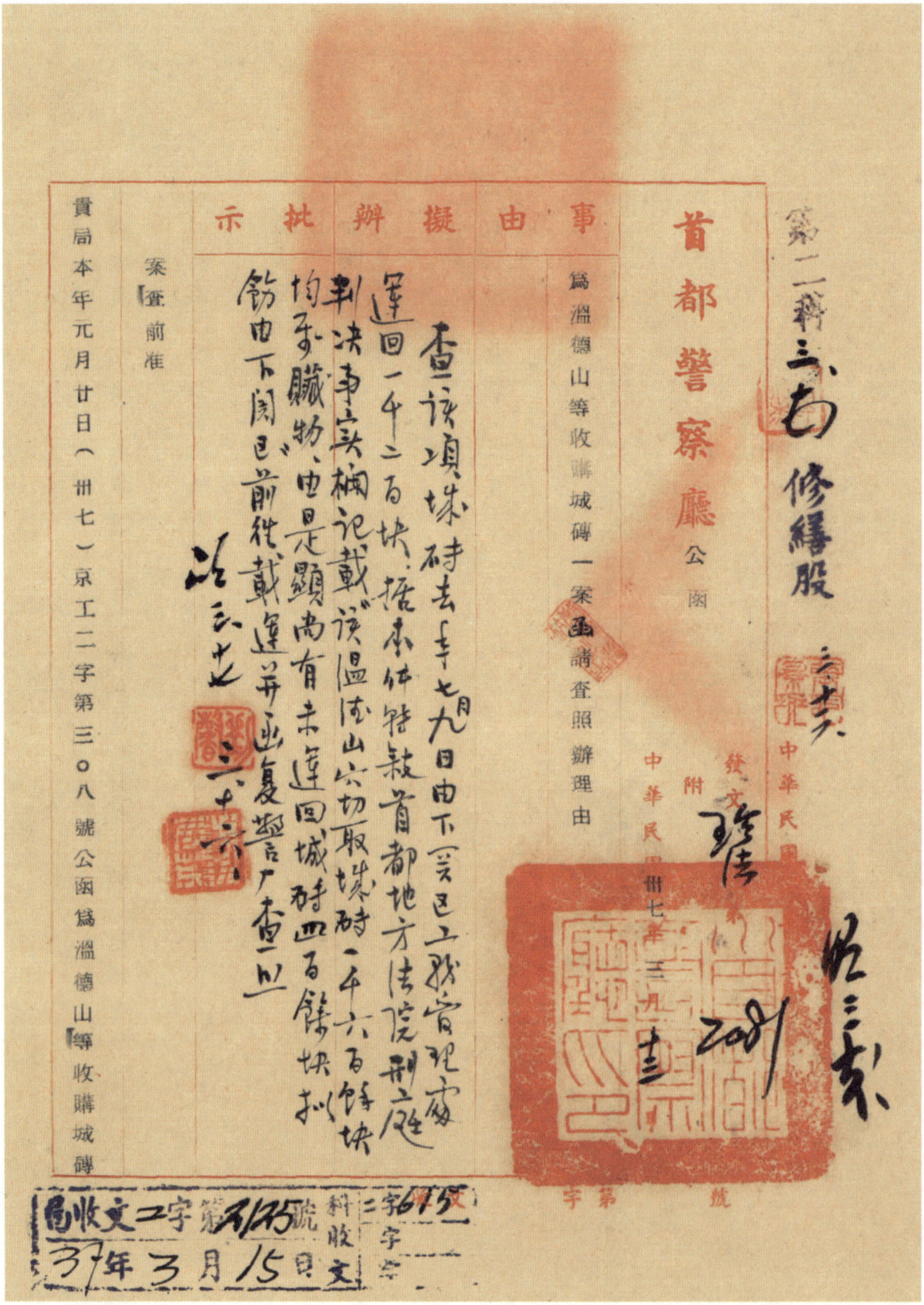

第二科 三、廿

修繕股

首都警察廳公函

事由：爲温德山等收購城磚一案函請查照辦理由

擬辦：查該項城磚去年七月九日由下關已工務局管理處運回一千二百塊，據本件轉敍首都地方法院刑庭判決事實欄記載，該温德山等切取城磚一千六百餘塊均系贓物，由是顯尚有未運回城磚四百餘塊，擬飭由下關已前往截運，並函復警廳。

批示：

案查前准

貴局本年元月廿日（卅七）京工二字第三〇八號公函爲温德山等收購城磚

中華民國卅七年三月十三日

發文　字第　號

附

局收文工字第3125號

37年3月15日

一案函告查運情形囑查照等由經於二月七日以珍法字第一二四二號公函復請
貴局查照在案現准首都地方法院檢察處三月四日檢孝執字第一七七零號公
函內開「案准貴廳本年二月七日珍法第一二四零號公函略以溫德山等贓物
案內剩餘城磚是否係屬贓物等由准此查溫德山贓物案非刑業經本院刑庭判
決確定執行完畢在卷依據判決事實欄記載該溫德山竊取城磚壹千肆百餘塊是
在此數目內之城磚均屬贓物准函前由相應復請查照爲荷」等由准此相應函請
查照辦理爲荷

此致

南京市工務局

廳長

監印 吳運恒
校對 韓學海

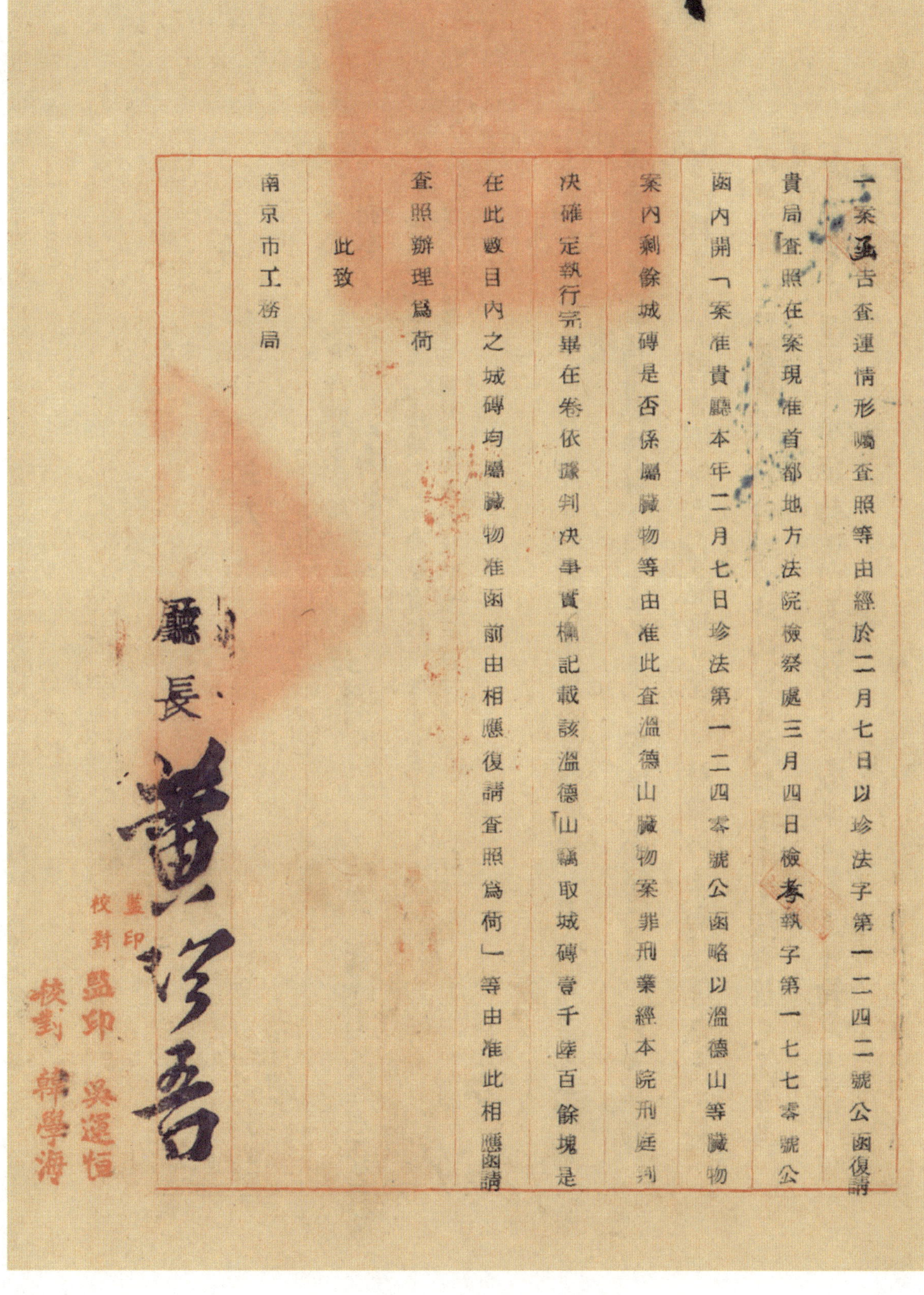

（六）南京市工務局爲運回温德山家剩餘城磚并妥爲保管致首都警察廳的公函、致下關區工務管理處的訓令
（一九四八年三月二十日）

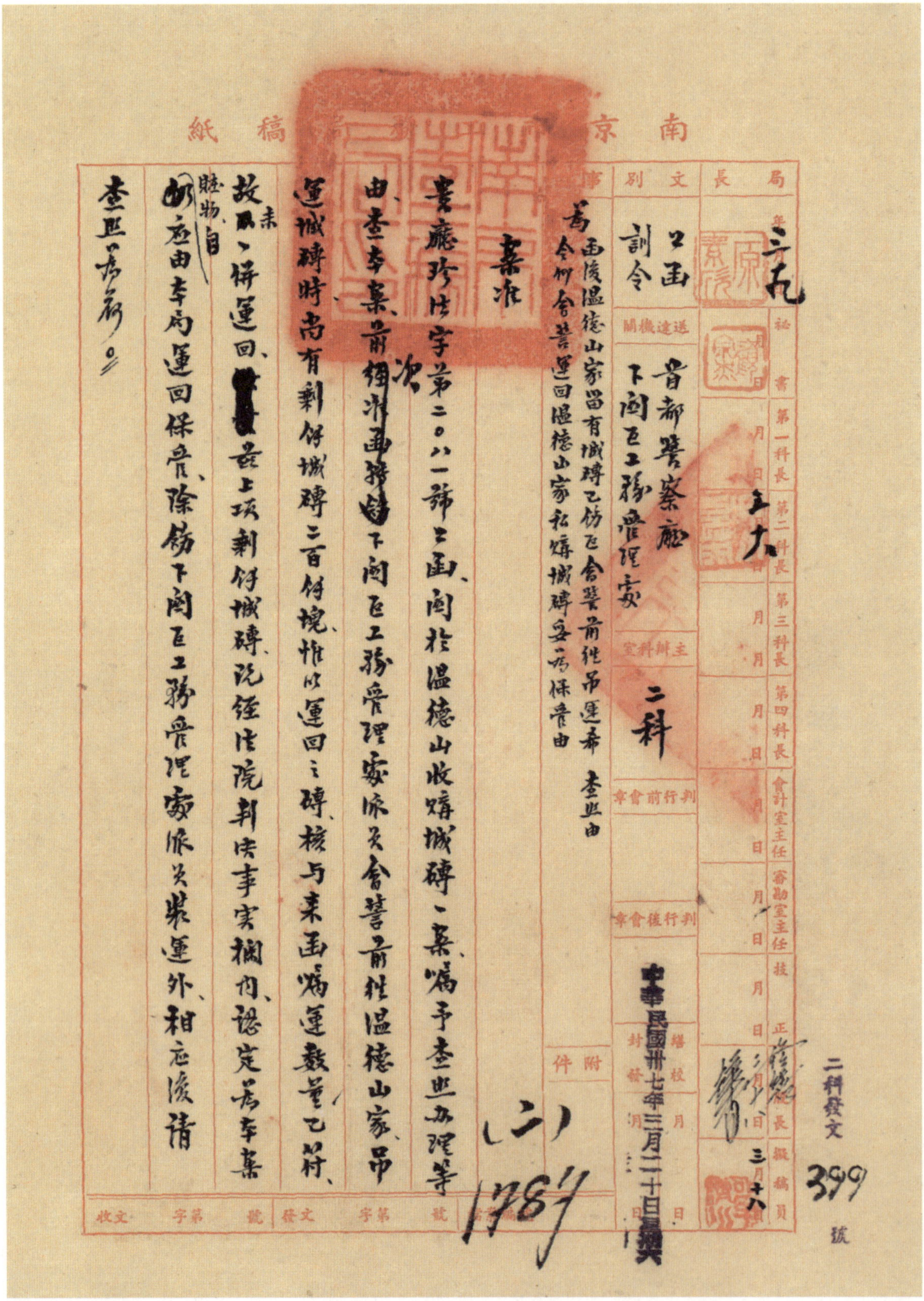
南京市工務局稿紙

局長 三廿九

文別：公函　訓令

事由：爲函復温德山家留有城磚已飭下關區工務管理處會警前往吊運希　查照由
令仰會警運回温德山家私藏城磚妥爲保管由

送達機關：首都警察廳　下關區工務管理處

主辦科室：二科

中華民國卅七年三月二十日

二科發文 399 號

1787

案准
貴廳玖陸字第二〇八一號公函，開於温德山收藏城磚一案，囑予查照辦理等由。查本案前經准函，當飭下關區工務管理處會警前往温德山家吊運城磚，時尚有剩餘城磚二百餘塊，惟以運回之磚核與來函囑運數量已符，故未併運回。[redacted]茲上項剩餘城磚既經法院判決事實，認定爲本案贓物，自應由本局運回保管。除飭下關區工務管理處照案運外，相應復請
查照爲荷。

此致

首都警察廳

令下關區工務管理處

查溫德山私購城磚、前飭該處運回保管時、尚有剩餘城磚二百餘塊未予運回、案准 首都警察廳來函、以該項剩餘城磚、現經法院認定為本案贓物、請予查照辦理等由、除函復外、合行令仰該處派員會警前往、並將上項剩餘城磚、運回保管、並將辦理情形具報備查。

此令

校對賈文傑

校對賈文傑

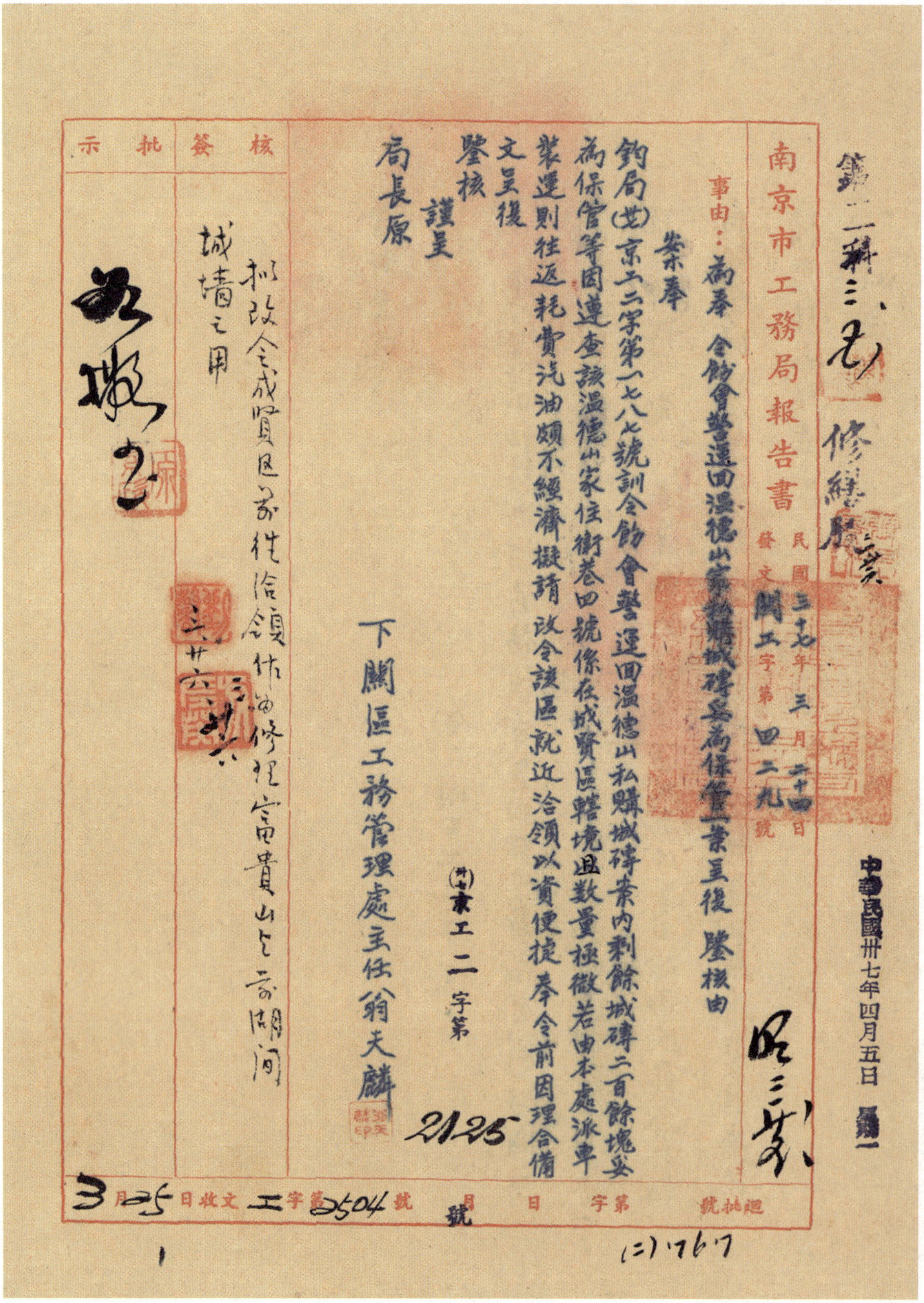
南京市工務局報告書

事由：爲奉令飭會警運回温德山冢私購城磚妥爲保管一案呈復鑒核由

民國三十七年三月二十四日 發文 關工字第四二九號

案奉

鈞局(卅七)京工二字第一七八七號訓令飭會警運回温德山私購城磚案内剩餘城磚二百餘塊妥爲保管等因遵查該温德山冢住街巷四號係在成賢區轄境且數量極微若由本處派車裝運則往返耗費汽油頗不經濟擬請改令該區就近洽領以資便捷奉令前因理合備文呈復

鑒核

謹呈

局長原

下關區工務管理處主任翁夫麟

核簽 批示

擬改令成賢區前往洽領作爲修理富貴山至高湖間城墻之用

3月25日收文 工字第2504號

中華民國卅七年四月五日

（七）下關區工務管理處爲温德山冢在成賢區請改令該區管理處就近洽領城磚致南京市工務局的報告書（一九四八年三月二十四日）

（八）南京市工務局爲運回温德山家剩餘城磚并妥爲保管致成賢區工務管理處的訓令（一九四八年四月五日）

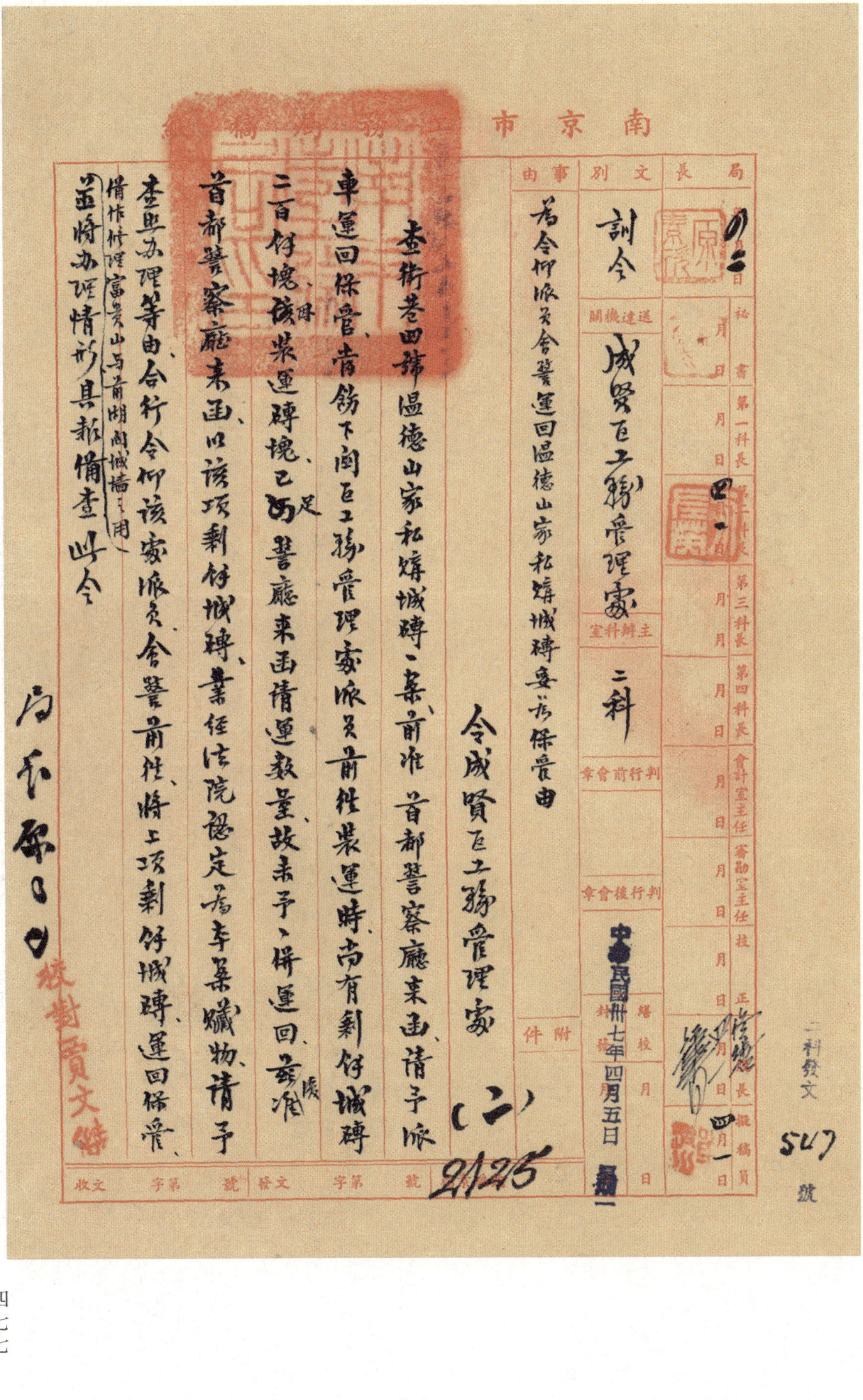

南京市工務局稿

局長　文別：訓令

送達機關：成賢區工務管理處

主辦科室：二科

事由：爲令仰派員會警運回温德山家私藏城磚妥爲保管由

令成賢區工務管理處

查衛巷四號温德山家私藏城磚一案，前准首都警察廳來函，請予派車運回保管，當飭下關區工務管理處派員前往裝運時，尚有剩餘城磚二百餘塊，除已裝運磚塊已足警廳來函請運數量，故未予併運回。兹准首都警察廳來函，以該項剩餘城磚業經法院認定爲本案贓物，請予查照辦理等由。合行令仰該處派員會警前往，將上項剩餘城磚運回保管，備作修理富貴山與前湖段城墻之用，並將辦理情形具報備查。此令

中華民國卅七年四月五日

二科發文　547號

2125

（九）成賢區工務管理處爲温德山家剩餘城磚已砌作墻脚請示如何辦理致南京市工務局的報告書（一九四八年四月九日）

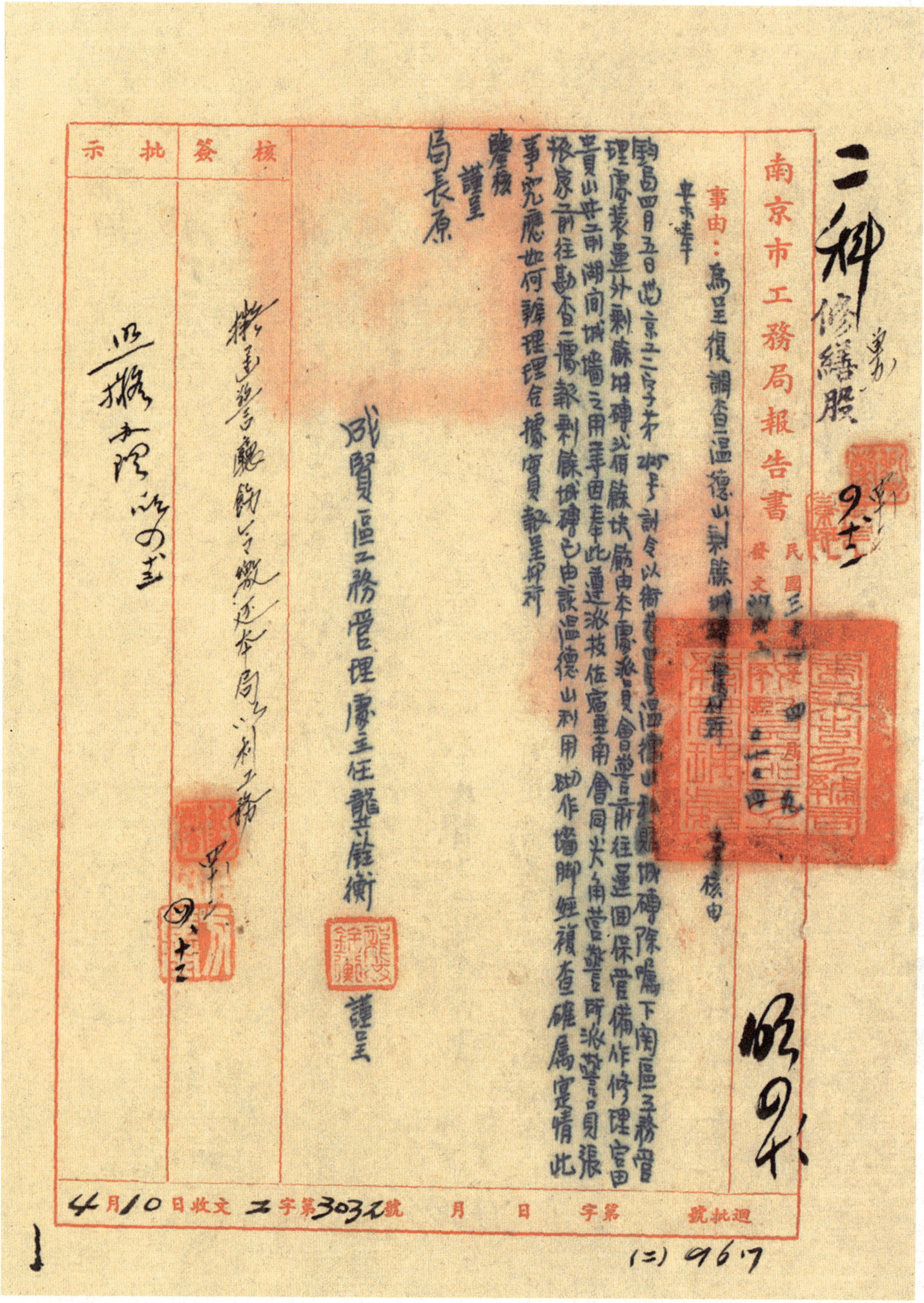
南京市工務局報告書

事由：為呈復調查温德山剩餘城磚請鑒核由

民國三十七年四月九日 發文

案奉

鈞局四月五日造京三七字第2105號訓令以衛崗温德山私財城磚除鳴下關區工務管理處裝運外剩餘城磚仍須繼續由本處派員會同警所前往運回保管備作修理富貴山至前湖間城墻之用等因奉此遵派技佐宿世南會同尖角營警所派警員張振家前往勘查二據報剩餘城磚已由該温德山利用砌作墻脚經複查確屬實情此事究應如何辦理理合據實報呈仰祈

鑒核

謹呈

局長原

成賢區工務管理處主任龔世鏈衛 謹呈

4月10日收文 工字第3032號 月 日 字第 號批迴

（十）南京市工務局爲温德山家留有城磚已砌作墻脚請傳案追究致首都警察廳的公函（一九四八年四月十六日）

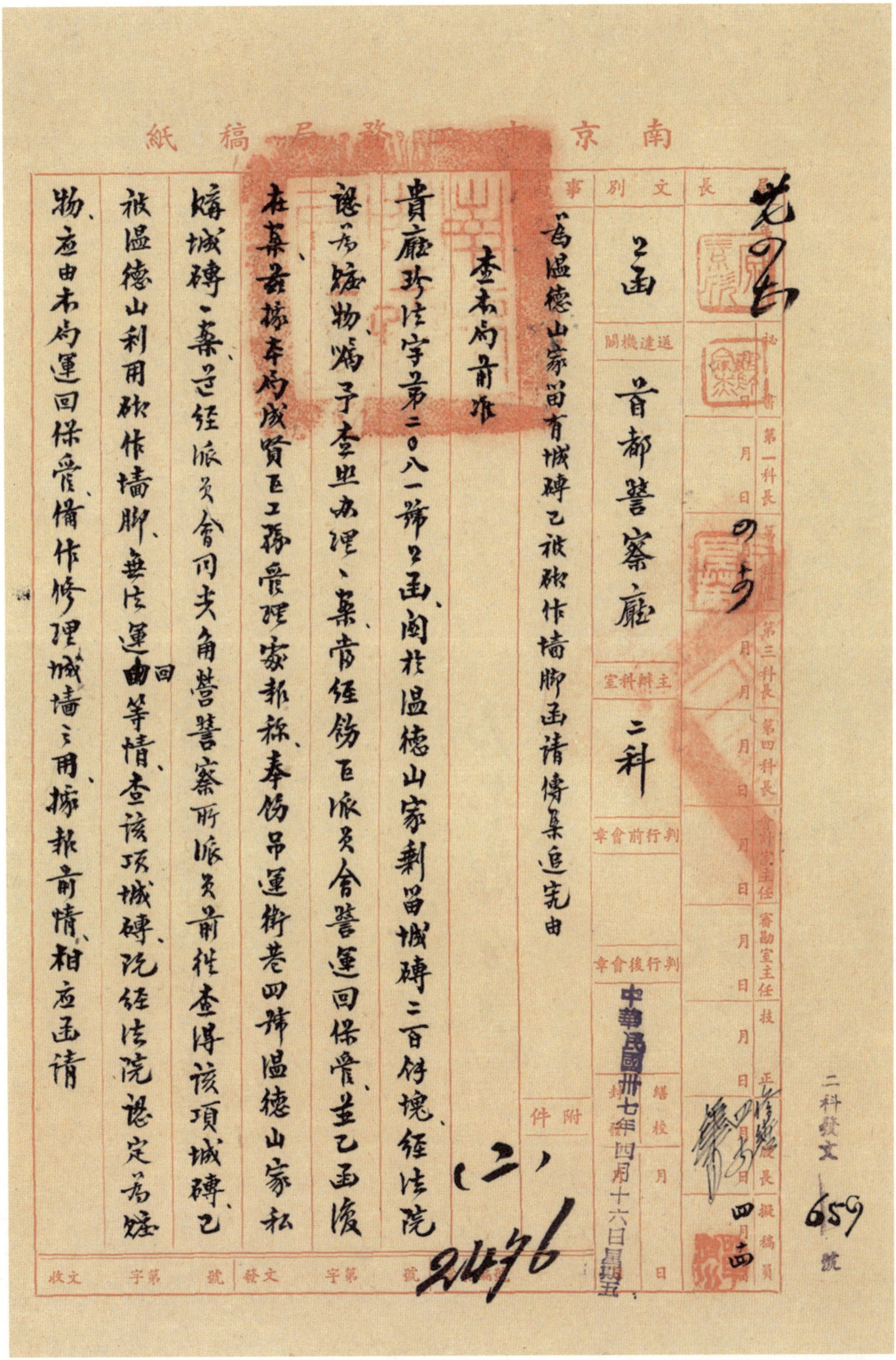

南京市工務局稿紙

事由：爲温德山家留有城磚已被砌作墻脚函請傳案追究由

文別：函

送達機關：首都警察廳

主辦科室：二科

中華民國卅七年四月十六日

二科發文 659 號

查本局前准

貴廳珍法字第二〇八一號函，開於温德山家剩留城磚二百餘塊，經法院認爲贓物，囑予查照辦理，業經飭工派員會警運回保管，並已函復在案。茲據本局成賢區工務管理處報稱：奉飭吊運衛巷四號温德山家私購城磚一案，當經派員會同夫角營警察所派員前往查得該項城磚已被温德山利用砌作墻脚，無法運回等情。查該項城磚既經法院認定爲贓物，應由本局運回保管，備作修理城墻之用。據報前情，相應函請貴廳飭傳該温山到案追究，並責令其交出城磚，由本局運回保管，以重公物，為荷。

此致

首都警察廳

局長 [illegible]

校對賈文儁

（十一）首都警察廳爲温德山剩餘城磚繳出歸公請派員會同該管警察所協助吊運致南京市工務局的公函
（一九四八年四月二十三日）

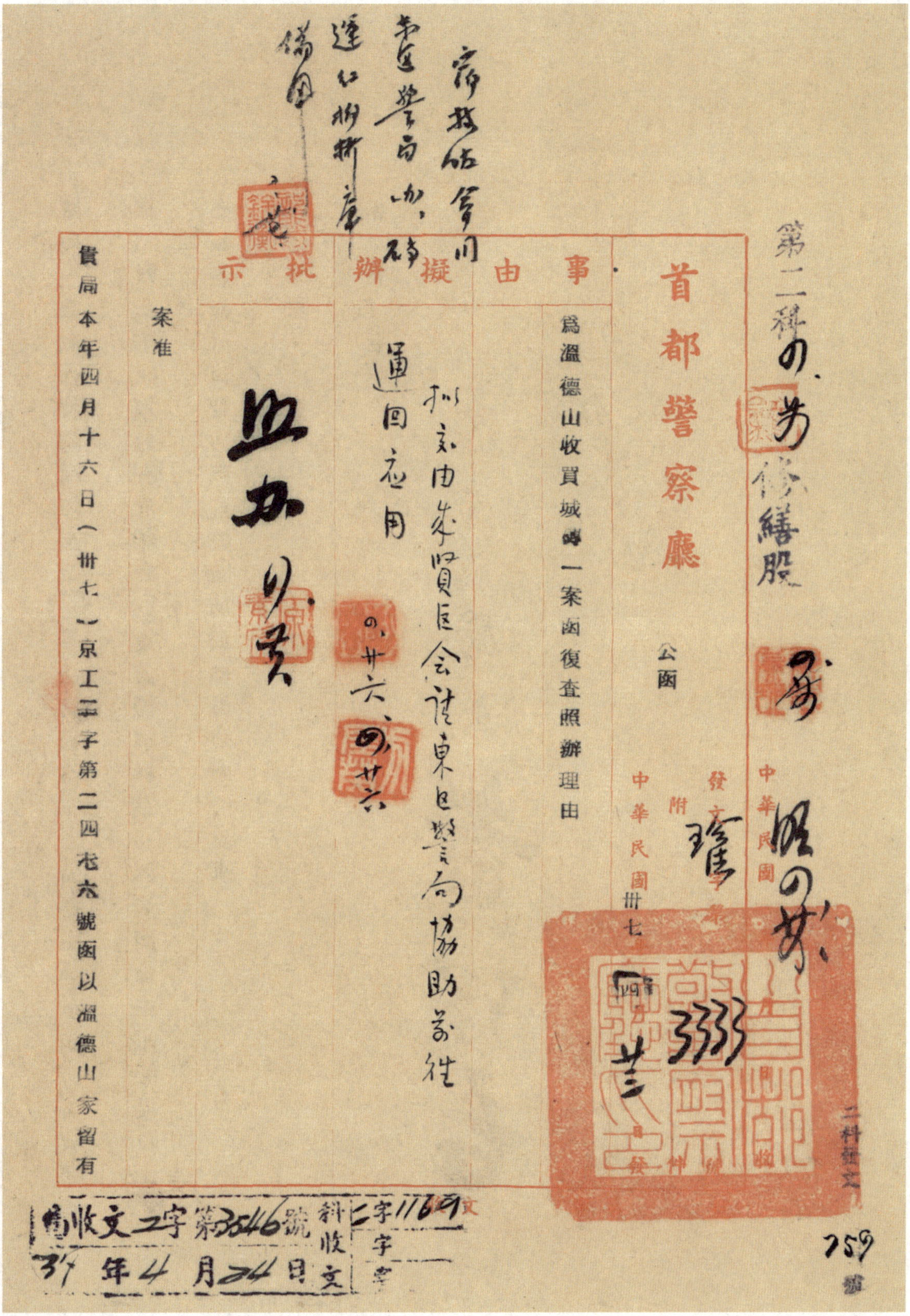

首都警察廳 公函

事由：爲温德山收買城磚一案函復查照辦理由

擬辦

批示

中華民國卅七年四月 日發

案准

貴局本年四月十六日（卅七）京工二字第二四七六號函以温德山家留有

收文工字第3546號

37年4月24日

城磚已被砌作牆脚囑傳案追究等由當經傳訊羅溫德山供承願將該項城磚繳出歸公等詞筆錄在卷除令飭東區警察局協助外准函前由相應復請

查照希即派員會同該管警察所協助吊運歸公爲荷

此致

南京市工務局

廳長 黃珍吾

監印 吳蓮恒
校對 韓學海

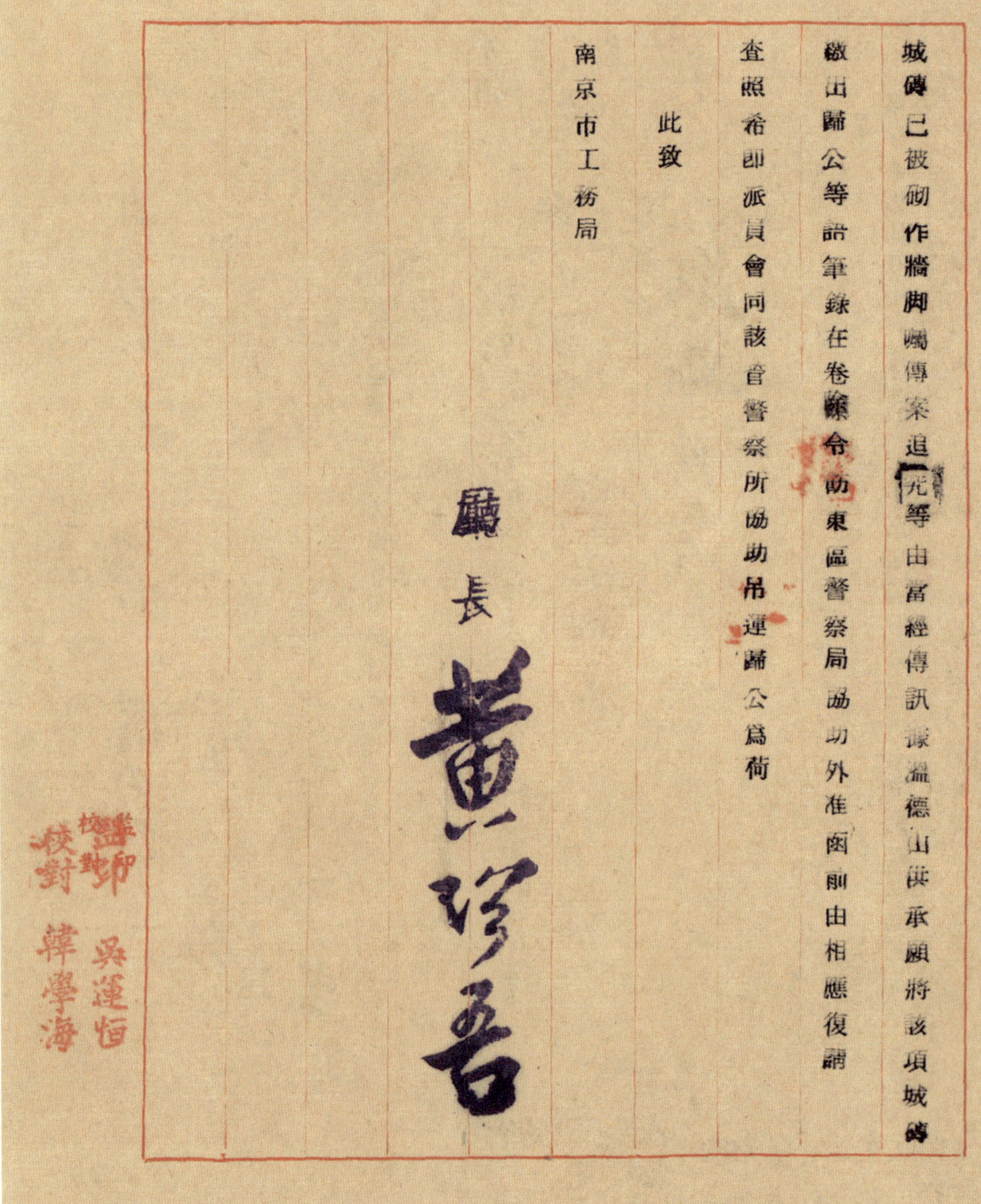

（十二）南京市工務局職員宿亞南爲温德山家留有城磚已運回紅板橋庫保存致市工務局的報告（一九四八年四月二十八日）

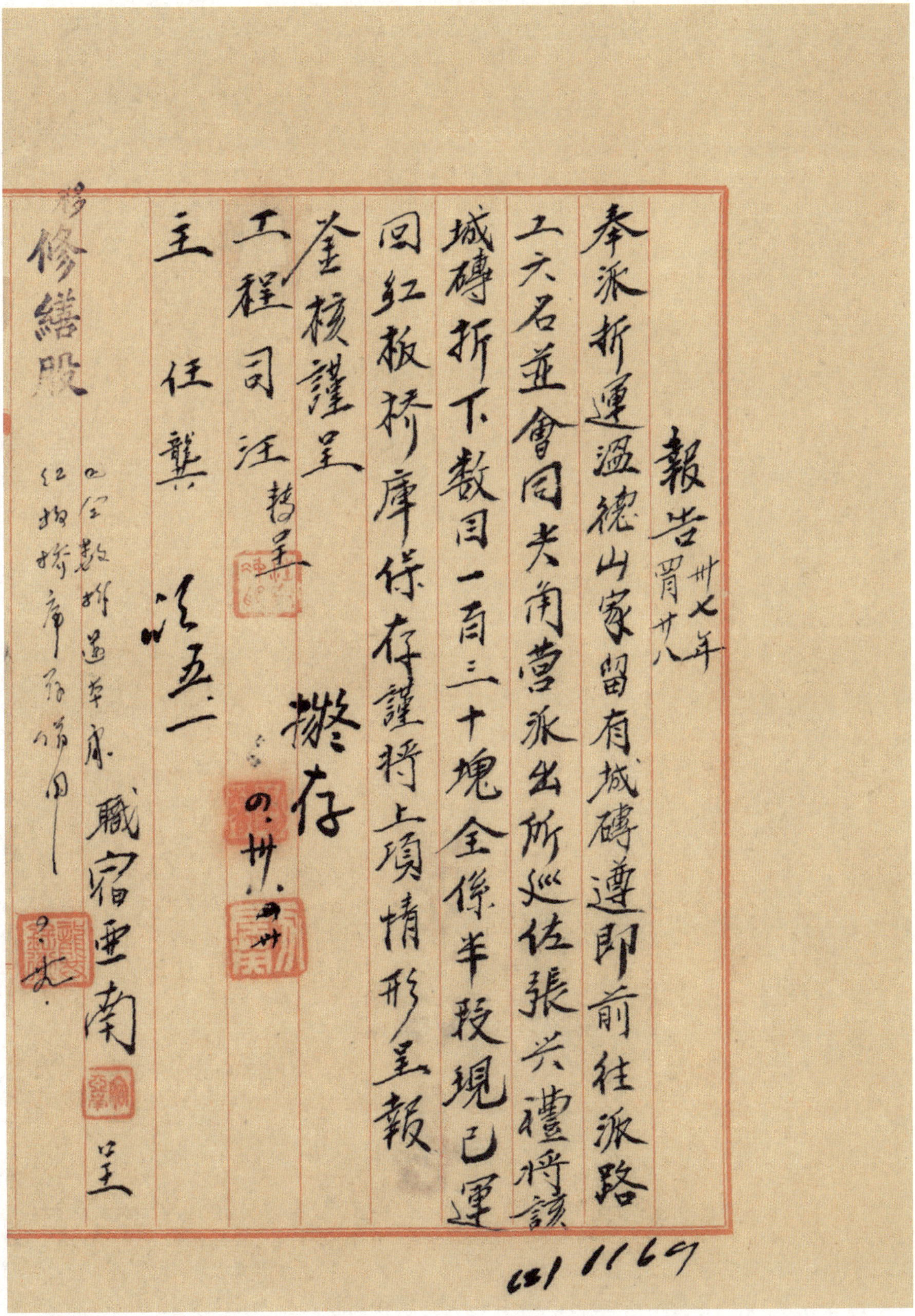
報告 卅七年四月廿八

奉派折運溫德山家留有城磚遵即前往派路工六名並會同光角營派出所巡佐張兴禮將該城磚折下數目一百三十塊全係半段現已運回紅板橋庫保存謹將上項情形呈報

鑒核謹呈

工程司 汪 轉呈

主任 龔 准 五.一

擬存 四.卅

修繕股

已全數拆運草庫 紅板橋庫存備用 五.一

職宿亞南 呈